NEW WCDP 新文京開發出版股份有限公司
新世紀・新視野・新文京 — 精選教科書・考試用書・專業參考書

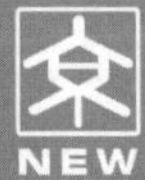

New Wun Ching Developmental Publishing Co., Ltd.

NEW WCDP New Age · New Choice · The Best Selected Educational Publications — NEW WCDP

法規條款及
歷年考題配分
比重解析

2023

掃描下載
歷屆考題、法規條款、觀光條例

領隊導遊

實務與理論

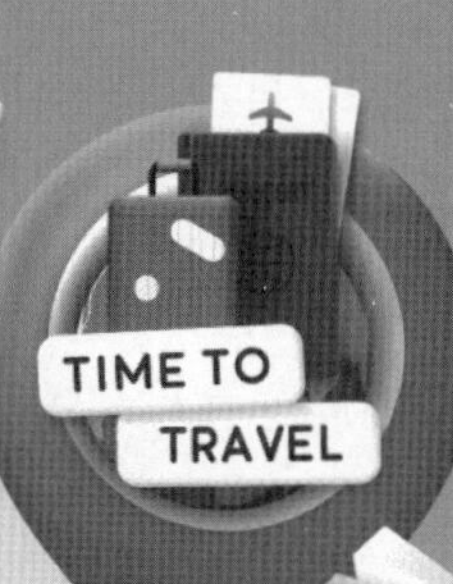

吳偉德・鄭凱湘・陳柏任・應福民 編著

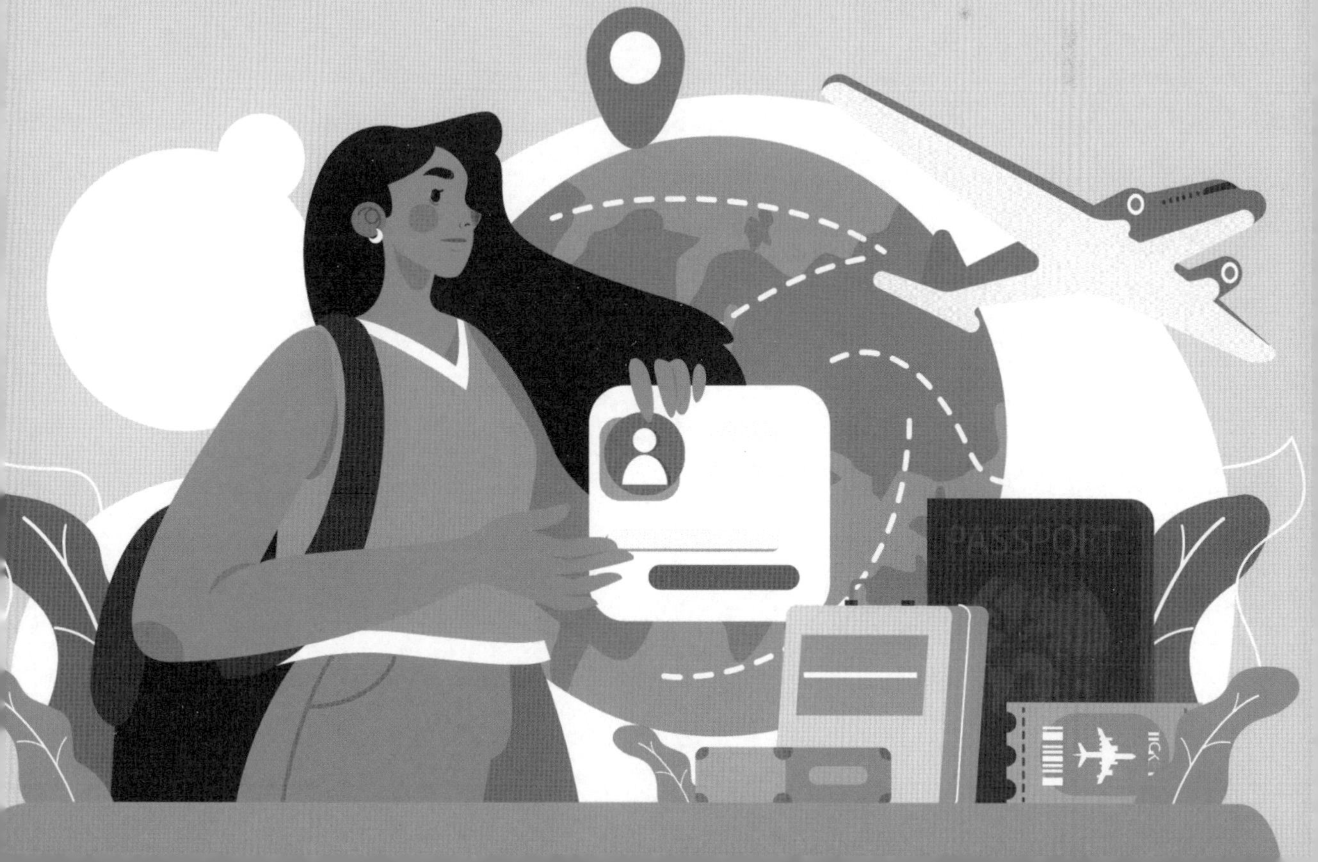

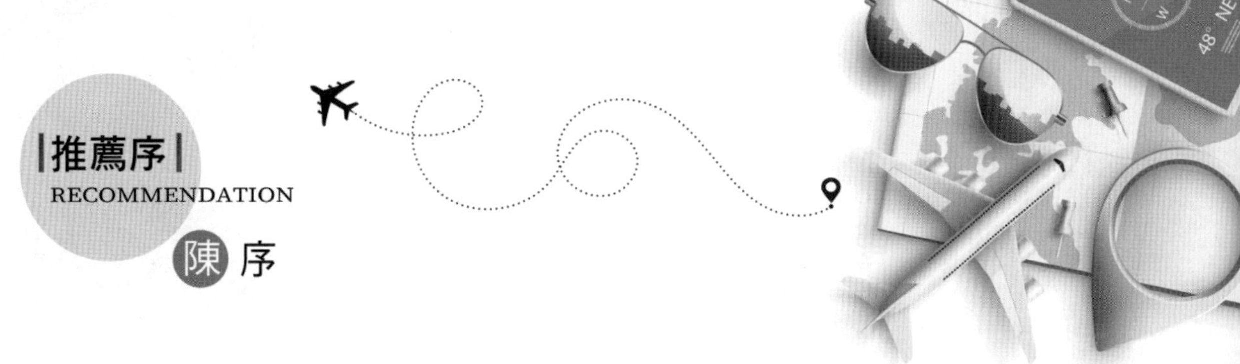

推薦序
RECOMMENDATION

陳序

全球環境變遷、社會經濟進步、休閒產業蓬勃發展，各國觀光產業亦隨勢所趨大幅成長。2008 年 7 月政府開放大陸觀光客來臺旅遊之後，陸客絡繹於途，臺灣外來觀光客人數因此屢創新高，自 2017 年起正式突破 1,000 萬人次，再登高峰。觀光業求才若渴，學子競逐領隊導遊專業證照，俾具備入行基本條件，漸成風尚。

本書筆者吳偉德教授等在業界多年，觀光旅遊實務經驗豐富，於求學期間為人謙沖，求知若渴，戮力治學，終將專業知識與經驗引據學理予以系統化，合力完成此書，分享學子，提攜後進，頗值嘉許。

本書乃筆者們多年心血結晶，內容均衡闡述領隊導遊相關學理與實務，探討專業訓練實務與要訣，列舉命題範圍輔導證照考試，實用性甚佳。

衷心感佩筆者們學有所成而不藏私，尚祈學界先進、業界同儕多予鼓勵支持，不吝指正，共同為提升臺灣觀光旅遊服務品質努力。巨構付梓，可喜可賀，特為序。

國立臺灣大學 名譽教授 陳永寬 謹誌

推薦序
RECOMMENDATION

自序

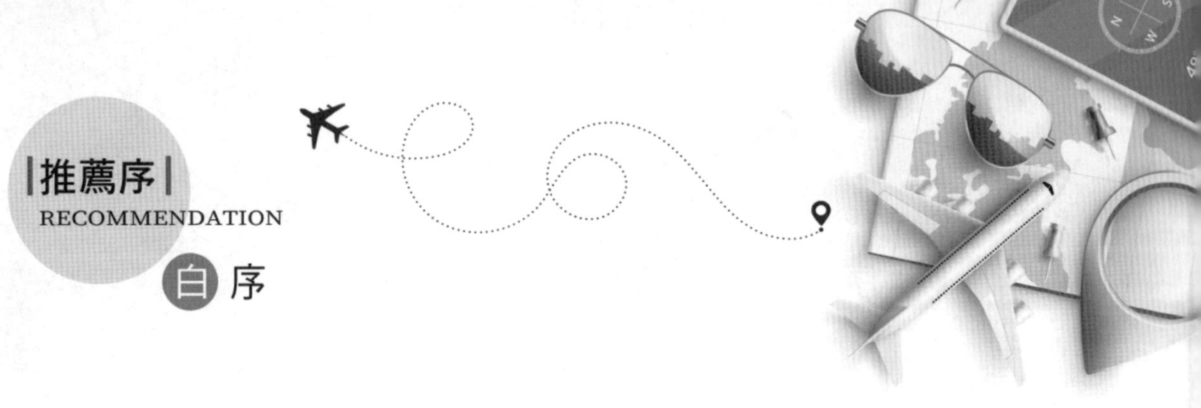

自2004年，領隊導遊考試改由考選部主辦相關事宜，儼然正式改為國家考試，每年近10萬名考生報考，應考範圍乃理論與實務並重，舉凡臺灣及國外歷史、地理、風俗、禮儀、兩岸人民關係條例、旅行業管理法規、入出境移民法、急救常識等，如非觀光業界從業人員，實不知從何著手準備起。

吳偉德教授，撰寫《領隊導遊實務與理論》專書是本理論與實務之工具書並將隱性知識轉換成顯性知識，筆者在業界自基層業務做起到副總經理，累積了30多年的精實閱歷。實務上，為業界一把好手，熱愛旅遊，並從事領隊兼導遊工作，帶團經驗豐富，足跡遍及五大洲、百國千城，擁有專業帶團經驗與知識且認真勤學，工作之餘亦擔任各大旅行受教育講座訓練師，因緣際會轉任學界，承先啟後，為實務與理論之專才，實屬難得。

本書結合「業界實務」與「學術理論」廣域，造詣甚高。現今，輔導領隊導遊證照班，如雨後春筍般的崛起，相關教材亦紛紛出版，本書可輔導考生明確掌握考試要點，亦提供旅行業界教育訓練課程書籍的新選擇，是一本可協助欲從事觀光事業莘莘學子的最佳教材與祕笈，在此除恭賀此書再次改版，並預祝所有考生經由閱讀此書，都能金榜題名！

行家旅行社 執行長 白中仁 謹誌

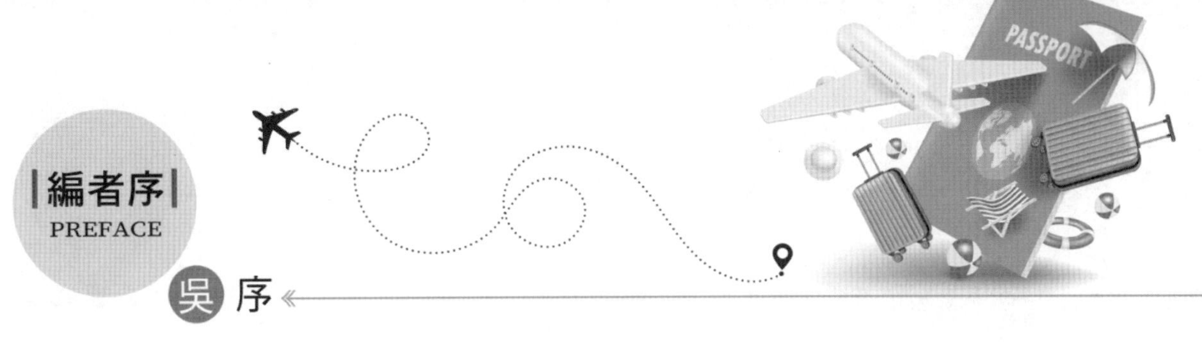

編者序
PREFACE

吳序

2023 年面對疫情之後，各國家地區無不積極的整備好觀光資源，一旦國門大開，相信觀光榮景勢必再現。經過 2 年的疫情肆虐下，全球觀光業進入休眠狀態，汰舊換新與革新之勢比比皆是，亦同時在各個產業中出現，期許旅遊產業能夠全面升級，以全新之面貌迎接新未來，再次創造觀光旅遊業永續經營新景象。本書除所有法規更新外，內容更見充實，以期回饋作者，並恭賀已經藉由此書搭上這班觀光列車的好夥伴們，加油!

談起此書的內容，第 1 章導論，針對考試題項的比例，及三個考試科目的比重，均有詳盡的註解，收編自 2013~2022 年，領隊導遊三科目取分標準都加以著墨；但每個人因受限所讀科系不同、學習養成與知識取得不一，而有所差異。詳讀此章節之後，請依您個人能夠取分的條件去訂定標準，三科目的取分比例盡量不動。特別一提的是 2004 年，政府將領隊導遊人員規劃成為國家考試後，力求每一科目的考題比重均相當，正說明在實務中之重要性是可預期，切莫抱著不易讀或用不到而放棄不顧，其所為業界人常詬病之。

第 1 章導論收錄「2013~2022 年度」外語領隊考試之觀光資源概要考古題分析及準備重點。世界歷史、地理、觀光資源等，資料太多，範圍太廣，準備沒方向，實在是令應考者非常頭痛的一科目。而筆者本著研究統計及分析題項之精神，已破解出題委員，在此科目整體考題題向脈絡可循之處，清楚分析必考範圍，讀者閱讀後將可以輕鬆應對。順帶一提，導遊人員考試規則有重大更改，如第 3 條本考試視類科需要，每年或「間年」舉行一次；換句話說，若是此行業別已領取執照者過多，供過於求，必然會間年舉行一次考試，導遊是如此，想必領隊考試將要修法的日子也不遠了；但由統計數字分析，若是取得證照，平均就業率高達 90%。

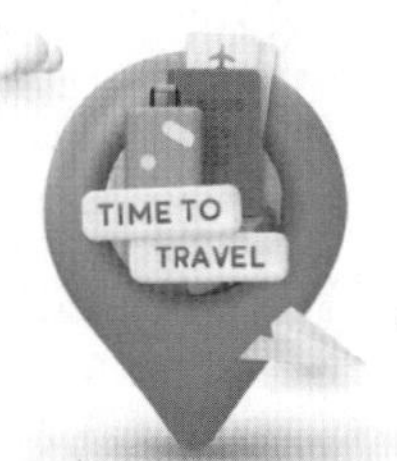

本書實務上，如第 3 章導覽解說，著重在自然、人文解說實務上的精要重點。第 4 章領隊實務，從領隊接到公司派團任務到回國報帳甚至客訴處理，皆盡其所能交代清楚。第 5 章遊程規劃，筆者從事旅遊業且都在躉售的範疇中，涉獵地區亞洲、歐洲、美洲、大洋洲與非洲等地，不勝枚舉；亦擔任旅遊企劃、產品代言、旅遊達人與遊程開發等。以上皆為筆者 35 年所擔任業界最高境界「領隊兼導遊(Throughout Guide)」的工作範圍，才能累積到完整的經驗，本書寫作實務經驗的同時並與理論相結合，俾使得此書有學術的價值。

本書第 11 章，行政法規「觀光行政與政策」、有關「兩岸人民管理規則」及「旅行業管理規則」等，更改幅度之大，令人咋舌。不過因為此行業本身就是得走在時代最前端，條款法規亦是與政策並行且與時俱進，毫無疑問。提到這些年的領隊導遊生涯，歷經種種工作上的磨練及跨時代的轉變，使自己產生了好還要更好的觀念。無論過程如何的艱辛，我依然要這麼說：「一切都是值得的！」旅遊，豐富你的經歷、改變你的視野、擴展你的心胸、完美你的人生；親愛的夥伴們，盡快取得搭上領隊導遊列車的門票，讓我們一起改變你的閱歷，創造你的未來，與親友分享你的故事。最後，祝大家金榜題名。

編著者 **吳偉德** 敬致

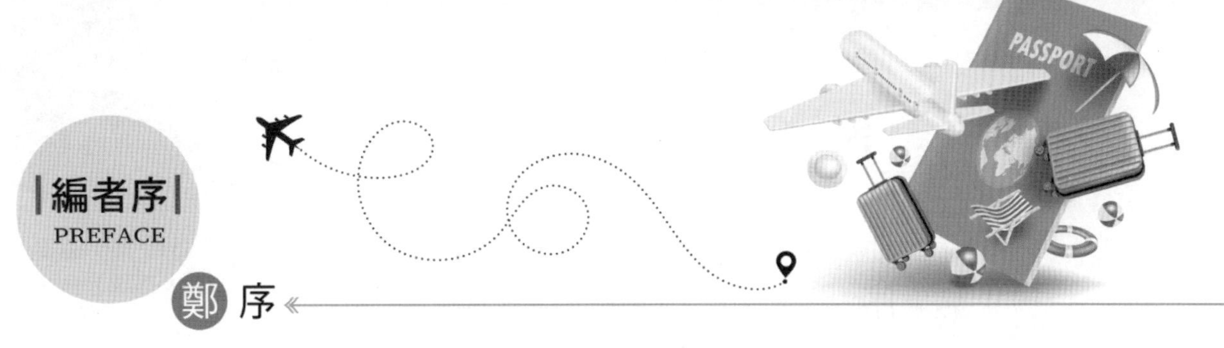

編者序
PREFACE

鄭序

甫自進入觀光旅遊業由基層團控、線控、業務至經理及副總進入高階管理層級，從一個懵懂小女生蛻變成熟到管理整個部門，算算已 20 餘載了；歷經不同領域職務，從揣摩中學習，更由其中成長，足跡已遍布 5 大洲 60 餘國，儼然是一條人生的絲路，有如駱駝般一步一腳印，達成行萬里路的願景，長期從事觀光產業暨休閒遊憩相關範疇工作，因導遊領隊、產品研發、管理行銷、航空票務等高階經理人職務，但行萬里路還需讀萬卷書，進而研讀國立臺灣師範大學地理系博士班，亦取得博士候選人資格，以求對於觀光資源的涉獵更加廣泛及專業，適逢同儕及好友吳教授之邀約，在此著作中加入博奕事業相關論述，使本書更具實務上之內涵，以利增強此書之廣度及深度。

人生旅途中深深體會「學而後知不足」因此，身為產業一分子，以取之社會、用於社會、回饋社會之心態，在此盛情邀約下，提出拙見在分析及歸納領隊及導遊考照部分著墨，冀各位旅遊同好能順利考上證照並將來成為旅遊產業優秀之領隊與導遊人才，相信我可以，您一定也可以，加油！

編著者　**鄭凱湘**　謹識

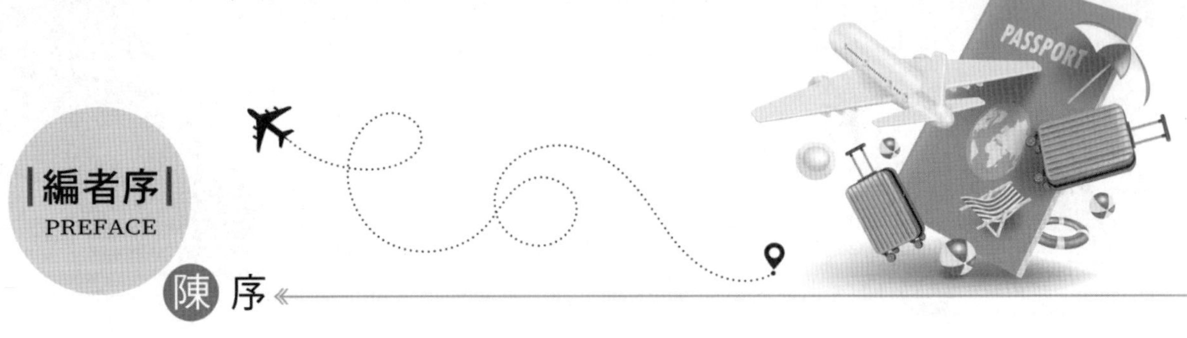

編者序 PREFACE

陳序

十八般武藝樣樣精通，想要當一名稱職的領隊人員，必須要懂得如何融會貫通所學，為一門需要運用個人所學，進而去理解並融合為自己本身擅長的知識能量，展現出無比的創意思考。除了要有充沛的知識能力，在觀光餐旅業當中，恰到好處的服務更是在旅客心中有如神來一掌，更能讓旅客在一趟旅行之中，扮演舉足輕重、畫龍點睛的效果。

在旅遊的學習組織與全面思考之下，追求卓越，也開啟了我於國立高雄餐旅大學觀光研究所的人生新起點，將理論與實務相互結合；在帶團的每一趟遊程中，試著與每一個人的接觸與互動，也會造就出另一層面的感動，用心去感受人與人相處之間的奧妙，體會一樣米養百樣人的接觸；法國有位廚師曾說過：「當觀眾傑出時，演員才精彩，只有最懂得欣賞的觀眾，才有可能激發如同演員的他們最好的演出。」我雖然不能當最佳演員，但是我期許自己能夠當一個最好的旅遊家，去用心體會感受世界的美好！

每一個人都期待著無限可能的未來，人生中的點滴，能夠厚實在業界的基石，相信夢想、逐夢踏實，「自信+微笑+全力以赴=無懈可擊！」把事情做好、做好事情，期待能發揮所長，在旅遊業界當中學習到更多未知的一切。前蘋果集團執行長賈伯斯說：「成就一番偉業的唯一途徑就是熱愛自己的事業。如果你還沒能找到讓自己熱愛的事業，繼續尋找，不要放棄。跟隨自己的心，總有一天你會找到的」。只要可付出時間，把心態歸零、重新學習，必定可以很快的以最佳狀態迎接各項挑戰！

而今，繼續充實於國立高雄餐旅大學觀光博士班，更希望能取之於社會、用之於社會，在此特別感謝吳教授偉德盛情邀此書之撰寫，同時希望藉由此書之出版將所學傳授給每位有心人，祝大家考試順利，金榜題名。

編著者 **陳柏任（小光）** 敬致

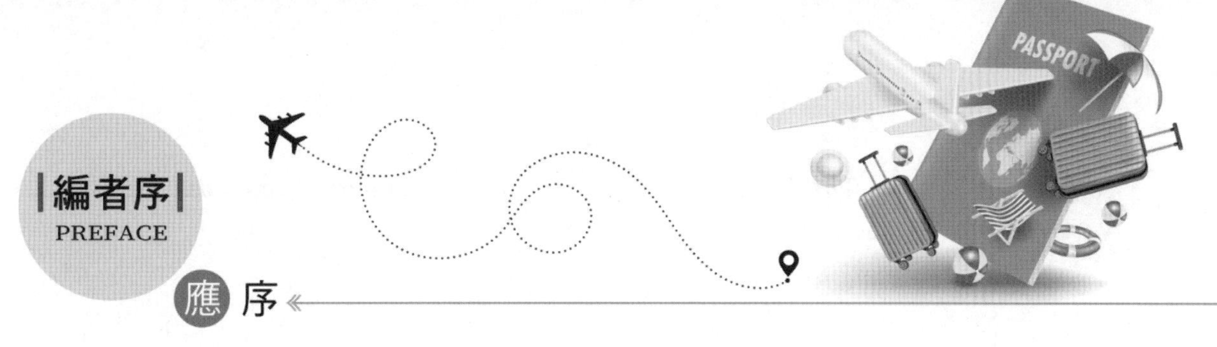

應序

筆者承先人之訓「行萬里路勝讀萬卷書」亙古不變之真理，自青春期的專業「童子軍活動」的訓練、「歲寒三友會」的磨練到「嚕啦啦假期活動服務員」的專業淬練，奠定了旅遊業領隊生涯的根基，進而開啟了「見多識廣」的璀燦人生。

這 30 年的過程中，足跡踏遍了 60 多個國家，走訪過 400 多個城鎮，甚而在 2005 年，首次擔任義大利蜜月團領隊導遊之重責大任，直至 2023 年，17 年時光中持續完成達近「200」次的義大利之旅，堪稱百義人生，在業界應無人能出其右。

在從事領隊導遊的相關職務期間，總覺得學而知不足；因此，秉持著活到老學到老之觀點，重回校園修習 EMBA 的學業，希望藉由學理的印證，結合實務的經驗，來融入此作品；目前，在大專院校以講座方式分享經歷，並兼任觀光旅運休閒課程的傳授。

此次應摯友亦是同業精英吳偉德教授之邀約，協助此書之部分改版，此乃筆者專業所在，自然義無反顧積極投入；更企盼有心報考觀光領隊、導遊的同好，戮力鑽研，這將會是一部您如獲至寶的良著。

預祝您金榜題名，共享璀璨人生

編著者　應福民　謹識

目錄 CONTENTS

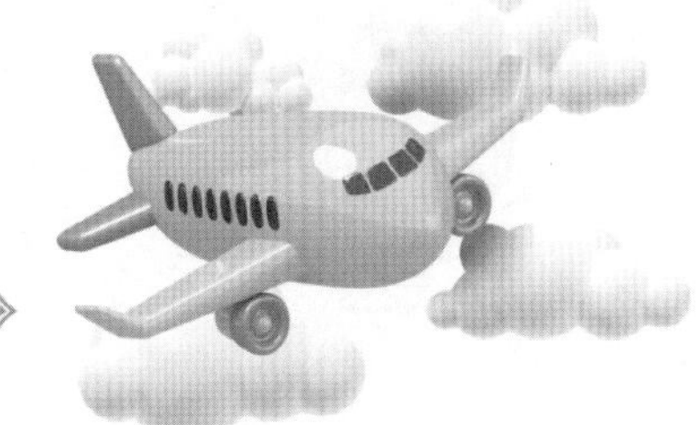

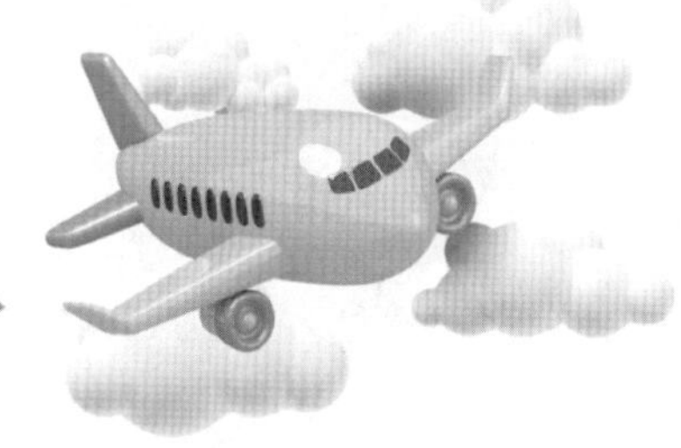

PART 03　導遊領隊實務（二）　245

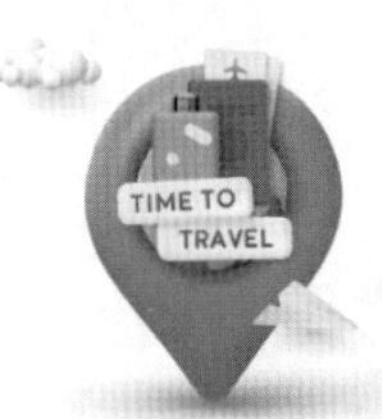
TIME TO
TRAVEL

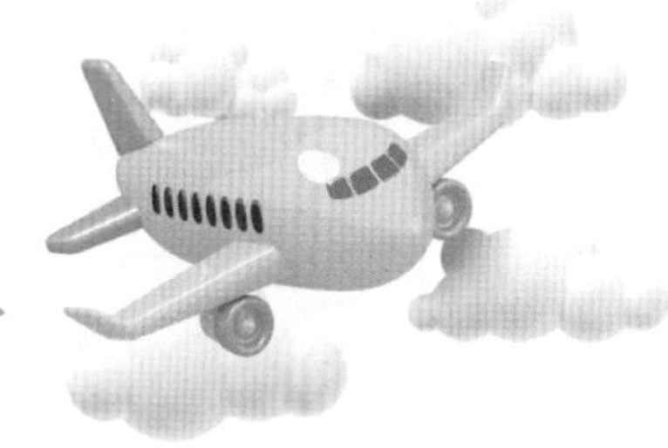

※ 歷屆考題、法規條款、觀光條例等資料，提供 QR Code 掃描下載。

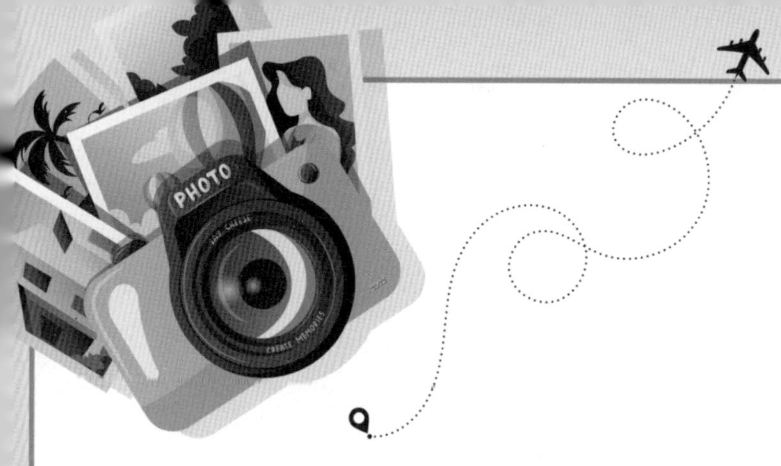

PART 01

觀光學概要

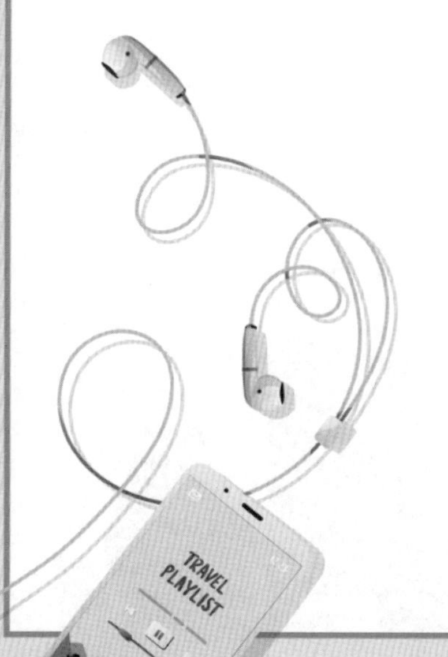

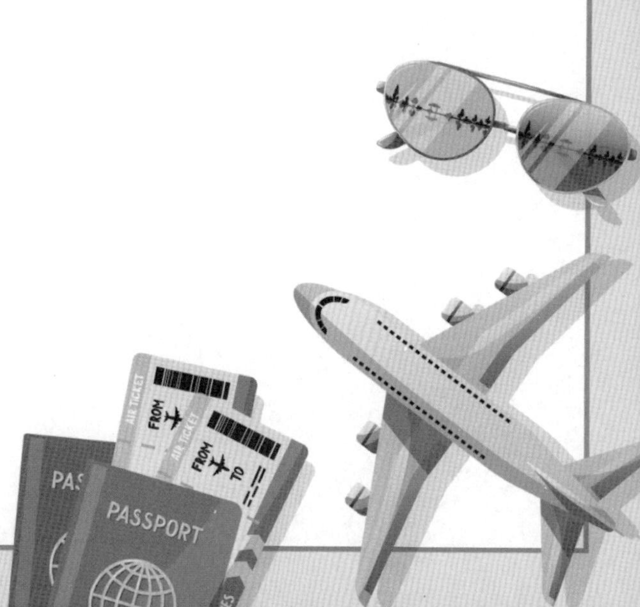

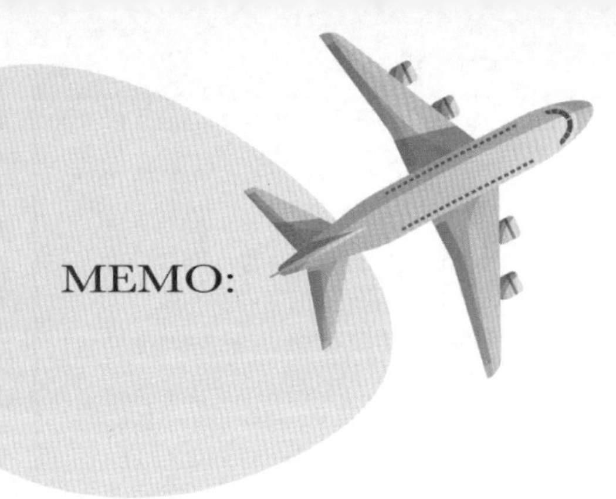
MEMO:

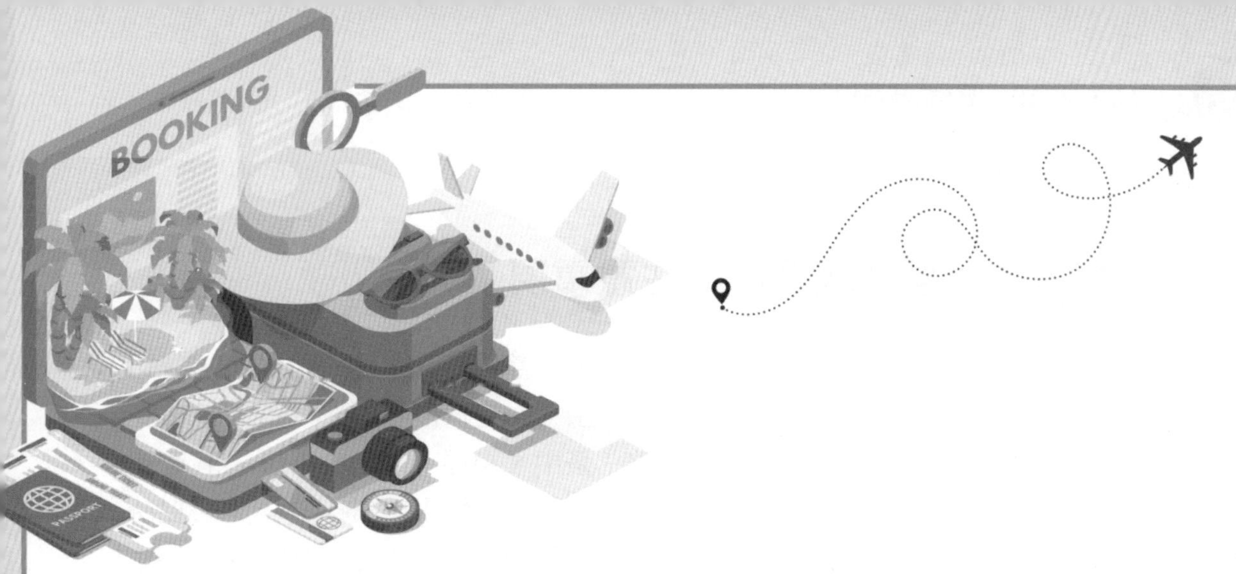

CHAPTER 01 導 論

1-1 考試報名重點注意事項

1-2 專門職業及技術人員普通考試導遊人員考試須知

1-3 專門職業及技術人員普通考試領隊人員考試須知

1-4 重點提示

華語導遊

外語導遊

華語領隊

外語領隊

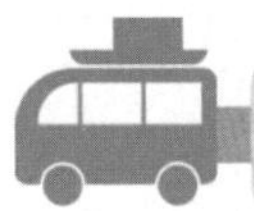

1-1 考試報名重點注意事項

本書提供考試資訊「專門職業及技術人員普通考試導遊人員、領隊人員考試」，約每年 11 月底起至 12 月初止受理報名，此 2 項考試定於隔年的 3 月第二週或第三週的星期六、日，分別在臺北、桃園、新竹、臺中、嘉義、臺南、高雄、花蓮、臺東、澎湖、金門及馬祖等 12 個考區同時舉行，目前每年或間年舉辦一次，遇必要時，得臨時舉行；所需資格，具備高中（職）以上畢業學歷，有心從事及積極投入觀光服務產業之學子及社會各界人士踴躍報名，把握時間完成報名手續。

本考試全面採用網路下載書表報名方式。網路報名，請登入考選部全球資訊網（網址：http://www.moex.gov.tw）直接進入報名，並下載應考須知、報名履歷表、列印繳款單，連同應考資格證明文件及繳款證明等資料。

1-2 專門職業及技術人員普通考試導遊人員考試須知

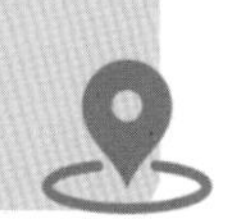

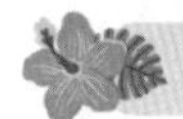

1-2-1 普通考試導遊人員應考資格

考試種類	專技人員高普初考
考試名稱	專門職業及技術人員普通考試導遊人員考試
考試等級	普考（專技）
類科別	導遊人員
學歷資格	高中（職）以上
應考資格	1. 公立或立案之私立高級中學或高級職業學校以上學校畢業，領有畢業證書者。 2. 初等考試或相當等級之特種考試及格，並曾任有關職務滿四年，有證明文件者。 3. 高等或普通檢定考試及格者。
應考資格審議釋例附檔	請參閱考選部網站

1-2-2 專門職業及技術人員普通考試導遊人員考試規則

中華民國 108 年 7 月 22 日考試院考臺組壹一字第 10800026291 號令
修正發布全文十三條

第 1 條　本規則依專門職業及技術人員考試法第十一條第一項規定訂定之。

第 2 條　專門職業及技術人員普通考試導遊人員考試（以下簡稱本考試）分為下列類科：

一、外語導遊人員。

二、華語導遊人員。

第 3 條　本考試每年或間年舉行一次，必要時得增減之。

第 4 條　有導遊人員管理規則所定不得充任導遊，或有其他依法不得應國家考試之情事者，不得應本考試。

第 5 條　中華民國國民具有下列資格之一者，得應本考試：

一、於公立或依法立案之私立職業學校、高級中學以上學校或國外相當學制以上學校畢業，領有畢業證書。

二、高等或普通檢定考試及格。

第 6 條　本考試外語導遊人員類科採筆試與口試二種方式行之。華語導遊人員類科採筆試方式行之。

第 7 條　本考試外語導遊人員類科分二試舉行，第一試筆試錄取者，始得應第二試口試。第一試錄取資格不予保留。

第 8 條　本考試外語導遊人員類科考試第一試筆試應試科目如下：

一、導遊實務（一）（包括導覽解說、旅遊安全與緊急事件處理、觀光心理與行為、航空票務、急救常識、國際禮儀）。

二、導遊實務（二）（包括觀光行政與法規、臺灣地區與大陸地區人民關係條例、兩岸現況認識）。

三、觀光資源概要（包括臺灣歷史、臺灣地理、觀光資源維護）。

四、外國語（英語、日語、法語、德語、西班牙語、韓語、泰語、阿拉伯語、俄語、義大利語、越南語、印尼語、馬來語、土耳其語任選其一）。

經外語導遊人員或華語導遊人員類科考試及格，領有各該類科考試及格證書，報考外語導遊人員類科考試者，第一試筆試外國語以外科目得予免試。

第二試口試，依應考人選考之外國語舉行個別口試，並依外語口試規則之規定辦理。

第一試筆試應試科目均採測驗式試題。

第 9 條　本考試華語導遊人員類科考試應試科目如下：

一、導遊實務（一）（包括導覽解說、旅遊安全與緊急事件處理、觀光心理與行為、航空票務、急救常識、國際禮儀）。

二、導遊實務（二）（包括觀光行政與法規、臺灣地區與大陸地區人民關係條例、兩岸現況認識）。

三、觀光資源概要（包括臺灣歷史、臺灣地理、觀光資源維護）。

前項應試科目均採測驗式試題。

第 10 條　華語導遊人員類科以各科目平均成績為考試總成績，滿六十分為及格。但應試科目有一科成績為零分者，不予及格。缺考之科目，視為零分。

外語導遊人員類科第一試以各科目平均成績滿六十分為錄取。但應試科目有一科目成績為零分或外國語科目成績未滿五十分者，均不予錄取。部分科目免試者，以外國語科目成績滿六十分為錄取。缺考之科目，視為零分。

外語導遊人員類科第二試以各口試委員評分之平均成績為考試總成績，滿六十分為及格。

第 11 條　外國人具有第五條第一款資格者，得應本考試。

第 12 條　本考試及格人員，由考選部報請考試院發給考試及格證書，並函交通部觀光局查照。外語導遊人員考試及格證書，應註明選試外國語言別。

第 13 條　本規則自發布日施行。

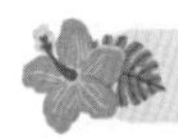 1-2-3 目前我國合格導遊人數

語言別	性別／項目	合計	男性	女性
華語 Chinese	甄訓合格	35,482	21,321	14,161
	領取執照	34,461	20,234	14,213
	領照及執業率	97%	94.9%	100.4%
總計 含華語及 其他外國語	甄訓合格	48,096	28,374	19,722
	領取執照	45,300	26,060	19,225
	領照及執業率	94%	91.8%	97.5%

資料來源：交通部觀光局（截自 2022 年 8 月）

＊領照及執業率代表就業百分比，簡言之，考上及受訓是甄訓合格，但領取執照則是準備執業：代表是考上證照執業率都高達 95.8%以上，最高則達 100.2%（之前甄訓及格今年申請領照），所以考上此證照就是就業之保證，領隊人員亦同此分析。

1-2-4 導遊人員考試命題大綱及內容

中華民國 106 年 11 月 28 日考選部選專一字第 1063302324 號

編號	類科	科目名稱	命題大綱內容
一	華、外語導遊人員	導遊實務（一）（包括導覽解說、旅遊安全與緊急事件處理、觀光心理與行為、航空票務、急救常識、國際禮儀）	一、導覽解說：包含自然生態、歷史人文解說，並包括解說知識與技巧、應注意配合事項。 二、旅遊安全與緊急事件處理：包含旅遊安全與事故之預防與緊急事件之處理。 三、觀光心理與行為：包含旅客需求及滿意度，消費者行為分析。 四、航空票務：包含機票特性、行李規定等。 五、急救常識：包含一般外傷、CPR、燒燙傷、傳染病預防、AED。 六、國際禮儀：包含食、衣、住、行、育、樂為內涵。
二	華、外語導遊人員	導遊實務（二）（包括觀光行政與法規、兩岸人民關係條例及其施行細則（華語）、兩岸現況認識）	一、觀光行政與法規：發展觀光條例、旅行業管理規則、導遊人員管理規則、觀光行政、護照及簽證、外匯常識。 二、兩岸人民關係條例及其施行細則（華語）：以大陸地區人民來臺從事觀光活動許可辦法為主。 三、兩岸現況認識：包含兩岸現況之社會、政治、經濟、文化及法律相關互動時勢。

編號	類科	科目名稱	命題大綱內容
三	華、外語導遊人員	觀光資源概要（包括臺灣歷史、臺灣地理、觀光資源維護）	一、臺灣歷史。 二、臺灣地理。 三、觀光資源維護：包含人文與自然資源。
四	外語導遊人員	外國語（分英語、日語、法語、德語、西班牙語、韓語、泰語、阿拉伯語、俄語、義大利語、越南語、印尼語、馬來語、土耳其語、葡萄牙語等十五種，由應考人任選一種應試）	包含閱讀文選及一般選擇題。
備註			表列各應試科目命題大綱為考試命題範圍之例示，實際試題並不完全以此為限，仍可命擬相關之綜合性試題。

1-2-5 歷年考題分布範圍（數字代表題數，每一科目合計 80 題，2018 年起更改題數減少至 50 題）

科目	命題大綱	2022	2021	2020	2019	2018	2017	2016	2015	2014	2013
導遊實務（一）	導覽解說	14	15	15	18	18	23	22	24	23	25
	旅遊安全與緊急事件處理	11	11	9	10	9	11	10	8	12	12
	觀光心理與行為	7	6	8	6	5	14	13	12	13	11
	航空票務	3	3	4	2	3	13	13	14	13	12
	急救常識	5	6	5	5	5	9	11	12	8	8
	國際禮儀	10	9	9	9	10	10	11	10	11	12
	小　計	50	50	50	50	50	80	80	80	80	80

科目	命題大綱	2022	2021	2020	2019	2018	2017	2016	2015	2014	2013
導遊實務（二）	觀光行政與法規	40	40	39	40	40	41	38	40	33	35
	臺灣地區與大陸地區人民關係條例	9	8	8	7	7	24	26	25	34	33
	兩岸現況認識	1	2	3	3	3	7	8	6	4	3
	小計	50	50	50	50	50	80	80	80	80	80
觀光資源	臺灣歷史	20	19	20	22	18	34	33	33	33	32
	臺灣地理	17	16	17	18	20	30	32	31	35	35
	觀光資源維護	13	15	13	10	12	16	15	16	12	13
	小計	50	50	50	50	50	80	80	80	80	80

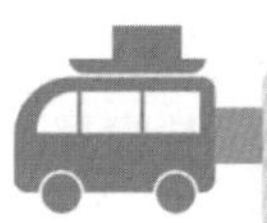

1-3 專門職業及技術人員普通考試領隊人員考試須知

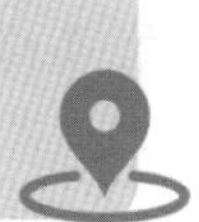

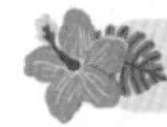

1-3-1 普通考試領隊人員應考資格表

考試種類	專技人員高普初考
考試名稱	專門職業及技術人員普通考試領隊人員考試
考試等級	普考（專技）
類科別	領隊人員
學歷資格	高中（職）以上

應考資格	一、公立或立案之私立高級中學或高級職業學校以上學校畢業，領有畢業證書者。 二、初等考試或相當等級之特種考試及格，並曾任有關職務滿四年，有證明文件者。 三、高等或普通檢定考試及格者。
應考資格審議釋例附檔	請參閱考選部網站

1-3-2 專門職業及技術人員普通考試領隊人員考試規則

中華民國 106 年 11 月 20 日考試院考臺組壹一字第 10600075231 號

第 1 條　本規則依專門職業及技術人員考試法第十一條第一項規定訂定之。

第 2 條　專門職業及技術人員普通考試領隊人員考試（以下簡稱本考試）分為下列類科：

1. 外語領隊人員。
2. 華語領隊人員。

第 3 條　本考試每年或間年舉行一次，必要時得增減之。

第 4 條　有領隊人員管理規則所定不得充任領隊之情事，或有其他依法不得應國家考試之情事者，不得應本考試。

第 5 條　中華民國國民具有下列資格之一者，得應本考試：

1. 公立或立案之私立高級中學或高級職業學校以上學校畢業，領有畢業證書。
2. 初等考試或相當等級之特種考試及格，並曾任有關職務滿四年，有證明文件。
3. 高等或普通檢定考試及格。

第 6 條　本考試採筆試方式行之。

第 7 條　本考試外語領隊人員類科考試應試科目如下：

1. 領隊實務（一）（包括領隊技巧、航空票務、急救常識、旅遊安全與緊急事件處理、國際禮儀）。

2. 領隊實務（二）（包括觀光法規、入出境相關法規、外匯常識、民法債編旅遊專節與國外定型化旅遊契約、臺灣地區與大陸地區人民關係條例、兩岸現況認識）。
3. 觀光資源概要（包括世界歷史、世界地理、觀光資源維護）。
4. 外國語（分英語、日語、法語、德語、西班牙語任選其一）。

經外語領隊人員或華語領隊人員類科考試及格，領有各該類科考試及格證書，報考外語領隊人員類科考試者，筆試外國語以外科目得予免試。

第一項應試科目均採測驗式試題。

第 8 條　本考試華語領隊人員類科考試應試科目如下：
1. 領隊實務（一）（包括領隊技巧、航空票務、急救常識、旅遊安全與緊急事件處理、國際禮儀）。
2. 領隊實務（二）（包括觀光法規、入出境相關法規、外匯常識、民法債編旅遊專節與國外定型化旅遊契約、臺灣地區與大陸地區人民關係條例、兩岸現況認識）。
3. 觀光資源概要（包括世界歷史、世界地理、觀光資源維護）。

前項應試科目均採測驗式試題。

第 9 條　應考人報名本考試應繳下列費件，並以通訊方式為之：
1. 報名履歷表。
2. 應考資格證明文件。
3. 國民身分證影本。華僑應繳僑務委員會核發之華僑身分證明書或外交部或僑居地之中華民國使領館、代表處、辦事處、其他外交部授權機構（以下簡稱駐外館處）加簽僑居身分之有效中華民國護照。
4. 最近一年內一吋正面脫帽半身照片。
5. 報名費。
6. 應考人以網路報名本考試時，其應繳費件之方式，載明於本考試應考須知及考選部國家考試報名網站。

第 10 條
1. 繳驗外國畢業證書、學位證書或其他有關證明文件，均須附繳正本及經駐外館處驗證之影本及中文譯本或國內公證人認證之中文譯本。
2. 前項各種證明文件之正本，得改繳經當地國合法公證人證明與正本完全一致，並經駐外館處驗證之影本。

第 11 條
1. 華語領隊人員類科以各科目平均成績為考試總成績，滿 60 分為及格。但應試科目有一科成績為 0 分者，不予及格。缺考之科目，視為 0 分。

2. 外語領隊人員類科以各科目平均成績為考試總成績，滿 60 分為及格。但應試科目有一科目成績為零分或外國語科目成績未滿 50 分者，均不予及格。部分科目免試者，以外國語科目成績為考試總成績，滿 60 分為及格。缺考之科目，視為零分。

第 12 條　外國人具有第五條第一款、第二款規定資格之一，且無第四條情事者，得應本考試。

第 13 條　本考試及格人員，由考選部報請考試院發給考試及格證書，並函交通部觀光局查照。外語領隊人員考試及格證書，應註明選試外國語言別。

第 14 條　本規則自發布日施行。

1-3-3 目前我國合格領隊人數

語言別	性別 項目	合計	男性	女性
英語 English	甄訓合格	41,060	16,520	24,540
	領取執照	35,857	15,333	20,514
	領照及執業率	87%	92.8%	83.6%
華語 Chinese	甄訓合格	30,309	15,767	14,542
	領取執照	25,449	14,136	11,308
	領照及執業率	84%	89.7%	77.8%
總計 含華語及 其他外國語	甄訓合格	71,369	32,287	39,082
	領取執照	61,306	29,469	31,822
	領照及執業率	86%	91.3%	81.4%

資料來源：交通部觀光局（截自 2022 年 8 月）

1-3-4 領隊人員命題大綱及內容

中華民國 106 年 11 月 28 日考選部選專一字第 1063302324 號

編號	類科	科目名稱	命題大綱內容
一	華、外語領隊人員	領隊實務（一）（包括領隊技巧、航空票務、急救常識、旅遊安全與緊急事件處理、國際禮儀）	一、領隊技巧： （一）導覽技巧：包含使用國內外歷史年代對照表。 （二）遊程規劃：包含旅遊安全和知性與休閒。 （三）觀光心理學：包含旅客需求及滿意度，消費者行為分析，並包括旅遊銷售技巧。 二、航空票務： 包含機票特性、限制、退票、行李規定等。 三、急救常識： （一）一般急救須知和保健的知識 （二）簡單醫療術語 四、旅遊安全與緊急事件處理： （一）人身安全 （二）財物安全 （三）業務安全 （四）突發狀況之預防處理原則 （五）旅遊糾紛案例 （六）旅遊保險 五、國際禮儀： 包含食、衣、住、行、育、樂為內涵。
二	華、外語領隊人員	領隊實務（二）（包括觀光法規、入出境相關法規、外匯常識、民法債編旅遊專節與國外定型化旅遊契約、臺灣地區與大陸地區人民關係條例、兩岸現況認識）	一、觀光法規： （一）觀光政策 （二）發展觀光條例 （三）旅行業管理規則 （四）領隊人員管理規則 二、入出境相關法規： （一）普通護照申請 （二）入出境許可須知 （三）男子出境、再出境有關兵役規定 （四）旅客出入境臺灣海關行李檢查規定 （五）動植物檢疫 （六）各地簽證手續

編號	類科	科目名稱	命題大綱內容
二（續）	華、外語領隊人員（續）	領隊實務（二）（包括觀光法規、入出境相關法規、外匯常識、民法債編旅遊專節與國外定型化旅遊契約、臺灣地區與大陸地區人民關係條例、兩岸現況認識）	三、外匯常識： 包含中央銀行管理相關辦法有關外匯、出入境部分。 四、民法債編旅遊專節與國外定型化旅遊契約： 包含應記載、不得記載事項。 五、臺灣地區與大陸地區人民關係條例： 包含施行細則。 六、兩岸現況認識： 包含兩岸現況之社會、政治、經濟、文化及法律相關互動時勢。
三	外語領隊人員	觀光資源概要（包括世界歷史、世界地理、觀光資源維護）	一、世界歷史： 以國人經常旅遊之國家與地區為主，包含各旅遊景點接軌之外國歷史，並包括聯合國教科文委員會(UNESCO)通過的重要文化及自然遺產。 二、世界地理： 以國人經常旅遊之國家與地區為主，包含自然與人文資源，並以一般主題、深度旅遊或標準行程的主要參觀點為主。 三、觀光資源維護：包含人文與自然資源。
四	外語領隊人員	外國語（分英語、日語、法語、德語、西班牙語等五種，由應考人任選一種應試）	包含閱讀文選及一般選擇題。
五	華語領隊人員	觀光資源概要（包括世界歷史、世界地理、觀光資源維護）	一、世界歷史： 以國人經常旅遊之國家與地區為主，包含各旅遊景點接軌之外國歷史，並包括聯合國教科文委員會(UNESCO)通過的重要文化及自然遺產。 二、世界地理： 以國人經常旅遊之國家與地區為主，包含自然與人文資源，並以一般主題、深度旅遊或標準行程的主要參觀點為主。 三、觀光資源維護： 包含人文與自然資源。
備註			表列各應試科目命題大綱為考試命題範圍之例示，實際試題並不完全以此為限，仍可命擬相關之綜合性試題。

1-3-5 歷年考題分布範圍（數字代表題數，每一科目合計 80 題，2018 年起更改題數減少至 50 題）

科目	命題大綱	2022	2021	2020	2019	2018	2017	2016	2015	2014	2013
領隊實務（一）	領隊技巧	11	9	9	8	8	19	20	17	20	22
	航空票務	10	10	10	8	7	16	17	17	12	13
	急救常識	8	7	6	7	7	11	10	12	10	9
	旅遊安全與緊急事件處理	19	20	21	22	23	22	23	21	25	24
	國際禮儀	2	4	4	5	5	12	10	13	13	12
	小　計	50	50	50	50	50	80	80	80	80	80
領隊實務（二）	觀光法規	17	16	16	16	15	24	25	23	24	24
	入出境相關法規	10	11	12	11	13	19	17	18	18	20
	外匯常識	2	3	3	2	2	4	3	4	3	4
	民法債編旅遊專節與國外定型化旅遊契約	10	10	9	11	10	18	19	19	19	16
	臺灣地區與大陸地區人民關係條例及其施行細則	8	7	8	7	7	10	11	10	11	8
	兩岸現況認識	3	3	2	3	3	5	5	6	5	8
	小　計	50	50	50	50	50	80	80	80	80	80
觀光資源	世界歷史	25	22	22	20	21	38	40	38	39	36
	世界地理	25	18	20	27	19	40	29	32	30	30
	觀光資源維護	0	10	8	3	10	2	11	10	11	14
	小　計	50	50	50	50	50	80	80	80	80	80

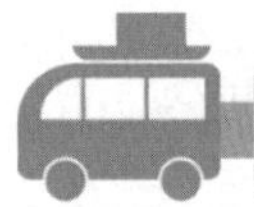

1-4 重點提示

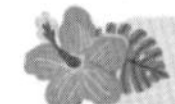

1-4-1 普通考試導遊人員考試部分（平均 60 分及格）

1. 近年考題分布情形，導遊實務一（選擇題一題 2 分，50 題共 100 分）
   (1) 導覽解說考題約有 30%，熟讀考古題，一般要取一半以上分數。
   (2) 導覽解說約有 15 題，熟讀考古題，一般要取一半分數。
   (3) 旅遊安全與緊急事件處理要取九成分數，必須要牢記，實務上非常重要。
   (4) 觀光心理與行為各家理論與實務皆有出入，不易取分。
   (5) 航空票務國際性，英文專業用語居多，必須取八成分數以上，不要放棄。
   (6) 急救常識有實務性，多加閱讀，必須取八成分數以上，重要。
   (7) 國際禮儀有實務性，多加閱讀，必須取九成分數以上，或分數全拿。
   ★★★★★導遊實務（一）必須取得 76 分以上，資料較有範圍可準備★★★★★
2. 導遊實務二（一題 2 分，50 題共 100 分）
   (1) 觀光行政與法規考題約 80%，一般要取七成分數，必須熟讀，不可觸法。
   (2) 觀光行政與法規約 40 題，一般要取七成分數，必須熟讀，不可觸法。
   (3) 臺灣與大陸地區人民關係條例法規必須要熟讀，不可觸法，要取七成分數。
   (4) 兩岸現況認識，多看時勢報導，必須拿滿分。
   ★★★★★導遊實務（二）必須取得 76 分以上，有一定範圍資料可準備★★★★★
3. 觀光資源概要（選擇題一題 2 分，50 題共 100 分）
   (1) 臺灣歷史約 20 題，範圍大不易準備，勤作考古題。
   (2) 臺灣地理約 20 題，範圍大不易準備，勤作考古題。
   (3) 臺灣世界觀光資源約 10 題，範圍大不易準備，勤作考古題。
   ★★觀光資源分數難取，必須前兩科取得高分來平均，資料範圍大不易準備★★
4. 外語導遊考外語（選擇題一題 1.25 分，80 題共 100 分）
   (1) 有文法、字彙、閱讀測驗，與平常學習養成有很大關係，臨時抱佛腳較不易得分，熟讀觀光旅遊業專業術語及旅遊英語，多注意全球旅遊資訊或時事新聞，取得閱讀分數，機會愈大，有利於拉高總平均分數。
   (2) 筆試後口試（華語導遊已修法取消口試）一般分三部分，自我介紹、自取一景點介紹、主考官詢問問題，大約 5~6 分鐘因人而異，視主考官（最少 2 人）而定。本文編者口試時亦被詢問不易回答之問題，也曾經有人投書媒體報導口試問題奇怪；一般不太刁難，視臨場機智反應及從容不迫回答取分。
   ★★外語口試無範圍，此科必須 50 分以上再與其他三科平均 60 分及格★★

1-4-2 普通考試領隊人員考試部分（一題 2 分，50 題共 100 分）

1. 近年考題減至 50 題分布情形下，領隊實務一（選擇題一題 2 分，50 題共 100 分）
   (1) 領隊技巧約 8 題，一般要取八成分數，注意考生要以領隊的角度回答問題。
   (2) 旅遊安全與緊急事件處理，必須要牢記，實務上非常重要，要取九成分數。
   (3) 航空票務，國際性，英文專業用語居多，必須取八成分數以上。
   (4) 急救常識，有實務性，多加閱讀，必須取八成分數以上，重要。
   (5) 國際禮儀，有實務性，多加閱讀，必須取九成分數以上，或分數全拿。
   ★★★★★領隊實務（一）必須取得 86 分以上，資料有一定範圍可準備★★★★★
2. 領隊實務二（一題 2 分，50 題共 100 分）
   (1) 觀光行政與法規約 15 題，必須要熟背，不可觸法，一般要取七成分數。
   (2) 臺灣與大陸地區人民關係條例法規，必須要熟讀，不可觸法，要取七成分數。
   (3) 出入境相關法規，出國回國相關事項，必須要熟讀，取八成分數以上。
   (4) 外匯常識帶團出國必用，必須要瞭解，要取九成分數以上。
   (5) 民法債編旅遊專節與國外定型化旅遊契約約 10 題，這是我國訂定之民法，與法規不在同規範內，此部分較為艱難初入此行業者都未必都能瞭解，盡量取分。
   (6) 兩岸現況認識，多看時事報導，必須得滿分。
   ★★★★★領隊實務(二)必須取得 70 分以上，有一定範圍的資料可準備★★★★★
3. 觀光資源概要（選擇題一題 2 分，50 題共 100 分）
   (1) 世界歷史（臺灣、大陸歷史）約 20 題，範圍大不易準備，勤作考古題。
   (2) 世界地理（臺灣、大陸地理）約 20 題，範圍大不易準備，勤作考古題。
   (3) 世界觀光資源維護（大陸觀光資源）約 10 題，範圍大不易準備，勤作考古題。
   (4) 自2019年起考題在觀光資源部分明顯增加，尤其在各國家地區宗教信仰上出題。
   (5)領隊考試世界歷史地理觀光資源概要題型分析，如下。

<table>
<tr><th colspan="2">2021~2022 年度</th><th colspan="3">2022</th><th colspan="3">2021</th></tr>
<tr><th>試題地區</th><th>項目</th><th colspan="2">題數</th><th>比例</th><th colspan="2">題數</th><th>比例</th></tr>
<tr><td rowspan="2">中國大陸</td><td>歷史</td><td>4</td><td rowspan="2">15</td><td rowspan="2">30%</td><td>2</td><td rowspan="2">4</td><td rowspan="2">8%</td></tr>
<tr><td>地理</td><td>11</td><td>2</td></tr>
<tr><td rowspan="2">臺灣地區</td><td>歷史</td><td>8</td><td rowspan="2">12</td><td rowspan="2">24%</td><td>2</td><td rowspan="2">3</td><td rowspan="2">6%</td></tr>
<tr><td>地理</td><td>4</td><td>1</td></tr>
</table>

2021~2022 年度		2022			2021		
試題地區	項目	題數		比例	題數		比例
美洲	歷史	2	4	8%	6	9	18%
	地理	2			3		
亞洲地區	歷史	6	10	20%	4	11	22%
	地理	4			7		
歐洲地區	歷史	4	6	12%	4	8	16%
	地理	2			4		
以上地區占整體考題比例		共題 47 題		94%	共 35 題		70%
大洋洲地區	歷史	1	2	4%	0	1	2%
	地理	1			1		
俄羅斯地區	歷史	0	0	0%	0	0	0
	地理	0			0		
非洲地區	歷史	1	1	2%	0	1	2%
	地理				1		
印度地區	歷史	0	0	0	1	1	2%
	地理	0			0		
中東地區	歷史	0	0	0	2	2	4%
	地理	0			0		
觀光資源	廣泛	0	0	0	10	10	20%
總計	歷史	25	共50題	100%	21	共50題	100%
	地理	25			19		
	觀光資源	0			10		

(6) 世界地理歷史範圍極廣，若要準備實屬不易，但還是有脈絡可循，按題型國家地區分布應著重在：臺灣地區、中國大陸、美洲（美國）、亞洲地區、歐洲地區等，已經占了七成以上（如前表格分析數字），在筆者細心的逐一整理及研究分析後，應考者讀完本章節應該有準備之方向與規劃。提示如下：

世界地區	分析出題範圍
中國大陸	春秋戰國時代、河川山脈、地景地貌必考、特殊季節、氣候景象必考、中國人陸世界遺產必考、考古學及發現人種必考、唐詩宋詞藝術品必考、出名之酒類、歷史事件及各朝代盛事。
臺灣地區	原住民必考、各地名產、城市舊稱、國家公園必考、國家風景區必考、森林遊樂園及保護區、中華民國邦交國。
美洲(美國)	美洲地區大部分考題出自於美國歷史地理居多，約 9:1。其他如加拿大及中南美洲並不多。美國部分，13 處殖民地必考、獨立革命必考、開國元勳、南北戰爭必考、經濟大蕭條必考、工業革命人物及發明、黑人民權運動及音樂必考、美國國家公園必考、美國總統、高山河流湖泊。中南美洲部分，印加(Inka)、阿茲提克(Aztec)、馬雅(Maya)等文明文化必考、礦物產出、高山河流湖泊等。
亞洲地區	南北韓戰爭事件及運動必考、越南戰爭必考、特殊要道(麻六甲海峽)、中南半島國家曾經被殖民國家必考、各國國父領導人及事件必考(但題項不多)、相關宗教必考(回教、印度教、佛教等)、各種條約必考。
歐洲地區	十字軍東征必考、宗教革命必考、大航海時期必考、文藝復興人物及藝術品必考、法國大革命必考、拿破崙、工業革命人物及發明、一二次世界大戰重要戰役必考、三種世界遺產必考、河流(萊茵河、多瑙河必考)、城市特徵必考(如霧都－倫敦)、各時期建築特徵、各類型宗教必考(新教、東方正教、羅馬公教、基督教等)、各國及地區礦產、西班牙高第建築、歐美冷戰及共產主義等。
大洋洲地區	各區域海峽必考、山脈地形河流、紐西蘭毛利人、澳洲特有動物(有袋類、鴨嘴獸、針鼴等)。
非洲地區	地形地貌必考(非洲大裂谷、撒哈拉沙漠、動物大遷徙等)、非洲高山河流。
觀光資源	奧林匹克運動會舉辦地及特殊事件、世界遺產、英文簡寫(UNESCO、CNN、NBA 等)。

4. 外語領隊(選擇題一題 1.25 分，80 題共 100 分)

有文法、字彙、閱讀測驗，與平常學習養成有很大關係，臨時抱佛腳較不易得分，熟讀觀光旅遊業專業術語及旅遊英語，多注意全球旅遊資訊或時勢新聞，幫助取得閱讀分數。

★★外語筆試無範圍，本項必須 50 分以上再與其他三科平均 60 分及格★★

1-4-3 提 醒

1. 導遊與領隊考試，兩項考試範圍重複科目約占八成，若要在此行業深耕，建議必須擁有此 2 張證照，較具全面性資格。
   (1) 導遊考試多考導覽實務與解說、觀光心理與行為、臺灣歷史地理與臺灣觀光資源概要，差異可說不大，外語導遊多考外語。
   (2) 領隊考試多考領隊技巧、出入境相關法規、民法債編旅遊專節、國外定型化旅遊契約、世界（臺灣、大陸）歷史、世界（臺灣、大陸）地理與世界（臺灣、大陸）觀光資源概要，外語導遊多考外語，如以英語難易度來分析，兩者已相差不大，可同時進行應考。

2. 每年都是在農曆年之後的 3 月份進行考試，也因過年氣氛熱鬧，無法專心看書，故有所懈怠，建議有關法規民法及各項關係條例利用考前 3 個月的時間來衝刺。至於，其他考試內容及範圍則建議提早準備，最少 6 個月前，因每個人所接觸到的層面不相同，希望透過此書的介紹，能做充分的準備；勿聽信他人「不用準備，就能考上」的謠言，還是要靠自身的努力。法規條例較枯燥乏味難理解，很多的考生總分都考在平均 55~59.5 分之間，非常可惜，只要多加努力，並依本書的比例重點取分，恭喜您，會是在考取的安全範圍內。

3. 再次提醒各位考生，取得華語導遊及領隊資格，想晉升為外語導遊或領隊時，2018 年起只需另加考外語即可，不需要重考所有的科目，希望透過此書的出版及筆者 30 年的經驗，希望對大家有所貢獻，並祝各位均能金榜題名。

4. 注意以下為近年，「考選部考古題」的注意事項：
   (1) 導遊人員考試
   「外語（含英語）」、「華語」－導遊實務（一）考試題目相同。
   「外語（含英語）」、「華語」－導遊實務（二）考試題目不同。
   「外語（含英語）」、「華語」－觀光資源概要（三）考試題目相同。
   (2) 領隊人員考試
   「外語（含英語）」、「華語」－領隊實務（一）考試題目相同。
   「外語（含英語）」、「華語」－領隊實務（二）考試題目不同。
   「外語（含英語）」、「華語」－觀光資源概要（三）考試題目相同。
   (3) 考試答案
   附上「更正後答案（正確答案）」於附件光碟中，以供讀者方便閱讀及練習。

5. 在本書中所列出之法規條款因篇幅及重點因素，編者用節略的方式在書中呈現，依編者的經驗及歷年來考古題出題的頻率，作為節略之重點，但並不表示未出現在本書中的法規條款就一定不會考，相對的出題之相關學者專家亦有提醒或告知法規條款之精神精義的任務。因此，本書在 QR code 中特別附加了有關考試的法規條款全文供讀者閱讀，俾使讀者準備應試更加便利。

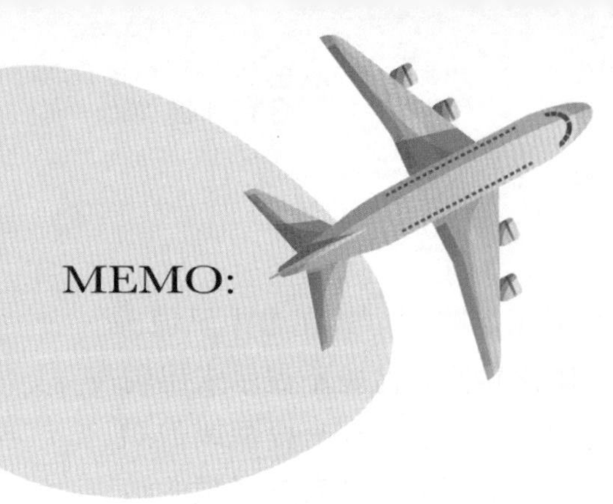

MEMO:

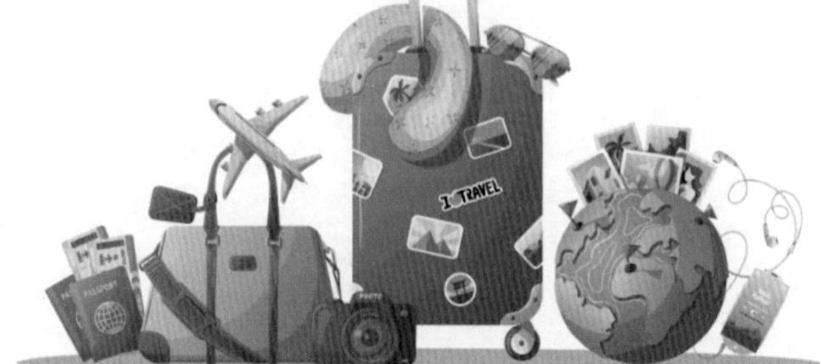

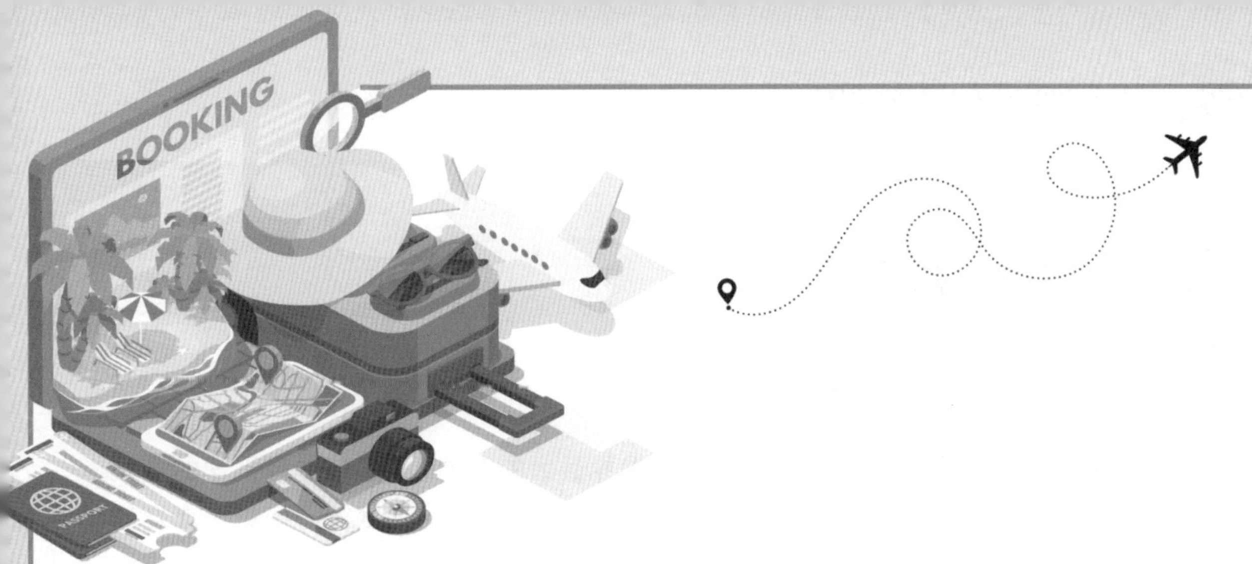

CHAPTER 02 觀光學概述

2-1 觀光學

2-2 旅行業概述

2-3 旅行業大事紀

2-4 旅行業種類與經營型態

2-5 旅行業籌辦程序

2-6 旅行業作業概述

華語導遊

外語導遊

華語領隊

外語領隊

2-1 觀光學

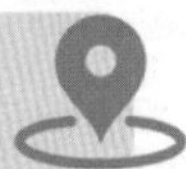

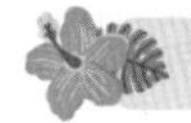 2-1-1 何謂觀光服務業

UNWTO(1998)廣義的觀光業被視為全世界最大的產業，也是成長最迅速的產業之一，產值達全球服務業貿易總值的三分之一，由於觀光業高度勞力密集，成為就業機會的主要提供者，尤其是在偏遠和鄉村地區。不論是國內或國際的觀光需求均和所得水準直接相關，所以隨著全世界更為富庶，觀光需求也跟著增加，觀光的要素：

1. 觀光服務的供應主要的特色是顧客跨國境的移動。
2. 顧客到供應者的地方去，而非如許多其他服務業之相反情形。
3. 觀光業實際上是由許多服務部門所組成，所以觀光業的經濟影響力通常無法在國家統計上明確定義。
4. 觀光是高度「易消耗」的商品，未售出的機位和旅館房間等，均無剩餘價值。
5. 觀光業相當倚賴公共設施，並依靠不同的運輸服務來運送顧客。
6. 觀光業面臨的重要挑戰包括環境和公共設施問題，以及迅速的科技變化。

★ 根據發展觀光條例，第二條定義

觀光產業指有關觀光資源之開發、建設與維護，觀光設施之興建、改善，為觀光旅客旅遊、食宿提供服務與便利及提供舉辦各類型國際會議、展覽相關之旅遊服務產業。

★ 觀光事業的定義

在觀光活動中，為促進觀光客與觀光資源間的結合，其間必須要有相關的媒介存在，使觀光客得以達到其觀光的目的，我們即稱為觀光事業。(楊明賢、劉翠華，2008)

2-1-2 觀光的定義

1. 觀光一詞，出現於我國古代諸典籍中如《易經》、《漢書》。《易經》曰：「觀國之光，利用賓於王」，此乃我國歷代典籍最早有觀光記載之始此所謂觀國之光，係指巡遊他國，觀察其風土民情，政治制度之意思，故「觀光」一詞原具有熱愛及宣揚自己國家的雙重意義。

2. 瑞士教授漢契克和克拉夫普於 1942 年，對觀光的定義如下：觀光是非定居者的旅行和暫時居留而引起的現象的關係之總合，這些人不會導致長期居留，並且不從事賺錢的活動。
3. 觀光活動的組成是由環境(environment)、設施(facilities)、遊客(visitor)、管理經營者(management)所組成。
4. 觀光的元素組成：人(people)、空間(space)、時間(time)。

2-1-3 觀光相關的專有名詞

1. 觀光、休閒、遊憩之定義

種類	學者	定義釋義
觀光 Tourism	UNWTO	人從事旅遊活動前往或停留某地不超過一年，而該地非其日常生活環境，在此環境下進行休閒或其他目的的一種組合。
	吳偉德 2018	1. 甲地至乙地的移動，帶動運輸產業之就業率，如遊覽車司機。 2. 至少停留 24 小時以上，帶動旅館住宿、餐廳飲調業就業率。 3. 需有教育與娛樂等活動，產生觀光資源、旅行業、領隊導遊與服務人員之就業率。
休閒 Leisure	Cordes & Ibrahin, 1999	1. 休閒就是空閒的時間，人的生活可以用生計(existence)、生存(subsistence)、空閒(vacate)三大時間所支配。 2. 休閒是自願而非強迫性的活動。
遊憩 Recreation	楊健夫 2007	1. 遊憩是一種活動、體驗，目的在滿足自己實質、社會、心理需求。 2. 在休閒的時間裡，任何可以滿足個人的行為活動。

2. 旅遊型態目的不同之定義

種類	定義釋義
觀光客 Tourist	離開居住地，基於旅遊、探親、會議、商務、運動、宗教等各種目的，而遊訪他處至少停留 24 小時，而返回原居住地之人。
訪客 Visitor	無特別區分是否為遊客，指造訪某地區國家至少停留 24 小時之旅客，目的可包含假日、研習、運動乃至商務、探親、會議等目的。

種類	定義釋義
國際觀光客 International Tourist	依旅客出入境情形可再區分為「來訪」與「出國」觀光客，以我國為觀點，所謂「來訪觀光客」，係指由其他國家或地區至我國從事觀光活動之「來臺觀光客」；而就他國立場，則指由我國至其他國家或地區從事觀光活動之「出國觀光客」。
國內觀光客 Domestic Tourist	本項觀光客主要從觀光地主國加以界定，舉凡在國內從事觀光旅遊活動者皆屬之，其將包括國外「來訪（臺）觀光客」與本國之「國民旅客」。

3. 觀光系統主要角色
   (1) Tourist 觀光客：尋求各種心理(psychic)、生理(physical)經驗與滿足者，其本質將決定選擇的目的地、享樂的活動。
   (2) Industry、Business 業者：由提供觀光客所需要的財貨、勞務，而獲取報酬之業者。
   (3) Government 政府：扮演管理制定政策、出入境、簽證措施、主管業者等業務，經濟面可獲得外匯、稅收，並可促進社會文化、外交等發展。
   (4) Host Community 地主社區：當地人們通常是觀光文化、觀光相關產業發展的重要因素，當地人們與外國觀光客間互動效果，對當地人可能是有利，如經濟繁榮；亦可能有害，如物價上漲、破壞原生態環境。
4. 觀光客與旅行者差異：Cohen(1974)亦曾列出七項更能區別觀光客與其他旅行者不同之處。（劉祥修，2003）

區分種類	內容釋義
暫時性的 Temporary	以區別長期徒步旅行者(the tramp)和游牧民族(the nomad)。
自願性的 Voluntary	以區別被迫流亡或放逐者(the exile)及難民(the refugee)。
周遊返回性的旅程 Round Trip	以區別遷居移民(the migrant)的單程旅行。
相對較長的居留時間 Relatively Long	以區別從事短程遊覽者(the excursionist)或遊玩者(the tripper)。

區分種類	內容釋義
非定期反覆的 Non Recurrent	以區別度假別墅所有者定期前往的旅程。
非為了利益報酬 Non Instrumental	以區別將旅行當作達成另一目的者，如商務旅行者、業務代表之旅行或朝聖者。
出於新奇感及換環境 for Novelty and Change	以區別為了別的目的而旅行者，如求學者。
由以上觀光客之特徵，觀光業者可將觀光客由其他旅行者區隔出來，藉此分析觀光客之行為特徵與旅遊之觀感，進而擬定各樣行銷策略與其所需之服務，塑造一個良好、舒適的觀光環境。	

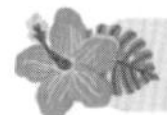 2-1-4 國際觀光需求之影響因素分析

可能影響國際觀光需求發生的層面極為廣泛且錯綜複雜，歸納為五大層面：

1. 「社會性」影響力

本類影響因素係從觀光需求者或旅行發生國家、地區之觀點考慮。

(1) 社會總體因素：主要包括人口與文化兩項因素。

(2) 社會個體因素：個人之觀光旅遊偏好與習慣，乃至休閒遊憩觀念等。

2. 「經濟性」影響力

本類因素對觀光需求之影響力，主要建立於需求者，購買觀光產品之消費能力。

(1) 消費實力來源主要為國民所得與經濟成長，此兩項因素之區別，在於前者較偏個人觀點，而後者則強調影響觀光需求之經貿活動。

(2) 至於影響消費傾向之因素，則有物價與匯率兩項。

3. 「政治性」影響力

由於國際觀光需求在實質空間上跨越兩個以上國家或地區。因此，影響觀光需求之政治性因素由此可又分為三項：

(1) 觀光旅遊產生國、地區之政治情勢。

(2) 觀光旅遊吸引國、地區之政治情勢。

(3) 觀光吸引與產生國、地區間之外交關係，或實質交往情形。

4. 「市場性」影響力

(1) 觀光需求之誘發，除來自親朋好友之口耳相傳外，觀光業者是否對市場採取主動且積極之推廣與行銷策略，乃為創造需求之關鍵。

(2) 就觀光目的地而言，其對本身所擁有觀光資源是否合理規劃、有效開發及永續經營，亦即所謂觀光吸引力條件之良窳，實為創造觀光需求之根源。

(3) 觀光市場中各產品間之區隔與競爭情形，對觀光目的地所能吸引之需求量，在觀光產品間其高度替代性之前提下，亦有間接影響效果。

5. 「環境性」影響力

(1) 環境性因素主要係指觀光事業經營之外部條件，此類因素通常係非觀光業者所能控制。

(2) 在政府方面，包括主導觀光事務之官方機構與管理，觀光事業之相關法令，乃至國家發展觀光政策等。

(3) 觀光目的地之可及性條件與安全性條件，均屬觀光事業經營之外部環境，其對觀光需求之發生，則或有誘發，或有抑制之效果。

2-1-5 觀光資源

一、觀光資源(tourism resources)定義

觀光目的地能迎合並滿足遊客需求潛在特質及從事旅遊活動之一切事務稱為觀光資源；在研究領域中，任何扮演吸引觀光客的主要角色，包括自然資源、觀光節慶、戶外遊憩設施和觀光吸引力。

二、觀光資源的分類

自然資源	包括風景、氣象、地質、地形、野生動植物。
文化資源	包括歷史文化、古蹟建築、節慶民俗、產業設施。

三、內政部營建署分類

國家公園 National Park	為保護國家特有之自然風景、野生物及史蹟，並提供國民育樂及研究而劃定之地區。
一般管制區 General Management Area	國家公園區域內不屬於其他任何分區之土地與水面。包括既有小村落，並准許原土地利用型態之地區。

遊憩區 Recreation Area	國家公園區內適合各種野外育樂活動，並准許興建適當育樂設施及有限度資源利用行為之地區。
史蹟保存區 Historic Area	國家公園區內為保存重要史前遺跡、史後文化遺址及有價值之歷代古蹟而劃定之地區。
特別景觀區 Significant Scenic Area	國家公園區內無法以人力再造之特殊天然景致，而嚴格限制開發行為之地區。
生態保護區 Ecological Protected Area	國家公園區內為供研究生態而予以嚴格保護之天然生物社會及其生育環境之地區。
野生動物 Wildlife	自然演進生長，未經任何人工飼養、撫育或栽培之動物及植物。
都會公園 Metropolitan Park	都會區內提供都會居民戶外休閒活動，以增進生活品質與都會環境景觀之大型森林公園。

資料來源：內政部營建署

★ 陳昭明(1981)，特別提到

因為觀光發展之關鍵在觀光規劃是否健全及妥適對當地環境的認識，構成因素：

因素	種類	釋義
人文因素	歷史古蹟	紀念性、歷史性、學術性、古蹟活化。
	人為建築	外觀結構、功能、獨特性、紀念性。
自然因素	地形	坡度、山峰、水流、組織。
	地質	土壤質地、岩石組成、地層結構。
	植物	種類、數量、分布、獨特性。
	動物	種類、數量、分布、獨特性。
	氣象	適意程度、季節變化、獨特性。
	空間	空間結構、光線、連續性、透視程度。

★ 陳敦基(2004)，提出還要重視的資源包含：

基本設施 Infrastructure	
地面及地下建物體	如自來水、電力、通訊、排水等系統、公路、道路、停車場、機場、碼頭、巴士站、火車站、公園、照明。
觀光交通系統	如道路設計、標誌、風景路線、服務設施、目的地標誌、道路符合國際水準。
運輸及設施 Transportation & Equipment	
航空機場接待	搬運人員要親切，機場空調、動線安排、登機安排、時刻表明確、良好接駁運輸系統、Shuttle bus、機場快鐵。
鐵路及輕鐵	豪華車廂提供、觀光列車、旅遊車票、高鐵、歐洲 Europass、法國 TGV。
海上交通及遊輪	海上度假區(Floating Resort)、遊輪(Cruise)、岸上觀光(Shore Excursion)、海上旅館(Floatel)。
上層設施 Superstructure	
建築設施	星級飯店、度假區(Resort)、購物中心(Mall)、遊樂場、博物館、商店等。
特殊建築	吸引人之不凡建築，應結合建築、景觀、造形、設計、高質感，如臺北 101 大樓、雪梨歌劇院等。
旅館等級	5 星級世界連鎖飯店，如 Sheraton Hotel、Hyatt Hotel。

2-1-6 觀光局行政管理體系

1. 觀光事業管理行政體系圖

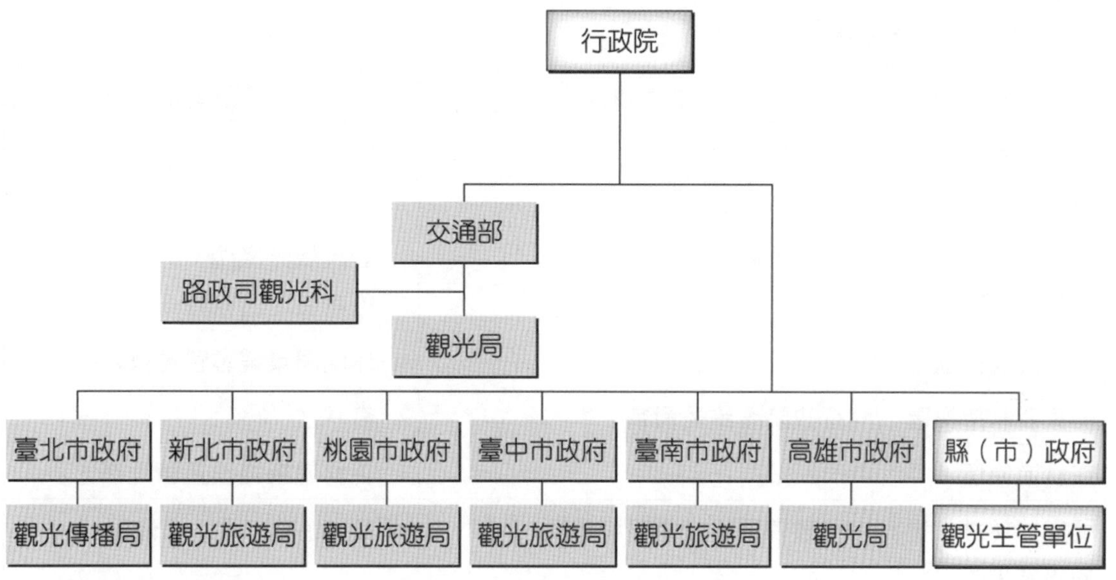

● 圖 2-1 觀光事業管理行政圖

資料來源：交通部觀光局

2. 觀光行政體系

觀光事業管理之行政體系，在中央係於交通部下設路政司觀光科及觀光局。

直轄市分別為	各縣（市）政府相繼提升觀光單位之層級為
1. 臺北市觀光傳播局	1. 嘉義縣成立文化觀光局
2. 新北市觀光旅遊局	2. 苗栗縣成立文化觀光局
3. 桃園市觀光旅遊局	3. 連江縣成立交通旅遊局
4. 臺中市觀光旅遊局	
5. 臺南市觀光旅遊局	
6. 高雄市觀光局	

2016 年 06 月 22 日地方制度法修正施行後，縣府機關編修，組織調整，故宜蘭縣成立工商旅遊處，基隆市、新竹縣成立交通旅遊處，臺東縣成立觀光旅遊處，新竹市成立城市行銷處，南投縣、花蓮縣、金門縣成立觀光處，嘉義市成立交通觀光處，屏東縣成立觀光傳播處，澎湖成立旅遊處，專責觀光建設暨行銷推廣業務。

3. 觀光遊憩區管理體系

觀光遊憩區	主管單位	法源規定
國家公園 都會公園	內政部營建署	國家公園法
國家風景區 民營遊樂區	交通部觀光局	1. 發展觀光條例 2. 風景特定區管理規則
休閒農漁園區	行政院農業委員會	1. 休閒農業輔導管理辦法
國家森林遊樂區		2. 森林法
森林遊樂區		3. 森林遊樂區設置管理辦法
國家農（林）場 觀光農場	行政院退除役官兵輔導委員會	國軍退除役官兵輔導條例
水庫河川地 河濱公園 水庫、溫泉	經濟部水利署、水資源局等	1. 水利法 2. 河川管理辦法 3. 溫泉法
大學實驗林 博物館、紀念館	教育部 臺灣大學（溪頭森林遊樂區） 中興大學（惠蓀林場）	1. 大學法 2. 森林法 3. 社會教育法
高爾夫球場	行政院體育委員會	高爾夫球場管理規則
古蹟	內政部	文化資產保存法
觀光旅館 旅館業 民宿	交通部	1. 發展觀光條例 2. 觀光旅館業管理規則 3. 旅館業管理規則 4. 民宿管理辦法

2-1-7 旅行業相關組織和單位

一、交通部觀光局

交通部觀光局(Tourism Bureau Ministry of Transportation and Communications, R.O.C.)，主管全國觀光事務機關，負責對地方及全國性觀光事業之整體發展，執行規劃輔導管理事宜，其法定職掌如下：

1. 觀光事業之規劃、輔導及推動事項。
2. 國民及外國旅客在國內旅遊活動之輔導事項。
3. 民間投資觀光事業之輔導及獎勵事項。
4. 觀光旅館、旅行業及導遊人員證照之核發與管理事項。
5. 觀光從業人員之培育、訓練、督導及考核事項。
6. 天然及文化觀光資源之調查與規劃事項。
7. 觀光地區名勝、古蹟之維護，及風景特定區之開發、管理事項。
8. 觀光旅館設備標準之審核事項。
9. 地方觀光事業及觀光社團之輔導，與觀光環境之督促改進事項。
10. 國際觀光組織及國際觀光合作計畫之聯繫與推動事項。
11. 觀光市場之調查及研究事項。
12. 國內外觀光宣傳事項。
13. 其他有關觀光事項。

二、財團法人臺灣觀光協會

財團法人臺灣觀光協會(Taiwan Visitors Association)成立於 1956 年，其主要任務為：

1. 在觀光事業方面為政府與民間溝通橋樑。
2. 從事促進觀光事業發展之各項國際宣傳推廣工作。
3. 研議發展觀光事業有關方案建議政府參採。

三、中華民國觀光導遊協會

中華民國觀光導遊協會(Tourist Guides Association, R.O.C.)成立於 1970 年，其主要任務為：

1. 為協助國內導遊發展導遊事業。
2. 導遊實務訓練、研修旅遊活動、推介導遊工作、參與勞資協調、增進會員福利。
3. 協助申辦導遊人員執業證。內容包括：申領新證、專任改特約、特約改專任、執業證遺失補領、年度驗證等工作及帶團服務證之驗發。

四、中華民國觀光領隊協會

中華民國觀光領隊協會(Association of Tour Managers, R.O.C.)成立於 1986 年，其主要任務為：

1. 以促進旅行業出國觀光領隊之合作聯繫、砥礪品德及增進專業知識。
2. 提高服務品質，配合國家政策發展觀光事業及促進國際交流為宗旨。

五、中華民國旅行業品質保障協會

中華民國旅行業品質保障協會(Travel Quality Assurance Association, R.O.C.)成立於 1989 年，主要任務為：

1. 提高旅遊品質，保障旅遊消費者權益，協調消費者與旅遊業糾紛。
2. 協助會員增進所屬旅遊工作人員之專業知能、協助推廣旅遊活動。
3. 提供有關旅遊之資訊服務、對於研究發展觀光事業者之獎助。
4. 管理及運用會員提繳之旅遊品質保障金。
5. 對於旅遊消費者因會員依法執行業務，違反旅遊契約所致損害或所生欠款，就所管保障金依規定予以代償。

六、中華民國旅行業經理人協會

中華民國旅行業經理人協會(Certified Travel Councilor Association, R.O.C.)成立於 1992 年，主要宗旨為：

1. 樹立旅行業經理人權威、互助創業、服務社會。
2. 協調旅行業同業關係及旅行業經理人業務交流。
3. 提升旅遊品質，增進社會共同利益。

4. 接受觀光局委託辦理旅行業經理人講習課程。
5. 舉辦各類相關之旅行業專題講座。
6. 參與兩岸及國際間舉辦之學術或業界研討會。

七、中華民國國際會議推展協會

中華民國國際會議推展協會(Taiwan Convention Association)成立於 1991 年，主要宗旨為：

1. 為協調統合國內會議相關行業，形成會議產業。
2. 增進業界之專業水準，提升我國國際會議之世界地位。
3. 其團體會員主要包括政府及民間觀光單位、專業會議籌組者、航空公司、交通運輸業、觀光旅館、旅行社、會議或展覽中心等。

八、中華民國國民旅遊領團解說員協會

中華民國國民旅遊領團解說員協會(Association of National Tour Escort, R.O.C.)成立於 2000 年，主要宗旨為：

1. 為砥礪同業品德、促進同業合作、提高同業服務素養、增進同業知識技術。
2. 謀求同業福利、配合國家政策、發展觀光產業、提升全國國民旅遊品質。

九、中華民國旅行商業同業公會全國聯合會

中華民國旅行商業同業公會全國聯合會(Travel Agent Association of R.O.C.)成立於 2000 年，簡稱全聯會 T.A.A.T.，2005 年 9 月，獲主管機關指定為協助政府與大陸進行該項業務協商及承辦上述工作的窗口，協辦大陸來臺觀光業務，含旅客申辦的收、送、領件，自律公約的制定與執行等事宜，冀加速兩岸觀光交流的合法化，與推動全面開放大陸人士來臺觀光，主要宗旨為：

1. 凝聚整合旅行業團結力量的全國性組織。
2. 作為溝通政府政策及民間基層業者橋樑，使觀光政策推動能符合業界需求。
3. 創造更蓬勃發展的旅遊市場；協助業者提升旅遊競爭力。
4. 維護旅遊商業秩序，謹防惡性競爭，保障合法業者權益。

2-2 旅行業概述

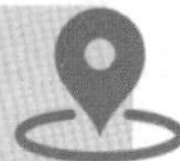

2-2-1 旅行業

★ 民法債篇第八節之「旅遊」條文，第五百十四條之一定義

稱旅遊營業人者，謂以提供旅客旅遊服務為營業而收取旅遊費用之人。前項旅遊服務，係指安排旅程及提供交通、膳宿、導遊或其他有關之服務。

★ 依據「發展觀光條例」第二條第十款之定義

旅行業：指經中央主管機關核准，為旅客設計安排旅程、食宿、領隊人員、導遊人員、代購代售交通客票、代辦出國簽證手續等有關服務而收取報酬之營利事業。

★ 依據「發展觀光條例」第二十七條規定，旅行業業務範圍如下

1. 接受委託代售海、陸、空運輸事業之客票或代旅客購買客票。
2. 接受旅客委託代辦出、入國境及簽證手續。
3. 招攬或接待觀光旅客，並安排旅遊、食宿及交通。
4. 設計旅程、安排導遊人員或領隊人員。
5. 提供旅遊諮詢服務。
6. 其他經中央主管機關核定與國內外觀光旅客旅遊有關之事項。

註：非旅行業者不得經營旅行業業務，但代售日常生活所需國內海、陸、空運輸事業之客票不在此限。

★ 發展觀光條例第二十六條規定

經營旅行業者應先向中央主管機關申請核准，並依法辦妥公司登記後，領取旅行業執照，始得營業。

★ 依據「旅行業管理規則」第四條規定

旅行業應專業經營，以公司組織為限；並應於公司名稱上標明旅行社字樣。

★ 我國旅行業證照

1. 是特許行業。
2. 需要向經濟部申請執照。
3. 需要向地方政府申請營利事業登記證。
4. 需要向交通部觀光局申請核發的旅行社執照。

★ 美洲旅行業協會(ASTA)對旅行業所下之定義為

旅行業乃是個人或公司行號，接受一個或一個以上「法人」之委託而從事旅遊銷售業務，以及提供有關服務，並收佣金之專業服務行業（所謂法人乃指旅遊上游供應商，如航空公司、旅館業等相關行業）。

★ 作者吳偉德認為旅行業為旅遊媒合者

旅行業者固然是介於旅行者與交通業、住宿業及旅遊相關事業中間，媒合或組裝旅行相關服務而收取報酬的事業，雖然旅行業者可以銷售飯店房間、航空公司機位、餐廳餐食與各大景區門票，甚至包裝組合旅遊套裝行程，但旅行業者幾乎不擁有上述所述之觀光資源，故應合理的收取報酬利潤，所以旅遊業者無法開立發票，而是開立代收轉付收據。

2-3 旅行業大事紀

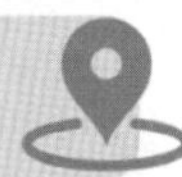

年代	大事紀
1937	日本「東亞交通公社臺灣支社」的成立，至抗戰勝利後改組為臺灣旅行社。
1943	源出於上海商銀的中國旅行社在臺灣成立，代理上海、香港與臺灣之間輪船客貨運業務為主。
1960	交通部設置觀光事業小組，當時唯一公營旅行社（臺灣旅行社）開放民營。
1964	又逢日本開放國民海外旅遊，新的旅行社紛紛成立。
1970	已成長為 126 家，來華旅客人數也達 47 萬人。
1971	觀光局正式成立，臺灣地區的觀光旅遊事業也正式步入蓬勃發展的新時代當時臺灣旅行業家數擴張至 160 家。
1979	臺灣開放國人出國觀光，中美斷交。
1980	政府公布發展觀光條例。
1987	政府開放國人可前往大陸探親、開放天空政策。
1988	重新開放旅行業執照之申請，並將旅行社區分綜合、甲種、乙種三類。
1990	政府宣布廢除出境證，放寬國人出國管制措施。
1991	第二家國際航空公司一長榮航空正式起航。

年代	大事紀
1992	由於時代的進步、電腦科技的普及化，旅行業的經營與管理也進入了嶄新的變革時期：法令規章的修訂、電腦訂位系統 CRS(computer reservation system)取代了人工訂票作業、銀行清帳計畫 BSP(bank settlement plan)簡化了機票帳款的結報與清算作業、旅行社營業稅制的改革、消費者意識的抬頭等，均帶給旅行業者前所未有的挑戰。
1992	臺灣發布實施「臺灣地區與大陸地區人民關係條例」。
1993	財稅第 821481937 號函規定，旅行業必須開立代收轉付收據。
2000	執行民法債篇旅遊專章條文、旅遊定型化契約。實施公務人員週休二日。
2001	因週休二日實施，通過「開放大陸地區人民來臺觀光推動方案」，研訂一系列大陸人士來臺觀光相關法令規定，開放大陸第二類人士來臺，美國 911 事件衝擊旅行社。
2002	正式試辦開放第三類大陸地區人民來臺觀光，擴大開放對象至第二類大陸地區人民，並放寬第三類大陸人士之配偶及直系血親亦得一併來臺觀光。
2003	「SARS 嚴重急性呼吸道症候群」疫情在全球爆發，旅行社進入重整期。
2004	導遊及領隊考試改由考試院考選部主辦，正式成為國家考試。
2006	於春節、清明、端午、中秋及大陸五一、十一黃金週等節日，搭乘包機直接來臺觀光，免由第三地轉機來臺。
2008	美國次級貸款風暴惡化，全面開放大三通，完成開放大陸觀光客來臺旅遊。
2009	H1N1 新型流感傳染病、兩岸定期航班將再增加到每週 270 班。
2011	開放大陸自由行、兩岸定期航班再增加到每週 680 班。鳳凰旅行社上市、為臺灣第一家上市旅行社。國人可以免簽證、落地簽證方式前往之國家或地區共 116 個。
2012	政府決定擴大開放自由行大陸城市，將原來的 3 個城市擴大到 11 個城市。 政府大幅修改旅行業管理規則達 20 餘條。放寬條件，使大財團進入此行業，此後可以在統一、全家等超商購得火車票及國內機票。燦坤 3C 為首，附屬之燦星國際旅行社，正式掛牌上櫃，成為臺灣最大型旅行社，共有 117 家實體旅行社門市。 美國於 10 月 2 日宣布臺灣加入免簽證計畫（以下簡稱 VWP）。臺灣護照持有人若滿足特定條件，即可赴美從事觀光或商務達 90 天，無需簽證。國人可以免簽證、落地簽證方式前往之國家或地區共 153 個。
2013	鳳凰旅遊上櫃轉上市掛牌，雄獅旅行社 2013 年正式上市上櫃。2013 年 10 月 1 日大陸旅遊法實施，對大陸所有國內、外旅遊國家地區，禁止旅行社以安排團體旅遊以不合理低價組團出團，不可安排特定購物站及自費行程等項目，補團費行為，獲取佣金及不合理小費等不當利益。

年代	大　事　紀
2014	兩岸航班已達每週 828 班，大陸來臺個人行擴大到 36 個城市。因國人可以免簽證、落地簽證方式前往眾多引起非本國人的覬覦，相關報導近 5 年臺灣在國外遺失護照數量超過 26 萬本，連美國「BI 聯邦調查局也開始關注此事，黑市最高可賣到 30 萬元／本。以臺灣高雄與基隆為母港出發搭乘遊輪可到達海南島、越南、日本、香港與日本等地，這是顛覆一貫以搭飛機出國的傳統，晉升為國際觀光大國以海上遊輪為交通工具的新紀元將來臨。
2015	2014 年臺灣全年出國旅遊人次接近 1,200 萬人次，2015 年則有超越 1,000 萬名觀光客來臺旅遊，全世界觀光產業前景一片看漲，有可能超越科技產業，蛻變成全球最熱門的就業產業。2014 年臺北出現「瘋旅」直銷講座，吸引年輕人族群加入美國「WorldVentures」旅遊直銷公司，標榜可用超低價購買國外旅遊行程，拉人入會，最高月獎金可達 50 萬元，公平會認定已違反《多層次傳銷管理法》，最重可處 500 萬元罰鍰，2015 年成立蘿維亞甲種旅行社，負責人為美商蘿維亞有限公司法人代表麥克基利普喬納森史塔，旅行業正式走入直銷市場。 2015 年中東呼吸症候群(MERS)，在 2012 年首發病毒被認為和造成非典型肺炎(SARS)的冠狀病毒相類似。2015 年 5 月病毒傳至韓國，至 7 月 27 日已有 186 人確診病例、36 人死亡，重創韓國觀光事業。
2016	新政策實施後，陸客來臺數量減少，9 月 12 日在凱達格蘭大道有近萬人上街遊行，旅館、旅行社、遊覽車、導遊等團體組成。2015 年統計大陸遊客赴臺總數約 400 萬人次，每名大陸遊客每天平均在臺灣花費約 230 美元，為臺灣帶來約 2,200 億元新臺幣的外匯收入與商機。
2017	大陸地區人民訪臺旅客明顯減少，政府規劃新南向政策，以馬來西亞、新加坡、泰國、越南與菲律賓為五大觀光客源，並實施「觀宏專案」針對東南亞國家團體旅客來臺觀光，給予簽證便捷措施，越南、菲律賓、印尼、印度、緬甸及寮國，也受惠於觀宏專案，成長幅度皆達 50%以上，顯示簽證便捷性對帶動觀光的重要性。
2018	政府新南向政策，急需外語導遊與領隊人員，2018 年起考試院將導遊、領隊的專業科目筆試從 80 題降為 50 題，且已領取導遊、領隊執照者考取其他外語證照，免考共同科目，只需加考外語即可，唯外語部分還是維持在 80 題考題，大大提高考取率。
2019	中華航空機師罷工事件，2 月 8 日罷工共 7 天。長榮航空空服員罷工事件，發生於 6 月 20 日旅遊旺季，罷工共 17 日，史上最長的罷工事件，損失數十億臺幣。
2020	臺灣第三大航空公司，星宇航空正式開航。3 月 11 日 UNWHO 宣布 COVID-19 疫情大流行。 全球各國家地區紛紛關閉國境，停止出入境，重創旅遊產業。
2021	COVID-19 疫情大流行至今未歇，國際旅行及商務客非必要全面禁止，部分國家已研發出疫苗，但還未普及化，全面普篩還未進入規範中。
2022	疫情持續，國境尚未開放。唯，疫苗已經產生功效，使染疫者不致重症及死亡。行政院宣布 9 月 29 日開始入境臺灣恢復免簽證。10 月 13 日將可望放寬到 0+7，等於入境不用在居家隔離。國境終於在 2 年後重新開放，意味著國際旅行又將重啟。

2-4 旅行業種類與經營型態

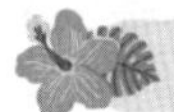

2-4-1 旅行業種類及營業範圍

★ 交通部觀光局(2022)依旅行業管理規則第三條旅行業區分

綜合旅行業、甲種旅行業及乙種旅行業等三種類別。

★ 綜合旅行業經營下列業務（國外、國內、躉售）

1. 接受委託代售國內外海、陸、空運輸事業之客票或代旅客購買國內外客票。
2. 接受旅客委託代辦出、入國境及簽證手續。
3. 招攬或接待國內外觀光旅客並安排旅遊、食宿及交通。
4. 以包辦旅遊方式或自行組團，安排旅客國內外觀光旅遊、食宿、交通及相關服務。
5. 委託甲種旅行業代為招攬國外業務。
6. 委託乙種旅行業代為招攬國內團體旅遊業務。
7. 代理外國旅行業辦理聯絡、推廣、報價等業務。
8. 設計國內外旅程、安排導遊人員或領隊人員。
9. 提供國內外旅遊諮詢服務。
10. 其他經中央主管機關核定與國內外旅遊有關之事項。

★ **綜合旅行社可以招攬同業生意，達到散客出團目的**

★ 甲種旅行業經營下列業務（國外、國內）

1. 接受委託代售國內外海、陸、空運輸事業之客票或代旅客購買國內外客票、托運行李。
2. 接受旅客委託代辦出、入國境及簽證手續。
3. 招攬或接待國內外觀光旅客並安排旅遊、食宿及交通。
4. 自行組團安排旅客出國觀光旅遊、食宿、交通及提供有關服務。
5. 代理綜合旅行業招攬前項第五款之業務。
6. 代理外國旅行業辦理聯絡、推廣、報價等業務。
7. 設計國內外旅程、安排導遊人員或領隊人員。
8. 提供國內外旅遊諮詢服務。
9. 其他經中央主管機關核定與國內外旅遊有關之事項。

★ 乙種旅行業經營下列業務（國內）

乙種旅行業經營下列業務（國內）
1. 接受委託代售國內海、陸、空運輸事業之客票或代旅客購買國內客票、託運行李。
2. 招攬或接待本國觀光旅客國內旅遊、食宿、交通及提供有關服務。
3. 代理綜合旅行業招攬國內團體旅遊業務。
4. 設計國內旅程。
5. 提供國內旅遊諮詢服務。
6. 其他經中央主管機關核定與國內旅遊有關之事項。
前三項業務，非經依法領取旅行業執照者，不得經營。但代售日常生活所需國內海、陸、空運輸事業之客票，不在此限。

資料來源：交通部觀光局（2021 年 3 月）

★ 2016 年至 2022 年臺灣旅行業家數統計表

種類／年度	2016	2017	2018	2019	2020	2021	2022
綜合旅行社	603	596	606	620	599	532	522
甲種旅行社	2,927	2,956	3,018	3,086	3,116	3,088	3037
乙種旅行社	235	246	261	268	274	310	343
總計	3,765	3,798	3,885	3,974	3,989	3,930	3902

資料來源：交通部觀光局（2022 年 8 月）

★ 2021 年臺灣地區各大縣市旅行社類別與數量

各縣市／種類	綜合旅行社	甲種旅行社	乙種旅行社	合計
臺北市	210	1,214	22	1,446
新北市	26	154	38	218
桃園市	26	183	25	234
臺中市	68	393	23	484
臺南市	35	181	13	229
高雄市	82	381	28	491
其他縣市	75	531	194	800
總　計	522	3,037	343	3,902

資料來源：交通部觀光局（2022 年 8 月）

2-4-2 旅行業營業型態

1. 海外旅遊業務(outbound travel business)，占有 90%以上，是臺灣旅行業主要業務，業界再細分為：

細分業務性質	營業型態
躉售業務 Wholesale	1. 綜合旅行業主要業務，以甲、乙種同業合作出團為主。 2. 進行市場研究調查規劃，製作而生產的套裝旅遊產品。 3. 自產自銷透過其相關行銷管道，與同業合作出國，以量制價。 4. 理論上，不直接對消費者服務，為大型旅行社。 5. 以出售各種旅遊為主之遊程躉售，出團量大。
直售業務 Retail Agent	1. 一般直接對消費者銷售，旅遊業務，型態可大可小。 2. 產品多為訂製遊程，並直接以該公司名義出團。 3. 替旅客代辦出國手續，安排海外旅程，由專人服務。 4. 一貫的獨立出國作業，接受委託，購買機票和簽證業務。 5. 亦銷售躉售旅行業之產品，收取佣金。 6. 對消費者量身訂做，是其主要特色，小而巧，小而好。
簽證業務中心 Visa Center	1. 甲種旅行社型態經營，公司規模不大。 2. 專人處理各國之個人或團體相關簽證，代收代送。 3. 需要相當之專業知識，費人力和時間，需瞭解相關規定。 4. 亦銷售躉售旅行業之產品，收取佣金。
票務中心 Ticket Center	1. 甲種旅行社型態經營，公司規模可大可小。 2. 承銷航空公司機票為主，有躉售亦也有直售。 3. 專人處理各國之個人或團體相關機票。 4. 需要相當之專業知識，費人力和時間，需瞭解相關規定。 5. 亦銷售躉售旅行業之產品，收取佣金。
訂房業務中心 Hotel Reservation Center	1. 甲種旅行社型態經營，公司規模不大。 2. 代訂國內外之團體或個人，全球各地旅館之服務。 3. 接受同業訂房業務，有躉售亦也有直售。 4. 亦銷售躉售旅行業之產品，收取佣金。
國外駐臺代理業務 Land Opeartor	1. 外國旅行社，為尋求商機和拓展業務，成立辦事處。 2. 委託甲種旅行社為其代表人，作行銷服務之推廣工作。

細分業務性質	營業型態
靠行 Broke	1. 甲種旅行社型態經營，公司規模有大有小。 2. 由個人或一組人，依附於各類型之旅行社中，承租辦公桌或分租辦公室，為合法經營之旅行社。 3. 財物和業務上，自由經營，唯刷卡金必須經過公司。 4. 大部分銷售躉售旅行業之產品，收取佣金。
網路旅行社 Internet Travel Agency	1. 為一般甲種旅行業亦有綜合旅行業業務，型態可大可小。 2. 大企業及電子科技相關產業跨足經營。 3. 僅以電子商務做行銷，內部人員旅遊專業度普遍不足。 4. 大部分都是廉價的機票及簡單的制式國內外行程。 5. 銷售量快速、以量制價、經營成本以年度評估。 6. 不易銷售躉售旅行業之產品。
企業旅行社 Enterprise Travel Agency	1. 甲種旅行社型態經營，公司規模小。 2. 大型企業成立的旅行社，基本上不對外營業。 3. 主要是以辦理企業內商務拜會、開發業務，考察業務。 4. 處理企業內的補助員工旅遊、獎勵酬佣旅遊。 5. 亦銷售躉售旅行業之產品，收取佣金。

2. 國內旅遊業務(domestic tour business)其內容分為：

細分業務性質	營業型態
接待來華旅客業務 Inbound Tour Business	1. 綜合、甲種旅行社型態經營，公司規模有大有小。 2. 接受國外旅行業委託，負責接待工作。 3. 包括食宿、交通、觀光、導覽等各項業務。 4. 亦銷售躉售旅行業之產品，收取佣金。
國民旅遊業務 Local Excursion Business	1. 乙種旅行社型態經營，公司規模小。 2. 辦理旅客在國內旅遊，食宿、交通、觀光導覽安排。 3. 乙種旅行業地區性強，人脈專業度高，生存空間大。 4. 亦銷售躉售旅行業之產品，收取佣金。
總代理業務 General Sale Agent, GSA	1. 為一般甲種旅行業經營之業務，公司規模有大有小。 2. 主要業務為總代理商，如航空公司、飯店度假村業務。 3. 包含業務之行銷、訂位、管理、市場評估等。 4. 亦銷售躉售旅行業之產品，收取佣金。

3. 旅行社各項資金註冊費保證金一覽表：

旅行社類別	資本總額	註冊費	國內增分公司增資	保證金	每一分公司
綜合旅行社	3,000 萬	資本額千分之一	150 萬	1,000 萬	30 萬
甲種旅行社	600 萬	資本額千分之一	100 萬	150 萬	30 萬
乙種旅行社	120 萬	資本額千分之一	60 萬	60 萬	15 萬

資料來源：全國法規資料庫 旅行業管理規則（2021 年 3 月）

4. 旅行社應投保履約保證保險，其投保最低金額如下：

旅行社別	金額	分公司
綜合旅行社	6,000 萬	400 萬
甲種旅行社	2,000 萬	400 萬
乙種旅行社	800 萬	200 萬

資料來源：全國法規資料庫 旅行業管理規則（2021 年 3 月）

5. 旅行業已取得經中央主管機關認可足以保障旅客權益之觀光公益法人（品保協會）會員資格者，其履約保證保險應投保最低金額：

旅行社別	金額	分公司
綜合旅行社	4,000 萬	100 萬
甲種旅行社	500 萬	100 萬
乙種旅行社	200 萬	50 萬

資料來源：全國法規資料庫 旅行業管理規則（2021 年 3 月）

2-4-3 經理人

1. 依發展觀光條例第三十三條訂定經理人的定義

旅行業經理人應經中央主管機關或其委託之有關機關團體訓練合格，領取結業證書後，始得充任。

專業經理人人數規定表：

旅行社別	公司別	專業經理人數	功能
綜合旅行社	總公司	1 人	駐店服務
	每一分公司	1 人	駐店服務
甲種旅行社	總公司	1 人	駐店服務
	每一分公司	1 人	駐店服務
乙種旅行社	總公司	1 人	駐店服務
	每一分公司	1 人	駐店服務

資料來源：全國法規資料庫 旅行業管理規則（2021 年 3 月）

2. 旅行業經理人規定

1. 連續三年未在旅行業任職者，應重新參加訓練合格後，始得受僱為經理人。
2. 旅行業經理人應為專任，不得兼任其他旅行業之經理人。
3. 並不得自營或為他人兼營旅行業。

★ 旅行業經理人宗旨

旅遊權威，互助創業，服務社會，並協調旅行同業關係及旅行業經理人業務交流，提升旅遊品質，增進社會共同利益為宗旨。

★ 中華民國旅行業經理人協會任務

協助旅行業提升旅遊品質，協助保障旅遊消費者權益，協助會員增進法律及專業知識，協助會員創立旅遊事業，協助研究發展及推廣旅遊事業，協助旅行業經理人資格之維護及調節供求，搜集及提供會員各項特殊旅遊資訊，辦理會員間交流活動，辦理會員及旅行業同業之聯誼活動，其他符合本會宗旨之事項。

★ 經理人受訓課程

經理人受訓專業科目課程每一年均有做調整，並非一層不變，第五屆理事長陳嘉隆先生表示：「主要是要把一些新的觀念帶進來。」第六屆理事長白中仁先生表示：「每一席每一堂課都要經過受訓的學員，就是準經理人，每一堂課程都有評比。如果，大部分都評比不好的時候，觀光局相關單位，就會討論這課程是不是該做一個改變，或者是廢除它。」

3. 旅行業經理人應備具下列資格之一

學經歷	資格
大專以上學校	畢業或高等考試及格，曾任旅行業代表人二年以上者。
	畢業或高等考試及格，曾任海陸空客運業務單位主管三年以上者。 畢業或高等考試及格，曾任旅行業專任職員四年或領隊、導遊六年以上者。
	或高級中等學校觀光科系畢業者，得按其應具備之年資減少一年。
	畢業或高等考試及格，曾在國內外大專院校主講觀光專業課程二年以上者。
高等考試及格	曾任觀光行政機關業務部門專任職員三年以上或高級中等學校畢業曾任觀光行政機關或旅行商業同業公會業務部門專任職員五年以上者。
高級中等學校	畢業或普通考試及格或二年制專科學校、三年制專科學校、大學肄業或五年制專科學校規定學分三分之二以上及格，曾任旅行業代表人四年或專任職員六年或領隊、導遊八年以上者。 觀光科系畢業者，得按其應具備之年資減少一年。
其他學歷者	曾任旅行業專任職員十年以上者。

資料來源：全國法規資料庫 旅行業管理規則（2021 年 3 月）

2-5 旅行業籌辦程序

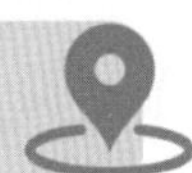

依旅行業管理規則第二條規定，旅行業之設立、變更或解散登記、發照、經營管理、獎勵、處罰、經理人及從業人員之管理、訓練等事項，由交通部委任交通部觀光局執行之；其委任事項及法規依據應公告並刊登政府公報或新聞紙。

中華民國旅行業為特許行業，必須先向交通部觀光局申請籌設核准後，才可向當地政府申請營業登記，准許營業。

2-5-1 旅行業申請籌設、註冊流程

1. 發起人籌組公司。

   股東人數設定：a.有限公司：1 人以上。b.股份有限公司：2 人以上。

2. 覓妥營業場所之規定。

   (1) 同一營業處所內不得為 2 家營利事業共同使用。

(2) 公司名稱之標識（應於領取旅行業執照後，始得懸掛）。

3. 向經濟部商業司辦理公司設立登記預查名稱。

4. 申請籌設，應具備文件。
   (1) 籌設申請書 1 份。
   (2) 如係外國人投資者應檢附經濟部投資審議委會核准投資函。
   (3) 經理人之經理人結業證書、身分證影本各 1 份及名冊 2 份。
   (4) 經營計畫書 1 份，其內容應包括：
      a. 成立的宗旨。
      b. 經營之業務。
      c. 公司組織狀況。
      d. 資金來源及運用計畫表。
      e. 經理人的職責。
      f. 未來 3 年營運計畫及損益預估。
   (5) 經濟部設立登記預查名稱申請表回執聯影本。
   (6) 全體發起人身分證明文件。
   (7) 營業處所之建築物所有權狀影本。

5. 核准籌設後，向公司主管機關（經濟部、經濟部中部辦公室、臺北市、高雄市、新北市政府）辦理公司設立登記。
   (1) 應於核准設立後 2 個月內辦妥。
   (2) 並備具文件向交通部觀光局申請旅行業註冊，逾期即撤銷設立之許可。

6. 申請註冊，繳納註冊費、執照費及保證金申請旅行業註冊。
   (1) 旅行業註冊申請書。
   (2) 會計師資本額查核報告書暨其附件。
   (3) 公司主管機關經濟部核准函影本、公司設立登記表影本各 1 份。
   (4) 公司章程正本，須註明營業範圍以交通部觀光局核准之業務範圍為準。
   (5) 營業處所內全景照片。
   (6) 營業處所未與其他營利事業共同使用之切結書。
   (7) 旅行業設立事項卡、繳註冊費、保證金、執照費。
   (8) 經理人應辦妥前任職公司離職異動。

7. 核准註冊，核發旅行業執照。
   (1) 全體職員報備任職。

(2) 利用網路申報系統辦理「旅行業從業人員異動」。

8. 向觀光局報備開業應具備文件。
   (1) 旅行業開業申請書。
   (2) 旅行業履約保證保險保單及保費收據影本。

9. 完成以上程序正式開業。

2-5-2 旅行業申請籌設補充說明

1. 旅行業實收之資本金額，規定如下：
   (1) 綜合旅行社不得少於新臺幣 3,000 萬元。
   (2) 甲種旅行社不得少於新臺幣 600 萬元。
   (3) 乙種旅行社不得少於新臺幣 300 萬元。
   (4) 每增設分公司 1 家需增資金額為：綜合旅行業新臺幣 1,000 萬元，甲種旅行業新臺幣 150 萬元，乙種旅行業新臺幣 60 萬元。
   但其原資本總額已達設立分公司所需資本總額者不在此限。
   (5) 應辦妥章程中有關分公司所在地之修正。

2. 經營計畫書內容包括：
   (1) 成立的宗旨。
   (2) 經營之業務。
   (3) 公司組織狀況。
   (4) 資金來源及運用計畫表。
   (5) 經理人的職責。
   (6) 未來 3 年營運計畫及損益預估。

3. 公司名稱與其他旅行社名稱之發音相同者，旅行社受撤銷執照處分未逾 5 年者，其公司名稱不得為旅行業申請使用。

4. 每一申請步驟均需經交通部觀光局核准後方可進行下一辦理事項。

5. 下列人員不得為旅行業發起人、負責人、董事、監察人及經理人；已充任者解任之，並撤銷其登記。
   (1) 曾犯內亂、外患罪經判決確定或通緝有案尚未結案者。
   (2) 曾犯詐欺、背信、侵占罪或違反工商管理法令，經受有期徒刑 1 年以上刑之宣告，服刑期滿未逾 2 年者。

(3) 曾服公務虧空公款，經判決確定服刑期滿尚未逾 2 年者。

(4) 受破產之宣告，尚未復權者。

(5) 有重大喪失債信情事，尚未了結或了結後尚未逾 5 年者。

(6) 限制行為能力者。

(7) 曾經營旅行業受撤銷執照處分，尚未逾 5 年者。

6. 臺北市營業處之設置應符合都市計畫法臺北市施行細則及臺北市土地使用分區管制規則之規定：

「樓層用途」必須為辦公室、一般事務所、旅遊運輸服務業。

7. 臺北市旅行業尋覓辦公處所時，仍須事先查證（臺北市政府工務局建築管理處），該址是否符合上述規定，以免困擾。

2-6 旅行業作業概述

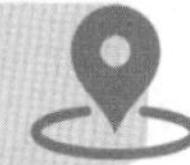

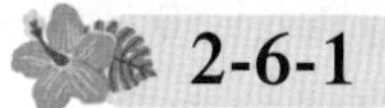

2-6-1 旅行業的內部組織

旅行社雖然沒有一定的制度分類或部門設定，但大部分旅行業部門分類較精簡，主管有兼任及監督的功能；也常常可以看到一個部門得兼營數種不同性質的業務，或一個主管以其經歷背景身兼數個部門的工作。完整的大型旅行社編制如下。

1. 產品部亦稱線控部（Tour Planning，簡稱 TP）

(1) 一般為公司生產產品之部門，是綜合旅行社躉售業最重要的部門。

(2) 由總經理負責，以線別區分設置線控經理、副理等主管。

(3) 負責公司產品之開發設計與估價，產品分為年度定期出發團體及個別出發。

(4) 必須經常與航空公司及各國當地旅行社互動並傳遞訊息。

(5) 電腦資料檔案要很豐富，且最好能隨時組裝成個別的產品出來。

(6) 需備妥足夠的領隊陣容，平時即保持互動、訓練並預約旺季之帶團。

(7) 資深專業領隊的專長應運用其優勢、設計或主導一些特殊、深度之旅遊產品。

(8) 證照組如為本部門管轄範圍，則對於簽證業務的掌控要靈活。

2. 團控部亦稱作業部（Operator，簡稱 OP）

(1) 一般為管理公司產品之部門，是內部作業部門。

(2) 由副總經理負責，以線別團別區分設置的線控經理、副理等主管來管理。

(3) 負責掌握每一旅行團從出國前之作業至說明會以及回國後之作業流程。
(4) 負責公司收送證件、辦理簽證、訂定機位、行程、飯店、餐食等管理。
(5) 與領隊作出團前的交接，作每一團的團帳報表。
(6) 電腦能力必須很強，且最好能隨時上架組裝好的產品。
(7) 證照組是本部門管轄範圍，則對於簽證業務的掌控要靈活。

3. 業務部亦稱直客部(Outbound Sales)

(1) 由副總經理負責，分設置的業務經理、副理數名主管來管理。
(2) 是直接針對消費者業務為主，銷售公司所有產品，業務必須掛業績、責任額。
(3) 是公司獲取利潤，賴以生存的部門，也是重要的生產部門。
(4) 負責接待、開發、維繫、服務，公司所有的新舊客戶。
(5) 擔任簡報、標團、講解、教育訓練、知識分享等工作。
(6) 負責大型企劃案的全部作業。
(7) 亦擔任出國帶團之領隊人員。

4. 躉售部亦稱團體部(Outbound Wholesale Sales)

(1) 只有在大型綜合旅行社從事躉售業務才存在的部門，一般正常需置配 30 人。
(2) 由副總經理負責，設置的業務經理、副理數名主管來管理各個區域的業務。
(3) 是以同業業務為主，銷售公司所有產品，業務必須掛業績、責任額。
(4) 是公司器重要作出量化產品的部門，以量制價，來控制產品成本。
(5) 負責接待、開發、維繫、服務，公司所有的同業新舊客戶。
(6) 擔任協助同業簡報、標團、講解、教育訓練、知識分享等工作。
(7) 負責協助同業或直接參與大型企劃案的全部作業。
(8) 亦擔任出國帶團之領隊人員。
(9) 負責企業成立之網路旅行社及企業旅行社之間的合作開發案。

5. 電子商務部亦稱網服部(Electronic Commerce)

(1) 商務時代的來臨，也成了此部門重要的業務服務項目。
(2) 部門設置經理數名，主管並不多大部分是商務部門成員。
(3) 主要是提供商務客人個別出國購票、旅館訂房及其他證照之服務。
(4) 商務客人因要配合客戶需求，行程多變動，需要較熟識及有耐心之專人服務。
(5) 如有整個公司的出國業務，由專人負責則更能提供一貫作業的優質服務。
(6) 有些外商公司，限於語言考量，經常指定專人服務。
(7) 負責接待、聯繫、回覆由網路系統而來之客戶。

6. 票務部(Ticket Department)
   (1) 本部門設經理、副主管及票務員數人。
   (2) 規模大的公司都為 IATA 會員，且加入 BSP 的服務。
   (3) 部門裝設 CRS 之系統如 ABACUS，AMADEUS 或 GALILEO 系統。
   (4) 有的公司且成立票務中心(ticketing center)，銷售給其他旅行同業。
   (5) 處理所有有關機票購票、訂位、退票或其他周邊服務的業務，如電子機票，航空公司 FIT PACKAGES…等。

7. 國民旅遊部(Domestic Tour)
   (1) 由總經理負責，設置經理、副理等主管。
   (2) 獨立 OP 人員及業務人員數名。
   (3) 主要負責企劃、規劃、開發國內旅遊之業務。
   (4) 業務人員應為全方位之人員，從接生意、估價，甚至帶團，經常是一手包辦。
   (5) 經常接待數以百計的遊客同時出發，故領團人員群的建立實屬重要。
   (6) 由於經常有員工之獎勵旅遊，故有的須配團康活動道具、音響等基本設備。
   (7) 因國內旅客需求，此部門必須管理及訓練大量的專業領團人員來服務。

8. 入境部(Inbound Tour)
   (1) 由總經理負責，設置副總經理、經理、副理等主管。
   (2) 負責所有全世界入境臺灣的旅客，包含中國大陸旅客。
   (3) 主要企劃國內旅遊行程、飯店、餐食、娛樂、交通等設計估價報價。
   (4) 負責訓練、規劃華語、外語導遊人員。
   (5) 有些國外旅行社或公司機構，限於語言考量，經常指定專人服務。
   (6) 開發國內景點景區、飯店、餐食、娛樂、交通等，簽約督導等工作。
   (7) 近年國外及大陸人士來臺觀光增加，性質與國旅不同需專人服務。

9. 電腦資訊室(Computer Information Technology)
   (1) 本部門設主管及電腦工程師數名。
   (2) 本部門主要負責公司產品、行程製作、產品上網及更新與維護等工作。
   (3) 旅行社之性質為網站旅行社，則其人員的配置會大量偏向資訊科技人員。
   (4) 本部門主要負責將產品的維護做最快速的處理，更新網誌。
   (5) 需要維護公司電腦系統，建置主機配備，更新電腦組織作業。
   (6) 如公司有上網路廣告，需要注意網路點閱、流量、停留時間、網路報名狀況。
   (7) 如公司有做躉售，需要注意 B2C、B2B、B2B2C 等維護更新。

10. 補充

每個部門人員的配置，則在部門經理之下，設置副理 1~2 名，副理之下設置主任 1~3 名。基層的 OP. Controller 或 Sales Representative 則視業務量或性質適度排定。某些營業或生產單位，則以個別或聯合的利潤中心制度存在，以加強營運成本的概念及提升各個部門的獲利率，規模相當大的旅行社，其部門才較齊全完整。

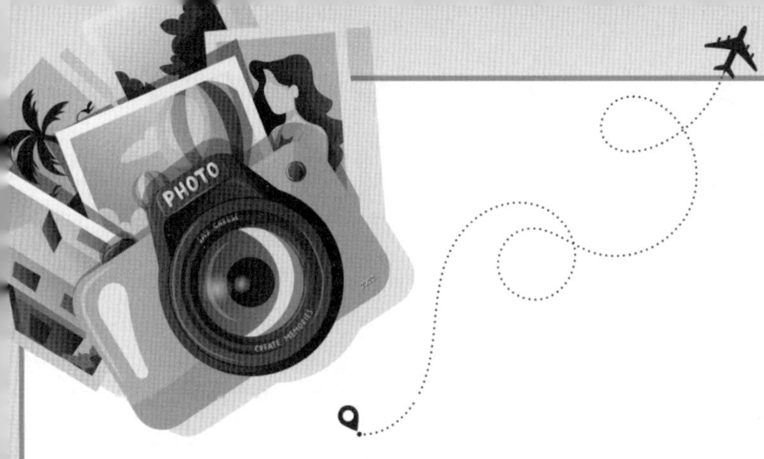

PART 02

導遊領隊實務（一）

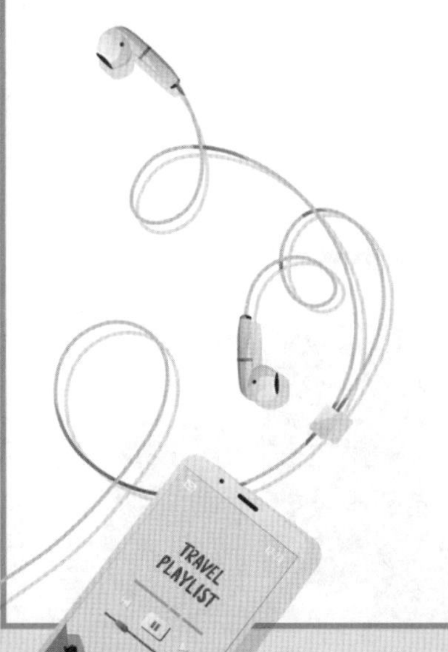

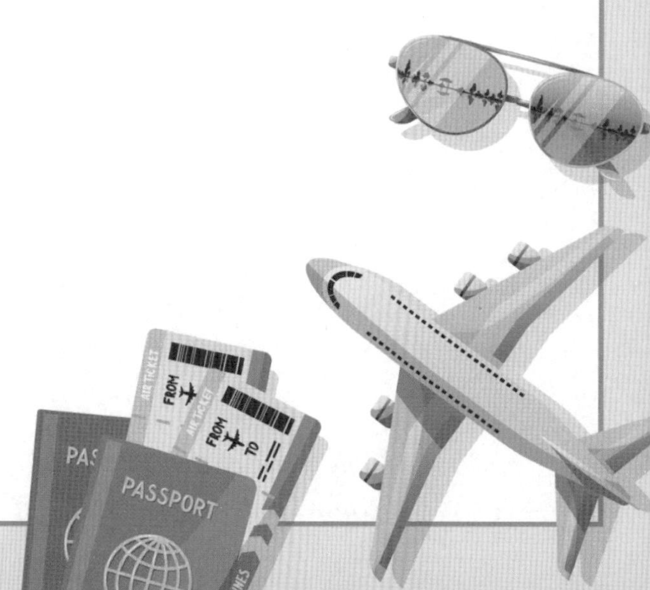

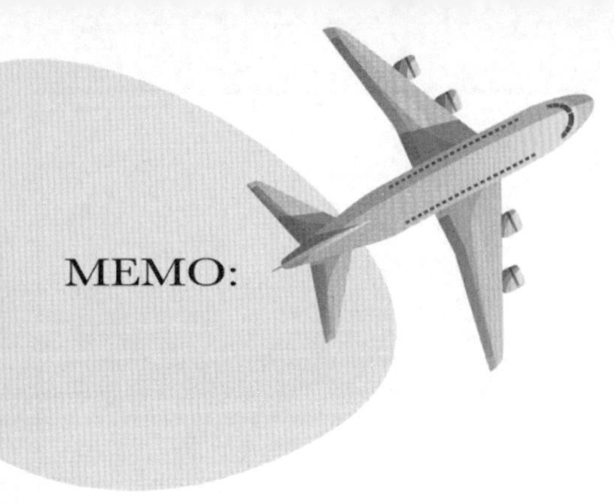
MEMO:

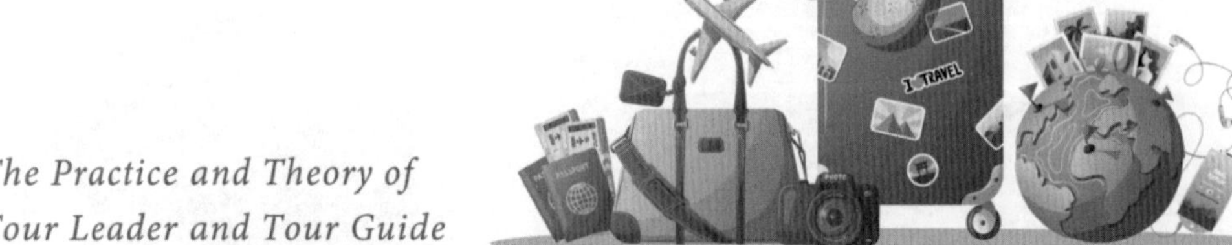

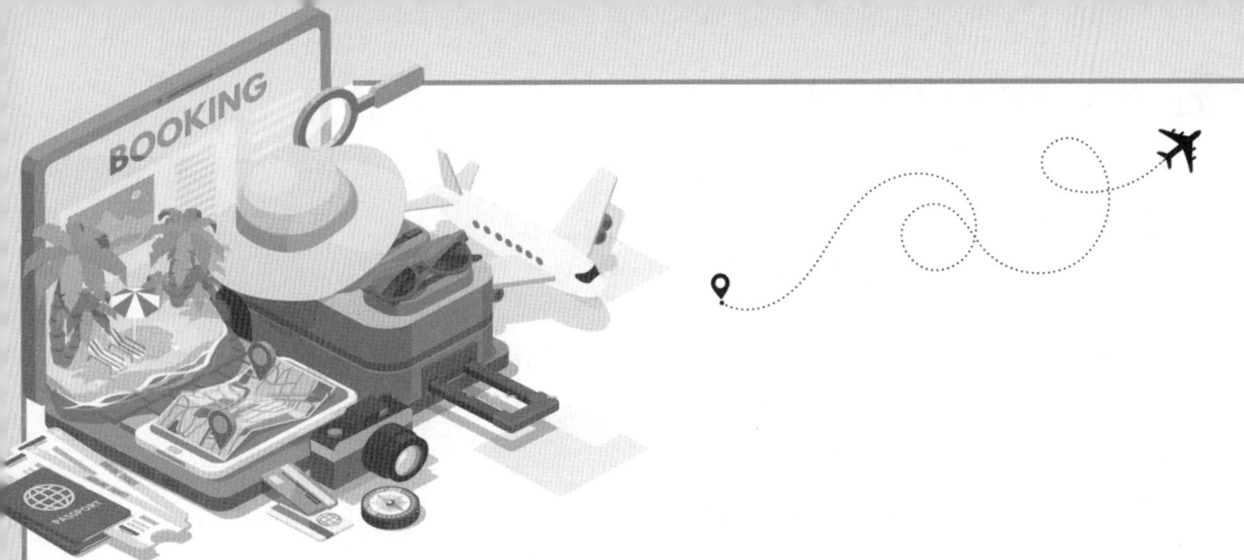

CHAPTER 03 導覽解說實務

3-1 導遊人員解析

3-2 導覽與解說

3-3 導遊人員工作要點

3-4 解說原則

3-5 解說技巧

3-6 導遊知識及服務特性

華語導遊

外語導遊

華語領隊

外語領隊

3-1 導遊人員解析

由此章節針對國內之導遊、領隊、領團人員、導覽人員等，作解釋及定位，使讀者有一個初步的概念，也可瞭解工作特性使命及未來發展方向。

3-1-1 旅遊專業人員種類規範

本章就目前臺灣旅遊領隊、導遊及領團人員，規範一覽表如下：

項目類別	導遊	領隊	領團人員	導覽人員
英語 華語 第三語	業界泛稱 Tour Guide(T/G)	業界泛稱 Tour Leader(T/L)	領團人員 Professional TourGuide	專業導覽人員 Professional Guide
屬性	專任、約聘	專任、約聘	專任、約聘	專任、約聘
語言	觀光局規範之語言	觀光局規範之語言	國語、閩南、客語	國語、閩南、外國語
主管機關	交通部觀光局	交通部觀光局	相關協會及旅行社	各目的事業主管機關
證照	觀光局規範之證照外語、華語導遊	觀光局規範之證照外語、華語領隊	各訓練單位自行辦理考試發給領團證	政府單位規範工作證觀光局、內政部等
接待對象	引導接待來臺旅客英語為 Inbound	帶領臺灣旅客出國英語為 Outbound	帶領國人臺灣旅遊，泛指國民旅遊	本國人、外國人
解說範圍	國內外史地 觀光資源概要	國外史地 觀光資源概要	臺灣史地 觀光資源概要	各目的特有自然生態及人文景觀資源
相關協會名稱	中華民國導遊協會	中華民國 領隊協會	臺灣觀光領團人員發展協會	事業主管機關 博物館、美術館
法規規範	導遊人員管理規則	領隊人員 管理規則	相關協會及旅行社	公務或私人主管機關

資料來源：編者整理

3-1-2 旅遊專業人員種類及工作範圍

依臺灣旅遊實務上，領隊、導遊及領團人員，就其種類及工作範圍分析一覽表：

導遊種類	導遊工作範圍
導遊人員 Tour Guide	指執行接待或引導來本國觀光旅客旅遊業務而收取報酬之服務人員。
專業導覽人員 Professional Guide	指為保存、維護及解說國內特有自然生態及人文景觀資源，由各目的事業主管機關在自然人文生態景觀區所設置之專業人員。
領隊人員 Tour Leader	係指執行引導出國觀光旅客，執行團體旅遊業務，而收取報酬之服務人員。
領隊兼導遊 Through out Guide	臺灣旅遊市場旅行業者在經營歐美及長程路線，大都由領隊兼任導遊，指引出國旅行團體。抵達國外開始即扮演領隊兼導遊的雙重角色，國外若有需要則僱用單點專業導覽導遊，其他不再另行僱用當地導遊，沿途除執行領隊的任務外，並解說各地名勝古蹟及自然景觀。
司機兼導遊 Driver Guide	指執行接待或引導來本國觀光旅客旅遊業務而收取報酬之服務人員，本身是合格的司機，亦是合格的導遊；臺灣旅遊市場已開放大部分國家來臺自由行，自由行因團體人數的不同而僱用適合的巴士類型，司機兼導遊可省下部分的成本，對旅客服務的內容不變，國外亦有此作法；尤其以大陸旅遊自由行更具便利性。
領團人員 Professional Tour Guide	依據旅行業管理規則第二十九條規範，旅行業辦理國內旅遊，應派遣專人隨團服務。而所謂的隨團服務人員即是領團人員，係指帶領國人在國內各地旅遊，並且沿途照顧旅客及提供導覽解說等服務的專業人員。

3-1-3 國外規範導遊人員

以上係規範臺灣之導遊、導覽、領隊、領團人員，以下為國外相關之導遊導覽人員種類及工作範圍一覽表：

國外導遊種類	導遊工作範圍
定點導遊 On Site Guide	在一定的觀光景點，專司此一定點之導覽解說人員，屬於該點之導覽人員。大部分以國家重要資產為主，如臺北二二八紀念公園內的臺灣博物館、美國紐約大都會博物館、歐洲巴黎凡爾賽宮等。
市區導遊 City Tour Guide	只擔任此一市區之導遊人員，負責引導帶領解說來此地遊覽之旅客，通常還備有保護旅客安全任務，屬於該城市旅行社約聘人員，如印度首都新德里，埃及路克索，義大利西西里島等。
專業導遊 Professional Guide	通常需有專業知識背景，負責導覽重要地區及維護該地安全及機密，屬於該區域聘僱人員，如加拿大渥太華國會大廈，美國西雅圖 Nike 總部，荷蘭阿姆斯特丹鮮花拍賣中心。
當地導遊 Local Guide	指擔任全程或地區性專職導遊，負責引導帶領解說來此地遊覽之旅客，屬於旅行社聘僱或約聘人員，如臺灣的導遊人員，中國大陸的地陪或全陪，美國夏威夷導遊等。
以上為國外常見之導遊導覽人員。其他還尚有形形色色種類之導遊導覽人員，導遊必須兼任翻譯工作等，此類多屬於非英語系國家，如巴布亞新幾內亞、非洲、中南美洲等，本文在此不一一贅述。	

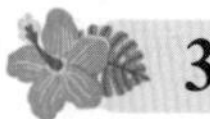

3-1-4 針對我國導遊領隊人員未來發展方向分析

種類別	分析
導遊人員 Tour Guide	分為專任及特約導遊兩種，每位導遊人員都想成為旅行社專任導遊，但必須在技術及經驗上多加磨練；成熟、經驗好的導遊人員並不會想專任，因當有重要團體時，即可以團論酬或選擇有挑戰性的團體；有當導遊的實力，則可以晉升為帶國外團體之領隊兼導遊。
專業導覽人員 Professional Guide	需具有一定專業知識，是各目的事業主管機關在自然人文生態景觀區所設置之專業人員，條件由各目的事業主管機關聘僱，有一定的保障，如上下班固定時間，唯不能如領隊兼導遊周遊列國。

種類別	分析
領隊人員 Tour Leader	領隊人員帶領國人出國旅遊觀光，目前很多國家不僅需要領隊帶團，並需要領隊具有導遊的解說能力、應變的本事，否則就只能侷限在某些有導遊的區域執行帶團的任務，收入有限，如東南亞國家；一旦具有導遊解說能力，即可做多區域性的發展，如紐西蘭、美國、歐洲，而周遊列國更是指日可待。
領隊兼導遊 Through out Guide	臺灣旅遊長程線市場的旅行業經營者，大都以領隊兼任導遊任務，可以說是領隊導遊界裡之最高境界，各方面條件必須到達一定程度，如語文需要多國語言，不能僅侷限於英文。此類人員收入較佳，可周遊夢想國度，最重要是受人尊重、有成就感、回饋自我性強，導遊範圍遍及全球，區域無限。
司機兼導遊 Driver Guide	是合格的司機，亦是合格的導遊。臺灣旅遊市場已開放大部分國家人士來臺自由行，可因其人數而僱用適合的巴士類型。司機兼導遊可省下部分成本，但工作機會不固定，幸而今大陸地區開放自由行可望提高工作機會；司機兼導遊比較辛苦，須開車又講解，如有機會晉級專任導遊會較穩定且提高安全性。
領團人員 Professional Tour Guide	國內旅遊，應派遣專人隨團服務，係指帶領國人的國民旅遊。此是成為導遊人員或領隊兼導遊的最好訓練機會，一般考上領隊或導遊證人員，旅行社不會立即派團，因為需要擁有帶團的實務經驗，與多年的努力學習，才能成為領團人員，受僱於旅行社。

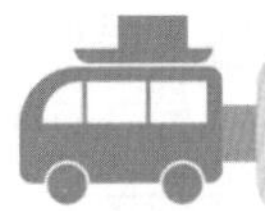

3-2 導覽與解說

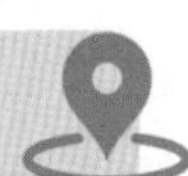

觀光業一直是 21 世紀全球最重要的產業，我國的專業導覽和解說服務之軟硬體設備均蓬勃發展，軟體建設如：真人解說、實物標本、解說牌、出版品、多媒體、模型圖版、DIY 等體驗。硬體建設如：博物館、展示陳列館、國家公園、旅客服務中心、森林遊憩區、步道等。

吳偉德(2017)指出：「導覽人員對於來訪者的服務工作，主要目的是迅速使來訪者與目標物拉近距離，使其有通俗的認識與深刻的體驗，除了達到教育與學習的目的，還需有些娛樂的效果，這是一種經驗累積的能力，而轉化昇華為一種藝術的表現」，再進一步的提出：「導覽與解說最大的不同是導覽有明顯目標物或標地物，可以清楚目視；解說則不然，或許可以用模型、圖片或書本作為參考物，大部分需要運用想像力來意會，解說難度較高。」

3-2-1 導覽的定義

「人」的導覽，其帶領者稱為：「導覽員」或「解說員」(docent、interpreter、guide)。導覽的英文 Docent 一詞，則係出自拉丁文 docere，為「教授」(to teach)之意。而 Interpretation（解說）源自拉丁文 Interpretatio，為仲介、解釋之意。

導覽之定義：導覽最早用在國家公園，而且是所有解說技術最古老的一種 (Ambrose & Crispin, 1993)。1987 年藍燈書屋出版的英文辭典中，將「導覽員」定義為：「一個知識豐富的引導者，是引導觀眾如何參觀博物館，並針對展覽提出解說論述之人」(劉婉珍，1992；余慧玉，1999)。而波士頓美術館的祕書－吉爾門(Gilman)，在 1951 年美國博物館協會的年會上，首度引用了「Docent」一詞，稱呼負責博物館教育之義務工作人員。

廣義的導覽：「一種引導旅客或旅客認識自然人文環境，或展覽標地的事務之技術，且須透過一位專業且經過訓練此展覽標地的事務之導覽人員解說，使旅客能迅速進入此情境」(張明洵、林玥秀，1992)。在導覽活動中，應包含資訊的、引導的、教育的、啟發性的服務。

一般的導覽指是駐當地或是定點導遊，當旅客到達當地進行預約或申請聘僱專業導覽人員，則分強制派遣及非強制派遣，需付費及免付費等方式如下表：

強制派遣	大部分歐洲區域的美術館及博物館需強制派遣，且須付費；中國大陸部分需強制派遣，不須另行付費。
非強制派遣	大部分美洲、大洋洲區域的美術館及博物館，無強制派遣，但如派遣，要另行付費。

透過專業導覽技巧使旅客迅速融入其中，是導覽人員的天職。讓人感動或接收更多的知識，達到探索美好事物的境界，唯因文化的不同，在進行專業導覽前，必須與導覽人員先進行溝通，如時間的控制、導覽的範圍及解說的重點等。

3-2-2 解說的定義

1. 解說是一種旅客服務，是一種教育活動。
2. 解說是一種溝通人與環境之間的過程或活動，是一種經營管理的方法。

3. 解說是一種提供資訊、引導、教育、遊樂、宣傳、靈感啟發等 6 種服務的綜合。
4. 解說是一種發現與創造，是一種藝術的表現。

Wagar(1976)曾說解說將導致以下結果：「集中注意力於所呈現的事物、資訊的保留、態度的轉變、永久的行為改變及欣賞的能力。」國際遺產解說組織在它的任務中提到：「每一位解說從業人員應該承諾，透過解說的藝術，來呈現並保育世界上的自然與文化遺產，以使公眾瞭解並欣賞它。」Freeman Tilden(1957)定義的內容為：「解說是一種教育性活動，目的在經由原始事物之使用，以指示其意義與關聯，並強調親身之經驗及運用說明性之方法或媒體，而非僅是傳達一些事實與知識。」

3-2-3 解說的重點

1. 解說以取材輕鬆和生活結合藝術的表現為主；內容應灌輸教育關懷、保育保護等重點。
2. 不應是流於形式而一成不變，應要有更多的深層內涵，並加入適當的注解。
3. 一定要有豐富內容，不能都是穿鑿附會。
4. 讓旅客啟發思考，或產生追尋的目標，或有實現願望的動力，因為有夢最美。
5. 必須有主題、有整體性，典故必須有來由，適當提供一些傳奇性故事。
6. 可以利用現代的科技呈現，如用 i Pad 放一段音樂、一段影片、一段表演等。
7. 注意時間的分配，如時間長適合解說段落式的事物，如臺灣傳奇人物。
8. 避免尷尬及不必要贅述的話題，如宗教信仰、黨別派系、八卦緋聞、男女關係等。
9. 注意人與人最基本的尊重及溝通技巧，禮貌必須要周到。
10. 內容應該以客為尊，即旅客想要瞭解及有興趣的為主。

3-2-4 解說的影響性

1. 旅客角度影響
   (1) 使旅客充實體驗當地的資源，達到旅遊寓教於樂的效果。
   (2) 讚嘆造物者的神奇，由人類的渺小從而尊敬自然，探索人類在宇宙存在的價值重要性。
   (3) 讓旅客豐富人生，擴展視野，擁有國際觀。

2. 對當地環境的影響

(1) 可以保護當地的環境資源不被破壞，達到永續經營。

(2) 讓當地居民有收入，回饋當地進而繁榮，人才回流，造福社會。

(3) 喚起人們保護人文與自然資源的心，使之重新重視歷史遺跡及自然環境。

(4) 重視歷史遺跡及自然環境，視為文明人，進而提升國際形象，爭取國際資源。

(5) 促進國際觀光資源合作，增加國家經濟效益，提高國民所得，增進國際關係。

3-2-5 導覽解說的態度

曾是新武器大觀的主持人，現為卡內基訓練大師黑幼龍提到：「**決定我們能做什麼事的是－能力，決定我們能做多少事的是－抱負，決定我們能做得多好的是－態度。**」因此，一個導遊要做好導覽解說工作態度非常重要，以下幾點必須注意：

1. 導遊人員要瞭解自己在工作時的身分，是教育者也是服務人員，更是親善大使。主要工作是負責導覽解說及服務人群，包含行程上的各項安排，如景點、餐食、車輛等，同時也兼具負責對旅客的熱情服務、旅程順暢、人身安全等相關事宜。

2. 導遊人員必須走在時代尖端。科技進步，引發現代資訊爆炸，並帶給現代人無限的想像空間。因此，造成全世界的旅遊熱潮，旅客的需求也越來越多，導遊人員不但需要上知天文下知地理，更要懂得國內外歷史典故、正傳野史、宗教信仰、國際大事等的知識，此外還要不斷的學習、充實自我、虛心求教，才能得到尊榮與旅客的尊敬。

3. 導遊人員面對不同的年齡、不同的族群、不同的訪問目地的旅客，都要進行事前的瞭解及準備，可以利用不同的表達方式，達到各階層不同的需要以至賓主盡歡。

4. 導遊人員在旅客離境時，要對整個行程內容進行檢討與分析，並反應回報公司，把好的、適用的保留下來匯集成冊接續傳承，作為日後案例分析，對後進人員有加倍的幫助。

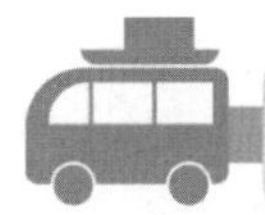

3-3 導遊人員工作要點

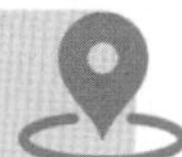

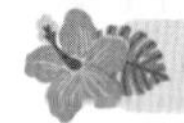

3-3-1 導遊人員作業程序

	作業程序	說明
1	團體到達前的準備工作 Preperation works before group arriver	團體抵達前 3 日到旅行社交接團，詳細核對行程、飯店、餐食、特殊狀況等資料。
2	機場接團作業 Meeting service at airport	確定班機抵達時間，聯絡車子。團體抵達後確定人數、行李，與領隊溝通交接事宜。
3	飯店接送作業 Transfer in hotel procedures	確認接送地點、接送車號、司機電話、車子使用時間、接送目的地、是否有行李。
4	飯店住房登記／退房作業 Hotel check in/out procedures	確認飯店房數，說明飯店注意事項、位置、飯店退房、消費及注意個人貴重物品攜帶。
5	餐食安排作業 Meals booking arrangement	團體特殊餐食安排、有無個人特別餐、餐費預算、餐食內容、抵達餐廳及用餐的時間。
6	市區及夜間觀光導遊作業 City sightseeing tour/Night tour conducting	市區交通、行程順暢度、重點行程。夜間須注意人員安全、說明集合地明顯標的物並掌握人數，說明用車時間、給予適當自由活動時間。
7	購物及自費安排作業 Shopping arrangement; Optional tour arrangement	購物時間不可占據行程時間，說明可購性、可看性及危險性。不可推銷並妥善安排未購買及參加者，保持團體整體性。
8	團體緊急事件處理 Group emergency procedures	通報相關單位及旅行社，現場緊急應變、維護客人及公司權益，做好溝通橋樑。
9	機場辦理登機作業 Airline check in procedures	確認班機起飛及登機時間，妥善安排托運及手提行李，確認團體每位成員證件備齊。
10	機場辦理出境作業 Airport departure formalities	告知離境通關手續、班機起飛及登機時間，證件妥善保管，與團體成員一一互道珍重。

	作業程序	說明
11	團體滿意度調查 Group Customer Satisfaction Investigation, CSI	發放團體滿意度調查表並說明調查內容，與領隊瞭解團體整體狀況，收回調查表後密封，不可現場拆開調查表。
12	團體結束後作業 Tour guide Report after group departure	3 日內到旅行社交團，繳交團體滿意度調查表，辦理報帳，報告此團整體狀況。

3-3-2 導遊人員自律公約（中華民國觀光領隊協會，2021）

★ 十大要點

1. 要敬業樂群、應維護職業榮譽，友愛同儕，互助合作。
2. 要有職業道德、應尊重自己的工作，具奉獻精神，盡忠職守。
3. 要謙和有禮、應謙恭待人，和顏悅色，舉止得體。
4. 要熱心服務、應熱心接待旅客，提供妥適服務。
5. 要遵守法令、應遵守導遊人員管理規則等法規及主管機關命令。
6. 要以客為尊、應尊重外國旅客及其國家，保持良好主客關係。
7. 要注重安全、應隨時注意與旅客安全有關之訊息，接待旅客謹記安全第一。
8. 要專業精進、應充實專業，把握訓練進修機會，虛心學習。
9. 要整肅儀容、應重視儀容，不穿著奇裝異服。
10. 要嚴守時間、應妥善控制行程，接送旅客要準時。

★ 五大不可

1. 不媒介色情、不安排旅客從事色情交易或涉足不正當場所。
2. 不強索小費、不向旅客強行索取小費，賺取不當利益。
3. 不強銷購物、不向旅客強行推銷自費行程或安排不當購物行程。
4. 不推介贗品、不帶旅客購買仿冒品，或購買貨價與品質不相當之商品。
5. 不談論禁忌、不與旅客談論敏感政治議題及爭議性之宗教信仰。

3-3-3 導遊的 8Q

導遊人員在各方面學有專長，以下提供 8Q 參考之如下表：

IQ 智力商數 Intelligence Quotient	導遊必須培養專業素養，隨時積極進取各式專業知識，是敬業的表現及對職業的尊重，必然取得旅客之認同。
EQ 情緒商數 Emotion Quotient	控制情緒，能在各種狀況下，維持情緒起伏平靜，保持理智，相同的，對旅客所提出之合理及不合理之需求，處之泰然。
MQ 道德商數 Morality Quotient	做任何事情憑藉導遊的道德良心，不推銷自費及購物行程，使旅客達到最舒適的旅遊，包含不被外在花花世界所誘惑。
AQ 逆境商數 Adversity Quotient	有面對逆境承受壓力的能力，克服失敗和挫折的能力，隨時記取缺失，勇於面對困境，導遊工作具挑戰性，有成就感。
CQ 創意商數 Creation Quotient	創造力永遠是一股青春的活力，它能使人永保青春；發揮創意才能使人保有新鮮感，創意無限有夢最美。
PQ 表現商數 Performance Quotient	身為導遊人員，應該要知道如何表現自己，何時隱藏自己不強出鋒頭，隨時讚揚旅客不與旅客爭相出頭，這是很高的境界。
SQ 微笑商數 Smile Quotient	微笑可以拉近人的距離，保有好人緣，真誠的微笑讓人覺得善良，使他人願意與之親近，拉近彼此距離之功效。
HQ 健康商數 Health Quotient	導遊工作是一個非常多元及有成就的工作，工作之餘應注重養生之道，勤作運動及保養，唯保有健康的身體，才能持久勝任。

3-4 解說原則

3-4-1 導遊修養

導遊人員本身的修養良好與否，和旅遊業的品質密不可分，導遊人員應有的修養，如下表：

種類	說明
學術文化修養	豐富的知識、優美的談吐、具備說、寫及流利的外語能力、敏銳的觀察能力、應變的本領及清晰的表達能力。
高度情操修養	要謙恭有禮，有愛國的情操、端莊的儀態，整潔的儀容、誠實的觀念、負責的態度及發揮高度的敬業精神。
道德倫理修養	親切友善關懷、富有服務熱忱、重承諾。作事細心、穩重、圓通守時、擁有極度的耐心與毅力、不洩漏國家重要機密、優先服務老幼婦孺。

3-4-2 語言要素（林燈燦，2013）

1. 語言是人類最重要的溝通與交際工具。遊客前來旅遊，想要增廣見聞、增長知識、並尋求美好的事物與回憶，故解說的語言表達必須是要唯美的，如下表：

語言	細分	釋義
友好的語言	言之友好	用詞、聲調、表情都應該表現出友好的感情。
	言之有禮	自謙而尊人，尊重別人才能以禮待人，多使用禮貌用語。
美的語言	言之使人愉快	美的語言首先要使聽者賞心，不談論旅客的弱點或不愉快的事，不使用他們忌諱的詞語，多談吉利的事。
	言之流暢達意	前言不達後語，邏輯混亂，不知所云，詞不達意，不但不能實現語言的表達功能，有時還會引起誤會。
	言之文雅	文雅是溫文爾雅，即使用文雅的語言，以溫和的語言講解。而善良也是文雅的內涵之一，恭敬他人才能出言文雅，文雅的語言還意味者正規的語言。
誠實的語言	言之有據	說話要有根據，這是誠實的態度，也是負責的態度。
	言之形象化	言之傳神的意思，是指語言要形象化，不要空洞。
	言之有物	指談話有內容、講解時不能光玩弄漂亮辭藻，而無充實的內容。
	言之有理	說話要講道理，並能說出道理。只有講真理才算真正講道理。

2. 語言運用方法

如何提高語言的運用方法，用五個「W」和一個「H」來說明，如下表：

方法	說明
內容 What	說話內容，想講些什麼，要解說之前一定要先準備，整理簡要紀錄，如何介紹新鮮、有趣的內容，應有所安排，才能講來條理清晰與生動有趣。
時間 When	何時該講什麼話，要把握時宜之配合，抓住最佳的時機。
地點 Where	解說項目，採用分段講解，哪一段於何處進行解說，都是非常重要的。
原因 Why	要講清楚事情的背景，說明事情的原由及目的。
對象 Who	見什麼人講什麼話，看對象解說。
如何 How	解說得巧、妙、好需下番功夫，起碼要注意音量、速度、語調及幽默。

3-4-3 EROT 解說模式

Ham, S., & Weiler, B. (1999) EROT（解說模式）和 Thematic Interpretation（有主旨的解說）的理論，這是 Dr. Ham 和 Dr. Weiler 發展出來的解說技巧，已經在世界各地推廣中。Ham 根據兩個世紀以來的研究之道，好的解說要「一聽二心」：一要讓遊客注意「聽」、二讓遊客「心」有所悟，否則回家就忘，最多記得你講的很精彩而已。ERO 就是用來抓住遊客的耳朵，T 則是要在他們的內心留下衝擊，回家思考。EROT 解說模式如下：

種類	說明
內容要好聽 Enjoyable	好聽的解說，才能讓遊客有所享受。善用比喻將抽象化為具體，使遊客聽到一個陌生的故事，其內容卻是易懂並享受其中；適時的插入笑話、肢體表演等，都是重要技巧。
要有關聯 Relevant	不但與個人有關，也與整體性有關聯；眼睛禮貌的注視對方，講話常用您。題材涉及相關內容，應與生活經驗、人生經歷、一般常識等有關聯。
要有組織 Organized	解說的內容必須被組織化，務必清楚講解各段的內容或故事片段，雖然分開來聽似雜亂無章，但最後組織起來，旅客會驚覺是一個完整的內容，將博得滿堂采。
要有主旨 Thematic	要有主題及其意義，一個完整的句子在解說時，能提供思考的方向。有吸引人的主旨，就有吸引人的解說；遊客最後只記得主旨，而非個別「內容」。

3-5 解說技巧

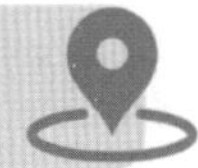

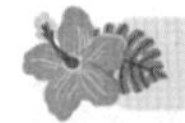

3-5-1 導遊人員解說方式

旅程中解說技巧對當地的山川景色、特殊地理景觀、森林之美、山溪之奇、無垠的草原、寧靜的農村、綠意盎然的大地，波光粼粼的湖泊、人文風情、老樹古廟，在在引人入勝，產生嚮往之心。但其中還是有一些技巧可言。以下是本文整理的導遊導覽解說之技巧：

種類	釋義
平實直敘法	開門見山，用最簡潔易懂的言詞侃侃道來，言語之流暢，是需要有組織及經驗的歷練，適合團體一開始時使用，使團員折服。
詳實鋪陳法	解說要詳盡完整面面俱到，不可天外飛來一筆斷章取義，但應要求扼要，不添油加醋，不要太冗長，以免枯燥乏味，適合長程巴士上來講解歷史人物或故事。
鮮明對比法	直接一物比一物，增強遊客記憶，彌補度量衡單位計算之不足。對比法主要是使遊客立即瞭解到對解說物比例，適合面積、高度等對比。
肢體語言法	用肢體語言來表達是另一種詮釋，補充言語不足，眼部的注視是最令感到熱情，臉部表情展示愉悅易產生親和力，適合在團體注視導遊時。
見景敘景法	最適合於市區觀光，眼見大街小巷各式各樣的招牌，往往遊客充滿了好奇與期待，看到說到完全展現導遊專業。
伏筆懸宕法	在團體較長的車程裡，可以講解年代久遠的故事，這年代久遠的故事往往會延伸另外的故事，可以請團員好好查詢或下次再來等。
先遠後近法	由較久遠年代的事物一路談到現況，有助於使人瞭解演變的過程，進而加深印象、充滿驚奇。適合於解說歷史地理或於長途巴士上。
晴天霹靂法	解說時，有時旅客們自顧自地聊天，這場解說等於無效，此時導遊應該立刻調整解說內容與方法，找一個很霹靂的話題，吸引旅客注意。
虛擬重現法	很多時候去參觀遺跡廢墟整修之中建築物，或因氣候狀況不佳而無法重現美好場景，必須準備實體的書籍或畫報，將場景重現。
引人入勝法	講解中適時插入有趣的話題使團員產生興趣，有期待的心情繼續往下聽，牽引著人們的心，適合使用在新奇的事物上。

種類	釋義
畫龍點睛法	將重要景物，最精采、最精華的部分加以強化，不惜以誇大的形容詞來鋪陳，使其留下深刻印象，適合使用在重要文物上。
有獎徵答法	在導覽解說前，先告知旅客有小禮品要贈送，待導覽解說告一段落時，便可施行此法。唯問題不宜太難，越明確越好，問答時若是大家踴躍搶答，表示此法奏效；在挑選答問者，順序宜由小朋友及年長者優先，表示您尊重長者及愛護幼者，一法數用，可得到敬重。

3-5-2 熟練問答 5 法

問答 5 法是指：我問客答、客問我答、自問自答、客問客答、客問我不答，分述如下：

1. 我問客答法

此法的用意為促使客人動腦及讓客人專心聽解說，防止整個過程單調乏味、導遊準備了豐富的專業知識，客人卻沒有用心聽，對導遊也是一種傷害。為滿足客人求知慾望和雙方良好互動，可贈送小禮物，使雙方都滿意愉快，下次就會有人搶答，效果將會非常好。

2. 客問我答法

此法的用意即回答客人提出的種種問題，導遊按邏輯思考依據來自於其專業知識，適當的回覆，回答問題要有技巧，當答案與客人知道的不一樣，導遊可以告知答案來源，客人問及很棘手的問題時，須很優雅的來迴避，並很有技巧的轉移話題，唯不要鼓勵客人提問，除非你很自信有實力，此法適用於小團體之客人。

3. 自問自答法

此法的用意即導遊自己提出問題，由自己來回答，在速度和節奏上較快速，目的有兩種，第一，此法沒有讓旅客回答的打算，但如果有客人要回答就順水推舟，順其自然。第二，旅客回答後，導遊適時回應答案是否正確，有時客人答對，導遊不妨稍有遲疑，視客人反應，再立即回答你答對了，開個小玩笑，不失幽默。這都是在與客人非常熟識的情況。當然有人是開不起玩笑，須稍加注意。

4. 客問客答法

此法的用意當客人向導遊提出問題後，導遊不馬上給答案，而是故意讓客人來回答，此法的用意是活絡旅遊團隊內的和諧氣氛，使用得好能促進客人的積極性，加強導遊與團員、團員與團員之間的關係。運用上的技巧是，可找團員中較活躍的人員回答，答對了，他們會很高興，答錯了，也不必過於強調其錯誤。唯不要用於旅遊前 3 日，須等整個團員及導遊較熟識後，較適用。

5. 客問我不答

這方法的用意，是為了於旅程中留下個伏筆。前幾種方法都適用於團體後半段時使用，唯有此法適用於團體前半段時間，用心的客人會提問某些問題還沒回覆，這種互動與求知的感覺很好，表示有用心聽；本法適用於新任導遊人員，客人的問題五花八門，有時真的會回答不出來，不知道的先不答，不慌不亂表面上好像是一個伏筆，其實真的不知時，盡快去請教別人再回覆，可避免尷尬，非常好用。

3-5-3 導遊 TO GIVE

遊客的回饋，在於導遊的付出，因此，導遊的給予(TO GIVE)，是得到回饋最基本的依據，許多行業付出與回報不成比例，特別是導遊人員更為明顯；有付出不見得有回報，但是沒有付出絕對不會有回報，以下是 TO GIVE 六大守則。

種類	釋義
教授 Teach	導遊本身是公眾人物，用解說來達到遊客「知」的權力，實際亦是演講者，因此，用詞遣字要非常謹慎。
組織者 Organizer	組織的完整性是一個團體勝敗的關鍵，導遊必須要懂得組織團體的和諧性，使本身成為組織中的領導者。
感恩的心 Gratitude	時時懷抱感恩的心，因為旅客是衣食父母，提供工作機會，不應只當旅客，更要當親人般的照顧。
創造力 Imagination	往來的旅客林林總總，導遊帶團的方式不應該一成不變，必須要有創新、求變的精神，才能走在時代的尖端。
體力活力 Vigor	再多的經驗、知識、語言，都比不上一個強健的體魄，活動力是一個團體產生熱情的泉源，非常重要。
精緻化 Excellent	經過長年累月的帶團，會有倦怠，得過且過的心理不可取，如果能夠自我強化，視每一團都是第一團，做到精緻、完美，表現最傑出的一面，將會是永遠的佼佼者。

3-5-4 解說系統的類型

解說系統類型如下表：

種類	媒體類型	呈現方式
人員解說	資訊服務	在各遊憩據點提供諮詢服務。
	活動引導解說	預約或固定式。
	解說演講	學術研討與專家解說講習。
	生活劇場	現場示範表演方式，加強地方產業推薦，如手工藝的編織，原住民歌舞表演等。
非人員解說	多媒體導覽	視聽媒體，配合展覽定時定點播放，如液晶投影機、影片、影碟、錄音帶、錄影機等。
		電腦多媒體，利用電腦將平面化的內容化為生動活潑的影像，呈現圖文並貌的動態內容或互動遊戲，以達到多元學習效果。
		全球資訊網路，虛擬博物館、數位化博物館，將博物館內展品在網路上以影像方式呈現。
	解說牌	表達訊息最直接的方式，以文字將展品的資訊呈現，其內容簡單明瞭，容易閱讀。
	解說出版品	導覽手冊或 DM 等，及詳細、生動活潑的旅遊小冊子，出版物通常放置於各遊憩據點、旅遊服務中心或交通轉運據點，以提供外來之訪問者，有充分的旅遊資訊。
	語音導覽	觀眾用耳機接聽收音機或手機內導覽解說。使用收音機導覽系統必須配合參觀動線，而較新一代的語音導覽手機(Audio)，只需依自己的喜好按下號碼鍵，互動性稍嫌不足。
	自導式步道	根據族群的需求不同，可自行選擇，輕鬆愉快。

3-6 導遊知識及服務特性

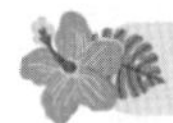

3-6-1 導遊知識及服務特性

導遊知識及服務特性說明如下表：

區分	種類	說明
導遊知識要素	旅遊知識	入境知識：入境海關檢查、移民局、護照簽證、檢疫規定。 旅遊知識：國際郵電通訊、外幣兌換、食宿交通、季節氣候。
	解說知識	歷史、地理、文學、建築、宗教、民俗、動植物等知識。 瞭解沿途重要縣市區、公路種類、景物情形，建築類型等。 善於旅途中的娛樂節目、文康帶動、團隊互動、角色扮演。 他國國人與本國人民之間生活方面交換心得，語言差異講解及俚語精髓的對話。
	人際關係	熟習國際禮儀，應對進退得宜才能獲得友誼。
導遊的服務特性	服務效益	發展觀光事業是國際趨勢，亦是國家經濟來源之一，提高觀光服務品質，樹立良好的形象，旅客有口碑，可提高重遊率。導遊人員是接觸第一線的人員，為成敗關鍵的守護者。 文化效益上，導遊人員的服務，可促進文化交流。如不能滿足旅客對本國文化的認知，則服務的效益將大打折扣。 國際觀光是國民外交的環節，國門「第一印象」的導遊人員是標榜，可讓訪問者對本國人民生活水準、文化及道德觀與其他國家相互比較並對外宣傳。
	服務特性	應真誠好客、熱心服務，使訪問者有賓至如歸之感，並在工作範圍主動積極配合。滿足及尊重對方，不崇洋媚外。

3-6-2 其他技巧

1. 解說是導遊技能表現，熟練內容並轉換成一門藝術，對工作要有熱情、有信心、有活力。
2. 精通各方面的知識：積極蒐集資料，加以研讀並巧妙的應用資料。

3. 說明年代，以西元曆替代民國，說明歷史年代時，應考慮到旅客屬國籍的年代。例如：民國元年為西元 1912 年。
4. 說明面積、高度、長度時，應說出數字，並與旅客所屬之地區作比較，如下表：

1 公里＝0.62137 哩	1 公尺＝3.28084 呎
1 坪＝3.30579 平方公尺	1 公斤＝2.20462 磅

5. 解說時速度適中，聲音要清晰和緩，團體容易聽清楚；沒有壓力的解說音速，以每分鐘約 150~250 字為宜。
6. 在遊覽車上，視線應投向每一位旅客；說明時，以旅客為主詞，如用「您」而不使用「我」，以對方遊客的方向為方向，如請看您的右手邊景物等，站在車前最不影響旅客視線的位子，並把視線好的位子留給旅客。
7. 在高速鐵路火車上，請旅客坐好，導遊人員可用書面資料配合講解，以利安全。
8. 欣賞美術館、博物館或紀念館，解說繪畫或雕刻等藝術品時、切勿走太快以免人員走失，也切勿自說自唱，引人反感，應考慮遊客的觀點。
9. 鑽研當地的文明史、名人軼事、典故、正史與野史等，講解得越充分，越能顯示導遊的專業與用心，再以輕鬆的方式表達出來，有加分效果。
10. 談黃笑話的時機分際要恰當，因為「藝術與肉麻」僅一線之隔，須謹慎小心，如有未成年的小朋友，切勿談及、亦勿嘗試。
11. 人性的凸顯；導遊技巧最難的部分是人的帶領，需要研究觀光心理學，因人與人之間感覺對了一切都美好，感覺不對一切隨之改觀。例如不吝惜讚美、禮貌對待、尊敬他人，或出乎至誠的語言，都是關鍵。
12. 把旅客當貴賓般的尊崇，提高團員素質，使其產生榮譽感。藉此，自尊心使然，較能遵循團體中的規則。例如：集合時間難以掌握，往往耽誤行程，有了榮譽感，大家會互相激勵，相對的，對於規定事項，亦較能配合。
13. 拉關係，中國的特產「關係說」套個流行一種順口溜：「關係、關係、沒關係找關係、找了關係拉關係、拉了關係用關係、用了關係就沒關係。」換句話說，拉關係就是找出與他人相似的地方，建立起所謂的關係說，一旦建立關係，彼此的距離就拉近，自然人和就沒問題了。
14. 議題、取材及方向要正確，遇到不利的話題或詢問，盡量以四兩撥千金的技巧，將重心移到自己較能掌握者，且面帶笑容、降低姿態、謙遜些，就容易處理妥當。

15. 關心時事論壇、時時吸取新知，並內化己用，應答或引領話題皆可觸類旁通。

16. 動線安排及定位（針對室內導覽而言）：
    (1) 考量殘障者「無障礙空間」動線，尤應注意遊客人身的安全。
    (2) 旅遊動線，必須先告知集合地點或走失時的應變辦法，留下聯絡方式及各集合點，事前須溝通模擬，切實掌握人員及動線之流暢。
    (3) 參觀地點隊伍太長、展品太多，應事前溝通或給予較長導覽，亦可選定代表性展品。如法國巴黎羅浮宮－介紹羅浮三寶：蒙娜麗莎的微笑、雙翼勝利女神、維納斯雕像。

17. 解說時之禮貌及關懷：
    (1) 衣著整齊、目光柔和、語調清晰，並照應每位參觀旅客，適當引起興趣及安撫情緒。
    (2) 時時觀察他人所需、主動關懷及協助；如在餐桌上，看到旅客需求的眼光，要判斷可能是茶水短缺、餐具不足等原因。
    (3) 每日保持早、中、晚，三個時辰的問候，多說謝謝、請、對不起。
    (4) 車上音量控制得宜，室內溫度依旅客之感受加以調整，注意其需求之訊息。

18. 回答詢問時應有規律的表達，並且遵循以下原則：
    (1) 詳細聽完問題，表示尊重，勿立即回答，給自己思考的時間。
    (2) 不要用對方問題反問對方。如：你說呢。
    (3) 每一問題不盡然只有一個答案，當回答之答案不被認同，先致歉再告知資訊的來源，勿強詞奪理；即使簡單或可笑問題，都要莊重地回答，不可以嘲笑言語或態度應對之。
    (4) 殘障人士基本上都有很強的自尊心，將其視為一般人，並需多加注意。
    (5) 患有隱疾者，不易由外觀察覺，這族群稱為「不定時炸彈」，故需藉由觀察入微、查證事實，除通報相關單位評估外，亦需特別關注。如：高血壓、糖尿病、精神不健全、輕度憂鬱症等。

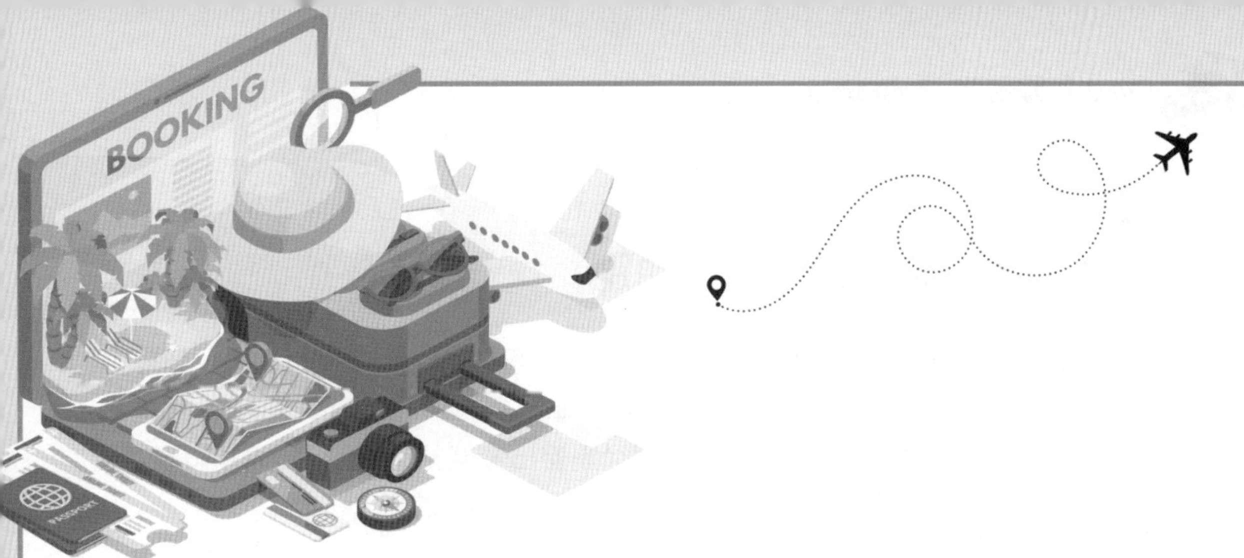

CHAPTER 04 領隊實務

4-1 旅行領隊人員類別

領隊定義已在導遊實務表列，與各類型導遊一併分析，本章不再敘述。領隊主要的英文稱呼，為 Escort、Tour Leader、Tour Manager、Tour Conductor 等，這些都是國內外一般人對領隊人員的稱呼；領隊須從團體出發至結束，全程陪同團體成員，執行並串聯公司所安排的行程細節，以達成公司交付的任務。

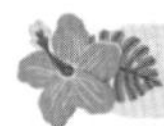

4-1-1 領隊的類別

1. 專業領隊

旅行社因公司的組織不同，所聘僱專任領隊或約聘特約領隊人數亦不同，兩者之間差異及規劃，說明如下表：

專業領隊	專任領隊	與公司關係	公司專任聘雇，只帶公司的團，雙方關係緊密，被綁住。
		待遇情況	分長短線，有帶團才有薪資，沒有固定的底薪。
		旺季時	客戶不能指定帶團、領隊沒有空閒時間，不能選團。
		淡季時	客戶可以指定帶團，帶團需要經公司輪流排團，不能選團。
		勞健保	掛公司但需要自行付費，沒有退休金，可以保有年資。
		未來發展	公司若經營的得當，團體源源不絕，累積經驗等待機會。
	約聘特約領隊	與公司關係	公司約聘，也帶其他公司的團，雙方關係鬆散，自由。
		待遇情況	分長短線，有帶團才有薪資，沒有固定的底薪。
		旺季時	客戶不能指定、幾乎都在帶團沒有空閒時間，不能選團。
		淡季時	客戶不能指定，要周遊於各大旅行社找團，不能選團。
		勞健保	掛工會但需要自行付費，沒有退休金，可以保有年資。
		未來發展	積極尋找專任機會，累積經驗等待機會，或許個人有其他規劃。

2. 業務領隊

在旅行社任職並帶團的人員，亦是有證照的領隊，分為公司與非公司的領隊，非公司的領隊會有自己經營的旅行社及客戶，因為不想被旅行社的規定所束縛，所以選擇自己執業。有分：公司制、靠行性質、牛頭等業者，說明如下表：

業務領隊	公司領隊	與公司關係	公司專任聘雇，只帶公司的團，雙方關係緊密，被綁住。
		待遇情況	分長短線，有固定的底薪，業務外加獎金。
		旺季時	客戶可以指定帶團、固定帶團有空閒時間，可以選團。
		淡季時	客戶可以指定帶團，一般不排團或公司排團，可以選團。
		勞健保	公司支付外加退休金，可以保有年資。
		未來發展	自己作團自己帶，累積帶團及直售或躉售業務經驗。
	非公司領隊	與公司關係	公司不約聘，也帶其他公司的團，雙方關係鬆散，自由。
		待遇情況	一般不給帶長線團，依經營型態而定，作業務才有底薪。
		旺季時	客戶可以指定、要看自己客人的多寡，可以選團。
		淡季時	客戶可以指定、要看自己客人的多寡，可以選團。
		勞健保	型態非常多，其他公司職員公司支付外加退休金，如果是靠行、牛頭等業者要自行付費，沒有退休金，保有年資。
		未來發展	積極尋找專任機會，累積經驗等待機會，或許個人有其他規劃。

4-1-2 領隊的定位及任務

客人往往對於領隊在執業時不知其定位，好的用心的領隊往往會讓客人知道他的存在，因為經驗好，因此，一切都安排就緒，不會有問題，使人有一次愉快的旅行，領隊在旅遊產業中的定位及任務如下：

定位	任務
旅遊執行者	執行並監督整個旅遊品質包含餐食、住宿、行程、交通、自費行程、購物、自由活動等。協調導遊與客人之間的關係，執行公司與當地旅行社的約定，維護整體的旅遊服務品質及旅客權益。
旅遊協調者	當發生行程內容物與當時約定不同時，領隊具有居中協調的功能與任務，必要時需要採取仲裁的角色，牽制當地導遊或旅行社以維護旅客權益。
旅遊現場者	團體在國外發生意外緊急事件，如航空公司班機延誤、交通事故、天然災害、恐怖攻擊等，領隊是現場者，將負起聯繫通報及保護旅客安全的責任。

定位	任務
任務替代者	旅遊當中領隊往往肩負著替代及補強的作用，當地導遊講解或中文不好時必須取而代之或充當翻譯。行李員不夠時，必須協助。對待小朋友要像保姆般的細心照料，替代角色多。
國際交流者	領隊在國外主要是國人的代表、也是督促國人行為舉止的中間者，以達到教育及推廣的作用，以維護國家形象與旅客權益，是非官方之進行國際交流，擔任國家的交流者。

4-1-3 領隊的基本要素

1. 相關之法令規章的熟悉，瞭解旅遊服務業的特性及可能面對的困難。
2. 對旅客心理做研究，要有高人一等的耐心與毅力，以真誠對待旅客。
3. 按部就班不煩躁，亦能應變，以大部分旅客的利益為依歸。
4. 認識現行法令偏向保護消費者的現實面，適時把自己也當成旅客，設身處地思考。
5. 充分的外語及專業術語的溝通能力，處理緊急事件應變的能力。
6. 在處處有誘惑之際，事事能把持職業道德與良知，遵守公司規定，盡忠職守。
7. 帶動團體氣氛的技巧，居中協調旅客任何之糾紛，維護其權益。
8. 服務時扮演各種角色，要有開發新景點設計產品的能力。
9. 領導統御的要領和技巧，活潑開朗、完美的服務態度、永遠抱持一顆熱誠的心。
10. 擁有多種的外語能力，簡潔語言的表達，適時的翻譯充分讓團員瞭解。

4-1-4 領隊工作守則

領隊帶團代表公司執行國外業務，務必善盡職守、謹言慎行、熱忱服務，認真負責，謀求全體旅客之整體權利利益為其本分。

★ 領隊應具備之條件

1. 具有合格領隊證，受訓完畢取得執業證。
2. 服務旅客團員積極態度。
3. 擁有強健的體魄，完整的身心。

4. 豐富的旅遊專業知識，瞭解各地風俗民情。
5. 良好的外語表達與全方位的溝通能力。
6. 足夠的耐性、毅力、愛心、同理心。
7. 領導統御的要領、技巧、身段、氛圍。
8. 良好的操守、誠摯的待人態度、風趣的言行。

★ 領隊之職守

1. 確實按行程表，督導配合當地導遊司機與旅行社，完成既定行程。
2. 確保旅途中團體成員及自身之生命財產安全，快快樂樂出門，平平安安回家。
3. 執行公司託付之角色，達成公司交辦之任務。
4. 維護公司信譽、商譽、形象、品質。
5. 蒐集、分析、聯繫、通報旅行有關之資料及訊息。
6. 協助旅客解決困難，提供適切之資訊。
7. 隨機應變，掌握局勢，以求圓滿完成任務。

★ 領隊的戒律

1. 帳款上據實報帳，不浮報、不虛報。
2. 言行上，勿在背後批評旅客，誠信待客，不可輕諾寡信。
3. 關係上，不可涉及男女關係，該與旅客、當地導遊相處得當，嚴守分際。
4. 金錢往來，一清二楚，購物活動不可勉強，不可欺騙，不強收小費。
5. 法令上，熟悉並遵守法令，提醒而不教授旅客做違法的事。
6. 行為上，行止端莊，自重人重，避免奇裝異服、賭博、不酗酒、不攜購違禁品。

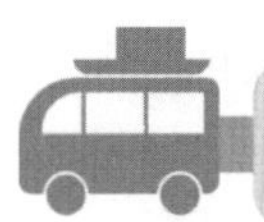

4-2 領隊工作流程及內容

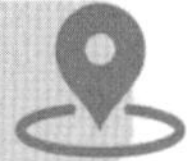

1. 接到派團通知時
   (1) 請教剛去過此地的領隊，就當地狀況，依行程蒐集、補強相關資料。
   (2) 一一通知旅客參加說明會，並確認參加人員。
   (3) 查詢此團中的行程、飯店、班機、餐食等資料，預備開說明會。

2. 行前說明會

(1) 瞭解行前說明會場地；發送說明會書面資料，旅行社稱為 Hotel List。
(2) 包含班機、飯店、行程一覽表三項，再配合其他說明事項。
(3) 詢問旅客特殊需求，做成紀錄如素食、蜜月床型、其他事項。
(4) 提醒旅客是否簽訂旅遊定型化契約，告知旅遊契約內容，並請客人親自簽名。
(5) 就行程食衣住行育樂、氣候、幣值等解說，約 40~50 分鐘。
(6) 提醒投保旅行平安險、海外急難救助服務等。
(7) 初步瞭解旅客需求、習性、素質、成員關係、選擇旅遊地原因。
(8) 第一步與客人接觸，所表現的專業程度，給客人留下的印象是很重要的。

3. OP（團控 Operator）交接團體

(1) 核對行程表、工作單、旅客需求單、核對旅客證照。
(2) 帶團流程一一再確認；請現金款項、有價票券、其他資料…等。
(3) 預做旅客機位座位表、確認飯店房間分房表、團體總表、餐廳預訂表…等表格。
(4) 領取旅客胸章、行李牌、領隊證、布旗…等。
(5) 確認旅客要求特殊餐食，並在出發前 3 日與航空公司再次確認。
(6) 檢查(PVT)護照 Passport、簽證 Visa、團體機票 Ticket…等，一一核對中英文姓名及效期、簽證種類、簽證入境次數。
(7) 注意填妥出入境卡(ED Card)中大部分內容，簽名欄空下，不可代簽。
(8) 確認行程內容是否與開說明會時相同，檢查旅客特殊需求請求單。
(9) 依行程表核對國外 LAND 的部分，包含旅館、餐廳、巴士、門票…等。

4. TP（線控 Tour Planning）交接團體

(1) 與線控確認沿途付款方式，現金款項、有價證券(Voucher、Coupon)。
(2) 確認 Local 所提供之英文 Working Itinerary 是否與中文行程表符合。
(3) 確認各餐廳、景點、門票、Bus Hour 及 Tour Guide。
(4) 特別交代事項，如：新景點、餐廳、飯店…等，進行考察拍照做資料。
(5) 確認所搭乘航空班機、中途過境、轉機機場…等過程狀況。

5. 團體出發前電話說明會

(1) 前 3 日電訪旅客，開簡短行前說明會，確認旅客結構屬性、注意事項。
(2) 查詢旅客特殊需求，是否可以滿足客人。
(3) 說明集合時間及地點，並請旅客牢記領隊手機。
(4) 就行程食衣住行育樂、氣候、幣值…等解說約 10~15 分鐘。

6. 出發當日機場集合

(1) 領隊當日到達機場切勿遲到，應提前 1 小時到機場，確認特別餐食。

(2) 出團前請詳讀客戶基本資料，如：姓名、年齡、職業、居住地、出生地、成員…等，瞭解分析此次造訪目的，熟記長相特徵。

(3) 簡短自我介紹，用小名或綽號較具親和力，第一印象重要；給予旅客有細心、安全感、責任心、親切、用心…等感覺。

(4) 櫃檯劃位、同行者盡量安排在一起，回程亦同。

(5) 集合團體，如客人未到，打電話給客人或到其他櫃檯尋找，已到的客人先發放行李掛牌或其他表格。

(6) 說明登機證、登機時間、登機門、護照套內表格簽字…等資料，並解說出境及手提行李登機注意事項、隨身物品攜帶，不超過 15 分鐘。

(7) 托運行李，拿到行李收據，並確認行李已過行李檢查 X 光機才可離開。

(8) 在機上，與空服員核對特殊餐食的座位，幫忙小朋友索取玩具或撲克牌，下機後請客人於登機門外集合，由領隊統一帶領入境。

(9) 班機抵達目的地後，需要集合、入海關、拿行李、檢查行李、入境…等事項。

(10) 與導遊會合後，就當日行程、客人要求、緊急事項…等進行溝通。

7. 團體抵達及行程開始

(1) 領隊排第一個先跟移民官告知團員人數及行程，必須要有四道程序 CIQS，總稱「官方手續 Government Formalities」。Custom 海關，進入國境時，對旅客攜帶入境之財物（行李）予以檢查。Immigration 移民官，證照查驗也稱為護照管制 Passport Control。Quarantine 檢疫，人的檢查疾病、動物檢疫及植物檢疫。Security 安檢，對入境遊客進行人員與物品之安全檢查。

(2) 請團員檢查完護照後到行李轉盤集合，確認大家行李都拿到後才由領隊一起帶出關。

(3) 與導遊見面確認今日行程，介紹導遊、司機給旅客認識。

(4) 團體一起活動後，需要單獨離隊，需告知領隊，以求掌握旅客動向，以免發生意外。

(5) 夜間或自由活動時間自行外出，請告知領隊或團友，並應特別注意安全搭乘船隻，請務必穿著救生衣。

(6) 切勿在公共場合露財，購物時也勿當眾清數鈔票。

(7) 務必注意各個景點：有無門票、入內參觀、下車照相、行車經過，並詳加記錄。

(8) 與導遊開會，確認領隊、導遊、司機每人的工作執掌，並提醒小細節。

8. 團體巴士安排

(1) 領隊每日早晨確定行李都到齊後出發，利用在遊覽車上，先介紹今日行程及注意事項與車行時間，與團員噓寒問暖，盡量與客人拉近距離，並且給導遊、司機熱烈掌聲。

(2) 領隊座位坐後座，把視野好的位置留給客人，客人座位視團體人數多寡前後互換分配；如有暈車者、年長者、小朋友、行動不便、特殊要求者，與旅客協商後讓出前三排提供使用。

(3) 每一個景點上下車必須清點人數 2 次以上。

(4) 隨時注意車上溫度適時做調整。

9. 餐食安排

★ 團體合菜

(1) 確認每個人都有座位或同行者並坐，確認特殊餐、素食者、小朋友座位。

(2) 告知洗手間，主動拉椅子服務，注意茶水。

(3) 目視每一個人的需求（主動服務）。

(4) 建議客人未上 3 道菜前，領隊勿用餐，詢問菜的鹹淡，確認餐型。

(5) 切勿問客人菜色好不好，需問客人有沒有吃飽。

(6) 如遇特別餐，請勿於用餐前誇大形容，造成認知差距，不易解釋。

(7) 如有素食者，餐廳是否可另行安排座位，應查清楚。

★ 自助餐食

(1) 告知先試味道，再依個人喜好用餐，拿太多吃不完，浪費食物。

(2) 等全部客人均已取食，再約定集合出發時間。

(3) 如有素食者，是否可另行安排座位餐食，須查清楚。

★ 早餐

(1) 一般導遊不會出現，領隊提早 20 分鐘到，先到餐廳內安排好座位。

(2) 餐廳前恭迎客人，約定時間過了 15 分鐘就進餐廳自行用餐，每日與不同旅客同桌共進早餐，拉近距離。

(3) 早餐形式非常多，應前一日入宿飯店時，與餐廳或櫃檯確認形式，並告知團員早餐形式及安排內容。

10. 飯店住宿

(1) 由領隊辦理住宿登記手續，展示英文能力。

(2) 注意房型，同行者有小朋友、單女者、年輕女性房、房間號碼…等安排。

(3) 提醒住宿飯店房間與電梯、樓梯、緊急出口…等相關位置。

(4) 查房，提醒房內電器使用、浴室使用及其他使用，提示開門及反鎖之安全性。

(5) 住宿飯店請隨時加扣安全鎖。勿將衣物披掛在燈上。勿在床上吸菸（現行大部分飯店皆禁菸）。聽到警報聲響時，勿搭電梯，請出緊急出口迅速離開。

(6) 游泳池未開放時間，請勿擅自入池，並切記勿單獨入池。

(7) 確認 MORNING CALL 時間，如遇早班機或早起有活動時，領隊必須親自再 CALL 一次。

11. 自費活動

(1) 既定行程已完成後安排，妥善安排未參加者，保持團體整體性。

(2) 自費行程安排注意，三不原則：

a. 合不合理 Reasonable

b. 值不值得 Valueable

c. 危不危險 Dangerous

例如：美國拉斯維加斯 O Show（約 7,000 元）與法國巴黎紅磨坊秀 Moulin Rouge（約 9,000 元）前者是水立方秀在水裡表演，後者是法國傳統秀還有康康舞；兩者自費時的價位皆超過表定價，因為需要透過他人幫忙代訂，還要帶位費、小費、車資、佣金等，這就涉及合不合理、值不值得的問題；而紐西蘭的高空彈跳有一定的危險性，不見得適合每一個人。

(3) 旅遊安全書面需知表及擬定旅客安全守則一覽表，其中必須包括活動危險等級區分狀況、自費活動項目的參加要點。

(4) 領隊必須宣導旅客自身應負的責任事項等，以確保旅客與公司的權益。

(5) 最後應準備書面文件讓旅客簽名，以證明領隊已盡到各項宣導之責任與義務，避免旅遊糾紛時產生刑事上的責任歸屬問題。

12. 購物安排

(1) 退稅方式 Tax Refund，必須要詳加瞭解，並說明解釋清楚以維護旅客權益。

(2) 購物時間不可占據表定行程時間，說明可購性等，不可半推半就推銷，妥善安排未購買者，保持團體整體性。

13. 團體緊急事件處理

(1) 如遇狀況無法到達目的，如道路坍方、雪崩、示威抗議、罷工…等，盡量顧及旅客權益，並疏導溝通，一切以安全為主，尋求替代景點並與公司及當地旅行社回報，尋求解決方案，方案協議好與客人簽訂同意書帶回，切勿領隊及導遊私下與客人協商後行動，這是最忌諱的。

(2) 觀光局要求，應攜帶緊急事故處理體系表、國內外救援機構或駐外機構地址、電話及旅客名冊…等資料。其中，旅客名冊，須載明旅客姓名、出生年月日、護照號碼（或身分證統一編號）、地址、血型。

(3) 遇緊急事故時，應確實執行以下事項：立即搶救並通知公司相關人員，隨時回報最新狀況及處理情形。通知我國派駐當地之機構或國內外救援機構協助處理。

(4) 領隊現場處理：應採取「CRISIS」處理六字訣之緊急事故處理六部曲。

a. 冷靜(calm)：保持冷靜，藉 5W2H 建立思考及反應模式。

b. 報告(report)：警察局、航空公司、駐外單位、當地業者、銀行、旅行業綜合保險提供之緊急救援單位…等。

c. 文件(identification)：取得各相關文件，例如報案文件、遺失證明、死亡診斷證明、各類收據…等。

d. 協助(support)：向可能的人員尋求協助，例如旅館人員、海外華僑、駐外單位、航空公司、Local Agent、旅行業綜合保險提供之緊急救援單位、機構…等。

e. 說明(interpretation)：向客人做適當的說明，要控制及掌握客人行動及心態。

f. 紀錄(sketch)：記錄事件處理過程，留下文字、影印資料、清晰照片、尋求佐證，以利後續查詢免除糾紛。

14. 小費

小費，英文名 Tips，源於 18 世紀的英國倫敦，是保證迅速服務(to insure prompt service)；原本餐廳給服務生在餐費以外的獎勵，現在被視為社交禮儀，小費並不是法定要給，數目也沒有明確，多數地區的行業都有不成文的規定，尤其在歐美地區。

(1) 小費，支付小費是種禮貌，感謝別人提供的服務，旅行社都有一定的建議每日小費的金額，一般旅遊團體會產生小費的部分有餐廳、司機、當地導遊，領隊、飯店行李員及飯店床頭小費，均因當地習慣、消費水準之不同而異。

(2) 小費是導遊領隊對於工作的努力，受到客人肯定所得到的報酬，千萬不能視為理所當然的所得，如果客人給予的不達預期，常常會引起很大的爭議，而產生的旅遊糾紛，不得不謹慎。

(3) 領隊有義務收取導遊及司機的小費，收小費是一種很高深的藝術與學問，目前並沒有確切的方式，告知領隊要如何收小費，編者在此建議適合與不適合的時機與方式提供參考。

★ 不適合時機與方式

a. 行程剛開始時——還未服務就先收。(大忌)
b. 到房間跟團員收——一定要收到，死賴著不走。(忌)
c. 找團員幫忙收——他人也不好意思不給。(忌)
d. 收到小費就馬上清點——市儈。(忌)
e. 沒有表現，要收小費時裝得很可憐——不必如此悲情。(忌)

★ 適合時機與方式，行程將結束時

a. 一一私下跟團員收。(優)
b. 講一段感性祝福的話全體一起收。(優)
c. 講一段感性祝福的話請團員自行給。(很優)
d. 講一段感性祝福的話請團員放信封袋裡。(很優)
e. 講一段感性祝福的話，隻字不提，一切盡在不言中。(最優)

15. 機場辦理出境登機作業

(1) 製作旅客通訊錄，辦理電子機票作業，請看票務常識。
(2) 櫃檯劃位、同行者盡量安排在一起。
(3) 說明登機證，登機時間及登機門，並解說出境及手提行李登機、注意事項、登機程序及安檢，隨身行李攜帶物品。
(4) 託運行李，拿到行李收據，並確認行李已過行李 X 光機才可離開。
(5) 在機上，與空服員核對特殊餐食的座位。

16. 機場辦理出境作業

(1) 確認所有團員護照簽證，排隊出境。
(2) 檢查完證件後，依序排隊出境前的個人隨身行李安檢。
(3) 團員可自行購買免稅品 DFS(duty free shop)。

17. 團體滿意度調查

發放團體滿意度調查表、並解釋團員不瞭解調查事項，與導遊查詢團體整體狀況，密封收回調查表。(Customer Satisfaction Investigation, CSI)

18. 團體結束後作業

(1) 3 日內到公司交團，帳務整理、報帳與核銷、事故報告。
(2) 繳交旅客滿意度調查表、領隊帶團服務檢查表。
(3) 國外市場資訊報告、國外業者意見反應。

(4) 領隊個人對行程意見與建議行程，國外其他公司團體及景點現況報告。

(5) 與同儕或業務人員交換心得及報告。

19. 團體客訴處理

有無違反規定，具體陳述事件，回憶當時狀況，交由公司主管協調及處理。

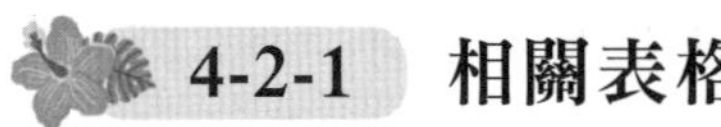

4-2-1 相關表格

1. 機位座位表

飛機的座位分配是按照英文姓 ABC 來依序排列，如以夫妻來舉例，先生姓吳(Wu)、小姐姓陳(Chen)，則兩者的座位將會是一個在後一個在前，不會排在一起，這時領隊若事先畫了機位座位圖，就能立即處理這個問題，但有可能每個人或每一組人的狀況很多，要適時依當時情況調整，就算當時沒有辦法調整到最好，客人也會覺得你很用心且很有經驗；再者，有機位座位表就可以掌握所有團員是否都已登機，幫助確認人數；下表的座位圖是編者繪製波音 747-400 機型，座位為 3-4-3，有打✓表示是航空公司人員安排此團體的機位，此團為 32 人含領隊：

排數	靠窗	中間	靠走道	走道	靠走道	中間	中間	靠走道	走道	靠走道	中間	靠窗
	A	B	C		D	E	F	G		H	J	K
51	✓	✓	✓	X	✓				X			
52	✓	✓	✓	X	✓				X			
53	✓	✓	✓	X	✓				X			
54	✓	✓	✓	X	✓				X			
55	✓	✓	✓	X	✓				X			
56	✓	✓	✓	X	✓				X			
57	✓	✓	✓	X	✓				X			
58		✓	✓	X					X			
59		✓	✓	X					X			
60				X					X			
61				X					X			

2. 分房表

<table>
<tr><td colspan="7" align="center">ROOM LIST
XXX TOUR</td></tr>
<tr><td colspan="7">TOUR NUMBER:AAFO000000000 ________ Pax</td></tr>
<tr><th>Room No</th><th>No</th><th>Chinese Name</th><th>English Name</th><th>Date Birth</th><th>Passport No</th><th>Remark</th></tr>
<tr><td rowspan="2"></td><td>1</td><td></td><td></td><td></td><td></td><td></td></tr>
<tr><td>2</td><td></td><td></td><td></td><td></td><td></td></tr>
<tr><td rowspan="2"></td><td>3</td><td></td><td></td><td></td><td></td><td></td></tr>
<tr><td>4</td><td></td><td></td><td></td><td></td><td></td></tr>
<tr><td rowspan="2"></td><td>5</td><td></td><td></td><td></td><td></td><td></td></tr>
<tr><td>6</td><td></td><td></td><td></td><td></td><td></td></tr>
<tr><td rowspan="2"></td><td>7</td><td></td><td></td><td></td><td></td><td></td></tr>
<tr><td>8</td><td></td><td></td><td></td><td></td><td></td></tr>
</table>

3. 團體總表 1-2-3

NO	NAME	ENGLISH NAME	DATE BIRTH	P.P. NO.	P.P ISSUE .EXPIRY	VISA NO.	VISA PLACE	ISSUE EXPIRY
1								
2								
3								
4								
5								

4. 餐廳預訂表

<table>
<tr><th>TO</th><th>BISTRO
Restaurant</th><th>From</th><th>XXX 旅行社有限公司
XXX Travel Service</th></tr>
<tr><td>Name</td><td></td><td>Name</td><td></td></tr>
<tr><td>Tel</td><td></td><td>Tel</td><td></td></tr>
<tr><td>Fax</td><td></td><td>Fax</td><td></td></tr>
<tr><td>Date</td><td></td><td>Cell</td><td></td></tr>
<tr><td>Time</td><td></td><td>E-mail</td><td></td></tr>
<tr><td>Pax</td><td></td><td>Website</td><td></td></tr>
<tr><td colspan="4">MENU</td></tr>
<tr><td colspan="4">MIXED SALAD
CHICKEN BREAST PROVENCE SORCE
STAB OF COCOA SOUSSE ON EUSRAD SOURCE

PRICE：20 EUR Per/ Person

～Thanks and Best Rgds!!～

祝福－生意興隆、高朋滿座！

Sign and Seal
Please send back to reconfirm!</td></tr>
<tr><td>T/L</td><td></td><td>Cell phone number</td><td></td></tr>
</table>

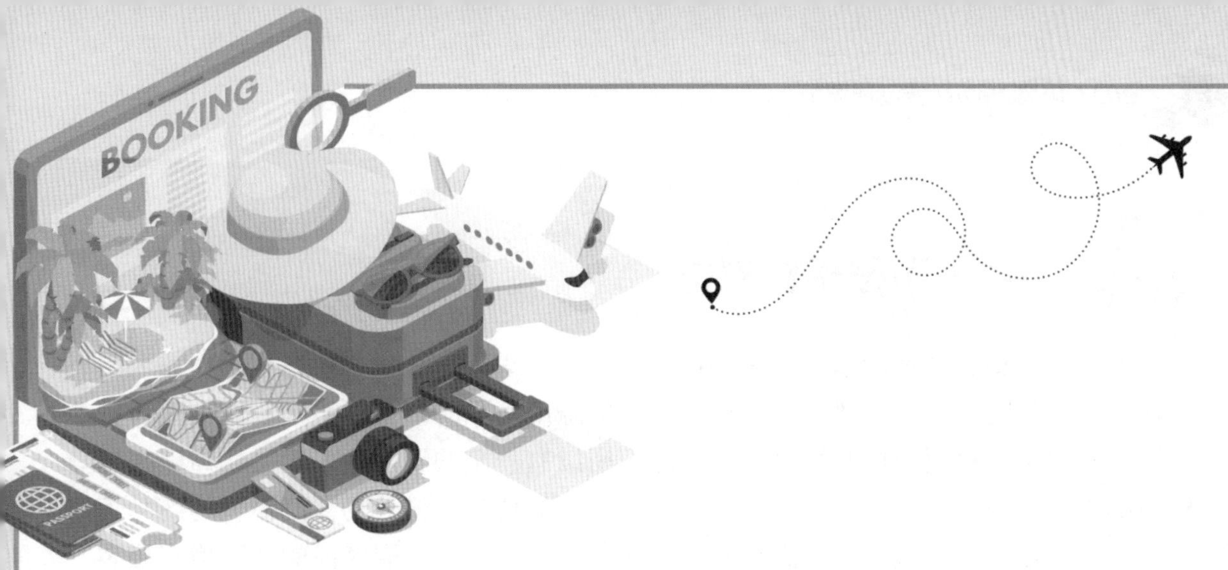

CHAPTER 05 遊程規劃

華語導遊

外語導遊

華語領隊

外語領隊

5-1 遊程規劃概述

旅遊是一種特殊性的產品、需要以時間經驗來累積。整個旅遊行程，從報名到出發完成，都是商品的一部分，體驗之後才能瞭解產品的價值，也是攸關生產者旅行社的聲譽。是需要先付費後享受的商品，所以有一定的風險性。產品的口碑來自顧客的認同與服務的品質，優質的產品並不是以價位來作區分的，高價位的商品不見得旅客就很滿意；低價位的商品不見得旅客就會抱怨，端視產品的透明度與旅客的知覺反應，唯獨物超所值、提高顧客滿意度及其邊際效益，才是延續產品的最終因素而產生代名詞。

5-2 旅遊產品的特性

旅遊業主要產品為其所提供旅遊勞動力與旅遊專業之從業人員，其本身之專業知識與技能，適當且適地為旅客服務，基本上是具有服務業之特性。簡言之，旅遊服務品質難以掌控，因為旅遊業服務有下列特質上限制(Swarbrook & Horner, 1999)：

1. 無形性(intangibility)

旅遊業之商品都具無形的特性與一般實體有形商品差異大(汽車業)，差別在於兩者之間相對的顯性或是隱性(Rushton and Carson, 1989)，服務有形及無形產品之間的最大差異，在於消費者在購買前很難直接判斷其品質與服務等之差異性。由於消費者在購買前難以評估服務的好壞，及個人認知產生不確定感與知覺風險，造成行銷上的困難度，及使用滿意度的掌控度(Zeithemal, 1988)。

2. 不可分割性(inseparability)

旅遊產品不如實體產品必須經由生產規格化，提供給旅者使用，產出之服務與消費同時進行且無法分割，如領隊人員必須到機場才能提供旅客服務，導遊到當地才有服務等等，這之間的互動與服務過程，將影響整個產品品質，產出品質(output quality)與過程品質(process quality)影響的程度也會有所差異(Parasuraman, Zeithmal and Berry, 1985)。產出與消費同時進行，缺一不可，使旅客與服務人員之間互動的頻繁，而對旅遊產品的品質造成重要相互影響創造生了產品價值。

3. 變異性(variability)

亦稱異質性，旅遊產品，產出的過程中隨著旅客、服務人員、服務提供與時間地點之不同，而發生差異(Booms and Bitner, 1981)因為旅遊產品帶有人性化的服務，是具價值所在之處。此特性使得服務品質的標準化很難達成，亦不能如實體產品規格化，因此在旅遊業服務品質管理，採用對服務人員實施教育訓練的方式來取代有形產品品質管制的方法(Sasser,Oslsen and Wyckoff, 1978)，至今漸有成效。

4. 易逝性(perishability)

亦稱無法儲存性，旅遊產品不像一般有形商品能夠品質管理及儲存，旅遊產品雖然旅客可以預先購買，但是未銷售完之產品無法儲存，服務開始發生就具有時效與易逝的特性。旅遊服務具有無法儲存特性，若不使用則會隨之消逝，如飛機機位、火車座位及旅館房間等等。旅遊產品如同一般服務性產品一樣無法儲藏，旅行業者受理安排旅程有截止期限，包含簽證、開票、訂位與訂房等，超過此時間就無法使用或安排產品。此種特性，亦顯現在旅行團體，從行程規劃、團體銷售至團體掌控，行銷策略之擬定及執行，有其困難度。其特性使然，無法像製造業一樣將銷售市場機制彈性化或以庫存方式來平衡市場，故旅行業在旺季時發生產出不足，淡季則是產出過量的狀況，使其成為旅行業之難題(Lovelock, 1991)。所以，在制定行銷策略時要整合淡旺季及產品過剩不足現象進行分銷，如，專案促銷、以量制價與會員制度等，以平衡供需的起伏震盪(Sasser & Arbeit, 1976)。

旅遊業服務的特性，其旅遊商品特徵則包含下列數項：

類別	說明
可供給有限	觀光旅遊業服務的之不可分割性與易逝性特性，需適人、適時、適地、適事所提供服務，其供給彈性甚小，旺季不能增產量，淡季無法減產量，旅遊業僅能以價制量。
服務業人之特性	觀光旅遊業為一種服務業，而人是服務最主要的任務，其服務品質的好壞則繫於提供者的熱情與專業。為此，員工的訓練工作專業之養成，是成為觀光旅遊服務業成敗因素之所在。
同業競爭	觀光旅遊業產品規劃之的特質，須在一定期時限內使用，未使用無法來儲存、無須大量的營運資本來建構商品，無法有專利之申請，無法壟斷獨占市場。而此，觀光旅遊業規劃產品之競爭特性，無法得到適度的解決方式，強者越強，弱者越弱。

類別	說明
可客製條件	觀光旅遊業銷售服務，從銷售人員到領隊人員導遊人員等，在不同層次與年齡的旅客，提供不同價值的服務，依旅客的需求為依據，使旅遊消費者能同樣的感受到從業人員服務效率、旅遊專業與客製化的特性，來提昇使旅客獲得最大實質效益。
需求彈性	觀光旅遊業之旅遊花費高過基本消費，如一般住宿、3C 產品、高級餐飲，消費者而言須滿足實質的基本消費、基本需求，食、衣、住、行、育、樂等，之後旅遊方面的需求是盡皆知考量。
形象及聲譽	觀光旅遊業的服務商品是無形化，無法提供樣品也無法先驗貨、體驗，沒有事後付款，只有出發前結清團費，是故為特許產業，其業者之形象及聲譽就極為重要，塑造服務與產品的優質形象與市場聲譽，是旅行業行銷管理工作最重要的一環上。再言，旅行業和其他觀光事業相惠互利，人脈經營、信用建立，是為旅行業者重要的管理方針。

旅遊服務業具有獨有的特質外，需要先瞭解在整個觀光事業結構中旅行業的定位，亦受到同業行銷與通路之相互競爭的通性；其次為外在因素，在經濟體系與政治干擾，社會影響和文化結構等，其產出特質的旅行業重要因素（楊正寬，2003），茲分述如下：

類別	說明
需求季節性	季節性對旅行事業來說有特殊的影響力，分為自然和人文季節兩方面，前者因氣候變化對旅遊所產生的的淡旺季，如國人夏季前往印尼峇里島，至秋季時前往日本賞楓，冬季到韓國賞雪；人文季節則指當地傳統風俗和習慣，以上是可以透過創造需求而達到的。
需求不穩定性	旅遊活動供需容易受到某些事件影響，而增加或減少需求的產生。如全球經濟影響，旅遊意願驟減，而當地社會安全也是重要的考慮因素，如戰爭與 COVID-19 疫情，都增加了旅遊需求的不穩定性，易影響旅行業的生存。
整體性	旅行業是人性化的行業與群策群力的行為，旅遊國家地區環境不同，從業人員除了要有專業知識外，更必須要有相關產業的相互惠互助，包含住宿業、餐飲業、交通業與觀光區產業等。

類別	說明
專業性	旅行安排旅遊涉及廣闊，任何的安排與完成均需透過專業人員規劃，過程繁瑣亦不能有差錯，以現代資訊科技化的作業，能夠縮短時間與距離協助旅行業人員達成使命，惟其專業知識才是保障旅客安全及服務品質的重要關鍵(Lungberg, 1979)。
需求彈性	旅行業產品價格不定，旅遊需求也產生變化，若旅客所得提高時，有意願購買品質較高之旅遊行程產品，學生消費比較低等，對產品有彈性的選擇。因此，在旅行業規劃時亦有許多彈性，購物安排、住宿地點、餐食調整與無料景點，均能調整行程價位。

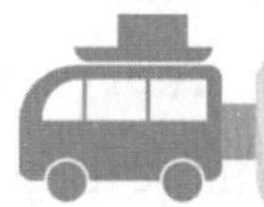

5-3 旅遊產品的類型

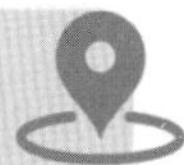

旅遊產品類型，係隨著市場及消費者需求而創造，在供應商的強力主導下，上游供應商包括航空公司、飯店、大型旅行社、網路旅行社、資訊公司、觀光設施、遊樂場所、主題樂園等，提供了消費者大量的選擇條件。

旅遊產品的類型，基本上分為兩種：散客套裝旅遊行程 FIT Package Tour 和團體套裝行程 Group Package Tour。

1. 散客套裝旅遊行程 FIT Package Tour(FIT: Foreign Individual Travel)

(1) 旅行業自己組裝的散客自由行產品、航空公司規劃組裝的自由行產品。所謂 GV2、GV4、GV6 等因應市場自由行或半自由行需求而出現的人數組成模式，票價介於 FIT Ticket Rate 與 Group Ticket Rate 的中間，GV 原是為 10 人以上團體而設的最低團體人數模式的機票優待方式，航空公司為加強競爭力而降低所需組成的基本人數。以下為航空公司及旅行社設計出套裝行程比較表：

規劃設計者	旅行社包裝			航空公司包裝	
類別	機票	自由行	半自由行	自由行	半自由行
交通	機票	機票	機票接送	機票	機票接送
領隊	無	無	無	無	無
導遊	無	無	有接送時	無	無
人數	不限	不限	不限	不限	不限

規劃設計者	旅行社包裝			航空公司包裝	
類別	機票	自由行	半自由行	自由行	半自由行
餐食	無	無	早餐	無	早餐
旅客涉入	高	高	中	高	中
飯店選擇	自訂	可選擇	可選擇	可選擇	可選擇
其他行程	自由選擇	自由選擇	自由選擇	自由選擇	自由選擇
難易程度	高	高	中	中	中
價位	高	高	中	高	高

(2) 自助旅行 Backpack Travel，一般只訂機票，住在當地寄宿家庭(Home Stay)或青年旅館(Youth Hostel)，只租床位是大通鋪，屬於經濟旅遊(Budget Tour)，配合當地交通或是訂新幹線、歐鐵券等，旅遊時間較長，可以深入當地文化。

2. 團體套裝行程 Group Package Tour

(1) 現成的行程(Ready-Made Tour)，是旅行社的年度產品(Series Tour)，由旅行社企劃行銷籌組的「招攬」年度系列團，一般都屬年度計畫或是季節性計畫，一年至少有 8 個定期出發日，必須派領隊。

(2) 量身訂製的行程(Tailor-Made Tour)，由使用者（旅客）依各自目的，擬定日期，而請旅行社進行規劃的單一行程，一般稱特別團行程，雖然該訂製行程的量可能高達數千名，或長達半年出發日，但仍稱為訂製行程。以企業界的獎勵旅遊 Incentive Tour、公家機關或學術團體的參訪活動最多。

(3) 特殊性質的行程(Special Interest Tour)，如參加婚禮團、高爾夫球團。

(4) 參加成員雷同而組成的團體(Affinity Group)有共同利益或目的地，親和團體，如登山團、遊學團、朝聖團、蜜月團。

(5) 主題、深度旅遊行程(Theme Tour)，如島嶼度假團、參訪團、童話故事主題。

(6) MICE 產業(Meeting, Incentive, Conventions and Exhibitions)

類別	說明
會議 Meeting	小型會議型，如學術研討會。
獎勵旅遊 Incentive	企業員工的獎勵旅遊，如直銷公司。
會議 Conventions	大型會議，如亞洲太平洋經濟合作會議(APEC)。
展覽 Exhibitions	展覽通常有主要的主題，如電子展、五金展。

(7) 熟悉旅遊(Familiarization Tour)又稱 FAM Tour；亦稱同業旅遊 Agent Tour，在中國稱為「採線團」。上游供應商、如航空公司、飯店、景點門票提供名額，讓旅遊同業實際走一趟的熟悉行程，一般不需付費，或是付極低的費用。

(8) 包機團(Charter Flight)，應市場承載需求而定的定期間的飛行班次，如每年農曆過年會包機飛關島等地。

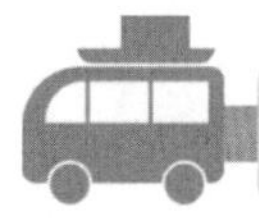

5-4 遊程設計安排原則

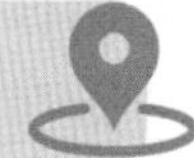

設計行程規劃時，有以下幾個原則：

★ 航空公司 Airline，設計行程時航空公司的選擇，是需要思考的問題

1. 前往地區其航空公司飛行家數，是否可以滿足團體需要，並瞭解機型的優越性。
2. 每日、每週飛行的往返班次，轉機是否會造成不便。
3. 國人對該家航空公司的接受度，航空公司的安全性。
4. 航空公司提供票價的競爭力，行程中的內陸段，是否提供延伸點。

★ 旅遊天數 Date，旅行天數安排，應考慮大部分客人實際的需要

1. 行程安排有沒有遇到週休二日。
2. 因選擇合適天數，造成費用增加，是否能接受。
3. 時差及飛行所耗費時間，影響天數。
4. 行程連貫性，如北歐五國、東西歐、中南美洲。

★ 成本取得 Cost，旅遊行程規劃涉及成本估價、原物料取得、以量制價等…重要的原因，其中主要成本分兩部分：機票票價、當地消費

1. 行程估價原物料取得，包含航空公司票價 Ticket Fare、當地旅行社的 Land Fee。
2. 是否可用議價方式，同樣的航程可與航空公司提供之票價來議價。
3. 略過當地旅行社，直接與當地巴士公司、飯店業者、餐廳…等協商，聯繫取得支援，降低成本。
4. 利用市場上，供需失衡的機票及飯店，進行包裝取得優惠。
5. 設定出團人數的檔數是否可與市場競爭，尤其長程線特別重要。
6. 與航空公司協商包機，壟斷市場，降低成本，取得優勢。

★ 市場競爭力 Competition

1. 公司經營團隊人員之經驗值及專業度。
2. 公司領隊導遊人員之經驗值及專業度。
3. 公司市場知名度、能否洞悉競爭對手策略。
4. 公司網路、通路及平臺之深廣度。

★ 前往行程地點優先性 Priority，行程地點優先性與地形上之隔絕因素

1. 所使用之航空公司航線票價及內陸段延伸點之因素。
2. 簽證取得問題及免簽證帶來的效益。
3. 特定地點需求及邊際效益的因素。
4. 城市知名度及時尚區域之因素。

★ 淡、旺季 High & Low season：旅遊地常因地區性、季節性、節慶性、特殊性、連續假日等因素，而形成淡、旺季

1. 地區性，分為南北半球，北半球美、加、歐洲等地、南半球非洲、紐、澳等地。
2. 季節性，春、夏、秋、冬四季。
3. 節慶性，如德國啤酒節、泰國潑水節、美國感恩節。
4. 特殊性，美國阿拉斯加極光、日本賞楓、巴西嘉年華會。
5. 連續假日，臺灣的農曆過年、中國大陸的十月一日黃金週。

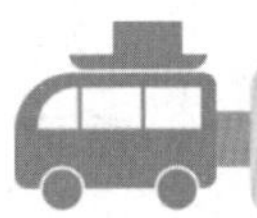

5-5 旅遊交通工具種類

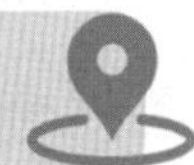

1. 航空客機機型選擇(Airline)，波音機型（美國）、空中巴士（法國）等。
2. 小型飛機(Airplane)，美國大峽谷國家公園、尼泊爾加德滿都聖母峰之旅。
3. 水上飛機(Hydroplane)，巴西的亞馬遜河流域探險、阿拉斯加北極圈之旅。
4. 直升機(Helicopter)，美國紐約市區觀光、紐西蘭冰河之旅。
5. 水翼船(Hydrofoil Boat)，香港與澳門之間的交通船。
6. 氣墊船(Hovercraft)、英國多佛與法國卡萊之間的交通船。
7. 豪華遊輪(Cruise)，分為海輪及河輪兩種：

(1) 海輪：美國阿拉斯加遊輪、義大利地中海游輪。

(2) 河輪：埃及尼羅河遊輪、中國大陸長江三峽遊輪。

8. 渡輪遊艇(Ferry)，美國舊金山灣遊輪、澳洲雪梨灣遊輪。

9. 火車(Train)，法國 TGV、英法 Euro Star、臺灣高鐵、日本新幹線。

10. 四輪驅動車(4WD)，西澳伯斯滑沙、南非的克魯格國家公園、非洲的肯亞。

11. 騎馬、大象、駱駝等動物，印度齋浦爾騎大象上琥珀堡、尼泊爾騎大象遊奇旺國家公園、埃及騎駱駝遊金字塔。

12. 纜車(Cable Car)，瑞士的鐵力士山、中國大陸黃山的索道。

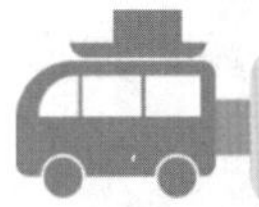

5-6 旅遊飯店住宿種類

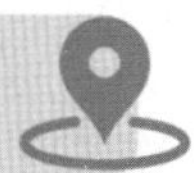

1. 機場旅館(Airport Hotel)，又稱過境旅館，多位於機場附近，主要提供過境旅客或航空公司員工休息之間服務。若為航空公司所經營，則稱為 Airtel。

2. 鄉村旅館(Country Hotel)，指位於山邊、海邊或高爾夫球場附近的旅館。

3. 港口旅館(Marina Hotel)，在港口以船客為服務對象的旅館。

4. 商務旅館(Commercial/Business Hotel)，針對商務旅客為服務對象的旅館，故平常生意興隆，週末、假日住房率偏低。多集中於都市，旅館中常附設傳真機、電腦網路、商務中心、三溫暖等設備。

5. 會議中心旅館(Conference Center Hotel)，指以會議場所為主體的旅館，提供一系列的會議專業設施，以參加會議及商展的人士為服務對象。

6. 度假旅館(Resort Hotel)，提供多功能性的旅館。部分位於風景區及海灘附近，依所在地方特色提供不同的設備，主要以健康休閒為目的，明顯的淡季與旺季。

7. 豪華遊輪(Cruise)，分為海輪及河輪兩種：

   (1) 海輪(Sea Cruise)：美國阿拉斯加遊輪、義大利地中海游輪。

   (2) 河輪(River Cruise)：埃及尼羅河遊輪、中國大陸長江三峽遊輪。

8. 經濟式旅館(Economy Hotel)，主要提供設定預算之消費者，如家庭度假、旅遊團體等。旅館設施、服務內容簡單，以乾淨的房間設備為主。

9. 全套房式旅館(All Suite Hotel、Family Hotel)，多位於都市中心，以主管級商務旅客為服務對象，除了客房外，另提供客廳與廚房的服務。

10. 賭場旅館(Casino Hotel)，位於賭場中心或附近的旅館，其設備豪華，並邀請藝人作秀，提供包機接送服務。

11. 度假村(Villa)，多位於度假勝地，每個房間都屬獨立別墅，有專屬泳地、空間、僕人，隱密性極高，提供旅客專屬高級休憩服務。

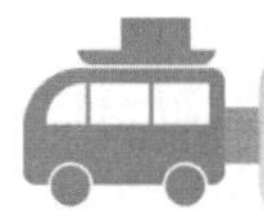

5-7 飯店住宿、餐食依計價方式分類

1. 歐式(European Plan, EP)：住宿客人可選擇自由用餐（即未包括餐費）。旅客不必在旅館內用餐，一般為特惠價只含住宿，或是因旅館較小沒有餐廳提供餐食。
2. 美式(American Plan, AP; Full Pension)：住宿、包三餐通常是固定菜單套餐。在國家公園內或是保護區內外出用餐不實惠，例如：美國國家公園與非洲肯亞國家公園。
3. 修正美式(Modified American Plan, MAP)：住宿、早晚餐。讓客人可以整天在外遊覽或繼續其他活動，這屬於地區性計價，主要是飯店提供較好的用餐品質，例如：瑞士盧森地區或歐洲一些小城鎮。
4. 歐陸式(Continental Plan, CP)：住宿、早餐，歐陸式早餐。因為歐洲人力價位高，故早餐僅安排咖啡茶，麵包及奶油，不需要特別請廚師準備，櫃台人員沖泡咖啡即可。
5. 百慕達式(Bermuda Plan, BP)：住宿、早餐，美式早餐。這是目前全世界觀光旅遊團安排早餐的方式，臺灣亦以此類別為國內外計價方式。
6. 半寄宿(Semi-Pension; Half Pension)：住宿、早午餐（午餐可改晚餐），與修正美式類似。屬於當地寄宿家庭方式經營，例如：英國留學團與紐西蘭農場體驗旅客。

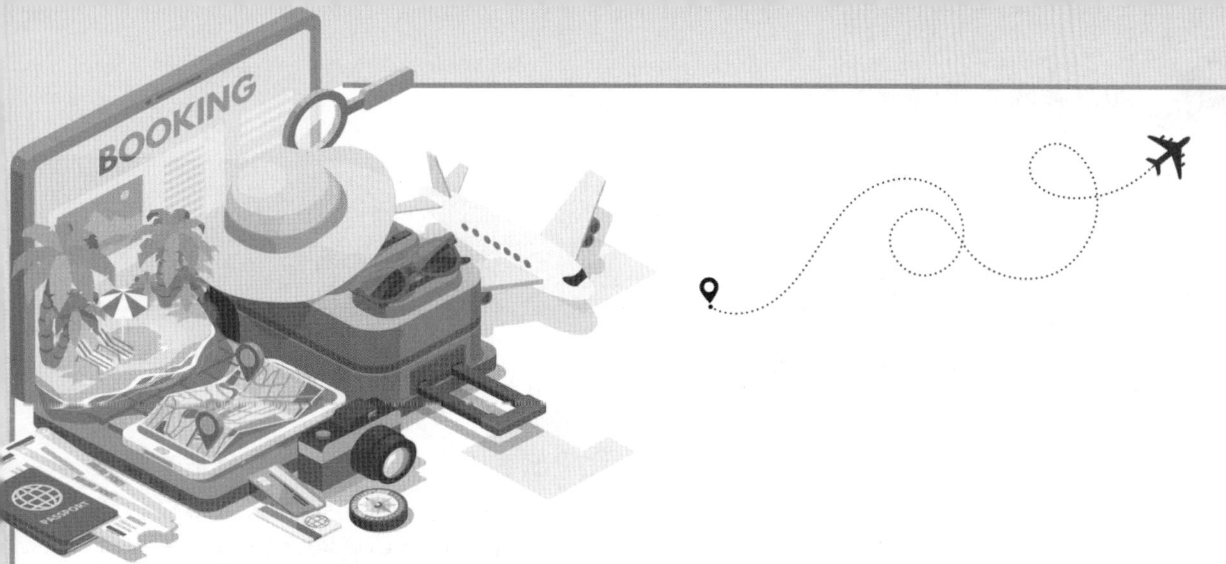

CHAPTER 06 旅遊安全及緊急事件（導遊、領隊）

- 6-1 旅遊安全
- 6-2 事故之預防措施
- 6-3 緊急事件處理方法
- 6-4 交通部觀光局災害防救緊急應變通報作業要點
- 6-5 外交部警戒燈號
- 6-6 嚴重特殊傳染性肺炎(COVID-19)旅遊警示分級

華語導遊

外語導遊

華語領隊

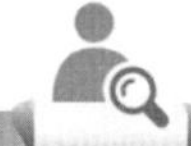
外語領隊

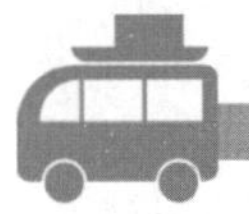

6-1 旅遊安全

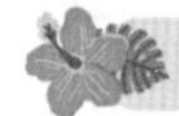

6-1-1 旅行社從業人員安全的認知

旅行社是提供旅客旅遊服務重要事業，注重旅客的人身、財產安全及基本滿足其精神、物質需求是主要任務。所以，加強旅遊安全措施，建立完整緊急事故救難系統，預防和避免旅遊事故發生，以確保旅客的人身、財產和旅遊環境安全是提升旅遊事業的基礎原則，亦是旅行社的安全管理目標。

旅行社的安全管理目標
1. 旅行社內部：旅客護照、證件、機票、簽證、其他重要證件等之保護管理。
2. 旅行社外部：對旅遊行程中的食、衣、住、行、遊覽、行程、購物、娛樂、當地旅行社等方面確實合法性、提供安全保護及相關規定之安排。
3. 落實配合政府規範相關措施：旅行平安保險、旅遊責任險、履約責任險、領隊善盡告知責任與權益。

6-1-2 旅遊前的準備

領隊或 OP 在旅遊出發前的準備事項，除了召開說明會告知注意事宜，瞭解該旅遊行程特別注意要點，加註詳細說明或表單，同時也應密切注意新聞媒體發布相關消息，以利公司研擬緊急應變措施，保障旅客和公司的權益，應提醒旅客之事項：

加入保險	投保旅行平安保險、海外急難救助服務計畫等。 同時應注意投保年齡、保額、保障範圍及其他額外投保之規定事項。
體檢	包括赴疫區旅遊須注射疫苗（接種）、健康檢查等。
藥品準備	個人疾病藥物、藥膏及到達旅遊地區之防治藥品。
旅遊行程方面	規劃旅遊行程時，應就行程中安全注意事項詳列說明，並請領隊告知，製作旅遊安全書面需知表及旅客安全守則一覽表，包括活動危險等級區分狀況，旅客自身應負的責任事項等，以確保旅遊和公司的權益，最後應準備書面文件（如切結書）讓旅客簽收更佳。
資訊的蒐集	旅遊地區常因天災、人禍或當地政府、民間的突發事故而致無法成行，從業人員應隨時注意旅遊地區的旅遊安全最新情況，如遇不利旅客安全之狀況，須盡速通知旅客並採取適當措施。

★ 資訊的取得管道如下：

1. 每日報紙、廣播、電視報導、旅遊雜誌。
2. 透過網際網路查詢「外交部領事事務局全球資訊網」。
3. 交通部觀光局。
4. 行政院衛生福利部。
5. 消費者文教基金會。
6. 駐華觀光辦事處傳遞的消息。
7. 旅遊業告知（航空公司、旅行社、當地旅行社）。
8. 參加各觀光相關協會舉辦的旅遊安全座談會。
9. 撥打外交部領事事務局之「國外旅遊重要參考資訊」。
10. 「旅外國人急難救助聯繫中心」聯絡電話 24 小時均有專人接聽服務，以及「旅外國人急難救助」。

6-1-3 旅遊安全須知範本

以下為，中華民國旅行業品質保障協會(2021)規定旅行從業人員應告知旅客之旅遊安全注意事項要點範例。

各位旅客，為了您在本次旅遊途中本身的安全，我們特別請您遵守下列事項，這也是我們盡到告知的責任，同時也是保障您的權益。

1. 搭乘飛機時，請隨時扣緊安全帶並依航空公司指示使用 3C 電子產品。
2. 搭車時請勿任意更換座位；頭、手勿伸出窗外，上下車時，請注意來車方向以免發生危險。
3. 搭乘船隻、從事水上活動，請務必穿著救生衣，船速較快或風浪大時，請扶緊坐穩，勿任意移動。
4. 搭乘纜車或其他短程接駁交通工具時，請依序上下，聽從工作人員指揮。
5. 貴重物品可存放飯店保險箱，如隨身攜帶，切勿離手，也不要隨意放置遊覽車或餐廳座椅上或離開視線範圍。
6. 請勿在公共場合露財，購物時也勿當眾清數鈔票。
7. 住宿飯店請隨時加扣安全鎖，並勿將衣物披在燈上或在床上抽煙，聽到警報器響時，請由緊急出口迅速離開。

8. 身體狀況不佳者，請勿參加具刺激性活動，如搭乘直昇機、降落傘、滑雪雪盆、浮潛、水上活動等。
9. 游泳池未開放時間，請勿擅自入池。並切記勿單獨入池，最好找伴相互照應。
10. 海（水）邊戲水，下水前要注意海象、天氣，浪大、海水漲、退潮，或有標示「危險海域」、「禁止游泳」或岸邊插有禁止紅旗區域，絕不可下水。
11. 選擇有救生員、有規劃的戲水範圍的海水浴場戲水，戲水時勿超越安全警戒線。
12. 參加浮潛時，請務必穿著救生衣，接受浮潛老師之講解，並於岸邊練習使用呼吸面具方得下水，並不可超越安全區域活動。
13. 使用滑水道或雪盆時，請遵守起點安全人員管制，以免撞到前方遊客，抵達終點後立即離開水道，以策安全。
14. 從事冰（雪）上活動時，請配戴完整護具，接受教練或工作人員指示，行走雪地及陡峭之路，請小心謹慎。
15. 團體活動時單獨離隊，應留意自身安全並提供聯絡電話，並依約定時間準時歸隊。
16. 夜間或自由活動時間自行外出時，請告知領隊或團友行蹤，逛街時請妥善保管證件（如護照）及財物，注意周邊環境，盡量避免單身搭乘地鐵，或逗留於治安較差之區域，並須特別留意可疑人士藉機搭訕行騙。
17. 拍照時請注意安全，並遵守領隊所宣佈的觀光區、餐廳、飯店、遊樂設施等各種場所的注意事項。

建議旅行社將上述告知事項附在旅遊要約的後面（附錄）及出團時確認請領隊加強宣導，以確保雙方權益。

6-2 事故之預防措施

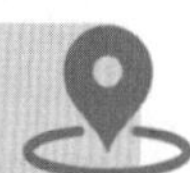

旅客規劃出國前，為了國外安全事宜，務必上網查詢「國外旅遊預警分級表」。為使旅行社及旅客適時瞭解國外各地區在旅遊安全上的現時地狀況，特別是某些因受到政治動亂、傳染疾病、天災人禍等，影響遊客安全及要防範知識項，中華民國外交部領事事務局會隨時依其狀況分類預警，並公告於網路上，方便查詢。詳情請查閱「旅外安全之旅遊警示」之「國外旅遊警示分級表」。

6-2-1 如何預防海外緊急事件

★ 旅行業組團出國旅遊動態登錄網

交通部觀光局為因應國外某些特定地區可能突發狀況影響國人旅遊安全，建置網際網路填報系統，要求旅行社應登錄以下事項：

1. 旅行社名稱、註冊編號、旅遊國家地區、旅遊期間。
2. 領隊姓名、手機號碼、團員人數、國外旅行社電話號碼、國外緊急聯絡人電話號碼。

該系統登錄帳號為旅行業註冊編號，預設密碼為六碼，須依系統操作說明上網作業。

★ 自行預留重要資料

1. 海外緊急聯絡人電話、住宿飯店電話、預計行程停留點。
2. 證件護照、簽證、旅行支票、機票之號碼、保險公司單號、保險公司電話。
3. 預留旅客之相關紀錄，盡可能取得旅客臺灣親友聯絡電話。

6-2-2 海外急難救助服務計畫

簡稱 OEA(Overseas Emergency Assistance)，在海外遇到緊急狀況時，可透過國際性救援中心得到緊急救援的服務；目前國內此項服務係透過與保險公司、信用卡組織及一般大型跨國公司的簽約合作，提供保戶與持卡人海外救急的服務。

OEA 是旅途中發生緊急狀況時的救援方式，旅遊從業人員須告知旅客此相關資訊，領隊也要瞭解使用方法，充分掌握時效，達到即時援助，確保旅客權益。以下就 OEA 使用須知，緊急時運用方法說明如下：

1. 免費服務電話供查詢使用，提供翻譯。
2. 緊急醫療諮詢，包括病情追蹤與傳遞、墊付住院醫療費用。
3 法律方面，墊付保釋金、代聘法律顧問、傳遞緊急文件、醫療翻譯。
4. 協助未成年子女返國，提供協助遺體或骨灰運回。
5. 旅遊方面，代尋並轉送行李、臨時緊急事件處理、旅遊資訊服務。
6. 領隊應盡力協助取得緊急救助費用的有關證明文件及收據，俾利後續處理有關帳務及代墊款項清償事宜，交由保險公司負擔相關費用。

★ 海外急難救助服務項目一覽表

旅遊協助	法律協助
1. 提供接種及簽證資訊 2. 通譯服務之推薦 3. 遺失行李之協尋 4. 遺失護照之協助 5. 緊急旅遊協助 6. 緊急傳譯服務 7. 使領館資訊提供 8. 緊急資訊或文件傳送 9. 安排簽證延期	1. 法律服務之推薦 2. 安排預約律師 3. 保釋金之代轉
醫療協助	
1. 電話醫療諮詢 3. 安排就醫住院 5. 醫療傳譯服務 7. 代轉住院醫療費用保證金 9. 遺體／骨灰運送回國或當地禮葬★ 11. 安排親友探視機票★ 13. 安排親友處理後事機票★ （★有金額上限）	2. 推薦醫療服務機構 4. 住院期間之病況觀察 6. 遞送緊急藥物 8. 緊急醫療轉送 10. 安排未成年子女返國★ 12. 安排親友探視住宿★ 14. 安排親友處理後事住宿★

★ 使用方法

1. 提出保險相關項目、個人基本資料及尋求救助的服務。
   (1) 表明為某國家某公司的保戶(Country Policy Holder)
   (2) 告知與護照上相同的中英文全名(Insured Name Chinese & English as Passport)
   (3) 保險單號碼(Policy No.)
   (4) 身分證號碼(ID No.)
   (5) 出生日期(Birthday)
2. 有關旅行業綜合險之緊急求助，需要旅行社投保之證明書、證明號碼，依人、地、時、事、物、以及聯絡人和聯絡方式敘述清楚。

6-3 緊急事件處理方法

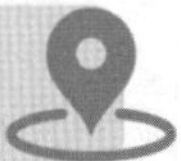

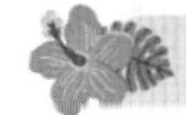

6-3-1 緊急事故應變

2009 年，外交部緊急聯絡中心為加強提供國人旅外急難服務，外交部自 2009 年 1 月 1 日起，將設於外交部領事事務局桃園國際機場辦事處之「旅外國人急難救助聯繫中心」，提升為「外交部緊急聯絡中心」，全年無休、24 小時輪值，聯繫處理旅外國人急難救助事件，以落實外交部為民服務不打烊的宗旨。

該中心設置簡明易記的國內免付費旅外國人緊急服務專線電話 0800-085-095 諧音「您幫我，您救我」，也有海外付費電話，國人在海外遭遇緊急危難時，可透過該專線電話尋求聯繫協助。

本章就領隊於緊急事件處理上提供建議，凡旅客遺失護照、機票、行李、疾病或受傷之處理、旅行社因財務問題，使團體遭滯留扣押、影響行程，人生安全等意外事件，居於第一線服務旅客的領隊人員，能善加運用，提供旅客最專業、最安心的服務：預防緊急事故。

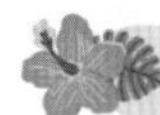

6-3-2 標準的回報流程

★ 緊急事故定義

因劫機、火災、天災、海難、空難、颶風、車禍、中毒、疾病、遺棄、攻擊…等其他事變，以致造成旅客傷亡、滯留、扣押、勞役等之情況。

★ 緊急事故處理流程表

送醫報警	1. 人身意外傷害、疾病事故時，報警且立即先聯絡救護車送醫。 2. 遭犯罪事件、交通事故、受他人攻擊時，遺失重要證件時，須立刻報警並製作筆錄，取得報案證明，並聯絡當地辦事處或工商團體請求協助。
回報存證	1. 隨時回報公司最新狀況及處理情形，並請國外代理旅行社提供協助。 2. 詳細記錄事發經過情形，照相錄影存證，保留證據。
尋求援助	1. 撥打海外急難救助電話，請求協助。 2. 聯絡我國駐外館處，商請相關國外華人團體提供協助。

通報觀光局	1. 發生意外事故 24 小時內，先以電話向觀光局報告事件概述。 2. 填寫「旅行社旅遊團意外事故報告書」詳述事件內容，所須檢附文件： (1) 該團行程表。 (2) 旅客名單（含姓名、身分證字號、年齡、居住地址、電話）。 (3) 出團投保保險單等資料。 3. 將報告書連同附件一併傳真回報觀光局。

6-3-3 醫療緊急處理方式

1. 緊急救醫，以急診方式為優先。

2. 尋找翻譯及看護支援。

3. 如重大疾病或舊疾，盡快聯絡家屬提供已翻譯好病歷，供醫師參考。

4. 取得病例報告及任何相關收據，如掛號、醫療、救護車、計程車…等收據。

5. 接受治療之醫院名稱、地址及電話號碼。

6. 主治醫師之姓名、地址和電話號碼。

6-3-4 旅行業責任保險簡介

1. 保險範圍

參加旅行社所安排之團體旅遊之每一旅客及隨團服務人員，旅遊期間，因發生意外事故，致旅遊團員身體受有傷害或殘廢或因而死亡，依照發展觀光條例及旅行業管理規則之規定稱為**「旅遊責任險」為強制執行旅行業應保事項**，旅行業團體與個別旅客旅遊業務。包含負賠償責任，如下表。

基本理賠項目	意外死殘保險金（每一旅客新臺幣 200 萬元）。
	意外體傷醫療費用（每一旅客上限新臺幣 10 萬元）。
	旅行文件重置費用（每一旅客上限新臺幣 2,000 元）。
	說明：旅遊團員於旅遊期間內因其護照或其他旅行文件之意外遺失或遭竊，除本契約中不保項目外，須重置旅遊團員之護照或其他旅行文件，所發生合理之必要費用。

善後處理費用	家屬處理費用（每一旅客上限新臺幣 10 萬元，國內旅遊新臺幣 5 萬元）。 說明：旅行社必須安排受害旅遊團員之家屬前往海外或來中華民國照顧傷者（以重大傷害為限）或處理死者善後所發生之合理之必要費用；費用包括食宿、交通、簽證、傷者運送、遺體或骨灰運送費用。
	旅行業者費用（每一事故上限新臺幣 10 萬元）。 說明：旅行社人員必須帶領受害旅遊團員之家屬，共同前往協助處理有關事宜所發生之合理之必要費用，但以食宿及交通費用為限。
旅遊團員包含	出境臺灣地區之本國與外國旅客，包含領隊導遊及工作人員。
	入境臺灣地區之外國與本國旅客。包含領隊導遊及工作人員。

2. 附加條款（幣別：新臺幣）

超額責任：每一團上限300萬元（依旅行業與保險公司不同亦有所變動及調整，以下為參考值）	
出發行程延遲費用	因旅行社或旅遊團員不能控制的因素，致預定之首日出發行程所安排搭乘的大眾運輸交通工具延遲超過 12 小時以上。
	每 12 小時 500 元，旅遊期間每一旅客上限 3,000 元。
行李遺失	境內旅遊上限：每一旅客 3,500 元。
	境外旅遊上限：每一旅客 7,000 元。
額外住宿旅行費用	旅遊團員於旅遊期間內遭受特定意外突發事故，所發生之合理額外住宿與旅行費用支出，須檢附單據實報實銷。
	境內，每人每日上限 1,000 元，旅遊期間每一旅客上限 10,000 元。
	境外，每人每日上限 2,000 元，旅遊期間每一旅客上限 20,000 元。
國內善後處理費用	家屬處理費用：每一旅客上限 50,000 元。
	旅行業者費用：每一事故上限 50,000 元。
慰撫金費用	每一旅客上限 50,000 元。 說明：旅遊團員於旅遊期間內遭受意外事故而死亡，旅行社前往弔慰死者時所支出的慰撫金費用。

6-3-5 申請旅行業責任保險理賠應備資料

★ 體傷案件

1. 理賠申請書。（由保險公司提供）
2. 領隊報告書。（人、事、地、時、發生及處理經過，盡可能詳述，並提供佐證）
3. 意外事故證明文件。（若因體傷致殘廢時，需提供警方報案證明）
4. 病歷調查同意書。（保險公司表格，旅客簽章）
5. 醫師診斷證明書。
6. 醫療收據正本。
7. 旅客與保險公司簽定之賠償協議書或和解書。

★ 死亡案件

1. 理賠申請書。（由保險公司提供）
2. 領隊報告書。（人、事、地、時、發生及處理經過，盡可能詳述，並提供佐證）
3. 意外事故證明文件。（警方報案證明、相關單位證明、醫院方面證明）
4. 病歷調查同意書。（保險公司表格，由家屬簽章）
5. 醫院之醫師診斷證明書、相驗公證單位之屍體證明書或死亡證明書。
6. 除戶戶籍謄本。
7. 繼承人身分印鑑證明。（接受理賠金者）

★ 善後處理費用

1. 意外事故證明文件。（體傷案件須提供當地合格的醫院或診所的書面證明）
2. 相關費用收據正本。（包括食宿、交通、簽證、傷者運送、遺體骨灰運送…等）

★ 旅行證件重置費用

1. 理賠申請書。（由保險公司提供）
2. 領隊報告書。（人、事、地、時、發生及處理經過，盡可能詳述，並提供佐證）
3. 遺失或遭竊之當地警察局報案證明書。
4. 駐外單位通報資料。
5. 入境證明書。
6. 辦理證件之規費收據正本。

★ 出發行程延遲理賠

1. 理賠申請書。（由保險公司提供）
2. 大眾運輸交通公司所開具之延遲證明。（詳盡記錄延遲時間）
3. 相關費用收據正本。（食宿、交通、所需個人用品…等）

註：每家保險公司不同，大部分延遲須超過 12 小時（含 12 小時）以上才理賠。

★ 行李遺失理賠

1. 理賠申請書。（由保險公司提供）
2. 受託運單位開具之行李收據，領隊相關人員報告書。
3. 受託運單位開具之行李遺失證明。

★ 額外住宿旅行費用

1. 理賠申請書。（由保險公司提供）
2. 領隊報告書。（人、事、地、時、發生及處理經過，盡可能詳述，並提供佐證）
3. 意外事故證明文件。（警方報案證明、檢疫證明或交通工具之事故證明）
4. 相關費用收據正本。（食宿、交通、所需個人用品…等）

6-3-6 遺失事故的處理

本章節為遺失事故的處理，出國旅遊必須注意，任何飯店及巴士上皆不可放置貴重物品，所有的飯店及巴士皆不負責保管責任，但所謂貴重物品，乃因人而異，領隊需要加以宣導及溝通，切記只要是有行李遺失、個人物品遺失或是損壞，領隊都必須處理，煞費精神與時間，吃力不討好。

★ 共同處理原則

1. 立即向當地警察局或相關單位，取得報案證明。
2. 依規定通報並請求協助。
3. 團員個人被留滯無法隨團行動時（留在當地等候、前往次一旅遊地、直接返國時）。
   (1) 請國外相關人員協助，取得所需證件及安排食宿、交通或其他安排。
   (2) 安排團員到次一地或次一國與團體會合，或安排團員搭機返國。
   (3) 提供國內聯絡人員、國外旅行社人員及領隊的聯絡電話。

4. 遺失證照時，領隊及相關人員不可嘗試掩護旅客非法闖關入境他國，失敗時的法律歸屬將無法承擔。

★ 行程中團員護照簽證被搶、被盜或遺失

1. 立即向當地警察局或相關單位，取得報案證明。

2. 聯絡我國鄰近駐外辦事處使館單位，請求申請入國證明或補發護照。
   (1) 須提供遺失旅客之護照資料（姓名、生日、護照、身分證號碼、發照日、發照地）。
   (2) 請旅客備妥相片 2~3 張。
   (3) 由領隊提供團體名單、機票、行程表，證明遺失者是團體之一員。
   (4) 時間緊迫，即將搭乘直飛班機返國，向當地警察局或相關單位，取得報案證明，由親屬攜帶當事人身分證明，至機場證明其當事人身分；或可向駐外館處申請「入國證明書」，以供持憑返國。

★ 行程中遺失機票

1. 遺失電子機票收據，一般航空公司電腦已有檔案，較好解決。或是可提供機票號碼、持票人中英文姓名、搭乘日期、航班、艙等、訂位紀錄(PNR)。

2. 遺失實體機票
   (1) 團體票遺失，迅速通報公司，取得原開票之航空公司紀錄，由航空公司發電報至當地分公司，重新再開出一套機票，需要支付一些手續費。
   (2) 個人票遺失，通知原開出機票公司（旅行社或是航空公司），查出票號、英文姓名、訂位紀錄(PNR)，到當地航空公司申報遺失，再開出另一張機票，需要支付一些手續費。如時間緊迫即重新購買一張該航空公司機票，以替代遺失機票，遺失機票則回國辦理退票。

★ 搭機時，行李延遲到達（遺失）、受損

1. 托運行李時
   (1) 貴重物品請隨身攜帶，若要托運，行李遺失時，按照華沙公約(Warsaw Convention)對於國際航線（包括國際旅程中之國內線）托運行李遺失之賠償，以每公斤美金 20 元為上限，隨身行李之賠償以每位旅客美金 400 元（20 公斤）為限。
   (2) 個人皆要持有自己之行李收據並妥善保管，部分國際機場，抵達時須出示行李收據才可出境；若行李遺失時，可以立即取得行李收據編號，查詢行李動向，避免耽誤大量時間及不必要之困擾。

(3) 告知團員於提領行李處集合，清點團體人數與行李，確認行李到齊及無損壞再通關檢查，以免後續處理行李事宜產生之困擾。

2. 下機後行李延遲或遺失
   (1) 下機後發現行李延遲或遺失，立即前往提領行李處之 Lost & Found 櫃檯辦理手續。
   (2) 遺失處理手續：
      a. 索取行李事故報告書 PIR(property irregularity report)一式兩聯，並提供行李收據、護照、機票供查驗。
      b. 詳細填寫 PIR 內各欄位，特別是行李牌號碼、行李特徵、顏色、樣式、品牌與內容物。
      c. 留下聯絡電話地址（若為團體請留領隊之資料），以利航空公司尋獲之後送出作業。資料為行程住宿旅館之地址、電話、團體名稱和團號、領隊姓名、遺失者國內旅行社住址與電話（或住家住址與電話）。
      d. 盡可能現場要求航空公司人員提供零用金，購買盥洗用具及換洗衣物。
      e. 記下承辦人員單位、姓名及電話，以利追蹤。
      f. 要求開立收據，返臺後確認保險內容，是否有行李延誤或遺失保險之理賠內容條件，一般旅遊平安險皆有涵蓋此類保險。

3. 搭機時行李受損
   (1) 請旅客於每一站拿到托運行李後，立即檢查行李箱是否受損。
   (2) 如有損壞，必須當場立即處理：
   旅客需攜帶護照、機票、行李收據與登機證，到 Lost and Found 櫃檯處理或賠償，航空公司或許備有相當的行李箱供使用，輕微損害則可協助送修。（一般具有專業品牌行李箱，比較能估算出價值，或得到相對之賠償及維修）

★ 旅途中，行李注意事項及遺失處理方式

1. 每日出飯店出發前，提醒注意
   (1) 每日領隊必須清點托運行李件數，增減行李件數隨時與團員核對。
   (2) 領隊必須告知團員，上車出發前務必與每位團員確認托運行李已放在大巴士內。
   (3) 領隊及行李員辨識團體行李的是依行李牌來區分，任何地點及時間務必繫上行李牌，以供辨識，免得遺失。
   (4) 上下車、船、飛機、進出飯店時，均應檢視自己的行李，確定行李上車、或送達飯店房間再進行下一步動作。

(5) 行李托運時或放置於飯店任何地點，請將行李上鎖，以策安全。

2. 行李在飯店中或遊覽車上遺失或被竊
   (1) 在飯店內遺失，先確定行李已抵達飯店。第一到飯店行李房、大廳櫃檯及角落尋找，第二在自己團員房間尋找、第三找行李員詢問行李運送過程。
   (2) 先通報飯店行李部及大廳櫃檯經理，再到警局報案，製作筆錄。

3. 在巴士上遺失
   (1) 先瞭解巴士托運行李箱上鎖情形，是否有被撬開，或鎖頭損壞，可能行李已被拋出，不翼而飛。
   (2) 行李在車內遺失，任何情形都與司機有所關聯，必須立即報警，迅速通知所屬車公司、當地旅行社、在臺旅行社。
   (3) 以上行李任何情形遺失，都必須協助團員購買必要日常用品。

★ 旅行支票遺失

1. 備份旅行支票號碼，及旅行支票購買證明。

2. 打電話向旅行支票發行銀行掛失：
   (1) 銀行服務人員將協助持票人查詢，最近的銀行地點補發支票。
   (2) 補發應備文件：須持旅行支票票號、購買證明、持有人護照。
   (3) 購買旅行支票切記上下聯簽名注意事項，本書 12-5-3 章節有說明。

★ EU261/2004

1. 歐洲議會和理事會 2004 年日第(EC)261/2004 號條例，規定在拒絕登機和取消或長期延誤航班時對乘客提供賠償和援助的共同規則，於 2005 年 2 月 17 日生效，條例規定保護乘客之品質標準，為航空市場的增加重要的公眾信任度。

2. 261/2004 號條例適用航班如下：
   (1) 從歐盟機場出發，降落歐盟機場（適用於任何航空公司）。
   (2) 從歐盟機場出發，降落非歐盟機場（適用於任何航空公司）。
   (3) 從非歐盟機場出發，降落歐盟機場（僅適用於歐盟航空公司）。

3. 賠償項目：
   (1) 出發航班延誤超過 3 小時以上，亦即抵達目的地機場的時間比原定抵達時間遲 3 小時。
   (2) 出發航班取消，即使航空公司轉讓在不同的時間或日期乘搭另一班航班，即原本的航班被取消，即可要求賠償。

4. 不可索取賠償的狀況：
   (1) 因機件故障，航空公司已給予合理安排。
   (2) 航班取消於不可抗拒因素，包括惡劣天氣、政治不穩定、罷工、安全風險及的飛行安全等。

6-3-7 團員死亡時

1. 取得死亡證明
   (1) 因疾病死亡者，由合格醫院醫師開立死亡證明書。
   (2) 非因疾病而死亡者，須向警方報案，由法院法醫開具檢驗屍體證明文件及警方開立的證明文件，由合格醫院醫師開立死亡證明書。
2. 通知
   (1) 向在臺公司報告事情經過，請求國外代理旅行社，或相關單位派員協助。
   (2) 向保險公司通報保險事故發生原由，以其預付部分保險金的可能。
   (3) 通知死者家屬，並協助其前來處理。
   (4) 聯絡相關航空公司，並協調遺體運送或焚化規定。
   (5) 妥善保管當事人遺物，並充分維護當事人尊嚴。
   (6) 就近向我國駐外使館報備，取得遺體證明書及死亡原因證明書等文件。
   (7) 向交通部觀光局報備。
3. 遺體及遺物處理
   (1) 當事人遺物要點交清楚，須先由領隊代為整理死者遺物，請第三人在場做證，將遺物造冊收管，便於日後清楚的交還當事人家屬。
   (2) 家屬無法前來辦理相關事宜，必須請家屬先簽立委託書，並列明授權範圍。

6-3-8 因疾病或受傷，需留院治療時

1. 聯絡相關人員進行協助，旅客住院期間，提供陪同照顧之必要的協助，聯絡安排人員，代為申請醫療證明文件住院收據、務必安排翻譯，後續交通、住宿及返國事宜。
2. 透過旅行社向當地配合的當地旅行社、旅館、餐廳、相關工商團體尋求協助。
3. 向團員或家屬說明醫療費用產生、保險內容、理賠金額及申請所需文件。
4. 因疾病或意外事故住院，所產生的費用須由團員先行支付。

5. 保持聯絡，隨時關心團員狀況，聯絡上住院團員或陪同照顧者，主動關心瞭解整體狀況與是否還有需要協助之處，以通報公司。

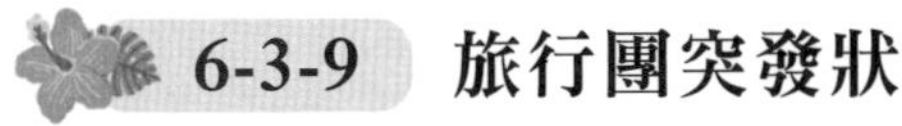

6-3-9 旅行團突發狀況

★ 集合時間，團員仍未到

1. 超過集合時間 30 分鐘後，以電話聯絡團員；如聯絡不到請送機人員協助。
2. 請其他團員先行通關登機，如有狀況需協助，隨時聯絡領隊。
3. 辦理登機及行李櫃檯關閉時，客人還未到，先通報公司，將護照、機票、登機證等相關證件交給送機人員保管，轉交給旅客或攜帶回公司。
4. 領隊登機前先向航空公司人員確認其他團員是否都已登機，勿在登機後一一逐位確認團員，造成機上秩序混亂。

★ 入境他國時，被留置或拒絕入境

1. 班機抵達後，通關前，領隊應先向團員就通關程序說明，及護照檢查入境後，行李提領處集合，以免團員走失或衍生其他狀況，耽誤時間。
2. 領隊在通關時，須向移民官表明其領隊身分，告知團體人數、旅遊行程、停留時間、識別牌樣式等，以利團員順利通關，必要時，在海關同意下進行簡單翻譯。
3. 團員被留置時，領隊應盡力爭取陪同處理，其他團員請當地導遊或司機先行載至餐廳或飯店用餐休息。
4. 領隊無法陪同時，得通知我國駐當地航空公司人員或駐外館處協助，並將相關人員電話號碼告知該名團員。
5. 團員被拒入境時，請我國駐當地航空公司人員協助返臺，應立即通報在臺旅行社及國外當地旅行社，協助處理與協調溝通。
6. 若因旅行社過失，未辦妥簽證或其他狀況被拒時，領隊應立即通報公司，就當地提供支援安排該名團員至次一旅遊地，與團員會合，或安排其返國，旅行社應派代表至機場致意，其產生費用均由旅行社承擔。

★ 機場機位問題

1. 回程全團機位有問題時，請送機的司機、巴士不要離開機場，以備不時之需。
2. 查出相關航空公司飛往相同目的地之班機，需求機位，協商機票轉讓，盡量不增加費用的情況下搭機，或另行購買其他航空公司之機票。並研究是否可由陸路或以其他交通工具替代。
3. 迅速聯絡下一站的當地旅行社、巴士、飯店、導遊等盡力配合。
4. 機位不夠，無論任何原因要以客人之權益為重。分搭兩班飛機時：
    (1) 領隊先行搭機時，要確定第二梯次的機位安排無誤，商請外語佳的團員協助團體。
    (2) 領隊最後搭機時，盡可安排下一目的地接機人員，並等待領隊與團體會合再行動。
    (3) 若在行程可以允許稍作停留時，告知團員利弊，必須徵詢團員意見，維護團體整體性，告知航空公司人員，堅持全團上機，任何情況要以團體之權益為重。
5. 航空公司超賣機位，必要時，請航空公司以提供金錢的方式徵求是否有志願者肯讓出機位，領隊維護團體整體性，非不得已，切勿將團體分開安排。

★ 因天候因素，航班延遲

1. 通知當地旅行社調整行程，或安排其他行程，把損失減到最小。
2. 領隊應先主動向航空公司爭取等待期間的免費電話、餐食、住宿，之後結合眾人之凝聚力一起向航空公司爭取賠償，切勿霸機，引起國際事件。

★ 因不可抗力因素

1. 領隊協同導遊提出可公證或可公信的證據，進行與團員疏導溝通。
2. 與團員協商等待或是立即更改行程，要以團員之利益為出發點。
3. 與團員研究及協商導遊專業所列執行替代行程，提出替代方案時，團員進行表決，表決通過，全體團員以書面確認，開始執行。
4. 若少部分團員不同意替代方案時，絕不可貿然執行，將進行道德勸說，也可請其他團員溝通協調，切忌領隊或導遊強行介入，待所有人同意以書面確認，開始執行。

★ 巴士狀況

1. 巴士未到，領隊須立即以電話聯絡巴士公司或當地旅行社，瞭解狀況並安撫旅客。
2. 考慮使用其他交通工具，若時間緊迫時，與公司協商後當機立斷，決定可行性之交通工具，並且注意保險及其安全性，維護旅客權益。

★ 旅行社倒閉

1. 被扣團時（依據交通部觀光局「旅行業承辦出國旅行團體行程一部無法完成履約保證保險處理作業要點」辦理）

保管證件	1. 告知團員必須自己妥善保管的護照、簽證、機票，不要交給任何人保管，尤其是國外代理旅行社。 2. 領隊未知旅行社將倒閉時，國外當地旅行社為了掌控團體，藉機要求領隊提供旅客證照。（如簽證擔保問題、預辦住宿手續等） 3. 若機票、證照已被當地旅行社扣留時，應立即報警，通知觀光局，並聯繫我駐外館處協助。

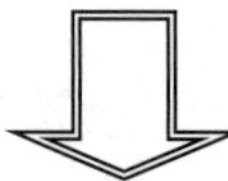

通報狀況	1. 通報交通部觀光局及品保協會請求援助。 2. 確認所有機位狀況，並確認機票適用性。 3. 提供當地代理旅行社名稱、旅遊行程、領隊、導遊或相關聯絡人姓名及電話等資料。 4. 必要時通知媒體，以確保旅客權益。

爭取權益	1. 先行在團體中選出團長，負責替團員爭取權益，領隊與團長溝通過後，向團員說明整體狀況。 2. 團長與領隊負責與當地旅行社員進行必要的談判，但都不做任何決定，帶回談判內容再與所有團員商談決定作法，切記領隊乃負責溝通協調並提供專業及法規建言，勿引導團員做決定。 3. 安撫所有團員情緒，提供必要協助。

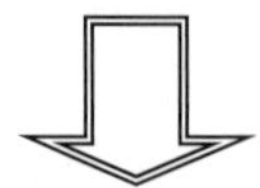

協調談判	1. 協調當地旅行社依原行程繼續完成。 2. 需要團員額外付費時，詳細列出完成剩餘行程所需費用明細，並要求提供正式收據。 3. 將上述資料、旅客名單、行程表、履約保證、保險保單、傳真至觀光局，並請品保協會協助與國外代理旅行社交涉。 4. 品保協會確認接待社所列費用合理後，將與保險公司協調： (1) 如保險公司同意預付理賠金，則請團員配合品保協會簽訂必要的書面資料，同時由品保給予國外代理旅行社承諾書，對未完成部分行程提供付款保證，使旅行團正常進行。 (2) 如品保協會、保險公司與國外代理旅行社三方就團費無法取得共識時，品保協會經保險公司同意後得另行接洽當地其他旅行社接辦未完成行程，以確保旅客權益。 (3) 在最不得已的情形下，由旅客先行支付當地旅行社及其他費用，取得收據，回國後經交通部觀光局會同品保協會認定支付款項，向該倒閉之旅行社投保履約保證金之銀行進行理賠，旅客得到多支付的款項理賠金。

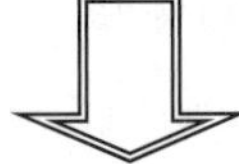

回國報告	1. 團體返國後，將團員簽訂之書面及相關資料送交品保協會，經品保協會確認後併同相關文件交予保險公司辦理理賠。 2. 蒐集一切當地旅行社、巴士公司、餐廳飯店…等不合理之對待，進行申訴，替旅客爭取權益。

6-3-10 兩岸旅遊糾紛作業事項

臺灣自開放大陸探親旅遊，兩岸在各項業務的交流中，各類糾紛層出不窮，尤其以財務爭執而引起的事件，各種扣人、扣團或放團等手段而引發侵犯消費旅客權益之情況，為此，在民間業者、各有關公協會及海基會…等團體的努力溝通協調之下，終獲得解決。在海南島的兩岸業者交易會的會議中，由大陸國家旅遊局局長承諾，未來如有類似的事件時，嚴禁有不當之行為，如有財物上的糾紛情事，均應透過各種管道及協會處理。

針對此事件，我國各旅行公會及品保協會在政府的支持下，已取得一些共識，以下這些共識是未來業者可遵循之原則：

★ 出團前之需求

1. 團費「一團一結」。
2. 簽訂妥團體合約；明定住宿、交通、三餐及門票…等條件，尤其團費更須明確。
3. 訂妥來回機位，指派合格領隊。
4. 配合合法旅行社（依大陸法規規定，具有接團業務資格之業者）。

★ 出團後糾紛之解決

1. 公司財務困難，未能如約付款，而被扣團、扣人或放團時，領隊應據實以緊急事件之作業通知觀光局及品保協會或公會。
2. 品保協會將會要求履約保險公司共同配合聯絡大陸業者，在保證支付該團自該日起未完成部分行程之團費，而讓團體繼續後面之旅程，以免影響消費者之權利。
3. 前帳未清，由大陸業者以委託方式，指定臺灣代表依一般財務糾紛請求支付欠款的作業，並備妥各相關簽認證明文件，進行催收付款之協商或經由法律程序求償。

★ 兩岸業者間之糾紛可經由下列單位協助處理

1. 各地方旅行公會或全國聯合會。
2. 中華民國旅行業品質保障協會（或中華兩岸協會）。
3. 財團法人海峽交流基金會（簡稱海基會）。
4. 交通部觀光局。
5. 行政院大陸委員會（簡稱陸委會）。
6. 其他相關單位。

6-4 交通部觀光局災害防救緊急應變通報作業要點

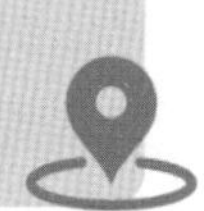

中華民國 105 年 1 月 20 日觀祕字第 1059000027 號

★ 目的及依據

為使本局及所屬機關建立常態性、全天候、制度化的緊急通報處理系統，針對各種災害及時掌握與回應，依據「災害防救法」及交通部 103 年 11 月 10 日修正「交通部災害緊急通報作業要點」，特訂定本要點。

★ 災害範圍之界定

1. 觀光旅遊災害（事故）
   (1) 旅遊緊急事故：指因空難、海難（海嘯）、陸上交通事故、天然災害、水災、劫機、中毒、疾病、恐怖行動攻擊及其他災害，致造成旅客傷亡或滯留之緊急情事。
   (2) 國家風景區事故：轄區發生事故，致遊客或人員重大傷亡。
   (3) 觀光遊樂業事故：觀光遊樂業發生重大意外致傷亡者。
   (4) 旅宿業事故：觀光飯店及一般旅館（民宿）等發生重大意外致傷亡者。
2. 其他災害
   (1) 發生全面性或較大區域性之風災、震災（海嘯）、水災、旱災土石流等天然災害致各管理處、站觀光業務陷於重大停頓或無法對外開放。
   (2) 其他因火災、爆炸、公用氣體與油料管線、電氣管路災害、礦災、空難、海難、陸上交通事故、森林火災、毒性化學物質災害等造成旅客或、人員傷亡或嚴重影響景點旅遊與公共安全之重大災害者。
   (3) 辦公廳舍災害事故：所轄機關辦公廳舍內，公共設施因故受損，致有公共安全之虞者。

★ 災害規模及通報層級

1. 甲級災害規模：通報至交通部及行政院。
2. 乙級災害規模：通報至內政部消防署及交通部。
3. 丙級災害規模：通報至直轄市、縣（市）政府消防局及交通相關災害權責機關（單位）。
4. 「交通部觀光局暨所屬各機關各類災害規模及通報層級一覽表」。

甲級 災害規模	a. **觀光旅遊事故，發生死亡 10 人以上者，或死傷 20 人以上者。** b. 災害有擴大之趨勢，可預見災害對社會有重大影響者。 c. 具新聞性、政治性、社會敏感性或經承辦機關認為有陳報之必要者。
乙級 災害規模	a. 旅行業舉辦之團體旅遊活動因劫機、火災、天災、車禍、中毒、疾病及其他事變，造成旅客傷亡或滯留等緊急情事。 b. **觀光旅遊事故、國家風景區災害，發生死亡人數 3 人以上或死傷人數為 19 人以下者。** c. 具新聞性、政治性、社會敏感性或經承辦機關認為有陳報之必要者。
丙級 災害規模	a. 觀光旅遊事故、國家風景區、觀光遊樂業、**旅宿業等發生人員死傷者或無人死傷惟災情有擴大之虞者或災情有嚴重影響交通者。** b. 具新聞性、政治性、社會敏感性。
備註：甲、乙、丙級規模，依行政院函頒「災害緊急通報作業規定」相關規定辦理。	

★ 各類災害防救緊急應變小組成立時機

1. 災害事故發生時，本局或所屬單位應研判災害規模，立即成立緊急應變小組，並即通報本局主（協）辦單位。
2. 本局業務主辦單位得視災害狀況簽奉局長、副局長、主任祕書核准後成立。
3. 各類中央災害防救應變中心成立時，本局及所屬單位（機關）應依據上級通報指示配合成立。
4. 依前述條件，上班時間，各主（協）辦單位接獲通報後，直接掌握狀況並辦理應變事宜；非上班時間，值班人員接獲通報後，應立即通報主（協）辦單位，並持續通報作業，直至主（協）辦單位應變小組進駐或接續應變事宜。

★ 災害防救緊急應變小組職掌

1. 災情之收集、通報及陳報各業務單位主管。
2. 相關機關之聯繫。
3. 緊急應變作業之通報。
4. 善後處理情形之彙整。

★ 通報作業及程序

1. 有關各災害規模及通報層級均應先通報本局及當地縣（市）政府消防局及災害權責相關機關；本局災害通報，上班時間由業務主管單位處理，非上班時間由值日室值班人員處理，並立即通報本局業務主辦單位。

2. 災害通報流程

(1) 上班時間業務單位承辦人員接獲通報，應迅速查證及研判災害規模，立即電話通報業務單位主管及本局局長、副局長、主任祕書，(半小時內電話或簡訊通報，一小時內書面傳真通報交通部路政司觀光科（如無法通報時，得循複式通報窗口交通動員委員會）及副知行政院。

(2) 非上班時間值日人員接獲災害訊息或通報時，應主動連繫通報單位查證，並立即電話通報業務主（協）辦單位，業務主（協）辦單位辦理應變措施前，應續執行通報。

3. 災害（事故）達乙級以上規模之通報

(1) 本局及所屬單位獲悉所轄發生或有發生乙級以上災害之虞時，業務主辦單位應立即電話通報：本局局長、副局長、主任祕書，並視災情及規模，研擬具體應變作為。

(2) 簡訊群組通報（半小時內完成）：本局局長、副局長、主任祕書、主（協）辦業務單位主管及相關人員、公關室、值班室及交通部、行政院相關窗口，並視狀況適時續報。

(3) 傳真通報（1 小時內完成）：本局相關人員應將災害情形，以「交通部觀光局災害通報單」通報交通部路政司（觀光科）並複式通報交通部值日室、行政院災害防救辦公室；各管理處災害通報應於一小時內以傳真方式傳送「觀光局所屬各單位（管理處）災害通報單」，予本局業務主辦單位及值日室並電話確認。

(4) 後續通報：嗣後除重大災情應視處理狀況隨時通報外，原則上每隔 4 小時傳送 1 次，並依通報指示傳送「交通部災害災情速報表（觀光部分）」予本局，俾掌握災情及時回應。

4. 丙級災害（事故）之通報：

(1) 業務主辦單位接獲災害通報，以電話或簡訊群組通報（半小時內完成）：本局局長、副局長、主任祕書、主（協）辦業務單位主管及相關人員、公關室、值班室及交通部。

(2) 傳真通報（1 小時內完成）：本局相關人員應將災害情形，以「交通部觀光局災害通報單」通報交通部路政司（觀光科）並複式通報交通部值日室；各管理處災害通報應於一小時內以傳真方式傳送「觀光局所屬各單位（管理處）災害通報單」，予本局業務主辦單位及值日室並電話確認。

5. 本局及管理處應變小組成立後，除傳真通報外，視作業需要可利用電子郵件通報，並有專人接收電子郵件信箱。
6. 網路通報：本局依交通部應變小組通報指示成立災害防救緊急應變小組時，應依規定至交通部「災情網路填報系統」填報。
7. 本局同仁奉派進駐各層級中央災害防救應變中心或交通部緊急應變小組，以及本局或所屬各機關成立緊急應變小組時，相關工作人員於非上班時間處理災害緊急應變相關事項，往、返得運用最迅速之交通工具；相關之通訊、交通、加班等費用得依需要核實報銷，並不受一般加班規定限制。
8. 所轄發生災害時，本局暨所屬相關機關首長及單位主管，在無安全顧慮情況下，應立即至現場瞭解實際狀況，必要時並陳報首長、副首長、主任祕書親自到現場瞭解損害及搶修情形，為加強首長對災害情況掌握，應主動定時通報首長有關災情及處置情形。
9. 現場救災指揮人員應依平時建立之代理人制度交接，因故離開災害現場時須完成救災指揮權之轉移，以延續救災任務。

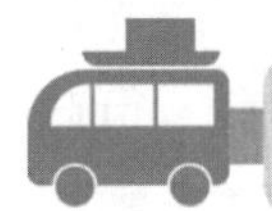

6-5 外交部警戒燈號

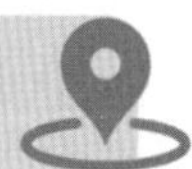

國外旅遊警示相關資訊，外交部領事事務局網址，將目前對旅客旅遊安全有影響之國家及地區，分成灰色警戒、黃色警戒、橙色警戒及紅色警示等 4 級，作為旅客安排出國旅遊時之參考表：

燈號	宣導	說明
紅色警戒	不宜前往	1. 暴動嚴重、進入戰爭或內戰狀況、已爆發戰爭內戰者、已採取國土安全措施、各國已進行撤僑行動、核子事故、工業事故、恐怖分子行動區域、恐怖分子嚴重威脅事件。 2. 嚴重影響人身安全與旅遊便利。 3. 當地已有嚴重傷亡者。
橙色警戒	避免非必要旅行	1. 發生政變、政局極度不穩、暴力武裝持續擴大、搶劫槍殺事件持續增加者、難民人數持續增加者、可靠資訊顯示恐怖分子指定行動區域、突發重大天災事件等。 2. 足以影響人身安全與旅遊便利。 3. 當地已有輕度傷亡者。

燈號	宣導	說明
黃色警戒	特別注意旅遊安全並檢討應否前往	1. 政局不穩、搶劫、偷竊頻傳、罷工、恐怖分子輕度威脅、突發性之缺糧、乾旱、缺水電、交通通訊不便、衛生條件惡化等。 2. 可能影響人身安全與旅遊便利。 3. 當地傳出輕度傷亡者。
灰色警戒	提醒注意	1. 輕微治安不佳、搶劫、擄人勒索、爆發疫情、罷工等。 2. 影響人身安全與旅遊便利。 3. 當地尚無傷亡者。

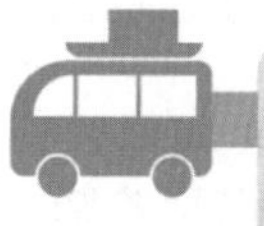

6-6 嚴重特殊傳染性肺炎(COVID-19)旅遊警示分級

2019 年 11 月 COVID-19 大流行，世界衛生組織宣布疫情為全球性傳染病，國際旅遊收入損失 1.1 萬億美元，估計全球 GDP 損失超過 2 萬億美元(UNWTO, 2020)。毫無疑問，這場危機影響了旅遊業的存在。不可抗拒的風險產業已經成為旅遊業的代名詞。因此，交通部觀光局針對這次疫情再制定「參團旅客依疫情等級解約退費原則」，其中也涉及旅遊警示燈號。

6-6-1 參團旅客依疫情等級解約退費原則(Shopback, 2020)

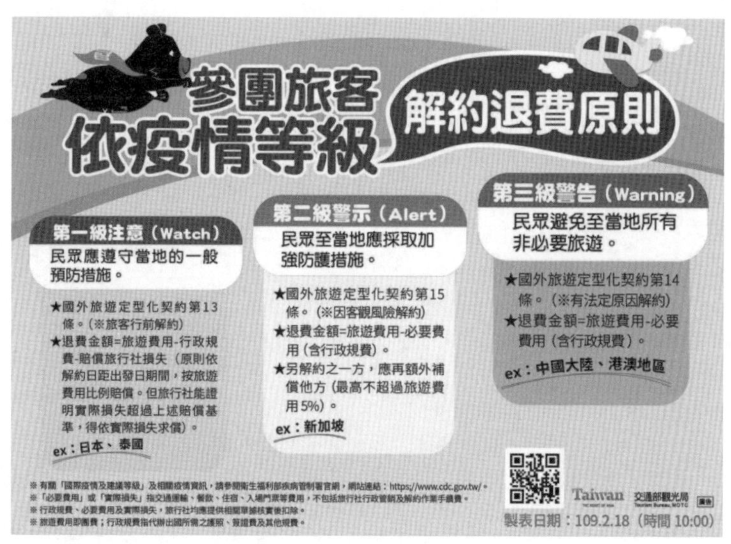

2020 年 3 月因 COVID-19 疫情造成全球旅遊警示，交通部觀光局參考外交部領事事務局之旅遊警示，分別對於國外相關旅遊國家地區依照個案發布經視狀況研擬退費機制。目前依國際旅遊疫情等級表進行對照退費原則，如以下辦理原則。

表 6-1　COVID-19 疫情旅客參團退費辦理原則

旅遊警示	警示燈號	退費標準
第三級	紅色	解除契約，**旅遊團費全額退還**，但需要扣除已代辦的必要費用和行政規費，如簽證費、機票及旅館取消費與代辦費等。
第二級	橙色	可以解除契約，但旅行社**最高僅可收團費的 5%**當作補償，並另外扣除已代辦的必要費用和行政規費，如簽證費、機票及旅館取消費費等。
第一級	灰色或黃色	**若旅客違約，即解除契約**，依照國外或國內旅遊定型化契約辦理，以距離出發日天數計算，有不同比例的**違約金賠償費用**。

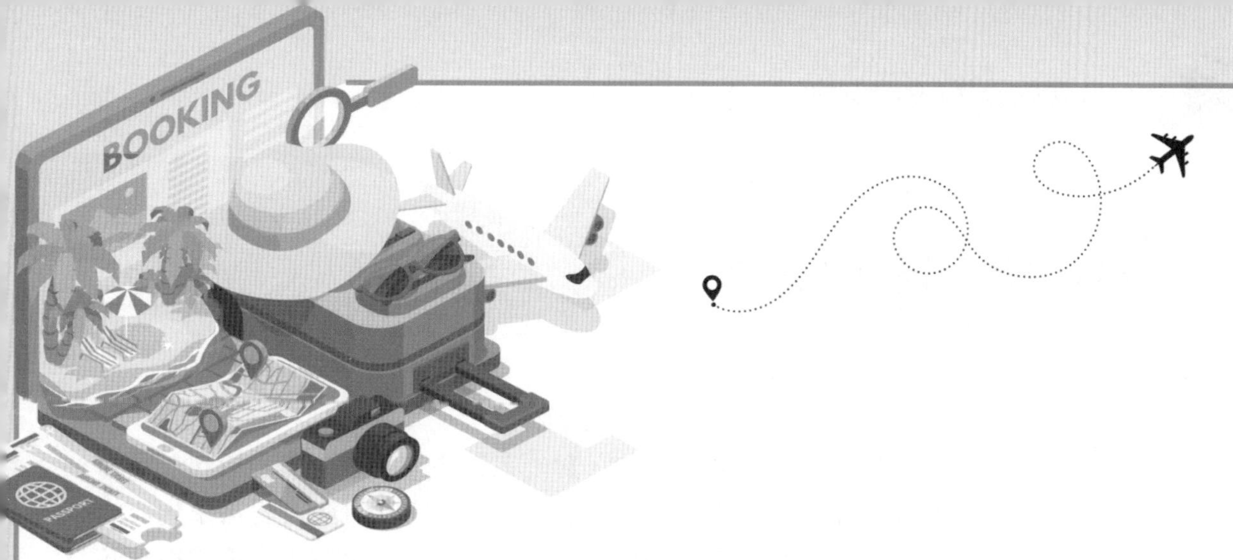

CHAPTER 07 觀光心理概述

華語導遊

外語導遊

華語領隊

外語領隊

7-1 觀光心理學

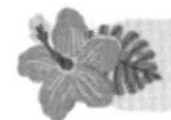

7-1-1 瞭解觀光心理學

1. 人的一般需求，總是指向一些具體的事物，對一定對象的需求，皆是指向一定的實物、時間、空間等條件。以約定俗成的需求而言，決定其行動及對需求內容的選擇，如西方人以麵包為主食、東方人則以米飯為主食；人之慾求不因其得到滿足而停止，相反的需求有週期性、固定性、發展性，如吃飯、休息週期性，工作固定性，而對美及享受的需求則具發展性。
2. 觀光心理學瞭解的目的，有五個基本的目標，如下表：

基本的目標	內容釋義
描述 Description	對問題的表象，作詳實的說明。
詮釋 Explaination	對問題的表象，相關因素或因果關係的解析。
預測 Prediction	根據累積的經驗對同類問題預測，其未來發生的可能性。
控制 Control	理解問題因果關係後，經由人為運作避免同類的問題發生。
應用 Application	將研究方法或研究結果推廣運用在其他方面，用以解決觀光現象中的實際問題。

資料來源：劉翠華(2008)

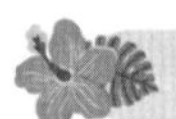

7-1-2 觀光需求

1. 觀光需求本身特性

特性	內容釋義
各人觀光素質	即喜好傾向，也不乏反對或厭惡觀光的人，或許也享受高、低的心理反應。
地理因素	距離遠近、交通的便利、環境的整潔等，如有人喜好非洲的原始與自然，有人喜好瑞士的恬靜與安逸氣氛。
阻力	觀光區對個人的吸引力，牽涉到經濟距離、文化距離、服務成本、服務品質、行銷效率與季節化等因素。

2. 觀光需求的本質

(1) 乃源於人類的本能－好奇，一種對未知世界探索的好奇心。

(2) 源於人類對所處環境感到厭倦，產生一種心理緊張和壓力。

(3) 隨著生活水準提高、時代變遷、社會環境多樣化而更加強烈與需求。

3. 觀光需求的特性

觀光旅遊商品並非民生必需品，消費者的經濟能力會影響購買旅遊產品的需求不同，分析需求如下：

類別	釋義
擴展性	休閒時間增加、交通工具不斷改善、氣候因素、教育水準提高、工商業發達、所得增加、汽車普遍化等。
季節性	觀光旅遊活動隨著季節的轉換或寒、暑假而有淡旺季之分。
複雜性	觀光需求會隨著觀光客不同的年齡、性別、宗教信仰、身分、社會地位、喜好、興趣等而有所不同。
敏感性	觀光活動會受到國際情勢、觀光目的地的社會治安、政治因素等的影響。

資料來源：陳思倫、宋秉明、林連聰(2000)

4. 需求層次理論

人本心理學家馬斯洛(Abraham Harold Maslow)的需求層次理論(needs hierarchy theory)將需求分為五個層次，圖 7-1-1：

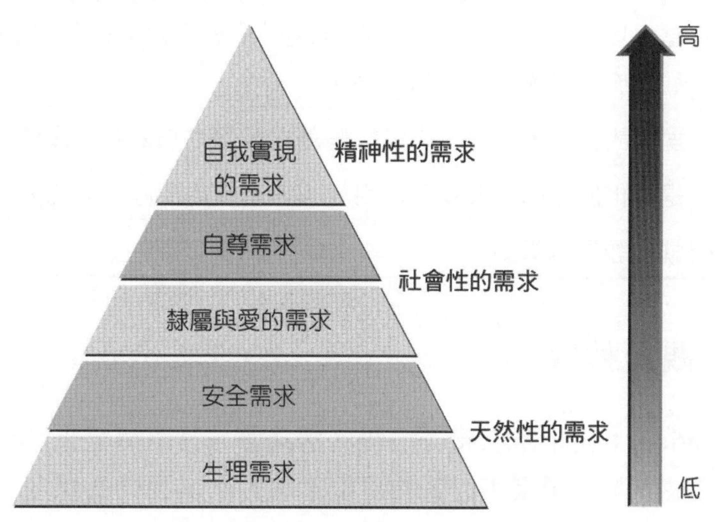

● 圖 7-1-1　資料來源：黃瓊玉(2006)

(1) 生理需求(physiological needs)

人類最基本的需求，即對食物、水、氧氣、休息性和從緊張中解放出來的需求。

(2) 安全需求(self-aetualization needs)

對安全、舒適、祥和和免於恐懼的自由需求。

(3) 隸屬與愛的需求(belonging needs)

對歸屬、親近、愛與被愛的需求。

(4) 自尊需求(esteem needs)

對信心價值感和勝任能力的需求，自我尊重並獲得他人的尊敬和讚美。

(5) 自我實現的需求(self-aetualization needs)

最高的需求，包括實現自己的潛能，充分發揮自己的能力。

這五種需求又可區分為天然性的、社會性的、精神性的三個標準階段，根據馬斯洛的說法，在需要階層中較低層的需要還沒有得到滿足時，那些需要將會支配著個體的動機；然而，一旦那些需要得到適當滿足後，較高一層的需要會開始占據個體的注意力和行動。但在觀光旅遊上，亦有在生理需求滿足以前，為了滿足社會的需求及自我實現的需求所進行的觀光旅遊活動。旅遊者除了生理上的需求外、亦有尋奇求新及追求美的需求。據此，在旅遊階段的心裡需求可概括為「安全」、「舒適」、「方便」、「迅速」。

5. 觀光顧客心理特性

心理特性	特性內容
激勵特性	當生理需求、安全需求、隸屬與愛等需求都滿足時，自我實現的需要對觀光旅遊來說是等號的激勵。
認知特性	對資訊的反應，會有選擇性偏差，選擇性喜好及選擇性記憶。
學習特性	是類化的作用，與異化作用，因交替作用而產生激勵力的效用。
信念與態度特性	就是經驗與習慣。

7-1-3 觀光動機

動機(motivation)：需求所引起；消費者透過需求獲得滿足來減輕個人的焦慮與不安。所以動機被視為支配旅遊行為的最根本驅力，其目的為保護、滿足個人或提高個人的身價，其中尤以遊憩動機最為重要。

觀光動機之產生，係同時受到兩個層面的驅力促使。一為社會心理的推力因素；二為文化的拉力因素，說明如下：

因素	釋義	舉例
推力因素 Push Factor	指涉及一些促使個體去旅遊的社會因素	1. 想看不一樣的東西。 2. 去度假充電。 3. 離開現實環境，去療傷、止痛。
拉力因素 Pull Factor	指旅遊地的拉力，是吸引觀光客前往的因素	1. 購物方便，食物便宜，食材新鮮。 2. 偶像演唱會，某項運動的比賽地。 3. 他國不同文化、歷史、風俗、民情。

心理學上對動機的分類最基本的是分為內在動機與外在動機。內在動機係指個人從事活動，其因素，如生理、心理、活動本身及獲得樂趣與價值而言。

1. 陳昭明(1981)列出影響遊憩的動機表：

動機	動機內容	影響類別
內在動機	個人內在因素	生理發展與狀況：年齡、性別。
		心理發展與狀況：年齡、性別、教育程度。
外在動機	外在環境因素	家庭影響。
		親近及參考團體之影響。
		社會階層之影響。
		次文化及文化影響。

2. Crompton (1979)所主張的性質分類：

動機分類	釋義
多重動機	觀光動機很少是單獨出現，而是互相重疊的出現。
共享動機	旅遊同行者會影響另一個人參與旅遊的動機。
放鬆動機	為了抒解日常生活中的壓力及達到心情放鬆而從事的旅遊。

3. McIntosh, Goeldner, & Ritchie (1995)提出基本的旅遊動機可分為四類：

動機分類	釋義
生理動機	休息、運動、治療等動機，特點在以身體的活動來消除緊張與不安。
文化動機	瞭解和欣賞其他文化、藝術、風俗、宗教的動機，是屬於一種求知慾望。
人際動機	結識新朋友、探訪親友、擺脫日常工作與家庭事務，建立新友誼或逃避現實和免除壓力的願望。
地位和聲望動機	包括考察、交流、會議及從事個人興趣所進行知的研究，主要在於做好人際關係，滿足其自尊、被承認、受人賞識和具有好名聲的願望。

7-2 觀光行為

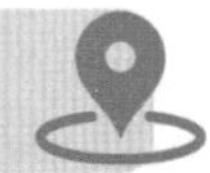

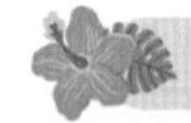

7-2-1 行為(behavior)

在心理學的解釋是思考(thought)、感情(feeling)及行動(action)的組合與表達。

觀光客行為涵蓋外顯行為和內隱行為：

行為分類	內容釋義
外顯行為 Explicit Behavior	指個體表現在外，可被他人察覺到或看見的行為，如我們日常生活的一舉一動，是可透過觀察而得知的行為。
內隱行為 Implicit Behavior	是個體表現在內心的行為，包括感覺、知覺、記憶、想像、思維、推理、判斷等心理學活動，為心理歷程的感情層面。 （張春興，2004）大部分個體可自己察覺得到，旁人卻無法看見，指人的內心活動，例如感情、慾望、認知、推理與決定行為等之內心狀態，較不易觀察取得，或稱為心理歷程。

研究發展心理學、社會心理學、觀光心理學的觀點而言，行為的表現必須從歷史上人類生存的整個歷程加以觀察，因為人類行為的發展是具有生物性、成長性和連貫性；亦即從出生到死亡，人類經歷人格、智力及情緒的成熟，也同時發展人與人之間的社會行為。從神經與生物科學方面的心理學加以探討，人的行為與人腦和神經系統有直接的關係。如佛洛伊德認為，性與攻擊能力相對於行為動力是屬於原

始本能；認知心理學派認為人類行為是高等的心智活動，如思維、記憶、智慧、信息的傳遞與分析…等，其涉及我們日常生活之各項活動，如：獲得新知、面對問題、策劃生活、美化人生…等具體活動所需的內在歷程。

從現代心理學的角度來看，觀光客在從事旅遊活動時，所表現出來的旅遊行為，與在工作、宗教活動或政治活動中的行為表現大體是一致的，亦即人類的各種活動之間，並無明顯的界線存在，人類對從事旅遊消費與旅遊訊息的注意力和其他的活動差異不大，如工作、娛樂、人際關係…等，因為觀光行為是人類行為中的一環，和其他的行為一樣，都是人性的特質，以下就行為科學的目的、觀光客行為研究向度以及影響觀光客行為的因素等三方面加以詳述。

7-2-2 行為科學

觀光客行為是人類行為中的一環。因此，可以從行為科學概念之探索、描述、解釋及預測來分析觀光客行為。

1. 探索(exploration)

目的乃在於企圖決定某一事項是否存在，如年輕貴族的旅遊人口中，是女性多或是男性多，無論任何一性別居多，均就值得針對此現象加以探索。

2. 描述(description)

更進一步清楚定義某一現象，或是瞭解受測者某一層次中的差異性。如國人旅遊人口中，哪一階層的觀光客數目最多，測試時針對受試者的性別、年齡層、教育程度、職業類別、整體收入、家庭生命週期等加以描述，才能獲得精確的現象描述。

3. 解釋(explaination)

檢視兩個或兩個以上現象的因果關係，是科學研究的目的，解釋事項要有實證知識，通常用來測定各變項間的因果關係。一件事物要經過科學處理後才能呈現事實(fact)，通過合理解釋的才是真相(truth)。一般科學家們對於一件事物的解釋，經常使用什麼(what)、如何(how)、為什麼(why)等三種解釋層面。如：比較整體經濟狀況好壞，觀光客的旅遊意願差異之研究時，雖然好壞不是影響旅遊意願高低的唯一因素，但卻可以解釋二者互為因果。

4. 預測(prediction)

科學研究的目的，解釋對所發生事實的說明，而預測則是對未發生的事，即未來的行為現象，作出預測。換言之，運用行為科學可以預測觀光客的行為模式。

簡言之，我們可以把觀光客行為視為人類行為的一環，而且是用行為科學的方法做研究。探索、描述、解釋、預測則是本書對於觀光客行為研究的目的，簡述學者對科學研究在觀光客心理學的看法，歸納出三個理論，如下表：

理論	理論釋義
態度理論 Attitude	描述觀光客的偏好、旅遊決策以及態度改變的依據，提供我們瞭解觀光客對舊品牌的偏好，以及新偏好的產生是如何被創造和影響。
知覺理論 Perception	讓我們瞭解觀光客是如何看待一項旅遊產品，以及對產品賦予何種意義。為何有些廣告可以吸引觀光客注意，並引起態度改變，有些卻無法得到觀光客的青睞。
理論	理論釋義
動機理論 Motivation	讓我們瞭解觀光客為什麼要旅遊，其需求是什麼、如何滿足、有哪些是一致性的需求、哪些是多樣化的旅遊需求。

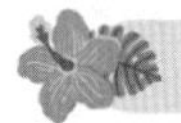

7-2-3 觀光知覺(tourism perception)

1. 知覺的原理

每一個人處在一個大環境中無時無刻不受著環境的影響，也同時影響著環境。在這交互作用的過程中，隨著人們的差異，不同人會賦予環境不同的意義，這就是心理學家所謂的「知覺」(鄭伯壎，1983)。簡言之，就是對外來刺激賦予意義的過程，可以看作是我們瞭解世界的各個階段。我們知覺物體事件和行為，在腦中一旦形成一種印象後，這種印象就和其他印象一起被組織成一種對個人有意義的基模(pattern)，這些印象和所形成的基模會對行為產生影響(蔡麗伶，1990)。

對觀光從業人員而言，知覺這一因素更是重要，因為這關係到他所提供的服務和所做的推廣工作，在觀光客心目中所產生的整體印象，如果觀光客所知覺到的訊息(媒體廣告、宣傳文宣、名人代言…等)、所知覺到的事件(飛機機艙設備、飯店等級、旅遊地形象、餐廳的佳餚)、所耳聞的聲音(如機艙、飯店游池旁、餐廳裡播放的音樂)、所嗅到的味道(如機上的餐食、飯店烹飪的味道…等)，都成為觀光客的知覺線索，加上觀光客原來的認知基模，就成為觀光客個體解釋旅遊現象的「知覺」(蔡麗伶，1990)。

2. 知覺的定義(perception)

學者	定義
袁之琦&游恆山(1990)	是指人腦對直接作用於腦部的客觀事物所形成的整體反應。知覺是在感覺的基礎上形成的，它是多種刺激與反應的綜合結果。日常生活中人們會接觸到許多刺激（如顏色、亮度、形體、線條或輪廓），這些刺激會不斷的衝擊人的感官，同時也會透過感官對這些刺激做反應。知覺即是人們組織、整合這些刺激組型，並創造出一個有意義的世界意象過程。
張春興(2004)	個體對刺激的感受到反應的表現，必須經過生理與心理的兩種歷程。生理歷程得到的經驗為感覺(sensation)，心理歷程得到的感覺為知覺。感覺為形成知覺的基礎，前者係由各種感覺器官（如眼、耳、口、鼻、皮膚等）與環境中的刺激接觸時所獲取之訊息，後者則是對感覺器官得來的訊息，經由腦的統合作用，將傳來的訊息加以分析與解釋，即先「由感而覺」、「由覺而知」。 知覺是客觀事物直接作用於人的感覺器官，人腦對客觀事物整體的反應。例如，有一個事物，觀光客透過視覺器官知覺它具有橢圓的形狀、黃黃的顏色；藉由特有的嗅覺器官感到它有一股獨特的臭味；透過口腔品嚐到它甜軟的味道；觀光客把這事物反應成「榴槤」這就是知覺。知覺和感覺一樣，都是當前的客觀事物直接作用於我們的感覺器官，在頭腦中形成的對客觀事物的直觀形象反應。客觀事物一旦離開我們感覺器官所及的範圍，對事物的感覺和知覺也就停止了。知覺又和感覺不同，感覺反應的是客觀事物的個別屬性，而知覺反應的是客觀事物的整體。

3. 知覺過程(perceptual process or framework)

透過對事件的察覺、認識、解釋然後才反應的歷程；此反應包括外在表現或態度的改變或兩者兼之（藍采風、廖榮利，1998）。如前述，我們在面臨某種環境時，會以我們的器官獲得經驗，然後再將這些經驗加以篩選，已使得這些經驗對我們有意義（榮泰生，1998）；所以，知覺過程可以說是一種心理及認知的歷程（藍采風、廖榮利，1998）。

過程	釋義	舉例
需求 Needs	人們的生理需求對人類如何知覺刺激有很大的影響。	一位快要渴死的人會看見實際不存在的綠洲，快餓死的人也會看見實際不存在的食物。
期望 Expectation	我們對旅遊的知覺也會受到先前的知覺和期望所影響。	觀光客到巴黎就是要買香水，香水就成了該客最主要的知覺選擇。
重要性 Salience	指個人對某種事物重要性的評估，對個人越重要的事，個人越有心要去注意。	即將結婚的人，對「蜜月旅行」的資訊會格外注意、青年學子對於「遊學」的訊息則較注意。
過去的經驗 Past Experience	大多數的動機來自於過去的經驗，常成為影響個體知覺選擇的重要的內在因素。	觀光客根據去過的經驗，經常特別注意去過的旅遊地，「去過」成為注意的重要因素。

旅遊的環境裡，觀光客旅遊地知覺，特別注意到能使參訪者感覺舒服的設備和景觀，學者稱為服務景觀(servicescapes)(Bitner, 1992)，例如旅遊地的水面、植被、色彩、聲音、空氣流動和物質…等，以及使觀光客舒服的設備，凡此均為服務的品質。與服務的品質相等的名詞則為親切(Noe, 1999)。學者將親切(friendliness)分為五個要素：信賴、保證、具體感受、同理心和責任。

4. 旅遊地的服務知覺

要素	釋義
信賴 Reliability	指旅遊如期望中的安排，如住宿旅館依約定提供非吸菸房間而值得信賴。
保證 Assurance	指旅遊地服務人員的能力與訓練品質，能保證遊客受到應有的服務態度。
具體感受 Tangibles	指旅遊地的軟硬體設備，如建物環境以及工作人員給遊客的感受。
同理心 Empathy	指旅遊地能設身處地為遊客著想，讓遊客感受到貼心的服務。
責任 Responsiveness	指能即時提供協助，即時回應要求，讓觀光客感受關切的服務。

5. 旅遊地意象

許多社會科學家與學者在學術研究上都不斷使用意象(image)這個名詞，其意義隨著使用者認知領域而有所不同，大部分與各樣的媒體廣告、消費者權益、觀光態度、回憶記憶、認知期盼值與期待…等連結(Pearce, 1988)。

6. 知覺風險(perceived risk)

學者	研究釋義
Bauer (1960)	心理上的不安全感，在消費者的購買行為中，可能無法預知結果的正確性，而這些結果可能無法令消費者感到滿意，因此，在購買決策中所隱含結果的「不確定性」。
Cox (1967)	消費者每一次的購買行為都有其購買目標。因此，當消費者在決策過程中，無法決定何種購買決策，最能符合或滿足其目標、或在購買後才發現無法達到其預期的目標時，形成知覺風險。
王國欽(1995)	為旅遊者在旅遊過程或行程中可感受到之風險，此風險之產生主要來自行程中或目的地的旅遊服務條件。
顧萱萱(2001)	決策過程的不確定性。購買後消費者主觀上所受到的損失大小。
王國欽(1995)	為旅遊者在旅遊過程或行程中可感受到之風險，此風險之產生主要來自行程中或目的地的旅遊服務條件。
吳偉德(2021)	旅遊產品購買時的知覺風險，端看產品產出過程不確定性及資訊透明所影響；當旅客享受產品時發生與實際想像有落差時，且因旅遊從業人員（領隊或導遊）及對於遊目的地的感受表現，是否達成共識而定。

7. 觀光旅遊對旅遊地意象的概念

吳偉德：「旅客對於旅遊目的地所抱持的知覺反應，特別是在一地所擁有的印象、想法、意境和氛圍的表現，及旅遊地的感知、友好和經歷的總和，同時發自於心理、思想兩者並存結合而生。」

7-2-4 觀光態度(tourism attitudes)

1. 態度的定義，是指個體對人、對事、對周遭環境所持具有持久性與一致性的傾向。對某對象所持的看法、感覺即評價，在經驗中習得的持久性心理結構。態度是個人所持有的，對於某一社會對象或社會情境的一組信念。
2. Eiser(1986)則總結態度是：
   (1) 主觀的經驗。
   (2) 對事、物的經驗。
   (3) 對事、物經驗的價值層次。
   (4) 價值判斷。
   (5) 可以用語言表達。
   (6) 其表達是可理解的。
   (7) 可以溝通的。
   (8) 個體可能同時認可與不認可其態度。
   (9) 個體對事物的態度影響其對事物的相信或不相信。
   (10) 一種社會行為。
3. 行為者對態度標的涉入程度，可以分為順從、認同、內化三個層級，如下：

層級	釋義
順從 Compliance	是最淺層的態度涉入，為了從他人或外部情境得到獎勵、避免懲罰，而形成態度。
認同 Identity	是為了符合或迎合參考團體之規範而形成態度。
內化 Internalization	是最高層次的態度涉入，成為個人核心價值的一環，這個層次的態度很難改變。

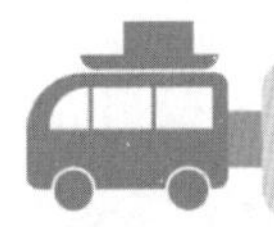

7-3 顧客需求及滿意度

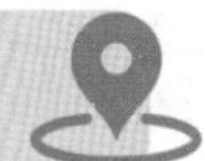

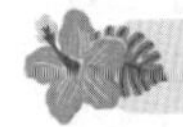

7-3-1 顧客滿意度定義

學者	研究後之定義
Oliver (1981)	認為滿意度一種針對特定交易的情緒反應，經由消費者本身對產品事前的消費經驗與期待的不一致，而產生的心理狀態，此經驗則會成為個人對於購買產品的態度，並形成下次消費時的期望基準，周而復始的影響，特別是在特定的購買環境時。
Oliver & Desaarbo (1988)	則進一步認為服務品質是顧客滿意的先行變數，而顧客滿意可從二個角度來看： 1. 是顧客消費活動或經驗的結果。 2. 可被視為一種過程。
Fornell (1992) (1994)	提出滿意度是指可直接評估的整體感覺，消費者會將產品與服務和其理想標準作比較。因此，消費者可能對原本的產品或服務感到滿意，但與原預期比較後，又認為產品是普通的；新顧客要比維持舊顧客的成本來得高，所以可藉由良好的顧客服務，使所提供的產品更具差異化。也提出高顧客滿意度能為企業帶來許多利益： 1. 提高目前顧客的忠誠度。 2. 降低顧客的價格彈性。 3. 防止顧客流失。 4. 減少交易成本。 5. 減少吸引新顧客的成本。 6. 減少失敗成本。 7. 提高企業信譽。
劉滌昭 (1994)	「顧客滿意度測量手法」一文中。對顧客滿意度所下的定義認為：消費者滿意度是指消費者所購買的有形商品與無形服務的滿意程度，消費者在使用商品或接受服務之後，如果效果超過原來的期待，即可稱之為滿意，反之亦然。

7-3-2 顧客滿意度之重要性

顧客的存在是企業生存的基本條件，因為顧客是具有消費能力或消費潛力，所以加強客戶的滿意度，是一個絕對優先的必要條件；企業的營收與價值，必須找出滿足客戶需求的方法，才能營造與客戶之間最密切的關係；根據美國連鎖飯店的統計，吸引一位新顧客惠顧所花費的成本，是留住一位舊有客戶所花成本的 10 倍。

Fornell(1992)對瑞典的企業作顧客滿意度的調查分析，得到下列 6 點結論：

1. 重複購買行為是企業獲利的重要來源。
2. 防守策略未受重視造成既有消費者的流失。
3. 顧客滿意可帶來企業的利潤。
4. 顧客滿意度降低及失敗產品的成本。
5. 顧客滿意度有助於良好形象的建立。
6. 顧客滿意度與市場占有率相關。

曾光華(2007)，顧客滿意度的形成因素眾多，他認為可分為下列 3 項：

期望 Expectation	即顧客在使用產品或服務前對該產品或服務的預期與假想，產品表現不如期望導致不滿；產品表現達到或超越期望則帶來滿意。
公平 Equity	顧客會比較本身與他人的「收穫與投入的比例」，若本身的比率較小，則產生不滿；若雙方比率相等，或本身的比率較大，則滿意。
歸因 Attribution	綜合考慮產品表現的原因歸屬、可控制性、穩定性而形成滿意度。若產品或服務不符期望的原因是出自產品或服務本身，則不滿意的程度會大幅上升，若出自產品之外，則不滿意的程度不致大幅上升。

7-3-3 滿意度與再購意願

學者	研究後發現
Kotler (2003)	認為當顧客購買商品或服務後，會有某種程度的滿意或不滿意，若顧客滿意，將可能再次購買或有較高的再使用意願。
Jones & Sasser (1995)	認為顧客購買滿意後，再購買只是其基本行為，除此之外還會衍生其他，如口碑、公開推薦等行為。對特定公司的人、產品或服務的依戀及好感，說明好的滿意度會衍生更多的口碑及推薦。
Soderlund(1998)	認為顧客滿意度與再購買及再購買數量三者之間有正相關聯。

7-3-4 滿意度模型

1. 滿意度模型

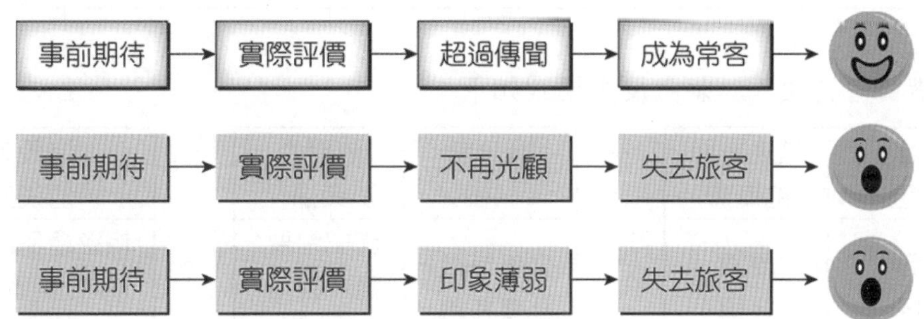

2. 旅客滿意度之事前期待與實際評價

滿意度公式

滿意度公式：S＝P－E

S：Satisfaction　滿意度

P：Perception　感受

E：Expectation　預期

滿意度判斷

E－P　＜　0　滿意度高

E－P　＝　0　滿意度普通

E－P　＞　0　滿意度低

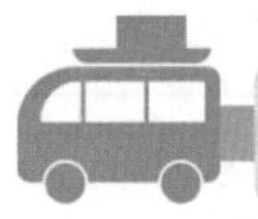

7-4　消費者行為分析

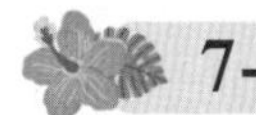

7-4-1 購買習慣與行為

旅遊市場一線人員必須瞭解消費者的購買習慣與購買行為、以滿足消費者的需求，並有效地和他們溝通達成交易目的；一線人員必須瞭解以下問題(6W+1H)：

6W+1H	瞭解問題
Who	哪些人構成旅遊目標市場及出國旅遊需求？
What	他們想要購買哪些旅遊產品？想要如何規劃旅遊的行程？
Why	他們為什麼購買這些旅遊產品？購買這些產品有何目的？
Who else	還有誰參與了購買過程？還想要誰來幫他們規劃？
How	他們以什麼消費方式購買旅遊產品？或應該用什麼消費方式購買？

6W+1H	瞭解問題
When	他們在什麼時候接收到產品的訊息？什麼時候購買該旅遊產品？
Where	他們應該在哪裡購買該旅遊產品？哪裡購買會有不同的折扣？

1. 旅客購買行為模式－刺激反應模式如下：

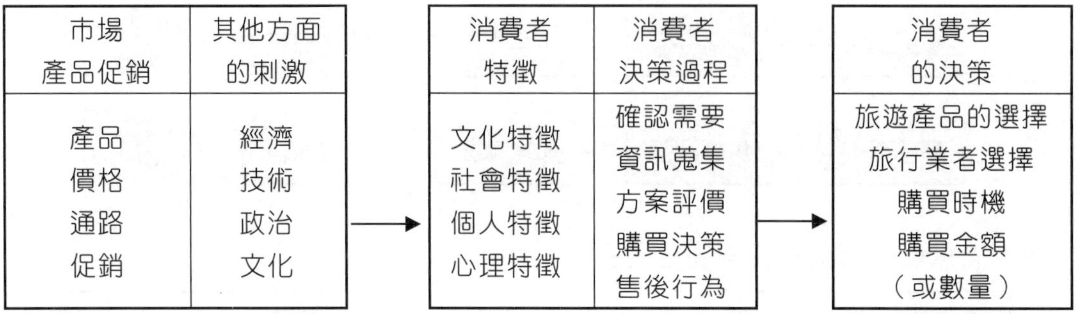

市場 產品促銷	其他方面 的刺激	→	消費者 特徵	消費者 決策過程	→	消費者 的決策
產品 價格 通路 促銷	經濟 技術 政治 文化	→	文化特徵 社會特徵 個人特徵 心理特徵	確認需要 資訊蒐集 方案評價 購買決策 售後行為	→	旅遊產品的選擇 旅行業者選擇 購買時機 購買金額 （或數量）

2. 影響消費者購買行為的主要因素：

因素	釋義
心理因素	動機、感覺、學習、信念與態度。
個人因素	年齡與人生階段、職業、經濟狀態、生活方式、個性與自我觀念。
社會因素	個人與團體之間、家庭、角色與地位。
文化因素	主文化、副文化、社會階層。

7-4-2 購買決策過程

1. 購買角色

對許多產品而言，我們可以知道由誰購買，有些產品則會涉及到一人以上的決策團體，所以，我們可以區分出人們在購買決策中可能扮演的 5 種角色：

類別	釋義
發起者	為最先建議會想到要購買某種產品或為他人服務的人。
影響者	指其提供看法或忠告在最後做決定時有影響力的人。
決定者	部分或全部決策作最後決定的人，是否購買、購買什麼、如何購買。
購買者	指最後實際購買的人。
使用者	指為消費或使用該產品的人。

2. 購買行為類型

消費者再做決策時與購買決策的類型有關，一般而言，越複雜及昂貴的購買決策，可能牽涉到購買者更慎重的考慮及更多的購買參與者，以下為 3 種狀況：

(1) 低度介入之購買行為：

消費者端	銷售人員端
許多產品是在消費者低度介入且品牌差異很少的情況下被購買，在這類情況下的消費者行為並沒有經過正常的信念、態度、行為的順序，沒有大量尋找有關該品牌的資訊，也沒有評估各品牌的特徵，亦沒有仔細衡量之後再作最後的決定。 相反的，他們只是被動的接受電視或廣告所傳遞的資訊。	銷售人員發現利用價格與行銷做為產品適用的誘因，是一種很有效的方式。因為購買者對任何品牌並未有高度承諾，亦可嘗試將低度介入產品轉變成高度介入的產品，其作法就是某些介入事件與產品連接起來，或是把一些個人的介入情境連接起來，但這些作法最多只能將消費者介入程度從低提高到中度水準而已，而無法迫使消費者進入高度介入的購買行為。

(2) 高度介入之購買行為：

消費者端	銷售人員端
消費者屬高度介入者，並瞭解品牌之間存在顯著的差異，所要購買的產品其價格昂貴，購買風險提高及高度自我表現時，稱為高度地介入(highly-Involved)，通常對於產品的類別所知不多，要學習的地方還很多；在前述情形下購買歷經一個學習過程，首先對產品的信念，變成態度，最後成為購買決定。	銷售人員對於高度介入的產品，必須先瞭解高度介入的消費者其資訊蒐集與評估的行為，行銷人員必須幫助此類的消費者學習有關產品屬性的知識，與屬性之間的相對重要性，行銷人員亦可強調品牌特性的差異，並以自身曾使用過描述產品優點，用以影響購買者最後的選擇。

(3) 降低購買後失調：

消費者端	銷售人員端
有時候消費者屬高度介入者，但他不瞭解品牌間有任何差異，高度介入仍基於該項產品價格昂貴，非經常性購買及購買時有風險存在等。消費者會尋訪更多商店，以得知何處可買到該產品；但由於品牌差異並不明顯，可能在某處或某個時間以特惠價格或方便而購買，但在購買後，可能會意識到認知失調的情形。因為，消費者發現所買的特惠價產品可能有瑕疵，或者聽到其他品牌之產品有優點。此時，將會開始思考更多的情況，以支持自己錯誤的決定，借以降低認知失調，最後以有利於己的方式評估自己的選擇。	這種情形對於銷售人員所蘊含的意義是，行銷溝通的主要角色即提供信念與評價，協助消費者購買後，對於其所作的決定感到安心。

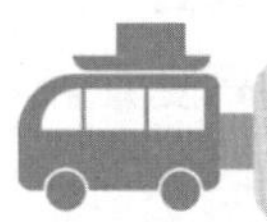

7-5 觀光心理學名詞釋義

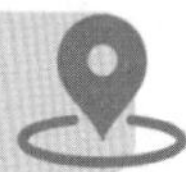

1. 知覺風險(perceived risk)
   (1) Bauer (1960)認為知覺風險是心理上不安全感，這是由於在消費者的購買行為裡，可能存在無法預知的結果，而令消費者產生不滿，此即在購買決策中所隱含的「不確定性」。
   (2) Cox (1967)對知覺風險的定義為：消費者每次的購買行為皆有購買目標。因此，如果消費者在決策過程中無法判斷哪一種購買決策最能滿足其目標，或在購買後才察覺不能符合預期目標，知覺風險於焉產生。

2. 月暈效應(halo effect)

「月暈效應」又稱「暈輪效應」，社會心理學名詞。當人們看到月亮的同時，周邊的光環也會被注意到。當一個人的「印象確立」之後，人們就會自動「印象概推」，將第一印象的認知與對方的言行聯想在一起。如：旅行社一線人員的禮貌、儀態、談吐等，都決定著該旅行社之「印象」，並推論該公司團體的品質。

3. 類化作用(generalization)

是一種操作制約的習得反應。當個體對於原本的刺激類似物產生相同反應時，此即為一種類化。如：對參加某旅行社舉辦的旅行團行程，產生愉快的旅遊經驗後，同理之，對該旅行社其他之行程，亦有相同的期待。

4. 替代作用(displacement)

個體運用此機制來使鬱悶的情感有一個新的方向，但新的情感對象，如想法、目標等，並不是原來影響情感的來源，是屬於一種移轉的作用。如：觀光旅客的刺激性需求。可透過各式各樣的活動來滿足，從住宿吸血鬼城堡，到主題樂園雲霄飛車、高空彈跳，即是受到替代作用之影響。

5. 挫折(frustration)

個人遇到無法克服的障礙或干擾，不能實現其心理需求之目標時，產生緊張、焦慮、不安等情緒的狀態。

6. 退化(regression)

個人遭受挫折後，採取幼稚反應形式，使用幼稚時期的習慣與行為方式。

7. 攻擊(aggression)

攻擊是憤怒的典型反應。心理學分析論者認為攻擊是挫折引起的驅力；社會學習論者認為攻擊是一種習得的反應。攻擊分為敵意攻擊和工具性攻擊。

(1) 敵意攻擊(hostile aggression)：純粹是以造成別人痛苦與傷害為目的，例如強暴、凶殺、縱火等。
(2) 工具性攻擊(instrumental aggression)：攻擊只是達成目的的手段，雖然也可能會造成傷害或引起對方痛苦，但那並非其真正的主要目的，如恐怖分子劫機，並非為了要傷害機上的旅客，只是利用它們作為報復或達成其他目的行為及條件。

8. 自卑情節(inferiority complex)

一種無能的感覺，鼓動個體去追求權力和控制，以彌補這種感受。如：有些人因為在國內無法得到情緒的抒發，而到國外尋找刺激。

9. 壓抑(repression)

個體防止危險、忍受痛苦或會引起罪惡感的想法，進入意識中。壓抑是所有其他機制存在和運作的根本基礎。

10. 心理防衛機制(defense mechanism)

(1) 根據佛洛依德的心理分析論，當潛意識中的原始衝動浮現到意識中所引起的。
(2) 當性格結構中的本我與超我產生衝突時，自我為了降低焦慮，所採取的策略，就稱為防衛機制。

(3) 常見的防衛機制包括合理化、投射、潛抑、反向作用、退化、認同、昇華、補償…等。如：合理化是指當個人的動機或行為不符合社會價值標準時，給予一種「合理」的解釋，以維護自尊和減低焦慮。

(4) 例如旅客參加一旅行團，對旅遊行程不瞭解，所產生的失衡焦慮，為了減輕此一現象，可能把責任推向領隊及導遊，而有意刁難，藉此減輕焦慮。

11. 歪曲(distortion)

是一種把外界事實加以曲解、變化以符合內心的需要，用誇大的想法來保護其受挫的自尊心，這是歪曲作用的特例。以妄想或幻覺最為常見，妄想是將事實曲解，並且堅信不疑，如導遊帶去的購物點一定都收回扣；幻覺乃是外界並無刺激，而由腦子裡憑空感覺到的聲音、影像或觸覺等反應，它與現實脫節，嚴重歪曲了現實，如走在義大利街頭，每一個過往的人都好像是扒手小偷。

12. 轉移(displacement)

轉移或移置把危險情境下的感情或行動，將其轉移到另一個較為安全的情境下釋放出來。通常是把對強者的情緒、慾望轉移到弱者身上。如：旅客從事服務性質的工作，其把工作上別人對他不滿的情緒，在旅遊時對店員、飯店人員發洩出來。

13. 推敲(elaboration)

指得到的訊息進一步揣摩，以便於記憶。領隊或導遊通常會為了增加旅客的印象，將旅遊地的語言，用接近本國語言，以有趣的方式表達出來，便於旅客的記憶。

如泰國話早安「Sa Wat Dee Krap」，類似臺語的「三碗豬腳」，義大利的再見「Ciao」，類似國語的「翹」，英文的我很抱歉「I'm sorry」，類似臺語的「啊！門不鎖哎」，旅客推敲思索，都能夠成為旅客獲得訊息處理之方法及過程。

14. 尤里西斯動因(Ulysses factors)

尤里西斯動因指的是探索(exploration)與冒險(adventure)的需求，驅使人們跨越物質上的障礙，滿足對世界與自己的好奇心，達到智性需求。如探索，有多少人不顧生命危險去征服聖母峰；如冒險，很多人深入亞馬遜河流域為的是去冒險而達到智性需求。

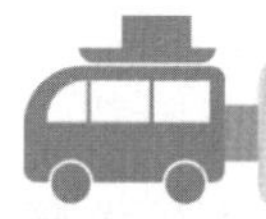

7-6 旅遊銷售技巧

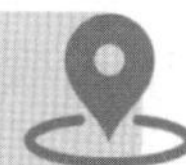

隨著網際網路、資訊科技、電子商務的快速發展，旅遊產品已進入多元化的時代，旅遊產品的行銷(marketing)，已不再是過去單純的、消費者對旅遊產品的需求，不只在行程安排上合理化，更希望能夠個人化(personalized)。究竟要從那裡取得資訊及廣大通路平臺來滿足消費大眾。傳統旅行社業，會以各地成立分公司或異業結合等方式行銷，現在是大企業財團跨足旅行業，即上游供應商直接設立旅行社，旅行社直接與這些大企業結盟，或設立網路旅行社、旅行社同業之間用電子商務及網站等方式結盟，以便獲取網路交易的先機，期望快速獲得交易商機。

7-6-1 一線人員(The front line sales person)

目前的旅遊市場在內憂外患下，可用殺戮戰場來形容，且微利時代來臨，旅行業生存空間也越來越小，特別是旅遊業的龍頭－綜合旅行社，學者稱之為躉售的旅行社。隨著網路時代來臨，消費者選購產品透過的方式太多，可以利用的資訊面太大，可以選擇旅遊地區性太廣，無形中提高消費者的假象專業度，另一方面進入旅行業的門檻不高，部分從業人員的專業度引人詬病，專業知識普遍貧乏，是業界急需提升及改進的地方。

1. 一線人員定義

旅行社一線人員，指的是旅行社業務員，是旅行社與顧客接觸最頻繁的人，其他行業這類人員稱為「跨越邊線者(boundary spanners)」，大部分是來自各大專院校觀光旅運系畢業，小部分來自於其他科系；尤其，進入此行業不需要完整的資歷，唯公司會提供知識平臺、教育訓練，並將現有的公司客戶，交由一線人員進行面對面的銷售，一線人員的定義如下。

名稱	定義	釋義
一線人員 The Front Line Sales Person	與顧客接觸最頻繁的人，其他行業亦稱為跨越邊線者 (boundary spanners)	1. 第一線人員他們本身工作就是服務。
		2. 在顧客眼中他們就代表整個企業或組織。
		3. 他們是品牌的代表。
		4. 他們是行銷該企業或公司形象的人。

資料來源：吳偉德(2010)

2. 一線人員的重要性

我們提出「公司」、「員工」與「顧客」三個關係如圖 7-6-1，此三個介面關聯性相互牽引的。一線人員在公司的邊界工作，將外部客戶和環境與組織內部營運連結，需要瞭解、過濾、解釋，整個組織型態與其外部顧客的資訊與資源上，扮演極重要的角色。如營業所人員、接受訂單及必須經常以電話聯繫的人員、櫃檯人員、電話總機人員、出納人員、公關（行政）人員、專櫃小姐、司機、警衛人員等。但在其他產業中，跨越邊線者可能是高薪、高學歷的專業人士，如：醫生、律師、教師等，皆算是第一線服務人員。這些跨越邊線的職位，經常是一份高壓力的工作。（吳偉德，2010；黃鵬飛，2007；Zeithaml & Bitner, 2000），以下介紹是一線人員行銷與公司、員工、客戶之關係。

方式	介面	釋義
外部行銷	公司與顧客	主要強調，公司應該對顧客設定承諾，其一切承諾必須符合實際。過度承諾，會使公司與顧客關係不穩固且微弱。
內部行銷	公司與員工	公司不僅提供，更要提升履行承諾的保證，並賦予動機及傳遞技巧、工具運用予員工，以提升其能力。
互動行銷	員工與顧客	講究的是一種傳遞承諾，顧客與公司的互動，都關係到承諾的履行與否，此刻員工所扮演的角色及功能，是藉由銷售活動直接與顧客進行服務接觸，用以達到公司所設定的履行承諾。
此三種行銷活動，主要還是為了與顧客建立及維護長久穩定的關係。		

資料來源：吳偉德(2010)

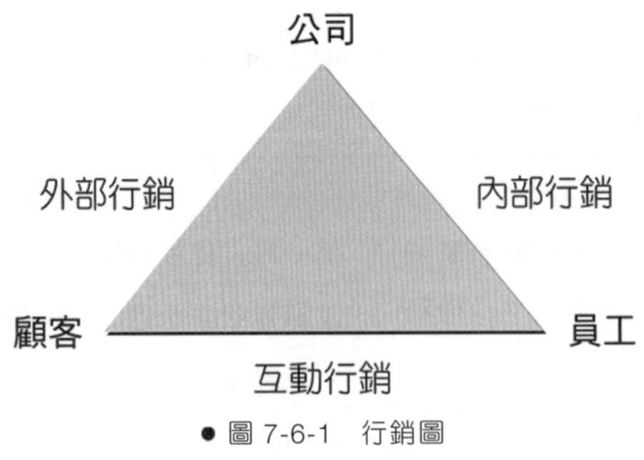

● 圖 7-6-1 行銷圖

3. 本文編者在「旅行社一線人員與知識管理」一文研究報告中解析如下：

名詞	層面	研究結果
一線人員	企業文化	必須建構在組織的合作、促進學習的動機、業務的養成。
	知識管理	專業經理人知識領導有助於一線人員的知識管理。
	資訊科技	只是一種媒介，旅遊商品為非實體性，無法取代傳統銷售。
	組織績效	需經理人導入師徒模式、獎勵制度、任務報告有相關聯性。
	學習養成	業前的養成有賴學校教育、家庭背景、生長環境來強化。

資料來源：吳偉德(2010)

4. 旅行業與顧客之互動

學者 Robert Lauterborn(1990)認為旅行業者的 4P 必須與顧客的 4C 相對應，如下表：

旅行業端		顧客端
產品 Product	⟷	顧客的需求 Customer Needs and Wants
價格 Price	⟷	顧客所能負擔的費用 Cost to the Customer
通路 Place	⟷	使用方便性 Convience
推廣 Promotion	⟷	溝通與認知 Communication

7-6-2 旅行業的銷售通路

旅遊產業可視為一個價值創造與生產的系統，系統的參與者區分為四大類：生產者、配銷商、促進者及消費者（顏正豐，2007；Poon, 1993）。四者共同合作、組織進行生產與提供服務給消費者，產業中各個成員的意義如下：

1. 生產者(producers)：直接提供旅遊相關服務的企業，包括航空公司、旅館、運輸業、娛樂場所…等。這些企業並非只為了服務旅客而存在，他們也要直接面對旅客及提供服務、活動以及由旅客直接購買與消費的產品。
2. 配銷商(distributors)：包括旅程經營商(tour operators)、旅行社(travel agents)。旅程經營商向生產者大量的購買，再以包辦的行程銷售給旅行社，或是直接銷售給最終的消費者，賺取其中價差。旅行社則擔任生產者及旅程經營商的銷售通路，從中賺取佣金。

3. 促成者(facilitators)：為輔助與推展的機構，如保險業者、電腦訂位系統、政府機關、全球通路系統、信用卡公司、會議規劃公司(meeting planners)。
4. 消費者(consumers)：享受旅遊服務的旅客，包括：個人的休閒旅客、團體的休閒旅客、企業獎勵員工的獎勵旅遊及商務旅客…等。

★ 產業的通路

學者 Cook Roy, Yale Laura, & Marqua Joseph (1999)將旅遊產業的通路分為三種型態：一階層、二階層、三階層的通路，以下就各通路結構加以說明：

1. 一階層通路

指消費者直接與生產者（如航空公司、旅館、租車公司、餐廳、主題樂園）購買產品與服務，消費者與生產者之間，雙方直接接觸不再透過中間商的協助。合併商(consolidator)與旅遊俱樂部(travel club)是旅遊產業中特殊的中間商形態，合併商購買額外的存貨，譬如還沒賣出的飛機票，將這些存貨以折扣的價格販賣給下游。旅遊俱樂部讓會員在飛機快起飛時，以便宜的價格購買尚未賣出的機位。

合併商和旅遊俱樂部擔任撮合的角色，為買賣商創造雙贏，讓生產者可以銷售出易逝性的產品，同時又可以在過程中，提供消費者真正的特價服務，它們就像是航空公司的直營點。

2. 二階層通路

指旅遊上游供應商透過中間商，間接銷售給獨立、半自助式或套裝旅遊消費者系統，雖然這種通路結構比買賣雙方直接接觸複雜，但是這種通路結構可以簡化消費者的旅遊流程，對生產者而言，也比較有效率及效益。旅行社提供各式各樣的服務，但是並不擁有任一種提供的服務。旅行社就像是生產者的銷售營業處，並以佣金做為報酬。佣金的比例是由航空公司協會與旅行業協會所共同訂定。有些生產者認為佣金是費用的一部分，如果直接與消費者接觸，佣金的支出就可以減少。但是在配銷的通路中，旅行社仍擔任促進流程的重要角色，它提供銷售與資訊的連結的功能，簡化旅遊的安排，將旅遊相關的資訊詳細的傳遞給消費者瞭解，並擔任專家的角色，回答旅遊相關的問題。

3. 三階層通路

在三階層通路中，許多活動和特性是與一階層與二階層通路相同。但是在其中多增加一層中間商：包括旅程經營商、會議與消費者的事務處(convention and visitors bureaus)。在這種通路結構中，中間商的功能可能會重複，許多旅行社也如同旅程經營商一樣，包裝及銷售旅遊產品。

旅程經營商向各個生產者分別購買與預訂大數量的服務，之後再組合起來，將規劃組裝好的行程，再轉售給旅行社或是給消費者。旅程經營商並不是以收取佣金的方式獲取利潤，而是以價差作為利潤的來源。因為大筆的購買及預定服務，且承銷一定數量的交易，因此可以比較優惠的價格取得資源，之後再以較高的價位出售，如下圖 7-6-2 所示。

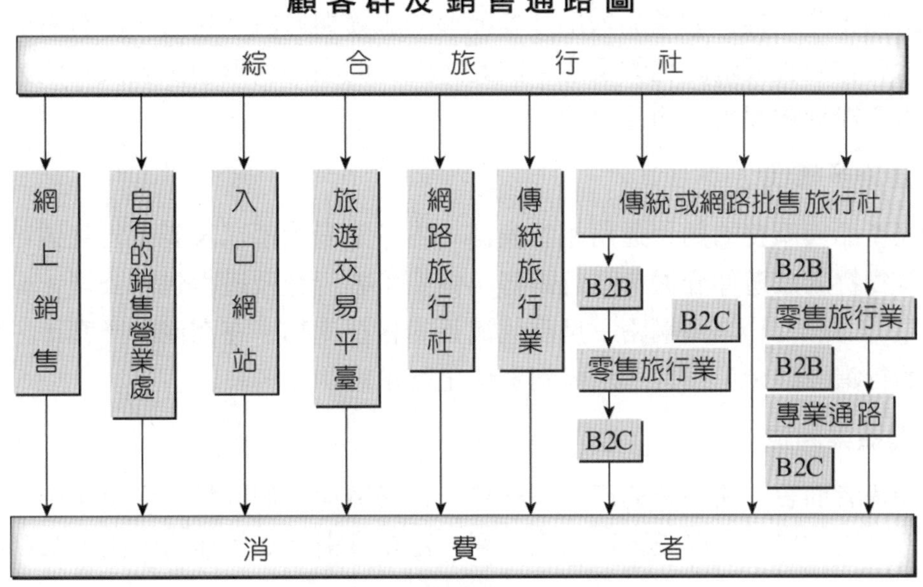

● 圖 7-6-2　顧客群銷售通路圖

資料來源：編者整理

7-6-3 觀光產業之特殊性

觀光服務業除了有一般服務業之特性外，亦具有其特殊性，廣泛而言，觀光服務業具有下列 7 項獨特的性質：

1. 消費經驗短暫

消費者對於大部分的觀光服務經驗通常較為短暫，例如：搭乘飛機旅行以及造訪旅遊行程中的景點等，其消費時間大部分在幾小時或幾天以內。一旦產品或服務品質未達消費者的需求，無法退貨、亦無法要求重新體驗。因此，對觀光業者而言，如何增加消費者對觀光產品的認知，使其充分感受觀光服務的體驗，是非常重要的。

2. 強調有形的證據

一般消費者在購買服務時通常非常仰賴一些有形的線索或證據。如：網路上之評論。因為，根據這些有形的資訊，可以評估該公司產品品質的依據。行銷人員可以透過這些依據做出管理，理性的建議消費者做出正確的選擇。

3. 強調名聲與形象

由於觀光產業提供的產品大部分是無形的服務與體驗。再者，消費者的購買行為通常含有非理性與情緒化的反應。因此，企業的名聲與形象，就成為觀光業者強化消費者心裡形象與需求的重要因素。

4. 銷售通路多樣性

觀光產品與服務的銷售通路相當廣泛，由於業者大都已規劃銷售管道系統，而非由一個獨特的旅遊仲介機構進行銷售。例如：旅行社及遊程包辦公司（綜合旅行社躉售業）。此外，「網際網路」是現代流行的科技產物，在潮流的影響下，提供業者另類的行銷通路，可以徹底地達到全球化行銷的功能。

5. 購買體驗與回憶

對消費者而言，所購買的產品最終是一種體驗與一個回憶。而事業中的各相關體系，乃是為達成這美好體驗與回憶之間，互相牽引及交互作用的觀光服務業。

6. 產品被複製性

對大多數的觀光服務業而言，其所提供的產品與服務非常容易被複製。因為觀光業者無法將競爭對手排除於「觀光製造商」之外。所以，觀光業者所設計的產品與提供的服務，均無法申請專利，同時也被同業或競爭者抄襲、引用，而進行銷售。

7. 重視淡、旺季之平衡

由於觀光產業獨特的特質，其淡、旺季節尤其明顯。因此，觀光業的促銷活動特別需要實現策略規劃。業者對於淡季的促銷特別重視，因為適當的促銷活動可以引爆觀光的賣點。但是，也必須重視旺季與淡季間商品之差價，以平衡兩者之間的差異，符合消費者之觀感，達到市場均衡發展之目的。

7-6-4 產品的行銷通路

1. 雲端科技重要性

透過網際網路普遍性使資訊快速流通，帶動雲端科技，任何地點、區域，無時無刻只要它是開放的，都可以找到需要的訊息而產生交易。雲端的理念帶來無限制的訊息互換及交易空間，這是觀光服務旅行業必須跟上時代的潮流與腳步。

2. 廣大的平臺與通路（行業結盟）

旅遊的資源、資訊需要共享，通路亦需多樣性的發展。旅行業本身的行銷通路除了傳統的方式之外，需透過同業及異業的合作，以期達到行銷多元化、產業全面化的功能及特質。

3. 消費者自主性使然

傳統團體旅遊的模式已不再是保證票房，旅行業全面化多樣產品的選擇，提供消費者，團體行程組裝、自主性的散客自由行(FIT package)、半自由行之套裝行程，已受到消費者的青睞。因此，多方面提供行程之單位旅遊（unit package 旅遊的零組裝）選項，是現在的旅遊趨勢。如：機位艙等、飯店選擇、餐食安排、觀光景點選項…等。

4. 互動性提高

消費者現已「反客為主」的提出各項需求條件，再由旅行業因應滿足其需求而安排，消費者的自主性高，不只要有所選擇，更期盼能依其意願去取得必要的資源。因此，旅行業者必須在其專業及資訊取得的情況下，提供更直接且有用的訊息給消費者，使其達到需求。

5. 同質性組織的通路

現代的社會活動層面是國際化，全球具有同質性的社群組織屬性團體遽增，必須從事各項旅遊活動推廣。如：扶輪社、獅子會等；此種社團組織因背景、理念、訴求相近，所以組織性非常強。當它組成了一個旅遊團隊時，我們稱它為 Affinity Group，其活動力及人數都有超強的爆發力。又以獎勵旅遊 Icentive Tour 的需求亦走俏，如會展團體、保險機構及直銷企業，因講求業績的突破，並給予特別的回饋，也造就以品質為訴求旅遊活動機制。

6. 旅客涉入購買產品的程度

種類	說明
高度涉入 (high involvement)	對產品有高度興趣，投入較多時間與精力去解決購買問題，產品價格較昂貴，消費者需要較長的時間考慮，並蒐集很多資訊比較，較重視品牌選擇。
低度涉入 (low involvement)	不願意投入較多時間與精力去解決購買問題；購買過程單純，購買決策簡單。
持久涉入 (enduring involvement)	對某類產品長久以來都有很高的興趣；品牌忠誠度高，不隨意更換及嘗試新的品牌。
情勢涉入 (situation involvement)	購買產品屬於暫時性或變動性，常在一個情境狀況下產生購買行為，不會花時間去瞭解產品，不注重品牌，隨時改變購買決策與品牌，價格在市場上都是屬於比較低價的產品。

7-6-5 旅行業傳統的行銷模式

模式	內容
旅行社自行設立分公司	全國各地設立直屬或財務獨立的分公司，由於現在資訊科技的發達，各地分公司存在的方式各有不同，較傾向為財務獨立的分公司（利潤中心制），以銷售總公司產品為主要標的，提高利潤。
旅行社聯合行銷 PAK	當個別的旅行社，所能創造的銷售量不足以達到經濟量產規模，則會向同業尋求合作的機會，以確保出團率提高及節省開銷。
媒體行銷	運用媒體的廣告通路樹立品牌形象，並增加出團量。如：廣播電視、網際網路、車廂廣告、報章雜誌…等。
口碑行銷	資格較老，信譽保證，口碑不錯的旅行社，在一定的消費層內保持其商譽於不墜，持續出團，保有利潤。
靠行制度	類似旅遊經紀人的靠行人員，憑著善解人意的口碑及地緣關係存在之優勢，惟其銷售通路正迅速減少中，除非提升其服務素質並轉化為真正的旅遊經紀人角色，否則不容易生存。
旅行社結盟	綜合旅行社結盟或加盟至其旗下或成為其分公司並與其網站連線。
異業之結盟	找有興趣及相對條件的大企業、大飯店、銀行及信用卡公司、顧問公司、出版公司、展覽會議公司…等合作，來做全面性之推廣，商機則無限。

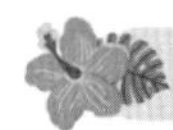 7-6-6 現代的行銷方式

1. 旅行業行銷方式

行銷模式	行銷內容
網站旅行社	網站之營運為主要通路，大部分為大企業底下的一環，不需要負太多盈虧的責任，降低了許多傳統旅行社的人力成本。
票務中心旅行社	以行銷機票及航空公司套裝產品為主。電子商務最大的特色就是網路會幫您找到解決問題的方法，即在您需要的條件範圍內，會提供多樣的選擇，並幫您決定那一組最合適。票務中心及網路旅行社都具有此功能。
旅遊資訊交換中心	從業人員有資源共享的理念，彼此不計較出團名義，提供整個旅遊市場資訊給旅客運用。同時，提供給悠閒或退休人員，隨時可以後補，購買到較低的旅遊產品，造成三贏的局面。
旅遊經紀人	旅行社人事成本太高，業務人員也在自我提升其服務素質。因此，不領基本底薪的旅遊經紀人應運而生（目前大部分以靠行的形態出現），在旅行社強化資訊功能下，旅遊經紀人只要手持一部手提電腦即可，全方位的隨時隨地提供旅遊訊息，並正確而快速的展示產品的完整性。
資料庫行銷	一般的旅行社經過數年的經營後，都累積不少的客戶群。所以，定期的重拾舊客戶名單，就其生日、結婚紀念日、問卷回函卡…等，給其一些驚喜並感窩心，這些事也都可以由電腦來處理。

2. 林有田教授曾提出四個 A 的方向

方向	釋義
目標要明確 AIM	要訂得高，而不是很容易達到的數目。鎖定目標後，長期抗戰向前奮鬥。
活力 Action	是來自健康的身心與正確的人生觀，感受世間「變」的需要與藝術，並適時引爆之。
態度 Attitude	對人對事對自己要以自信、積極、樂觀的態度去面對，抱持感恩感激的心向周遭的人學習。
方法與技巧 Ability	做事講求方法與技巧，讓心靈的力量發揮到極限。亦即統合內在與外在的能力讓其無限延伸。

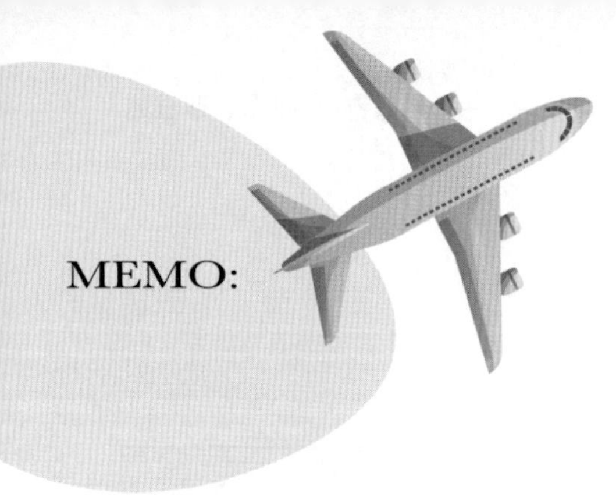
MEMO:

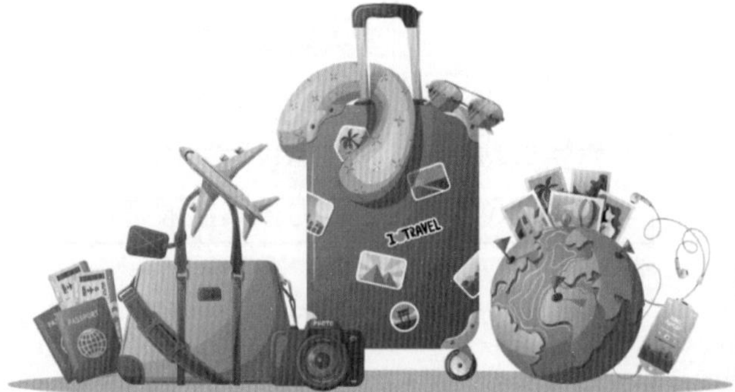

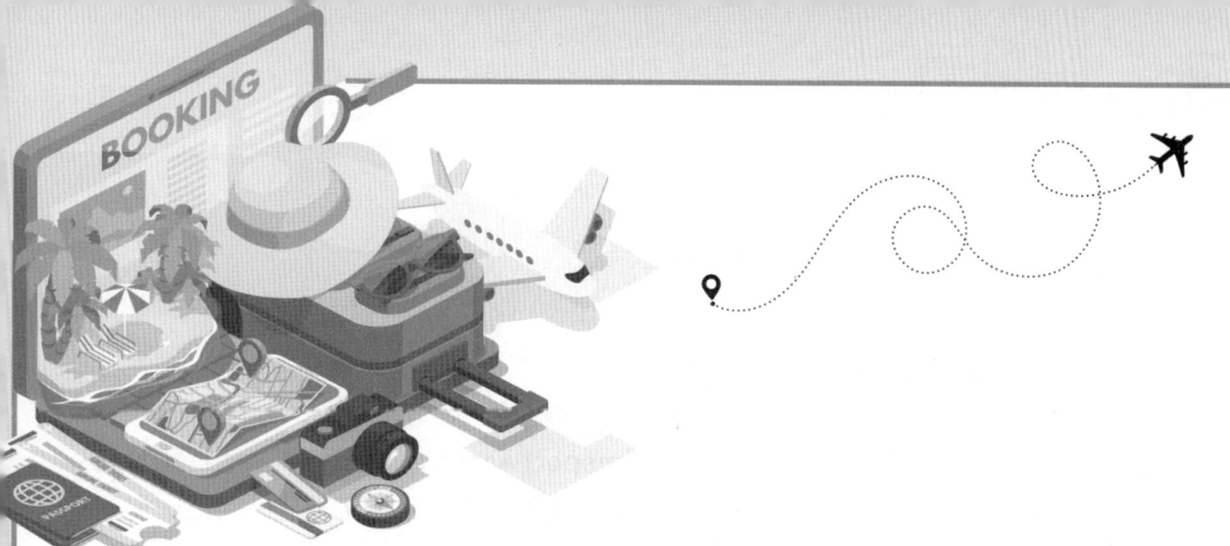

CHAPTER 08 國際航空運輸概論

華語導遊

外語導遊

華語領隊

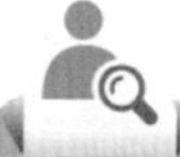
外語領隊

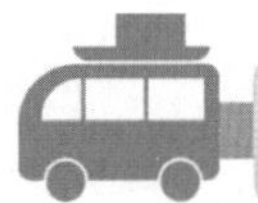

8-1 票務基本常識

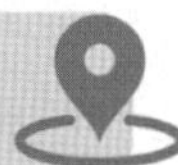

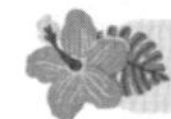

8-1-1 國際航空運輸協會

1. 國際航空運輸協會（International Air Transport Association, IATA，簡稱國際航協）：總部設在加拿大的蒙特利爾，執行總部則在瑞士日內瓦。是民間權威組織之航空運輸業。會員分為旅行社、貨運代理組織結盟與航空公司四類。職責為訂定航空運輸之票價、運價及規則等事宜。其會員遍布世界，各項決議獲得各會員國政府的支持，會員也都能遵照辦理。
2. 國際民間航空組織（International Civil Aviation Organization, ICAO，簡稱國際民航組織）：屬於聯合國專責管理和發展國際民航事務的機構。職責為，規劃國際航空運輸的發展及保證航空安全，發展航空導航的規則和技術。國際航空製定各種航空標準以及程序的單位，督導各地民航運作的一致性。還包含航空事故調查規範，其規範也為成員國之相關單位所遵守。

8-1-2 國際航協的重要商業功能

1. 多邊聯運協定(Multilateral Interline Traffic Agreement, MITA)，多邊聯運協定後，互相接受對方的機票或貨運提單，同意接受雙方的旅客與貨物。協定中最重要就是客票、行李運送與貨運提單格式及程序的標準化的作業流程。
2. 票價協調會議(Tariff Coordinating Conference)，是制定客運票價及貨運費率的重要會議，通過的票價須由各航空公司彙整向各國政府申報，准許後方能生效實施。
3. 訂定票價計算規則(fare construction rules)，機票票價計算規則以「哩程」為基礎單位，名為哩程系統 Mileage System，為制定票價方式之準則。
4. 分帳(Prorate)，航空公司開票將總機票票款，依照公式，分攤在所有航段上，這是統一的分帳規則原則。
5. 清帳所(Clearing House)，國際航協將全世界航空公司的清帳作業由一個業務中心辦理，就稱為國際航協清帳所。

6. 銀行清帳計畫(The Billing & Settlement Plan)，亦稱 Bank Settlement Plan, BSP，此作業方式乃依照國際航空運輸協會(IATA)對於旅行社航空票務作業、銷售結報及票務管理等提出規劃原則，制定流程使得航空公司及旅行社採用制定的作業模式，其更具效率。

BSP 往來關係圖

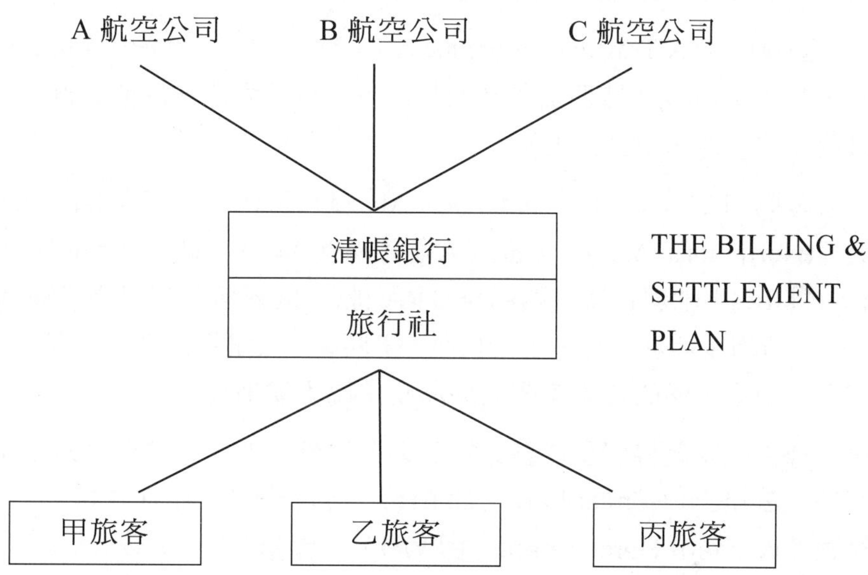

8-1-3 旅行社申請加入會員之資格

1. 綜合旅行社或甲種旅行社。
2. 公司財務無不良紀錄。
3. 須聘二名以上已完成航協認可，或航空公司舉辦之票務訓練，並持有結業證書之專職票務人員。
4. 允許大眾進出與明顯市招。
5. 航空公司之總代理 GSA 不得申請。

8-1-4 國際航協定義之地理概念(IATA geography)

★ 三大區域：全球劃分為三大區域（Traffic Conference area 之縮寫）

1. 第一大區域（IATA Traffic Conference Area 1 即 TC1）：北美洲(North America)中美洲(Central America)、南美洲(South America)、加勒比海島嶼(Caribbean Islands)。地理位置為西起白令海峽，包括阿拉斯加、北、中、南美洲以及夏威夷、大西洋的格陵蘭、百慕達群島為止。
2. 第二大區域(IATA Traffic Conference Area 2，即 TC2)：歐洲(Europe)、中東(Middle East)、非洲(Africa)。地理位置為西起冰島，包括大西洋的亞速群島、歐洲本土、中東與非洲全部，東至伊朗為止。
3. 第三大區域(IATA Traffic Conference Area 3，即 TC3)：東南亞(South East Asia)、東北亞(North East Asia)、亞洲次大陸(South Asian Subcontinent)、大洋洲(South West Pacific)。地理位置為西起烏拉爾山脈、俄羅斯聯邦與獨立國協東部、阿富汗、巴基斯坦及亞洲全部、澳大利亞、紐西蘭、太平洋的關島、塞班島、中途島、威克島、南太平洋的美屬薩摩亞群島及法屬大溪地島。

★ 兩個半球：國際航協將全球劃分為三大區域外，亦將全球劃分為兩個半球。
東半球（Eastern Hemisphere，即 EH），包括 TC2 和 TC3；
西半球（Western Hemisphere，即 WH），包括 TC1。

★ 地理區域總覽

Hemisphere	Area	Sub Area
西半球 Western Hemisphere (WH)	第一大區域 Area 1 (TC1)	北美洲 North America 中美洲 Central America 南美洲 South America 加勒比海島嶼 Caribbean Islands
東半球 Eastern Hemisphere (EH)	第二大區域 Area 2 (TC2)	歐洲 Europe 非洲 Africa 中東 Middle East
	第三大區域 Area 3 (TC3)	東南亞 South East Asia 東北亞 North East Asia 亞洲次大陸 South Asian Subcontinent 大洋洲 South West Pacific

8-1-5 其他航空資料

1. 航空公司代碼

(1) IATA CODE：每一家航空公司的兩個大寫英文字母代號（二碼）。
例如：China Airlines 代號是 CI，Eva Air 長榮航空代號是 BR。

(2) ICAO CODE：每一家航空公司的兩個大寫英文字母代號（三碼）。
例如：China Airlines 代號是 CAL，Eva Air 長榮航空代號是 EVA。

(3) Airline Code(3-DIGIT CODE)：每一家航空公司的數字代號（三碼）。
例如：China Airlines 代號是 297，Eva Air 代號是 695。

★ 以上資料為臺灣民航資訊網(TwAirInfo.com)提供，如需更多資訊請前往該網站搜尋，主網頁－航空公司查詢－按照 A.B…Y.Z 等點入即可。

2. 制定城市／機場代號

(1) 城市代號(city code)：用三個大寫英文字母來表示有定期班機飛航之城市代號。
新加坡英文全名是 SINGAPORE，城市代號為 SIN。

(2) 機場代號(airport code)：將每一個機場以英文字母來表示。
二座臺灣北部機場：臺北松山機場，代號為 TSA。
桃園國際機場，代號為 TPE。
三座倫敦機場：London Heathrow Airport 希斯洛機場，代號為 LHR。
London Gatwick Airport 蓋威克機場，代號為 LGW。
London Luton Airport 盧頓（路東）機場，代號為 LTN。
三座紐約機場：John F. Kennedy Airport 約翰甘迺迪機場，代號為 JFK。
La Guardia Airport 拉瓜地亞機場，代號為 LGA。
Newark Liberty International Airport 紐華克自由國際機場，代號為 EWR。

3. 共用班機號碼(code sharing)

航空公司與其他航空公司聯合經營某一航程，但只標註一家航空公司名稱、班機號碼。此共享名稱的情形，可由班機號碼來分辨，即在時間表中的班機號碼後面註明【*】者即是。

8-1-6　空中的航權(freedoms of the air)

航權	說明
第一航權 （飛越權）	本國航空器不降落而飛經第 2 國領域之權利。 例：中華航空班機由臺灣飛往莫斯科，途經中國大陸。
第二航權 （技術降落權）	本國航空器非營運目的而降落第 2 國領域之權利，不可上下客貨。 例：中華航空班機由臺灣飛往歐洲，中途停留中東國家（不可上下客貨）。
第三航權 （卸落客貨權）	本國航空器將載自本國之客貨及郵件在第 2 國**卸下之權利**。 例：中華航空班機自臺灣飛往泰國（可下客貨）。
第四航權 （裝載客貨權）	本國航空器自第 2 國**裝載客貨及郵件**飛往本國之權利。 例：中華航空班機由泰國飛往臺灣（可上客貨）。 依國際協議，第三、第四航權是雙邊簽署的契約互惠條例。
第五航權 （延遠權）	本國航空器前往第 3 國時，先前往第 2 國間裝卸客貨及郵件之權利，航航空最終以本國為終點站。 例：中華航空班機由臺灣飛往約翰尼斯堡，中途停留新加坡（可上下客貨）。
第六航權 （橋樑權）	本國航空器自第 2 國與第 3 國接載客貨郵件經停本國往返之權利。例：中華航空班機由德里前往臺灣再飛往美國（可上下客貨）。
第七航權 （境外營運權）	本國航空器以第 2 國為起點往返第 3 國，而不須先飛返本國。 例：中華航空班機由臺灣飛往荷蘭。再由荷蘭飛往維也納（可上下客貨）。
第八航權 （境內營運權）	本國國籍航空公司有權在第 2 國的任何兩城市之間運送旅客。 例：中華航空班機由臺灣飛往泰國。再由泰國曼谷與泰國普吉島之間飛行，而返回本國（可上下客貨）。
第九航權 (完全境內運輸權)	本國某航空公司獲得第 2 國的航權，就可以在第 2 國經營國內航線。 例：中華航空班機在泰國曼谷與泰國普吉島之間飛行，而不需返回本國（可上下客貨）。
★以上用中華航空班機來舉例是為了使讀者較容易理解及閱讀，而並非該航空公司於此時或以後有無此航權，在此提出說明。	

8-2　認識機票

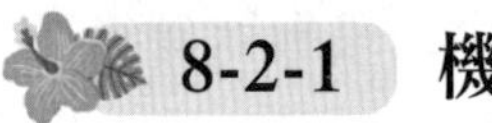

8-2-1　機票的種類

1. 手寫機票(manual ticket)：以手寫的方式開發，分為一張、二張或四張搭乘聯等格式。
2. 電腦自動化機票(transitional automated ticket, TAT)：從自動開票機刷出的機票，一律為四張搭乘聯的格式。

3. 電腦自動化機票含登機證(automated ticket and boarding pass, ATB)：機票是以複寫的方式開出，並已包含登機證。該機票的厚度與信用卡相近，背面有一條磁帶，用以儲存旅客行程的相關資料，縱使遺失機票，亦不易被冒用。

4. 電子機票(electronic ticket, ET)：是將機票資料儲存在航空公司電腦資料庫中，無需列印每一航程的機票聯，合乎環保又避免機票遺失。旅客至機場只出示電子機票收據即可辦理登機手續。西元 1998 年 4 月，英國航空公司(BA)，於倫敦飛德國柏林航線中，首先為世界問世啟用。我國華信航空公司，於西元 1998 年 11 月，於國內臺北、高雄航線中，首先啟用。

8-2-2 機票填發開立注意事項

1. 所有英文字母必須大寫。
2. 填寫時姓在前，然後再寫名字。
3. 旅客的稱呼為：MR.先生、MISS 或 MS 小姐、MRS.夫人、CHD 兒童、INF 嬰兒。
4. 機票不得塗改，塗改即為廢票，開立時按機票順序填發，不得跳號。
5. 一本機票僅供一位旅客使用。
6. 前往城市如有兩個機場以上時，應註明到、離機場之機場代號。
7. 機票填妥後，撕下審核聯與存根聯，保留搭乘聯與旅客存根聯給乘客。
8. 若機票需作廢時，應將存根聯與搭乘聯與旅客存根聯一併交還航空公司。
9. 機票為有價證券，填發錯誤而導致作廢時，應負擔手續費用。

8-2-3 機票票聯(coupon)

票聯名稱(Coupon Name)	功能(Function)
審核聯(Auditor)	與報表一同交會計單位報帳之用，目前 BSP 機票已無審核聯。
存根聯(Agent's Coupon)	由開票單位存檔。
搭乘聯(Flight Coupon)	From/To 航段必須附著旅客存根聯才為有效票。
旅客存根聯(Passenger Coupon)	旅客存查用。

1. 機票載有旅客運送條款，是航空公司與旅客間的契約，是一份有價證券。
2. 每張搭乘聯須按機票上面所列之起迄點搭乘。國際線機票，若第一張搭乘聯未使用，航空公司將不接受該機票後續航段搭乘聯之使用。
3. 機票均有此四式票聯，但是 BSP 機票沒有審核聯，電子機票無票聯只有收據。

8-2-4 機票內容

機票雖有不同，除編排格式有差別外，內容均相同。

1. 旅客姓名欄(NAME OF PASSENGER)：旅客英文全名須與護照、電腦訂位紀錄上的英文拼字完全相同（可附加稱號），且一經開立即不可轉讓。
2. 行程欄(FROM/TO)：旅客行程之英文全名。行程欄若有「X」則表示不可停留，必須在 24 小時內轉機至下一個航點。
3. 航空公司(CARRIER)：搭乘航空公司之英文代號（2 碼）。
4. 班機號碼／搭乘艙等(FLIGHT/CLASS)：顯示班機號碼及機票艙級。航空公司之班機號碼大都有一定的取號規定，如往南或往西的取單數；往北或往東的取雙數。例如，中華 CI804 班機是香港到臺北的班機，而 CI827 是臺北到香港之班次。此外大部班機號碼都為三個數字。如為聯營的航線或加班機，則大都使用四個號碼。
5. 航空公司一般飛機艙等分為：頭等艙、商務艙、經濟艙。
   (1) 頭等艙(FIRST CLASS)：F、P、A。
   (2) 商務艙(BUSINESS CLASS)：C、J、D、I。
   (3) 經濟艙(ECONOMY CLASS)：Y、M、B、H、V、Q、U、X、S、U 等。
   (4) 豪華經濟客艙(EVERGREEN DELUXE)ED 艙，此為長榮航空首創特有之艙等。
6. 出發日期(DATE)：日期以數字（兩位數）、月份以英文字母（大寫三碼）組成。例如：6 月 5 日為 05JUN。
7. 班機起飛時間(TIME)：當地時間，以 24 小時制或以 A, P, N, M 表示。A 即 AM, P 即 PM, N 即 noon, M 即 midnight。例如：0715 或 715A；1200 或 12N；1915 或 715P；2400 或 12M。
8. 訂位狀況(STATUS)：
   (1) OK-機位確定(space confirmed)。
   (2) RQ-機位候補(on request)。
   (3) SA-空位搭乘(subject to load)。
   (4) NS-嬰兒不占座位(infant not occupying a seat)。

(5) OPEN-指無訂位(no reservation)。

(6) HK(holds confirmed)-機位 OK。

(7) TK(holds confirmed, advise client of new timings)-機位 OK，更改時間。

(8) PN(pending for reply)-等待航空公司回覆狀況。

(9) UU(unable, have waitlisted)；US(unable, to accept sale)-無機位需候補。

(10) PA(priority waitlist codes)-優先候補。

(11) HN(have requested)-訂位中。

(12) KK(confirming)-航空公司回覆機位 OK。

(13) KL(confirming from waiting list)-機位由候補變 OK。

(14) HS(have sold)-機位 OK。

9. 票種代碼(FARE BASIS)：票價的種類。票價的種類依六項要素組成。

(1) 訂位代號(prime code)，包括 F, C, Y, U, I, D, M, B, H…等。

(2) 季節代號(seasonal code)，包括 H（旺季）、L（淡季）等。

(3) 週末／平日代號(part of week code)，包括 W（週末）、X（週間）等。

(4) 夜晚代號(part of day code)，例如以 N 表示 Night。

(5) 票價和旅客種類代號(fare and passenger type code)。

(6) 票價等級代號(fare level identifier)。

例如：FARE BASIS 是 MXEE21 時，表示 M 艙級平日出發效期為 21 天之個人旅遊票，亦即 M =訂位代號，X =週間代號（平日），EE =旅遊票價種類代號；21 表示效期為 21 天。

10. 機票標註日期之前使用無效(NOT VALID BEFORE)。

11. 機票標註日期之後使用無效(NOT VALID AFTER)，機票效期算法：

(1) 一般票(normal fare)：機票完全未使用時，效期自開票日起算一年內有效。機票第一段航程已使用時，所餘航段效期自第一段航程搭乘日起一年內有效。例如：開票日期是 20 AUG' 11，機票完全未使用時，效期至 20 AUG' 12。若第一段航程搭乘日是 30 AUG' 11，則所餘航段效期至 30AUG' 12。

(2) 特殊票(special fare)：機票完全未使用時，自開票日起算一年內有效。一經使用，則機票效期可能有最少與最多停留天數的限制，視相關規則而定。

機票有效屆滿日，是以其最後一日的午夜 12 時為止。因此在午夜 12 時以前使用完最後一張搭乘聯票根搭上飛機，無論到達城市是那天，只要中間不換接班機，都屬有效。

12. 團體代號(TOUR CODE)：用於團體機票，其代號編排如為 IT2CI 3GT61H483，IT：表示 Inclusive Tour、2：表示 2002 年、CI：表示負責的航空公司(sponsor carrier)、3：表示從 TC3 出發的行程、GT61H483：表示團體的序號。
13. 票價計算欄(FARE CALCULATION BOX)：機票票價計算部分，開票時均應使用統一格式，清楚正確地填入，以方便日後旅客要求變更行程時，別家航空公司人員能根據此欄位內容，迅速確實地計算出新票價。
14. 票價欄(FARE BOX)：票價欄通常是顯示起程國幣值。
15. 實際付款幣值欄(EQUIVALENT FARE PAID)：當實際付款幣值不同於起程國幣值時才需顯示。
16. 稅金欄(TAX BOX)：行程經過世界許多國家或城市時，須加付當地政府規定的稅金。臺灣機場服務稅是 2 歲以上旅客為新臺幣 300 元。而 2 歲以下之嬰兒旅客為免費。目前已隨機票徵收。
17. 總額欄(TOTAL)：一張機票含稅的票面價。
18. 付款方式(FORM OF PAYMENT)，付款有以下幾種方式：CASH→現金支付；CHECK→支票支付；CC→以信用卡付款之機票。
19. 啟終點(ORIGIN/DESTINATION)：

SITI：Sold inside, ticketed inside	SITO：Sold inside, ticketed outside
指銷售票及開票均在起程的國內。	指銷售票在起程點的國內。開票在起程點的國外。
SOTI：Sold outside, ticketed inside	SOTO：Sold outside, ticketed outside
指銷售票在起程點的國外。開票在起程點的國內。	指銷售票及開票均在起程的國外。

(1) 如旅客在臺北付款購買一張臺北到東京之機票，同時在臺北開票取得機票，即為 SITI。
(2) 如旅客在臺北付款購買一張臺北到東京之機票，而卻在東京開票取得機票，即為 SITO。
(3) 如旅客在東京付款購買一張臺北到東京之機票，也在臺北開票取得機票，即為 SOTI。
(4) 如旅客在東京付款購買一張臺北到東京之機票，也在東京開票取得機票，即為 SOTO。

20. 聯票號碼(CONJUNCTION TICKET)：機票行程航段超過 4 段需使用一本以上機票時，除應使用連號機票外，所有連號的票號皆需加註於每一本機票的聯票號碼欄內。

21. 換票欄(ISSUE IN EXCHANGE FOR)：改票時填入舊票號碼及搭乘聯聯號。

22. 原始機票欄(ORIGINAL ISSUE)：改票時將最原始的機票資料填註在此欄。

23. 限制欄(ENDORSEMENTS/RESTRICTIONS)：機票有限制，加註於此欄位。
    (1) 禁止背書轉讓(NON ENDORSABLE)。
    (2) 禁止退票(NON REFUNDABLE)。
    (3) 禁止搭乘的期間(EMBARGO PERIOD)。
    (4) 禁止更改行程(NON REROUTABLE)。
    (5) 禁止更改訂位(RES. MAY NOT BE CHANGED)。

24. 開票日與開票地(DATE AND PLACE OF ISSUE)：此欄位包括航空公司名稱或旅行社名稱，開票日期、年份、開票地點，以及旅行社或航空公司的序號。

25. 訂位代號(AIRLINES DATA)：訂好機位之機票，宜填入航空公司「訂位代號」，方便訂位同仁查詢旅客行程資料。

26. 機票號碼(TICKET NUMBER) 297—4— 4—03802195—2 共 14 碼，說明如下：

    (1) (2) (3) (4) (5)

    例如：
    (1) 297—航空公司代號。
    (2) 4—機票的來源。
    (3) 4—機票的格式，幾張 coupon。
    (4) 03802195—機票的序號。
    (5) 2—機票的檢查號碼。

27. 機票訂位代號認識：
    (1) DEPA(deportee accompanied by escort)：指被放逐，或遞解出境者，有護衛陪伴。
    (2) DIPL(diplomatic courier)：指外交信差。
    (3) EXST(extra seat)：指需額外座位，如身材過大或有攜帶樂器或易碎品者。對於體型壯碩之旅客，航空公司會依情況給予兩份座位供其專用。
    (4) INAD(inadmissible passenger)：指被禁止入境的旅客。

(5) UM(unaccompanied minor)：所謂 UM 是指未滿十二歲單獨旅行的孩童。由於各家航空公司機型不同，每家航空公司對嬰兒及 UM 人數限制以及旅行服務也各有差異。
(6) SP(special handling)：指乘客由於個人身心或某方面之不便，需要提供特別的協助。
(7) MEDA-Medical Case：病人。
(8) STCR-Stretcher Passenger：擔架。
(9) BLND-Blind Passenger：盲人。
(10) DEAF-Deaf Passenger：耳聾。
(11) ELDERLY PASSENGER：銀髮族。
(12) EXPECTANT MOTHER：孕婦。
(13) WCHR-Wheelchair：輪椅。

28. PTA-Prepaid Ticket Advice：預付票款通知，以便取得機票。一般而言，指在甲地付款，在乙地拿票者，以方便無法在當地付款之旅客，或遺失機票者、或贊助單位提供給非現地之旅客。

29. 餐食代號：
(1) HNML-Hindu Meal：印度餐，無牛肉的餐食。
(2) MOML-Moslem Meal：回教餐，無豬肉的餐食。
(3) KSML-Kosher Meal：猶太教餐食。
(4) BBML-Baby Meal：嬰兒餐。
(5) ORML-Orient Meal：東方式餐，葷食。
(6) VGML-Vegetarian Meal：西方素食，無奶、無蔥薑蒜等之西式素食。
(7) AVML-Asian Vegetarian Meal：東方素食，無奶無蛋、無蔥薑蒜等之中式素食。
(8) LSML-Low Sodium；Low Salt Meal：低鈉無鹽餐。

8-2-5 機票種類

1. 普通機票(NORMAL FARE)：普通機票任何艙等，其使用期限為一年有效。且可以背書轉讓給其他航空公司，可更改行程可辦理退票。
(1) 全票或成人票（FULL FARE 或 ADULT FARE）：年滿 12 歲以上之乘客。
(2) 半票或孩童票（HALF FARE 或 CHILD FARE；CH 或 CHD）：年滿 2 歲而未滿 12 歲之兒童乘客，與父或母或監護人，搭乘同一班機、同一艙等時，可購買全票票價 50%之孩童機票，並占有座位。其年齡是以使用時之出發日為準。

(3) 嬰兒票(INFANT FARE, INF)：未滿 2 歲之嬰兒乘客，與父或母或監護人，搭乘同一班機、同一艙等時，可購買全票票價 10%之嬰兒機票，但不能占有座位。依據國際航線規定，一位旅客僅能購買一張嬰兒機票，如需同時攜帶兩位嬰兒以上時，第二位以上嬰兒必須購買孩童票。

2. 優待機票(SPECIAL FARE)：因業務需要，另訂促銷機票，因折扣不一，使用期限與規定則有不同之限制。

(1) 旅遊機票（EXCURSION FARE，簡稱 E）：效期越短價格越低。有 0~14 天、2~30 天、3~90 天等種類。YEE30 表示經濟艙有效期 30 天。YEE2M 表示經濟艙有效期兩個月。

(2) 團體旅遊票（GROUP INCLUSIVE TOUR FARE，簡稱 GV）：對旅行團既定之行程，與固定標準人數，航空公司給予優待機票。YGV10 表示經濟艙旅遊機票人數最少 10 人。

(3) 預付旅遊機票（ADVANCE PURCHASE EXCURSION FARE，簡稱 APEX）。

(4) 旅行業代理商優待機票（AGENT DISCOUNT FARE，簡稱 AD）：對於旅行業者由於長期配合為開發市場，給予旅遊業者優待機票。AD75 表示機票價格為 2.5 折，即四分之一的機票價錢，也就是只需支付 25%的費用。

(5) 領隊優待機票(TOUR CONDUCTORS FARE, CG)：一般航空公司協助旅行業招攬旅客，達到團體標準人數時，給予優待機票。15 人給予一張免費機票，30 人給予二張免費機票。

(6) 免費機票（FREE OF CHARGE FARE，簡稱 FOC）。

(7) 航空公司職員機票(AIR INDUSTRY DISCOUNT FARE，簡稱 ID)。

(8) 老人優待票（OLD MAN DISCOUNT FARE，簡稱 OD)。

(9) 其他優待機票：

DA(DISCOVER AMERICAN FARE)：開發美國地理機票。

DE(DEPORT FARE)：驅逐出境機票。

DG(GOVERNMENT OR DIPLOMATIC FARE)：政府或外交官員機票。

EG(GROUP EDUCATIONAL TRIPS FOR TRAVEL AGENT FARE)：團體見習機票。

3. 團體見習機票：

GA(GROUP AFFINITY FARE)：社團團體機票。

GE(SPECIAL EVENT TOURS FARE)：特殊慶典遊覽機票。

M(MILITARY FARE)：軍人機票。

PG(PILGRIM EXCURSION FARE)：信徒朝聖旅遊機票。
SD(STUDENT DISCOUNT FARE)：學生優待機票。
TD(TEACHER DISCOUNT FARE)：教師優待機票。
U(ADULT STAND-BY FARE)：後補機位機票。
E(EMIGRANT FARE)：移民機票。

8-2-6 航空機票航程類別

1. 單程機票（ONE WAY TRIP TICKET，簡稱 OW）：單程機票指直線式愈走愈遠解搭乘同一等級的單向機票。例：TPE/BKK。
2. 來回機票（ROUND TRIP TICKET，簡稱 RT）：旅客前往的城市，其出發點與目的地相同，且全程搭乘同一等級的機票。例：TPE/BKK/TPE。
3. 環遊機票（CIRCLE TRIP TICKET，簡稱 CT）：凡不屬於直接來回，由出發地啟程做環狀的旅程，再回到出發地的機票。例：TPE/BKK/SIN/KUL/TPE。
4. 環遊世界航程機票（AROUND THE WORLD，簡稱 RTW），必須跨越兩洲以上。例：TPE/BKK/AMS/NYC/SYD/TYO/TPE。
5. 開口式雙程機票（OPEN JAW TRIP，簡稱 OJT）：不連接的往返航空旅行。指旅客從出發地經往目的地段，但並不由目的地回程，而是以其他的交通前往另一目的地後再回到原出發地，而在期間留下一個缺口。例：TPE/SFO X LAX/TPE。

8-2-7 機票有效期限延期

航空公司對機票有效期限的規定，在營運作業中或旅客非意願而無法在有效期限搭乘，航空公司視當時情況，允許延長有效期限。

★ 航空公司因營運關係

1. 航空公司因故取消班機。
2. 航空公司因故不停機票上最後一張搭乘票根之城市。
3. 航空公司因故誤點，導致無法在有效期限內搭乘。
4. 有效期限內訂位，因航空公司機位客滿，導致無法在有效期限內搭乘，得延至有空位為止，但以 7 天為限。

★ 旅客因病延期

若持團體機票或懷孕超過 32 週以上之孕婦，不適用。

1. 航空公司得依醫師診斷書所示之效期延至康復可旅行之日止。
2. 未旅行之部分尚有兩段時，允許延至康復可旅行之日起 3 個月期限。
3. 效期延長不因票價產生規定而受到限制。
4. 陪伴旅客之近系親屬，其機票之效期比照。持優待機票，航空公司得依醫師診斷書所示之效期延至康復可旅行之 7 日內為止。

★ 旅途中因故身亡時

1. 旅客旅途中因故身亡時，其同伴機票可延期至手續與傳統葬禮完畢之日止，但不得超過死亡日起 45 天。
2. 其同伴旅行之近系親屬，其機票之效期比照。仍然不得超過死亡日起 45 天。
3. 該死亡證明書航空公司保留 2 年。

8-2-8 旅客行李托運

行李限制(allow)計算方法分以下兩種：

1. PIECE SYSTEM(PC SYS)計件：旅客入、出境美國(USA)、加拿大(CANADA)與中南美洲地區時採用成人及兒童每人可攜帶兩件，每件不得超過 23 公斤(KGS)。此外行李尺寸，亦有限制。如頭等艙及商務艙旅客，每件總尺寸相加不可超過 158 公分（62 英吋）；經濟艙旅客，兩件行李相加總尺寸，不得超過 269 公分（106 英吋），其中任何一件總尺寸相加不可超過 158 公分（62 英吋）。隨身手提行李，每人一件，總尺寸不得超過 115 公分（45 英吋）。重量不得超過 7 公斤（CI 規定），大小以可置於前面座位底下或機艙行李箱為限。嬰兒亦可托運行李一件，尺寸不得超過 115 公分，另可托運一件折疊式嬰兒車。
2. WEIGHT SYSTEM(WT SYS)計重：旅客進出上述地區以外地區時採用。頭等艙：40kg（88 磅）；商務艙：30kg（66 磅）；經濟艙：20kg（44 磅）；嬰兒可托運：10kg 免費行李；學生票：25kg。

★ 行李賠償責任與規定

1. 乘客行李托運若遭受損壞時，須立即向航空公司填寫行李事故報告書（PROPERTY IRREGULARITY REPORT，簡稱 PIR）提出報告，依鑑定其損壞程度，按規定賠償。
2. 乘客行李托運若遭受遺失時，須立即向航空公司填寫行李事故報告書（PROPERTY IRREGULARITY REPORT，簡稱 PIR）提出報告，航空公司將依特徵尋求，如 21 天後無法尋獲時，按華沙公約之規定賠償。目前航空公司對旅客行李遺失賠償最高每公斤美金 20 元，行李求償限額以不超過美金 400 元為限。在未尋獲前，航空公司對旅客發與零用金購買日常用品，通常為美金 50 元。
3. 行李超重（件）之計價方式：(1)超件：行程若涉及美加地區則依不同之目的地城市而有不同的收費價格。(2)超重：行程不涉及美加地區，每超重一公斤之基本收費為該航段經濟艙票價的 1.5%。另種規定是一公斤收費為頭等艙機票票價之百分之一，但有些國家是例外的，此資料皆可由票價查詢系統獲得。

8-2-9 機票遺失

1. 機位再確認
   (1) 航空公司對因超賣而機位不足致持有確認訂位之旅客被拒絕登機時，依相關補償辦法辦理。補償辦法詳細內容，向航空公司辦公處所洽詢。
   (2) 航空公司得超賣航班之機位。航空公司盡力提供旅客已確認之機位，但並不保證一定有機位。航空公司雖將盡力提供旅客機位或預選座位之需求，但航空公司並不保證給予任何或特定座位，縱使貴客之訂位已確認。
2. 機票的退票
   (1) 退票期限：機票期滿後之 2 年內辦理。
   (2) 退票地點：原購買地點及購買處。
   (3) 須備票券：機票搭乘聯(flight coupon)＋存根聯(passenger coupon)已訂妥回程或續程機位之旅客，請依機票「機位再確認」之規定辦理確認訂位。
   (4) 機票必須按票連之順序使用，否則航空公司將拒絕貴客使用。
   (5) 為使貴客能於足夠時間內完成登機報到手續，務請至遲於班機起飛前 1 小時到達機場櫃檯辦理報到。

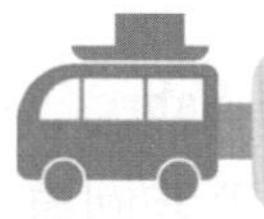

8-3 旅行社之電腦訂位系統(CRS)

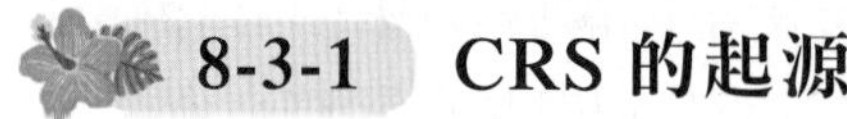

8-3-1 CRS 的起源

旅行社電腦訂位系統簡稱 CRS(computerized reservation system)。1970 年左右，航空公司將完全人工操作的航空訂位紀錄，轉由電腦來儲存管理，但旅客與旅行社要訂位時，仍需透過電話與航空公司聯繫來完成。由於業務迅速發展，擴充人員及電話線，亦無法解決需求。美國航空公司與聯合航空公司，首先開始在其主力旅行社，裝設其訂位電腦終端機設備，供各旅行社自行操作訂位，開啟了 CRS 之先機。

此連線方式只能與一家航空公司之系統連線作業，故被稱為(single-access)；其他國家地區亦群起仿效此種訂位方式，而逐步建立成「多重管道」系統(multi access)。

國際航空公司之需求，開始向國外市場發展。其他航空公司為節省支付 CRS 費用，起而對抗美國 CRS 之入侵，紛紛共同合作成立新的 CRS(如 Amadeus、Galileo、Fantasia、Abacus)，各 CRS 間為使系統使用率能達經濟規模，以節省經營成本，經合併、聯盟、技術合作開發、股權互換與持有等方式整合，逐漸演變至今具全球性合作的 Global Distribution System(GDS)。

CRS 發展至今，其所收集的資料及訂位系統的功能，都已超越航空公司所使用的系統。旅遊從業人員可藉著 CRS，訂全球大部分機位、旅館及租車。旅遊的相關服務，都可透過 CRS 訂位，皆有助於對旅客提供更完善的服務。

8-3-2 臺灣地區 CRS 概況

臺灣十幾年前，對航空訂位網路是採保護措施，禁止國外 CRS 進入。1989 年電信局自行開發一套 MARNET(multi access reservation NET work)系統，讓旅行社可透過電信局的網路，直接切入航空公司系統訂位。1990 年，引進「ABACUS」，2003 年，另外 AMADEUS 艾瑪迪斯、GALILEO 加利略、AXESS 三家進入臺灣市場。

1. ABACUS 簡介

縮寫代號： 1B

成立時間： 1988 年

合 夥 人： 是由中華、國泰、長榮、馬來西亞、菲律賓、皇家汶萊、新加坡、港龍、全日空、勝安、印尼等航空及美國全球訂位系統-Sabre 所投資成立的全球旅遊資訊服務系統公司。Abacus 於 1998 年與 Sabre 集團簽署合作聯盟合約成立 Abacus International 公司，由雙方共同持股並由 Sabre 支援主要核心系統，Sabre 總部座落於美國德州南湖市，1970 年代由美國航空「AA」所發展之航空公司訂位電腦整合資訊系統，為全球最早、最大旅遊電腦網絡及資料庫；是目前全球旅行業及觀光產業首屈一指的科技供應商。Sabre 服務超過 40 萬家旅行社，世界各地擁有 400 家航空公司、12 萬家酒店、27 個租車品牌及 16 家郵輪公司、50 家鐵路供應商。

主要市場：日本除外之亞太地區、中國大陸、印度及澳洲。

總 公 司：新加坡。

系統中心：美國 TULSA。

主要功能：全球班機資訊的查詢及訂位、票價查詢及自動開票功能、中性機票及銀行清帳計畫(BSP)、旅館訂位租車、客戶檔案、資料查詢系統、旅遊資訊及其他功能、指令功能查詢、旅行社造橋。

ABACUS 系統代號 PRINT，茲條列如下：

(1) P ：Phone Field，電話欄。

(2) R ：Received Field，資料來源。

(3) I ：Itinerary，行程。

(4) N ：Name Field，姓名欄。

(5) T ：Ticketing Field，開票欄。

2. Amadeus

縮寫代號：1A。

成立時間：1987 年成立，1995 年與美國之 CRS SYSTEM ONE 合併。

合 夥 人：法國、德國、伊比利亞、美國大陸航空。

主要市場：歐、美、亞太地區及澳洲。

總 公 司：西班牙馬德里。

系統中心：法國 Antipolis。

AMADEUS 系統代號 SMART，茲條例如下：

(1) S ：Phone Field，電話欄。

(2) M ：Received Field，資料來源。

(3) A ：Itinerary，行程。

(4) R ：Name Field，姓名欄。

(5) T ：Ticketing Field，開票欄。

3. Galileo

縮寫代號： 1G。

成立時間： 1987 年成立，1993 年與 COVIA 合併。

合 夥 人： 聯合、英國、荷蘭、義大利、美國、加拿大、澳洲航空等。

主要市場： Galileo－英國、瑞士、荷蘭、義大利。

Apollo－美國、墨西哥。

Galileo Canada－加拿大。

總 公 司： 芝加哥。

系統中心： 丹佛。

4. Axess

縮寫代號： 1J/JL。

成立時間： 1979 年系統開始發展，僅提供國內訂位，1992 年 CRS 公司正式成立。

合 夥 人： JL 全日航空百分之百持股。

主要市場： 日本。

總 公 司： 東京。

系統中心： 東京。

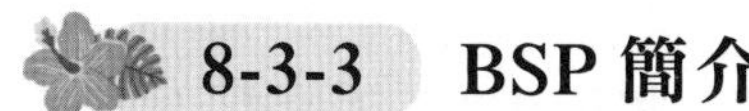

8-3-3 BSP 簡介

BSP 為「銀行清帳計畫」，是 The Billing & Settlement Plan 的簡稱（舊名 Bank Settlement Plan，亦簡稱為 BSP）。TC 3 地區實施 BSP 的國家最早為日本（1971 年）；臺灣於 1992 年 7 月開始實施。目前旅行社每月結報日有 4 次。

★ 旅行社參加 BSP 之優點如下

1. 票務

(1) 以標準的中性機票取代各家航空公司不同的機票樣式，實施自動開票作業。

(2) 結合電腦訂位及自動開票系統，可減少錯誤，節約人力。

(3) 配合旅行社作業自動化。

(4) 經由 BSP 的票務系統可以取得多家航空公司的開票條件，即航空公司的 CIP。

2. 會計
   (1) 直接與單一的 BSP 公司結帳，不必逐一應付各家航空公司透過不同的程序結帳，可簡化結報作業手續。
   (2) 電腦中心統一製作報表，每月可結報四次，分兩次付款，提高公司的資金運作能力。
   (3) 直接與 BSP 設定銀行保證金條件，不用向每家航空公司作同樣的設定，降低資金負擔。

★ 旅行社加入的方式

旅行社獲得 IATA 認可、取得 IATA CODE 後，必須在 IATA 臺灣辦事處上完 BSP 說明會課程才能正式成為 BSP 旅行社，然後向 BSP 航空公司申請成為其代理商。

★ X/O

行程欄限制。打「X」則表示此城市：

(1) 旅客不能入境，只能過境。
(2) 旅客前後段的機位需先訂妥(confirmed)，並須於達該城市 24 小時內轉機離開。若打「O」或是空白，則表示此城市為停留點，旅客可入境至該城市停留。

8-3-4 格林威治時間(Greenwich Mean Time, GMT)

格林威治時間，英國為配合歐洲其他國家的計時方式，將於 1992 年廢此不用，改用 UTC。UTC-Universal Time Coordinated，取代 GMT 新的環球標準時間，一切同 GMT 之數據。1884 年國際天文學家群舉行「國際子午線會議」決定以英國格林威治為經線的起始點，此經線稱為「本初子午線」，亦是全球標準時間的基準點。以格林威治時間為中午 12 時，凡向東行，每隔 15 度即增加一小時，即是在 15 度內之城市皆為 13 時。若向西行，每隔 15 度即減少一小時，即是在 15 度內之城市皆為 11 時。如此向東加到 12 小時，或向西減到 12 小時的重疊線，該線稱為「國際子午線」(INTERNATIONAL DATE LINE)，此線正好落在太平洋中相會，以國際子午線為準，此線的西邊比東邊多出一天。就地圖來看，國際子午線通過的國家為斐濟(FIJI)、與東加王國(TONGA)。而臺灣的地理位置與格林威治時間的時差為快+8 小時。即格林威治時間中午 12 時，臺灣為下午 8 點時間。

由於分隔時區的經線很像斑馬的條紋，因此格林威治時間又被稱為斑馬時間(ZEBRA TIME)。

美國幅員遼闊有東部時區(EAST STANDARD TIME, EST-5)、中部時區(CENTRAL STANDARD TIME, CST-6)、山區時區(MOUNTAIN STANDARD TIME, MST-7)、太平洋時區(PACIFIC STANDARD TIME, PST-8)、與阿拉斯加時區(ALASKA STANDARD TIME, AST-9)等五個時區。

中國大陸分為五個時區：長白時區(+8.5)、中原時區(+8)、隴蜀時區(+7)、回藏時區(+6)、崑崙時區(+5.5)。但中國是以中原時區(+8)為全國統一時間。

8-3-5 工具書

1. OAG：Official Airlines Guide 航空公司各類資料指引，時刻表以出發地為基準，再查出目的地。為美國發行，分為北美版與世界版。
2. ABC：ABC World Airways Guide 航空公司各類資料指引，時刻表以目的地為基準，再查出出發地。為歐洲發行，由字母 A~Z 分上、下兩冊。
3. TARIFF：航空價目表。

8-4 航空常用英文術語

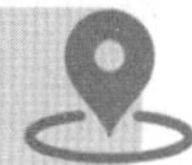

1. E-Ticket：即電子機票(electronic ticket)。
2. No Sub：Not Subject To Load Ticket：可以預約座位的機票。
3. F.O.C.＝Free Of Charge：免費票。團體票價中每開 15 張，即可獲得一張免費票。
4. Quarter Fare：四分之一票。
5. NUC-Neutral Unit Of Construction：機票計價單位。
6. Void：作廢。
7. PNR＝Passenger Name Record：電腦代號。
8. MCO＝Miscellaneous Charges Order：IATA 之航空公司或其代理公司所開立之憑證，要求特定之航空公司或其他交通運輸機構，對於憑證上所指定的旅客發行機票、支付退票款或提供相關的服務。

9. UTC-Universal Time Coordinated：這是取代 GMT 新的環球標準時間，一切同 GMT。
10. Connection(flight)：轉機（下一班機）。
11. DST-Daylight Saving Time：日光節約時間。每年的三、四月及九、十月之交，有些國家及地區為適應日照時間而做的時間調整。
12. Scheduled Flight：定期班機。
13. Charter Flight：包機班機。
14. Shuttle Flight：兩個定點城市之間的往返班機。
15. Schedule；Itinerary：時間表；旅行路程。
16. Reroute：重排路程。
17. Reissue：重開票。
18. Endorse：轉讓；背書。
19. On Season；Peak Season：旺季。
20. Off Season；Low Season：淡季。
21. Meals Coupon：航空公司因班機延誤或轉機時間過久，發給旅客的餐券。
22. STPC-Lay Over At Carrier Cost；Stopover Paid By Carrier：由航空公司負責轉機地之食宿費用。當航空公司之接續班機無法於當天讓客人到達目的地時，所負責支付之轉機地食宿費用。
23. Frequency(CODE)：班次（縮寫），OAG 或 ABC 上之班次縮寫以 1、2、3…等代表星期一、二、三。
24. Customs Declaration Form：海關申報單（攜帶入關之物品及外幣）。
25. Embarkation/Disembarkation Card：入／出境卡，俗稱 E/D CARD。
26. Dual Channel System：海關內紅、綠道制度。在行李之關檢查中，綠道為沒有應稅物品申報者所走的通道。紅道線為有應稅物品申報者所走的通道。我國已實施此制度。
27. Claim Check；Baggage Check；Baggage Claim Tag：行李認領牌。
28. Accompanied Baggage：隨身行李。
29. Unaccompanied Baggage：後運行李。

30. Baggage Claim Area：行李提取區。
31. Baggage carousel：提領行李轉盤。
32. ETA-Estimated Time Of Arrival：預定抵達時間。
33. ETD-Estimated Time Of Departure：預定離開時間。
34. Courtesy Room；VIP Room：貴賓室。
35. Transit；Stopover：過境。
36. Transit Lounge：過境旅客候機室。
37. TWOV-Transit Without Visa：過境免簽證，但需訂妥離開之班機機位，並持有目的地之有效簽證及護照。同時，需在同一機場進出才可以。
38. Connection Counter；Transfer Desk：轉機櫃檯。
39. Trolley：手推行李車。
40. Pre-Boarding：對於攜帶小孩、乘坐輪椅或需特別協助者，優先登機。
41. No-Show：已訂妥席位而沒到者。
42. Go-Show or Walk-In：未事先訂位卻出現者。相反字 No-Show。
43. Off Load：班機超額訂位或不合搭乘規定者被拉下來，無法搭機的情形。
44. Fully Booked：客滿。
45. Over booking：超額訂位。
46. Up Grade：提升座位等級。
47. Aviobridge：機艙空橋。
48. Runways：跑道。
49. Duty Free Shop(DFS)：免稅店。
50. Seeing-Off Deck：送行者甲板。
51. Baggage Tag：行李標籤。
52. Lost & Found：遺失行李詢問處。
53. Cabin Crew：座艙工作人員。
54. Flight Attendant：空服員。
55. Captain：機長。

56. Pilot(CO Pilot)：駕駛員（副駕駛）。
57. Steward：男空服員。
58. Stewardess：女空服員。
59. Overhead Compartment：飛機上頭頂上方之置物櫃。
60. Life Vest：救生衣。
61. Disposal Bag：廢物袋；嘔吐袋。
62. Bassinet：搖籃（嬰兒）。
63. Headset；Earphone：耳機。
64. Brace For Impact：緊抱防碰撞。
65. Brace Position：安全姿勢。
66. Oxygen Mask：氧氣面罩。
67. Turbulence：亂流。
68. Air Current：氣流。
69. Emergency Exits：緊急出口。
70. Forced Landing：緊急降落。
71. SFML-Fish；Sea Food：魚；海產。
72. Veal：小牛肉（肉質很像豬肉，且無牛肉味道）。
73. Lasania(Lasagna)：以 CHEESE 等材料製作之食物（千層麵）。
74. Boeing-707, 727, 737, 747(Sp), 756, 767, 777 波音公司所生產之民航客機，其市場占有率最高，位於美國西雅圖。
75. Air Bus-300, 310, 320, 330, 340, 380 歐洲空中巴士公司所生產之民航客機，他們集合了德、英、法、西班牙諸國的科技精華在法國裝配，但使用美國或英國製的引擎。
76. Limousine：加長型禮車、大型或小型接送之巴士。
77. Overnight Bag：旅行用小提包（例如航空公司或旅行社提供者）。
78. Visa On Arrival：落地簽證。
79. Visa Free：免簽證。

80. Fit＝Foreign Independent Tour（或 Foreign Individual Travel, Free Independent Traveller）：散客，或少數經由特別安排的旅行個體。

81. Jet Lag：時差失調。

82. Clear Air Turbulence：晴空亂流。指飛機飛行在晴朗無雲的天空發生顛簸，甚至上下翻騰現象的亂流。

83. Cockpit：駕駛艙。

84. Compensation：賠償、補償。

85. Confiscate：沒收、充公。

86. Counterfeit Passport：偽造護照。又稱 Forgery Passport。

87. Fragile：易碎物品。

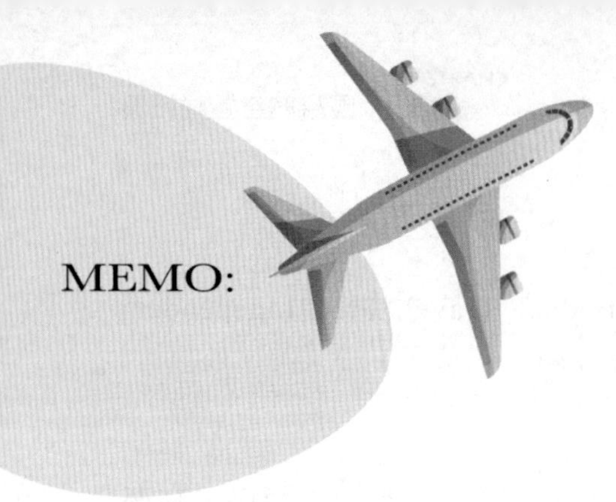
MEMO:

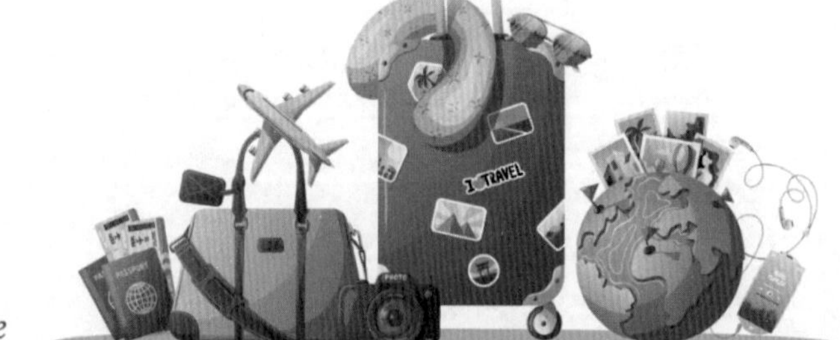

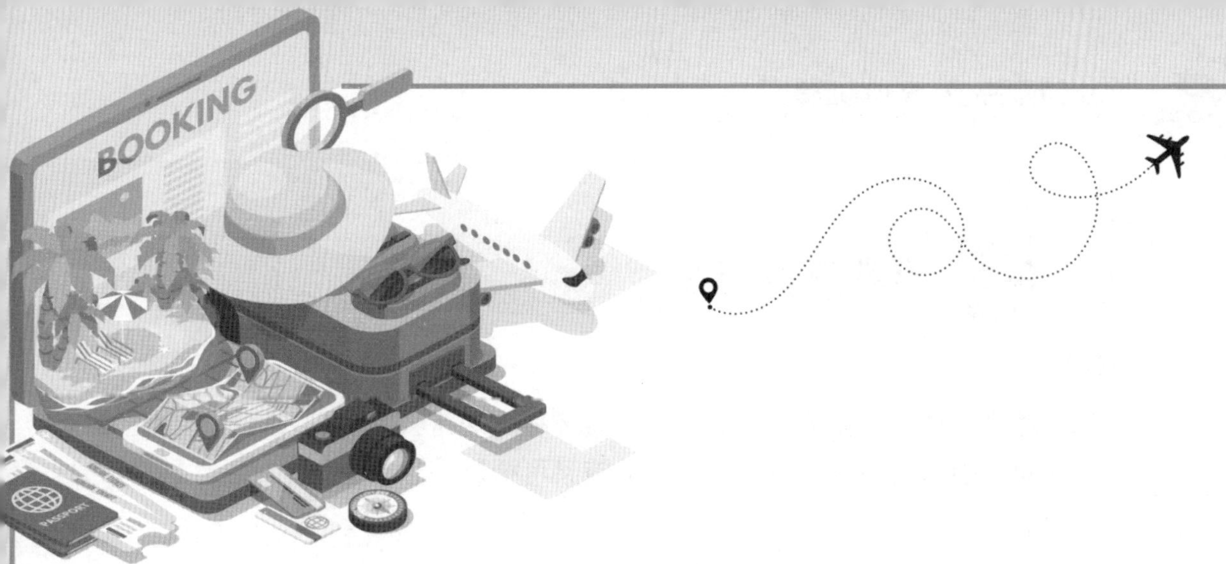

CHAPTER 09　急救常識

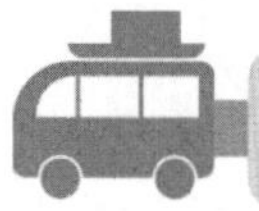

9-1 急救之重要性

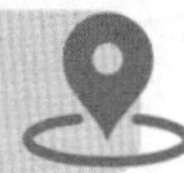

★ 急救的定義

當個人遭受到意外的損傷或突發的疾病時，在未送醫救治前需要一些緊急處理措施，以其減少損傷而挽救生命，此處理措施又可稱為「急救」。

★ 急救的目的

1. 維持或挽救生命：為緊急處理措施之首要目的，如運動傷害中的出血，如不加以妥當處理，常會因延誤處理而導致死亡；若能適時以合宜的止血，則可維持生命。
2. 防止傷勢或病況惡化：大部分受傷者，如骨折、脫臼等，如無適當的處理，常會使其傷勢加重或另外又產生附加的損傷。
3. 給予傷者心理支持：當傷者面臨突發的狀況造成自己身體上之損傷時，必會感到害怕、無助、焦慮，若此種心理得不到舒緩，可能會出現更多的生理症狀。
4. 促進恢復：適當的緊急處理措施除了即時給予良好的處置外，尚需聯絡醫院，以期及早就醫，使傷者能夠得到完善的醫療照顧，及早恢復。

★ 急救的原則

1. 安全急救者在進入意外傷害的現場時，首先應先瞭解周圍環境，確定傷患或自己本身均無危險時，才做進一步的處理。
2. 立即評估情況給予優先處理遇到傷患者首先應依叫叫 CABD（叫：檢查意識；叫：求救；C：胸部按壓；A：暢通呼吸道；D：使用 AED 電擊器）的順序給予評估。傷者若有呼吸阻塞、呼吸停止的現象時，只需 4~6 分鐘即會造成腦細胞因缺氧而死亡；同樣的，心搏停止 4 分鐘亦會導致腦細胞缺氧而死，因此急救者於現場應迅速檢查傷者呼吸道是否通暢，有沒有呼吸。
   (1) 如果呼吸停止，需立即給予施行人工呼吸。
   (2) 若傷者有大量出血情形，應立即給予止血控制。
   (3) 傷者意識喪失或呼吸沉重，則應讓其頭部側臥並給予保暖，等待送醫處理。
   (4) 在搬動傷者之前，應先處理其骨折部位與較大傷口處，給予適當的支托與保護。
3. 盡速送醫或尋求支援急救者評估傷者情形與當時之環境，若決定需要救車或警察支援時，都要確定說明下列幾點：

(1) 現場之電話號碼，必要時對方可與你聯絡。
(2) 發生的確實地點，盡可能的指出附近街道的交叉處或明顯的標的物。
(3) 傷者受傷的程度。
(4) 傷者的人數、性別、大概年齡，並盡可能的說明受傷類別。
(5) 如果懷疑傷者是心臟疾病時，則需要求特殊的醫療支援。
(6) 切記打支援電話時不要先切斷電話，而應讓對方先掛斷電話。

4. 觀察並記錄傷者之任何變化，以提供醫療人員做參考，例如傷者發生的原因、傷害的簡單描寫、有無其他傷害、意識反應的程度與變化、脈搏及其他變化、膚色的變化、失血的情形、有無任何不正常的行為、處理的經過與時間。
5. 急救的緊急處理除了依照上述原則外，還應使圍觀的人群散開，確保傷者四周環境之安靜與空氣之流暢。如並非必要不可褪除傷者的衣服，以免翻動傷者，而加重其病情與痛苦，必要時可將傷者受傷處之衣服剪開。假使傷者為昏迷或意識不清、懷疑有內部器官受創、頭部嚴重受傷，急救者不可提供飲料或食物。

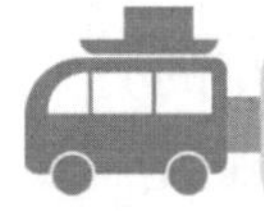

9-2 CPR 的功能

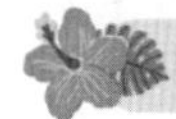

9-2-1 延續呼吸的方法

1. 呼吸的重要性為了延續生命，人必須將氧氣吸入肺部，而後經由血液循環送往全身如果沒有氧氣，某些器官立刻會受影響，尤其腦部缺氧 4~6 分鐘則可能開始腦部的損傷，而超過 10 分鐘還沒有接受任何急救，則會造成腦部無法復原的損傷。
2. 利用人工呼吸及胸外按壓促進循環，使血液可以攜氧到腦部以維持生命。空氣中含氧量 21%，二氧化碳 0.04%，其餘為氮氣；人呼出之氣體含 16%的氧，二氧化碳 4%，其餘為氮氣。
3. 生命之鍊：僅施予心肺復甦術是無法救活大多數心跳停止的病人，起始於對於患者立即的救護，直到高級救命術到達為止，生命之鍊的進程以下五個步驟：
(1) 盡早求救。
(2) 盡早心肺復甦術。
(2) 盡早電擊。
(4) 盡早高級心臟救命術。
(5) 整合性心臟停止照護。

9-2-2 CPR 心肺復甦術

當一個人受到某種外界傷害或某種疾病發作時，其心臟或肺臟暫時失去功能，造成所謂的「心肺功能停止」，讓停止跳動的心臟使其恢復跳動、停止呼吸的肺臟使其再度發揮功能，避免造成「真正死亡」的救人方法，叫做「心肺復甦術」。

名詞	名詞釋義
CPR 心肺復甦術英文的簡寫 Cardiopulmonary Resuscitation	指當呼吸終止及心跳停頓時，合併使用人工呼吸及心外按摩來進行急救的一種技術。

美國 CPR 的開始是在 1960 年代，美國國家研究委員會，鑒於 CPR 的施行沒有標準，特別是醫師接受 CPR 的訓練不完全；因此建議醫護人員要根據美國心臟學會的標準學習 CPR 的技術。1970 年代中期，CPR 始成為美國全國推廣的活動；在臺灣，CPR 的推廣最早是紅十字會，一直到急診醫學會成立後，在急診醫學會下設有全民 CPR 推廣小組，CPR 的推廣正式始步入軌道。

自動體外心臟電擊去顫器 AED(Automated External Defibrillator)：是一臺能夠自動偵測傷病患心律脈搏、並施以電擊使心臟恢復正常運作的儀器，因為使用的方式相當容易，開啟機器時會有語音說明其使用方式，並有圖示輔助說明，就像使用「傻瓜相機」一樣簡單，所以，坊間稱之為「傻瓜電擊器」。根據衛生福利部近年國人十大死因統計，心臟疾病皆高居十大死因的前三名。心臟疾病所造成的死亡，許多是以突發性心跳停止的形式發生，而電擊正是可以使心臟恢復正常心跳的方式。文獻指出，因突發性心律不整而導致心跳停止的個案，如能在一分鐘內給予電擊，急救成功率可高達 90%，每延遲 1 分鐘，成功率將遞減 7~10%。因此，傷病患的存活是和時間和死神的賽跑，如果將 AED 設置於人潮眾多的公共場所，供民眾搶救時使用，可降低該類傷病患到院前死亡率。（參考資料：AED 簡介，衛生福利部公共場所 AED 急救資訊網。http://tw-aed.mohw.gov.tw/）

9-2-3 使用心肺復甦術的流程

★ 心肺復甦術(CPR)：是指恢復心臟跳動和呼吸的方法

叫叫 CAB 基本步驟包括	
叫	確認反應呼吸及心跳
叫	求救（設法取得 AED）
Compressions	胸部按壓

叫叫 CAB 基本步驟包括	
Airway	維持呼吸道通暢
Breaths	維持呼吸

★ 施救者及注意事項

1. 確認患者的意識狀態：可藉大聲叫喚患者及拍肩判斷患者的意識狀態。
2. 尋求協助：向他人求助及打緊急求救電話，並請旁人協助迅速拿取 AED 備用。
3. 檢查患者有無頭、頸、脊椎受損：以雙手自頭頸順著脊椎檢查有無外傷、骨折。
4. 適當放置患者使患者平躺在硬板上：施救者位於患者旁側，使其遠側手腳彎曲，近側手向上伸直，施救者一手托著患者頭頸部，一手放在患者腋下，移動患者，使其平躺，對懷疑脊椎受傷患者，宜在維持脊椎成一直線下移動患者。

★ Compressions 胸部按壓

1. 確認脈搏停止

   以單手食中二指置喉結上方，平移 2~3 公分至近側之頸動脈上，以 10 秒內確認有無脈動，若有，則檢查呼吸＜10 秒，若無呼吸，則進行人工呼吸每 5~6 秒／次。若無脈動則進行下列之心外按摩。

2. 心外按摩
   (1) 按壓位置為胸部兩乳頭連線中央。以施救者的食指中指合併作定位後，將另一手之掌根平貼於食指上方另一手重疊於其上，兩手手指向上避免觸及胸骨和肋骨。
   (2) 施救者跪於患者胸部之旁側，肘關節打直，使肩膀保持在患者胸骨之正上方垂直向下按摩，深度至少 5 公分（不超過 6 公分），按壓讓胸部完全回彈；每次按壓後勿依靠在胸部上。

★ Airway 維持呼吸道通暢

1. 應先清除口內分泌物及阻塞物
   (1) 壓額推下腭法：一手壓額，一手輕托起下巴，勿太用力，將下巴向上提。
   (2) 下腭上提法：雙手置於患者下巴，提高其下巴。適用脊椎受損患者。

★ Breaths 維持呼吸

若患者無呼吸，維持頭後仰，吹 2 口氣，每口氣 1 秒鐘。

★ 人工呼吸法

方法種類	方法釋義
口對口法	以壓額之手的拇指及食指捏緊鼻子，另一手托起下巴，施救者以口蓋緊患者之口部，慢吹二大口氣後鬆口，以眼角餘光觀察患者胸部有無起伏。
口對鼻法	托下額之手順勢合攏其口，施救者向患者鼻子吹氣，鬆氣時離開患者鼻子，並撥開其口，以利排氣。
口對造瘻口法	適時於氣管造瘻的患者，以口對喉直接進行人工呼吸，吹入空氣後離開患者喉部，以利空氣排出。

★ 心外按摩與人工呼吸之比率

1. 單人施救

　　連續按壓 30 次，再接 2 次人工呼吸，每次吹氣約 1 秒，每分鐘按壓 100~120 次。

2. 雙人施救
   (1) 成人以 30:2 的比率進行心外按壓及人工呼吸，每 2 分鐘更換一次按壓者，疲倦時可提早更換。
   (2) 兒童及嬰兒以 15:2 的比率進行心外按壓及人工呼吸。

3. 一般 CPR 在做完第 1 分鐘後一定要檢查脈搏，以後每 5 分鐘檢查一次。

★ AED（Automated External Defibrillator，稱為「自動體外心臟電擊去顫器」）

　　目擊成人心臟停止且可立即使用 AED 時，盡速使用去顫器是適當的做法。若成人在無人觀察下發生心臟停止或無法立即使用 AED，在取得去顫器設備以供使用期間，先開始 CPR 是適當的做法，且若適合實行去顫，應在裝置就緒時盡速進行。

★ 有效急救的依據

1. 膚色變紅潤。
2. 瞳孔收縮，會眨眼。
3. 能自動呼吸。
4. 出現吞嚥反射。
5. 四肢活動度增加。
6. 動脈脈動改善。

附註：CPR 過程中，患者如有嘔吐，應先將其頭部轉向一側，並清除口中嘔吐物再續 CPR。盡速送醫！

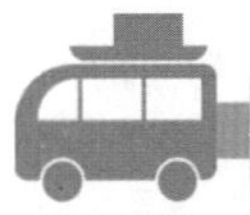

9-3 呼吸道異物梗塞

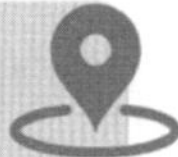

1. 呼吸道異物梗塞

狀況	原因
呼吸道異物梗塞	通常是因吞嚥，導致咽喉或氣管堵塞住。
	成人→咀嚼不完全或狼吞虎嚥。
	兒童→小物品放嘴。
	血液裡酒精濃度過高使協助吞嚥的神經反射遲鈍。
	戴假牙的人不易感覺食物大小而誤吞大塊食物。
	愛邊吃邊玩，邊玩邊吃。

2. 異物梗塞預防

狀況	內容
異物梗塞預防	細嚼慢嚥，有假牙的人更須注意。
	吃東西時勿談話說笑。
	打噴嚏時先吐出口中食物。
	在進食前，不要喝過量的酒。
	幼兒在玩耍奔跑時，避免將食物放進口中。
	硬的糖果、銅板、豆子等易造成異物梗塞的物品，應放在幼兒不易取之處。

3. 梗塞現象

狀況	內容
部分梗塞	病人能咳嗽（表示有氣體交換），或呼吸時可聽到雜音。
完全梗塞	病人不能出聲，只是用手握住喉嚨，頸部和臉部肌肉緊繃，呼吸時用很大的肌肉力量，鼻孔外張，發紺，意識不清或微弱而無效的咳嗽。

4. 哈姆立克急救法又稱腹戳法：異物梗塞處理法

1974 年，美國哈姆立克醫師發明了哈姆立克急救法，主要的原理為將橫膈膜往上快速擠壓，使肺內空氣往上衝而將異物排出，哈姆立克法施行流程：

患者情況	動作	說明
意識沒有喪失 氣道部分阻塞	鼓勵患者咳嗽，觀察是否演變成完全阻塞。	此時患者應仍可以呼吸、咳嗽或說話。
意識沒有喪失 氣道完全阻塞	站在患者背後腳成弓箭步，前腳置於患者雙腳間一手測量肚臍與胸窩，另一手握拳虎口向內置於肚臍上方，遠離劍突測量的手再握住另一手，兩手環抱患者腰部，往內往上擠按，直到氣道阻塞解除或意識昏迷當雙手無法環抱患者或患者為孕婦時，擠按的部位移至胸骨心臟按摩處。	氣道完全阻塞的現象是患者無法呼吸、咳嗽或說話，此時通常患者兩手按在喉部，臉部潮紅，睜大雙眼。兩手應置於患者雙手內側每次擠按都要注意是否已有阻塞解除的現象（嘔吐、咳嗽或講話）注意是否患者已呈現昏迷， 若昏迷應以兩手肘往上頂住患者腋下，靠在施救者的身上，再令其安全的往後躺下。
意識喪失 氣道阻塞	求救施行心肺復甦術流程。	每當施行人工呼吸之前都要檢查是否口中有異物，若有就要以手指清除。

(1) 實施腹戳法時要注意患者是否已呈現昏迷，若昏迷應以兩手往上頂住患者腋下，靠在施救者身上，使其安全的往後躺下。記得求救並實施平躺式腹戳法。

(2) 當發現嬰兒患者有異物梗塞症狀，不能哭、不能咳嗽或呼吸時，立即高聲求援；施行背擊法 5 次、施行胸戳法 5 次。

(3) 已昏迷時：檢查呼吸道人工呼吸→施行 5 次背擊法→施行 5 次胸戳法，察看咽喉有無異物若仍阻塞，再施行背擊法→胸戳法→清除可見異物→人工呼吸。

5. 海氏法：找有椅背的椅子或腹部靠著桌緣，做擠壓的動作。

9-3-1 心肺復甦術的注意事項

1. 暢通呼吸道方法由抬頸法改為壓額推下腭法，取代從頸後抬起可避免對頸部或背部受傷的人造成第二次傷害，將傷害減到最小，且推下腭會使舌根更容易離開咽喉，更可暢通呼吸道。

2. 心跳停止卻有呼吸的情形，當心臟停止跳動時，血液即不再循環全身，中止了細胞中氧氣的獲得，臟器因缺氧而衰弱，導致呼吸系統停止作用不再呼吸。然而卻可能有心跳而無呼吸，在這種情形下，就必須以人工呼吸來急救。

3. 對嬰兒壓胸時，必須裸其胸，對嬰兒施行 CPR 時，裸胸可讓施救者迅速找出胸外按摩時手指正確的放置部位，但在為嬰兒做 CPR 時，必須注意到保持嬰兒的體溫。

4. 為嬰兒患者施行 CPR，最好讓嬰兒平躺在一平坦、堅硬的平面上，且保持嬰兒頭部後仰的姿勢。

5. 如果在施行胸外按摩時，聽到骨折的聲音時，不必中止，應迅速檢討按壓的位置及下壓的深度是否合適，因有時候你聽到的骨折聲，不是骨骼折斷的聲音，而是肋骨自胸骨分離而造成的聲音（有點像摺動指關節的聲音）。如果患者無脈搏，則繼續施行 CPR。

6. CPR 只有在確定患者已無呼吸和無脈搏時才施行，因此在施行 CPR 之前患者生命已垂危。施行 CPR 的目的在使腦部得到帶氧血，而延續生命直到醫療救護人員到達。

7. 如果施救一溺水患者，開始施行 CPR 之前，不需要先讓肺中的水流出，如果患者沒有呼吸和心跳，應立即開始施行 CPR，患者肺中的一些水不會影響施行 CPR。

8. 溺水時，水會進入肺部。溺水分成兩種。第一種是乾溺，溺水者因喉部痙攣而閉鎖，或是進水量不多已被吸收，致肺中並無顯著進水；第二種是濕溺，溺水者吸入大量水，並殘留肺中。

9. 農藥中毒時，呼吸停止之患者，要備有甦醒口罩（口袋型單向面罩）可行口對口人工呼吸；若沒有保護工具或代用品，可進行單純按壓。

10. 施行 CPR 後，如果患者發生嘔吐時，將患者的頭和身體轉向一側，以免嗆到。

11. 以下為終止施行 CPR 的情況：
    (1) 患者已恢復自發性呼吸與心跳。
    (2) 有第二位合格的急救員來接替和執行心肺復甦術。
    (3) 急救者精疲力竭無法繼續施行。
    (4) 直到 AED 已拿到現場且已準備就緒、緊急醫療服務實施人員接手患者的照護，或患者開始移動。

(5) 已抵達醫院或急救中心，並由醫療救護人員接手。

(6) 醫師宣布死亡。

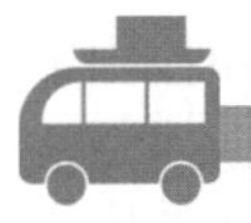

9-4 燒燙傷處理

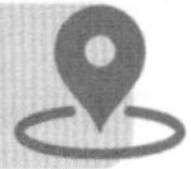

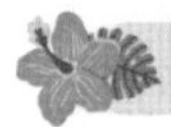

9-4-1 燒燙傷分級表

	外觀	知覺	過程
第一度	輕度至重度的紅斑、皮膚受壓變蒼白、皮膚乾燥、細小且薄的水泡。	疼痛、感覺過敏、麻辣感，冷可以緩和疼痛。	不適會持續 48 小時，3~7 日內脫皮。
第二度	大且厚層的水泡蓋住廣泛的區域。水腫、斑駁紅色的底層、上皮有破損、表面上潮濕發亮、會滴水。	疼痛、感覺過敏、對冷空氣會敏感，二度燒燙傷面積占身體面積 20%以上為重度燙傷。	表淺的部分皮層燒傷在 10~14 日內癒合，深部的部分皮層。皮膚燒傷需要 21~28 日，癒合的速度根據燒傷深度與是否有感染的存在而不同。
第三度	不同變化，如深紅色、黑色、白色、棕色、乾燥表面及水腫。脂肪露出、組織潰壞。	幾乎不痛、麻木的三度燒燙傷面積占身體面積 20%以上為重度燙傷。	全層皮膚壞死，2、3 週後化膿且液化，不可能自然癒合，瘢痕引起畸形或失去功能，在焦痂下面，微血管叢生合成纖細胞。

1. 設法除去引發燒燙傷的原因（如：熱、冷、電擊、腐蝕性物質等）。
2. 未破皮的燒燙傷口，盡快施以沖、脫、泡、蓋、送等處理。
   (1) 沖：以流動的清水沖洗傷口，完全不痛後才能停止，若無法沖洗傷口，用冷敷。
   (2) 脫：在水中小心除去或剪開衣物。
   (3) 泡：冷水持續浸泡 15~30 分鐘。
   (4) 蓋：燒燙傷部位覆蓋乾淨布巾。
   (5) 送：趕緊送醫院急救、治療。

3. 受化學藥品灼傷時，要用大量的清水沖洗傷處，把化學藥品沖淡或沖掉。
4. 腐蝕性化學物灼傷眼睛或皮膚時，要將傷側朝下，用大量清水慢慢沖洗處理至少15~30分鐘，避免患者揉眼睛，再用敷料包紮後送醫。
5. 有水泡的燒燙傷口，不可弄破，以防感染。
6. 勿於灼傷處塗抹漿糊、沙拉油、牙膏、消炎粉等，以防傷口感染導致惡化。

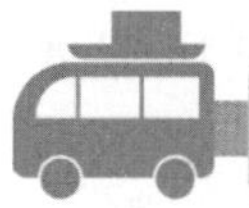

9-5 緊急出血

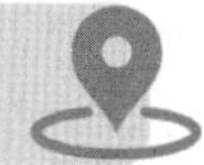

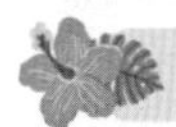

9-5-1 出血的原因與種類

動脈出血	1. 傷口作噴出狀且連續噴射、呈鮮紅色、出血迅速而且大量，甚至隨心跳呈斷續噴射狀流出，故不易止血；此類出血危險，會導致休克或死亡，因此需立即急救。 2. 常見於創傷性斷肢或嚴重複雜性外傷，可能是車禍或強力撞擊。
靜脈出血	1. 傷口血流平穩呈暗紅色，出血也可能是大量的情況。 2. 常見於撕裂傷或切割，一般是重力拉扯、擦撞、利器切割傷。
微血管出血	1. 傷口出血緩緩流出，血流量少，一般患部可自行凝血而止血。 2. 一般微血管出血較沒有危險，但包紮不完善沒有保持其傷口清潔，仍會有感染蜂窩性組織炎之疑慮。
鼻子出血	冰毛巾敷患者額頭，頭前傾，用手指壓迫鼻翼兩旁的血管動脈，張口呼吸，若清況無改善，盡速就醫。
痔瘡出血	一般出國旅遊因時差、睡眠、飲食及飲用水不正常，所以因排便造成痔瘡出血一定要緊急送醫，或許也有其他出血原因，要請專業醫師診斷。

9-5-2 止血法簡要說明

1. 直接加壓止血法：無論於何處發現的傷口均可用此法，以消毒紗布或敷料（或清潔的布塊）置於傷口上，然後以手掌或手指施壓，一般還配合抬高傷肢，使受傷部位高於心臟等，出血停止後，用繃帶或膠帶包紮固定，如一時找不著紗布或敷料，可用乾淨手帕或用手直接對傷口加壓。

2. 抬高患肢止血法：將傷肢或受傷部位高舉，使其超過心臟高度。（除非考慮有骨折的因素）通常與直接加壓止血法一起實行效果更佳。
3. 止血點止血法：對抗較大量的失血時，此法非常有效，此方法又稱為「間接加壓止血法」，因為我們加壓處為全身易觸摸到的「動脈點」，是將流經傷口處的主要動脈暫時壓住、以減少傷口的流血量。
4. 夾板固定法：使用夾板相互的壓迫力量達到止血的功效，同時亦可兼具骨折固定之良方，建議於肢端之出血時使用，使用時必須注意是否有過度壓迫之情形，並於一段時間後觀察是否有末端肢體不適之症狀。
5. 止血帶止血法：以有彈性的絲巾或是長狀物將止血點部位的肢體綁住，以達到制止血液流動的目的。
   (1) 止血帶的寬度要有 5 公分以上，可用三角巾、領帶等代替。
   (2) 止血帶要放在傷口上方（近心端）約 10 公分左右的地方，如傷口在關節或靠近關節，則應放在關節的上方（近心端）。
   (3) 使用止血帶的部位要露在衣物外面，並標明使用止血帶的日期、時間。
   (4) 即刻送醫，並密切注意傷者情況，每隔 15~20 分鐘，緩慢鬆開 15 秒左右，以免使傷肢缺氧壞死，造成殘廢。
   (5) 因為此法有引起末梢神經麻痺和血流障礙甚至肢體壞死的危險，如能用其他方法止血，就不要用此法止血。
   (6) 冰敷：於傷口附近使用急凍包或以毛巾包住冰塊以收縮血管的方式來達到止血的功效，但需注意是否會造成患者局部的凍傷。

9-6 經濟艙症候群、中風、休克

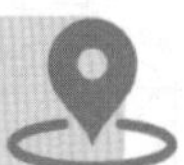

1. 經濟艙症候群(DVT)

★ 經濟艙症候群的定義

經濟艙症候群的醫學正式名稱為深度靜脈血栓(deep venous(vein) thrombosis)，又稱機艙症候群、旅行症候群。

(1) 由於長時間坐在狹窄的空間，缺乏活動，靜脈血液回流受阻，血液稠度增加，而引起血液回流不順暢，造成靜脈血管內出現微小血栓。

(2) 由大腿部位，然後漸漸擴至心肺部位。一旦站起來，血栓到達肺部，引起呼吸困難、胸痛，嚴重時會陷入虛脫，甚至猝死。

(3) 除了搭乘飛機外，長途坐火車、坐巴士或久坐看電視、久坐打牌，若突然起身，也可能會出現上述症狀。

★ 經濟艙症候群的預防

(1) 長途搭車或久坐，應適時起身活動，做簡易的活動、健身操等，活動筋骨，減輕身體的僵硬，減輕腿部血液循環不良，最好能每隔 2 小時站起來活動筋骨。

(2) 由於飛機內的含氧量較低，做深呼吸運動有助於將足夠的氧氣輸入血液中。

(3) 也有專家研究，搭乘前服用阿斯匹靈可降低靜脈血小板凝集之現象，進而降低靜脈血栓的發生。

★ 預防經濟艙症候群的健身操

(1) 全身活動：小腳、大腿、雙手、前臂、頸部、肩膀、臀部，先縮緊 5 秒，再放鬆 5 秒，重複做幾分鐘。

(2) 聳肩運動：雙肩上下做聳肩運動及向前、向後做肩環繞運動。

(3) 頭頸運動：頭部緩緩地做向前、向後運動，及向上、向右繞圈運動。

(4) 肢體運動：上半身向左、向右做轉身運動。

(5) 手部運動：高舉右手，盡量向上舉；再換左手做重複動作。

(6) 腿部運動：小腿上下伸腿運動，活絡膝蓋。

2. 中風

★ 中風的定義

是一種急症，主要是因腦部的血流受阻，導致無法供應腦部氧氣的需求，這可能因血栓或栓塞所造成的缺血（缺乏血液供應）也被稱為腦血管意外，因出血若不即時接受有效的醫治，將會殘留中至重度殘障。

★ 腦中風的類型

腦梗塞、腦出血、暫時性腦缺血發作。

★ 中風的症狀

(1) 嘴歪眼斜、一側或兩側肢體無力、麻木、抽搐。

(2) 意識模糊甚至昏迷、言語不清、溝通困難。

(3) 吞嚥困難、流口水、眩暈、嘔吐、頭痛。

(4) 步態不穩、大小便失禁。

(5) 視力障礙（複視、視力模糊不清、視野缺失）。

(6) 精神上的改變：情緒冷漠、躁動不安、記憶喪失。

★ 急救方法

(1) 中風發作之 24 小時內稱之為急性期，須通知緊急送往醫院。

(2) 就醫前須保持鎮定，將麻痺的那一側朝上橫臥，以免嘔吐嗆到導致吸入性肺炎，應避免餵食任何食物。

(3) 解開緊身衣物，如皮帶、胸罩、領帶等，助病患呼吸。

(4) 切記！勿立即給予降血壓藥物。

3. 休克

★ 休克的定義

為任何組織引起的組織灌流量不足，休克狀態的臨床表現為組織灌流量不足引起各種器官功能異常的結果，其表現各有不同乃取決於不同病因及嚴重度之差異。

★ 休克的種類

低血量性、心因性、敗血性、過敏性、神經性休克。

★ 休克原因

(1) 大量出血－嚴重外傷、腸胃出血、內出血。

(2) 體液流失－大量嘔吐、嚴重下痢、脫水。

(3) 燒傷、燙傷－嚴重失溫。

★ 休克症狀

(1) 膚色蒼白、四肢冰冷。

(2) 脈搏快而弱。

(3) 呼吸快而淺。

(4) 傷患會自覺口渴。

(5) 意識清醒，但若未處理可能意識喪失或死亡。

★ 急救方法

(1) 讓傷患平躺，頭傾向一側，下肢抬高 20~30 公分。

(2) 外傷者須加以止血，不可抬高下肢。

(3) 控制休克原因：出血時止血，骨折時固定，脫水時補充鹽水或運動飲料，意識不清的外傷者，如有手術必要時，須禁食。

(4) 蓋毛毯保暖，但勿使患者過熱。

(5) 如有呼吸困難或意識漸喪失者採用復甦姿勢。

(6) 如患者呼吸及心跳停止時，立刻以 CPR 進行施救。

(7) 迅速送醫。

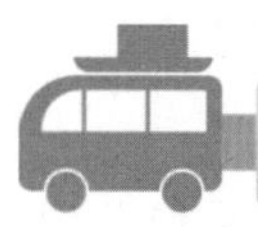

9-7 其他重要症狀急救

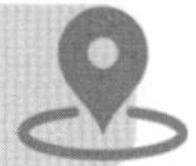

1. 心肌梗塞定義：心肌梗塞是指心臟的冠狀動脈血管阻塞，使供應心臟肌肉的血液和氧氣中斷，造成心肌受損甚至壞死，使得心臟收縮功能變差，容易造成心臟衰竭之變化，心臟缺氧導致血液凝固，血液無法將氧氣輸送至腦部，就會造成腦死。

心肌梗塞症狀	1. 初期出現的小症狀，如血壓、體重上升，或是眩暈、心悸很容易被忽略，出現胸痛、胸悶、心絞痛、呼吸不順暢、上腹痛、下巴疼。 2. 合併冒冷汗、頭暈、噁心、左上臂麻木等症狀，即可能為急性心肌梗塞的前兆。
急救方法	1. 搶救的黃金時間只有 30 秒，持續呼叫患者的名字，讓患者保持清醒，絕對別讓他睡著，迅速就醫。 2. 有心臟史出現胸痛徵狀，含舌下硝化甘油無效時，迅速就醫。

2. 凍傷定義：凍傷是由於寒冷潮濕作用引起的人體局部或全身損傷。輕時可造成皮膚過性損傷，要及時救治；重時可致永久性功能障礙，需進行專業救治。嚴重時可危及生命，需緊急搶救。

凍傷症狀	凍傷泛指因低溫而引起的局部身體傷害，凍傷時膚色呈潮紅，然後發白或變灰黃色、起水泡處會冰冷且麻木疼痛。
急救方法	1. 傷處的初始症狀（凍僵 Frostnip）是刺痛，接著是麻木僵硬，患者呈現蒼白顏色，此時如加以回溫，可完全復原。 2. 不要摩擦凍傷部位，宜在凍傷部位加蓋衣物後立即就醫。

3. 抽筋定義：俗稱抽搐，人類身體肌肉系統常見的收縮現象，一般旅遊會發生在腳部上，需要作一些緊急處置。

腳抽筋症狀	運動或大量的排汗後，未能適時的補充水分和電解質，導致體內的電解質不平衡，而發生抽筋。
改善方法	抽筋發生時，先將腳緩緩伸直後，讓腳掌朝上，腳底慢慢用力，並將腳板往身體方向輕推，向前伸展，按摩抽筋的肌肉且需適時補充電解質和水來改善。

4. 打嗝定義：是由於橫隔肌出現陣發性和痙攣性收縮而引起的，會出現暫時性的呃逆。

打嗝症狀	打嗝則是由於橫膈膜受到刺激而導致。
改善打嗝的方法	1. 呼吸法：先深吸一口氣後憋住，再慢慢將氣吐出，反覆的做數次，藉由調整呼吸來改善打嗝的情形。 2. 塑膠袋呼吸法：取一塑膠袋套住口、鼻，反覆地呼吸袋內的空氣，藉由袋內的二氧化碳來改善打嗝。 3. 壓迫法：用手指壓迫在上眼瞼及眼窩之間。

5. 發燒定義：可能與嚴重流感具有相關性的基礎性疾病，如肥胖症、高血壓、高脂血症以及胃腸道疾病。

一般發燒	1. 37.5 度以上，應多喝水、休息。 2. 38 度以上即給於冰枕使用，多喝開水，送醫治療。 3. 39 度以上或生命徵象異常，應立即送醫治療。
急救方法	1. 如在野外突然發生發燒的情形時，可準備酒精、水和毛巾來進行酒精擦拭浴法，藉由酒精的蒸發來達到散熱的效果。 2. 先以一碗酒精加兩碗的水的比例準備一臉盆的水以後，用毛巾沾濕，用輕輕拍打的方法擦拭全身，不可用力擦拭以導致身體產熱。

6. 氣喘的定義：又稱哮喘，是一種呼吸道疾病，屬於慢性疾病。發作時可導致患者呼吸困難，嚴重時可能導致窒息。根據醫學上對氣喘診治的定義，長期的呼吸道慢性發炎反應就是典型的氣喘。

氣喘症狀	呼吸困難、哮吼聲、胸悶、咳嗽。
急救方法	1. 若有攜帶藥物在身邊，依指示使用氣管擴張噴霧劑，及服用氣喘藥、給氧氣。 2. 保持空氣流通，採半坐臥，若未改善立即就醫。

7. 動暈症定義：乘車、坐船或搭飛機，有人會暈車、暈船、暈機的困擾，這種身體上的不適，醫學上稱作「動暈症」。

動暈症症狀	動暈症的發生，是由於在車、船、飛機行進中，人體掌控平衡的中耳所接觸到的訊息，和來自眼睛的訊息相互衝突所致。
減緩方法	1. 行前 24 小時避免吃大餐，出發前兩小時也不宜吃太飽。 2. 為了在旅途中保持體力，不妨少吃多餐，吃些容易消化的澱粉類食物，如餅乾、麵包以及罐頭水果。 3. 如果要吃藥以預防動暈症，至少要在啟程前一小時服藥。 4. 在車、船、飛機行進中，不要閱讀書報雜誌。 5. 搭機或坐船時，宜坐在中段靠近機翼的位置；乘車則應坐前座，眼睛注視前方的地平線。放慢車行速度或自己開車，也都能避免暈車。

8. 高山症定義：高山症，或稱高山反應、高原反應，是人體在高海拔狀態由於氧氣濃度降低而出現的急性病理變化表現。它通常出現在海拔 2,500 公尺以上。

高山症症狀	1. 高山症是在低壓、缺氧的高山環境裡，所產生的病狀，包括急性高山病、高山肺水腫、高山腦水腫等。 2. 超過 2,500 公尺的高度即可發生高山肺水腫，超過 2,750 公尺的高度即可發生高山腦水腫；急性高山病則是到 3,000 公尺以上高山旅遊常見的病況。 3. 通常在上升數小時至數天內發生，一般而言，上升的速度越快、上升的高度越高、在高海拔停留的時間越長、上升時體力消耗得越多、以及個人的身體狀況越差時，越容易發生。 4. 產生高山症主要是缺氧所致，以 4,000 公尺高度而言，其氧氣濃度約為平地的 60%。
高山症的預防	1. 高度上升原則：預防勝於治療，緩慢上升，讓身體有足夠的時間去適應高度的變化，是預防高山症最重要的準則。 2. 一般預防原則：包括攜帶氧氣筒（瓶）或攜帶加壓袋、避免劇烈的活動、保溫、不要吸菸、不要喝酒及服用鎮靜劑、吃高碳水化合物、避免吃會產生氣體的食物（如豆類或碳酸飲料），飲食的量維持正常，都可減輕或避免高山症的發生。

9. 蜂群攻擊、昆蟲咬傷

預防蜂群攻擊、昆蟲咬傷	1. 預防蜂群攻擊，勿隨意侵犯。 2. 發現蜂窩，勿故意揮動或侵擾之，有蜂隻在周圍徘徊不去時，應小心注意，可能附近有蜂巢，最好循原路退回，不可再深入免遭受攻擊。 3. 遇蜂群攻擊，最正確的反應以衣物覆蓋身體外露處、立即趴下。 4. 進入山區密林，先以酒精、煤油、樟腦油、食鹽等塗抹在皮膚及衣褲上，以遏止螞蝗侵入。 5. 除小心避免受傷外，也應備有急救包及急救常識。 6. 遊客宜穿著素色的長袖、長褲服裝，勿配戴閃爍光亮裝飾物品。
急救方法	1. 如遇螞蝗吸血，宜用鹽、酒精、汽油或肥皂塗於患處或用竹片、刀片、菸頭燻燒使其脫落，最後則用力將血擠出，以消毒藥品敷貼傷口。 2. 被昆蟲或動物咬傷後，宜使用肥皂清洗傷口，用水沖洗患處、讓傷口分泌物流出，減少分泌液殘留，並使用止血帶固定傷口以避免流血。 3. 若有小蚊蟲飛入眼睛，宜： (1) 閉眼稍待異物被淚水沖出。 (2) 把手洗淨，翻開上眼瞼，用乾淨手帕將異物輕輕沾出。 (3) 若異物埋入眼球，應覆蓋無菌紗布，盡速送醫。

10. 中毒定義：任何含有毒素的固體、液體、氣體物質，可能經由食入、吸入、注射或皮膚接觸，而進入人體，破壞人體組織，損害健康甚至造成死亡。

(1) 氣體中毒

症狀	頭昏、臉色發白、不省人事。
急救方法	1. 打開門窗，把病人搬到空氣流通的地方。 2. 如果病患沒有呼吸，給予口對口人工呼吸；假如沒有脈搏跳動，則施予心肺復甦術，並保持體溫。 3. 通知救護車或相關人員，迅速就醫。

(2) 毒蛇咬傷

症狀	1. 出血性毒蛇：傷口灼痛、局部腫脹並擴散、起水泡、淤斑、紫斑、漿液血由傷口滲出、皮膚或皮下組織壞死、噁心、發燒、嘔吐、血痰、七孔流血、瞳孔縮小、血尿、低血壓、抽搐、痙攣。 2. 神經性毒蛇：傷口疼痛、局部腫脹、嗜睡、運動神經失調、眼瞼下垂、瞳孔散大、局部無力、腭咽麻痺、口吃、垂涎、噁心、嘔吐、昏迷、呼吸困難、呼吸衰竭。
急救方法	1. 保持鎮靜，避免亂動肢體，記清楚被咬傷的時間，慌亂及緊張易加速蛇毒的吸收。 2. 盡可能觀察並認清蛇的形狀、顏色及其他特徵。 3. 移除肢體上的束縛物，包括戒指、手環等，避免肢體腫脹後，使肢體的傷害加重。 4. 患肢保持低於心臟之位置，以夾板或護木固定患肢使其不能亂動。 5. 特別是神經毒蛇咬傷，盡快以具彈性的衣料等，在心臟及傷口之間給予壓迫性包紮，不要束太緊，須要容許手指頭伸入的空間且維持血流暢通。 6. 盡速就醫是最重要的初步處理步驟，迅速就醫。

(3) 食物中毒

中毒種類	說明及急救方法
原因	1. 自然性的中毒：食入含有毒素的河豚、貝類、蕈類等。 2. 細菌性的中毒：如葡萄球菌中毒、肉毒桿菌中毒、沙門氏菌中毒等。
急救方法	1. 患者如清醒，可補充大量水分或生理食鹽水、保暖，以預防休克。 2. 保存剩餘食品、容器，患者之嘔吐物、排泄物，供醫師做鑑別診斷。 3. 若中毒昏迷，但仍能正常呼吸，則採取復甦姿勢。 4. 如呼吸、心跳都停止，立即給予心肺復甦術。 5. 迅速就醫。

(4) 植物中毒

原因	1. 有些植物可能引起誤聞及接觸性過敏反應，或因誤食而中毒。 2. 如毒常春藤、姑婆芋、尖尾芋、刺茄、咬人貓、咬人狗等。
急救方法	1. 用肥皂水和清水盡快沖洗接觸處，反覆多次塗肥皂和用水洗刷。 2. 如果癢或灼熱用肥皂和清水輕輕洗滌，後塗上酒精。 3. 如果起水泡請醫師診治。

(5) 腐蝕性毒物中毒

二大類	1. 鹼性腐蝕劑：氨水、漂白水等。 2. 酸性腐蝕性：鹽酸、硫酸、硝酸等。
急救方法	1. 不可洗胃、催吐或使用活性碳。 2. 維持呼吸道通暢。 3. 預防及處理休克。 4. 攜帶殘餘物品、容器迅速送醫。

(6) 藥物中毒

原因	因誤服或藥物成癮所致，藥物成癮包括自行服食、注射或吸入藥物往往可在成癮者前臂內側近手肘處發現許多針孔。
急救方法	攜帶殘餘物品、容器迅速送醫。

(7) 一氧化碳中毒

原因	1. 一氧化碳是無色、無味、無臭的氣體，因燃料燃燒不完全所造成的，一氧化碳和紅血球的血紅素會結合而影響血液的攜氧量造成中毒。 2. 在密不通風的車庫汽車裡引擎開動著，很快便會排出致人於死的一氧化碳。 3. 浴室瓦斯爐或熱水器漏氣，都是毒氣來源，通風不良的屋子會有中毒危險。
急救方法	1. 打開窗戶、門等使其通風，切記不可有任何有火花及火種產生。 2. 迅速就醫。

11. 骨折的定義：是指身體骨頭因為直接或間接的外力造成碎裂或變形。

★ 骨折的分類

(1) 開放性骨折：是指傷口自皮膚表面一直深入至折斷之骨骼處，或是斷骨末端刺穿皮膚暴露於外，又稱之為複雜性骨折。

(2) 閉鎖性骨折是指骨折部位外表的皮膚完整，亦即骨頭未穿過皮膚，又稱之為單純骨折。

(3) 骨折尚可依骨膜均斷裂，稱之為完全骨折；當骨折線只通過部分的骨骼，亦即骨骼的連續性未完全斷裂，稱之為不完全骨折。

(4) 完全骨折與不完全骨折又可因骨折線之特性分為線狀骨折、斜行骨折、螺旋骨折、橫斷骨折、崁入骨折、粉碎性骨折。

★ 骨折的症狀與徵象

(1) 聽到或感覺到骨頭斷了的聲音。

(2) 傷者會指出疼痛與壓痛的部位，而且受傷處移動困難。

(3) 傷者可能會主訴有斷骨相互摩擦的感覺。

(4) 傷者會主訴身體某些部位的位置有不正常的移動。

(5) 其他尚有許骨折的症狀會以不同的組合合併出現。如畸形、腫脹、瘀血、肌肉痙攣、壓痛、疼痛、麻木、喪失正常功能、異常性運動、骨擦音、休克。

★ 骨折急救處理原則

急救處理的重點為固定傷處、防止移動，原則包括：

(1) 不可做出任何會危害傷者，或超越自己能力的舉動，例如不要嘗試著把骨折處復位。

(2) 若非絕對需要勿移動傷者。

(3) 若懷疑有骨折但不是很明顯，仍應視為骨折來處理。

(4) 在處理骨折前應先處理呼吸困難，大出血或意識喪失等情況。

(5) 開放性骨折，除處理骨折處外，還需注意其他有無創傷。

(6) 使用夾板固定骨折處時，若為開放性骨折時應先將傷口包紮好，且不得以手碰觸暴露於傷口外的骨折或使之復位。

(7) 如必須移動傷者送醫求治時，應先用夾板固定受傷部位。在使用夾板時需謹慎小心，以確保其不會造成額外的損傷。

(8) 不影響肢體骨骼排列的情況下，盡量協助傷者將受傷肢體抬高，一方面可促進血液回流減輕腫脹情形，一方面可以控制出血。

(9) 迅速聯絡救護車送往醫院處理。

12. 脫臼的定義：臼是指關節處的骨骼移位，而且關節與關節面亦失去連繫。

★ 脫臼的症狀

(1) 通常發生於關節處遭到強而有力的直接撞擊，或骨骼發生異常扭轉而產生間接之壓力時。

(2) 肌肉突然收縮也可能引起脫臼，最常發生脫臼的關節為肩、肘、拇指、手指與下腭。脫臼後若無適當的處理，往後可能會造成該關節產生習慣性之脫臼。

(3) 脫臼時傷者會主訴疼痛、受傷關節無法移動，若做活動則會使疼痛加劇，關節處會有腫脹、畸形、瘀血等情形出現。

(4) 有時脫臼的症狀與骨折相似因而難以區分，這時應視其骨折處理之。

★ 急救處理

(1) 當產生脫臼的現象時，施救者不企圖將變形的關節恢復原狀，而應使用三角巾或繃帶將受傷關節加以固定。

(2) 除下頷與肩外，可將受傷處抬高並以冰敷，一方面可減緩血液回流減輕腫脹，另一方面亦可使得疼痛得以控制，聯絡送醫，仔細檢查有無其他組織的損傷。

13. 扭傷的定義：當關節附近的韌帶纖維或其附屬組織突然遭到扭曲，或撕裂時稱之為扭傷。

★ 扭傷的症狀

(1) 活動的範圍超出正常，如走路或跑步時，腳部突然向內或外翻轉，就可能引起足踝、指、腕、膝之扭傷。

(2) 扭傷可能會造成下列症狀：腫脹、壓痛、活動時疼痛加劇、瘀血。

★ 扭傷的處理

(1) 休息與固定主要原則，將受傷部位抬高，予以冰敷以減輕疼痛與腫脹。

(2) 另可以貼布包紮使受傷部位不再受進一步之傷害，或以彈性繃帶包紮固定關節保護韌帶。

(3) 第三天後可用水療法，促進消腫，並繼續固定患部。一週左右即可復原。

(4) 若屬嚴重的扭傷，指韌帶斷裂一半或完全斷裂，有疼痛、腫脹、關節血症、甚至關節搖動不能固定的情況，應立即小心送醫診治。

14. 溺水的定義：在水中，因吸入水分，或因喉頭痙攣，使呼吸道阻塞，而產生的一種窒息現象。

★ 溺水的處理

(1) 不論何種原因使得呼吸停止，組織與細胞均無法獲得充分的氧氣，會迅速造成缺氧性壞死，如大腦之神經細胞於缺氧後 3 分鐘即會壞死，必須立即處理。

(2) 當發現溺水者時，應立即將溺水者拖離水中。

(3) 在拖離過程中即應迅速清除溺水者口中之堵塞物，立即給予人工呼吸施救。

(4) 即使在水中，為了即時施救亦應開始施行人工呼吸。

(5) 若溺者可自行呼吸，心跳亦存在，但腹部隆起顯示喝水過多，讓溺者俯臥在有斜坡的地面，上腹部墊高頭朝下，或將其放在施救者的大腿上，擠壓其背部，而將吞入之水吐出來。

15. 各種熱急症須知

	熱痙攣	熱衰竭	傳統型中暑	運動型中暑
定義	因暴露在熱的環境中，水分與鹽分流失，造成的肌肉痙攣。	在熱環境中，體內水分與鹽分流失過多，身體的循環系統無法維持正常的功能時，呈休克的狀態。	因為長時間陽光曝曬，或處在高溫的環境中，體溫調節機轉失去作用，可能會危及生命。	
皮膚	濕熱、潮紅、流汗多、抽筋。	濕冷、蒼白。	乾熱、膚色斑駁、流汗不多。	濕熱、潮紅、流汗多。
中樞神經系統	清醒。	精疲力竭、虛弱無力、頭暈、頭痛、躁動。	暈厥、昏迷、癲癇發作、失序、暴躁。	同左。
中心體溫	一般。	低於 40.6 ℃（正常到 38 ℃間）。	超過 40 ℃。	同左。

★ 預防方法

(1) 避免於豔陽下長期從事戶外活動，或滯留於密不通風的空間內太久。

(2) 定期補充水分，必要時補充含電解質之運動飲料。

(3) 若感不適，應立即至陰涼處休息。

(4) 避免將老人或小孩單獨留置無空調之家中或車上。

★ 處置方法

(1) 將病患移至陰涼處，採平躺姿勢休息。

(2) 解開緊束的衣物，讓病患休息。
(3) 給病患喝水或含電解質之運動飲料（如有嘔吐情形則避免給予）。
(4) 對於意識不清之患者，應盡速找專業人士求救，並維持其呼吸道通暢。

★ 各種熱急症之處置原則

(1) 將病患帶離開熱源，解開緊束的衣物，用風扇或開大空調予以降溫。
(2) 若病患意識清楚，可每 15 分鐘給予半杯水喝（如嘔吐則避免給予）。
(3) 若病患意識不清，則施予生理食鹽水或林格氏液緩慢靜脈滴注。
(4) 維持呼吸道通暢，必要時給予氧氣。
(5) 以冰袋放置於病患頸部、腋下及鼠蹊部，予以降溫。
(6) 若病患產生休克症狀，以休克處置方式處置。

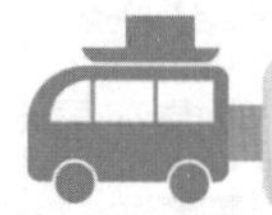

9-8 旅遊保健

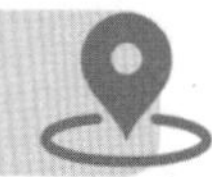

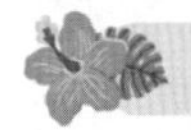

9-8-1 國際傳染病疫情等級，提供國人出國目的地的傳染病風險

疫情等級	旅遊風險	建議預防措施
大規模流行	疫情有蔓延及擴大跡象。	除必要防護措施外，建議暫緩非必要性旅遊。
區域性流行	在某些地區，疫情有擴散之風險。	出發前及返國後，均應加強必要防護措施。
侷限性病例聚集	在部分地區風險相對增加。	針對疫情發生區域提醒注意，並採取必要防護措施。
散發病例報告	在一般防治措施下，無立即性風險。	留意疫情相關資訊，維持基本防護行為。

資料來源：衛生福利部疾病管制署

★ 健保分局申請費用核退

在國外（含大陸地區）遭受緊急危難，包括意外傷害、疾病、生產分娩等，在當地就醫者可於回國六個月內備齊下列文件，向投保轄區的健保分局申請費用核退：

1. 全民健康保險緊急傷病自墊醫療費用核退申請書。

2. 醫療費用收據正本及費用明細表。

3. 出院病歷摘要或診斷書（如為外文文件，除英文外應檢附中文翻譯）。

4. 當次出入境證明文件影本或服務單位出具之證明。

一般所謂的旅遊保險，範圍是針對旅行途中可能發生的各種狀況，排除自殺、戰爭變亂、職業性運動競賽與故意行為，所導致的一切意外死傷事故，可獲得保險公司的理賠。然而保險公司的保單內容往往複雜冗長，條款各家有所差異，在投保的時候務必要完全瞭解內容之後，再選擇最適合自己的保單。（行政院衛生福利部疾病管制署）

9-8-2 旅遊出發前

國際旅遊具有不同程度對健康造成危害的風險，主要和旅遊者以及旅行的內容有關。旅遊者除了自身的健康狀況以外，也常會遇到許多環境的變化，例如：高度、濕度、溫度改變、不同的飲食習慣、時差…等情況，令旅遊者的抵抗能力降低。此外如果目的地的公共衛生不佳、醫療資源不足，也會使得旅行者的健康受到危害，在出發前，要瞭解旅行相關的風險如：

1. 前往目的地，包含地理環境、氣候、當地的公共衛生條件。

2. 乾淨的飲水、當地的醫療資源、傳染性疾病的疫情。

3. 停留的時間與旅行的季節。

4. 旅遊者的行為模式。

5. 旅遊者本身的健康狀況。

在出發前至少 4~6 週向旅遊醫學門診或相關的醫療專家諮詢是否需要注射疫苗以及瘧疾預防性用藥。疫苗注射種類包括 A 型及 B 型肝炎、黃熱病（進入某些非洲和南美洲國家，是需要出示國際預防黃熱病注射證明書）、流行性腦脊髓膜炎（至沙烏地阿拉伯朝聖，需備國際預防接種證明書）等。如果需要注射預防疫苗，請在注射前告訴你的醫生是否對藥物或食物敏感。

特殊族群（慢性疾病、懷孕婦女、嬰兒與小孩等等），你應該在出發前先諮詢你的家庭醫生。若有經常服食的藥物，記得出發前放於手提行李內而非托運行李。記錄你常服用藥物的詳情，如：藥名（學名）、劑量、服用方式、以及病情摘要，可以向你的醫師索取。最好能多放一份在托運行李內，以防行李被偷竊或遺失。

9-8-3 飛航旅行的注意事項

飛機機艙內的環境可以令搭機旅客感覺到不同程度的不舒服，而生病的乘客更可能受到更大的影響。故此旅遊人士應防範於未然。

1. 艙壓相關的問題：當飛行於 11,000~12,200 公尺的高度時，機艙內的氣壓是相當於約海拔 1,800~2,400 公尺高度的大氣壓力。這樣的艙壓遠比位在海平面高度的大氣壓力為低，處於相對低氧的環境。一般身體健康的旅客都可以適應。
2. 噁心腹脹：機艙內的低氣壓會使腸道內的空氣膨脹，常會令人有噁心腹脹的感覺。旅客可以登機前及在機上減少食量和避免喝些含氣泡的飲料。
3. 鼻塞耳痛：當飛機起飛時，中耳內的空氣便會膨脹，由耳咽管流到鼻咽。但當降落時，因為要平衡壓力，空氣便要經耳咽管回流到中耳內。當中耳、鼻竇有感染、發炎、黏膜腫脹時，會因耳咽管阻塞，造成中耳內與機艙內的壓力不平衡而引起耳痛。嬰幼兒因為耳咽管的直徑較小而比成人更容易出現耳咽管阻塞、耳痛的情形。當飛機降落時給小孩一個奶嘴或糖果來吸吮，可以讓小孩中耳內氣壓平衡，減少耳痛。
4. 濕度：機艙中空氣的濕度比較低，約 10~20%；而一般家中的濕度多在 30%以上。乾燥的空氣會使得口腔、喉嚨、眼睛和皮膚乾澀。在飛機上吃些喉糖可以舒緩喉嚨乾澀的感覺，搽上乳液可以保持皮膚滋潤，盡量不要配戴隱形眼鏡而改戴一般眼鏡。
5. 暈機：很少人乘坐大型客機會有動暈症，反而小型飛機的乘客就會比較多些。預防的方式有：登機前 3 個小時盡量不進食，或在登機前 24 小時只進食三小餐，主要吃碳水化合物，選擇坐在中段機艙內的位置，或服用醫師開的止暈藥物，可以減低動暈的機會。
6. 糖尿病：糖尿病人應攜帶隨身的食糧，熟悉橫跨時區而須調整胰島素劑量的方法。
7. 癲癇症：乘坐飛機時，由於低氧濃度、不定時進食、時差都會增加發病機會。
8. 潛水者：為了減少發生減壓症的風險，潛水者應該避免在潛水後的 12 小時內搭飛機，或上升至海拔 600 公尺以上的高度。
9. 其他的飛航旅行的禁忌：
   (1) 小於兩天大的新生兒。
   (2) 懷孕 36 週以上（經產婦 32 週以上）。
   (3) 不穩定心絞痛。

(4) 最近有心肌梗塞或中風。

(5) 任何處於傳染性疾病的疾病活動期者，如：開放性結核病患。

(6) 思覺失調症尚未獲得良好控制者。

(7) 十分嚴重的慢性肺部疾病患者或者氣胸尚未恢復者。

10. 飛行時差(jet lag)

身體的自然節奏和睡眠週期受到擾亂而引起的症狀，通常在短時間內橫越多個時區所引發。由西飛向東所造成的飛行時差，比由東飛向西時嚴重，所需要復原的時間也較久。

★ 時差症狀：腸胃不適（食慾不振）、全身倦怠、白日精神不濟、夜晚難以入眠等。

甚至會影響工作和思維的表現。很多症狀往往合併有旅行本身帶來的疲倦感，這些症狀會隨者身體漸漸適應新的時區，而慢慢改善。

★ 時差預防

1. 出發前應有充足的休息，及避免睡眠不足。
2. 旅程少過 3 天時，應試著按出發地的時間表作息，而不是按目的地的作息時間。
3. 旅程超過 3 天以上，應立即依目的地的睡眠及用膳時間作息。
4. 抵達目的地後，白天時應多接受戶外陽光照射，可以減少時差的症狀。
5. 在飛行途中，盡量避免飲用過多的酒精和具有咖啡因的飲料。
6. 避免過量飲食，適時補充水分及限制過量酒精攝取亦有幫助。

9-8-4 旅遊返國後

1. 若您在旅途期間，有任何不明原因發燒或身體不適情形，或入境時如有嘔吐、腹瀉、腹痛、發燒、皮膚出疹、週期性發冷發熱等，請通知飛機服務人員或速洽機場檢疫人員協助；入境體溫測量如有發燒現象者，請依檢疫人員指示配合送醫診察、採檢或其他必要的檢疫防疫措施。
2. 如您回國後 10 日內有上述等症狀，您可能於國外旅行時罹患傳染病，請盡速就醫，並告知醫師旅遊地區、接觸史及經過情形以供診治之參考。
3. 請勿以隨身行李方式攜帶水產品入境，除乾燥、密閉罐裝或真空包裝且有商品標示者外，其他各種生鮮、冷藏、冷凍、鹽漬等水產品，均一律銷毀或退運。

4. 某些傳染病潛伏人體內達 6 個月以上，診斷時易忽略疾病與旅遊之關聯性，如有傳染病相關症狀出現，仍需告知醫師近期之旅遊史，協助醫師確定診斷。

9-8-5 預防由食物飲水傳染的傳染病

旅遊人士因為飲用受汙染的食物或飲水而生病。不潔的食物、水或生食都有可能會引起霍亂、痢疾、傷寒、腸病毒、A 型肝炎、小兒麻痺症、食物中毒等，而造成旅遊人士健康上的危害，所以民眾在旅遊時應該注意：

1. 進食前和如廁後一定要以肥皂洗手。
2. 只吃完全熟透的食物，避免進食未完全煮熟的海鮮，如：沙拉、生魚片、貝類。
3. 只飲用煮沸的水、或由信譽良好的公司製成的包裝完整的飲品。
4. 不飲用未經煮沸的生水、泉水、冰塊，要避免飲用加入來歷不明的冰塊的飲料。
5. 不要吃已去皮的水果和未經洗淨的蔬菜，不食用路邊攤販賣的食物。
6. 要使冷水變得安全可供飲用，把水煮沸後繼續加熱 1 分鐘，然後慢慢冷卻至室溫。

9-8-6 預防呼吸道感染

呼吸道感染是旅遊者常見的健康問題之一，傳染的途徑包括空氣及飛沫傳染的傳播方式。

1. 空氣傳播疾病包含：傳染性肺結核、麻疹、水痘等疾病。
2. 飛沫傳染的疾病則有：COVID-19、流感、百日咳、SARS、流行性腦脊髓膜炎等。

★ 預防方法

1. 戴口罩來遮蔽口、鼻之黏膜以預防飛沫傳染。
2. 不要吸菸，均衡飲食，適量運動以提升個人免疫力。
3. 避免前往擁擠和空氣不流通的場所。
4. 「呼吸道禮儀」也是避免疾病傳播的方式之一，當你在咳嗽或打噴嚏時應掩蓋口鼻，將分泌物用紙巾包好，然後棄置於垃圾桶內，之後以肥皂清洗雙手。
5. 我國為了維護大眾的健康及公共衛生，自 2007 年起實施「限制傳染性結核病人搭乘大眾航空器出國（境）」，規範傳染性肺結核個案，不得搭乘超過 8（含）小時之國際航程。
6. 傳染性之多重抗藥性(MDR)結核病患者不得搭乘無論時間長短之國際航程。

9-8-7 預防蚊蟲媒傳染的疾病

1. 避免在黃昏以後到黎明之間外出。
2. 外出時，穿淺色長袖、長褲衣物，身體裸露的部位可擦防蚊藥膏或噴防蚊液。
3. 住在有紗門、紗窗且衛生設備良好的房子。
4. 睡覺時使用蚊帳，檢查蚊帳是否有破洞，或噴殺蟲劑、點蚊香。

★ 防蚊藥品使用須知

1. 大部分防蚊藥品含有化學成分 DEET（待乙妥、敵避）。
2. 在下面情況下建議可使用較高濃度的 DEET：
   (1) 於較易流失防蚊液的條件下，例如：下雨、流汗或周遭溫度較高的地方。
   (2) 當到蚊蟲較密集的地方，如：沼澤地或美國阿拉斯加州。
   (3) 當到有病媒蚊傳染的國家：瘧疾、黃熱病、絲蟲病、病毒性腦炎。

9-8-8 探訪親友族群

探訪親友之族群（recent immigrants returning "Home" to visit friends and relatives，簡稱 VFRs），是指外來的移民，回到原來自己的家鄉，從事探訪親友的活動。這個族群，也包括了夫妻本身或他們在本地所生的小孩，在臺灣，這群小孩就是所謂的「新移民之子」或「新臺灣之子」。

據統計，在國外這些探訪親友之族群，比起一般旅遊民眾，相對有更高得到旅遊傳染病的機會。因為這族群較少在旅遊前諮詢專業醫師的意見。該族群很多人根本就認為自己是從當地來，早就對當地的傳染病具有免疫力，而輕忽了應該注意的事情，有的根本不打疫苗或不接受預防性投藥。

事實上，由於這些人是探訪親友，會比一般民眾停留在該地更長的時間，與當地人有較密切的接觸；有些人住宿於親友家中，較難控制食物與飲水的品質，或疏於做防蚊的措施。

探訪親友的族群(VFR)，旅行前應該注意以下事項：

1. 提供詳盡的疫苗史及疾病史，醫師可能不知道該族群本國的疫苗政策包含哪些疫苗。

2. 若基礎疫苗史不明確時，應當做缺乏這些疾病的免疫能力，補打例行性的常規疫苗。
3. 考慮抽血檢查 A 型肝炎、B 型肝炎及水痘抗體，因為這些病在大人身上，產生的症狀會比較嚴重，致死率也較高。
4. 即便來自瘧疾疫區，若回鄉探親時，仍應接受瘧疾的預防性投藥，及做好防蚊措施，尤其是小孩，可考慮使用蚊帳及含有 DEET 成分的防蚊液。

9-8-9 慢性病

慢性病患者，在規劃旅遊前，必須先諮詢您的醫師，以免增加旅遊風險。

1. 慢性病的種類
   (1) 心血管疾病。
   (2) 慢性肝炎。
   (3) 慢性呼吸道疾病。
   (4) 需要定期洗腎者。
   (5) 糖尿病。
   (6) 癲癇。
   (7) 接受免疫抑制藥物者或感染 HIV 者。
   (8) 過去有血栓疾病或凝血功能不良者。
   (9) 重度貧血。
   (10) 重度精神疾病。
   (11) 任何慢性疾病需長期治療的情況。
   (12) 剛接受完手術者。
2. 藥物方面
   (1) 隨身攜帶二份藥物，一份放身上，一份放行李，並附英文藥名，以備不時之需。
   (2) 需使用針劑者（例如需使用胰島素注射），可事先請醫師開立英文證明書，以備海關或安全人員檢查。
   (3) 旅遊期間仍應定時服藥，如有特殊狀況，應即時就醫。
   (4) 慢性病皆需要長期且穩定的控制，不可忽然停藥，所以出門需準備足夠常用藥物，可能的話應準備兩份，可請醫生開立慢性病連續處方箋並附機票影本，可一次領取兩個月份藥物，或自費購買另一份藥物，一份隨身攜帶，一份放託運行李，以防行李遺失造成無藥可吃，並可請醫師寫一份病歷摘要（如出國則用英文），說明病情及使用藥物之品名、用量、用法，隨身攜帶，以防急需之。

9-8-10 HIV（人類免疫缺乏病毒）

1. HIV 稱為「人類免疫缺乏病毒」，它是經由體液、血液、精液傳染之病毒，HIV 感染後會導致產生愛滋病。HIV 的感染途徑主要有兩種：
   (1) HIV 感染者發生無保護措施的各種性行為。
   (2) 或共用針頭而感染。

一旦感染，病毒會經由血液帶至全身，破壞人類免疫系統，因而使身體的免疫力下降。

2. AIDS（愛滋病）

當體內專職抵禦感染的細胞－CD_4^+，其數量因 HIV 病毒而降低到最低值時，便稱為「後天免疫缺乏症候群」，也就是一般的說法－AIDS(the acquired immunodeficiency syndrome)。此外，當 HIV 感染者產生特定的疾病時，也就是因免疫系統能力下降而發生伺機性感染（因免疫力減弱，而有「機會」發生感染）時，亦稱為 AIDS。

50~70%的 HIV 感染者，在 3~6 週內會產生特定的症狀，如：發燒、喉嚨疼痛、疲倦、胃口不佳、噁心、嘔吐、腹瀉。30~50%的感染者在初期不會出現這些症狀。而吸毒（以針頭注射）者、多重性伴侶等，則屬於高危險群的人。

★ **當早期的症狀發生後，接下來的情況**

(1) 當第一次急性症狀發生後，或許會發現已經沒有明顯的感染症狀。
(2) 絕大多數的患者會有很長一段時間（約 10 年以上）沒有症狀。

★ **病毒占上風時，更多其他的感染便會開始出現，應該特別注意下列事項**

(1) 任何性行為均應有安全措施。
(2) 避免與他人共用針頭及注射器。
(3) 告訴性伴侶自己是愛滋感染者。

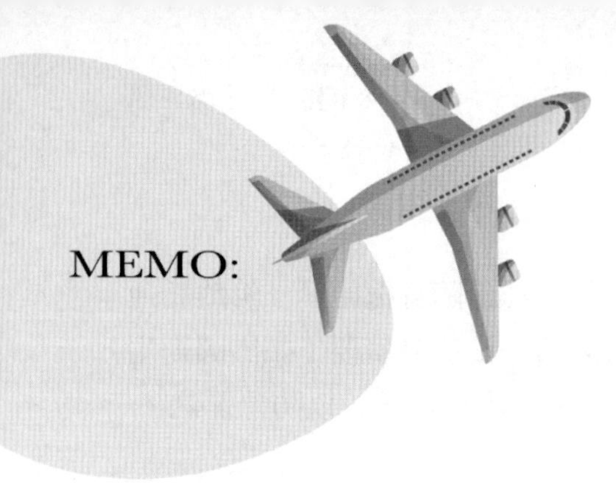
MEMO:

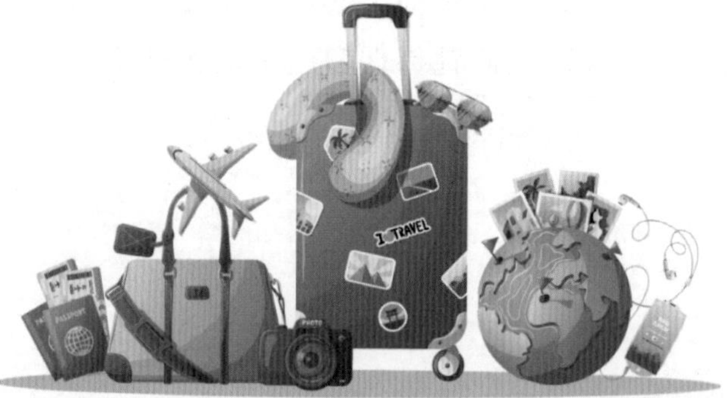

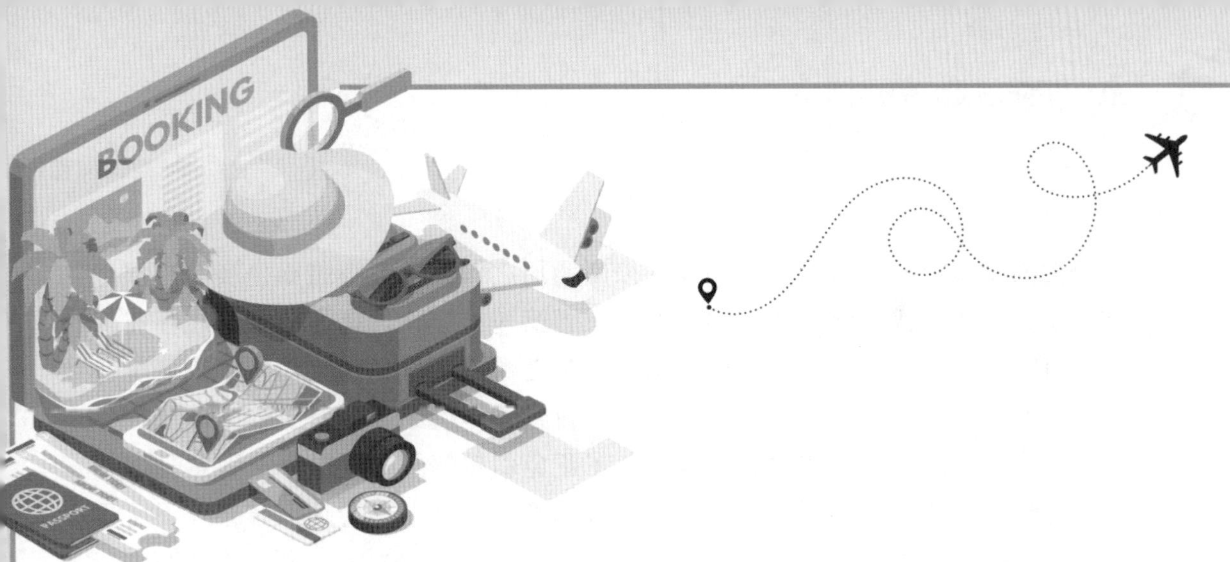

CHAPTER 10 國際禮儀

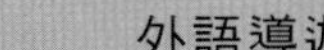

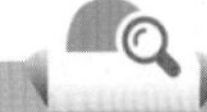

華語導遊　外語導遊　華語領隊　外語領隊

國際禮節是國際社會日常生活相互往來所通用之禮節，此種禮節是多年來根據西方文明國家的傳統禮俗延伸而來的，唯國際禮節並不排除地區傳統禮節之存在，近年來也有特殊文化傳承，產生一些必須要注意之禮節，以免貽笑大方；我們現在講求國際禮節重要性，並不是崇尚西化，更非盲崇西洋禮節，而是由於全球交流頻繁，國人與全球各國人士接觸機會增多，為了避免引起無謂的誤會與招致意外的困擾，都應通曉國際禮節，否則，小則個人出醜鬧笑話，大則影響國家聲譽，不可不慎。我國至聖孔子，就主張「入境問俗」之後，必要「入境隨俗」，西人亦素有「在羅馬行如羅馬人」(When in Rome, do as the Romans do)。此單元為導遊領隊共用，實務性高，必須詳讀，以提高國人國際水準。

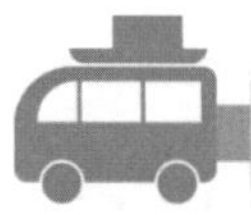

10-1 食的禮節

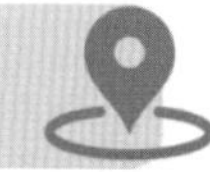

10-1-1 宴 客

宴客在社交上實為重要，如果安排得宜，達到交友及增進友誼之目的，安排不當，小則不歡而散，大則兩國交惡，必須謹慎。要使宴會成功，宴客名單事先必須慎重選擇，應先考慮賓客人數及其地位，陪客身分不宜高於主賓。

★ 宴會通知

1. 邀請函時間：官式宴會之請柬宜兩週前發出，宴會日期盡量避免週末、假日。
2. 邀請函中法文 R.S.V.P.為 French: répondez s'il vous plaît，其意義為：敬請回覆，英文為 Please Reply。
3. 宴會上均備有菜單和賓客名單。菜餚之選定應注意賓客之好惡及宗教之忌諱，如佛教徒素食、回教及猶太教徒忌豬肉、印度教徒忌牛肉等。
4. 請帖發出不輕易更改或取消，一經允諾必準時赴約，並告知時、地、服裝，最好附上簡略交通標示圖，重要宴會事前以通訊方式提醒賓客。
5. 在國外赴主人寓所宴會宜攜帶具有本國特色之小禮物表示禮貌；宴會後，宜以電話或寫信（卡片）向主人致謝。

10-1-2 餐桌上

1. 閉嘴靜嚼，勿大聲談話，應將盤內食物盡量吃完，方合乎禮貌，不宜過分勉強。
2. 宴會餐桌上，等長者入位後方可入座，男士應協助女士入座後，再自行入座。
3. 坐姿要端正，與餐桌的距離約兩個拳頭大，女士之皮包置於背部與椅背之間。
4. 進餐時，速度要配合女主人，不宜太快或太慢。用餐中，切勿打嗝或發出怪聲。
5. 西式喝湯的方向是湯碗由內往外舀不可發出聲音，麵包用手撕成小片放入口中。
6. 讚美食物，尤其女主人親自烹調時，更應為之。
7. 西式宴會主人可於上甜點前致詞，中式宴會則在開始時致詞。
8. 欲取用遠處之調味品，應請鄰座客人幫忙傳遞，以逆時鐘方向傳遞，切勿越過他人取用，更不可站起身來伸長筷子夾菜，非常不禮貌。
9. 餐具由外而內使用，右手持刀，左手持叉用過餐具不離盤，湯匙不置碗內。按照每道菜順序，用畢時，侍者會依序退下。歐洲人習慣吃一塊肉切一塊，美國人習慣將肉切好，刀置於盤上，再將叉子換到右手用餐，這種方式稱為「Zig-Zag」，在歐洲並不受歡迎。
10. 餐具放置如圖 10-1-1。
11. 用餐前，將餐巾對折平放於大腿上。中途離席時，將餐巾放置於椅背上。用畢時，將餐巾摺一下放在桌上。使用餐巾的目的，主要是防止衣服弄髒及擦嘴角，切勿擦臉，女士勿擦拭嘴唇口紅。
12. 大多數人慣用右手拿餐具，使用左手者，在用餐前，請向隔壁朋友說明，避免用餐時互相碰撞。
13. 用餐時，相互以乾杯(cheers)表示熱情，不盡然要喝到杯中空無一物。
14. 餐桌上，一般會有水杯及酒杯，越正式餐會，杯子就越多，杯子的放法方式，原則在刀子上方成 45 度排列，才不會拿錯及打翻杯子。亦有每一道菜餚食用完畢後連同佐以該道菜餚使用之酒類杯子一起退下，例如，前菜是海鮮類，食用完畢時，侍者會一併將盤子及白酒杯退下。
15. 用餐時，如要暫時放下刀叉，可將刀插置於餐盤前緣或架在餐盤上成八字形，如附圖 10-1-2。用畢餐具要橫放於盤子上，與桌緣略為平行，握把向右，叉齒向上，刀口向自己，像英文字母 Q 如附圖 10-1-3。

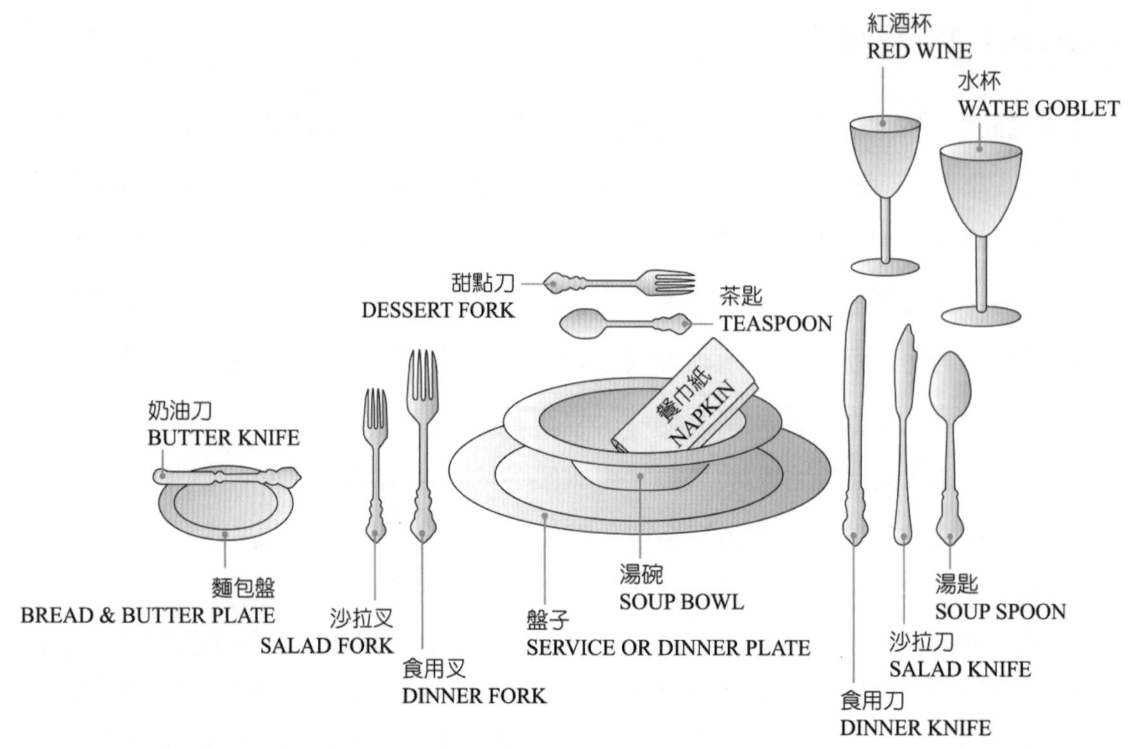

● 圖 10-1-1　餐具放置圖

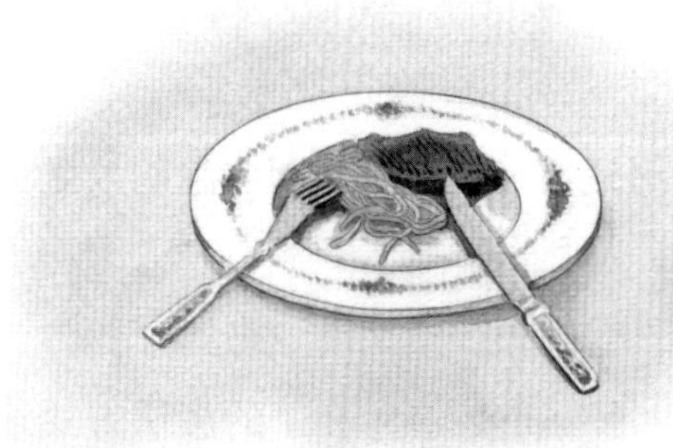

● 圖 10-1-2　用餐時暫放刀叉的放法

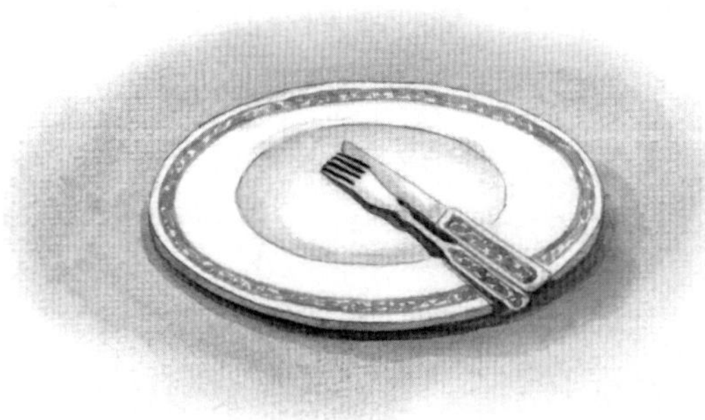

● 圖 10-1-3　用餐完畢的刀叉放法

16. 牛排幾分熟英文之說法：

英文	中文	牛肉熟度
Raw	全生	韃靼牛肉
Rare	三分熟	牛排表面煎熟會有血水流出
Medium-Rare	四到五分熟	牛排表面煎熟會有點血水流出
Medium	五到六分熟	牛排表面煎熟會保留血水，血水不流出
Medium-Well	七到八分熟	外圍成稍暗紅色無血水
Well-Done	全熟	外圍全成暗紅色無血水

註：牛排在高級餐廳裡一般只有三、五、七以及全熟，且不要任意交代廚師如何烹調。

17. 刀叉種類、用法及中英文對照：

刀 Knife	肉排刀	Steak knife	大鋸齒的刀，較鋒利
	食用刀	Dinner knife	小鋸齒的刀，較不鋒利
	魚刀	Fish knife	切割魚肉，不鋒利
	奶油刀	Butter knife	刀較短薄，塗奶油用
叉 Fork	海鮮叉	Seafood fork	專供海鮮食用
	魚叉	Fish fork	專供沙拉及點心用
	食用叉	Dinner fork	與食用刀一起用
	龍蝦叉	Lobster fork	專供龍蝦食用
	切割叉	Carving set fork	專供較堅硬肉類食用
	田螺叉	Escargot fork	專供田螺食用
特殊餐具	龍蝦鉗	Lobster pick	挑取龍蝦肉食用
	田螺鉗	Escargot clamps	固定田螺用

10-1-3 宴會種類

1. 午宴(luncheon, business lunch)：正確時間是中午十二時至下午二時。
2. 晚宴(dinner)：下午六時以後，禮節上應邀請夫婦一起參加。

3. 國宴(state banquet)：各國領袖元首間的正式宴會。
4. 宵夜(supper)：歌劇、音樂會，在歐美習俗上很隆重，著正式服裝，與晚宴相當。
5. 茶會(tea party)：下午四時以後，陸續開始。
6. 酒會(cocktail, cocktail party, reception)：下午四時至八時之間，請帖註明起迄時間。
7. 園遊會(garden party)：適合於下午三時至七時之間舉行。
8. 舞會(ball, dancing party)：於晚間七點至午夜，可依個人調整參加及離去時間。
9. 自助餐或盤餐(buffet)：不排座次，先後進食不拘形式，是個人食量用餐多寡。
10. 晚會(soiree)：下午六時以後，包括餐宴及節目之音樂演奏、遊戲、跳舞等。

10-1-4 日本之禮儀

1. 刺身，即是生魚片，用法略述如下：
   (1) 吃生魚片時，會準備蘿蔔絲與生薑，這兩樣都是清理口中上一道食材的味道，不宜一起配著生魚片用。
   (2) 正確的用法，是一塊生魚片用畢，再配用蘿蔔絲或生薑以保持口齒的清爽。
   (3) 用生魚片時，應由淡色系的魚肉吃到深色系魚肉，即味覺由淡口味入重口味。
   (4) 醬油和芥末醬也不可混合調勻配生魚片用，應該要分開將生魚片分別沾點醬油和芥末醬再放入口中，這樣可以品嚐出生魚片的鮮美、醬油的芳香和芥末醬的風味。
2. 日本民族吃飯前會先喊一聲いただきます(Itadaki masu)代表要開始享用；在日本大家乾杯時，應將酒杯舉起與眼睛一般高，這樣才不失禮。
3. 在日本吃麵時，不管男女老少都要大聲發出吸麵時「嘛嘛」的吸麵聲音，代表非常好吃及對店家的尊敬，這與許多國家民族文化都差異極大，不可不知。
4. 懷石料理原為在日本茶道中，主人請客人品嚐的飯菜，現已不限於茶道，成為日本常見的高檔菜色，其形式為「一汁三菜」；懷石，指的是佛教僧人，於坐禪時在腹上放置暖石以對抗飢餓的感覺。
5. 日本人遞名片時不要馬上唸出上面的名字，因為漢字也有破音字，如果把人家的名字唸錯是不禮貌的行為，如果要知道他的名字，可以翻到名片背面，通常都附有拼音。

10-1-5 席次之安排

座位有尊卑之分，桌與桌也有大小區隔。因此，如何安排桌次及座位，應要參照國際禮儀的標準，分述如下：

★ 西式有三項重要原則

1. 尊右原則
   (1) 男女主人若並肩而坐，賓客夫婦亦然，女主人居右。
   (2) 男女主人對坐，女主人之右為首席，男主人之右次之，依次類推。
   (3) 男主人或女主人據中央之席，朝門而坐，其右方桌子為尊。
2. 三 P 原則

三 P	釋義
賓客地位 (position position)	座次視地位而定，女賓地位隨夫。
政治考量 (political situation)	政治考量有時改變了賓客地位，如在外交場合時，外交部長之席位高於內政部長，禮賓司長高於其他司長。
人際關係 (personal relationship)	賓客間交情、關係及語言均應考慮。

3. 分坐原則

   男女分坐、夫婦分坐、華洋分坐。

★ 中式

仍須使用「尊右原則」和「三 P 原則」，而「分坐原則」中之男女分坐與華洋分坐依然相同，只有夫婦分坐改成夫婦比肩而坐。

(1) 目前我國中餐圓桌與方桌，分中式及西式兩種坐法，附圖分別以 1.2.3 來表示桌次之尊卑。1 桌為主桌，坐男女主人。2 為副桌、坐副男女主人。以下安排桌次及座位圖，為中式圓型餐桌圖 10-1-4(a~g)。

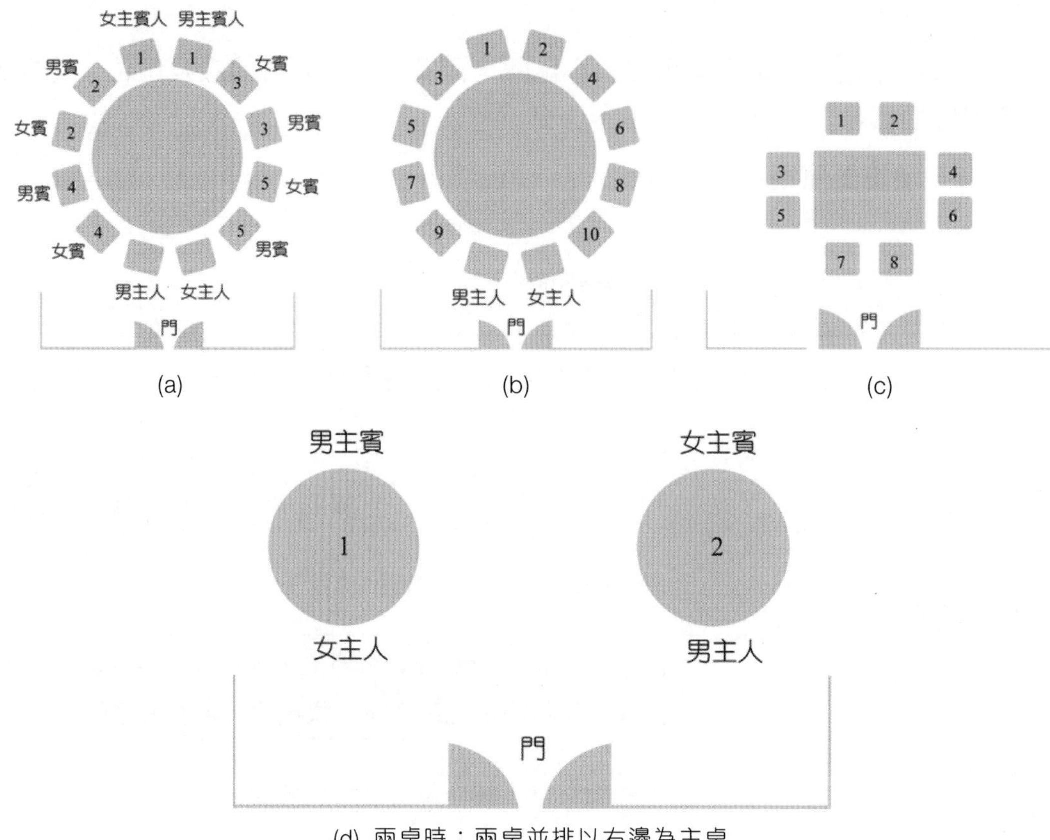

(a) (b) (c)

(d) 兩桌時：兩桌並排以右邊為主桌

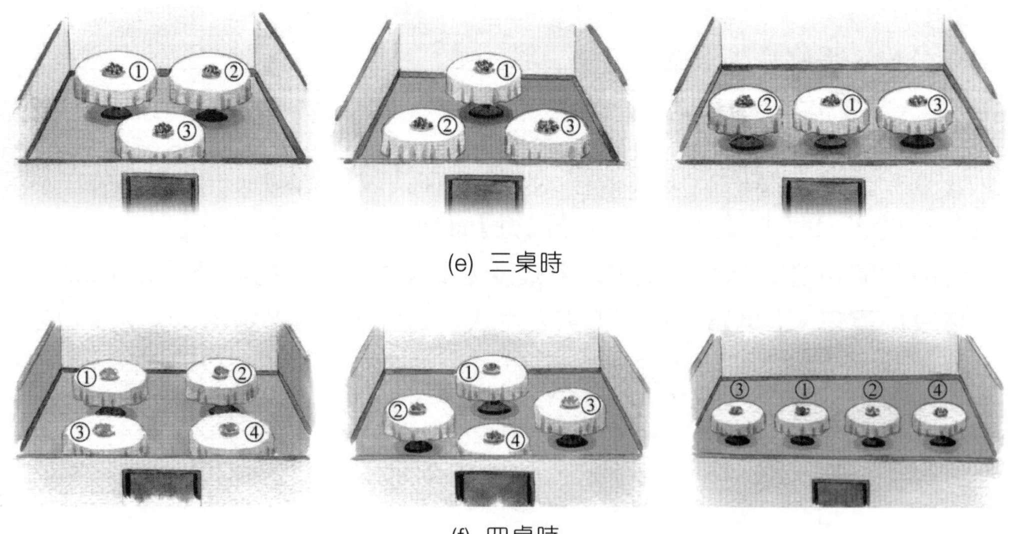

(e) 三桌時

(f) 四桌時

● 圖 10-1-4 中式圓型餐桌分坐原則

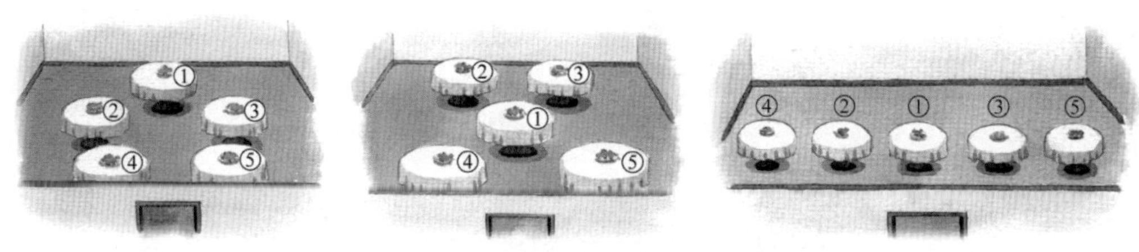

(g) 五桌時

● 圖 10-1-4　中式圓型餐桌分坐原則（續）

★ 西式

(1) 英式長餐桌：男、女主人應分別對坐長桌之兩端，男主賓應坐在女主人右方，女主賓則應坐在男主人右方；男女賓客相間而坐。

(2) 法式長型多桌：男、女主人在長桌中央的兩側相對而坐，男、女主賓分別坐於女、男主人右手邊，而男、女次賓則分別坐於女、男主人的左手邊，其餘男女賓各相間而坐。以下安排桌次及座位圖，為西式長型餐桌、馬蹄型桌、T 型桌圖 10-1-5(a~e)。

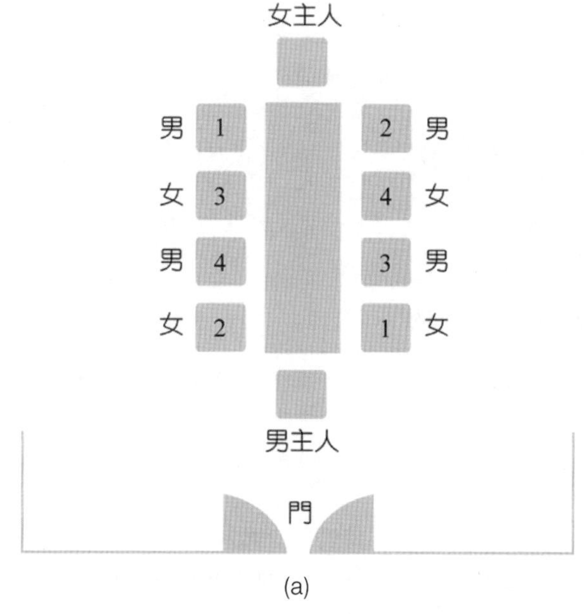

(a)

● 圖 10-1-5　西式桌型分坐原則

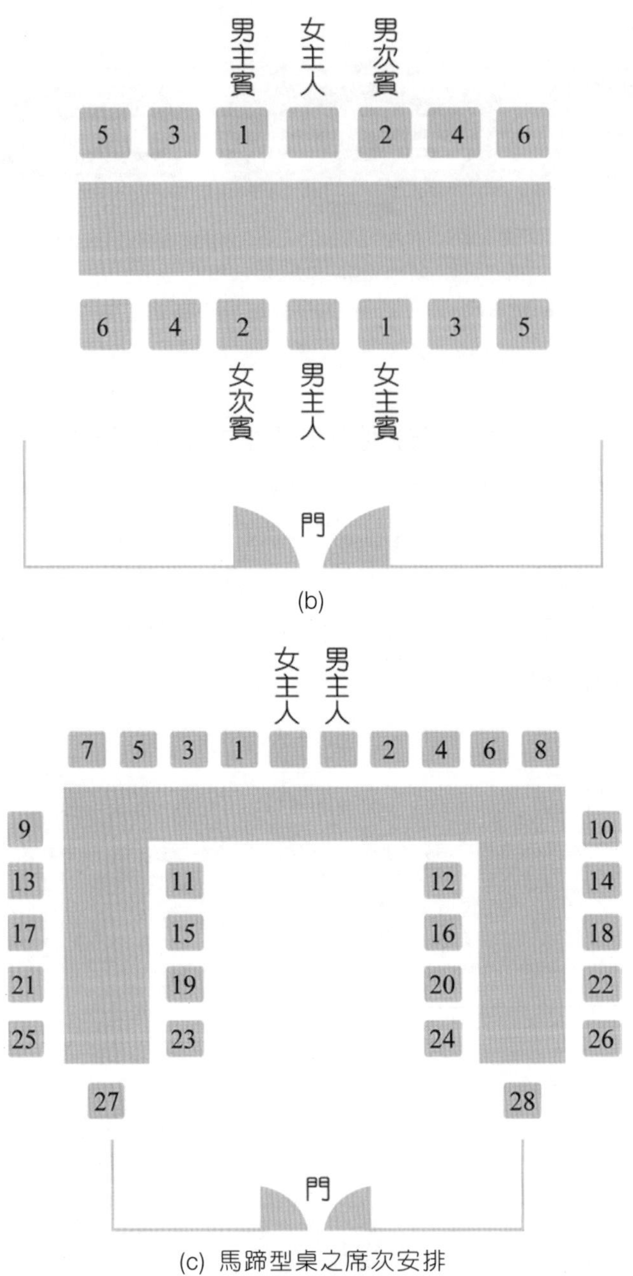

(c) 馬蹄型桌之席次安排

● 圖 10-1-5　西式桌型分坐原則（續）

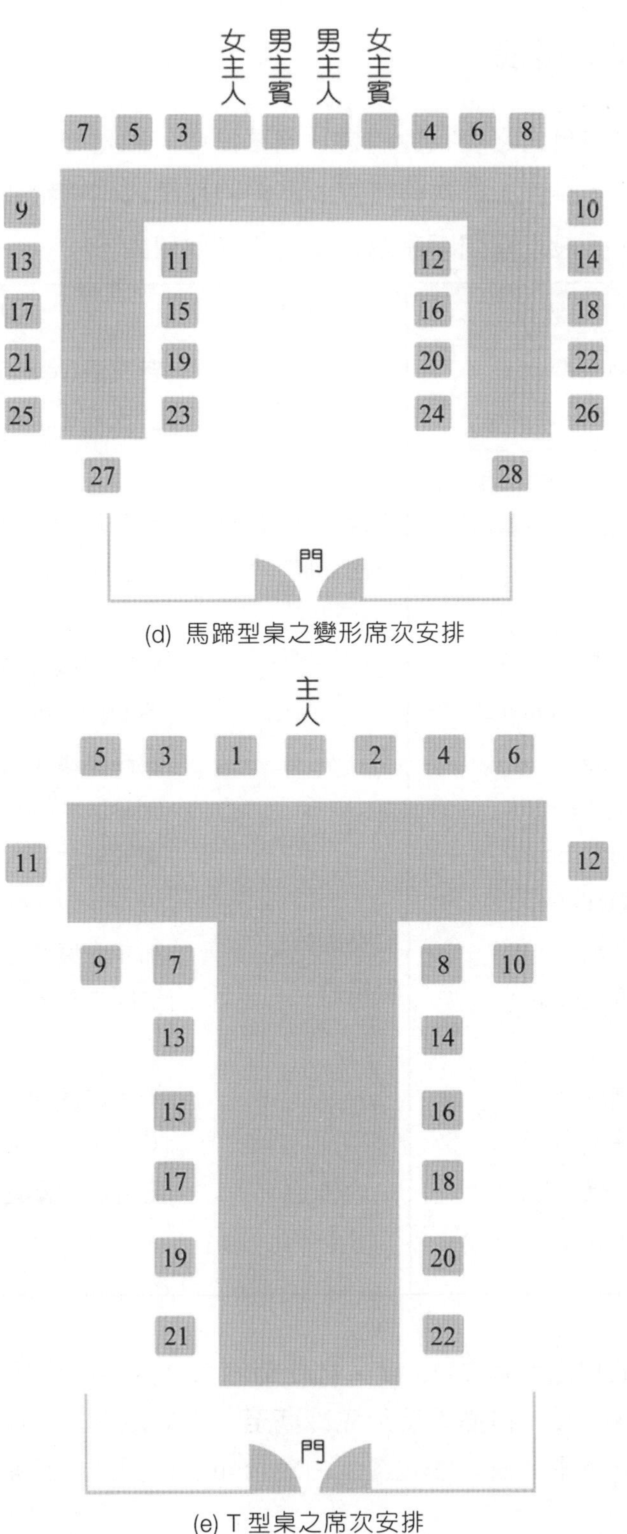

(d) 馬蹄型桌之變形席次安排

(e) T 型桌之席次安排

● 圖 10-1-5　西式桌型分坐原則（續）

10-1-6 飲酒禮儀

無論中式西式或日式之慶祝性酒會，開幕酒會，酒是非常重要的角色，國際上的國宴餐會、晚會、舞會、慶祝酒會等，飲酒的程序與禮儀是非常重要的。

酒按照禮儀，一般以時間順序為適當的酒類飲用如下：

用餐類別	酒類	時間順序	酒類名稱
正式餐主菜類	紅酒(red wine) 白酒(white wine)	開胃酒	苦艾酒(vermouth) 金巴利(campari)
慶祝時用	起泡葡萄酒(sparkling wine) 香檳(champagne)	主菜後甜酒 佐甜點時	雪莉酒(sherry) 波特酒(port)
較輕鬆的場合	麥芽酒(malt beverages) 生啤酒(draft beer) 熟啤酒(beer) 麥酒(ale) 黑麥酒(stout) 淡啤酒(lager)	甜點咖啡 餐後酒	蘇格蘭威士忌(Scotch whisky) 愛爾蘭威士忌(Irish whisky) 美國威士忌(American whisky) 加拿大威士忌(Canadian whisky) 法國白蘭地(French brandy) 干邑白蘭地(Cognac brandy) 雅馬邑白蘭地(Armagnac brandy)
酒會晚宴 雞尾酒基酒 亦可純飲	琴酒(gin) 伏特加(vodka) 蘭姆酒(rum) 龍舌蘭酒(tequila)		

1. 白葡萄酒適合飲用溫度為 7~13 度，紅葡萄酒適合飲用溫度為 15~24 度，香檳適合飲用溫度為 3~6 度；白酒香檳須先冷藏至一定的溫度，並置於冰桶內，以維持其溫度，取出於冰桶時瓶外需包覆上白色口布，紅酒則在正常室溫內飲用即可。

2. 用餐食酒類搭配食材：

酒類	食材
白葡萄酒	海鮮、貝類、雞肉與豬肉。（白肉）
紅葡萄酒	牛肉、羊肉與鴨肉。（紅肉）

3. 如果不善飲酒，亦有果汁、汽水是無酒精類，英文統稱為「Soft Drinks」軟飲料。
4. 第一次敬酒，須由主人開始，主人未敬酒前，不要先行敬酒，這是不禮貌的行為。
5. 敬酒時先向女士敬酒，由近而遠依順序敬酒。
6. 在餐會、酒會中，若要發言，可用小湯匙輕敲酒杯「噹！噹！噹！」反之，若是你聽到這聲音請保持安靜，用心傾聽。
7. 酒杯介紹（圖 10-1-6）
   (1) 紅酒杯：杯肚略大而杯口內收，通常比白酒杯稍大稍寬一點，因為紅酒需要與空氣中的氧氣結合，達到醒酒與活化酒的作用。
   (2) 白酒杯：樣式與紅酒杯類似，通常尺寸稍小一點。
   (3) 香檳杯：用來盛含有氣泡的香檳或氣泡酒，為了避免氣泡散失，通常使用鬱金香型之香檳杯(champagne tulip)，其杯型細長而杯口內收。
   (4) 一口杯(shot glass)：通常是飲用烈酒，身直而無底座的小杯，純飲用，若需要加冰塊或加水飲用時，用古典杯(old fashion)，又稱岩石杯，因此，點烈酒要加冰塊時，都是用 On the Rocks 用語，例：Scotch On the Rocks 是來一杯蘇格蘭威士忌加冰塊。
   (5) 香甜酒杯(liqueurs)：又稱利口酒，其杯型與一般高腳杯同樣，唯杯身較小。如：香甜酒，酒精濃度較高，應小量飲用。
   (6) 白蘭地杯(brandy)：杯底寬，杯口小，杯型較一般烈酒杯的杯子大，但盛酒時一般只能盛大約 1 盎司左右；手掌可以握住酒杯，手掌其溫度幫助酒香散發出來，至於杯口較窄，是讓酒香可以保存於杯中的時間較長些。
   (7) 雞尾酒杯(cocktail glass)：花樣多、變化大，相對的可使用的杯型也很多。
   (8) 古典杯(old fashion)：杯身寬短無腳座的，也是雞尾酒杯的一種。
   (9) 高飛球杯(high ball glass)：身長稍長略為高一點，也是雞尾酒杯的一種。
   (10) 可林杯(collins glass)：杯身細長而成直筒狀的，也是雞尾酒杯的一種。
   (11) 啤酒杯(beer)：啤酒適合大口飲用，用較大型有耳的杯子或用寬直筒的高腳杯。

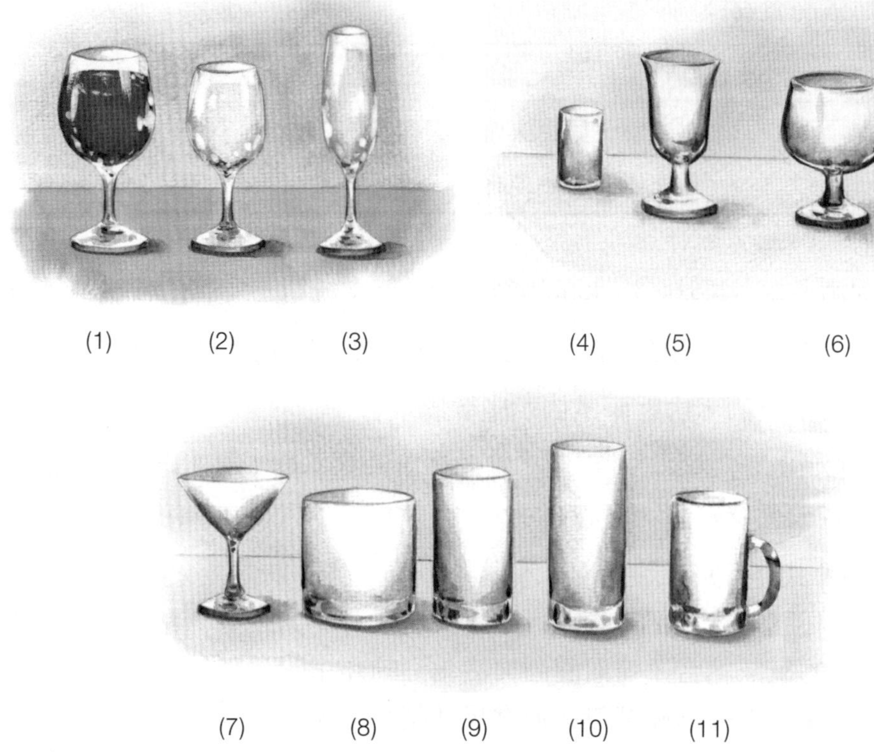

● 圖 10-1-6　分別介紹酒杯形狀

8. 各類酒杯持法（圖 10-1-7）

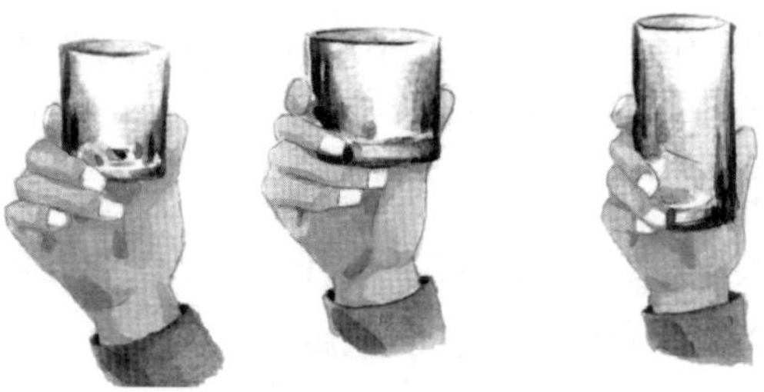

● 平底的杯子手持底部

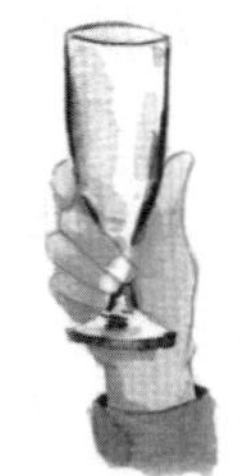

● 高腳杯握住杯腳和杯身

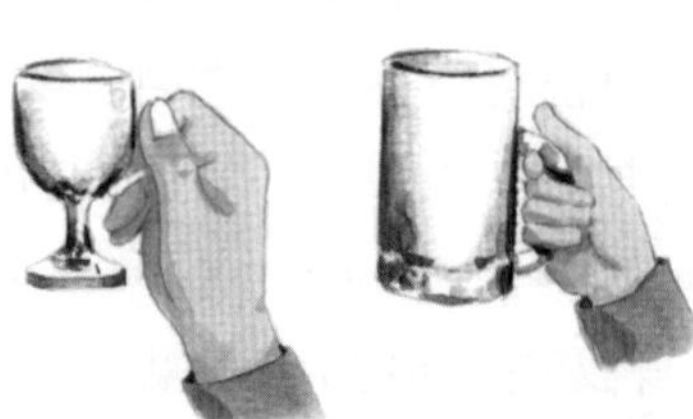

● 有杯耳時則握住杯耳

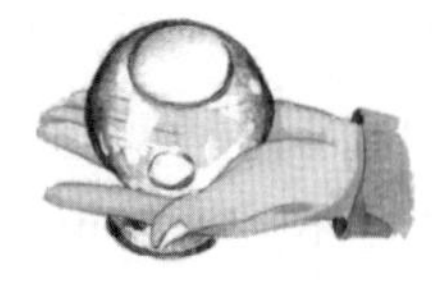

● 白蘭地杯要用掌心棒著掌溫讓酒香散發出來

● 圖 10-1-7　各類酒杯持法

10-1-7 葡萄酒

1. 白蘭地

XO 是白蘭地酒中的專用術語，但在臺灣很多人認為是一種品牌，其實不然，法國白蘭地(brandy)是一種烈酒(spirits)，係由葡萄或水果發酵後蒸餾而成，需放在橡木桶裡經過相當時間，酒會越醇越香；世界各國皆出產白蘭地，葡萄酒以法國出產，最為世人所知，因此，最好的白蘭地產地在法國，其中以干邑白蘭地(Cognac brandy)聞名世界。

法國所出產的白蘭地是葡萄酒蒸餾的，而且受到當地政府的限制與法律的保障，其他地區出產的白蘭地，實際上不可稱為干邑(Cognac)。干邑是一種是由葡萄酒或發酵過的水果汁蒸餾出來的，要在橡木桶裡經過相當的時間越醇越香，例如：干邑(Cognac)、雅文邑(Armagnac)、西班牙白蘭地、美國白蘭地、臺灣白蘭地等。

干邑在法國 Charente 河邊的干邑－Cognac 古城，是生產干邑美酒中心，此種白蘭地已世界馳名。因此，這法文 Cognac，即是白蘭地的代名詞不可不知。

所有白蘭地酒廠，都用字母來分別品質：

代表	品質	意義
E	especial	特別的
F	fine	好
V	very	很好
O	old	老
S	superior	上好的
P	pale	色淡而蒼老
X	extra	精緻的

干邑的品質之所以超越其他地區，不僅是因該地區的特殊蒸餾技巧，亦是該地區天氣好、土壤好等因素，產出的葡萄酒特別好，香醇可口。以下為干邑的級別表：

分類	代表	蘊藏年份
V.S.O.P.干邑	very superior old pale	不少於 10 年
X.O.干邑	Extra old	不少於 25 年

2. 紅白葡萄酒

葡萄原產地為歐洲，歐洲是生產各式葡萄酒歷史最悠久的地區，葡萄適合釀酒。常用來釀白酒的葡萄品種名有 Chardonnay（夏多內）、Riesling（麗絲玲）、Sauvignon Blanc（白蘇維農）、Point Blanc（白皮諾）等。常用來釀紅酒的葡萄品種名有卡本內蘇維農(Cabernet Sauvignon)、卡本內弗朗(Cabernet Franc)、黑皮諾(Pinot Noir)、梅洛(Melot)，以上也為義大利托斯卡尼之 Chianti 紅酒所用的品種；黑皮諾用來釀法國香檳，也是勃根第紅酒的主角。

全球適合種植及釀酒用之葡萄生長於氣溫 10~20 ℃，分別在南北緯度在 38~53 度間，如加州、南加州、華盛頓東北、法國、義大利、德國、西班牙、北非北部、青島及日本。南半球則在南緯 20~40 度的地方，如阿根廷、智利、澳洲北部和紐西蘭。釀造世界各國葡萄園同樣品種的葡萄，釀出來的葡萄酒風味都是不同的，因為種植葡萄最重要的三要素，陽光、土質、水分，每一國家及地區皆有差異。葡萄酒標籤中文解釋表：

Producer	製造商
Wine of Burgundy	勃根第葡萄酒
Estate where grapes were grown	葡萄產地
Region where grapes were grown	葡萄產地區域
Appellation Control Statement	AOC 法國政府檢定標籤
Alcohol Content	酒精濃度
Vintage Year	生產年份
Vitis Vinifera	葡萄品種

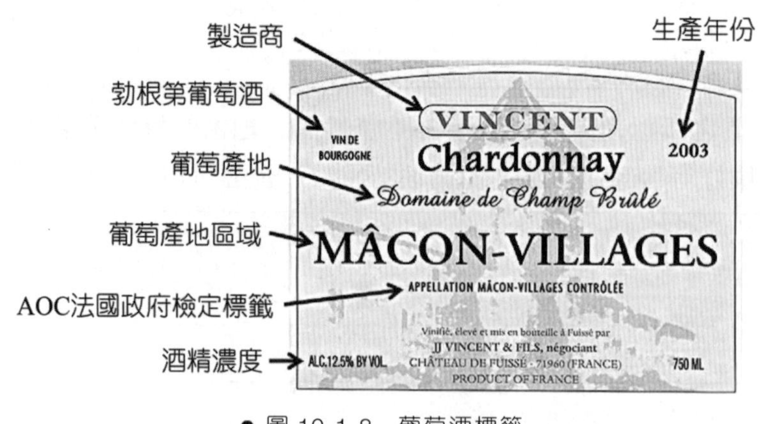

● 圖 10-1-8 葡萄酒標籤

★ 品酒三步驟即其禮儀：視覺→嗅覺→味覺

1. 視覺：拿起沒有花紋的酒杯，對著燈光亮處，看看杯中物是否色澤清澈亮麗，並觀看酒痕，搖晃杯身，越好的酒，酒痕下滑的速度越慢。
2. 嗅覺：輕輕搖晃杯身，用鼻子就杯口深呼吸幾下，聞聞看是否杯中有酒氣傳出，大致上藉由聞到酒氣的芳香，來判別這瓶酒的品質。
3. 味覺：聞酒之後品嚐一口，但不可立即嚥下，在口中慢慢的體會、感覺，葡萄酒的甘甜香美，最後再吞下，就在此刻酒的甜度、酸度、酒精、單寧四種味覺有層次的緩緩散開，來論定這瓶酒。

10-1-8 酒種類

1. 原料使用及發源地

種類	原料	發源地
啤酒及麥酒(beer and ale)	大麥	中亞
威士忌(whisky)	大麥、粿麥或其他穀類	歐美各地
水果酒(fruit wine)	各種水果	世界各地
白蘭地(brandy)	各種水果	歐美各地
龍舌蘭酒(tequila)	龍舌蘭汁	墨西哥、美國
伏特加(vodka)	馬鈴薯或糖蜜	俄羅斯
蘭姆酒(rum)	糖蜜	印度
清酒(sake)	稻米	日本
紹興酒(shaoshing)	稻米	臺灣、中國各地
燒酒或白酒(shochu)	糖蜜、甘藷或其他澱粉類原料	臺灣、中國各地

2. 酒類製品

種類	原料	酒精濃度	酒
釀造酒	1. 以穀物，常見者為大麥、小麥、裸麥、稻米、玉米、高粱、小米等。 2. 以水果，常見者為葡萄、甘蔗、梨、荔枝、椰子等。	12%以上 20%以下	啤酒、紹興酒、清酒、葡萄酒
蒸餾酒	1. 大麥、玉米、裸麥等穀類，經發酵、蒸餾之後，再置於橡木桶中熟成。 2. 白蘭地釀製，也是先經發酵、蒸餾而得為無色透明的酒液。	20~80%之間	米酒、高粱酒、茅臺、大麴，白蘭地、威士忌、琴酒
再製酒	一般使用釀造酒或蒸餾酒為基本酒底，添加各種藥材，水果香料、糖料或酒醪等浸漬調製而成。	20~80%之間	五加皮酒、人參酒、虎骨酒、烏梅酒、紅露酒

3. 雞尾酒的依調製方式：(cocktails)
   (1) 搖動式 Shake：利用調酒壺調製的方式，例如：新加坡司令 Singapore Sling。
   (2) 攪拌式 Stir：利用調酒杯攪拌的方式，例如：血腥瑪麗 Bloody Mary。
   (3) 直接式 Build：將材料直接加入酒杯中調製的方式，例如：自由古巴 Rum & Coke。
   (4) 混合式 Blend：利用果汁機調製的方式，例如：AK47。
   (5) 依品嚐時間分：
      a. 短時間飲料 Shot Drinks：最好在 5~10 分鐘飲盡的飲料。
      b. 長時間飲料 Long Drinks：飲用的時間最好不要超過 15~20 分鐘，否則會失去原有的風味。

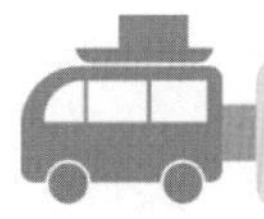

10-2 衣的禮節

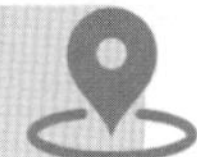

10-2-1 衣的重要性

廣義衣的涵義，指一個人在人前表現的形象，服裝是個人教養、性情的表徵，亦是一國文化、傳統及經濟之反映；服裝要整潔大方，穿戴與身分年齡相稱；國家大典、宮廷正式宴會、國宴、各式婚禮、觀賞歌劇、晉見國王、呈遞國書等，都需穿著特定的禮服，如燕尾服就是禮服的一種形式代表；著裝的 TOP 原則是三個英語單詞的縮寫，它們分別代表時間(time)、場合(occasion)和地點(place)，即著裝應該與當時的時間及所處的場合和地點相協調。

10-2-2 男士之服裝

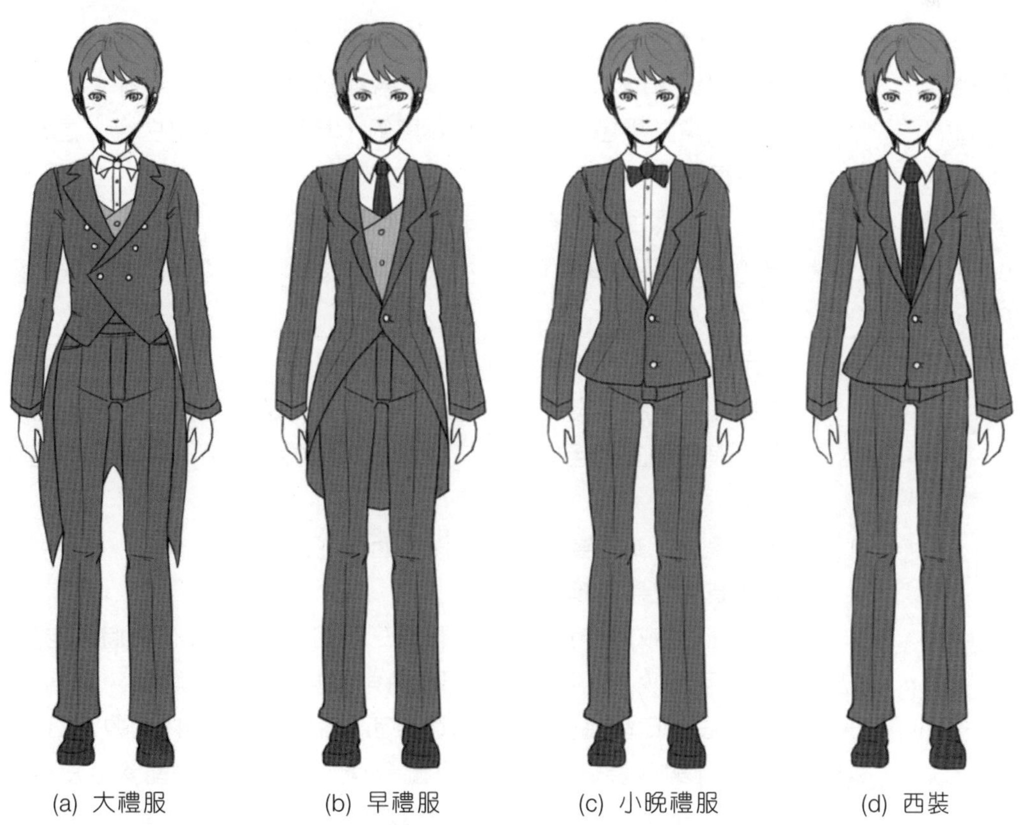

(a) 大禮服　(b) 早禮服　(c) 小晚禮服　(d) 西裝

● 圖 10-2-1　男士之服裝

服裝	穿著時間及內容
大禮服(a) Swallow Tail, Tail Coat, White Tie	1. 為晚間最正式場合之穿著，如國宴、隆重晚宴及觀劇等。 2. 上衣及長褲用黑色毛料，上裝前擺齊腰剪平，後擺裁成燕子尾形，故稱燕尾服。 3. 白色織花棉布背心，皮革或棉質白色手套，黑色絲襪及皮鞋。 4. 褲腳不捲摺，褲管左右外緣車縫處有黑緞帶。 5. 用白領結，白色硬胸式或百葉式襯衫，硬領而折角。 6. 時下風尚，已無人戴高圓筒帽，如圖 10-2-1a。
早禮服(b) Morning Coat	1. 日間常用之禮服，如呈遞國書、婚喪典禮、訪問拜會等。 2. 上裝長與膝齊，顏色尚黑，亦有灰色者；深灰色柳條褲黑白相間斜紋或銀灰色領帶。 3. 背心多為灰色以配黑色上裝，如上裝為灰色，則配黑色背心。 4. 白色軟胸式或普通軟領襯衫，黑色光緞硬高帽或灰色高帽。 5. 灰色羊皮手套。黑色絲襪，黑色皮鞋，如圖 10-2-1b。
小晚禮服(c) Smoking Tuxedo Black Tie, Dinner Jacket, Dinner Suit, Dinner Coat	1. 為晚間集會最常用之禮服，亦為各種禮服中最常使用者。 2. 上裝通常為黑色，左右兩襟為黑緞，夏季則多採用白色，是為白色小晚禮服。 3. 褲子均用黑色，左右褲管車縫飾以黑色緞帶。 4. 白色硬胸式或百葉式襯衫，黑色橫領結，黑襪子，黑皮鞋，如圖 10-2-1c。
西服(d) Suit	1. 適用於拜會或參加會議等工作上正式場合。 2. 打領帶、著白（淺）色長袖襯衫，配黑（深）色鞋及色襪。 3. 上裝與長褲宜同色同質料，顏色以深色為宜，夏季或白天可著淡色西服。 4. 如果參加正式晚宴，仍宜著深色西服，如圖 10-2-1d。 5. 著西裝應注意事項： (1) 單排扣或雙排扣，不論二顆或三顆扣，最下扣在任何時間均不扣。 (2) 坐下時，扣子可解開。起立時則須扣上，不可解開。 (3) 左右兩口袋為裝飾用，勿裝東西，口袋蓋應外翻，勿收入口袋內。 (4) 皮鞋與西裝之顏色必須搭配合宜，深色西裝應配深色皮鞋及襪子，著深色皮鞋時，不宜配紅色、黃色、白色或其他淺色襪子。
臺灣傳統國服	藍袍黑掛之中式禮服，在正式慶典及國宴時，始均可穿著。

服裝	穿著時間及內容
時尚便服 Smart Casual, Business Casual	1. 適用於較不正式場合穿著。 2. 著休閒長褲，搭配長袖襯衫，外加夾克或外套，通常不打領帶。 3. 穿著皮鞋或休閒鞋（非運動鞋）。
休閒便服 Casual	1. 適用於輕鬆交際酬酢之場合。 2. 著休閒長褲或牛仔褲，搭配 POLO 衫或 T 恤及休閒鞋（非運動鞋）。
上班服 Regular	1. 男士上班，長袖白襯衫（盡量）深色西褲、深色鞋襪、黑皮帶。 2. 西裝單排扣、雙排扣坐下時扣子打開；站立時單排僅扣上一或二，雙排全扣。
便服 Informal	1. 一般指西服或國服（長衫），晚間或參加公共集會時通常以著深色便服為宜。 2. 夏季或白天可著淡色便服。

10-2-3 一般國外女士正式禮服

1. 正式禮服為露背、低胸、無袖等，各種款式；質料更是千變萬化、如絲質、緞質、雪紡紗、蕾絲等均可，是為國外人士之禮儀。
2. 禮服不可有亮片、串珠等會發光的裝飾，首飾也不可配戴會發光、閃亮的珠寶。
3. 晚宴時可以盡量誇張、炫耀、亮麗、豪華，如低胸禮服、閃亮的珠寶首飾、亮片、迷人的香水等；無論是白天或夜晚，都應穿著膚色絲襪。

10-2-4 女士之服裝

1. 適當化妝是出席正式場合的基本禮儀，不可濃妝豔抹、誇大的髮型、香氣擾人。
2. 配件、飾物不宜過多，發出聲響視為不合乎禮儀。
3. 一般白天著短旗袍或洋裝，晚間正式場合著長旗袍或長禮服(evening gown)。
4. 穿戴手套，為較早時代之風尚，白天通常戴短手套，顏色不拘。
5. 戴長手套長可過手肘，顏色多白色或黑色，戶外握手可不必脫除手套，在室內握手自以脫去右手手套為宜。
6. 在白天之集會均可戴帽，上教堂更不可少。參加園遊會不僅可戴帽並可攜帶陽傘，晚間不宜戴帽。

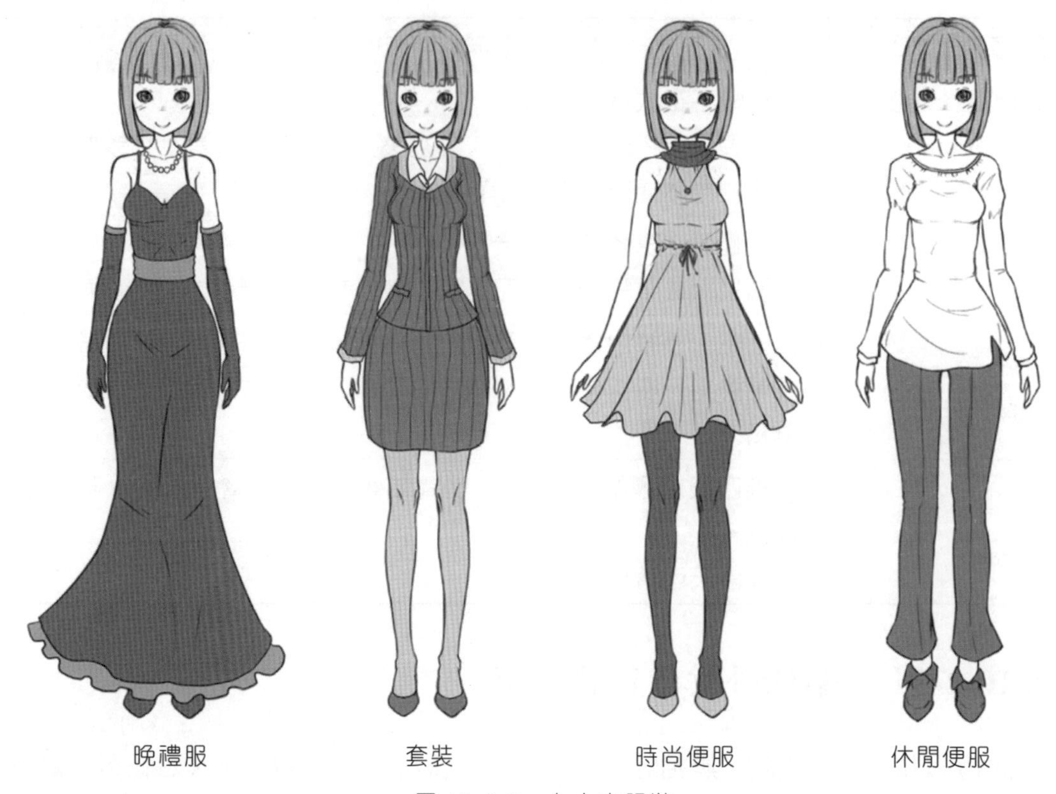

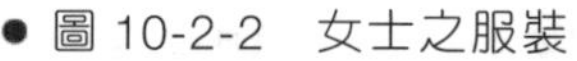
● 圖 10-2-2　女士之服裝

10-3　住的禮節

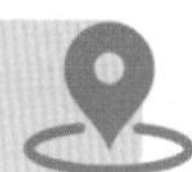

國人於一般家居、出國旅遊投宿飯店或作客寄寓，均應注意整潔、衛生、舒適、寧靜及便利等原則；尤其在友人家作客過夜或投宿飯店，所涉及住的禮節更甚，稍有不慎，便容易貽笑大方，本節一一說明其注意事項。

★ 作客寄寓

1. 作息時間應力求配合主人或其他房客，不任意改變主人家中擺飾。
2. 進入寓所或他人居所，應先揚聲或按電鈴，不可擅闖或潛入。
3. 晚間如多人聚會，或遠行前，應先通知主人或鄰居，進出臥房，不穿著睡衣或不雅服裝。
4. 臨去前，應將臥室及盥洗室打掃清潔，恢復原狀。離開後應立刻親筆寫信或以小卡片向接待主人致謝。

★ 飯店投宿

1. 飯店內不得喧譁或闊談，電視及音響音量亦應格外注意節制。
2. 飯店內切忌穿著睡衣或拖鞋在公共走廊走動。拜訪飯店同宿朋友，盡量壓低聲量。
3. 不可在床上吸菸、不可順手牽羊，盡量保持房間及盥洗室之整潔。
4. 要求服務時不吝嗇給小費；準時辦理退房手續，結清帳款。
5. 小孩在走廊、餐廳或飯店大廳等公共場合追逐奔跑時，應予制止。
6. 在飯店內走動行李需自行搬運時，應盡量壓低音量，以免打擾他人。
7. 淋浴時，應將浴簾置於浴缸內，避免洗澡水外溢，須保持地面乾燥。
8. 在國外廁所內的衛生紙，用後應丟入馬桶沖掉，不可丟入垃圾桶，再生衛生紙碰到水會溶化掉，不會塞住馬桶。面紙是用來擦臉等用途，遇水不容易分解，不能丟入馬桶，應丟入垃圾桶，此是國人較不熟悉相關規範。
9. 飯店大廳是公共場所飯店門面，停留大廳時，不高談闊論，更避免嬉戲、脫鞋。
10. 歐美旅館多裝有緊急呼叫用繩子設於浴室內，圖 10-3-1。小心注意避免與晾衣繩混淆，圖 10-3-2。歐洲飯店浴室有兩個馬桶，其中有水龍頭開關的是清潔屁股用的別搞混了，圖 10-3-3。
11. 全球注重環保，大部分地區之飯店，已不提供牙膏、牙刷、脫鞋，需自行攜帶。
12. 歐美紐澳飯店，為了注重環保節約用水，旅客連續住宿兩晚以上，浴室內大毛巾如無必要，盡量以不清洗為原則，如要清洗，請旅客放至浴室的浴缸內或地板上，若無放置該處，房務清潔人員，則將折好放回原位。主要原因乃是節能減碳及減少汙水，圖 10-3-4。

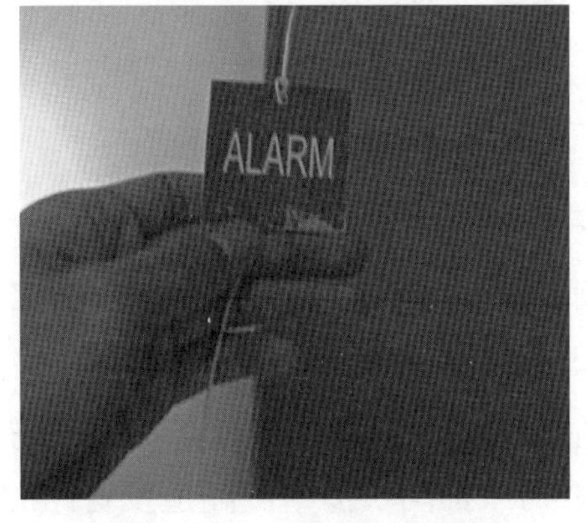

● 圖 10-3-1　緊急呼叫拉繩

旋開圓型轉鈕可以把白色【晾衣繩】拉出並卡進右邊的卡槽。

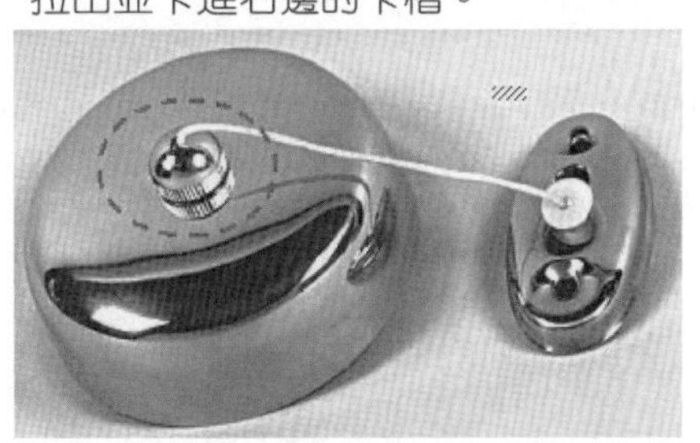

● 圖 10-3-2　晾衣繩

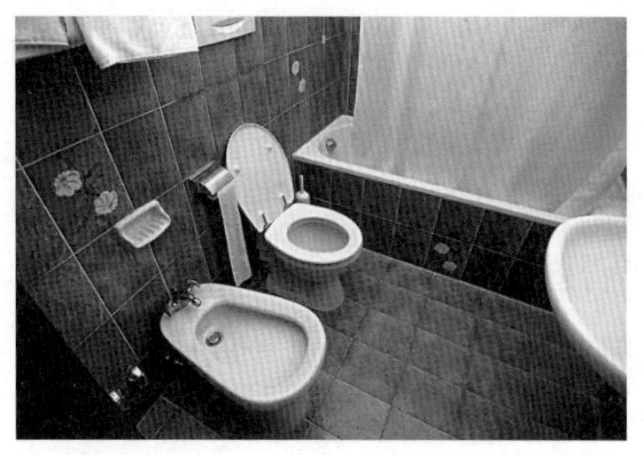

● 圖 10-3-3　馬桶

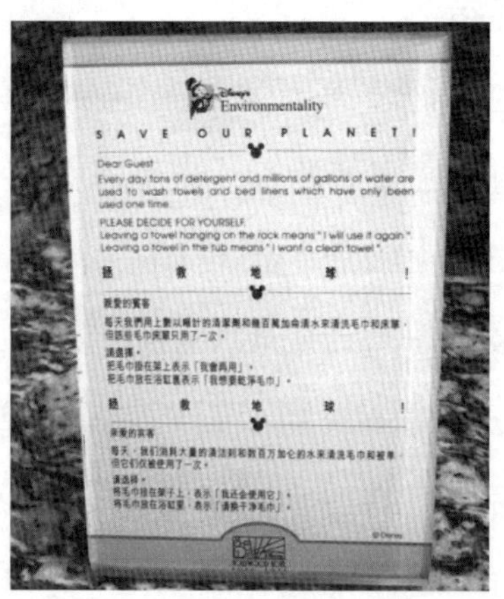

● 圖 10-3-4　衛浴用品使用告示

13. 自行攜帶之高電阻電器產品，如電湯匙、電水壺，使用前請查詢飯店人員使用規定，以免跳電及發生危險。原則上，飯店不允許旅客在飯店煮東西的。
14. 有人敲門時請從門上圓孔查看或詢問來者何人何事，亦可將門閂鎖鍊掛好後，開個門縫查詢何人，避免立即開門，致歹徒入侵，而發生危險。
15. 入住飯店後，隨即查勘樓梯及逃生出口與房間相關位置，以備不時之需。

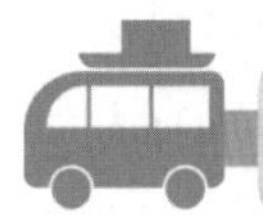

10-4　行的禮節

在交際活動中，要給人留下美好而深刻的印象，外在美固然重要，高雅的談吐和舉止更讓人喜愛，能做到舉止端莊、優雅大方，更是美的境界。「行」的基本動作應具備一定的禮儀規範，行的禮儀有行走、乘車、搭電梯、上下樓梯等。

10-4-1　行　走

1. 「前尊、後卑、右大、左小」等八個字，是行走時的最高原則，故與長官或女士同行時，應居其後方或左方，才合乎禮節；三人並行時，中為尊，右次之，左最小；三人前後行時，則以前為尊，中間居次。
2. 與女士同行，男士應走在女士左邊（男左女右的原則），或靠馬路的一方，以保護女士安全；此外，男士亦有代女士攜重物、推門、撐傘、闢道及覓路的責任。

10-4-2 搭乘電手扶梯

1. 搭乘電扶梯時，應保持端正姿勢，手握扶手，並靠邊站列，讓出空道出來。
2. 位高者、女士或老弱者先進入或走出電梯，不爭先恐後，視為禮貌。
3. 先出後進，如遇熟人亦不必過分謙讓，以免耽誤其他乘客的時間。
4. 進入電梯後依照美洲習俗，轉身面向電梯門，避免與他人面對而立；歐洲習俗則宜側身相向，不宜背向人。
5. 電梯內不高談闊論，不大聲講手機，更不可吸菸。

10-4-3 上下樓梯

1. 上樓時：女士在前，男士在後；長者在前，幼者在後，以示尊重，以維安全。
2. 下樓時：男士在前，女士在後；幼者在前，長者在後，以示尊重，以維安全。
3. 上下樓梯：如有人和您逆向而來，切記應面向來者，並稍帶微笑示意，如背對來者，不但失禮且會被誤為具有不友善的意味。

10-4-4 乘　車

1. 乘座小汽車，有司機駕駛之座次，附圖分別以 1、2、3 代表尊卑，安排如下：

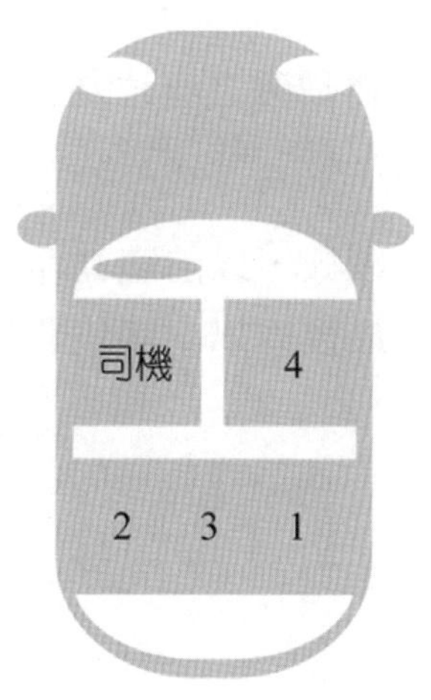

● 圖 10-4-1　有司機駕駛時

有司機駕駛之小汽車：不論駕駛盤在左或在右，均以後座右側為首位，左側次之，中座居三，前座司機旁的座位居四如圖 10-4-1。

2. 主人親自駕駛小汽車，座次之安排如下：
   (1) 以前座為尊，且主賓宜陪坐於前。若擇後座而坐，則如同視主人為僕役或司機，甚為失禮，如圖 10-4-2a；至後座之次序，則一如前述，以右為尊。
   (2) 主人夫婦駕車迎送友人夫婦，則主人夫婦在前座，友人夫婦在後座，以後座右側為首位，左側次之，中座居三，如圖 10-4-2b。

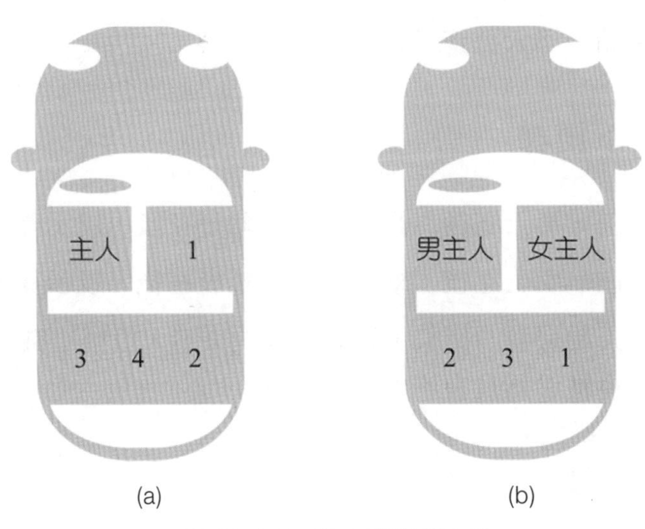

● 圖 10-4-2　主人親自駕車時

3. 吉普車座次之安排如下：

   無論由司機或車主親自駕駛，駕駛旁之座位為首位，如圖 10-4-3。

4. 九人座之休旅車：

   駕駛一般是駐辦單位所派遣。因此，以前座為卑，而後座兩排中，以前排上下車較為方便，座次比後排還尊；最後排以中間位置最卑。而中排以右座為尊，中間次之左邊最卑，如圖 10-4-4。

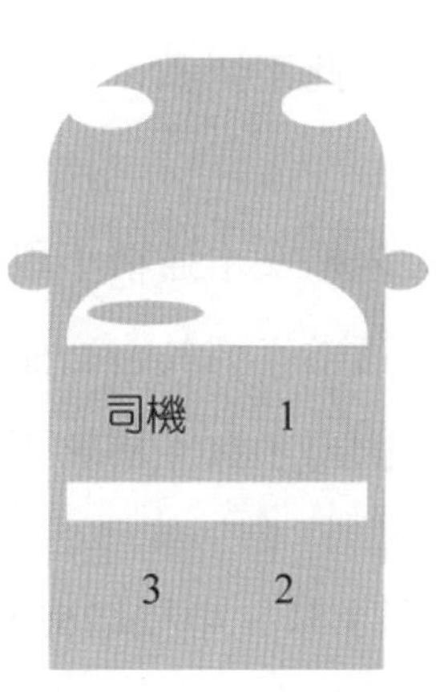

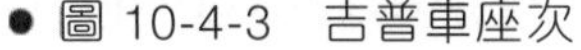
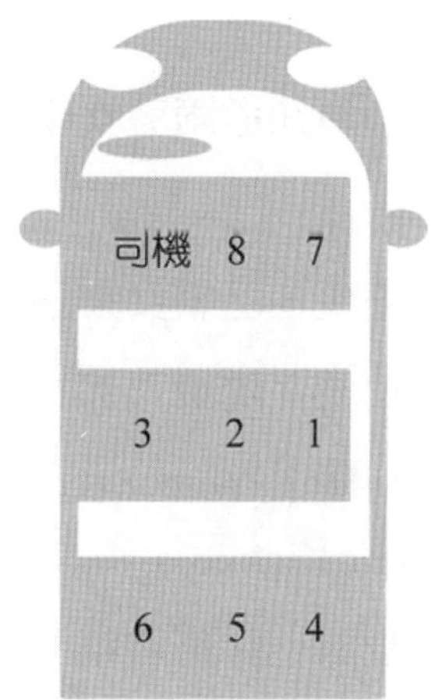

● 圖 10-4-3 吉普車座次　　● 圖 10-4-4 休旅車座次

10-5 育的禮節

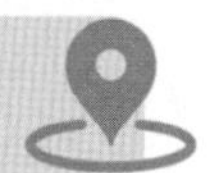

育的禮節範圍涉及甚廣，在必要的場合，可藉由介紹、握手、拜訪、送禮及懸旗等細節，在應對進退間，做出合宜的表現，使他人感受到被尊重。

10-5-1 介　紹

介紹前，主人應先考慮被介紹者之間有無任何顧慮及不便，必須考慮周詳，必要時可先徵詢當事人意見；為不同國籍人士介紹前，宜先考慮兩國邦交。此外，不宜為正在談話者或將離去者作介紹。

★ 介紹之順序

1. 先將男士介紹給女士相見為一般原則。
2. 若是女士與年長或位尊者，如總統、大使、部長等相見時，則需將女士為之介紹。
3. 先將位低者介紹予位高者。
4. 先將年少者介紹予年長者。
5. 先將未婚者介紹予已婚者。
6. 先將賓客介紹予主人。

7. 先將個人介紹予團體。
8. 正式晚宴，男士必須知道兩旁女士姓名，若彼此不認識，男士應先行自我介紹。

★ 介紹之稱謂

1. 對男士一般通稱先生，已婚女士通稱太太，未婚女士通稱小姐 Ms.。
2. 我國對總統、副總統、院長、部長之介紹，通常直稱其官銜而不加姓氏。
3. 歐美人則對之通稱閣下 Your Excellency、對國王、女王稱陛下 Your Majesty，對小國國王僅稱 Your Highness。
4. 對上將、中將及少將一律稱將軍 General，對上校、中校均稱 Colonel。
5. 對大使、公使均可稱 Your Excellency, Mr. Ambassador 或 Mr. Minister。

★ 須作自我介紹之場合

1. 女主人與來賓不認識時，來賓可先作自我介紹。
2. 正式晚宴，男士不知隔鄰女士芳名時，男士須先作自我介紹。
3. 酒會或茶會陌生賓客，可互報姓名自我介紹。
4. 介紹女士時，原則不必起立，唯被介紹與年長者、地位較高之婦女或地位超過本人及其夫婿之男士時，則應起立。

10-5-2 握　手

1. 男士不宜主動與女士握手，須俟女士先伸手再握。
2. 主人應先向賓客握手。
3. 位低或年少者應俟位尊或年長者主動伸手後，才能與之握手。
4. 握手時男士宜脫去手套。
5. 女士若不先伸手作下垂狀，男士不可遽行吻手禮。
6. 中東及中南美洲地區興擁抱禮，歐洲及美洲國家之親頰禮亦甚普遍。

10-5-3 行　禮

親頰禮和擁抱禮在國際禮儀上相當常見，但對我們大多數的人來說比較不熟悉。遇到外賓如果對方很熱忱的迎來時，千萬不要扭捏，要以落落大方的態度熱情面對。

1. 親頰禮：歐洲美洲國家，大多行親頰禮。行禮時只輕吻對方右頰表示禮貌、友誼。也有親了右頰再親左頰表示更熱忱，不過大多限於很親密的至親好友。
2. 擁抱禮：中東、中南美洲、東歐、俄羅斯等國家相當普遍，用於男士間或女士間。張開雙手，右手搭在對方左肩上方，左手伸向對方右臂下，往後背輕輕環抱，並用手輕拍對方的背部。
3. 屈膝禮：流行於英國及英屬殖民地國家間的禮節。行禮時右腿向前屈，左腿向後伸，表示尊敬；在英國遇重大慶典、晉見皇室或皇室宴客時，女士多行屈膝禮，男士多行握手禮。
4. 合十禮：大部分在信奉佛教的東南亞國家，行禮時兩手手掌在胸前合併微微上舉，同時頭向微向前俯下，在外交上若對方以合十禮禮節致敬，對方應該要以合十禮還禮。

10-5-4 拜　訪

不論在任何國家及場合，公務或私誼性質之拜訪，均宜事先約定時間，勿作不速之客，並應準時赴約，早到或遲到均不妥當，拜訪時，如適主人不便長談，坐片刻應即告退。第一次受人拜訪，通常於二、三日後即宜前往回拜，但長輩對晚輩，長官對部屬，可不必回拜，必要時可寄送名片或寫短箋致意。拜訪時如被訪者不在，可留置一張左上角內折的名片，以示親訪。

10-5-5 送　禮

送禮之原則首重切合實際，送名貴打火機給不吸菸者，或送金華火腿給不吃豬肉之回教徒，均為不切實際的例子；禮品在包裝前應撕去價格標籤。同時，除非本人親送，否則應在禮品上書寫贈送人姓名或附上名片。

1. 西洋禮俗於接受禮品後當面拆封，並讚賞致謝。
2. 親友亡故於公祭時宜致送花圈輓聯，前往醫院探病時宜攜鮮花水果。

3. 喪禮致送輓軸、輓聯、輓額、輓幛、花圈、花籃或十字花架等，其上款應題某某先生（或官銜）千古，如係教徒可寫某某先生安息，如係女性，可寫某某女士靈右或蓮座（佛教徒），下款具名某某敬輓。西洋習俗較為簡單，可在送禮者具名之卡片上題：With Deepest Sympathy，而在卡片信封上書寫喪禮者之姓名，例如：To the Funeral of the Late Minister John Smith。參加喪禮時需著深色西服及深色領帶。

10-5-6 懸　旗

1. 尊右之原則（依懸掛旗之本身位置面對觀眾為準）。
2. 國旗之懸掛以右為尊，左邊次之。
3. 以地主國國旗為尊，他國國旗次之。故在國外如將我國國旗與駐在國國旗同時懸掛時，駐在國國旗應居右，我國國旗居左。
4. 國旗如與非國旗之旗幟同時懸掛，國旗應居右且旗桿宜略高，旗幟亦可略大。
5. 各國國旗同時懸掛時，其旗幅大小及其旗桿長度均應相同，以示平等。
6. 多國旗併列時，以國名之英文（或法文）字母首字為序，依次排列，惟地主國國旗應居首位，即排列於所有國家國旗之最右方，亦即面對國旗時觀者之最左方。

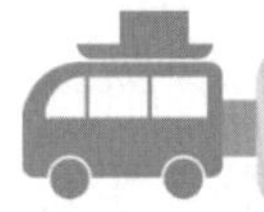

10-6 樂的禮節

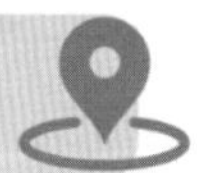

10-6-1 舞　會

舞會為外交或社交酬謝之經常活動，一般分為茶舞(tea dance)或餐舞(dinner dance)。另有正式舞會(ball)及化妝舞會等。

1. 參加舞會時，除正式舞會或性質較隆重者外，雖遲到亦不算失禮，有事須早退時，也可自行離去，不必驚動主人及其他客人。
2. 舞會由男女主人或年長者，位高者開舞；切忌不可由舞藝高超者開舞。
3. 邀請他人舞伴共舞時，應先徵求同意，欲與已婚女賓共舞時，宜先經其夫許可，以示禮貌。

10-6-2 茶會及園遊會

1. 不安排座位或座次，賓客或坐或立，自由交談取食，氣氛活潑生動熱鬧。
2. 主人立於會場入口處迎賓，一一握手歡迎。
3. 茶會或園遊會開始後，主人可入內，周旋於賓客問寒暄致意。
4. 節目結束時，主人再立於出口處送客，客人稱謝而去。
5. 賓客擬早退者，可不必驚動主人，可逕自離去。

10-6-3 音樂會

1. 務必提早於開演前十分鐘入場完畢，以免影響節目演出。
2. 遲到者，應節目告一段落，再行進場入座。
3. 不宜攜帶嬰兒或小孩入場，場內不可吸菸、吃零食，或交頭接耳。
4. 入場時，男士應負責驗票覓座，並照顧女伴入座。
5. 鼓掌表示讚賞，須俟章節告一段落，方可鼓掌，以示禮貌。

10-6-4 高爾夫球場上

1. 球敘進行中不可拖延時間。
2. 前方球員未走出射距外，不得由後發球。
3. 球伴有協助覓球之禮貌，如因覓球而耽誤時間，宜讓後面球員先行通過。
4. 如打完一洞，則全組球員應立即離開果嶺。
5. 任何人揮桿時，其他人不得走動或交談。
6. 任何人揮桿時，其他人不得靠近球或球洞，不得站立於球之正後方或洞之正前方。
7. 如無特殊規定，兩人一組之球員較三人或四人一組之球員有權優先超越前進。
8. 前組球員位置落後超過一洞之遙，應讓後來之一組超越。
9. 十八洞之全程比賽優先進行，並可超越任何短洞比賽。

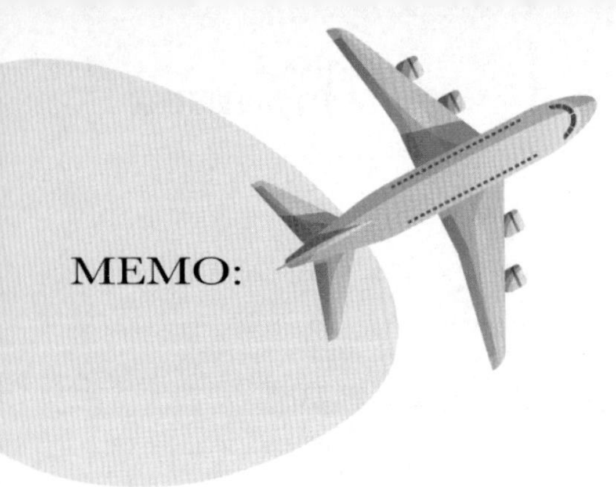
MEMO:

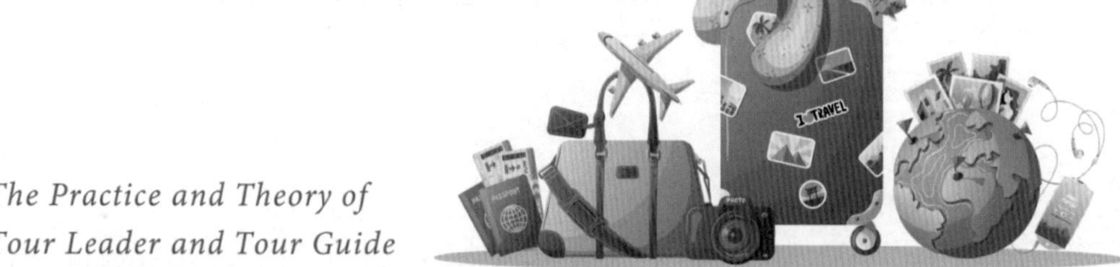
I TRAVEL

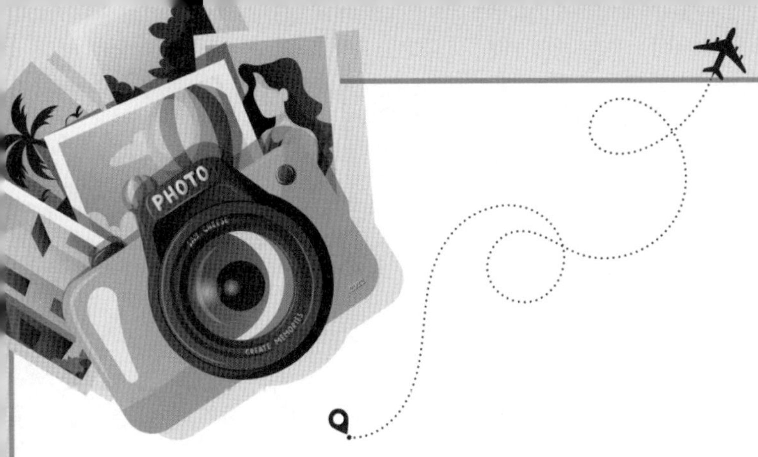

PART 03

導遊領隊實務（二）

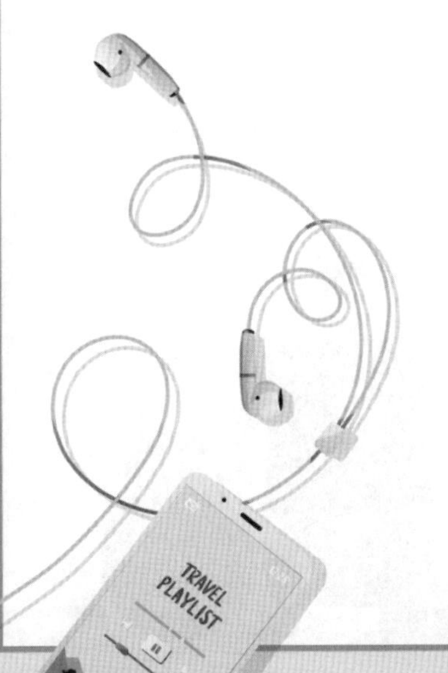

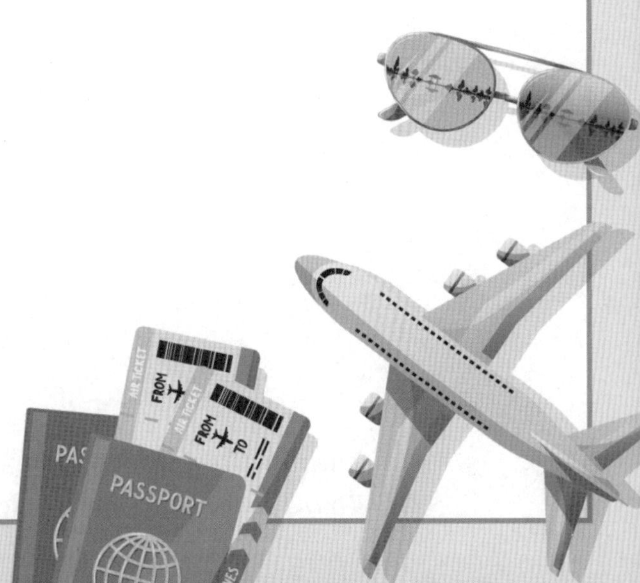

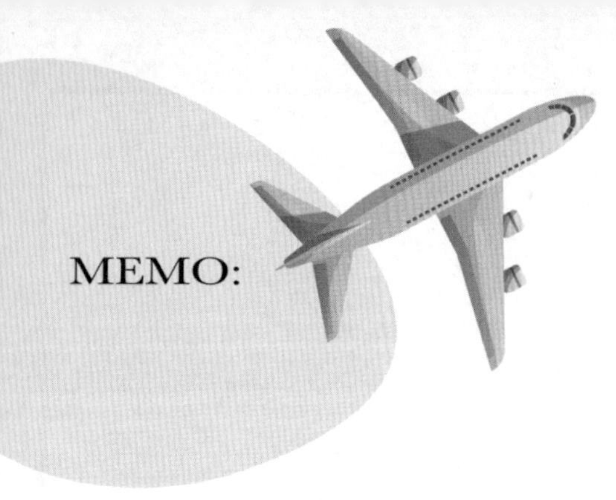

MEMO:

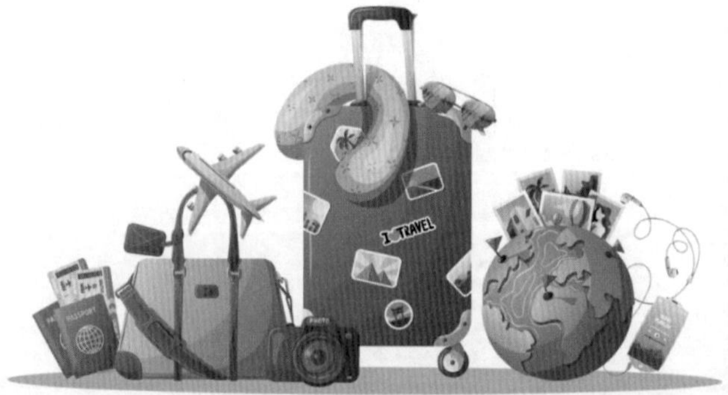

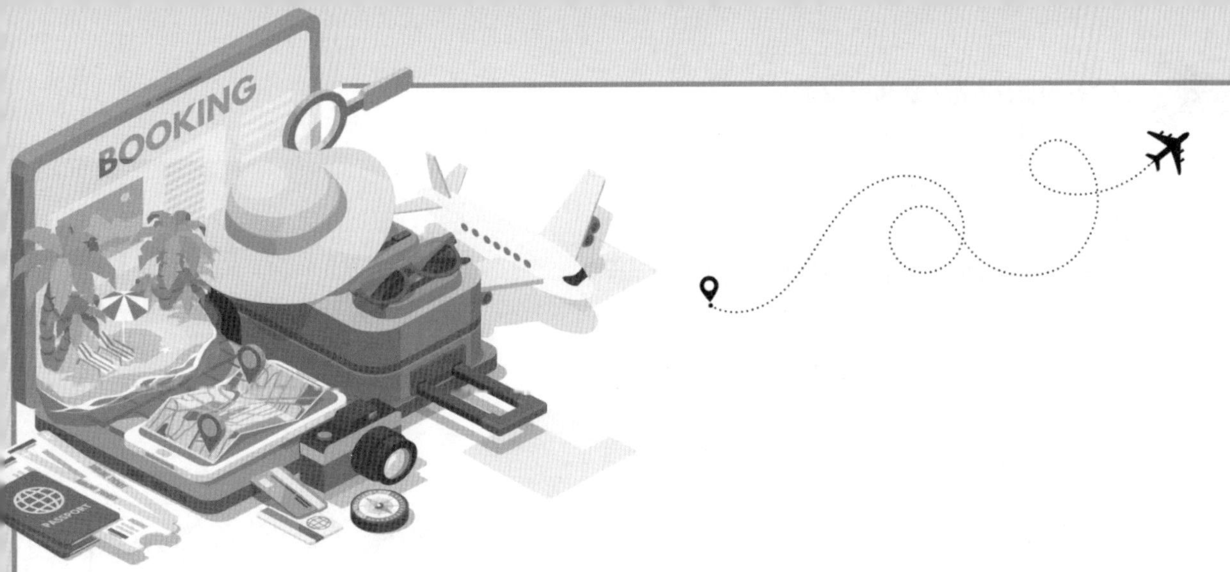

CHAPTER 11 觀光法規

11-1 觀光行政與政策
11-2 發展觀光條例（節略）
11-3 旅行業管理規則（節略）
11-4 導遊人員管理規則（節略）
11-5 領隊人員管理規則（節略）
11-6 民法債編旅遊專節（節略）
11-7 國外定型化旅遊契約（節略）
11-8 其他相關管理規則（節略）

華語導遊

外語導遊

華語領隊

外語領隊

11-1 觀光行政與政策

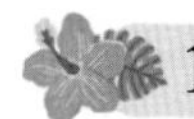

11-1-1 觀光局行政管理體系

一、國際觀光組織

縮寫	觀光業相關協會組織	英文名稱
AAA	美國汽車旅行協會	American Automobile Association
ASTA	美國旅行社協會	American Society of Travel Agents
ATA	美國空中運輸協會	Air Transport Association(USA)
AACVB	亞洲會議暨旅遊局協會	Asia Association of Convention and Visitor Bureau
CTOA	美國旅行推展業者協會	Creative Tour Operators of America
EATA	東亞觀光協會	East Asia Travel Association
ETC	歐洲旅行業委員會	European Travel Commission
EMF	歐洲汽車旅館聯合會	European Motel Federation
IATA	國際航空運輸協會	International Air Transport Association
ICAO	國際民航組織	International Civil Aviation Organizations
IHA	國際旅館協會	International Hotel Association
IUOTO	國際官方觀光組織聯合會	International Union of Official Travel Organization
JNTO	日本國際觀光振興會	Japan National Tourist Organization
NATO	美國旅行業組織協會	National Association of Travel Organization
OAA	東方地區航空公司協會	Orient Airlines Association
OECD	經濟合作開發組織	Organization for Economic Cooperation and Development
PATA	亞太旅行協會	Pacific Area Travel Association
TIAA	美國旅遊協會	Travel Industry Association of America
UNESCO	聯合國教科文組織	United Nations Education Scientific and Cultural Organization

縮寫	觀光業相關協會組織	英文名稱
UFTAA	世界旅行業組織聯合會	Universal Federation of Travel Agents Association
USTOA	美國旅遊業協會	United States Tour Operators Association
WATA	世界旅行業協會	World Association of Travel Agencies
WCTAC	世界華商觀光友好會議	World Chinese Tourism Amity Conference
UNWTO	世界觀光組織	World Tourism Organization

二、國內相關組織

觀光業相關協會與組織	英文名稱
交通部觀光局	Tourism Bureau, Ministry of Transportation and Communications, R.O.C.
臺灣觀光協會	Taiwan Visitors Association
中華民國旅行商業同業公會全國聯合會	Travel Agent Association of R.O.C.
中華民國旅行業品質保障協會	Travel Quality Assurance Association, R.O.C.
中華民國旅行業經理人協會	Certified Travel Councillor Association, R.O.C.
中華民國國民旅遊領團解說員協會	Association of National Tour Escort, R.O.C.
中華民國觀光旅館商業同業公會	Taiwan Tourist Hotel Association, R.O.C.
中華民國觀光領隊協會	Association of Tour Managers, R.O.C.
中華民國觀光導遊協會	Tourist Guide Association, R.O.C.
中華民國國際會議展覽協會	Taiwan Convention & Exhibition Association
臺北市旅行商業同業公會	Taipei Association of Travel Agents
臺北市旅遊業職業工會	Taipei Travel Labour Union
新北市旅行商業同業公會	Taipei Association of Travel Agents

三、觀光局組織編制與主掌（交通部觀光局，2022）

1. 觀光局沿革

我國觀光事業於 1956 年開始萌芽。1960 年，奉行政院核准於交通部設置觀光事業小組。1966 年改組為觀光事業委員會。1971 年，政策決定將原交通部觀光事業委員會與臺灣省觀光事業管理局裁併，改組為交通部觀光事業局，為現今本局之前身。1972 年，「交通部觀光局組織條例」奉總統公布後，依該條例規定於 1973 年更名為「交通部觀光局」，綜理規劃、執行並管理全國觀光事業。

2. 企劃組業務職掌

(1) 各項觀光計畫之研擬、執行之管考事項及研究發展與管制考核工作之推動。
(2) 年度施政計畫之釐訂、整理、編纂、檢討改進及報告事項。
(3) 觀光事業法規之審訂、整理、編纂事項。
(4) 觀光市場之調查分析及研究事項。
(5) 觀光旅客資料之蒐集、統計、分析、編纂及資料出版事項。
(6) 觀光書刊及資訊之蒐集、訂購、編譯、出版、交換、典藏事項。
(7) 其他有關觀光產業之企劃事項。

3. 業務組業務職掌

(1) 旅行業、導遊人員及領隊人員之管理輔導事項。
(2) 旅行業、導遊人員及領隊人員證照之核發事項。
(3) 觀光從業人員培育、甄選、訓練事項。
(4) 觀光從業人員訓練叢書之編印事項。
(5) 旅行業聘僱外國專門性、技術性工作人員之審核事項。
(6) 旅行業資料之調查蒐集及分析事項。
(7) 觀光法人團體之輔導及推動事項。
(8) 大陸地區人民來臺觀光事務之聯繫、協調及處理。
(9) 其他有關事項。

4. 技術組業務職掌

(1) 觀光資源之調查及規劃事項。
(2) 觀光地區名勝古蹟協調維護事項。
(3) 風景特定區設立之評鑑、審核及觀光地區之指定事項。
(4) 風景特定區之規劃、建設經營、管理之督導事項。
(5) 觀光地區規劃、建設、經營、管理之輔導及公共設施興建之配合事項。
(6) 地方風景區公共設施興建之配合事項。

(7) 國家級風景特定區獎勵民間投資之協調推動事項。
(8) 自然人文生態景觀區之劃定與專業導覽人員之資格及管理辦法擬訂事項。
(9) 稀有野生物資源調查及保育之協調事項。
(10) 其他有關觀光產業技術事項。

5. 國際組業務職掌
(1) 國際觀光組織、會議及展覽之參加與聯繫事項。
(2) 國際會議及展覽之推廣及協調事項。
(3) 國際觀光機構人士、旅遊記者作家及旅遊業者之邀訪接待事項。
(4) 本局駐外機構及業務之聯繫協調事項。
(5) 國際觀光宣傳推廣之策劃執行事項。
(6) 民間團體或營利事業辦理國際觀光宣傳及推廣事務之輔導聯繫事項。
(7) 國際觀光宣傳推廣資料之設計及印製與分發事項。
(8) 其他國際觀光相關事項。

6. 國民旅遊組業務職掌
(1) 觀光遊樂設施興辦事業計畫之審核及證照核發事項。
(2) 海水浴場申請設立之審核事項。
(3) 觀光遊樂業經營管理及輔導事項。
(4) 海水浴場經營管理及輔導事項。
(5) 觀光地區交通服務改善協調事項。
(6) 國民旅遊活動企劃、協調、行銷及獎勵事項。
(7) 地方辦理觀光民俗節慶活動輔導事項。
(8) 國民旅遊資訊服務及宣傳推廣相關事項。
(9) 其他有關國民旅遊業務事項。

7. 旅宿組業務職掌
(1) 國際觀光旅館、一般觀光旅館之建築與設備標準之審核、營業執照之核發及換發。
(2) 觀光旅館之管理輔導、定期與不定期檢查及年度督導考核地方政府辦理旅宿業管理與輔導績效事項。
(3) 觀光旅館業定型化契約及消費者申訴案之處理及旅館業、民宿定型化契約之訂修事項。
(4) 觀光旅館業、旅館業、民宿專案研究、資料蒐集、調查分析及法規之訂修及釋義。

(5) 觀光旅館用地變更與依促進民間參與公共建設法投資案興辦事業計畫之審查。

(6) 觀光旅館業、旅館業及民宿行銷推廣之協助，提昇觀光旅館業、旅館業品質之輔導及獎補助事項。

(7) 觀光旅館業、旅館業、民宿相關社團之輔導與其優良從業人員或經營者之選拔及表揚。

(8) 觀光旅館業從業人員之教育訓練及協助、輔導地方政府辦理旅館業從業人員及民宿經營者之教育訓練。

(9) 旅館星級等級評鑑及輔導，好客民宿遴選活動。

(10) 其他有關觀光旅館業、旅館業及民宿業務事項。

8. 人事室業務職掌

(1) 組織編制及加強職位功能事項。

(2) 人事規章之研擬事項。

(3) 職員任免、遷調及銓審事項。

(4) 職員勤惰管理及考核統計事項。

(5) 職員考績、獎懲、保險、退休、資遣及撫卹事項。

(6) 員工待遇福利事項。

(7) 職員訓練進修事項。

(8) 人事資料登記管理事項。

(9) 員工品德及對國家忠誠之查核事項。

(10) 其他有關人事管理事項。

9. 政風室業務職掌

(1) 廉政之宣導及社會參與。

(2) 廉政法令、預防措施之擬訂、推動及執行。

(3) 廉政興革建議之擬訂、協調及推動。

(4) 公職人員財產申報、利益衝突迴避及廉政倫理相關業務。

(5) 機關有關之貪瀆與不法事項之處理。

(6) 對於具有貪瀆風險業務之清查。

(7) 機關公務機密維護之處理及協調。

(8) 機關安全維護之處理及協調。

(9) 其他有關政風事項。

10. 主計室業務職掌

(1) 歲入歲出概算、資料之蒐集、編製事項。

(2) 預算之分配及執行事項。

(3) 決算之編製事項。

(4) 經費之審核、收支憑證之編製及保管事項。

(5) 現金票據及財物檢查事項。

(6) 採購案之監辦事項。

(7) 工作計畫之執行與經費配合考核事項。

(8) 會計人員管理事項。

(9) 其他有關歲計、會計事項。

11. 公關室業務職掌

(1) 立法院相關事務之聯繫協調。

(2) 監察院巡察及列管案件之聯繫協調。

(3) 新聞媒體之溝通聯繫及協調。

(4) 新聞輿情之回應及發布。

12. 資訊室業務職掌

(1) 資訊業務整體規劃與推動及資訊計畫之審議。

(2) 資訊系統之發展、建置、管理及維護。

(3) 資訊業務之執行及督導。

(4) 資訊作業之協調、監督、績效查核及業務評鑑。

(5) 資訊設備及網路之規劃、建置、管理及維護。

(6) 資訊安全之維護、稽核及管理事項。

(7) 各項業務資訊化作業之相關技術諮詢。

(8) 資訊政策及作業處理程序之訂定。

(9) 資訊政令宣導及辦理教育訓練。

(10) 其他有關資訊事項。

13. 旅遊服務中心業務職掌

(1) 交通部觀光局旅遊服務中心設置要點。

(2) 輔導出國觀光民眾瞭解海外之情況。

(3) 輔導旅行團因應海外偶發事件之對策與態度。

(4) 輔導旅行社辦理出國觀光民眾行前（說明）講習會。

(5) 輔導出國觀光民眾在海外旅行禮儀。

(6) 提供旅行社及出國觀光民眾在海外宣揚國策所需之資料。
(7) 國內外旅遊資料之蒐集與展示。
(8) 其他有關民眾出國服務事項。

14. 臺灣桃園國際機場旅客服務中心業務職掌
(1) 協助旅客辦理機場入出境事項。
(2) 提供旅遊資料及解答旅遊有關詢問事項。
(3) 協助旅客洽訂旅館及代洽交通工具事項。
(4) 協助旅客對親友之聯絡事項。
(5) 協助旅客郵電函件之傳遞事項。
(6) 各機關邀請來華參加國際會議人士之協助接待事項。
(7) 協助老弱婦孺旅客之有關照顧事項。
(8) 旅客各項旅行手續之協辦事項。
(9) 有關旅客服務事項。

15. 高雄國際機場旅客服務中心業務職掌
(1) 協助旅客辦理機場入出境事項。
(2) 提供旅遊資訊及解答旅遊有關詢問事項。
(3) 協助旅客洽訂旅館及代洽交通工具事項。
(4) 協助旅客對親友之聯絡事項。
(5) 協助旅客對郵電函件之傳遞事項。
(6) 各機關邀請來華參加國際會議人士之協助接待事項。
(7) 協助老弱婦孺旅客之有關照顧事項。
(8) 旅客各項旅行手續之協辦事項。
(9) 其他有關旅客服務事項。

11-1-2 觀光政策

一、2022 年觀光政策

國家發展計畫（110~113 年）「國家發展計畫（110~113 年）」，將以四大政策主軸，持續深耕國家實力，包括：(一) 數位創新，啟動經濟發展新模式 2.0、(二) 安心關懷，營造全齡照顧的幸福社會、(三) 人本永續，塑造均衡發展的樂活家園、(四) 和平互惠，創造世代安居的對外關係。

其中策略（三）人本永續，塑造均衡發展的樂活家園，政府將積極「建設人本交通與觀光網」，強化前瞻基礎建設，以及均衡台灣發展計畫、落實地方創生，促進區域均衡發展；同時，政府將打造韌性永續樂活家園，以促進人與環境之共融共存，締造更安全、永續之家園。重點工作主要包括：交通建設及服務效能全面提升、前瞻擘劃觀光產業及觀光醫療。與觀光有關部分如下：

1. 擘劃觀光前瞻計畫：主要內容為「國際魅力景區、友善環境提升及觀光標誌改造計畫」、「自行車主題旅遊計畫」、「推動國際及國內跳島旅遊計畫」、「智慧觀光數位轉型計畫」等，藉由整合跨部會及地方資源，打造高品質旅遊環境。【交通部主政】
2. 發展觀光醫療多元加值：主要內容為「鼓勵醫療機構投入海外觀光醫療市場」、「便捷來台簽證措施」、「強化我國醫療品牌形象」等，整合各地方特色醫療旅遊亮點素材，開發養生、健檢、醫美行程，透過提供國際旅客醫療服務，帶動來台觀光醫療。【衛生福利部主政】

二、2021 年觀光政策

1. 交通部在世界自行車日時宣布 2021 年訂定為「自行車旅遊年」，為臺灣的自行車文化樹立關鍵里程碑。
2. 觀光局繼 2019 小鎮漫遊年、2020 脊樑山脈旅遊年之後，又推出「2021 自行車旅遊年」，這些活動皆被視為落實人本交通的指標性政策。臺灣素有「自行車王國」的美譽，包括：捷安特及美利達等臺灣自行車品牌，一直以來被譽為臺灣之光，國人悠久的自行車歷史與騎乘文化，也深受稱許，在結合這些優勢後，臺灣可以打造出享譽國際的自行車旅遊品牌。
3. 交通部 109~112 年也將辦理「環島自行車道升級暨多元路線整合推動計畫」，除了持續優化環島自行車路網，更整合轄下各局處資源，也攜手各縣市政府，針對不同區域的地方特色，加以分組分類後，發展出不同特色的自行車觀光遊程，讓大家體驗更友善多元的自行車旅遊環境。
4. 交通部針對全臺各地不同區域的地方特色，發展出多樣化的自行車觀光遊程「臺灣自行車節」，這次同樣舉辦六大主軸活動，包括「Light up Taiwan 極點慢旅」、「2019 East of Taiwan 花東海灣自行車漫旅」、「臺中自行車嘉年華 Bike Taiwan」、「日月潭 Come! Bikeday」、「臺灣自行車登山王挑戰(KOM)」及「騎遇福爾摩沙 FORMOSA900」，這六大主軸活動囊括國家風景區、經典小鎮、生態旅遊等老少咸宜的體驗行程，每一場都能讓國人從自行車運動中感受臺灣的獨特魅力。

三、2020 年觀光政策

1. 推動「Tourism 2020－臺灣永續觀光發展方案」，以「創新永續，打造在地幸福產業」、「多元開拓，創造觀光附加價值」、「安全安心，落實旅遊社會責任」為目標，持續透過「開拓多元市場、活絡國民旅遊、輔導產業轉型、發展智慧觀光及推廣體驗觀光」等 5 大策略，落實 21 項執行計畫，積極打造臺灣觀光品牌，形塑臺灣成為「友善、智慧、體驗」之亞洲重要旅遊目的地。
2. 因應武漢肺炎疫情衝擊觀光產業生計，積極推動短期「觀光產業紓困方案」、中期之「觀光產業復甦及振興方案」及「觀光升級及前瞻方案」，以活絡產業提振觀光市場。

★ 2020 年施政重點

1. 推動觀光產業紓困措施

在交通部「超前部署」的指導原則下，採取以訓代賑、損失補償策略，推動人才培訓、協助觀光產業融資周轉貸款及利息補貼、觀光旅館及旅館必要營運負擔補貼、入境旅行社紓困補助、接待陸團旅行業提前離境補助、停止出入團補助以及營運、薪資補貼等紓困方案。

2. 推動觀光產業復甦、振興措施

配合中央流行疫情指揮中心鼓勵民眾力行「防疫新生活運動」，規劃「國內旅遊」振興復甦工作，透過三階段之「防疫踩線旅遊」、「安心旅遊」及「國際行銷推廣」之旅遊規劃，積極有序協助受疫情衝擊之觀光產業推動振興措施，並全力協助旅行業、旅宿業及觀光遊樂業進行轉型發展，以增進國旅及國際旅遊市場競爭力。

3. 觀光產業升級與轉型措施

為使觀光產業順利銜接後續各項復甦與振興措施，亦提出觀光產業轉型策略，讓業者於疫情趨緩之際調整體質，內容包含鼓勵區域觀光產業聯盟、提升溫泉品牌知名度與行銷、旅宿業品質提升及觀光遊樂業優質化、智慧觀光數位轉型等。

4. 推廣脊梁山脈旅遊年

(1) 推動 2020 脊梁山脈旅遊 12 條路線，推廣臺灣山林之美。
(2) 推動 30 小鎮（含 20 個山城小鎮）之在地深度體驗旅遊及營造友善優質旅服環境。
(3) 打造國家風景區 1 處 1 特色優質景點，營造通用友善旅遊環境。

四、2019 年觀光政策

推動「Tourism 2020-臺灣永續觀光發展方案」，以「創新永續，打造在地幸福產業」、「多元開拓，創造觀光附加價值」、「安全安心，落實旅遊社會責任」為目標，持續透過「開拓多元市場、活絡國民旅遊、輔導產業轉型、發展智慧觀光及推廣體驗觀光」等 5 大策略，落實 21 項執行計畫，積極打造臺灣觀光品牌，形塑臺灣成為「友善、智慧、體驗」之亞洲重要旅遊目的地。

★ 2019 年施政重點

1. 開拓多元市場
   (1) 持續針對主力市場東北亞、港澳及歐美、成長市場之新南向 18 國、潛力市場的歐俄等高緯度客源及大陸市場客源偏好，開發客製遊程，創造需求、精準行銷，提高來臺消費產值。
   (2) 與地方攜手開發在地、深度、多元、特色等旅遊產品，搭配四季國際級亮點主軸活動，如臺灣燈會、寶島仲夏節、臺灣自行車節及臺灣好湯－溫泉美食等，強化文化、運動觀光引客至中南東部。
   (3) 開拓高潛力客源如吸引郵輪、MICE 會展獎旅、穆斯林、包機及修學等主題遊程。
2. 活絡國民旅遊
   (1) 擴大宣傳「臺中世界花卉博覽會」及「臺灣觀光新年曆」，加強城市行銷，並促進大型活動產業化，推動特色觀光活動，帶動觀光產業發展。
   (2) 鼓勵青年週遊深入小鎮漫遊。
   (3) 提升觀光活動內涵及品質，整合大眾運輸優惠，提高平日旅遊誘因。
3. 輔導產業轉型
   (1) 引導產業加速品牌化、國際化及電商化，並落實評鑑機制及導入專家輔導團。
   (2) 檢討鬆綁產業管理法令與規範，協助青創及新創加入觀光產業，修正星級旅館評鑑制度並調整訂房規範。
   (3) 強化關鍵人才培育，加強稀少語別導遊訓練、提升中高階管理人才接待新興市場之職能。
4. 發展智慧觀光
   (1) 建置觀光大數據資料庫，全面整合觀光產業資訊網絡，加強觀光資訊應用及旅客旅遊行為分析，引導產業開發加值應用服務。

(2) 精進「臺灣好行」及「臺灣觀巴」服務品質，以跨平臺整合「臺灣好玩卡」，擴大宣傳與服務面向。

(3) 辦理臺灣當代觀光旅遊論壇。

(4) 落實 4 級旅服系統 icenter 及借問站。

5. 推廣體驗觀光

(1) 推動「2019 小鎮漫遊年」推廣 40 經典小鎮（含 30 個縣市經典小鎮及 10 個客庄）之在地深度體驗旅遊及營造友善質感旅服環境。

(2) 打造「海灣新亮點」，整頓優化海灣遊憩環境及服務設施。

(3) 持續執行重要觀光景點建設，打造國家風景區 1 處 1 特色優質品牌，營造多元族群友善環境。

(4) 營造通用友善旅遊環境。

五、2018 觀光政策

推動「Tourism 2020－臺灣永續觀光發展方案」，以「創新永續，打造在地幸福產業」、「多元開拓，創造觀光附加價值」、「安全安心，落實旅遊社會責任」為目標，持續透過「開拓多元市場、活絡國民旅遊、輔導產業轉型、發展智慧觀光及推廣體驗觀光」等 5 大策略，落實 21 項執行計畫，積極打造臺灣觀光品牌，形塑臺灣成為「友善、智慧、體驗」之亞洲重要旅遊目的地。

★ 2018 年施政重點

1. 開拓多元市場

(1) 持續針對東北亞、新南向、歐美長線及大陸等目標市場及客群採分眾、精準行銷，提高來臺旅客消費力及觀光產業產值。

(2) 與地方攜手開發在地、深度、多元、特色等旅遊產品，搭配四季國際級亮點主軸活動（臺灣燈會、夏至 235、自行車節及臺灣好湯－溫泉美食等），將國際旅客導入地方。

(3) 擴大 ACC 亞洲郵輪聯盟合作，運用空海聯營旅遊獎助機制，提升郵輪旅遊產品多樣性及市場規模。

2. 活絡國民旅遊

(1) 擴大宣傳「臺灣觀光新年曆」，加強城市行銷力度及推動特色觀光活動。

(2) 持續推動「國民旅遊卡新制」，鼓勵國旅卡店家使用行動支付並擴大支付場域。

(3) 落實旅遊安全滾動檢討及加強宣導，優化產業管理與旅客教育制度。

3. 輔導產業轉型
   (1) 引導產業加速品牌化、電商化及服務優化，調整產業結構。
   (2) 檢討鬆綁相關產業管理法令與規範，提升業者經營彈性，協助青年創業及新創入行。
   (3) 持續強化關鍵人才培育，加強稀少語別導遊訓練、考照制度變革及推動導遊結合在地導覽人員新制。
4. 發展智慧觀光
   (1) 建立觀光大數據資料庫，全面整合觀光產業資訊網絡，加強觀光資訊應用及旅客旅遊行為分析，引導產業開發加值應用服務。
   (2) 運用「臺灣好玩卡」改版升級，擴大宣傳與服務面向。
   (3) 持續精進「臺灣好行」、「臺灣觀巴」及「借問站」服務品質。
   (4) 建構 TMT（臺灣當代觀光旅遊）論壇及期刊等 e 化交流。
5. 推廣體驗觀光
   (1) 推動「2018 海灣旅遊年」主軸，建構島嶼生態觀光旅遊。
   (2) 執行「跨域亮點及特色加值計畫」及啟動「海灣山城及觀光營造計畫」籌備作業，積極輔導地方營造特色遊憩亮點。
   (3) 整合行銷部落與客庄特色節慶及民俗活動。
   (4) 執行「重要觀光景點建設中程計畫（105~108 年）」，打造國家風景區 1 處 1 特色，營造多元族群友善環境。

11-1-3 星級旅館評鑑作業要點

中華民國 111 年 3 月 23 日觀宿字第 11106002271 號令修正發布，並自 111 年 7 月 1 日生效

一、交通部觀光局（以下簡稱本局），為依觀光旅館業管理規則第十八條及旅館業管理規則第三十一條規定辦理星級旅館評鑑，特訂定本要點。

二、領有觀光旅館業營業執照之觀光旅館及領有旅館業登記證之旅館（以下簡稱旅館），得依本要點規定，申請星級旅館評鑑。

三、星級旅館之評鑑等級意涵如下，基本條件如附表一：
   (一) 一星級（基本級）：提供簡單的住宿空間，支援型的服務，與清潔、安全、衛生的環境。

(二) 二星級（經濟級）：提供必要的住宿設施及服務，與清潔、安全、衛生的環境。

(三) 三星級（舒適級）：提供舒適的住宿、餐飲設施及服務，與標準的清潔、安全、衛生環境。

(四) 四星級（全備級）：提供舒適的住宿、餐宴及會議與休閒設施，熱誠的服務，與良好的清潔、安全、衛生環境。

(五) 五星級（豪華級）：提供頂級的住宿、餐宴及會議與休閒設施，精緻貼心的服務，與優良的清潔、安全、衛生環境。

(六) 卓越五星級（標竿級）：提供旅客的整體設施、服務、清潔、安全、衛生已超越五星級旅館，可達卓越之水準。

四、星級旅館評鑑配分合計 1000 分。評鑑項目及配分如附表二、三。

五、參加評鑑之旅館，經評定為 151 分至 250 分者，核給一星級；251 分至 350 分者，核給二星級；351 分至 650 分者，核給三星級；651 分至 750 分者，核給四星級；751 分至 850 分者，核給五星級；851 分以上者，核給卓越五星級。

六、旅館申請評鑑，應具備下列合格文件向本局提出，並依「交通部觀光局辦理觀光旅館及旅館等級評鑑收費標準」繳納評鑑費及標識費：

(一) 星級旅館評鑑申請書。

(二) 觀光旅館業營業執照影本或旅館業登記證影本。

(三) 投保責任險保險單。

(四) 公共安全檢查申報紀錄。

旅館經本局審查認可之國外旅館評鑑系統評鑑者，得提出效期內佐證文件及前項第二至四款合格文件，並繳納標識費，由本局核給同等級之星級旅館評鑑標識。

七、本局就旅館經營管理、建築、設計、旅遊媒體等相關領域之專家學者遴聘評鑑委員辦理評鑑。

前項評鑑委員不得為現職旅館從業人員。

評鑑委員於實施星級旅館評鑑前，應參加本局辦理之訓練。

八、旅館申請評鑑時，將依其具備之星級基本條件選派評鑑委員人數。具備一星級至三星級基本條件旅館由二名評鑑委員評核。具備四星級與四星級以上基本條件旅館由三名評鑑委員評核。評核時均以不預警留宿受評旅館方式進行。

九、評鑑作業受理時間由本局公告之，經星級旅館評鑑後，由本局核發星級旅館評鑑標識，效期為三年。

星級旅館評鑑標識之效期，自本局核發評鑑結果通知書之年月當月起算。

依第六點第二項規定核發星級旅館評鑑標識者，效期自該國外旅館評鑑系統核定日起算三年。

十、星級旅館評鑑標識應載明本局中、英文名稱核發字樣、星級符號、效期等內容。

十一、受評業者接獲本局星級旅館評鑑結果通知書並經評定為星級旅館者，應於通知之日起十五日內，向本局提出星級旅館評鑑標識申請，本局於收件後四十五日內核發星級旅館評鑑標識。

評定未達一星級者，檢附所繳納標識費收據，向本局申請退還標識費。

十二、評鑑委員有下列情形之一者，應自行迴避：

(一) 現為或曾為該受評業者之董事、監察人、經理人、執行業務之股東或顧問。

(二) 與該受評業者之負責人或經理人有配偶、前配偶、三親等內血親、三親等以內之姻親或家長、家屬之關係者。

(三) 現為該受評業者之職員或曾為該受評業者之職員，離職未滿二年者。

(四) 本人或配偶與該受評業者有投資或分享利益之關係者。

本局發現或經舉發有前項應自行迴避之情事而未依規定迴避者，應請其迴避。

十三、受評業者經成績評定，得於改善後依第六點第一項規定重新申請評鑑，並繳納評鑑費及標識費。

十四、本局核發星級旅館評鑑標識後，如經消費者投訴且情節嚴重，或發生危害消費者生命、財產、安全等事件，或經查有違規事實等，足認其有不符該星級之虞者，經查證屬實，本局得提會決議，廢止或重新評鑑其星等。

十五、評鑑標識應懸掛於門廳明顯易見之處。評鑑效期屆滿後，不得再懸掛該評鑑標識或以之作為從事其他商業活動之用。

十六、星級旅館評定後，由本局選擇運用電視、廣播、網路、報章雜誌等媒體，以及製作文宣品、影片廣為宣傳。

十七、評鑑結果本局將主動揭露於本局文宣、網站等，提供消費者選擇旅館之參考。

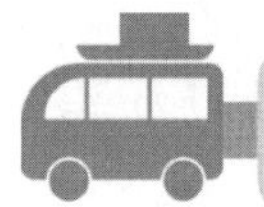

11-2 發展觀光條例（節略）

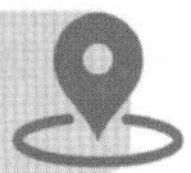

中華民國 111 年 5 月 18 日總統華總一義字第 11100041581 號

沿革自中華民國法律，共分為五章節，71 條條文，為所有觀光法規之根本，本書將條款整理後，並進行摘要及重點提示，以利閱讀。

第 1 條
1. 為發展觀光產業，宏揚傳統文化，推廣自然生態保育意識。
2. 永續經營臺灣特有之自然生態與人文景觀資源，敦睦國際友誼。
3. 增進國民身心健康，加速國內經濟繁榮，制定本條例。

第 2 條　本條例所用名詞，定義如下：
1. 觀光產業：指有關觀光資源之開發、建設與維護，觀光設施之興建、改善，為觀光旅客旅遊、食宿提供服務與便利及提供舉辦各類型國際會議、展覽相關之旅遊服務產業。
2. 觀光旅客：指觀光旅遊活動之人。
3. 觀光地區：指風景特定區以外，經中央主管機關會商各目的事業主管機關同意後指定供觀光旅客遊覽之風景、名勝、古蹟、博物館、展覽場所及其他可供觀光之地區。
4. 風景特定區：指依規定程序劃定之風景或名勝地區。
5. 自然人文生態景觀區：指具有無法以人力再造之特殊天然景緻、應嚴格保護之自然動、植物生態環境及重要史前遺跡所呈現之特殊自然人文景觀資源，其範圍包括：

原住民保留地	山地管制區	野生動物保護區	水產資源保育區
自然保留區	風景特定區國家公園內之史蹟保存區	特別景觀區	生態保護區

6. 觀光遊樂設施：指在風景特定區或觀光地區提供觀光旅客休閒、遊樂之設施。
7. 觀光旅館業：指經營國際觀光旅館或一般觀光旅館，對旅客提供住宿及相關服務之營利事業。
8. 旅館業：指觀光旅館業以外，以各種方式名義提供不特定人以日或週之住宿、休息並收取費用及其他相關服務之營利事業。

9. 民宿：指利用自用住宅空閒房間，結合當地人文、自然景觀、生態、環境資源及農林漁牧生產活動，以家庭副業方式經營，提供旅客鄉野生活之住宿處所。
10. 旅行業：指經中央主管機關核准，為旅客設計安排旅程、食宿、領隊人員、導遊人員、代購代售交通客票、代辦出國簽證手續等有關服務而收取報酬之營利事業。
11. 觀光遊樂業：指經主管機關核准經營觀光遊樂設施之營利事業。
12. 導遊人員：指執行接待或引導來本國觀光旅客旅遊業務而收取報酬之服務人員。
13. 領隊人員：指執行引導出國觀光旅客團體旅遊業務而收取報酬之服務人員。
14. 專業導覽人員：指為保存、維護及解說國內特有自然生態及人文景觀資源，由各目的事業主管機關在自然人文生態景觀區所設置之專業人員。
15. 外語觀光導覽人員：指為提升我國國際觀光服務品質，以外語輔助解說國內特有自然生態及人文景觀資源，由各目的事業主管機關在自然人文生態景觀區所設置具外語能力之人員。

第 3 條　本條例所稱主管機關：
在中央為交通部；在直轄市為直轄市政府；在縣（市）為縣（市）政府。

第 4 條
1. 中央主管機關為主管全國觀光事務，設觀光局；其組織，另以法律定之。
2. 直轄市、縣（市）主管機關為主管地方觀光事務，得視實際需要，設立觀光機構。

第二章　規劃建設

第 7 條
1. 觀光產業之綜合開發計畫，由中央主管機關擬訂，報請行政院核定後實施。
2. 各級主管機關，為執行前項計畫所採行之必要措施，有關機關應協助與配合。

第 11 條
1. 風景特定區計畫，應依據中央主管機關會同有關機關，就地區特性及功能所作之評鑑結果，予以綜合規劃。

2. 前項計畫之擬訂及核定，除應先會商主管機關外，悉依都市計畫法之規定辦理。風景特定區應按其地區特性及功能，劃分為國家級、直轄市級及縣（市）級。

第 12 條　為維持觀光地區及風景特定區之美觀，區內建築物之造形、構造、色彩等及廣告　物、攤位之設置，得實施規劃限制；其辦法，由中央主管機關會同有關機關定之。

第 18 條　1. 具有大自然之優美景觀、生態、文化與人文觀光價值之地區，應規劃建設為觀光地區。

2. 該區域內之名勝、古蹟及特殊動植物生態等觀光資源，各目的事業主管機關應嚴加維護，禁止破壞。

第 19 條　1. 為保存、維護及解說國內特有自然生態資源，各目的事業主管機關應於自然人文生態景觀區，設置專業導覽人員，並得聘用外籍人士、學生等作為外語觀光導覽人員，以外國語言導覽輔助，旅客進入該地區，應申請專業導覽人員陪同進入，以提供多元旅客詳盡之說明，減少破壞行為發生，並維護自然資源之永續發展。

2. 自然人文生態景觀區位於原住民族土地或部落，應優先聘用當地原住民從事專業導覽工作。人文生態景觀區之劃定，由該管主管機關會同目的事業主管機關劃定之。專業導覽人員及外語觀光導覽人員之資格及管理辦法，由中央主管機關會商各目的事業主管機關定之。

第三章　經營管理

第 21 條　經營觀光旅館業者，應先向中央主管機關申請核准，並依法辦妥公司登記後，領取觀光旅館業執照，始得營業。

第 22 條　觀光旅館業業務範圍如下：

1. 客房出租。
2. 附設餐飲、會議場所、休閒場所及商店之經營。
3. 其他經中央主管機關核准與觀光旅館有關之業務。

第 23 條　1. 觀光旅館等級，按其建築與設備標準、經營、管理及服務方式區分之。

2. 觀光旅館之建築及設備標準，由中央主管機關會同內政部定之。

第 24 條　經營旅館業者，除依法辦妥公司或商業登記外，並應向地方主管機關申請登記，領取登記證及專用標識後，始得營業。

第 25 條 1. 主管機關應依據各地區人文街區、歷史風貌、自然景觀、生態、環境資源、農林漁牧、工藝製造、藝術文創等生產活動，輔導管理民宿之設置。

2. 民宿經營者，應向地方主管機關申請登記，領取登記證及專用標識後，始得經營。

3. 民宿之設置地區、經營規模、建築、消防、經營設備基準、申請登記要件、經營者資格、管理監督及其他應遵行事項之管理辦法，由中央主管機關會商有關機關定之。

第 26 條 經營旅行業者，應先向中央主管機關申請核准，並依法辦妥公司登記後，領取旅行業執照，始得營業。

第 27 條 旅行業業務範圍如下：

1. 接受委託代售海、陸、空運輸事業之客票或代旅客購買客票。
2. 接受旅客委託代辦出、入國境及簽證手續。
3. 招攬或接待觀光旅客，並安排旅遊、食宿及交通。
4. 設計旅程、安排導遊人員或領隊人員。
5. 提供旅遊諮詢服務。
6. 其他經中央主管機關核定與國內外觀光旅客旅遊有關之事項。

前項業務範圍，中央主管機關得按其性質，區分為綜合、甲種、乙種旅行業核定之。

非旅行業者不得經營旅行業業務。但代售日常生活所需國內海、陸、空運輸事業之客票，不在此限。

第 28 條 1. 外國旅行業在中華民國設立分公司，應先向中央主管機關申請核准，並依公司法規定辦理認許後，領取旅行業執照，始得營業。

2. 外國旅行業在中華民國境內所置代表人，應向中央主管機關申請核准，並依公司法規定向經濟部備案。但不得對外營業。

第 29 條 1. 旅行業辦理團體旅遊或個別旅客旅遊時，應與旅客訂定書面契約，並得以電子簽章法規定之電子文件為之。

2. 前項契約之格式、應記載及不得記載事項，由中央主管機關定之。

3. 旅行業將中央主管機關訂定之契約書格式公開並印製於收據憑證交付旅客者，除另有約定外，視為已依第一項規定與旅客訂約。

第 30 條 1. 經營旅行業者，應依規定繳納保證金；其金額，由中央主管機關定之。金額調整時，原已核准設立之旅行業亦適用之。

2. 旅客對旅行業者，因旅遊糾紛所生之債權，對前項保證金有優先受償之權。

旅行業未依規定繳足保證金，經主管機關通知限期繳納，屆期仍未繳納者，廢止其旅行業執照。

第 31 條 1. 觀光旅館業、旅館業、旅行業、觀光遊樂業及民宿經營者，於經營各該業務時，應依規定投保責任保險。

2. 旅行業辦理旅客出國及國內旅遊業務時，應依規定投保履約保證保險。

3. 前二項各行業應投保之保險範圍及金額，由中央主管機關會商有關機關定之。

4. 旅行業辦理旅遊行程期間因意外事故致旅客或隨團服務人員死亡或傷害，而受下列之人請求時，不論其有無過失，請求權人得於前項所定之保險範圍及金額內，依本條例規定向第一項責任保險之保險人請求保險給付：

一、因意外事故致旅客或隨團服務人員傷害者，為受害人本人。

二、因意外事故致旅客或隨團服務人員死亡者，請求順位如下：

（一）父母、子女及配偶。

（二）祖父母。

（三）孫子女。

（四）兄弟姊妹。

5. 第一項之責任保險人依本條例規定所為之保險給付，視為被保險人損害賠償金額之一部分；被保險人受賠償請求時，得扣除之。

第 32 條 1. 導遊人員及領隊人員，應經中央主管機關或其委託之有關機關評量及訓練合格。

2. 前項人員，應經中央主管機關發給執業證，並受旅行業僱用或受政府機關、團體之臨時招請，始得執行業務。

3. 導遊人員及領隊人員取得結業證書或執業證後連續三年未執行各該業務者，應重行參加訓練結業，領取或換領執業證後，始得執行業務。但因天災、疫情或其他事由，中央主管機關得視實際需要公告延長之。

4. 第一項修正施行前已取得執業證者，得不受第一項評量或訓練合格之規定限制。

5. 第一項施行日期，由行政院會同考試院定之。

第 33 條 有下列各款情事之一者，不得為觀光旅館業、旅行業、觀光遊樂業之發起人、董事、監察人、經理人、執行業務或代表公司之股東：

1. 有公司法第三十條各款情事之一者。
2. 曾經營該觀光旅館業、旅行業、觀光遊樂業受撤銷或廢止營業執照處分尚未逾五年者。
3. 旅行業經理人應經中央主管機關或其委託之有關機關團體訓練合格，領取結業證書後，始得充任；其參加訓練資格，由中央主管機關定之。
4. 旅行業經理人連續三年未在旅行業任職者，應重新參加訓練合格後，始得受僱為經理人。
5. 旅行業經理人不得兼任其他旅行業之經理人，並不得自營或為他人兼營旅行業。

第 36 條

1. 為維護遊客安全，水域遊憩活動管理機關得對水域遊憩活動之種類、範圍、時間及行為限制之，並得視水域環境及資源條件之狀況，公告禁止水域遊憩活動區域；其禁止、限制及應遵守事項之管理辦法，由主管機關會商有關機關定之。
2. 帶客從事水域遊憩活動具營利性質者，應投保責任保險；提供場地或器材供遊客從事水域遊憩活動而具營利性質者，亦同。
3. 前項責任保險給付項目及最低保險金額，由主管機關於第一項管理辦法中定之。
4. 前項保險金額之部分金額，於第二項責任保險之被保險人因意外事故致遊客死亡或傷害，而受下列之人請求時，不論被保險人有無過失，請求權人得依本條例規定向責任保險人請求保險給付：
   一、因意外事故致遊客傷害者，為受害人本人。
   二、因意外事故致遊客死亡者，請求順位如下：
   （一）父母、子女及配偶。
   （二）祖父母。
   （三）孫子女。
   （四）兄弟姊妹。
5. 第二項之責任保險人依本條例規定所為之保險給付，視為被保險人損害賠償金額之一部分；被保險人受賠償請求時，得扣除之。

第 37 條 主管機關對觀光旅館業、旅館業、旅行業、觀光遊樂業或民宿經營者之經營管理、營業設施，得實施定期或不定期檢查。觀光旅館業、旅館業、旅行業、觀光遊樂業或民宿經營者不得規避、妨礙或拒絕前項檢查，並應提供必要之協助。

第37-1條 主管機關為調查未依本條例取得營業執照或登記證而經營觀光旅館業務、旅行業務、觀光遊樂業務、旅館業務或民宿之事實，得請求有關機關、法人、團體及當事人，提供必要文件、單據及相關資料；必要時得會同警察機關執行檢查，並得公告檢查結果。

第 38 條 為加強機場服務及設施，發展觀光產業，得收取出境航空旅客之機場服務費；其收費繳納方法、免收服務費對象及相關作業方式之辦法，由中央主管機關擬訂，報請行政院核定之。

第 41 條 1. 觀光旅館業、旅館業、觀光遊樂業及民宿經營者，應懸掛主管機關發給之觀光專用標識；其型式及使用辦法，由中央主管機關定之。

2. 觀光旅館業、旅館業、觀光遊樂業或民宿經營者，經受停止營業或廢止營業執照或登記證之處分者，應繳回觀光專用標識。

第 42 條 1. 觀光旅館業、旅館業、旅行業、觀光遊樂業或民宿經營者，暫停營業或暫停經營一個月以上者，其屬公司組織者，應於十五日內備具股東會議事錄或股東同意書，非屬公司組織者備具申請書，並詳述理由，報請該管主管機關備查。

2. 前項申請暫停營業或暫停經營期間，最長不得超過一年，其有正當理由者，得申請展延一次，期間以一年為限，並應於期間屆滿前十五日內提出。

3. 停業期限屆滿後，應於十五日內向該管主管機關申報復業。

4. 未依第一項規定報請備查或前項規定申報復業，達六個月以上者，主管機關得廢止其營業執照或登記證。

第 43 條 保障旅遊消費者權益，旅行業有下列情事之一者，中央主管機關得公告之：

1. 保證金被法院扣押或執行者。
2. 受停業處分或廢止旅行業執照者。
3. 自行停業者、解散者。
4. 經票據交換所公告為拒絕往來戶者。
5. 未依規定辦理履約保證保險或責任保險者。

第四章　獎勵及處罰

第 45 條　民間機構開發經營觀光遊樂設施、觀光旅館經中央主管機關（觀光局）報請行政院核定者，其範圍內所需之公有土地得由公產管理機關讓售、出租、設定地上權、聯合開發、委託開發、合作經營、信託或以使用土地權利金。

1. 民間機構申請適用本條例第 45 條或第 46 條規定，報請行政院核定等事項，由交通部觀光局（以下簡稱觀光局）執行之。
2. 民間機構提出申請時，其受理機關如下：
   (1) 觀光遊樂設施：重大投資案件之觀光遊樂業，由觀光局受理；非屬重大投資案件之觀光遊樂業，由直轄市、縣（市）政府受理。
   (2) 觀光旅館：國際觀光旅館及非位於直轄市之一般觀光旅館，由觀光局受理；位於直轄市之一般觀光旅館，由直轄市政府受理。
3. 民間機構之申請，由觀光局受理者，經審查完成後，核轉交通部報請行政院核定；由直轄市、縣（市）政府受理者，經審查完成後，轉請觀光局核轉交通部報請行政院核定。

第50-1條　外籍旅客向特定營業人購買特定貨物，達一定金額以上，並於一定期間內攜帶出口者，得在一定期間內辦理退還特定貨物之營業稅；其辦法，由交通部會同財政部定之。

第 53 條
1. 觀光旅館業、旅館業、旅行業、觀光遊樂業或民宿經營者，有玷辱國家榮譽、損害國家利益、妨害善良風俗或詐騙旅客行為者，處新臺幣三萬元以上十五萬元以下罰鍰；情節重大者，處新臺幣十五萬元以上五十萬元以下罰鍰，並定期停止其營業之一部或全部，或廢止其營業執照或登記證。
2. 經受停止營業一部或全部之處分，仍繼續營業者，處新臺幣五十萬元以上罰鍰，廢止其營業執照或登記證，並得按次處罰之。
3. 觀光旅館業、旅館業、旅行業、觀光遊樂業之受僱人員有第一項行為者，處新臺幣一萬元以上五萬元以下罰鍰；其情節重大者，處新臺幣五萬元以上三十萬元以下罰鍰。

第 55 條　有下列情形之一者，處新臺幣三萬元以上十五萬元以下罰鍰；情節重大者，得廢止其營業執照：

1. 觀光旅館業違反第二十二條規定，經營核准登記範圍外業務。
2. 旅行業違反第二十七條規定，經營核准登記範圍外業務。

有下列情形之一者，處新臺幣一萬元以上五萬元以下罰鍰：

1. 旅行業違反第二十九條第一項規定，未與旅客訂定書面契約。
2. 觀光旅館業、旅館業、旅行業、觀光遊樂業或民宿經營者，違反第四十二條規定，暫停營業或暫停經營未報請備查或停業期間屆滿未申報復業。

觀光旅館業、旅館業、旅行業、觀光遊樂業或民宿經營者，違反依本條例所發布之命令，視情節輕重，主管機關得令限期改善或處新臺幣一萬元以上五萬元以下罰鍰。

未依本條例領取營業執照而經營觀光旅館業務、旅行業務或觀光遊樂業務者，處新臺幣十萬元以上五十萬元以下罰鍰，並勒令歇業。

未依本條例領取登記證而經營旅館業務者，處新臺幣十萬元以上五十萬元以下罰鍰，並勒令歇業。

未依本條例領取登記證而經營民宿者，處新臺幣六萬元以上三十萬元以下罰鍰，並勒令歇業。

觀光旅館業、旅館業及民宿經營者，擅自擴大營業客房部分者，其擴大部分，觀光旅館業及旅館業處新臺幣五萬元以上二十五萬元以下罰鍰。民宿經營者處新臺幣三萬元以上十五萬元以下罰鍰。擴大部分並勒令歇業。

經營觀光旅館業務、旅館業務及民宿者，依前四項規定經勒令歇業仍繼續經營者，得按次處罰，主管機關並得移送相關主管機關，採取停止供水、供電、封閉、強制拆除或其他必要可立即結束經營之措施，且其費用由該違反本條例之經營者負擔。

違反前五項規定，情節重大者，主管機關應公布其名稱、地址、負責人或經營者姓名及違規事項。

第55-1條 未依本條例規定領取營業執照或登記證而經營觀光旅館業務、旅行業務、觀光遊樂業務、旅館業務或民宿者，以廣告物、出版品、廣播、電視、電子訊號、電腦網路或其他媒體等，散布、播送或刊登營業之訊息者，處新臺幣三萬元以上三十萬元以下罰鍰。

第55-2條 對於違反本條例之行為，民眾得敘明事實並檢具證據資料，向主管機關檢舉。主管機關對於前項檢舉，經查證屬實並處以罰鍰者，其罰鍰金額達一定數額時，得以實收罰鍰總金額收入之一定比例，提充檢舉獎金予檢舉人。前項檢舉及獎勵辦法，由主管機關定之。主管機關為第二項查證時，對檢舉人之身分應予保密。

第 56 條　有下列情形之一者：

外國旅行業未經申請核准而在中華民國境內設置代表人者：處代表人新臺幣一萬元以上五萬元以下罰鍰，並勒令其停止執行職務。

第 57 條　旅行業未依第三十一條規定辦理履約保證保險或責任保險，中央主管機關得立即停止其辦理旅客之出國及國內旅遊業務，並限於三個月內辦妥投保，逾期未辦妥者，得廢止其旅行業執照。

違反前項停止辦理旅客之出國及國內旅遊業務之處分者，中央主管機關得廢止其旅行業執照。

觀光旅館業、旅館業、觀光遊樂業及民宿經營者，未依第三十一條規定辦理責任保險者，處新臺幣三萬元以上五十萬元以下罰鍰，主管機關並應令限期辦妥投保，屆期未辦妥者，得廢止其營業執照或登記證。

第 58 條　有下列情形之一者：

1. 旅行業經理人兼任其他旅行業經理人或自營或為他人兼營旅行業。
2. 導遊人員、領隊人員或觀光產業經營者僱用之人員，違反依本條例所發布之命令者，經受停止執行業務處分，仍繼續執業者，廢止其執業證處新臺幣三千元以上一萬五千元以下罰鍰；情節重大者，並得逕行定期停止其執行業務或廢止其執業證。

第 59 條　有下列情形之一者：

未依規定取得執業證而執行導遊人員或領隊人員業務者處新臺幣一萬元以上五萬元以下罰鍰，並禁止其執業。

第 60 條
1. 於公告禁止區域從事水域遊憩活動或不遵守水域遊憩活動管理機關對有關水域遊憩活動所為種類、範圍、時間及行為之限制命令者，由其水域遊憩活動管理機關處新臺幣一萬元以上五萬元以下罰鍰，並禁止其活動。
2. 前項行為具營利性質者，處新臺幣五萬元以上二十萬元以下罰鍰，並禁止其活動。
3. 具營利性質者未依主管機關所定保險金額，投保責任保險者，處新臺幣三萬元以上十五萬元以下罰鍰，並禁止其活動。

第 61 條　有下列情形之一者：

未依項規定繳回觀光專用標識，或未經主管機關核准擅自使用觀光專用標識者處新臺幣三萬元以上十五萬元以下罰鍰，並勒令其停止使用及拆除之。

第 62 條　損壞觀光地區或風景特定區之名勝、自然資源或觀光設施者處行為人新臺幣五十萬元以下罰鍰，並責令回復原狀或償還修復費用其無法回復原狀者再處行為人新臺幣五百萬元以下罰鍰旅客進入自然人文生態景觀區未依規定申請專業導覽人員陪同進入者處行為人新臺幣三萬元以下罰鍰。

第 63 條　於風景特定區或觀光地區內有下列行為之一者：

1. 擅自經營固定或流動攤販。
2. 擅自設置指示標誌、廣告物。
3. 強行向旅客拍照並收取費用。
4. 強行向旅客推銷物品。
5. 其他騷擾旅客或影響旅客安全之行為。

處新臺幣一萬元以上五萬元以下罰鍰。

違反前項第一款或第二款規定者，其攤架、指示標誌或廣告物予以拆除並沒入之，拆除費用由行為人負擔。

第 64 條　於風景特定區或觀光地區內有下列行為之一者，由其目的事業主管機關處新臺幣五千元以上十萬元以下罰鍰：

1. 任意抛棄、焚燒垃圾或廢棄物。
2. 將車輛開入禁止車輛進入或停放於禁止停車之地區。
3. 擅入管理機關公告禁止進入之地區。
4. 其他經管理機關公告禁止破壞生態、汙染環境及危害安全之行為，由其目的事業主管機關處新臺幣五千元以上一百萬元以下罰鍰。

第五章　附　則

第 67 條　依本條例所為處罰之裁罰標準，由中央主管機關定之。

第70-2條　於本條例中華民國一百零四年一月二十二日修正施行前，非以營利為目的且供特定對象住宿之場所而有營利之事實者，應自本條例修正施行之日起十年內，向地方主管機關申請旅館業登記、領取登記證及專用標識，始得繼續營業。

第 71 條　本條例除另定施行日期者外，自公布日施行。

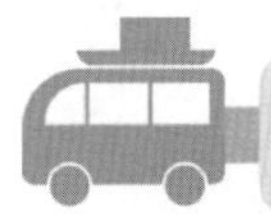

11-3 旅行業管理規則（節略）

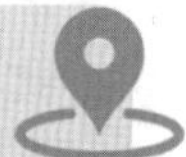

中華民國 111 年 11 月 22 日交通部交路（一）字第 11182007974 號令修正發布

第 1 條 本規則依發展觀光條例（以下簡稱本條例）第六十六條第三項規定訂定之。

第 2 條 旅行業之設立、變更或解散登記、發照、經營管理、獎勵、處罰、經理人及從業人員之管理、訓練等事項，由交通部委任交通部觀光局執行之；其委任事項及法規依據應公告並刊登政府公報或新聞紙。

第 3 條 **旅行業區分為綜合旅行業、甲種旅行業及乙種旅行業三種。**

綜合旅行業經營下列業務：

1. 接受委託代售國內外海、陸、空運輸事業之客票或代旅客購買國內外客票、託運行李。
2. 接受旅客委託代辦出、入國境及簽證手續。
3. 招攬或接待國內外觀光旅客並安排旅遊、食宿及交通。
4. 以包辦旅遊方式或自行組團，安排旅客國內外觀光旅遊、食宿、交通及提供有關服務。
5. 委託甲種旅行業代為招攬前款業務。
6. 委託乙種旅行業代為招攬第四款國內團體旅遊業務。
7. 代理外國旅行業辦理聯絡、推廣、報價等業務。
8. 設計國內外旅程、安排導遊人員或領隊人員。
9. 提供國內外旅遊諮詢服務。
10. 其他經中央主管機關核定與國內外旅遊有關之事項。

甲種旅行業經營下列業務：

1. 接受委託代售國內外海、陸、空運輸事業之客票或代旅客購買國內外客票、託運行李。
2. 接受旅客委託代辦出、入國境及簽證手續。
3. 招攬或接待國內外觀光旅客並安排旅遊、食宿及交通。
4. **自行組團安排旅客出國觀光旅遊、食宿、交通及提供有關服務。**
5. 代理綜合旅行業招攬前項第五款之業務。
6. 代理外國旅行業辦理聯絡、推廣、報價等業務。
7. 設計國內外旅程、安排導遊人員或領隊人員。
8. 提供國內外旅遊諮詢服務。

9. 其他經中央主管機關核定與國內外旅遊有關之事項。

乙種旅行業經營下列業務：

1. 接受委託代售國內海、陸、空運輸事業之客票或代旅客購買國內客票、託運行李。
2. 招攬或接待本國旅客或取得合法居留證件之外國人、香港、澳門居民及大陸地區人民國內旅遊、食宿、交通及提供有關服務。
3. 代理綜合旅行業招攬第二項第六款國內團體旅遊業務。
4. 設計國內旅程。
5. 提供國內旅遊諮詢服務。
6. 其他經中央主管機關核定與國內旅遊有關之事項。

前三項業務，非經依法領取旅行業執照者，不得經營。但代售日常生活所需國內海、陸、空運輸事業之客票，不在此限。

第 4 條　旅行業應專業經營，以公司組織為限；並應於公司名稱上標明旅行社字樣。

第 5 條　經營旅行業，應備具下列文件，向交通部觀光局申請籌設：

1. 籌設申請書。
2. 全體籌設人名冊。
3. 經理人名冊及經理人結業證書影本。
4. 營業處所之使用權證明文件。

第 6 條　旅行業經核准籌設後，應於二個月內依法辦妥公司設立登記，備具下列文件，並繳納旅行業保證金、註冊費向交通部觀光局申請註冊，屆期即廢止籌設之許可。但有正當理由者，得申請延長二個月，並以一次為限：

1. 註冊申請書。
2. 公司登記證明文件。
3. 公司章程。
4. 旅行業設立登記事項卡。

前項申請，經核准並發給旅行業執照賦予註冊編號後，始得營業。

第 7 條　旅行業設立分公司，應備具下列文件向交通部觀光局申請：

1. 分公司設立申請書。
2. 董事會議事錄或股東同意書。
3. 公司章程。
4. 分公司經理人名冊及經理人結業證書影本。
5. 營業處所之使用權證明文件。

第 8 條　旅行業申請設立分公司經許可後，應於二個月內依法辦妥分公司設立登記，並備具下列文件及繳納旅行業保證金、註冊費，向交通部觀光局申請旅行業分公司註冊，屆期即廢止設立之許可。但有正當理由者，得申請延長二個月，並以一次為限：

1. 分公司註冊申請書。
2. 分公司登記證明文件。

第六條第二項於分公司設立之申請準用之。

第 9 條　旅行業組織、名稱、種類、資本額、地址、代表人、董事、監察人、經理人變更或同業合併，應於變更或合併後十五日內備具下列文件向交通部觀光局申請核准後，依公司法規定期限辦妥公司變更登記，並憑辦妥之有關文件於二個月內換領旅行業執照：

1. 變更登記申請書。
2. 其他相關文件。

前項規定，於旅行業分公司之地址、經理人變更者準用之。

旅行業股權或出資額轉讓，應依法辦妥過戶或變更登記後，報請交通部觀光局備查。

第 10 條　綜合旅行業、甲種旅行業在國外、香港、澳門或大陸地區設立分支機構或與國外、香港、澳門或大陸地區旅行業合作於國外、香港、澳門或大陸地區經營旅行業務時，除依有關法令規定外，應報請交通部觀光局備查。

第 11 條　旅行業實收之資本總額，規定如下：

旅行業類別	資本總額不得少於	每增設分公司一家須增資
綜合旅行業	3,000 萬元	150 萬元
甲種旅行業	600 萬元	100 萬元
乙種旅行業	120 萬元	75 萬元
但其原資本總額，已達增設分公司所須資本總額者，不在此限		

第 12 條　旅行業應依照下列規定，繳納註冊費、保證金：

1. 註冊費：
   (1) 按資本總額千分之一繳納。
   (2) 分公司按增資額千分之一繳納。

2. 保證金：

旅行業類別	保證金	每增設分公司一家須增資
綜合旅行業	1,000 萬元	30 萬元
甲種旅行業	150 萬元	30 萬元
乙種旅行業	60 萬元	15 萬元
經營同種類旅行業，最近二年未受停業處分，且保證金未被強制執行，經中央主管機關認可足以保障旅客權益之觀光公益法人會員資格者，得按金額十分之一繳納		

第 13 條 **1. 旅行業及其分公司應各置經理人一人以上負責監督管理業務。**

2. 前項旅行業經理人應為專任，不得兼任其他旅行業之經理人，並不得自營或為他人兼營旅行業。

第 14 條 有下列各款情事之一者，不得為旅行業之發起人、董事、監察人、經理人、執行業務或代表公司之股東，已充任者，當然解任之，由交通部觀光局撤銷或廢止其登記，並通知公司登記主管機關：

1. 曾犯組織犯罪防制條例規定之罪，經有罪判決確定，尚未執行、尚未執行完畢，或執行完畢、緩刑期滿或赦免後未逾五年。
2. 曾犯詐欺、背信、侵占罪經宣告有期徒刑一年以上之刑確定，尚未執行、尚未執行完畢，或執行完畢、緩刑期滿或赦免後未逾二年。
3. 曾犯貪汙治罪條例之罪，經判決有罪確定，尚未執行、尚未執行完畢，或執行完畢、緩刑期滿或赦免後未逾二年。
4. 受破產之宣告或經法院裁定開始 清算程序，尚未復權。
5. 使用票據經拒絕往來尚未期滿者。
6. 無行為能力或限制行為能力者。
7. 受輔助宣告尚未撤銷。
8. 曾經營旅行業受撤銷或廢止營業執照處分，尚未逾五年者。

第 15 條 **旅行業經理人應備具下列資格之一，經交通部觀光局或其委託之有關機關、團體訓練合格，發給結業證書後，始得充任：**

1. 大專以上學校畢業或高等考試及格，曾任旅行業代表人二年以上者。
2. 大專以上學校畢業或高等考試及格，曾任海陸空客運業務單位主管三年以上者。
3. 大專以上學校畢業或高等考試及格，曾任旅行業專任職員四年或領隊、導遊六年以上者。

4. 高級中等學校畢業或普通考試及格或二年制專科學校、三年制專科學校、大學肄業或五年制專科學校規定學分三分之二以上及格，曾任旅行業代表人四年或專任職員六年或領隊、導遊八年以上者。
5. 曾任旅行業專任職員十年以上者。
6. 大專以上學校畢業或高等考試及格，曾在國內外大專院校主講觀光專業課程二年以上者。
7. 大專以上學校畢業或高等考試及格，曾任觀光行政機關業務部門專任職員三年以上或高級中等學校畢業曾任觀光行政機關或旅行商業同業公會業務部門專任職員五年以上者。

大專以上學校或高級中等學校觀光科系畢業者，前項第二款至第四款之年資，得按其應具備之年資減少一年。

第一項訓練合格人員，連續三年未在旅行業任職者，應重新參加訓練合格後，始得受僱為經理人。

第 15-1 條 旅行業經理人訓練由交通部觀光局或其委託之有關機關、團體辦理。

前項之受委託機關、團體，應具下列資格之一：

1. 須為旅行業或旅行業經理人相關之觀光團體，且最近二年曾自行辦理或接受交通部觀光局委託辦理旅行業從業人員相關訓練者。
2. 須為設有觀光相關科系之大專以上學校，最近二年曾自行辦理或接受交通部觀光局委託辦理旅行業從業人員相關訓練者。

第 15-2 條 旅行業經理人訓練之方式、課程、費用及相關規定事項，由交通部觀光局定之或由其委託之有關機關、團體擬訂陳報交通部觀光局核定。

第 15-3 條

1. 參加旅行業經理人訓練者，應檢附資格證明文件、繳納訓練費用，向交通部觀光局或其委託之有關機關、團體申請，並依排定之訓練時間報到接受訓練。
2. 參加旅行業經理人訓練之人員，報名繳費後至開訓前七日得取消報名並申請退還七成訓練費用，逾期不予退還。但因產假、重病或其他正當事由無法接受訓練者，得申請全額退費。

第 15-4 條

1. 旅行業經理人訓練節次為六十節課，每節課為五十分鐘。
2. 受訓人員於訓練期間，其缺課節數不得逾訓練節次十分之一。
3. 每節課遲到或早退逾十分鐘以上者，以缺課一節論計。

第 15-5 條

1. 旅行業經理人訓練測驗成績以一百分為滿分，七十分為及格。

2. 測驗成績不及格者，應於七日內申請補行測驗一次；經補行測驗仍不及格者，不得結業。
3. 因產假、重病或其他正當事由，經核准延期測驗者，應於一年內申請測驗；經測驗不及格者，依前項規定辦理。

第 15-6 條　旅行業經理人訓練之受訓人員在訓練期間，有下列情形之一者，應予退訓，其已繳納之訓練費用，不得申請退還：
1. 缺課節數逾十分之一者。
2. 由他人冒名頂替參加訓練者。
3. 報名檢附之資格證明文件係偽造或變造者。
4. 受訓期間對講座、輔導員或其他辦理訓練之人員施以強暴、脅迫者。
5. 其他具體事實足以認為品德操守違反職業倫理規範，情節重大者。

前項第二款至第四款情形，經退訓後二年內不得參加訓練。

第 15-7 條　受委託辦理旅行業經理人訓練之機關、團體，應依交通部觀光局核定之訓練計畫實施，**並於結訓後十日內將受訓人員成績、結訓及退訓人數列冊陳報交通部觀光局備查**。

第 15-8 條　受委託辦理旅行業經理人訓練之機關、團體違反前條規定者，交通部觀光局得予糾正並通知限期改善；屆期未改善者，廢止其委託，並於二年內不得參與委託訓練之甄選。

第 15-9 條　旅行業經理人訓練之受訓人員訓練期滿，經核定成績及格者，於繳納證書費後，由交通部觀光局發給結業證書。前項證書費，每件新臺幣五百元；其補發者，亦同。

第 16 條　**旅行業應設有固定之營業處所；其營業處所與其他營利事業共同使用者，應有明顯之區隔空間。**

第 17 條　1. 外國旅行業在中華民國設立分公司時，應先向交通部觀光局申請核准，並依公司法辦理分公司登記，領取旅行業執照後始得營業。
2. 其業務範圍、在中華民國境內營業所用之資金、保證金、註冊費、換照費等，準用中華民國旅行業本公司之規定。

第 19 條　**1. 旅行業經核准註冊，應於領取旅行業執照後一個月內開始營業。**
2. 旅行業應於領取旅行業執照後始得懸掛市招。
3. 旅行業營業地址變更時，應於換領旅行業執照前，拆除原址之全部市招。

前二項規定於分公司準用之。

第 20 條 1. 旅行業應於開業前將開業日期、全體職員名冊報請交通部觀光局備查。
2. 前項職員有異動時，應於十日內依交通部觀光局規定之方式申報。
3. 旅行業開業後，應於每年六月三十日前，依交通部觀光局規定之格式填報財務及業務狀況。

第 21 條 1. 旅行業暫停營業一個月以上者，應於停止營業之日起十五日內備具股東會議事錄或股東同意書，並詳述理由，報請交通部觀光局備查，並繳回各項證照。
2. 前項申請停業期間，最長不得超過一年，其有正當理由者，得申請展延一次，期間以一年為限，並應於期間屆滿前十五日內提出。
3. 停業期間屆滿後，應於十五日內，向交通部觀光局申報復業，並發還各項證照。

依第一項規定申請停業者，於停業期間，非經向交通部觀光局申報復業，不得有營業行為。

第 22 條 1. 旅行業經營各項業務，應合理收費，不得以不正當方法為不公平競爭之行為。
2. 旅遊市場之航空票價、食宿、交通費用，由中華民國旅行業品質保障協會按季發表，供消費者參考。

第 23 條 1. 綜合旅行業、甲種旅行業接待或引導國外、香港、澳門或大陸地區觀光旅客旅遊，應指派或僱用領有英語、日語、其他外語或華語導遊人員執業證之人員執行導遊業務。但辦理取得合法居留證件之外國人、香港、澳門居民及大陸地區人民國內旅遊者，不適用之。
2. 綜合旅行業、甲種旅行業辦理前項接待或引導非使用華語之國外觀光旅客旅遊，不得指派或僱用華語導遊人員執行導遊業務。但其接待或引導非使用華語之國外稀少語別觀光旅客旅遊，得指派或僱用華語導遊人員搭配該稀少外語翻譯人員隨團服務。
3. 前項但書規定所稱國外稀少語別之類別及其得執行該規定業務期間，由交通部觀光局視觀光市場及導遊人力供需情形公告之。
4. 綜合旅行業、甲種旅行業對指派或僱用之導遊人員應嚴加督導與管理，不得允許其為非旅行業執行導遊業務。

第23-1條 1. 旅行業指派或僱用導遊人員、領隊人員執行接待或引導觀光旅客旅遊業務，應簽訂書面契約；其契約內容不得違反交通部觀光局公告之契約不得記載事項。

2. 旅行業應給付導遊人員、領隊人員之報酬，不得以小費、購物佣金或其他名目抵替之。

第 24 條 旅行業辦理團體旅遊或個別旅客旅遊時，應與旅客簽定書面之旅遊契約，並得以電子簽章法規定之電子文件為之；其印製之招攬文件並應加註公司名稱及註冊編號。團體旅遊文件之契約書應載明下列事項，並報請交通部觀光局核准後，始得實施：

1. 公司名稱、地址、代表人姓名、旅行業執照字號及註冊編號。
2. 簽約地點及日期。
3. 旅遊地區、行程、起程及回程終止之地點及日期。
4. 有關交通、旅館、膳食、遊覽及計畫行程中所附隨之其他服務詳細說明。
5. 組成旅遊團體最低限度之旅客人數。
6. 旅遊全程所需繳納之全部費用及付款條件。
7. 旅客得解除契約之事由及條件。
8. 發生旅行事故或旅行業因違約對旅客所生之損害賠償責任。
9. 責任保險及履約保證保險有關旅客之權益。
10. 其他協議條款。

前項規定，除第四款關於膳食之規定及第五款外，均於個別旅遊文件之契約書準用之。旅行業將交通部觀光局訂定之定型化契約書範本公開並印製於旅行業代收轉付收據憑證交付旅客者，除另有約定外，視為已依第一項規定與旅客訂約。

第 25 條 旅遊文件之契約書範本內容，由交通部觀光局另定之。

1. 旅行業辦理旅遊業務，應製作旅客交付文件與繳費收據，分由雙方收執，並連同旅遊契約書保 管一年，備供查核。
2. 旅行業辦理旅遊業務，應製作旅客交付文件與繳費收據，分由雙方收執，並連同旅遊契約書保管一年，備供查核。

第 26 條 綜合旅行業以包辦旅遊方式辦理國內外團體旅遊，應預先擬定計畫，訂定旅行目的地、日程、旅客所能享用之運輸、住宿、膳食、遊覽、服務之內容及品質、投保責任保險與履約保證保險及其保險金額，以及旅客所應繳付之費用，並登載於招攬文件，始得自行組團或依第三條第二項第五款、第六款規定委託甲種旅行業、乙種旅行業代理招攬業務。

前項關於應登載於招攬文件事項之規定，於甲種旅行業辦理國內外團體旅遊，及乙種旅行業辦理國內團體旅遊時，準用之。

第 27 條　甲種旅行業代理綜合旅行業招攬第三條第二項第五款業務，或乙種旅行業代理綜合旅行業招攬第三條第二項第六款業務，應經綜合旅行業之委託，並以綜合旅行業名義與旅客簽定旅遊契約。前項旅遊契約應由該銷售旅行業副署。

第 28 條　旅行業經營自行組團業務，非經旅客書面同意，不得將該旅行業務轉讓其他旅行業辦理。旅行業受理前項旅行業務之轉讓時，應與旅客重新簽訂旅遊契約。甲種旅行業、乙種旅行業經營自行組團業務，不得將其招攬文件置於其他旅行業，委託該其他旅行業代為銷售、招攬。

第 29 條　旅行業辦理國內旅遊，應派遣專人隨團服務。

第 30 條　旅行業為舉辦旅遊刊登於新聞紙、雜誌、電腦網路及其他大眾傳播工具之廣告，應載明旅遊行程名稱、出發之地點、日期及旅遊天數、旅遊費用、投保責任保險與履約保證保險及其保險金額、公司名稱、種類、註冊編號及電話。但綜合旅行業得以註冊之商標替代公司名稱。

前項廣告內容應與旅遊文件相符合，不得有內容誇大虛偽不實或引人錯誤之表示或表徵。

第一項廣告應載明事項，依其情形無法完整呈現者，旅行業應提供其網站、服務網頁或其他適當管道供消費者查詢。

第 31 條　旅行業以商標招攬旅客，應由該旅行業依法申請商標註冊，報請交通部觀光局備查。但仍應以本公司名義簽訂旅遊契約。依前項規定報請備查之商標，以一個為限。

第 32 條　旅行業以電腦網路經營旅行業務者，其網站首頁應載明下列事項，並報請交通部觀光局備查：

1. 網站名稱及網址。
2. 公司名稱、種類、地址、註冊編號及代表人姓名。
3. 電話、傳真、電子信箱號碼及聯絡人。
4. 經營之業務項目。
5. 會員資格之確認方式。

旅行業透過其他網路平臺販售旅遊商品或服務者，應於該旅遊商品或服務網頁載明前項所定事項。

第 33 條 旅行業以電腦網路接受旅客線上訂購交易者，應將旅遊契約登載於網站；於收受全部或一部價金前，應將其銷售商品或服務之限制及確認程序、契約終止或解除及退款事項，向旅客據實告知。旅行業受領價金後，應將旅行業代收轉付收據憑證交付旅客。

第 34 條 旅行業及其僱用之人員於經營或執行旅行業務，取得旅客個人資料，應妥慎保存，其使用不得逾原約定使用之目的。

旅行業及其僱用之人員於經營或執行旅行業務，對於旅客個人資料之蒐集、處理或利用，應尊重當事人之權益，依誠實及信用方法為之，不得逾越原約定之目的，並應與蒐集之目的具有正當合理之關聯。

第 35 條 旅行業不得以分公司以外之名義設立分支機構，亦不得包庇他人頂名經營旅行業務或包庇非旅行業經營旅行業務。

第 36 條 1. 綜合旅行業、甲種旅行業經營旅客出國觀光團體旅遊業務，**於團體成行前，應以書面向旅客作旅遊安全及其他必要之狀況說明或舉辦說明會。**

2. 成行時每團均應派遣領隊全程隨團服務。

3. 綜合旅行業、甲種旅行業辦理前項出國觀光旅客團體旅遊，應派遣外語領隊人員執行領隊業務，不得指派或僱用華語領隊人員執行領隊業務。

4. 綜合旅行業、甲種旅行業對指派或僱用之領隊人員應嚴加督導與管理，不得允許其為非旅行業執行領隊業務。

第 37 條 旅行業執行業務時，該旅行業及其所派遣之隨團服務人員，均應遵守下列規定：

1. 不得有不利國家之言行。
2. 不得於旅遊途中擅離團體或隨意將旅客解散。
3. 應使用合法業者依規定設置之遊樂及住宿設施。
4. 旅遊途中注意旅客安全之維護。
5. 除有不可抗力因素外，不得未經旅客請求而變更旅程。
6. 除因代辦必要事項須臨時持有旅客證照外，非經旅客請求，不得以任何理由保管旅客證照。
7. 執有旅客證照時，應妥慎保管，不得遺失。

8. 應使用合法業者提供之合法交通工具及合格之駕駛人；包租遊覽車者，應簽訂租車契約，其契約內容不得違反交通部公告之旅行業租賃遊覽車契約應記載及不得記載事項。
9. 使用遊覽車為交通工具者，應實施遊覽車逃生安全解說及示範，於每日行程出發前依交通部公路總局訂定之檢查紀錄表執行，並應符合汽車運輸業管理規則有關租用遊覽車駕駛勤務工時及車輛使用之規定。
10. 遊覽車以搭載所屬觀光團體旅客為限，沿途不得搭載其他旅客。
11. 應妥適安排旅遊行程，並揭露行程資訊內容。

第 38 條 1. 綜合旅行業、甲種旅行業經營國人出國觀光團體旅遊，應慎選國外當地政府登記合格之旅行業，並應取得其承諾書或保證文件，始可委託其接待或導遊。
2. 國外旅行業違約，致旅客權利受損者，國內招攬之旅行業應負賠償責任。

第 39 條 1. 旅行業辦理國內、外觀光團體旅遊及接待國外、香港、澳門或大陸地區觀光團體旅客旅遊業務，發生緊急事故時，應為迅速、妥適之處理，維護旅客權益，對受害旅客家屬應提供必要之協助。
2. 事故發生後二十四小時內應向交通部觀光局報備，並依緊急事故之發展及處理情形為通報。
3. 前項所稱緊急事故，係指造成旅客傷亡或滯留之天災或其他各種事變。第一項報備，應填具緊急事故報告書，並檢附該旅遊團團員名冊、行程表、責任保險單及其他相關資料，並應確認通報受理完成。但於通報事件發生地無電子傳真或網路通訊設備，致無法立即通報者，得先以電話報備後，再補通報。

第 40 條 1. 交通部觀光局為督導管理旅行業，得定期或不定期派員前往旅行業營業處所或其業務人員執行業務處所檢查業務。
2. 旅行業或其執行業務人員於交通部觀光局檢查前項業務時，應提出業務有關之報告及文件，並據實陳述辦理業務之情形，不得規避、妨礙或拒絕前項檢查，並應提供必要之協助。

前項文件指第二十五條第三項之旅客交付文件與繳費收據、旅遊契約書及觀光主管機關發給之各種簿冊、證件與其他相關文件。旅行業經營旅行業務，應據實填寫各項文件，並作成完整紀錄。

第 43 條 1. 綜合旅行業、甲種旅行業為旅客代辦出入國手續，應向交通部觀光局或其委託之旅行業相關團體請領專任送件人員識別證，並應指定專人負責送件，嚴加監督。

2. 綜合旅行業、甲種旅行業領用之專任送件人員識別證，應妥慎保管，不得借供本公司以外之旅行業或非旅行業使用；如有毀損、遺失應具書面敘明理由，申請換發或補發；專任送件人員異動時，應於十日內將識別證繳回交通部觀光局或其委託之旅行業相關團體。

3. 綜合旅行業、甲種旅行業為旅客代辦出入國手續，委託他旅行業代為送件時，應簽訂委託契約書。第一項委託事項及法規依據應公告並刊登政府公報或新聞紙。

第 44 條 1. 綜合旅行業、甲種旅行業代客辦理出入國或簽證手續，應妥慎保管其各項證照，並於辦妥手續後即將證件交還旅客。

2. 前項證照如有遺失，應於 24 小時內檢具報告書及其他相關文件向外交部領事事務局、警察機關或交通部觀光局報備。

第 45 條 旅行業繳納之保證金為法院或行政執行機關強制執行後，應於接獲交通部觀光局通知之日起十五日內依第十二條第一項第二款第（一）目至第（五）目規定之金額繳足保證金，並改善業務。

第 46 條 1. 旅行業解散者，應依法辦妥公司解散登記後十五日內，拆除市招，繳回旅行業執照及所領取之識別證，並由公司清算人向交通部觀光局申請發還保證金。

2. 經廢止旅行業執照者，應由公司清算人於處分確定後十五日內依前項規定辦理。第一項規定，於旅行業分公司廢止登記者，準用之。

第 47 條 旅行業受撤銷、廢止執照處分、解散或經宣告破產登記後，其公司名稱，依公司法第二十六條之二規定限制申請使用。

申請籌設之旅行業名稱，不得與他旅行業名稱或商標之讀音相同，或其名稱或商標亦不得以消費者所普遍認知之名稱為相同或近似之使用，致與他旅行業名稱混淆，並應先取得交通部觀光局之同意後，再依法向經濟部申請公司名稱預查。旅行業申請變更名稱者，亦同。但基於品牌服務之特性，其使用近似於他旅行業名稱或商標，經該旅行業者書面同意，且該旅行業者無下列各款情形之一者，得使用相近似之名稱或商標：

1. 最近二年曾受停業處分。

2. 最近二年旅行業保證金曾被強制執行。
3. 使用票據經拒絕往來尚未期滿。
4. 其他經交通部觀光局認有損害消費者權益之虞。

大陸地區旅行業未經許可來臺投資前，旅行業名稱與大陸地區人民投資之旅行業名稱有前項情形者，不予同意。

第 49 條　旅行業不得有下列行為：

1. 代客辦理出入國或簽證手續，明知旅客證件不實而仍代辦者。
2. 發覺僱用之導遊人員違反導遊人員管理規則第二十七條之規定而不為舉發者。
3. 與政府有關機關禁止業務往來之國外旅遊業營業者。
4. 未經報准，擅自允許國外旅行業代表附設於其公司內者。
5. 為非旅行業送件或領件者。
6. 利用業務套取外匯或私自兌換外幣者。
7. 委由旅客攜帶物品圖利者。
8. 安排之旅遊活動違反我國或旅遊當地法令者。
9. 安排未經旅客同意之旅遊活動者。
10. 安排旅客購買貨價與品質不相當之物品，或強迫旅客進入或留置購物店購物者。
11. 向旅客收取中途離隊之離團費用，或有其他索取額外不當費用之行為者。
12. 辦理出國觀光團體旅客旅遊，未依約定辦妥簽證、機位或住宿，即帶團出國者。
13. 違反交易誠信原則者。
14. 非舉辦旅遊，而假藉其他名義向不特定人收取款項或資金。
15. 關於旅遊糾紛調解事件，經交通部觀光局合法通知無正當理由不於調解期日到場者。
16. 販售機票予旅客，未於機票上記載旅客姓名。
17. 販售旅遊行程，未於訂購文件明確記載旅客之出發日期者。
18. 經營旅行業務不遵守交通部觀光局管理監督之規定者。

第 50 條　旅行業僱用之人員不得有下列行為：

1. 未辦妥離職手續而任職於其他旅行業。
2. 擅自將專任送件人員識別證借供他人使用。

3. 同時受僱於其他旅行業。
4. 掩護非合格領隊帶領觀光團體出國旅遊者。
5. 掩護非合格導遊執行接待或引導國外或大陸地區觀光旅客至中華民國旅遊者。
6. 擅自透過網際網路從事旅遊商品之招攬廣告或文宣。
7. 為前條第一款、第二款、第五款至第十一款之行為者。

第 51 條　旅行業對其指派或僱用之人員執行業務範圍內所為之行為，推定為該旅行業之行為。

第 52 條　1. 旅行業不得委請非旅行業從業人員執行旅行業務。但依第二十九條規定派遣專人隨團服務者，不在此限。
2. 非旅行業從業人員執行旅行業業務者，視同非法經營旅行業。

第 53 條　旅行業舉辦團體旅遊、個別旅客旅遊及辦理接待國外、香港、澳門或大陸地區觀光團體、個別旅客旅遊業務，應投保責任保險，其投保最低金額及範圍至少如下：
1. 每一旅客及隨團服務人員意外死亡新臺幣二百萬元。
2. 每一旅客及隨團服務人員因意外事故所致體傷之醫療費用新臺幣十萬元。
3. 旅客及隨團服務人員家屬前往海外或來中華民國處理善後所必需支出之費用新臺幣十萬元；國內旅遊善後處理費用新臺幣五萬元。
4. 每一旅客及隨團服務人員證件遺失之損害賠償費用新臺幣二千元。

履約保證保險之投保範圍，為旅行業因財務困難，未能繼續經營，而無力支付辦理旅遊所需一部或全部費用，致其安排之旅遊活動一部或全部無法完成時，在保險金額範圍內，所應給付旅客之費用。

旅行業類別	正常規定	已取得認可	每增加一分公司 正常規定應再投保	已取得認可
綜合旅行業	6,000 萬	4,000 萬	400 萬	100 萬
甲種旅行業	2,000 萬	500 萬	400 萬	100 萬
乙種旅行業	800 萬	200 萬	200 萬	50 萬
★已取得認可： 旅行業已取得經中央主管機關認可足以保障旅客權益之觀光公益法人會員資格者（品保會員）				

履約保證保險之投保範圍，為旅行業因財務困難，未能繼續經營，而無力支付辦理旅遊所需一部或全部費用，致其安排之旅遊活動一部或全部無法完成時，在保險金額範圍內，所應給付旅客之費用。

第53-1條　依前條第三項規定投保履約保證保險之旅行業，有下列情形之一者，應於接獲交通部觀光局通知之日起十五日內，依同條第二項第一款至第四款規定金額投保履約保證保險：

1. 受停業處分，停業期滿後未滿二年。
2. 喪失中央主管機關認可之觀光公益法人之會員資格。
3. 其所屬之觀光公益法人解散或經中央主管機關認定不足以保障旅客權益。

第53-2條　旅行業依規定投保履約保證保險，應於十日內，依交通部觀光局規定之格式填報保單資料。

第 58 條　依第十二條第一項第二款第六目規定繳納保證金之旅行業，有下列情形之一者，應於接獲交通部觀光局通知之日起十五日內，依同款第一目至第五目規定金額繳足保證金：

1. 受停業處分者。
2. 保證金被強制執行者。
3. 喪失中央主管機關認可之觀光公益法人之會員資格者。
4. 其所屬觀光公益法人解散者。

第 59 條　旅行業有下列情事之一者，交通部觀光局得公告之：

1. 保證金被法院或行政執行機關扣押或執行者。
2. 受停業處分或廢止旅行業執照者。
3. 無正當理由自行停業者。
4. 解散者。
5. 經票據交換所公告為拒絕往來戶者。

第 68 條　本規則自發布日施行。

11-3-1 旅行業、旅行業經理人與旅行業僱用之人員違反本條例及旅行業管理規則裁罰基準表（節略）

<table>
<tr><th>裁罰事項</th><th>處罰範圍</th><th colspan="2">裁罰基準</th></tr>
<tr><td rowspan="2">未領取旅行業執照而經營旅行業務者。</td><td rowspan="2">處新臺幣十萬元以上五十萬元以下罰鍰，並勒令歇業。</td><td>從事代售（購）國外海、空運輸事業客票、旅遊招攬、代辦出、入國境、簽證手續及提供旅遊諮詢服務者。</td><td>處新臺幣十萬元並勒令歇業</td></tr>
<tr><td>接待觀光旅客並安排旅遊、食宿及交通者。</td><td>處新臺幣三十五萬元並勒令歇業</td></tr>
<tr><td>未領取旅行業執照而而經營旅行業務，以廣告物、出版品、廣播、電視、電子訊號、電腦網路或其他媒體等，散布、播送或刊登旅遊營業之訊息者。</td><td>處新臺幣三萬元以上三十萬元以下罰鍰</td><td colspan="2">處新臺幣三萬元</td></tr>
<tr><td rowspan="3">旅行業經營核准登記範圍外業務者。</td><td rowspan="3">處新臺幣三萬元以上十五萬元以下罰鍰；情節重大者，得廢止其營業執照。</td><td>甲種旅行業經營綜合旅行業業務者</td><td>處新臺幣三萬元</td></tr>
<tr><td>旅行業經營非旅行業業務者</td><td>處新臺幣九萬元</td></tr>
<tr><td>乙種旅行業經營綜合或甲種旅行業業務者</td><td>處新臺幣十五萬元</td></tr>
<tr><td rowspan="2">同上</td><td rowspan="2">同上</td><td>旅行業未經交通部觀光局核准辦理接待大陸地區人民來臺從事觀光活動業務，而辦理該業務者。</td><td>處新臺幣十五萬元</td></tr>
<tr><td>情節重大者</td><td>廢止旅行業執照</td></tr>
</table>

<table>
<tr><th>裁罰事項</th><th>處罰範圍</th><th colspan="2">裁罰基準</th></tr>
<tr><td rowspan="3">外國旅行業未經申請核准而在中華民國境內設置代表人者。</td><td rowspan="3">處代表人新臺幣一萬元以上五萬元以下罰鍰，並勒令其停止執行職務。</td><td>已申請核准，未依公司法規定向經濟部備案者。</td><td>處新臺幣一萬元並勒令其停止執行職務</td></tr>
<tr><td>已提出申請，尚未經核准者。</td><td>處新臺幣三萬元並勒令其停止執行職務</td></tr>
<tr><td>未申請核准者</td><td>處新臺幣五萬元並勒令其停止執行職務</td></tr>
<tr><td rowspan="2">外國旅行業在中華民國境內所置代表人對外營業者。</td><td rowspan="2">處新臺幣九萬元以上四十五萬元以下罰鍰，並禁止其營業。</td><td>從事代售（購）海、空運輸事業客票、旅遊招攬、代辦出、入國境及簽證手續者。</td><td>處新臺幣九萬元並禁止其營業</td></tr>
<tr><td>提供旅遊諮詢服務者、接待觀光旅客並安排旅遊、食宿及交通者。</td><td>處新臺幣三十萬元並禁止其營業</td></tr>
<tr><td>旅行業辦理團體旅遊或個別旅客旅遊時，未與旅客訂定書面契約者。</td><td>處新臺幣一萬元以上五萬元以下罰鍰</td><td colspan="2">處新臺幣一萬元</td></tr>
<tr><td>旅行業未依規定繳足保證金，經主管機關通知限期繳納，屆期仍未繳納者。</td><td>廢止其旅行業執照</td><td colspan="2">廢止旅行業執照</td></tr>
<tr><td>旅行業辦理團體旅遊、個別旅客旅遊及辦理接待國外、香港、澳門或大陸地區觀光團體旅客旅遊業務，未依規定投保責任保險；或辦理旅客出國及國內旅遊業務，未依規定投保履約保證保險。</td><td>得立即停止其辦理旅客之出國及國內旅遊業務，並限於三個月內辦妥投保。</td><td colspan="2">立即停止辦理旅客之出國及國內旅遊業務，並限於三個月內辦妥投保。</td></tr>
</table>

裁罰事項	處罰範圍	裁罰基準	
旅行業辦理團體旅遊、個別旅客旅遊及辦理接待國外、香港、澳門或大陸地區觀光團體旅客旅遊業務，未依規定投保責任保險；或辦理旅客出國及國內旅遊業務，未依規定投保履約保證保險，經限於三個月內辦妥投保，逾期未辦妥者。	得廢止其旅行業執照	廢止旅行業執照	
旅行業辦理團體旅遊、個別旅客旅遊及辦理接待國外、香港、澳門或大陸地區觀光團體旅客旅遊業務，未依規定投保責任保險；或辦理旅客出國及國內旅遊業務，未依規定投保履約保證保險，並違反停止辦理旅客之出國及國內旅遊業務之處分者。	得廢止其旅行業執照	廢止旅行業執照	
旅行業規避、妨礙或拒絕主管機關依規定對其經營管理之檢查者。	處新臺幣三萬元以上十五萬元以下罰鍰，並得按次連續處罰。	規避	處新臺幣三萬元
		妨礙	處新臺幣六萬元
		拒絕	處新臺幣九萬元
旅行業暫停營業一個月以上，未依規定報備或停業屆滿未依規定申報復業達六個月以上者。	得廢止其營業執照	廢止旅行業執照	
旅行業經營者有玷辱國家榮譽，損害國家利益，妨害善良風俗或詐騙旅客行為者。	處新臺幣三萬元以上十五萬元以下罰鍰；情節重大者，定期停止其營業之一部或全部，或廢止其營業執照。	詐騙旅客行為	處新臺幣三萬元
		妨害善良風俗	處新臺幣九萬元
		玷辱國家榮譽或損害國家利益	處新臺幣十五萬元
		情節重大者	定期停止其營業之一部或全部，或廢止其旅行業執照。

<table>
<tr><th>裁罰事項</th><th>處罰範圍</th><th colspan="2">裁罰基準</th></tr>
<tr><td>旅行業經營者有玷辱國家榮譽，損害國家利益，妨害善良風俗或詐騙旅客行為，經受停止營業一部或全部之處分，仍繼續營業者。</td><td>廢止其營業執照</td><td colspan="2">廢止旅行業執照</td></tr>
<tr><td rowspan="3">旅行業之經營管理，經主管機關檢查結果有不合規定者。</td><td rowspan="3">處新臺幣三萬元以上十五萬元以下罰鍰；情節重大者，並得定期停止其營業之一部或全部；經受停止營業處分仍繼續營業者，廢止其營業執照。</td><td>不合規定經限期改善，屆期仍未改善者。</td><td>處新臺幣三萬元</td></tr>
<tr><td>不合規定經限期改善，屆期仍未改善者情節重大者。</td><td>停止一部或全部營業三個月</td></tr>
<tr><td>經受停止營業處分仍繼續營業者</td><td>廢止旅行業執照</td></tr>
<tr><td>旅行業經核准尚未發給旅行業執照賦予註冊編號即行營業者。</td><td>處新臺幣一萬元以上五萬元以下罰鍰</td><td colspan="2">處新臺幣三萬元</td></tr>
<tr><td>旅行業分公司經核准尚未發給旅行業執照賦予註冊編號即行營業者。</td><td>處新臺幣一萬元以上五萬元以下罰鍰</td><td colspan="2">處新臺幣一萬元</td></tr>
<tr><td>旅行業組織、名稱、種類、資本額、地址、代表人、董事、監察人、經理人變更或同業合併，未依規定於變更或合併後十五日內備妥文件向交通部觀光局申請核准，並依公司法規定期限辦理公司變更登記，並憑辦妥之有關文件於二個月內換領旅行業執照，以上經限期改善，逾期未改善者。</td><td>得視情節輕重令限期改善或處新臺幣一萬元以上五萬元以下罰鍰</td><td colspan="2">處新臺幣一萬元</td></tr>
</table>

裁罰事項	處罰範圍	裁罰基準
旅行業分公司地址、經理人變更，未依規定辦理公司變更登記，換領旅行業執照；旅行業股權或出資轉讓，未依法辦妥過戶或變更登記後，報請交通部觀光局備查者，以上經限期改善，逾期未改善者。	得視情節輕重令限期改善或處新臺幣一萬元以上五萬元以下罰鍰	處新臺幣一萬元
綜合旅行業、甲種旅行業在國外、香港、澳門或大陸地區設立分支機構或與國外、香港、澳門或大陸地區旅行業合作於國外、香港、澳門或大陸地區經營旅行業務，未依規定報請交通部觀光局備查，經限期改善，逾期未改善者。	得視情節輕重令限期改善或處新臺幣一萬元以上五萬元以下罰鍰	處新臺幣一萬元
旅行業設置經理人不合規定或旅行業經理人非專任，經限期改善，逾期未改善者。	得視情節輕重令限期改善或處新臺幣一萬元以上五萬元以下罰鍰	處新臺幣一萬元
旅行業未設有固定之營業處所或非屬公司法規定之關係企業在同一營業處所內為二家營利事業共同使用者。	處新臺幣一萬元以上五萬元以下罰鍰	處新臺幣三萬元
外國旅行業之代表人同時受僱於國內旅行業者。	處新臺幣一萬元以上五萬元以下罰鍰	處新臺幣一萬元
旅行業領取旅行業執照後未於一個月內開始營業，經限期改善，逾期未改善者。	得視情節輕重令限期改善或處新臺幣一萬元以上五萬元以下罰鍰	處新臺幣一萬元

裁罰事項	處罰範圍	裁罰基準
旅行業於領取旅行業執照前懸掛市招者。	處新臺幣一萬元以上五萬元以下罰鍰	處新臺幣一萬元
旅行業營業地址變更時，於換領旅行業執照前，未拆除原址之全部市招，經限期改善，逾期未改善者。	得視情節輕重令限期改善或處新臺幣一萬元以上五萬元以下罰鍰	處新臺幣一萬元
旅行業分公司於領取旅行業執照前懸掛市招者。	處新臺幣一萬元以上五萬元以下罰鍰	處新臺幣一萬元
旅行業分公司營業地址變更時，於換領旅行業執照前，未拆除原址之全部市招，經限期改善，逾期未改善者。	得視情節輕重令限期改善或處新臺幣一萬元以上五萬元以下罰鍰	處新臺幣一萬元
旅行業未於開業前將開業日期、全體職員名冊報請交通部觀光局備查，經限期改善，逾期未改善者。	得視情節輕重令限期改善或處新臺幣一萬元以上五萬元以下罰鍰	處新臺幣一萬元
旅行業職員名冊與公司薪資發放名冊不相符，經限期改善，逾期未改善者。	得視情節輕重令限期改善或處新臺幣一萬元以上五萬元以下罰鍰	處新臺幣一萬元
旅行業不依規定於其職員異動十日內，將職員異動表報請交通部觀光局備查，經限期改善，逾期未改善者。	得視情節輕重令限期改善或處新臺幣一萬元以上五萬元以下罰鍰	處新臺幣一萬元
旅行業未依規定填報其財務及業務狀況，經限期改善，逾期未改善者。	得視情節輕重令限期改善或處新臺幣一萬元以上五萬元以下罰鍰	處新臺幣一萬元
旅行業暫停營業一個月以上未報請備查或停業期間屆滿十五日內未申報復業者。	處新臺幣一萬元以上五萬元以下罰鍰	處新臺幣一萬元

<table>
<tr><th>裁罰事項</th><th>處罰範圍</th><th colspan="2">裁罰基準</th></tr>
<tr><td>旅行業於申請停業期間，未向交通部觀光局申報復業，而有營業行為者。</td><td>處新臺幣一萬元以上五萬元以下罰鍰</td><td colspan="2">處新臺幣一萬元</td></tr>
<tr><td>旅行業以不正當方法為不公平競爭之行為者。</td><td>處新臺幣一萬元以上五萬元以下罰鍰</td><td colspan="2">處新臺幣五萬元</td></tr>
<tr><td rowspan="3">綜合旅行業、甲種旅行業接待或引導國外、香港、澳門或大陸地區觀光旅客旅遊，未指派或僱用領有外語或華語導遊人員執業證之人員執行導遊業務者。</td><td rowspan="3">處新臺幣一萬元以上五萬元以下罰鍰</td><td>未指派或僱用領有外語或華語導遊人員執業證之人員</td><td>處新臺幣一萬元</td></tr>
<tr><td>指派或僱用未領有導遊執業證之旅行業從業人員</td><td>處新臺幣三萬元</td></tr>
<tr><td>指派或僱用未領有導遊執業證之非旅行業從業人員</td><td>處新臺幣五萬元</td></tr>
<tr><td>綜合旅行業、甲種旅行業辦理接待或引導非使用華語之國外觀光旅客旅遊，指派或僱用華語導遊人員執行導遊業務者。</td><td>處新臺幣一萬元以上五萬元以下罰鍰</td><td colspan="2">處新臺幣一萬元</td></tr>
<tr><td>綜合旅行業、甲種旅行業允許其指派或僱用之導遊人員為非旅行業執行導遊業務。</td><td>處新臺幣一萬元以上五萬元以下罰鍰</td><td colspan="2">處新臺幣三萬元</td></tr>
<tr><td rowspan="2">旅行業指派或僱用導遊人員、領隊人員執行接待或引導觀光旅客旅遊業務，未與該等人員簽訂書面契約；與該等人員簽訂契約之內容違反交通部觀光局公告之契約不得記載事項。</td><td rowspan="2">處新臺幣一萬元以上五萬元以下罰鍰</td><td>未與該等人員簽訂書面契約者</td><td>處新臺幣一萬元</td></tr>
<tr><td>與該等人員簽訂契約之內容違反交通部觀光局公告之契約不得記載事項者</td><td>處新臺幣一萬元</td></tr>
</table>

<table>
<tr><th>裁罰事項</th><th>處罰範圍</th><th colspan="2">裁罰基準</th></tr>
<tr><td rowspan="2">旅行業應給付導遊人員、領隊人員之報酬，以小費、購物佣金或其他名目抵替者。</td><td rowspan="2">處新臺幣一萬元以上五萬元以下罰鍰</td><td>報酬以小費、購物佣金或其他名目抵替者</td><td>處新臺幣一萬元</td></tr>
<tr><td>情節重大者</td><td>處新臺幣三萬元</td></tr>
<tr><td>旅行業辦理團體旅遊時，其團體旅遊文件之契約書所記載事項與規定不符，且未報請交通部觀光局核准即實施者。</td><td>處新臺幣一萬元以上五萬元以下罰鍰</td><td colspan="2">處新臺幣一萬元</td></tr>
<tr><td>旅行業辦理個別旅遊時，其個別旅遊文件之契約書所記載事項與規定不符，且未報請交通部觀光局核准即實施者。</td><td>處新臺幣一萬元以上五萬元以下罰鍰</td><td colspan="2">處新臺幣一萬元</td></tr>
<tr><td>旅行業辦理旅遊業務，未製作旅客交付文件與繳費收據，分由雙方收執者。</td><td>處新臺幣一萬元以上五萬元以下罰鍰</td><td colspan="2">處新臺幣一萬元</td></tr>
<tr><td>旅行業未設置專櫃保管旅遊契約、旅客交付文件及繳費收據一年，經限期改善，逾期未改善者。</td><td>得視情節輕重令限期改善或處新臺幣一萬元以上五萬元以下罰鍰</td><td colspan="2">處新臺幣一萬元</td></tr>
<tr><td>綜合旅行業以包辦旅遊方式辦理國內外團體旅遊，未預先擬定計畫，訂定旅行目的地、日程、旅客所能享用之運輸、住宿、服務之內容，以及旅客所應繳付之費用，並印製招攬文件，即自行組團或委託甲種旅行業、乙種旅行業代理招攬業務者。</td><td>處新臺幣一萬元以上五萬元以下罰鍰</td><td colspan="2">處新臺幣一萬元</td></tr>
</table>

裁罰事項	處罰範圍	裁罰基準
甲種旅行業、乙種旅行業未經綜合旅行業之委託，即以綜合旅行業之名義，招攬業務，或以綜合旅行業之名義與旅客簽定旅遊契約者。	處新臺幣一萬元以上五萬元以下罰鍰	處新臺幣一萬元
甲種旅行業、乙種旅行業代理綜合旅行業招攬業務，未以綜合旅行業之名義與旅客簽定旅遊契約者。	處新臺幣一萬元以上五萬元以下罰鍰	處新臺幣一萬元
甲種旅行業、乙種旅行業代理綜合旅行業招攬業務，並以綜合旅行業之名義與旅客簽定旅遊契約，而未於旅遊契約副署者。	處新臺幣一萬元以上五萬元以下罰鍰	處新臺幣一萬元
旅行業經營自行組團業務，未經旅客書面同意，而將旅行業務轉讓其他旅行業辦理者。	處新臺幣一萬元以上五萬元以下罰鍰	處新臺幣三萬元
旅行業受理旅行業務之轉讓時，未與旅客重新簽訂旅遊契約者。	處新臺幣一萬元以上五萬元以下罰鍰	處新臺幣一萬元
甲種旅行業、乙種旅行業將招攬文件置於其他旅行業，委託其他旅行業代為銷售、招攬者。	處新臺幣一萬元以上五萬元以下罰鍰	處新臺幣三萬元
旅行業辦理國內旅遊，未派遣專人隨團服務者。	處新臺幣一萬元以上五萬元以下罰鍰	處新臺幣一萬元
旅行業刊登於新聞紙、雜誌、電腦網路及其他大眾傳播工具之廣告，未載明公司名稱、種類及註冊編號，經限期改善，逾期未改善者。	得視情節輕重令限期改善或處新臺幣一萬元以上五萬元以下罰鍰	處新臺幣一萬元

裁罰事項	處罰範圍	裁罰基準	
旅行業刊登於新聞紙、雜誌、電腦網路及其他大眾傳播工具之廣告內容，與旅遊文件不相符合或有內容誇大虛偽不實或引人錯誤之表示或表徵者。	處新臺幣一萬元以上五萬元以下罰鍰	廣告內容與旅遊文件不相符合者	處新臺幣三萬元
		價格、數量及品質等重要交易事項之廣告內容有誇大虛偽不實，或引人錯誤之表示或表徵者。	處新臺幣五萬元
旅行業以服務標章招攬旅客，未依法申請服務標章註冊，並報請交通部觀光局備查，經限期改善，逾期未改善者。	得視情節輕重令限期改善或處新臺幣一萬元以上五萬元以下罰鍰	處新臺幣一萬元	
旅行業以服務標章招攬旅客，未以本公司名義與旅客簽訂旅遊契約，經限期改善，逾期未改善者。	得視情節輕重令限期改善或處新臺幣一萬元以上五萬元以下罰鍰	處新臺幣一萬元	
旅行業以服務標章招攬旅客，其服務標章超過一個，經限期改善，逾期未改善者。	得視情節輕重令限期改善或處新臺幣一萬元以上五萬元以下罰鍰	處新臺幣一萬元	
旅行業以電腦網路經營旅行業務之網站首頁或旅行業透過其他網路平臺販售旅遊商品或服務之網頁，應載明之事項與規定不符或未報請交通部觀光局備查，經限期改善，逾期未改善者。	得視情節輕重令限期改善或處新臺幣一萬元以上 五萬元以下罰鍰	應載明之事項與規定不符，經限期改善，逾期未改善者。	處新臺幣一萬元
		未報請交通部觀光局備查，經限期改善，逾期未改善者。	處新臺幣一萬元
		應載明之事項與規定不符且未報請交通部觀光局備查者。	處新臺幣三萬元
旅行業以電腦網路接受旅客線上訂購交易，未將旅遊契約登載於網站者。	處新臺幣一萬元以上五萬元以下罰鍰	處新臺幣一萬元	

<table>
<tr><th>裁罰事項</th><th>處罰範圍</th><th colspan="2">裁罰基準</th></tr>
<tr><td>旅行業以電腦網路接受旅客線上訂購交易，於收受全部或一部價金前，未將其銷售商品或服務之限制及確認程序、契約終止或解除及退款事項，向旅客據實告知者。</td><td>處新臺幣一萬元以上五萬元以下罰鍰</td><td colspan="2">處新臺幣三萬元</td></tr>
<tr><td>旅行業利用網路交易於受領價金後，未依規定開立旅行業代收轉付收據憑證交付旅客者。</td><td>處新臺幣一萬元以上五萬元以下罰鍰</td><td colspan="2">處新臺幣一萬元</td></tr>
<tr><td>旅行業以分公司以外之名義設立分支機構，或包庇他人頂名經營旅行業務，或包庇非旅行業經營旅行業務者。</td><td>處新臺幣一萬元以上五萬元以下罰鍰</td><td colspan="2">處新臺幣五萬元</td></tr>
<tr><td>綜合旅行業、甲種旅行業經營旅客出國觀光團體旅遊業務，於團體成行前，未以書面向旅客作旅遊安全及其他必要之狀況說明或舉辦說明會者。</td><td>處新臺幣一萬元以上五萬元以下罰鍰</td><td colspan="2">處新臺幣一萬元</td></tr>
<tr><td rowspan="2">綜合旅行業、甲種旅行業辦理旅客出國觀光團體旅遊業務，不依規定派遣合格領隊隨團服務者。</td><td rowspan="2">處新臺幣一萬元以上五萬元以下罰鍰</td><td>派遣不合規定之旅行業從業人員</td><td>處新臺幣三萬元</td></tr>
<tr><td>未派或派遣不合規定之非旅行業從業人員</td><td>處新臺幣五萬元</td></tr>
<tr><td>綜合旅行業、甲種旅行業辦理旅客出國觀光團體旅遊業務，派遣之領隊未全程隨團服務者。</td><td>處新臺幣一萬元以上五萬元以下罰鍰</td><td colspan="2">處新臺幣一萬元</td></tr>
<tr><td>綜合旅行業、甲種旅行業辦理出國（不含大陸、香港、澳門地區）觀光旅客團體旅遊，派遣或僱用華語領隊人員執行領隊業務者。</td><td>處新臺幣一萬元以上五萬元以下罰鍰</td><td colspan="2">處新臺幣一萬元</td></tr>
</table>

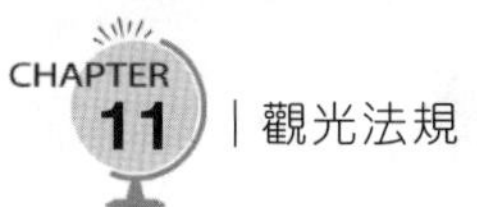

<table>
<tr><th>裁罰事項</th><th>處罰範圍</th><th colspan="2">裁罰基準</th></tr>
<tr><td>綜合旅行業、甲種旅行業允許其指派或僱用之領隊人員，為非旅行業執行領隊業務者。</td><td>處新臺幣一萬元以上五萬元以下罰鍰</td><td colspan="2">處新臺幣三萬元</td></tr>
<tr><td>旅行業執行業務有不利國家之言行者。</td><td>處新臺幣一萬元以上五萬元以下罰鍰</td><td colspan="2">處新臺幣五萬元</td></tr>
<tr><td>旅行業執行業務，所派遣之隨團服務人員於旅遊途中擅離團體或隨意將旅客解散者。</td><td>處新臺幣一萬元以上五萬元以下罰鍰</td><td colspan="2">處新臺幣三萬元</td></tr>
<tr><td>旅行業執行業務未使用合法業者依規定設置之遊樂及住宿設施者。</td><td>處新臺幣一萬元以上五萬元以下罰鍰</td><td colspan="2">處新臺幣三萬元</td></tr>
<tr><td>旅行業執行業務於旅遊途中未注意旅客安全之維護者。</td><td>處新臺幣一萬元以上五萬元以下罰鍰</td><td colspan="2">處新臺幣五萬元</td></tr>
<tr><td>旅行業執行業務未經旅客請求而變更旅程者。</td><td>處新臺幣一萬元以上五萬元以下罰鍰</td><td colspan="2">處新臺幣一萬元</td></tr>
<tr><td>旅行業執行業務，除因代辦必要事項須臨時持有旅客證照外，非經旅客請求而以任何理由保管旅客證照者。</td><td>處新臺幣一萬元以上五萬元以下罰鍰</td><td colspan="2">處新臺幣一萬元</td></tr>
<tr><td>旅行業執行業務未妥慎保管旅客證照致遺失者。</td><td>處新臺幣一萬元以上五萬元以下罰鍰</td><td colspan="2">處新臺幣三萬元</td></tr>
<tr><td rowspan="3">旅行業辦理旅遊，未使用合法業者提供之合法交通工具及合格之駕駛人者；包租遊覽車者，未簽訂租車契約者；或以包租之遊覽車沿途搭載其他旅客者。</td><td rowspan="3">處新臺幣一萬元以上五萬元以下罰鍰</td><td>以包租之交通工具沿途搭載其他旅客者</td><td>處新臺幣一萬元</td></tr>
<tr><td>包租遊覽車者，未簽訂租車契約者。</td><td>處新臺幣三萬元</td></tr>
<tr><td>未使用合法業者提供之合法交通工具及合格之駕駛人者</td><td>處新臺幣五萬元</td></tr>
</table>

<table>
<tr><th>裁罰事項</th><th>處罰範圍</th><th colspan="2">裁罰基準</th></tr>
<tr><td rowspan="3">旅行業辦理旅遊，使用遊覽車為交通工具者，未實施遊覽車逃生安全解說及示範者；未依交通部公路總局訂定之檢查紀錄表執行者。</td><td rowspan="3">處新臺幣一萬元以上五萬元以下罰鍰</td><td>未依交通部公路總局訂定之檢查紀錄表執行者</td><td>處新臺幣一萬元</td></tr>
<tr><td>未依交通部公路總局訂定之檢查紀錄表執行，且具嚴重疏漏者。</td><td>處新臺幣三萬元</td></tr>
<tr><td>未實施遊覽車逃生安全解說及示範者</td><td>處新臺幣五萬元</td></tr>
<tr><td>旅行業執行業務，未妥適安排旅遊行程，致使遊覽車駕駛違反汽車運輸業管理法規有關超時工作規定者。</td><td>處新臺幣一萬元以上五萬元以下罰鍰</td><td colspan="2">處新臺幣五萬元</td></tr>
<tr><td>綜合旅行業、甲種旅行業經營國人出國觀光團體旅遊，將團體委託未經國外當地政府登記合格之旅行業接待或導遊者。</td><td>處新臺幣一萬元以上五萬元以下罰鍰</td><td colspan="2">處新臺幣三萬元</td></tr>
<tr><td>綜合旅行業、甲種旅行業經營國人出國觀光團體旅遊，未取得外國旅行業之承諾書或保證文件，即委託其接待或導遊，經限期改善，逾期未改善者。</td><td>得視情節輕重令限期改善或處新臺幣一萬元以上五萬元以下罰鍰</td><td colspan="2">處新臺幣一萬元</td></tr>
<tr><td>旅行業辦理國內、外觀光團體旅遊及接待國外、香港、澳門或大陸地區觀光團體旅客旅遊業務，發生緊急事故時，未為迅速、妥適之處理，維護旅客權益，或未對受害旅客家屬提供必要之協助者。</td><td>處新臺幣一萬元以上五萬元以下罰鍰</td><td colspan="2">處新臺幣三萬元</td></tr>
</table>

<table>
<tr><th>裁罰事項</th><th>處罰範圍</th><th colspan="2">裁罰基準</th></tr>
<tr><td>旅行業辦理國內、外觀光團體旅遊及接待國外、香港、澳門或大陸地區觀光團體旅客旅遊業務，發生緊急事故時，未於事故發生後二十四小時內向交通部觀光局報備並依緊急事故之發展及處理情形為通報者。</td><td>處新臺幣一萬元以上五萬元以下罰鍰</td><td colspan="2">處新臺幣一萬元</td></tr>
<tr><td>綜合旅行業、甲種旅行業代客辦理出入國及簽證手續，未切實查核申請人之申請書件及照片者。</td><td>處新臺幣一萬元以上五萬元以下罰鍰</td><td colspan="2">處新臺幣一萬元</td></tr>
<tr><td>綜合旅行業、甲種旅行業代客辦理出入國及簽證手續，未據實填寫申請人之申請書件，或代申請人簽名者。</td><td>處新臺幣一萬元以上五萬元以下罰鍰</td><td colspan="2">處新臺幣三萬元</td></tr>
<tr><td>綜合旅行業、甲種旅行業代客辦理出入國及簽證手續，為申請人偽造、變造有關之文件者。</td><td>處新臺幣一萬元以上五萬元以下罰鍰</td><td colspan="2">處新臺幣五萬元</td></tr>
<tr><td>綜合旅行業、甲種旅行業代客辦理出入國手續不以指定之專任人員負責送件者。</td><td>處新臺幣一萬元以上五萬元以下罰鍰</td><td colspan="2">處新臺幣一萬元</td></tr>
<tr><td rowspan="2">綜合旅行業、甲種旅行業將領用之專任送件人員識別證借供本公司以外之旅行業或非旅行業使用者。</td><td rowspan="2">處新臺幣一萬元以上五萬元以下罰鍰</td><td>送件人員識別證借供本公司以外之旅行業使用</td><td>處新臺幣一萬元</td></tr>
<tr><td>送件人員識別證借供非旅行業使用</td><td>處新臺幣五萬元</td></tr>
<tr><td>綜合旅行業、甲種旅行業毀損、遺失專任送件人員識別證，未依規定向交通部觀光局申請換發或補發，經限期改善，逾期未改善者。</td><td>得視情節輕重令限期改善或處新臺幣一萬元以上五萬元以下罰鍰</td><td colspan="2">處新臺幣一萬元</td></tr>
</table>

裁罰事項	處罰範圍	裁罰基準
綜合旅行業、甲種旅行業為旅客代辦出入國手續，委託他旅行業代為送件時，未簽訂委託契約書，經限期改善，逾期未改善者。	得視情節輕重令限期改善或處新臺幣一萬元以上五萬元以下罰鍰	處新臺幣一萬元
綜合旅行業、甲種旅行業代客辦理出入國或簽證手續，未妥慎保管旅客證照者。	處新臺幣一萬元以上五萬元以下罰鍰	處新臺幣三萬元
綜合旅行業、甲種旅行業代客辦理出入國或簽證手續，於辦完手續後，不將證件交還旅客者。	處新臺幣一萬元以上五萬元以下罰鍰	處新臺幣一萬元
綜合旅行業、甲種旅行業遺失旅客證照，未於二十四小時內檢具報告書及其他相關文件向外交部領事事務局、警察機關或交通部觀光局報備者。	處新臺幣一萬元以上五萬元以下罰鍰	處新臺幣一萬元
旅行業代客辦理出入國或簽證手續，明知旅客證件不實，而仍代辦者。	處新臺幣一萬元以上五萬元以下罰鍰	處新臺幣五萬元
旅行業發覺僱用之導遊人員違反導遊人員管理規則第二十七條規定，而不為舉發者。	處新臺幣一萬元以上五萬元以下罰鍰	處新臺幣一萬元
旅行業與政府有關機關禁止業務往來之國外旅遊業營業者。	處新臺幣一萬元以上五萬元以下罰鍰	處新臺幣五萬元
旅行業未經報准，擅自允許國外旅行業代表附設於其公司內者。	處新臺幣一萬元以上五萬元以下罰鍰	處新臺幣一萬元

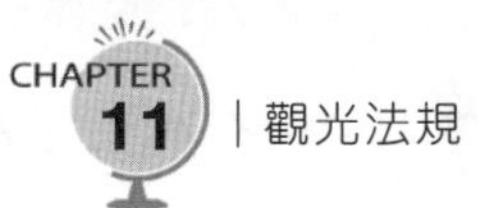

<table>
<tr><th>裁罰事項</th><th>處罰範圍</th><th colspan="2">裁罰基準</th></tr>
<tr><td>旅行業為非旅行業送件或領件者。</td><td>處新臺幣一萬元以上五萬元以下罰鍰</td><td colspan="2">處新臺幣五萬元</td></tr>
<tr><td>旅行業利用業務套取外匯或私自兌換外幣者。</td><td>處新臺幣一萬元以上五萬元以下罰鍰</td><td colspan="2">處新臺幣一萬元</td></tr>
<tr><td>旅行業委由旅客攜帶物品圖利者。</td><td>處新臺幣一萬元以上五萬元以下罰鍰</td><td colspan="2">處新臺幣三萬元</td></tr>
<tr><td>旅行業安排之旅遊活動違反我國或旅遊當地法令者。</td><td>處新臺幣一萬元以上五萬元以下罰鍰</td><td colspan="2">處新三萬元</td></tr>
<tr><td>旅行業安排未經旅客同意之旅遊活動者。</td><td>處新臺幣一萬元以上五萬元以下罰鍰</td><td colspan="2">處新臺幣一萬元</td></tr>
<tr><td>旅行業安排旅客購買貨價與品質不相當之物品，或強迫旅客進入或留置購物店購物者。</td><td>處新臺幣一萬元以上五萬元以下罰鍰</td><td colspan="2">處新臺幣二萬元</td></tr>
<tr><td>旅行業向旅客收取中途離隊之離團費用或有其他索取額外不當費用者。</td><td>處新臺幣一萬元以上五萬元以下罰鍰</td><td colspan="2">處新臺幣三萬元</td></tr>
<tr><td rowspan="5">旅行業辦理出國觀光團體旅客旅遊，未依約定辦妥簽證、機位或住宿，即帶團出國者。</td><td rowspan="5">處新臺幣一萬元以上五萬元以下罰鍰</td><td>未依約定辦妥住宿者</td><td>處新臺幣一萬元</td></tr>
<tr><td>未依約定辦妥機位者</td><td>處新臺幣二萬元</td></tr>
<tr><td>未依約定辦妥簽證；或未依約定辦妥住宿及機位者。</td><td>處新臺幣三萬元</td></tr>
<tr><td>未依約定辦妥住宿及簽證者</td><td>處新臺幣四萬元</td></tr>
<tr><td>未依約定辦妥機位及簽證；或未依約定辦妥住宿、機位及簽證者。</td><td>處新臺幣五萬元</td></tr>
<tr><td>旅行業有違反交易誠信原則者。</td><td>處新臺幣一萬元以上五萬元以下罰鍰</td><td colspan="2">處新臺幣三萬元</td></tr>
</table>

裁罰事項	處罰範圍	裁罰基準
旅行業有非舉辦旅遊，而假藉其他名義向不特定人收取款項或資金者。	處新臺幣一萬元以上五萬元以下罰鍰	處新臺幣五萬元
旅行業關於旅遊糾紛調解事件，經交通部觀光局合法通知無正當理由不於調解期日到場者。	處新臺幣一萬元以上五萬元以下罰鍰	處新臺幣一萬元
旅行業販售機票予旅客，未於機票上記載旅客姓名者。	處新臺幣一萬元以上五萬元以下罰鍰	處新臺幣一萬元
經營旅行業務不遵守中央觀光主管機關管理監督之規定者。	處新臺幣一萬元以上五萬元以下罰鍰	處新臺幣一萬元
旅行業委請非旅行業從業人員執行旅行業務者。	處新臺幣一萬元以上五萬元以下罰鍰	處新臺幣三萬元
旅行業舉辦團體旅遊、個別旅客旅遊及辦理接待國外、香港、澳門或大陸地區觀光團體、個別旅客旅遊業務，未依規定為旅客及隨團服務人員投保責任保險者。	處新臺幣一萬元以上五萬元以下罰鍰	處新臺幣五萬元
旅行業受停業處分，未於停業始日繳回交通部觀光局發給之各項證照，經限期改善，逾期未改善者。	得視情節輕重令限期改善或處新臺幣一萬元以上五萬元以下罰鍰	處新臺幣一萬元
旅行業受停業處分，於停業期滿後，未依規定申報復業，經限期改善，逾期未改善者。	得視情節輕重令限期改善或處新臺幣一萬元以上五萬元以下罰鍰	處新臺幣一萬元
旅行業經理人兼任其他旅行業經理人或自營或為他人兼營旅行業者。	處新臺幣三千元以上一萬五千元以下罰鍰；情節重大者，並得逕行定期停止其執行業務。	處新臺幣六千元

裁罰事項	處罰範圍	裁罰基準	
旅行業受僱人員有玷辱國家榮譽、損害國家利益、妨害善良風俗或詐騙旅客行為者。	處新臺幣一萬元以上五萬元以下罰鍰。	詐騙旅客行為	處新臺幣一萬元
		妨害善良風俗	處新臺幣三萬元
		玷辱國家榮譽或損害國家利益	處新臺幣五萬元
		情節重大者	處新臺幣一萬五千元並廢止其執業證
旅行業派遣之隨團服務人員有不利國家之言行者。	處新臺幣三千元以上一萬五千元以下罰鍰；情節重大者，並得逕行定期停止其執行業務。	不利國家之言行者	處新臺幣一萬元
		情節重大者	處新臺幣一萬五千元
旅行業派遣之隨團服務人員於旅遊途中擅離團體或隨意將旅客解散者。	處新臺幣三千元以上一萬五千元以下罰鍰；情節重大者，並得逕行定期停止其執行業務。	處新臺幣六千元	
旅行業派遣之隨團服務人員未使用合法業者依規定設置之遊樂及住宿設施者。	處新臺幣三千元以上一萬五千元以下罰鍰；情節重大者，並得逕行定期停止其執行業務。	處新臺幣六千元	
旅行業派遣之隨團服務人員於旅遊途中未注意旅客安全之維護者。	處新臺幣三千元以上一萬五千元以下罰鍰；情節重大者，並得逕行定期停止其執行業務。	未注意旅客安全之維護者	處新臺幣六千元
		情節重大者	處新臺幣一萬五千元
旅行業派遣之隨團服務人員未經旅客請求而變更旅程者。	處新臺幣三千元以上一萬五千元以下罰鍰；情節重大者，並得逕行定期停止其執行業務。	未經旅客請求而變更旅程者	處新臺幣六千元
		情節重大者	處新臺幣一萬五千元，並定期停止執行業務一年。

<table>
<tr><th>裁罰事項</th><th>處罰範圍</th><th colspan="2">裁罰基準</th></tr>
<tr><td>旅行業派遣之隨團服務人員未經旅客請求保管旅客證照者。</td><td>處新臺幣三千元以上一萬五千元以下罰鍰；情節重大者，並得逕行定期停止其執行業務。</td><td colspan="2">處新臺幣六千元</td></tr>
<tr><td rowspan="2">旅行業派遣之隨團服務人員未妥慎保管旅客證照致遺失者。</td><td rowspan="2">處新臺幣三千元以上一萬五千元以下罰鍰；情節重大者，並得逕行定期停止其執行業務。</td><td>未妥慎保管旅客證照致遺失者</td><td>處新臺幣六千元</td></tr>
<tr><td>情節重大者</td><td>處新臺幣一萬五千元，並定期停止執行業務一年。</td></tr>
<tr><td>旅行業派遣之隨團服務人員使包租之遊覽車沿途搭載其他旅客者。</td><td>處新臺幣三千元以上一萬五千元以下罰鍰；情節重大者，並得逕行定期停止其執行業務。</td><td colspan="2">處新臺幣三千元</td></tr>
<tr><td>旅行業派遣之隨團服務人員使用遊覽車為交通工具者，未實施遊覽車逃生安全解說及示範者；未依交通部公路總局訂定之檢查紀錄表執行者。</td><td>處新臺幣三千元以上一萬五千元以下罰鍰；情節重大者，並得逕行定期停止其執行業務。</td><td colspan="2">處新臺幣三千元</td></tr>
<tr><td>旅行業派遣之隨團服務人員使遊覽車駕駛違反汽車運輸業管理法規有關超時工作規定者。</td><td>處新臺幣三千元以上一萬五千元以下罰鍰；情節重大者，並得逕行定期停止其執行業務。</td><td colspan="2">處新臺幣六千元</td></tr>
<tr><td>旅行業執行業務之人員，於主管機關檢查業務時，未提出業務有關之報告及文件，並據實陳述辦理業務之情形者。</td><td>處新臺幣三千元以上一萬五千元以下罰鍰；情節重大者，並得逕行定期停止其執行業務。</td><td colspan="2">處新臺幣三千元</td></tr>
</table>

<table>
<tr><th>裁罰事項</th><th>處罰範圍</th><th colspan="2">裁罰基準</th></tr>
<tr><td rowspan="3">旅行業執行業務之人員，規避、妨礙或拒絕主管機關業務檢查者。</td><td rowspan="3">處新臺幣三千元以上一萬五千元以下罰鍰，情節重大者，並得逕行定期停止其執行業務。</td><td>規避</td><td>處新臺幣三千元</td></tr>
<tr><td>妨礙</td><td>處新臺幣六千元</td></tr>
<tr><td>拒絕</td><td>處新臺幣一萬五千元</td></tr>
<tr><td>旅行業僱用之人員代客辦理出入國及簽證手續，為申請人偽造、變造有關之文件者。</td><td>處新臺幣三千元以上一萬五千元以下罰鍰，情節重大者，並得逕行定期停止其執行業務。</td><td colspan="2">處新臺幣一萬五千元</td></tr>
<tr><td>旅行業從業人員拒絕接受交通部觀光局及直轄市觀光主管機關舉辦之專業訓練者。</td><td>處新臺幣三千元以上一萬五千元以下罰鍰；情節重大者，並得逕行定期停止其執行業務。</td><td colspan="2">處新臺幣三千元</td></tr>
<tr><td>旅行業僱用之人員擅自將專任送件人員識別證借供他人使用者。</td><td>處新臺幣三千元以上一萬五千元以下罰鍰；情節重大者，並得逕行定期停止其執行業務。</td><td colspan="2">處新臺幣六千元</td></tr>
<tr><td rowspan="2">旅行業僱用之人員掩護非合格領隊帶領觀光團體出國旅遊者。</td><td rowspan="2">處新臺幣三千元以上一萬五千元以下罰鍰；情節重大者，並得逕行定期停止其執行業務。</td><td>掩護非合格領隊帶領觀光團體出國旅遊者</td><td>處新臺幣九千元</td></tr>
<tr><td>情節重大者</td><td>處新臺幣一萬五千元，並定期停止執行業務一年。</td></tr>
<tr><td rowspan="2">旅行業僱用之人員掩護非合格導遊執行接待或引導國外或大陸地區觀光旅客至中華民國旅遊者。</td><td rowspan="2">處新臺幣三千元以上一萬五千元以下罰鍰；情節重大者，並得逕行定期停止其執行業務。</td><td>執行接待或引導國外或大陸地區觀光旅客至中華民國旅遊者</td><td>處新臺幣九千元</td></tr>
<tr><td>情節重大者</td><td>處新臺幣一萬五千元，並定期停止執行業務一年。</td></tr>
</table>

<table>
<tr><th>裁罰事項</th><th>處罰範圍</th><th colspan="2">裁罰基準</th></tr>
<tr><td>旅行業僱用之人員擅自透過網際網路從事旅遊商品之招攬廣告或文宣者。</td><td>處新臺幣三千元以上一萬五千元以下罰鍰；情節重大者，並得逕行定期停止其執行業務。</td><td colspan="2">處新臺幣一萬五千元</td></tr>
<tr><td>旅行業僱用之人員代客辦理出入國或簽證手續，明知旅客證件不實而仍代辦者。</td><td>處新臺幣三千元以上一萬五千元以下罰鍰；情節重大者，並得逕行定期停止其執行業務。</td><td colspan="2">處新臺幣一萬五千元</td></tr>
<tr><td>旅行業僱用之人員發覺導遊人員違反導遊人員管理規則第二十七條之規定而不為舉發者。</td><td>處新臺幣三千元以上一萬五千元以下罰鍰；情節重大者，並得逕行定期停止其執行業務。</td><td colspan="2">處新臺幣三千元</td></tr>
<tr><td rowspan="2">旅行業僱用之人員未經核准為非旅行業送件或領件者。</td><td rowspan="2">處新臺幣三千元以上一萬五千元以下罰鍰；情節重大者，並得逕行定期停止其執行業務。</td><td>未經核准為非旅行業送件或領件者</td><td>處新臺幣一萬五千元</td></tr>
<tr><td>情節重大者</td><td>處新臺幣一萬五千元並停止其執行業務一年</td></tr>
<tr><td>旅行業僱用之人員利用業務套取外匯或私自兌換外幣者。</td><td>處新臺幣三千元以上一萬五千元以下罰鍰；情節重大者，並得逕行定期停止其執行業務。</td><td colspan="2">處新臺幣三千元</td></tr>
<tr><td rowspan="2">旅行業僱用之人員委由旅客攜帶物品圖利者。</td><td rowspan="2">處新臺幣三千元以上一萬五千元以下罰鍰；情節重大者，並得逕行定期停止其執行業務。</td><td>委由旅客攜帶物品圖利者</td><td>處新臺幣九千元</td></tr>
<tr><td>情節重大者</td><td>處新臺幣一萬五千元</td></tr>
</table>

<table>
<tr><th>裁罰事項</th><th>處罰範圍</th><th colspan="2">裁罰基準</th></tr>
<tr><td rowspan="2">旅行業僱用之人員安排之旅遊活動違反我國或旅遊當地法令者。</td><td rowspan="2">處新臺幣三千元以上一萬五千元以下罰鍰；情節重人者，並得逕行定期停止其執行業務。</td><td>安排之旅遊活動違反我國或旅遊當地法令者。</td><td>處新臺幣九千元</td></tr>
<tr><td>情節重大者</td><td>處新臺幣一萬五千元</td></tr>
<tr><td>旅行業僱用之人員安排未經旅客同意之旅遊節目者。</td><td>處新臺幣三千元以上一萬五千元以下罰鍰；情節重大者，並得逕行定期停止其執行業務。</td><td colspan="2">處新臺幣三千元</td></tr>
<tr><td rowspan="2">旅行業僱用之人員安排旅客購買貨價與品質不相當之物品，或強迫旅客進入或留置購物店購物者。</td><td rowspan="2">處新臺幣三千元以上一萬五千元以下罰鍰；情節重大者，並得逕行定期停止其執行業務。</td><td>安排旅客購買貨價與品質不相當之物品者</td><td>處新臺幣六千元</td></tr>
<tr><td>強迫旅客進入或留置購物店購物者</td><td>處新臺幣一萬五千元</td></tr>
<tr><td>旅行業僱用之人員索取額外不當費用。</td><td>處新臺幣三千元以上一萬五千元以下罰鍰；情節重大者，並得逕行定期停止其執行業務。</td><td colspan="2">處新臺幣六千元</td></tr>
</table>

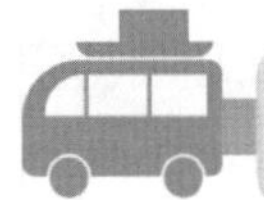

11-4　導遊人員管理規則（節略）

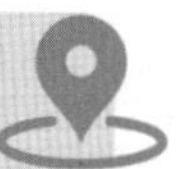

中華民國 111 年 11 月 22 日交通部交路（一）字第 11182007974 號令修正發布

第 1 條　本規則依發展觀光條例（以下簡稱本條例）第六十六條第五項規定訂定之。

第 2 條　導遊人員之訓練、執業證核發、管理、獎勵及處罰等事項，由交通部委任交通部觀光局執行之；其委任事項及法規依據應公告並刊登政府公報或新聞紙。

第 3 條　**導遊人員應受旅行業之僱用、指派或受政府機關、團體之招請，始得執行導遊業務。**

第 4 條　**導遊人員有違本規則，經廢止導遊人員執業證未逾五年者，不得充任導遊人員。**

第 5 條　本規則九十年三月二十二日修正發布前已測驗訓練合格之導遊人員，應參加交通部觀光局或其委託之團體舉辦之接待或引導大陸地區旅客訓練結業，始可接待或引導大陸地區旅客。

第 6 條
1. 導遊人員執業證分英語、日語、其他外語及華語導遊人員執業證。領取英語、日語或其他外語導遊人員執業證者，得執行接待或引導國外、大陸地區、香港、澳門觀光旅客旅遊業務。
2. 領取華語導遊人員執業證者，得執行接待或引導大陸地區、香港、澳門觀光旅客或使用華語之國外觀光旅客旅遊業務，不得執行接待或引導非使用華語之國外觀光旅客旅遊業務。但其搭配稀少外語翻譯人員者，得執行接待或引導非使用華語之國外稀少語別觀光旅客旅遊業務。
3. 前項但書規定所稱國外稀少語別之類別及其得執行該規定業務期間，由交通部觀光局視觀光市場及導遊人力供需情形公告之。
4. 本規則中華民國一百零九年十月二十二日修正施行前外語導遊人員取得符合教育部對外華語教學能力認證考試外語能力合格認定基準所定基準以上之成績或證書，並已於其執業證加註該語言別者，於其執業證有效期間屆滿後不再加註。但其執業證有效期間自修正施行之日起算不足六個月者，於屆期申請換證時得再加註該語言別至新證有效期間止。

第 7 條　導遊人員訓練分職前訓練及在職訓練。

經導遊人員考試及格者，應參加交通部觀光局或其委託之有關機關、團體舉辦之職前訓練合格，**領取結業證書後，始得請領執業證，執行導遊業務**。導遊人員在職訓練由交通部觀光局或其委託之有關機關、團體辦理。前二項之受委託機關、團體，應具下列資格之一：

1. 須為旅行業或導遊人員相關之觀光團體，且最近二年曾自行辦理或接受交通部觀光局委託辦理導遊人員訓練者。
2. 須為設有觀光相關科系之大專以上學校，最近二年曾自行辦理或接受交通部觀光局委託辦理旅行業從業人員相關訓練者。

職前訓練及在職訓練之方式、課程、費用及相關規定事項，由交通部觀光局定之或由其委託之有關機關、團體擬訂陳報交通部觀光局核定。

第 8 條　**經華語導遊人員考試及訓練合格，參加外語導遊人員考試及格者，免再參加職前訓練**。前項規定，於外語導遊人員，經其他外語導遊人員考試及格者，或於本規則修正施行前經交通部觀光局測驗及訓練合格之導遊人員，亦適用之。

第 9 條　經導遊人員考試及格，參加職前訓練者，應檢附考試及格證書影本、繳納訓練費用，向交通部觀光局或其委託之有關機關、團體申請，並依排定之訓練時間報到接受訓練。參加導遊職前訓練人員報名繳費後開訓前七日得取消報名並申請退還七成訓練費用，逾期不予退還。但因產假、重病或其他正當事由無法接受訓練者，得申請全額退費。

第 10 條

1. 導遊人員職前訓練節次為九十八節課，每節課為五十分鐘。受訓人員於前訓練期間，其缺課節數不得逾訓練節次十分之一。
2. 每節課遲到或早退逾十分鐘以上者，以缺課一節論計。

第 11 條

1. 導遊人員職前訓練測驗成績以一百分為滿分，七十分為及格。
2. 測驗成績不及格者，應於七日內補行測驗一次；經補行測驗仍不及格者，不得結業。
3. 因產假、重病或其他正當事由，經核准延期測驗者，應於一年內申請測驗；經測驗不及格者，依前項規定辦理。

第 12 條　受訓人員在職前訓練期間，有下列情形之一者，應予退訓；其已繳納之訓練費用，不得申請退還：

1. 缺課節數逾十分之一者。
2. 受訓期間對講座、輔導員或其他辦理訓練人員施以強暴脅迫者。
3. 由他人冒名頂替參加訓練者。
4. 報名檢附之資格證明文件係偽造或變造者。
5. 其他具體事實足以認為品德操守違反倫理規範，情節重大者。

前項第二款至第四款情形，經退訓後二年內不得參加訓練。

第 13 條　導遊人員於在職訓練期間，有下列情形之一者，應予退訓，其已繳納之訓練費用，不得申請退還：
1. 缺課節數逾十分之一者。
2. 由他人冒名頂替參加訓練者。
3. 受訓期間對講座、輔導員或其他辦理訓練人員施以強暴脅迫者。
4. 其他具體事實足以認為品德操守違反職業倫理規範，情節重大者。

第 14 條　受委託辦理導遊人員職前訓練及在職訓練之機關、團體應依交通部觀光局核定之訓練計畫實施，並於結訓後十日內將受訓人員成績、結訓及退訓人數列冊陳報交通部觀光局備查。

第 15 條　受委託辦理導遊人員職前訓練及在職訓練之機關、團體違反前條規定者，交通部觀光局得予糾正並通知限期改善；屆期未改善者，廢止其委託，並於二年內不得參與委託訓練之甄選。

第 16 條　1. 導遊人員取得結業證書或執業證後，連續三年未執行導遊業務者，應依規定重行參加訓練結業，領取或換領執業證後，始得執行導遊業務。但因天災、疫情或其他事由，中央主管機關得視實際需要公告延長之。
2. 導遊人員重行參加訓練節次為四十九節課，每節課為五十分鐘。

第七條第二項、第四項及第五項、第九條、第十條第二項及第三項、第十一條、第十二條、第十四條、第十五條有關導遊人員職前訓練之規定，於第一項重行參加訓練者，準用之。

第 17 條　1. 導遊人員申請執業證，應填具申請書，檢附有關證件向交通部觀光局或其委託之團體請領使用。
2. 導遊人員停止執業時，應於十日內將所領用之執業證繳回交通部觀光局或其委託之有關團體；屆期未繳回者，由交通部觀光局公告註銷。
第一項委託事項及法規依據應公告並刊登政府公報或新聞紙。

第 19 條　導遊人員執業證有效期間為三年，期滿前應向交通部觀光局或其委託之團體申請換發。

第 20 條　導遊人員之執業證遺失或毀損，應具書面敘明理由，申請補發或換發。

第 21 條　導遊人員執行業務時，應接受僱用之旅行業或招請之機關、團體之指導與監督。

第 22 條　導遊人員應依僱用之旅行業或招請之機關、團體所安排之觀光旅遊行程執行業務，非因臨時特殊事故，不得擅自變更。

第 23 條　導遊人員執行業務時，應佩掛導遊執業證於胸前明顯處，以便聯繫服務並備交通部觀光局查核。

第 24 條　導遊人員執行業務時，如發生特殊或意外事件，除應即時作妥當處置外，並應將經過情形於 24 小時內向交通部觀光局及受僱旅行業或機關團體報備。

第 25 條　交通部觀光局為督導導遊人員，得隨時派員檢查其執行業務情形。

第 26 條　導遊人員有下列情事之一者，由交通部觀光局予以獎勵或表揚之：

1. 爭取國家聲譽、敦睦國際友誼表現優異者。
2. 宏揚我國文化、維護善良風俗有良好表現者。
3. 維護國家安全、協助社會治安有具體表現者。
4. 服務旅客周到、維護旅遊安全有具體事實表現者。
5. 熱心公益、發揚團隊精神有具體表現者。
6. 撰寫報告內容詳實、提供資料完整有參採價值者。
7. 研究著述，對發展觀光事業或執行導遊業務具有創意，可供採擇實行者。
8. 連續執行導遊業務十五年以上，成績優良者。
9. 其他特殊優良事蹟者。

第 27 條　導遊人員不得有下列行為：

1. 執行導遊業務時，言行不當。
2. 遇有旅客患病，未予妥為照料。
3. 擅自安排旅客採購物品或為其他服務收受回扣。
4. 向旅客額外需索。
5. 向旅客兜售或收購物品。
6. 以不正當手段收取旅客財物。
7. 私自兌換外幣。

8. 不遵守專業訓練之規定。
9. 將執業證借供他人使用。
10. 無正當理由延誤執行業務時間或擅自委託他人代為執行業務。
11. 規避、妨礙或拒絕主管機關或警察機關之檢查，或不提供、提示必要之文書、資料或物品。。
12. 停止執行導遊業務期間擅自執行業務。
13. 擅自經營旅行業務或為非旅行業執行導遊業務。
14. 受國外旅行業僱用執行導遊業務。
15. 運送旅客前，發現使用之交通工具，非由合法業者所提供，未通報旅行業者；使用遊覽車為交通工具時，未實施遊覽車逃生安全解說及示範，或未依交通部公路總局訂定之檢查紀錄表執行。
16. 執行導遊業務時，發現所接待或引導之旅客有損壞自然資源或觀光設施行為之虞，而未予勸止。

第 29 條　依本規則發給導遊人員結業證書，應繳納證書費每件新臺幣五百元；其補發者，亦同。

第 30 條　申請、換發或補發導遊人員執業證，應繳納證照費每件新臺幣二百元。

第 31 條　本規則自發布日施行。

11-4-1 導遊人員違反本條例及導遊人員管理規則裁罰基準表（節略）

<table>
<tr><th>項次</th><th>裁罰事項</th><th>處罰範圍</th><th colspan="3">裁罰基準</th></tr>
<tr><td rowspan="6">一</td><td rowspan="6">未經考試主管機關或其委託之有關機關考試及訓練合格，或未經中央主管機關發給執業證，即執行導遊人員業務者。</td><td rowspan="6">處新臺幣一萬元以上五萬元以下罰鍰，並禁止其執業。</td><td rowspan="3">行為人係旅行業從業人員</td><td>已考取並訓練合格結業尚未領取執業證者</td><td>處新臺幣一萬元，並禁止執行業務。</td></tr>
<tr><td>已考取而未接受訓練者</td><td>處新臺幣一萬五千元，並禁止執行業務。</td></tr>
<tr><td>未經考試及訓練合格者</td><td>處新臺幣三萬元，並禁止執行業務。</td></tr>
<tr><td rowspan="3">行為人係非旅行業從業人員</td><td>已考取並訓練合格結業尚未領取執業證者</td><td>處新臺幣二萬元，並禁止執行業務。</td></tr>
<tr><td>已考取而未接受訓練者</td><td>新臺幣三萬元，並禁止執行業務。</td></tr>
<tr><td>未經考試及訓練合格者</td><td>處新臺幣五萬元，並禁止執行業務。</td></tr>
<tr><td>二</td><td>導遊人員取得結業證書或執業證後連續三年未執行導遊業務，且未重行參加導遊人員訓練結業，領取或換領執業證，即執行導遊業務者。</td><td>處新臺幣一萬元以上五萬元以下罰鍰，並禁止其執業。</td><td colspan="3">處新臺幣一萬元，並禁止執業。</td></tr>
<tr><td>三</td><td>導遊人員有玷辱國家榮譽或損害國家利益之行為者。</td><td>處新臺幣一萬元以上五萬元以下罰鍰</td><td colspan="3">處新臺幣五萬元</td></tr>
</table>

項次	裁罰事項	處罰範圍	裁罰基準
四	導遊人員有妨害善良風俗之行為者。	處新臺幣一萬元以上五萬元以下罰鍰	處新臺幣三萬元
五	導遊人員有詐騙旅客之行為者。	處新臺幣一萬元以上五萬元以下罰鍰	處新臺幣一萬元
六	九十年三月二十二日導遊人員管理規則修正發布前已測驗訓練合格之導遊人員，未參加交通部觀光局或其委託之團體舉辦之接待或引導大陸地區旅客訓練結業，即接待或引導大陸地區旅客。	處新臺幣三千元以上一萬五千元以下罰鍰；情節重大者，並得逕行定期停止其執行業務或廢止其執業證。	處新臺幣三千元
七	領取華語導遊人員執業證者，執行接待或引導非使用華語之國外觀光旅客旅遊業務。	處新臺幣三千元以上一萬五千元以下罰鍰；情節重大者，並得逕行定期停止其執行業務或廢止其執業證。	處新臺幣三千元
八	導遊人員停止執業時，未於十日內將所領用之執業證繳回交通部觀光局或其委託之有關團體者。	處新臺幣三千元以上一萬五千元以下罰鍰；情節重大者，並得逕行定期停止其執行業務或廢止其執業證。	處新臺幣三千元
九	導遊人員執業證有效期間三年屆滿未向交通部觀光局或其委託之團體申請換發，而繼續執行業務者。	處新臺幣三千元以上一萬五千元以下罰鍰；情節重大者，並得逕行定期停止其執行業務或廢止其執業證。	處新臺幣三千元
十	導遊人員執行業務時，不接受僱用之旅行業或招請之機關、團體之指導與監督者。	處新臺幣三千元以上一萬五千元以下罰鍰；情節重大者，並得逕行定期停止其執行業務或廢止其執業證。	處新臺幣九千元

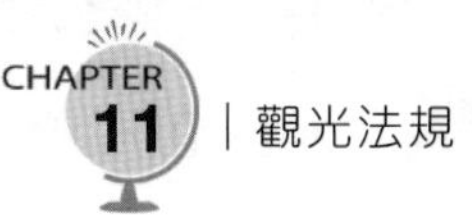

項次	裁罰事項	處罰範圍	裁罰基準	
十一	導遊人員執行業務時，非因臨時特殊事故，擅自變更旅遊行程者。	處新臺幣三千元以上一萬五千元以下罰鍰；情節重大者，並得逕行定期停止其執行業務或廢止其執業證。	擅自變更旅遊行程者	處新臺幣一萬五千元
			情節重大者	處新臺幣一萬五千元並停止執行業務一年
十二	導遊人員執行業務時，未配帶執業證者。	處新臺幣三千元以上一萬五千元以下罰鍰；情節重大者，並得逕行定期停止其執行業務或廢止其執業證。	處新臺幣三千元	
十三	導遊人員執行業務時，如發生特殊或意外事件，未即時作妥當處置，並未將經過情形於二十四小時內向交通部觀光局及受僱旅行業或機關團體報備者。	處新臺幣三千元以上一萬五千元以下罰鍰；情節重大者，並得逕行定期停止其執行業務或廢止其執業證。	有即時作妥當處置，但並未將經過情形依規定期限報備者。	處新臺幣三千元
			未即時作妥當處置，但已將經過情形報備者。	處新臺幣六千元
			未即時作妥當處置，亦未將經過情形依規定期限報備者。	處新臺幣一萬五千元
十四	導遊人員執行導遊業務時，言行不當者。	處新臺幣三千元以上一萬五千元以下罰鍰；情節重大者，並得逕行定期停止其執行業務或廢止其執業證。	執行導遊業務時，言行不當者。	處新臺幣六千元
			影響旅遊行程及旅客權益者	處新臺幣一萬元
			情節重大者	處新臺幣一萬五千元，並停止其執行業務一年或廢止其執業證。
十五	導遊人員遇有旅客患病，未予妥為照料者。	處新臺幣三千元以上一萬五千元以下罰鍰；情節重大者，並得逕行定期停止其執行業務或廢止其執業證。	遇有旅客患病，未予妥為照料者。	處新臺幣六千元
			情節重大者	處新臺幣一萬五千元，並定期停止其執行業務或廢止其執業證。

<table>
<tr><th>項次</th><th>裁罰事項</th><th>處罰範圍</th><th colspan="2">裁罰基準</th></tr>
<tr><td>十六</td><td>導遊人員擅自安排旅客採購物品或為其他服務收受回扣者。</td><td>處新臺幣三千元以上一萬五千元以下罰鍰；情節重大者，並得逕行定期停止其執行業務或廢止其執業證。</td><td colspan="2">處新臺幣三千元</td></tr>
<tr><td>十七</td><td>導遊人員向旅客額外需索者。</td><td>處新臺幣三千元以上一萬五千元以下罰鍰；情節重大者，並得逕行定期停止其執行業務或廢止其執業證。</td><td colspan="2">處新臺幣六千元</td></tr>
<tr><td>十八</td><td>導遊人員向旅客兜售或收購物品者。</td><td>處新臺幣三千元以上一萬五千元以下罰鍰；情節重大者，並得逕行定期停止其執行業務或廢止其執業證。</td><td colspan="2">處新臺幣六千元</td></tr>
<tr><td rowspan="2">十九</td><td rowspan="2">導遊人員以不正當手段，收取旅客財物者。</td><td rowspan="2">處新臺幣三千元以上一萬五千元以下罰鍰；情節重大者，並得逕行定期停止其執行業務或廢止其執業證。</td><td>以不正當手段，收取旅客財物者。</td><td>處新臺幣九千元</td></tr>
<tr><td>情節重大者</td><td>處新臺幣一萬五千元，並停止執行業務一年。</td></tr>
<tr><td>二十</td><td>導遊人員私自兌換外幣者。</td><td>處新臺幣三千元以上一萬五千元以下罰鍰；情節重大者，並得逕行定期停止其執行業務或廢止其執業證。</td><td colspan="2">處新臺幣三千元</td></tr>
<tr><td>二十一</td><td>導遊人員不遵守專業訓練規定者。</td><td>處新臺幣三千元以上一萬五千元以下罰鍰；情節重大者，並得逕行定期停止其執行業務或廢止其執業證。</td><td colspan="2">處新臺幣三千元</td></tr>
</table>

項次	裁罰事項	處罰範圍	裁罰基準	
二十二	導遊人員將執業證或服務證借供他人使用者。	處新臺幣三千元以上一萬五千元以下罰鍰；情節重大者，並得逕行定期停止其執行業務或廢止其執業證。	處新臺幣六千元	
二十三	導遊人員無正當理由延誤執行業務時間或擅自委託他人代為執行業務者。	處新臺幣三千元以上一萬五千元以下罰鍰；情節重大者，並得逕行定期停止其執行業務或廢止其執業證。	無正當理由延誤執行業務時間者	處新臺幣六千元
			無正當理由擅自委託他人代為執行業務者	處新臺幣九千元
			情節重大者	處新臺幣一萬五千元，並停止執行業務一年。
二十四	導遊人員規避、妨礙或拒絕主管機關或警察機關之檢查，或不提供、提示必要之文書、資料或物品者。	處新臺幣三千元以上一萬五千元以下罰鍰；情節重大者，並得逕行定期停止其執行業務或廢止其執業證。	不提供、提示必要之文書、資料或物品者。	處新臺幣五千元
			規避、妨礙或拒絕主管機關或警察機關之檢查者。	處新臺幣一萬元
			情節重大者	處新臺幣一萬五千元，並停止執行業務一年。
二十五	導遊人員經受停止執行業務處分期間仍繼續執行業務者。	廢止其執業證。	處廢止執業證	
二十六	導遊人員為非旅行業執行導遊業務者。	處新臺幣三千元以上一萬五千元以下罰鍰；情節重大者，並得逕行定期停止其執行業務或廢止其執業證。	為非旅行業執行導遊業務者	處新臺幣九千元
			情節重大者	處新臺幣一萬五千元，並得逕行定期停止執行業務或廢止執業證。

<table>
<tr><th>項次</th><th>裁罰事項</th><th>處罰範圍</th><th colspan="2">裁罰基準</th></tr>
<tr><td rowspan="2">二十七</td><td rowspan="2">導遊人員受國外旅行業僱用執行導遊業務者。</td><td rowspan="2">處新臺幣三千元以上一萬五千元以下罰鍰；情節重大者，並得逕行定期停止其執行業務或廢止其執業證。</td><td>受外國旅行業僱用執行導遊業務者</td><td>處新臺幣九千元</td></tr>
<tr><td>情節重大者</td><td>處新臺幣一萬五千元，並得逕行定期停止執行業務或廢止執業證。</td></tr>
<tr><td rowspan="2">二十八</td><td rowspan="2">導遊人員於運送旅客前，發現使用之交通工具，非由合法業者所提供，未通報旅行業者；使用遊覽車為交通工具時，未實施遊覽車逃生安全解說及示範者，或未依交通部公路總局訂定之檢查紀錄表執行者。</td><td rowspan="2">處新臺幣三千元以上一萬五千元以下罰鍰；情節重大者，並得逕行定期停止其執行業務或廢止其執業證。</td><td>發現使用之交通工具，非由合法業者所提供，未通報旅行業者，或未依交通部公路總局訂定之檢查紀錄表執行者。</td><td>處新臺幣六千元</td></tr>
<tr><td>使用遊覽車為交通工具時，未實施遊覽車逃生安全解說及示範者。</td><td>處新臺幣一萬五千元</td></tr>
<tr><td rowspan="2">二十九</td><td rowspan="2">導遊人員執行導遊業務時，發現所接待或引導之旅客有損壞自然資源或觀光設施行為之虞，而未予勸止者。</td><td rowspan="2">處新臺幣三千元以上一萬五千元以下罰鍰；情節重大者，並得逕行定期停止其執行業務或廢止其執業證。</td><td>未予勸阻者</td><td>處新臺幣六千元</td></tr>
<tr><td>情節重大者</td><td>處新臺幣一萬五千元，並停止執行業務一年。</td></tr>
</table>

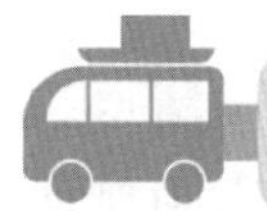

11-5 領隊人員管理規則（節略）

中華民國 111 年 11 月 22 日交通部交路（一）字第 11182007974 號令修正發布

第 1 條　本規則依發展觀光條例（以下簡稱本條例）第六十六條第五項規定訂定之。

第 2 條　領隊人員之訓練、執業證核發、管理、獎勵及處罰等事項，由交通部委任交通部觀光局執行之；其委任事項及法規依據應公告並刊登於政府公報或新聞紙。

第 3 條　**領隊人員應受旅行業之僱用或指派，始得執行領隊業務。**

第 4 條　**領隊人員有違反本規則，經廢止領隊人員執業證未逾五年者，不得充任領隊人員。**

第 5 條　領隊人員訓練分職前訓練及在職訓練。

經領隊人員考試及格者，應參加交通部觀光局或其委託之有關機關、團體舉辦之職前訓練合格，領取結業證書後，始得請領執業證，執行領隊業務。領隊人員在職訓練由交通部觀光局或其委託之有關機關、團體辦理。前二項之受委託機關、團體，應具下列資格之一：

1. 須為旅行業或領隊人員相關之觀光團體，且最近二年曾自行辦理或接受交通部觀光局委託辦理領隊人員訓練者。
2. 須為設有觀光相關科系之大專以上學校，最近二年曾自行辦理或接受交通部觀光局委託辦理旅行業從業人員相關訓練者。
3. 職前訓練及在職訓練之方式、課程、費用及相關規定事項，由交通部觀光局定之或由其委託之有關機關、團體擬訂陳報交通部觀光局核定。

第 6 條

1. **經華語領隊人員考試及訓練合格，參加外語領隊人員考試及格者，於參加職前訓練時，其訓練節次，予以減半。**
2. **經外語領隊人員考試及訓練合格，參加其他外語領隊人員考試及格者，免再參加職前訓練。**前二項規定，於本規則修正施行前經交通部觀光局甄審及訓練合格之領隊人員，亦適用之。

第 7 條

1. 經領隊人員考試及格，參加職前訓練者，應檢附考試及格證書影本、繳納訓練費用，向交通部觀光局或其委託之有關機關、團體申請，並依排定之訓練時間報到接受訓練。

2. 參加領隊職前訓練人員報名繳費後開訓前七日得取消報名並申請退還七成訓練費用，逾期不予退還。但因產假、重病或其他正當事由無法接受訓練者，得申請全額退費。

第 8 條 1. 領隊人員職前訓練節次為五十六節課，每節課為五十分鐘。
2. 受訓人員於職前訓練期間，其缺課節數不得逾訓練節次十分之一。
3. 每節課遲到或早退逾十分鐘以上者，以缺課一節論計。

第 9 條 1. 領隊人員職前訓練測驗成績以一百分為滿分，七十分為及格。
2. 測驗成績不及格者，應於七日內補行測驗一次；經補行測驗仍不及格者，不得結業。
3. 因產假、重病或其他正當事由，經核准延期測驗者，應於一年內申請測驗；經測驗不及格者，依前項規定辦理。

第 10 條 受訓人員在職前訓練期間，有下列情形之一者，應予退訓，其已繳納之訓練費用，不得申請退還：
1. 缺課節數逾十分之一者。
2. 受訓期間對講座、輔導員或其他辦理訓練人員施以強暴脅迫者。
3. 由他人冒名頂替參加訓練者。
4. 報名檢附之資格證明文件係偽造或變造者。
5. 其他具體事實足以認為品德操守違反倫理規範，情節重大者。
前項第二款至第四款情形，經退訓後二年內不得參加訓練。

第 11 條 領隊人員於在職訓練期間，有下列情形之一者，應予退訓，其已繳納之訓練費用，不得申請退還：
1. 缺課節數逾十分之一者。
2. 由他人冒名頂替參加訓練者。
3. 受訓期間對講座、輔導員或其他辦理訓練人員施以強暴脅迫者。
4. 其他具體事實足以認為品德操守違反職業倫理規範，情節重大者。

第 12 條 受委託辦理領隊人員職前訓練及在職訓練之機關、團體，應依交通部觀光局核定之訓練計畫實施，並於結訓後十日內將受訓人員成績、結訓及退訓人數列冊陳報交通部觀光局備查。

第 13 條 受委託辦理領隊人員職前訓練及在職訓練之機關、團體違反前條規定者，交通部觀光局得予糾正並通知限期改善；屆期未改善者，廢止其委託，並於二年內不得參與委託訓練之甄選。

第 14 條 1. 領隊人員取得結業證書或執業證後，連續三年未執行領隊業務者，應依規定重行參加訓練結業，領取或換領執業證後，始得執行領隊業務。但因天災、疫情或其他事由，中央主管機關得視實際需要公告延長之。

2. 領隊人員重行參加訓練節次為二十八節課，每節課為五十分鐘。

第五條第二項、第四項及第五項、第七條、第八條第二項及第三項、第九條、第十條、第十二條、第十三條有關領隊人員職前訓練之規定，於第一項重行參加訓練者，準用之。

第 15 條 領隊人員執業證分外語領隊人員執業證及華語領隊人員執業證。

執業證分類	執業範圍
領取外語領隊人員執業證者。	得執行引導國人出國及赴香港、澳門、大陸旅行團體旅遊業務。
領取華語領隊人員執業證者。	得執行引導國人赴香港、澳門、大陸旅行團體旅遊業務，不得執行引導國人出國旅行團體旅遊業務。

第 16 條 1. 領隊人員申請執業證，應填具申請書，檢附有關證件向交通部觀光局或其委託之有關團體請領使用。

2. 領隊人員停止執業時，應即將所領用之執業證於十日內繳回交通部觀光局或其委託之有關團體；屆期未繳回者，由交通部觀光局公告註銷。

第一項委託事項及法規依據應公告並刊登政府公報或新聞紙。

第 18 條 **領隊人員執業證有效期間為三年，期滿前應向交通部觀光局或其委託之有關團體申請換發。**

第 19 條 領隊人員之結業證書及執業證遺失或毀損，應具書面敘明理由，申請補發或換發。

第 20 條 領隊人員應依僱用之旅行業所安排之旅遊行程及內容執業，非因不可抗力或不可歸責於領隊人員之事由，不得擅自變更。

第 21 條 **領隊人員執行業務時，應佩掛領隊執業證於胸前明顯處，以便聯繫服務並備交通部觀光局查核。**

前項查核，領隊人員不得規避、妨礙或拒絕，並應提供或提示必要之文書、資料或物品。

第 22 條 領隊人員執行業務時，如發生特殊或意外事件，應即時作妥當處置，並將事件發生經過及處理情形，於二十四小時內盡速向受僱之旅行業及交通部觀光局報備。

第 23 條　領隊人員執行業務時，應遵守旅遊地相關法令規定，維護國家榮譽，並不得有下列行為：

1. 遇有旅客患病，未予妥為照料，或於旅遊途中未注意旅客安全之維護。
2. 誘導旅客採購物品或為其他服務收受回扣、向旅客額外需索、向旅客兜售或收購物品、收取旅客財物或委由旅客攜帶物品圖利。
3. 將執業證借供他人使用、無正當理由延誤執業時間、擅自委託他人代為執業、停止執行領隊業務期間擅自執業、擅自經營旅行業務或為非旅行業執行領隊業務。
4. 擅離團體或擅自將旅客解散、擅自變更使用非法交通工具、遊樂及住宿設施。
5. 非經旅客請求無正當理由保管旅客證照，或經旅客請求保管而遺失旅客委託保管之證照、機票等重要文件。
6. 執行領隊業務時，言行不當。

第 24 條　領隊人員違反第十五條第三項、第十六條第二項、第十八條、第二十條至第二十三條規定者，由交通部觀光局依本條例第五十八條規定處罰。

第 25 條　依本規則發給領隊人員結業證書，應繳納證書費每件新臺幣五百元；其補發者，亦同。

第 26 條　申請、換發或補發領隊人員執業證，應繳納證照費每件新臺幣二百元。

第 27 條　本規則自發布日施行。

11-5-1 領隊人員違反本條例及領隊人員管理規則裁罰基準表（節略）

<table>
<tr><th>項次</th><th>項次</th><th>裁罰依據</th><th colspan="3">處罰範圍</th></tr>
<tr><td rowspan="6">一</td><td rowspan="6">未依本條例第三十二條規定取得領隊執業證，即執行領隊業務者。</td><td rowspan="6">處新臺幣一萬元以上五萬元以下罰鍰，並禁止其執業。</td><td rowspan="3">行為人係旅行業從業人員</td><td>已考取並訓練合格結業尚未領取執業證者</td><td>處新臺幣一萬元，並禁止執行業務。</td></tr>
<tr><td>已考取而未接受訓練者</td><td>處新臺幣一萬五千元，並禁止執行業務。</td></tr>
<tr><td>未經考試及訓練合格者</td><td>處新臺幣三萬元，並禁止執行業務。</td></tr>
<tr><td rowspan="3">行為人係非旅行業從業人員</td><td>已考取並訓練合格結業尚未領取執業證者</td><td>處新臺幣二萬元，並禁止執行業務。</td></tr>
<tr><td>已考取而未接受訓練者</td><td>處新臺幣三萬元，並禁止執行業務。</td></tr>
<tr><td>未經考試及訓練合格者</td><td>處新臺幣五萬元，並禁止執行業務。</td></tr>
<tr><td>二</td><td>領隊人員取得結業證書或執業證後，連續三年未執行領隊業務，且未重行參加領隊人員訓練結業，領取或換領執業證，即執行領隊業務者。</td><td>處新臺幣一萬元以上五萬元以下罰鍰，並禁止其執業。</td><td colspan="3">處新臺幣一萬元，並禁止執業。</td></tr>
<tr><td>三</td><td>領隊人員有玷辱國家榮譽或損害國家利益之行為者。</td><td>處新臺幣一萬元以上五萬元以下罰鍰</td><td colspan="3">處新臺幣五萬元</td></tr>
</table>

項次	項次	裁罰依據	處罰範圍	
四	領隊人員有妨害善良風俗之行為者。	處新臺幣一萬元以上五萬元以下罰鍰	處新臺幣三萬元	
五	領隊人員有詐騙旅客之行為者。	處新臺幣一萬元以上五萬元以下罰鍰	處新臺幣一萬元	
六	領取華語領隊人員執業證者，執行引導國人出國（不含大陸、香港、澳門地區）旅行團體旅遊業務。	處新臺幣三千元以上一萬五千元以下罰鍰；情節重大者，並得逕行定期停止其執行業務或廢止其執業證。	處新臺幣三千元	
七	領隊人員停止執業時，未將其所領用之執業證於十日內繳回交通部觀光局或其委託之有關團體者。	處新臺幣三千元以上一萬五千元以下罰鍰；情節重大者，並得逕行定期停止其執行業務或廢止其執業證。	處新臺幣三千元	
八	領隊人員執業證有效期間三年屆滿後，未向交通部觀光局或其委託之有關團體申請換發，而繼續執業者。	處新臺幣三千元以上一萬五千元以下罰鍰；情節重大者，並得逕行定期停止其執行業務或廢止其執業證。	處新臺幣三千元	
九	領隊人員執行業務時，非因不可抗力或不可歸責於領隊人員之事由，擅自變更僱用之旅行業所安排之旅遊行程及內容者。	處新臺幣三千元以上一萬五千元以下罰鍰；情節重大者，並得逕行定期停止其執行業務或廢止其執業證。	擅自變更僱用之旅行業所安排之旅遊行程及內容者	處新臺幣一萬五千元
			情節重大者	處新臺幣一萬五千元並停止執行業務一年

項次	項次	裁罰依據	處罰範圍	
十	領隊人員執行業務時，未配掛領隊執業證於胸前明顯處備供交通部觀光局查核者。	處新臺幣三千元以上一萬五千元以下罰鍰；情節重大者，並得逕行定期停止其執行業務或廢止其執業證。	處新臺幣三千元	
十一	領隊人員執業時，規避、妨礙或拒絕交通部觀光局查核，或不提供、提示必要之文書、資料或物品者。	處新臺幣三千元以上一萬五千元以下罰鍰；情節重大者，並得逕行定期停止其執行業務或廢止其執業證。	不提供、提示必要之文書、資料或物品者。	處新臺幣五千元
			規避、妨礙或拒絕交通部觀光局查核者。	處新臺幣一萬元
			情節重大者	處新臺幣一萬五千元並停止執行業務一年
十二	領隊人員執行業務時，發生特殊或意外事件，未即時作妥當處置，或未將事件發生經過及處理情形，於二十四小時內儘速向受僱之旅行業及交通部觀光局報備者。	處新臺幣三千元以上一萬五千元以下罰鍰；情節重大者，並得逕行定期停止其執行業務或廢止其執業證。	已即時作妥當處置但未將事件發生經過及處理情形報備者	處新臺幣三千元
			未即時作妥當處置但已將事件發生經過及處理情形報備者	處新臺幣六千元
			未即時作妥當處置亦未將事件發生經過及處理情形報備者	處新臺幣一萬五千元
十三	領隊人員遇有旅客患病，未予妥為照料，或於旅遊途中未注意旅客安全之維護者。	處新臺幣三千元以上一萬五千元以下罰鍰；情節重大者，並得逕行定期停止其執行業務或廢止其執業證。	遇有旅客患病，未予妥為照料，或於旅遊途中未注意旅客安全之維護者。	處新臺幣六千元
			情節重大者	處新臺幣一萬五千元，並得逕行定期停止執行業務或廢止執業證。

<table>
<tr><th>項次</th><th>項次</th><th>裁罰依據</th><th colspan="2">處罰範圍</th></tr>
<tr><td>十四</td><td>領隊人員誘導旅客採購物品或為其他服務收受回扣、向旅客額外需索、向旅客兜售或收購物品、收取旅客財物者。</td><td>處新臺幣三千元以上一萬五千元以下罰鍰；情節重大者，並得逕行定期停止其執行業務或廢止其執業證。</td><td colspan="2">處新臺幣六千元</td></tr>
<tr><td rowspan="2">十五</td><td rowspan="2">領隊人員委由旅客攜帶物品圖利者。</td><td rowspan="2">處新臺幣三千元以上一萬五千元以下罰鍰；情節重大者，並得逕行定期停止其執行業務或廢止其執業證。</td><td>委由旅客攜帶物品圖利者</td><td>處新臺幣九千元</td></tr>
<tr><td>情節重大者</td><td>處新臺幣一萬五千元，並停止執行業務一年。</td></tr>
<tr><td rowspan="3">十六</td><td rowspan="3">領隊人員無正當理由延誤執業時間或擅自委託他人代為執業者。</td><td rowspan="3">處新臺幣三千元以上一萬五千元以下罰鍰；情節重大者，並得逕行定期停止其執行業務或廢止其執業證。</td><td>無正當理由延誤執業時間者</td><td>處新臺幣六千元</td></tr>
<tr><td>無正當理由擅自委託他人代為執業者</td><td>處新臺幣九千元</td></tr>
<tr><td>情節重大者</td><td>處新臺幣一萬五千元，並停止執行業務一年。</td></tr>
<tr><td rowspan="2">十七</td><td rowspan="2">領隊人員將執業證借供他人使用者。</td><td rowspan="2">處新臺幣三千元以上一萬五千元以下罰鍰；情節重大者，並得逕行定期停止其執行業務或廢止其執業證。</td><td>將執業證借供旅行業從業人員使用者</td><td>處新臺幣六千元</td></tr>
<tr><td>將執業證借供非旅行業從業人員使用者</td><td>處新臺幣一萬五千元</td></tr>
<tr><td>十八</td><td>領隊人員於受停止執行領隊業務處分期間，仍繼續執業者。</td><td>廢止其執業證</td><td colspan="2">處廢止其執業證</td></tr>
</table>

項次	項次	裁罰依據	處罰範圍	
十九	領隊人員為非旅行業執行領隊業務者	處新臺幣三千元以上一萬五千元以下罰鍰；情節重大者，並得逕行定期停止其執行業務或廢止其執業證。	為非旅行業執行領隊業務者	處新臺幣九千元
			情節重大者	處新臺幣一萬五千元，並得逕行定期停止執行業務或廢止執業證。
二十	領隊人員擅離團體、擅自將旅客解散或擅自變更使用非法交通工具、遊樂及住宿設施者。	處新臺幣三千元以上一萬五千元以下罰鍰；情節重大者，並得逕行定期停止其執行業務或廢止其執業證。	擅離團體、擅自將旅客解散或擅自變更使用非法交通工具、遊樂及住宿設施者。	處新臺幣六千元
			情節重大者	處新臺幣一萬五千元，並得逕行定期停止執行業務或廢止執業證。
二十一	領隊人員非經旅客請求無正當理由保管旅客證照，或經旅客請求保管而遺失旅客委託保管之證照、機票等重要文件者。	處新臺幣三千元以上一萬五千元以下罰鍰；情節重大者，並得逕行定期停止其執行業務或廢止其執業證。	非經旅客請求無正當理由保管旅客證照，或經旅客請求保管而遺失旅客委託保管之證照、機票等重要文件者。	處新臺幣六千元
			情節重大者	處新臺幣一萬五千元並停止執行業務一年
二十二	領隊人員執行領隊業務時，言行不當者。	處新臺幣三千元以上一萬五千元以下罰鍰；情節重大者，並得逕行定期停止其執行業務或廢止其執業證。	執行領隊業務時，言行不當者。	處新臺幣六千元
			影響旅遊行程及旅客權益者	處新臺幣一萬元
			情節重大者	處新臺幣一萬五千元，並停止執行業務一年或廢止其執業證。

11-6 民法債編旅遊專節（節略）（行政院，2021）

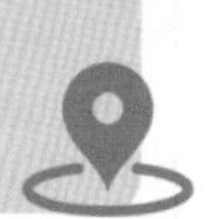

本書將條款整理後，並進行摘要及重點提示，以利閱讀。

第八節之一　旅　遊　　　　110 年 1 月 20 日

第 514-1 條
1. 稱旅遊營業人者，謂以提供旅客旅遊服務為營業而收取旅遊費用之人。
2. 前項旅遊服務，係指安排旅程及提供交通、膳宿、導遊或其他有關之服務。

第 514-2 條 旅遊營業人因旅客之請求，應以書面記載左列事項，交付旅客：
1. 旅遊營業人之名稱及地址。
2. 旅客名單。
3. 旅遊地區及旅程。
4. 旅遊營業人提供之交通、膳宿、導遊或其他有關服務及其品質。
5. 旅遊保險之種類及其金額。
6. 其他有關事項。
7. 填發之年月日。

第 514-3 條
1. 旅遊需旅客之行為始能完成，而旅客不為其行為者，旅遊營業人得定相當期限，催告旅客為之。
2. 旅客不於前項期限內為其行為者，旅遊營業人得終止契約，並得請求賠償因契約終止而生之損害。
3. 旅遊開始後，旅遊營業人依前項規定終止契約時，旅客得請求旅遊營業人墊付費用將其送回原出發地。於到達後，由旅客附加利息償還之。

第 514-4 條
1. 旅遊開始前，旅客得變更由第三人參加旅遊。
2. 旅遊營業人非有正當理由，不得拒絕。
3. 第三人依前項規定為旅客時，如因而增加費用，旅遊營業人得請求其給付。
4. 如減少費用，旅客不得請求退還。

第 514-5 條
1. 旅遊營業人非有不得已之事由，不得變更旅遊內容。
2. 旅遊營業人依前項規定變更旅遊內容時，其因此所減少之費用，應退還於旅客；所增加之費用，不得向旅客收取。

3. 旅遊營業人依第一項規定變更旅程時，旅客不同意者，得終止契約。

4. 旅客依前項規定終止契約時，得請求旅遊營業人墊付費用將其送回原出發地。於到達後，由旅客附加利息償還之。

第 514 6 條 旅遊營業人提供旅遊服務，應使其具備通常之價值及約定之品質。

第 514-7 條 1. 旅遊服務不具備前條之價值或品質者，旅客得請求旅遊營業人改善之。

2. 旅遊營業人不為改善或不能改善時，旅客得請求減少費用。

3. 其有難於達預期目的之情形者，並得終止契約。

4. 因可歸責於旅遊營業人之事由致旅遊服務不具備前條之價值或品質者，旅客除請求減少費用或並終止契約外，並得請求損害賠償。

5. 旅客依前二項規定終止契約時，旅遊營業人應將旅客送回原出發地。其所生之費用，由旅遊營業人負擔。

第514-8條 1. 因可歸責於旅遊營業人之事由，致旅遊未依約定之旅程進行者，旅客就其時間之浪費，得按日請求賠償相當之金額。

2. 但其每日賠償金額，不得超過旅遊營業人所收旅遊費用總額每日平均之數額。

第514-9條 1. 旅遊未完成前，旅客得隨時終止契約。

2. 但應賠償旅遊營業人因契約終止而生之損害。

3. 第五百一十四條之五第四項之規定，於前項情形準用之。

第514-10條 1. 旅客在旅遊中發生身體或財產上之事故時，旅遊營業人應為必要之協助及處理。

2. 前項之事故，係因非可歸責於旅遊營業人之事由所致者，其所生之費用，由旅客負擔。

第514-11條 旅遊營業人安排旅客在特定場所購物，其所購物品有瑕疵者，旅客得於受領所購物品後一個月內，請求旅遊營業人協助其處理。

第514-12條 本節規定之增加、減少或退還費用請求權，損害賠償請求權及墊付費用償還請求權，均自旅遊終了或應終了時起，一年間不行使而消滅。

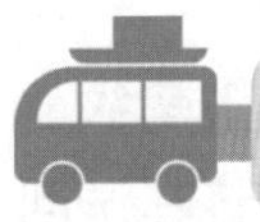

11-7 國外定型化旅遊契約（節略）

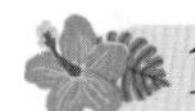

11-7-1 國外個別旅遊定型化契約書範本

交通部觀光局 100 年 1 月 17 日觀業字第 0990044124 號函

（本契約審閱期間一日，　　年　　月　　日由甲方攜回審閱）
立契約書人
旅客姓名：　　　　　（以下稱甲方）
旅行社名稱：　　　　　（以下稱乙方）
甲乙雙方同意就本旅遊事項，依下列規定辦理：

第一條　（國外旅遊之定義）

本契約所謂國外旅遊：

1. 係指到中華民國疆域以外其他國家或地區旅遊。
2. 赴中國大陸旅行者，準用本旅遊契約之規定。

第二條　（個別旅遊之定義及內容）

1. 本契約所稱個別旅遊係指乙方不派領隊人員服務。
2. 由乙方依甲方之要求代為安排機票、住宿、旅遊行程。
3. 甲方參加乙方所包裝販賣之機票、住宿、旅遊行程之個別旅遊產品。

第三條　（預定旅遊地及交通住宿內容）

1. 本旅遊之交通、住宿、旅遊行程詳如附件。
2. 前項記載得以所刊登之廣告、宣傳文件代之，視為本契約之一部分。
3. 如載明僅供參考或以外國旅遊業所提供之內容為準者，其記載無效。

第四條　（集合及出發時地）

1. 本旅遊乙方不派領隊隨團服務。

2. 甲方應於民國____年____月____日____時____分自行抵達機場或其他約定地點，自行辦理入出境手續。

3. 但如依航空公司規定需由乙方協助辦理者，應由乙方協助辦理之。

4. 甲方未準時到達致無法出發時，亦未能中途加入旅遊者，視為甲方解除契約，乙方得依第十六條之規定，行使損害賠償請求權。

第五條　（旅遊費用及其涵蓋內容）

旅遊費用共新臺幣：________元，甲方應依下列約定繳付：

1. 簽訂本契約時，甲方應繳付定金新臺幣________元。

2. 其餘款項於出發前三日或領取機票及住宿券時繳清。

3. 甲方依前項繳納之旅遊費用，應包括本契約所列應由乙方安排之機票交通費用、旅館住宿費用、旅程遊覽費用。

4. 但如雙方約定另含其他費用者，依其約定。

第六條（怠於給付旅遊費用之效力）

甲方因可歸責於自己之事由，怠於給付旅遊費用者，乙方得逕行解除契約，並沒收其已繳之訂金。如有其他損害，並得請求賠償。

第七條（旅客協力義務）

1. 旅遊需甲方之行為始能完成，而甲方不為其行為者，乙方得定相當期限，催告甲方為之。

2. 甲方逾期不為其行為者，乙方得終止契約，並得請求賠償因契約終止而生之損害。

第八條（交通費之調高或調低）

旅遊契約訂立後，其所使用之交通工具之票價或運費較訂約前運送人公布之票價或運費調高或調低逾百分之十者，應由甲方補足或由乙方退還。

第九條（強制投保保險）

1. 乙方應依主管機關之規定辦理責任保險及履約保證保險。

2. 乙方如未依前項規定投保者，於發生旅遊意外事故或不能履約之情形時，乙方應以主管機關規定最低投保金額計算其應理賠金額之三倍賠償甲方。

第十條（檢查證照、報告必要事項）

1. 乙方應明確告知甲方本次旅遊所需之護照及簽證。
2. 乙方應於預定出發前，將甲方的機票、機位、旅館及其他必要事項向甲方報告，並以書面行程表確認之。
3. 乙方怠於履行上述義務時，甲方得拒絕參加旅遊並解除契約，乙方即應退還甲方所繳之所有費用。

第十一條（因旅行社過失無法成行）

1. 因可歸責於乙方之事由，致甲方之旅遊活動無法成行時，乙方於知悉旅遊活動無法成行者，應即通知甲方並說明其事由。
2. 怠於通知者，應賠償甲方依旅遊費用之全部計算之違約金。
3. 其已為通知者，則按通知到達甲方時，距出發日期時間之長短，依下列規定計算應賠償甲方之違約金。
4. 甲方如能證明其所受損害超過第一項各款標準者，得就其實際損害請求賠償。
   (1) 通知於出發日前第 21 日至第 30 日以內到達者，賠償旅遊費用百分之 10。
   (2) 通知於出發日前第 11 日至第 20 日以內到達者，賠償旅遊費用百分之 20。
   (3) 通知於出發日前第 4 日至第 10 日以內到達者，賠償旅遊費用百分之 30。
   (4) 通知於出發日前 1 日至第 3 日以內到達者，賠償旅遊費用百分之 70。
   (5) 通知於出發當日以後到達者，賠償旅遊費用百分之 100。

第十二條（非因旅行社之過失無法成行）

1. 因不可抗力或不可歸責於乙方之事由，致旅遊無法成行者。
2. 乙方於知悉旅遊活動無法成行時應即通知甲方並說明其事由。
3. 其怠於通知甲方，致甲方受有損害時，應負賠償責任。

第十三條（證照之保管）

1. 乙方代理甲方辦理出國簽證或旅遊手續時，需保管甲方之各項證照及相關文件。
2. 乙方如有遺失或毀損者，應行補辦，其致甲方受損害者，並應賠償甲方之損失。

第十四條（旅程內容之實現及例外）

1. 乙方應依契約所定辦理住宿、交通、旅遊行程等，不得變更。
2. 但經甲方要求，乙方同意甲方之要求而變更者，不在此限。
3. 惟其所增加之費用應由甲方負擔。
4. 除非有本契約第十八條或第二十條之情事，乙方不得以任何名義或理由變更。
5. 乙方未依本契約所訂等級辦理餐宿、交通等事宜時，甲方得請求乙方賠償差額二倍之違約金。

第十五條（因旅行社之過失致旅客留滯國外）

1. 因可歸責於乙方之事由，致甲方留滯國外時。
2. 甲方於留滯期間所支出之食宿或其他必要費用，應由乙方全額負擔。
3. 乙方並應儘速依預定旅程安排旅遊活動或安排甲方返國。
4. 並賠償甲方依旅遊費用總額除以全部旅遊日數乘以滯留日數計算之違約金。

第十六條（出發前旅客任意解除契約）

1. 甲方於旅遊活動開始前得通知乙方解除本契約。
2. 但乙方如代理甲方辦理證照者，甲方應繳交證照費用，並依下列標準賠償乙方：
3. 乙方如能證明其所受損害超過第一項各款標準者，得就其實際損害請求賠償。
   (1) 通知於出發日前第 21 日至第 30 日以內到達者，賠償旅遊費用百分之 10。
   (2) 通知於出發日前第 11 日至第 20 日以內到達者，賠償旅遊費用百分之 20。
   (3) 通知於出發日前第 4 日至第 10 日以內到達者，賠償旅遊費用百分之 30。
   (4) 通知於出發日前 1 日至第 3 日以內到達者，賠償旅遊費用百分之 70。
   (5) 通知於出發當日以後到達者，賠償旅遊費用百分之 100。

第十七條（出發前有法定原因解除契約）

1. 因不可抗力或不可歸責於雙方當事人之事由。
2. 致本契約之全部或一部無法履行時，得解除契約之全部或一部，不負賠償責任。
3. 乙方應將已代繳規費或履行本契約已支付之全部必要費用扣除後餘款退還甲方。

4. 但雙方於知悉旅遊活動無法成行時應即通知他方並說明事由；其怠於通知致使他方受有損害時，應負賠償責任。

5. 為維護本契約旅遊之安全與利益，乙方依前項為解除契約之一部後，應為有利於旅遊之必要措置。但甲方不同意者，得拒絕之；如因此支出必要費用，應由甲方負擔。

第十七條之一（出發前有客觀風險事由解除契約）

出發前，本旅遊所前往旅遊地區之一，有事實足認危害旅客生命、身體、健康、財產安全之虞者，得準用前條之規定。但解除之一方，應另按旅遊費用百分之______補償他方（不得超過百分之 5）。

第十八條（出發後旅客任意終止契約）

1. 甲方於旅遊活動開始後中途退出旅遊活動或未能參加乙方所排定之旅遊項目時，不得要求乙方退還旅遊費用。

2. 但乙方因甲方退出旅遊活動後，應可節省或無須支付之費用，應退還甲方。

第十九條（旅遊途中行程、食宿、遊覽項目之變更）

甲方於參加乙方所安排之旅遊行程中，因不可抗力或不可歸責於乙方之事由，致無法依預定之旅程、住宿或遊覽項目等履行時，乙方應盡善良管理人之注意為必要之協助。

第二十條（責任歸屬及協辦）

1. 旅遊期間，因不可歸責於乙方之事由，致甲方搭乘飛機、輪船、火車、捷運、纜車、汽車等大眾運輸工具所受損害者，應由各該提供服務之業者直接對甲方負責。

2. 但乙方應盡善良管理人之注意，協助甲方處理。

第二十一條　（其他協議事項）

甲乙雙方同意遵守下列各項：

1.

2.

前項協議事項，如有變更本契約其他條款之規定，除經交通部觀光局核准，其約定無效，但有利於甲方者，不在此限。

訂約人甲方：

住　　址：

身分證字號：

電話或電傳：

乙方（公司名稱）：

註冊編號：

負 責 人：

住　　址：

電話或電傳：

乙方委託之旅行業副署：（本契約如係綜合或甲種旅行業自行安安排之個別旅遊產品而與旅客簽約者，下列各項免填）

（公司名稱）：

註冊編號：

負 責 人：

住　　址：

電話或電傳：

簽約日期：中華民國　　　年　　　月　　　日

（如未記載以交付訂金日為簽約日期）

簽約地點：

（如未記載以甲方住所地為簽約地）

★ 不得記載事項

1. 旅遊之行程、服務、住宿、交通、價格、餐飲等內容不得記載「僅供參考」或「以外國旅遊業提供者為準」或使用其他不確定用語之文字。
2. 旅行業對旅客所負義務排除原刊登之廣告內容，當事人一方得為片面變更之約定。
3. 排除旅客之任意解約、終止權利及逾越主管機關規定或核備旅客之最高賠償標準。
4. 旅行業除收取約定之旅遊費用外，以其他方式變相或額外加價。
5. 除契約另有約定或經旅客同意外，旅行業臨時安排購物行程。
6. 旅行業委由旅客代為攜帶物品返國之約定。
7. 免除或減輕旅行業管理規則及旅遊契約所載應履行之義務者。
8. 記載其他違反誠信原則、平等互惠原則等不利旅客之約定。
9. 排除對旅行業履行輔助人所生責任之約定。

11-7-2 國外團體旅遊定型化契約書範本

交通部觀光局 105 年 12 月 12 日觀業字第 1050922838 號函

立契約書人
（本契約審閱期間至少一日，__年__月__日由甲方攜回審閱）
旅客（以下稱甲方）
姓名：
電話：
住居所：
緊急聯絡人
姓名：
與旅客關係：
電話：
旅行業（以下稱乙方）

公司名稱：
註冊編號：
負責人姓名：
電話：
營業所：
甲乙雙方同意就本旅遊事項，依下列約定辦理。

第一條（國外旅遊之意義）

本契約所謂國外旅遊，係指到中華民國疆域以外其他國家或地區旅遊。

赴中國大陸旅行者，準用本旅遊契約之約定。

第二條（適用之範圍及順序）

甲乙雙方關於本旅遊之權利義務，依本契約條款之約定定之；本契約中未約定者，適用中華民國有關法令之規定。

第三條（旅遊團名稱、旅遊行程及廣告責任）

本旅遊團名稱為＿＿＿＿＿＿＿＿＿＿＿＿＿＿＿

1. 旅遊地區（國家、城市或觀光地點）：＿＿＿＿＿
2. 行程（啟程出發地點、回程之終止地點、日期、交通工具、住宿旅館、餐飲、遊覽、安排購物行程及其所附隨之服務說明）：＿＿＿＿＿

與本契約有關之附件、廣告、宣傳文件、行程表或說明會之說明內容均視為本契約內容之一部分。乙方應確保廣告內容之真實，對甲方所負之義務不得低於廣告之內容。

第一項記載得以所刊登之廣告、宣傳文件、行程表或說明會之說明內容代之。

未記載第一項內容或記載之內容與刊登廣告、宣傳文件、行程表或說明會之說明記載不符者，以最有利於甲方之內容為準。

第四條（集合及出發時地）

甲方應於民國＿＿＿＿年＿＿＿＿月＿＿＿＿日＿＿＿＿時＿＿＿＿分於＿＿＿＿＿＿＿＿準時集合出發。甲方未準時到約定地點集合致未能出發，亦未能中途加入旅遊者，視為甲方任意解除契約，乙方得依第十三條之約定，行使損害賠償請求權。

第五條（旅遊費用及付款方式）

旅遊費用：________________________________

除雙方有特別約定者外，甲方應依下列約定繳付：

1. 簽訂本契約時，甲方應以________（現金、信用卡、轉帳、支票等方式）繳付新臺幣________元。
2. 其餘款項以________（現金、信用卡、轉帳、支票等方式）於出發前三日或說明會時繳清。

前項之特別約定，除經雙方同意並增訂其他協議事項於本契約第三十七條，乙方不得以任何名義要求增加旅遊費用。

第六條（旅客怠於給付旅遊費用之效力）

甲方因可歸責自己之事由，怠於給付旅遊費用者，乙方得定相當期限催告甲方給付，甲方逾期不為給付者，乙方得終止契約。甲方應賠償之費用，依第十三條約定辦理；乙方如有其他損害，並得請求賠償。

第七條（旅客協力義務）

旅遊需甲方之行為始能完成，而甲方不為其行為者，乙方得定相當期限，催告甲方為之。甲方逾期不為其行為者，乙方得終止契約，並得請求賠償因契約終止而生之損害。

旅遊開始後，乙方依前項規定終止契約時，甲方得請求乙方墊付費用將其送回原出發地。於到達後，由甲方附加年利率__%利息償還乙方。

第八條（旅遊費用所涵蓋之項目）

甲方依第五條約定繳納之旅遊費用，除雙方依第三十七條另有約定以外，應包括下列項目：

1. 代辦證件之行政規費：乙方代理甲方辦理出國所需之手續費及簽證費及其他規費。
2. 交通運輸費：旅程所需各種交通運輸之費用。
3. 餐飲費：旅程中所列應由乙方安排之餐飲費用。
4. 住宿費：旅程中所列住宿及旅館之費用，如甲方需要單人房，經乙方同意安排者，甲方應補繳所需差額。
5. 遊覽費用：旅程中所列之一切遊覽費用及入場門票費等。

6. 接送費：旅遊期間機場、港口、車站等與旅館間之一切接送費用。
7. 行李費：團體行李往返機場、港口、車站等與旅館間之一切接送費用及團體行李接送人員之小費，行李數量之重量依航空公司規定辦理。
8. 稅捐：各地機場服務稅捐及團體餐宿稅捐。
9. 服務費：領隊及其他乙方為甲方安排服務人員之報酬。
10. 保險費：責任保險及履約保證保險。

前項第二款交通運輸費及第五款遊覽費用，其費用於契約簽訂後經政府機關或經營管理業者公布調高或調低逾百分之十者，應由甲方補足，或由乙方退還。

第一項第二款至第五款之年長者門票減免、兒童住宿不佔床及各項優惠等，詳如附件（報價單）。如契約相關文件均未記載者，甲方得請求如實退還差額。

第九條（旅遊費用所未涵蓋項目）

第五條之旅遊費用，除雙方依第三十七條另有約定者外，不包含下列項目：

1. 非本旅遊契約所列行程之一切費用。
2. 甲方之個人費用：如自費行程費用、行李超重費、飲料及酒類、洗衣、電話、網際網路使用費、私人交通費、行程外陪同購物之報酬、自由活動費、個人傷病醫療費、宜自行給與提供個人服務者（如旅館客房服務人員）之小費或尋回遺失物費用及報酬。
3. 未列入旅程之簽證、機票及其他有關費用。
4. 建議任意給予隨團領隊人員、當地導遊、司機之小費。
5. 保險費：甲方自行投保旅行平安保險之費用。
6. 其他由乙方代辦代收之費用。

前項第二款、第四款建議給予之小費，乙方應於出發前，說明各觀光地區小費收取狀況及約略金額。

第十條（組團旅遊最低人數）

本旅遊團須有______人以上簽約參加始組成。如未達前定人數，乙方應於預訂出發之______日前（至少七日，如未記載時，視為七日）通知甲方解除契約；怠於通知致甲方受損害者，乙方應賠償甲方損害。

前項組團人數如未記載者，視為無最低組團人數；其保證出團者，亦同。

乙方依第一項規定解除契約後，得依下列方式之一，返還或移作依第二款成立之新旅遊契約之旅遊費用：

1. 退還甲方已交付之全部費用。但乙方已代繳之行政規費得予扣除。
2. 徵得甲方同意，訂定另一旅遊契約，將依第一項解除契約應返還甲方之全部費用，移作該另訂之旅遊契約之費用全部或一部。如有超出之賸餘費用，應退還甲方。

第十一條（代辦簽證、洽購機票）

如確定所組團體能成行，乙方即應負責為甲方申辦護照及依旅程所需之簽證，並代訂妥機位及旅館。乙方應於預定出發七日前，或於舉行出國說明會時，將甲方之護照、簽證、機票、機位、旅館及其他必要事項向甲方報告，並以書面行程表確認之。乙方怠於履行上述義務時，甲方得拒絕參加旅遊並解除契約，乙方即應退還甲方所繳之所有費用。

乙方應於預定出發日前，將本契約所列旅遊地之地區城市、國家或觀光點之風俗人情、地理位置或其他有關旅遊應注意事項儘量提供甲方旅遊參考。

第十二條（因可歸責於旅行業之事由致無法成行）

因可歸責於乙方之事由，致旅遊活動無法成行者，乙方於知悉旅遊活動無法成行時，應即通知甲方且說明其事由，並退還甲方已繳之旅遊費用。乙方怠於通知者，應賠償甲方依旅遊費用之全部計算之違約金。

乙方已為前項通知者，則按通知到達甲方時，距出發日期時間之長短，依下列規定計算其應賠償甲方之違約金：

1. 通知於出發日前第 41 日以前到達者，賠償旅遊費用百分之 5。
2. 通知於出發日前第 31 日至第 40 日以內到達者，賠償旅遊費用百分之 10。
3. 通知於出發日前第 21 日至第 30 日以內到達者，賠償旅遊費用百分之 20。
4. 通知於出發日前第 2 日至第 20 日以內到達者，賠償旅遊費用百分之 30。
5. 通知於出發日前 1 日到達者，賠償旅遊費用百分之 50。
6. 通知於出發當日以後到達者，賠償旅遊費用百分之 100。

甲方如能證明其所受損害超過前項各款基準者，得就其實際損害請求賠償。

第十三條（出發前旅客任意解除契約及其責任）

甲方於旅遊活動開始前解除契約者，應依乙方提供之收據，繳交行政規費，並應賠償乙方之損失，其賠償基準如下：

1. 旅遊開始前第 41 日以前解除契約者，賠償旅遊費用百分之 5。
2. 旅遊開始前第 31 日至第 40 日以內解除契約者，賠償旅遊費用百分之 10。
3. 旅遊開始前第 21 日至第 30 日以內解除契約者，賠償旅遊費用百分之 20。
4. 旅遊開始前第 2 日至第 20 日以內解除契約者，賠償旅遊費用百分之 30。
5. 旅遊開始前 1 日解除契約者，賠償旅遊費用百分之 50。
6. 甲方於旅遊開始日或開始後解除契約或未通知不參加者，賠償旅遊費用百分之 100。

前項規定作為損害賠償計算基準之旅遊費用，應先扣除行政規費後計算之。

乙方如能證明其所受損害超過第一項之各款基準者，得就其實際損害請求賠償。

第十四條（出發前有法定原因解除契約）

因不可抗力或不可歸責於雙方當事人之事由，致本契約之全部或一部無法履行時，任何一方得解除契約，且不負損害賠償責任。

前項情形，乙方應提出已代繳之行政規費或履行本契約已支付之必要費用之單據，經核實後予以扣除，並將餘款退還甲方。

任何一方知悉旅遊活動無法成行時，應即通知他方並說明其事由；其怠於通知致他方受有損害時，應負賠償責任。

為維護本契約旅遊團體之安全與利益，乙方依第一項為解除契約後，應為有利於團體旅遊之必要措置。

第十五條（出發前客觀風險事由解除契約）

出發前，本旅遊團所前往旅遊地區之一，有事實足認危害旅客生命、身體、健康、財產安全之虞者，準用前條之規定，得解除契約。但解除之一方，應另按旅遊費用百分之______補償他方（不得超過百分之五）。

第十六條（領隊）

乙方應指派領有領隊執業證之領隊。

乙方違反前項規定，應賠償甲方每人以每日新臺幣一千五百元乘以全部旅遊日數，再除以實際出團人數計算之三倍違約金。甲方受有其他損害者，並得請求乙方損害賠償。

領隊應帶領甲方出國旅遊，並為甲方辦理出入國境手續、交通、食宿、遊覽及其他完成旅遊所須之往返全程隨團服務。

第十七條（證照之保管及返還）

乙方代理甲方辦理出國簽證或旅遊手續時，應妥慎保管甲方之各項證照，及申請該證照而持有甲方之印章、身分證等，乙方如有遺失或毀損者，應行補辦；如致甲方受損害者，應賠償甲方之損害。

甲方於旅遊期間，應自行保管其自有之旅遊證件。但基於辦理通關過境等手續之必要，或經乙方同意者，得交由乙方保管。

前二項旅遊證件，乙方及其受僱人應以善良管理人之注意保管之；甲方得隨時取回，乙方及其受僱人不得拒絕。

第十八條（旅客之變更權）

甲方於旅遊開始______日前，因故不能參加旅遊者，得變更由第三人參加旅遊。乙方非有正當理由，不得拒絕。

前項情形，如因而增加費用，乙方得請求該變更後之第三人給付；如減少費用，甲方不得請求返還。甲方並應於接到乙方通知後______日內協同該第三人到乙方營業處所辦理契約承擔手續。

承受本契約之第三人，與甲方雙方辦理承擔手續完畢起，承繼甲方基於本契約之一切權利義務。

第十九條（旅行業務之轉讓）

乙方於出發前如將本契約變更轉讓予其他旅行業者，應經甲方書面同意。甲方如不同意者，得解除契約，乙方應即時將甲方已繳之全部旅遊費用退還；甲方受有損害者，並得請求賠償。

甲方於出發後始發覺或被告知本契約已轉讓其他旅行業，乙方應賠償甲方全部旅遊費用百分之五之違約金；甲方受有損害者，並得請求賠償。受讓之旅行業者或其履行輔助人，關於旅遊義務之違反，有故意或過失時，甲方亦得請求讓與之旅行業者負責。

第二十條(國外旅行業責任歸屬)

乙方委託國外旅行業安排旅遊活動,因國外旅行業有違反本契約或其他不法情事,致甲方受損害時,乙方應與自己之違約或不法行為負同一責任。但由甲方自行指定或旅行地特殊情形而無法選擇受託者,不在此限。

第二十一條(賠償之代位)

乙方於賠償甲方所受損害後,甲方應將其對第三人之損害賠償請求權讓與乙方,並交付行使損害賠償請求權所需之相關文件及證據。

第二十二條(因可歸責於旅行業之事由致旅遊內容變更)

旅程中之食宿、交通、觀光點及遊覽項目等,應依本契約所訂等級與內容辦理,甲方不得要求變更,但乙方同意甲方之要求而變更者,不在此限,惟其所增加之費用應由甲方負擔。除非有本契約第十四條或第二十六條之情事,乙方不得以任何名義或理由變更旅遊內容。因可歸責於乙方之事由,致未達成旅遊契約所定旅程、交通、食宿或遊覽項目等事宜時,甲方得請求乙方賠償各該差額二倍之違約金。

乙方應提出前項差額計算之說明,如未提出差額計算之說明時,其違約金之計算至少為全部旅遊費用之百分之五。

甲方受有損害者,另得請求賠償。

第二十三條(因可歸責於旅行業之事由致無法完成旅遊或致旅客遭留置)

旅行團出發後,因可歸責於乙方之事由,致甲方因簽證、機票或其他問題無法完成其中之部分旅遊者,乙方除依二十四條規定辦理外,另應以自己之費用安排甲方至次一旅遊地,與其他團員會合;無法完成旅遊之情形,對全部團員均屬存在時,並應依相當之條件安排其他旅遊活動代之;如無次一旅遊地時,應安排甲方返國。等候安排行程期間,甲方所產生之食宿、交通或其他必要費用,應由乙方負擔。

前項情形,乙方怠於安排交通時,甲方得搭乘相當等級之交通工具至次一旅遊地或返國;其所支出之費用,應由乙方負擔。

乙方於第一項、第二項情形未安排交通或替代旅遊時,應退還甲方未旅遊地部分之費用,並賠償同額之懲罰性違約金。

因可歸責於乙方之事由,致甲方遭恐怖分子留置、當地政府逮捕、羈押或留置時,乙方應賠償甲方以每日新臺幣二萬元乘以逮捕羈押或留置日數計算之懲罰性違約金,並應負責迅速接洽救助事宜,將甲方安排返國,其所需一切費用,由乙方負擔。留置時數在五小時以上未滿一日者,以一日計算。

第二十四條（因可歸責於旅行業之事由致行程延誤時間）

因可歸責於乙方之事由，致延誤行程期間，甲方所支出之食宿或其他必要費用，應由乙方負擔。甲方就其時間之浪費，得按日請求賠償。每日賠償金額，以全部旅遊費用除以全部旅遊日數計算。但行程延誤之時間浪費，以不超過全部旅遊日數為限。

前項每日延誤行程之時間浪費，在五小時以上未滿一日者，以一日計算。

甲方受有其他損害者，另得請求賠償。

第二十五條（旅行業棄置或留滯旅客）

乙方於旅遊途中，因故意棄置或留滯甲方時，除應負擔棄置或留滯期間甲方支出之食宿及其他必要費用，按實計算退還甲方未完成旅程之費用，及由出發地至第一旅遊地與最後旅遊地返回之交通費用外，並應至少賠償依全部旅遊費用除以全部旅遊日數乘以棄置或留滯日數後相同金額五倍之違約金。

乙方於旅遊途中，因重大過失有前項棄置或留滯甲方情事時，乙方除應依前項規定負擔相關費用外，並應賠償依前項規定計算之三倍違約金。

乙方於旅遊途中，因過失有第一項棄置或留滯甲方情事時，乙方除應依前項規定負擔相關費用外，並應賠償依第一項規定計算之一倍違約金。

前三項情形之棄置或留滯甲方之時間，在五小時以上未滿一日者，以一日計算；乙方並應儘速依預訂旅程安排旅遊活動，或安排甲方返國。

甲方受有損害者，另得請求賠償。

第二十六條（旅遊途中因不可抗力或不可歸責於旅行業之事由致旅遊內容變更）

旅遊途中因不可抗力或不可歸責於乙方之事由，致無法依預定之旅程、交通、食宿或遊覽項目等履行時，為維護本契約旅遊團體之安全及利益，乙方得變更旅程、遊覽項目或更換食宿、旅程；其因此所增加之費用，不得向甲方收取，所減少之費用，應退還甲方。

甲方不同意前項變更旅程時，得終止本契約，並得請求乙方墊付費用將其送回原出發地，於到達後附加年利率__%利息償還乙方。

第二十七條（責任歸屬及協辦）

旅遊期間，因不可歸責於乙方之事由，致甲方搭乘飛機、輪船、火車、捷運、纜車等大眾運輸工具所受損害者，應由各該提供服務之業者直接對甲方負責。但乙方應盡善良管理人之注意，協助甲方處理。

第二十八條（旅客終止契約後之回程安排）

甲方於旅遊活動開始後，怠於配合乙方完成旅遊所需之行為致影響後續旅遊行程，而終止契約者，甲方得請求乙方墊付費用將其送回原出發地，於到達後附加年利率______%利息償還之，乙方不得拒絕。

前項情形，乙方因甲方退出旅遊活動後，應可節省或無須支出之費用，應退還甲方。

乙方因第一項事由所受之損害，得向甲方請求賠償。

第二十九條（出發後旅客任意終止契約）

甲方於旅遊活動開始後，中途離隊退出旅遊活動時，不得要求乙方退還旅遊費用。

前項情形，乙方因甲方退出旅遊活動後，應可節省或無須支出之費用，應退還甲方。乙方並應為甲方安排脫隊後返回出發地之住宿及交通，其費用由甲方負擔。

甲方於旅遊活動開始後，未能及時參加依本契約所排定之行程者，視為自願放棄其權利，不得向乙方要求退費或任何補償。

第三十條（旅行業之協助處理義務）

甲方在旅遊中發生身體或財產上之事故時，乙方應盡善良管理人之注意為必要之協助及處理。

前項之事故，係因非可歸責於乙方之事由所致者，其所生之費用，由甲方負擔。

第三十一條（旅行業應投保責任保險及履約保證保險）

乙方應依主管機關之規定辦理責任保險及履約保證保險。責任保險投保金額：

1. 依法令規定。
2. 高於法令規定，金額為：
   (1) 每一旅客意外死亡新臺幣________元。
   (2) 每一旅客因意外事故所致體傷之醫療費用新臺幣________元。
   (3) 國外旅遊善後處理費用新臺幣________元。
   (4) 每一旅客證件遺失之損害賠償費用新臺幣________元。

乙方如未依前項規定投保者，於發生旅遊事故或不能履約之情形，應以主管機關規定最低投保金額計算其應理賠金額之三倍作為賠償金額。

乙方應於出團前，告知甲方有關投保旅行業責任保險之保險公司名稱及其連絡方式，以備甲方查詢。

第三十二條（購物及瑕疵損害之處理方式）

為顧及旅客之購物方便，乙方如安排甲方購買禮品時，應於本契約第三條所列行程中預先載明。乙方不得於旅遊途中，臨時安排購物行程。但經甲方要求或同意者，不在此限。

乙方安排特定場所購物，所購物品有貨價與品質不相當或瑕疵者，甲方得於受領所購物品後一個月內，請求乙方協助處理。

乙方不得以任何理由或名義要求甲方代為攜帶物品返國。

第三十三條（誠信原則）

甲乙雙方應以誠信原則履行本契約。乙方依旅行業管理規則之規定，委託他旅行業代為招攬時，不得以未直接收甲方繳納費用，或以非直接招攬甲方參加本旅遊，或以本契約實際上非由乙方參與簽訂為抗辯。

第三十四條（消費爭議處理）

本契約履約過程中發生爭議時，乙方應即主動與甲方協商解決之。

乙方消費爭議處理申訴（客服）專線或電子信箱：

____。

乙方對甲方之消費爭議申訴，應於三個營業日內專人聯繫處理，並依據消費者保護法之規定，自申訴之日起十五日內妥適處理之。

雙方經協商後仍無法解決爭議時，甲方得向交通部觀光局、直轄市或各縣（市）消費者保護官、直轄市或各縣（市）消費者爭議調解委員會、中華民國旅行業品質保障協會或鄉（鎮、市、區）公所調解委員會提出調解（處）申請，乙方除有正當理由外，不得拒絕出席調解（處）會。

第三十五條（個人資料之保護）

乙方因履行本契約之需要，於代辦證件、安排交通工具、住宿、餐飲、遊覽及其所附隨服務之目的內，甲方同意乙方得依法規規定蒐集、處理、傳輸及利用其個人資料。

甲方：
□不同意（甲方如不同意，乙方將無法提供本契約之旅遊服務）。
簽名：
□同意。
簽名：
（二者擇一勾選；未勾選者，視為不同意）

前項甲方之個人資料，乙方負有保密義務，非經甲方書面同意或依法規規定，不得將其個人資料提供予第三人。

第一項甲方個人資料蒐集之特定目的消失或旅遊終了時，乙方應主動或依甲方之請求，刪除、停止處理或利用甲方個人資料。但因執行職務或業務所必須或經甲方書面同意者，不在此限。

乙方發現第一項甲方個人資料遭竊取、竄改、毀損、滅失或洩漏時，應即向主管機關通報，並立即查明發生原因及責任歸屬，且依實際狀況採取必要措施。

前項情形，乙方應以書面、簡訊或其他適當方式通知甲方，使其可得知悉各該事實及乙方已採取之處理措施、客服電話窗口等資訊。

第三十六條（約定合意管轄法院）

甲、乙雙方就本契約有關之爭議，以中華民國之法律為準據法。

因本契約發生訴訟時，甲乙雙方同意以________地方法院為第一審管轄法院，但不得排除消費者保護法第四十七條或民事訴訟法第四百三十六條之九規定之小額訴訟管轄法院之適用。

第三十七條（其他協議事項）

甲乙雙方同意遵守下列各項：
1. 甲方□同意□不同意乙方將其姓名提供給其他同團旅客。
2.
3.
前項協議事項，如有變更本契約其他條款之規定，除經交通部觀光局核准，其約定無效，但有利於甲方者，不在此限。

訂約人

甲方：

住（居）所地址：

身分證字號（統一編號）：

電話或傳真：

乙方（公司名稱）：

註 冊 編 號：

負 責 人：

住 址：

電話或傳真：

乙方委託之旅行業副署：（本契約如係綜合或甲種旅行業自行組團而與旅客簽約者，下列各項免填）

公 司 名 稱：

註 冊 編 號：

負 責 人：

住 址：

電話或傳真：

簽約日期：中華民國 年 月 日

（如未記載，以首次交付金額之日為簽約日期）

簽約地點：

（如未記載，以甲方住（居）所地為簽約地點）

★ 不得記載事項

1. 旅遊之行程、住宿、交通、價格、餐飲等服務內容不得記載「僅供參考」或使用其他不確定用語之文字。
2. 旅行業對旅客所負義務排除原刊登之廣告內容。
3. 排除旅客之任意解除、終止契約之權利。

4. 逾越主管機關規定、核定或備查之旅客最高賠償基準。
5. 旅客對旅行業片面變更契約內容不得異議。
6. 旅行業除收取約定之旅遊費用外，以其他方式變相或額外加價。
7. 旅行業委由旅客代為攜帶物品返國之約定。
8. 免除或減輕依消費者保護法、旅行業管理規則、旅遊契約所載或其他相關法規規定應履行之義務。
9. 其他違反誠信原則、平等互惠原則等不利旅客之約定。
10. 排除對旅行業履行輔助人所生責任之約定。

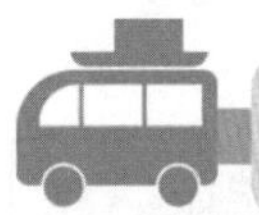

11-8 其他相關管理規則（節略）

11-8-1 觀光旅館建築及設備標準（節略）

中華民國 99 年 10 月 8 日交通部交路字第 0990008297 號令、
內政部台內營字第 0990819907 號令

第 1 條　本標準依發展觀光條例第二十三條第二項規定訂定之。

第 2 條　本標準所稱之觀光旅館係指國際觀光旅館及一般觀光旅館。

第 3 條　觀光旅館之建築設計、構造、設備除依本標準規定外，並應符合有關建築、衛生及消防法令之規定。

第 4 條　依觀光旅館業管理規則申請在都市土地籌設新建之觀光旅館建築物，除都市計畫風景區外，得在都市土地使用分區有關規定之範圍內綜合設計。

第 5 條　觀光旅館基地位在住宅區者，限整幢建築物供觀光旅館使用，且其客房樓地板面積合計不得低於計算容積率之總樓地板面積百分之六十。

第 6 條　觀光旅館旅客主要出入口之樓層應設門廳及會客場所。

第 7 條　觀光旅館應設置處理乾式垃圾之密閉式垃圾箱及處理濕式垃圾之冷藏密閉式垃圾儲藏設備。

第 8 條　觀光旅館客房及公共用室應設置中央系統或具類似功能之空氣調節設備。

第 9 條　觀光旅館所有客房應裝設寢具、彩色電視機、冰箱及自動電話；公共用室及門廳附近，應裝設對外之公共電話及對內之服務電話。

第 10 條　觀光旅館客房層每層樓客房數在二十間以上者，應設置備品室一處。

第 11-1 條 觀光旅館之客房與室內停車空間應有公共空間區隔，不得直接連通。

第 12 條　國際觀光旅館應附設餐廳、會議場所、咖啡廳、酒吧（飲酒間）、宴會廳、健身房、商店、貴重物品保管專櫃、衛星節目收視設備，並得酌設下列附屬設備：

(1) 夜總會、三溫暖、游泳池、洗衣間、美容室、理髮室、射箭場、各式球場。

(2) 室內遊樂設施、郵電服務設施、旅行服務設施、高爾夫球練習場。

第 13 條

房間種類／旅館類型	國際觀光旅館	一般觀光旅館
單人房、雙人房及套房	30 間	30 間
單人房	13 平方公尺	10 平方公尺
雙人房	19 平方公尺	15 平方公尺
套房	32 平方公尺	25 平方公尺
專用浴廁	不得小於 3.5 平方公尺	不得小於 3 平方公尺
(1) 各式客房每間淨面積(不包括浴廁),應有百分之六十以上不得小於上列標準。 (2) 每間客房應有向戶外開設之窗戶，並設專用浴廁。		

第 20 條　本標準自發布日施行。

11-8-2 觀光旅館業管理規則（節略）

中華民國 105 年 1 月 28 日交通部交路（一）字第 10582000095 號令

經編者整理，重點摘要如下：

第一章　總　則

第 1 條　本規則依發展觀光條例第六十六條第二項規定訂定之。

第 2 條　觀光旅館業經營之觀光旅館分為國際觀光旅館及一般觀光旅館，其建築及設備應符合觀光旅館建築及設備標準之規定。

第 3 條　觀光旅館業之興辦事業計畫審核、籌設、變更、轉讓、檢查、輔導、獎勵、處罰與監督管理事項，除在直轄市之一般觀光旅館業，得由交通部委辦直轄市政府執行外，其餘由交通部委任交通部觀光局執行之。觀光旅館業營業執照及觀光旅館業專用標識之發給事項，由交通部委任交通部觀光局執行之。

前二項委辦或委任事項及法規依據，應公告並刊登政府公報。

第 4 條　非依本規則申請核准之旅館，不得使用國際觀光旅館或一般觀光旅館之名稱或專用標識。

第二章　觀光旅館業之籌設、發照及變更

第 8 條　觀光旅館之中、外文名稱，不得使用其他觀光旅館已登記之相同或類似名稱。但依第三十六條規定報備加入國內、外旅館聯營組織者，不在此限。

第 12 條　申請經營觀光旅館業者籌設完成後，應備具下列文件報請交通部會同警察、建築管理、消防及衛生等有關機關查驗合格後，發給觀光旅館業營業執照及觀光旅館業專用標識，始得營業：

1. 觀光旅館業營業執照申請書。
2. 建築物使用執照影本及竣工圖。
3. 公司登記證明文件影本。

第 13 條　興建觀光旅館客房間數在三百間以上，具備下列條件者，得依前條規定申請查驗，符合規定者，發給觀光旅館業營業執照及觀光旅館專用標識，先行營業：

1. 領有觀光旅館全部之建築物使用執照及竣工圖。
2. 客房裝設完成已達百分之六十，且不少於二百四十間；營業客房之樓層並已全部裝設完成。
3. 營業餐廳之合計面積，不少於營業客房數乘一點五平方公尺；營業餐廳之樓層並已全部裝設完成。
4. 門廳、電梯、餐廳附設之廚房均已裝設完成。
5. 未裝設完成之樓層（或區域），應設有敬告旅客注意安全之明顯標識。

前項先行營業之觀光旅館業，應於一年內全部裝設完成，並依前條規定報請查驗合格。但有正當理由者，得報請交通部予以延展，其期限不得超過一年。

觀光旅館採分期、分區方式興建者，得於該分期、分區興建完工且觀光旅館建築及設備標準所定必要之附屬設施均完備後，依前條規定申請查驗，符合規定者，發給該期或該區之觀光旅館業營業執照及觀光旅館專用標識，先行營業，不受前二項規定之限制。

第 16 條　觀光旅館之門廳、客房、餐廳、會議場所、休閒場所、商店等營業場所用途變更者，應於變更前，報請交通部核准。交通部為前項核准後，應通知有關機關逕依各該管法規規定辦理。

第 18 條　交通部得辦理觀光旅館等級評鑑，並依評鑑結果發給等級區分標識。前項等級評鑑事項得由交通部委任交通部觀光局或委託民間團體執行之；其委任或委託事項及法規依據，應公告並刊登政府公報。

交通部委任交通部觀光局或委託民間團體執行第一項等級評鑑者，評鑑基準及等級區分標識，由交通部觀光局依其建築與設備標準、經營管理狀況、服務品質等訂定之。

觀光旅館業應將第一項規定之等級區分標識，置於受評鑑觀光旅館門廳明顯易見之處。

第三章　觀光旅館業之經營與管理

第 19 條　觀光旅館業應登記每日住宿旅客資料；**其保存期間為半年**。

前項旅客登記資料之蒐集、處理及利用，並應符合個人資料保護法相關規定。

第 20 條　觀光旅館業應將旅客寄存之金錢、有價證券、珠寶或其他貴重物品妥為保管，並應旅客之要求掣給收據，如有毀損、喪失，依法負賠償責任。

第 21 條　觀光旅館業知有旅客遺留之行李物品，應登記其特徵及知悉時間、地點，並妥為保管，已知其所有人及住址者，通知其前來認領或送還，不知其所有人者，應報請該管警察機關處理。

第 22 條　觀光旅館業應對其經營之觀光旅館業務，投保責任保險。

責任保險之保險範圍及最低投保金額如下：

1. 每一個人身體傷亡：新臺幣二百萬元。

2. 每一事故身體傷亡：新臺幣一千萬元。

3. 每一事故財產損失：新臺幣二百萬元。

4. 保險期間總保險金額：新臺幣二千四百萬元。

第 23 條　觀光旅館業之經營管理，應遵守下列規定：

1. 不得代客媒介色情或為其他妨害善良風俗或詐騙旅客之行為。
2. 附設表演場所者，不得僱用未經核准之外國藝人演出。
3. 附設夜總會供跳舞者，不得僱用或代客介紹職業或非職業舞伴或陪侍。

第 24 條　觀光旅館業知悉旅客有下列情形之一者，應即為必要之處理或報請當地警察機關處理：

1. 有危害國家安全之嫌疑者。
2. 攜帶軍械、危險物品或其他違禁物品者。
3. **施用煙毒或其他麻醉藥品者。**
4. 有自殺企圖之跡象或死亡者。
5. 有聚賭或為其他妨害公眾安寧、公共秩序及善良風俗之行為，不聽勸止者。
6. 有其他犯罪嫌疑者。

第 25 條　觀光旅館業知悉旅客罹患疾病或受傷時，應提供必要之協助。消防或警察機關為執行公務或救援旅客，有進入旅客房間之必要性及迫性，觀光旅館業應主動協助。

第 26 條　觀光旅館業客房之定價，由該觀光旅館業自行訂定後，報交通部備查，並副知**當地觀光旅館商業同業公會**；變更時亦同。

觀光旅館業應將客房之定價、旅客住宿須知及避難位置圖置於客房明顯易見之處。

第 27 條　觀光旅館業應將觀光旅館業專用標識，置於門廳明顯易見之處。

觀光旅館業經申請核准註銷其營業執照或經受停止營業或廢止營業執照之處分者，應繳回觀光旅館業專用標識。

未依前項規定繳回觀光旅館業專用標識者，由交通部公告註銷，觀光旅館業不得繼續使用之。

第 28 條　**觀光旅館業收取自備酒水服務費用者，應將其收費方式、計算基準等事項，標示於網站、菜單及營業現場明顯處。**

第 29 條　觀光旅館業於開業前或開業後，不得以保證支付租金或利潤等方式招攬銷其建築物及設備之一部或全部。

第 39 條　觀光旅館業之經理人應具備其所經營業務之專門學識與能力。

第 40 條　觀光旅館業應依其業務，分設部門，各置經理人，並應於公司主管機關核准日起十五日內，報交通部備查，其經理人變更時亦同。

第 41 條　觀光旅館業為加強推展國外業務，得在國外重要據點設置業務代表，並應於設置後一個月內報交通部備查。

第 42 條　觀光旅館業對其僱用之人員，應嚴加管理，隨時登記其異動，並對本規則規定人員應遵守之事項負監督責任。

前項僱用之人員，應給予合理之薪金，不得以小帳分成抵充其薪金。

第 43 條　觀光旅館業對其僱用之人員，應製發制服及易於識別之胸章。

前項人員工作時，應穿著制服及佩帶有姓名或代號之胸章，並不得有下列行為：

1. 代客媒介色情、代客僱用舞伴或從事其他妨害善良風俗行為。
2. 竊取或侵占旅客財物。
3. 詐騙旅客。
4. 向旅客額外需索。
5. 私自兌換外幣。

第五章　獎勵及處罰

第 45 條　觀光旅館業有下列情事之一者，交通部得予以獎勵或表揚：

1. 維護國家榮譽或社會治安有特殊貢獻者。
2. 參加國際推廣活動，增進國際友誼有重大表現者。
3. 改進管理制度及提高服務品質有卓越成效者。
4. 外匯收入有優異業績者。
5. 其他有足以表揚之事蹟者。

第 46 條　觀光旅館業從業人員有下列情事之一者，交通部得予以獎勵或表揚：

1. 推動觀光事業有卓越表現者。
2. 對觀光旅館管理之研究發展，有顯著成效者。
3. 接待觀光旅客服務週全，獲有好評或有感人事蹟者。
4. 維護國家榮譽，增進國際友誼，表現優異者。
5. 在同一事業單位連續服務滿十五年以上，具有敬業精神者。
6. 其他有足以表揚之事蹟者。

第六章　附　則

第 48 條　本規則自發布日施行。

11-8-3 民宿管理辦法（節略）（交通部，2021C）

中華民國 108 年 10 月 9 日交通部交路（一）字第 10882004125 號

經本書編著者整理，重點摘要如下：

第一章　總　則

第 1 條　本辦法依發展觀光條例（以下簡稱本條例）第二十五條第三項規定訂定之。

第 2 條　本辦法所稱民宿， 指利用自用或自有住宅，結合當地人文街區、歷史 風貌、自然景觀、生態、 環境資源、農林漁牧、工藝製造、藝術文創等生產 活動，以在地體驗交流為目的、家庭副業方式經營，提供旅客城鄉家庭式住宿環境與文化生活之住宿處所。

第二章　民宿之申請准駁及設施設備基準

第 3 條　民宿之設置，以下列地區為限，並須符合各該相關土地使用管制法令之規定：

1. 非都市土地。
2. 都市計畫範圍內，且位於下列地區者：
   (1) 風景特定區。
   (2) 觀光地區。
   (3) 原住民族地區。
   (4) 偏遠地區。
   (5) 離島地區。
   (6) 經農業主管機關核發許可登記證之休閒農場或經農業主管機關劃定之休閒農業區。
   (7) 依文化資產保存法指定或登錄之古蹟、歷史建築、紀念建築、聚落建築群、史蹟及文化景觀，已擬具相關管理維護或保存計畫之區域。
   (8) 具人文或歷史風貌之相關區域。
3. 國家公園區。

第 4 條　1. 民宿之經營規模，應為客房數八間以下，且客房總樓地板面積二百四十平方公尺以下。但位於原住民族地區、經農業主管機關核發許可登記證之休閒農場、經農業主管機關劃定之休閒農業區、觀光地區、偏遠地區及離島地區之民宿，得以客房數十五間以下，且客房總樓地板面積四百平方公尺以下之規模經營之。

2. 前項但書規定地區內，以農舍供作民宿使用者，其客房總樓地板面積，以三百平方公尺以下為限。

3. 第一項偏遠地區由地方主管機關認定，報請交通部備查後實施。並得視實際需要予以調整。

第 5 條　1. 民宿建築物設施，應符合地方主管機關基於地區及建築物特性，會商當地建築主管機關，依地方制度法相關規定制定之自治法規。

2. 地方主管機關未制定前項規定所稱自治法規，且客房數八間以下者，民宿建築物設施應符合下列規定：

(1) 內部牆面及天花板應以耐燃材料裝修。

(2) 非防火區劃分間牆依現行規定應具一小時防火時效者，得以不燃材料裝修其牆面替代之。

a. 各樓層應設置一座以上直通樓梯通達避難層或地面。

b. 步行距離不得超過五十公尺。

c. 直通樓梯應為防火構造，內部並以不燃材料裝修。

d. 增設直通樓梯，應為安全梯，且寬度應為九十公分以上。

第 6 條　民宿消防安全設備應符合地方主管機關基於地區及建築物特性，依地方制度法相關規定制定之自治法規。

地方主管機關未制定前項規定所稱自治法規者，民宿消防安全設備應符合下列規定：

1. 每間客房及樓梯間、走廊應裝置緊急照明設備。
2. 設置火警自動警報設備，或於每間客房內設置住宅用火災警報器。
3. 配置滅火器兩具以上，分別固定放置於取用方便之明顯處所；有樓層建築物者，每層應至少配置一具以上。

地方主管機關未依第一項規定制定自治法規，且民宿建築物一樓之樓地板面積達二百平方公尺以上、二樓以上之樓地板面積達一百五十平方公尺以上或地下層達一百平方公尺以上者，除應符合前項規定外，並應符合下列規定：

1. 走廊設置手動報警設備。
2. 走廊裝置避難方向指示燈。
3. 窗簾、地毯、布幕應使用防焰物品。

第 7 條 民宿之熱水器具設備應放置於室外。但電能熱水器不在此限。

第 8 條 民宿之申請登記應符合下列規定：

1. 建築物使用用途以住宅為限。但第四條第一項但書規定地區，其經營者為農舍及其座落用地之所有權人者，得以農舍供作民宿使用。
2. 由建築物實際使用人自行經營。但離島地區經當地政府或中央相關管理機關委託經營，且同一人之經營客房總數十五間以下者，不在此限。
3. 不得設於集合住宅。但以集合住宅社區內整棟建築物申請，且申請人取得區分所有權人會議同意者，地方主管機關得為保留民宿登記廢止權之附款，核准其申請。
4. 客房不得設於地下樓層。但有下列情形之一，經地方主管機關會同當地建築主管機關認定不違反建築相關法令規定者，不在此限：
   (1) 當地原住民族主管機關認定具有原住民族傳統建築特色者。
   (2) 因周邊地形高低差造成之地下樓層且有對外窗者。
5. 不得與其他民宿或營業之住宿場所，共同使用直通樓梯、走道及出入口。

第 9 條 有下列情形之一者，不得經營民宿：

1. 無行為能力人或限制行為能力人。
2. 曾犯組織犯罪防制條例、毒品危害防制條例或槍砲彈藥刀械管制條例規定之罪，經有罪判決確定。
3. 曾犯兒童及少年性交易防制條例第二十二條至第三十一條、兒童及少年性剝削防制條例第三十一條至第四十二條、刑法第十六章妨害性自主罪、第二百三十一條至第二百三十五條、第二百四十條至第二百四十三條或第二百九十八條之罪，經有罪判決確定。
4. 曾經判處有期徒刑五年以上之刑確定，經執行完畢或赦免後未滿五年。
5. 經地方主管機關依第十八條規定撤銷或依本條例規定廢止其民宿登記證處分確定未滿三年。

第 10 條　民宿之名稱，不得使用與同一直轄市、縣（市）內其他民宿、觀光旅館業或旅館業相同之名稱。

第 11 條　經營民宿者，應先檢附下列文件，向地方主管機關申請登記，並繳交規費，領取民宿登記證及專用標識牌後，始得開始經營：

1. 申請書。
2. 土地使用分區證明文件影本（申請之土地為都市土地時檢附）。
3. 土地同意使用之證明文件（申請人為土地所有權人時免附）。
4. 建築物同意使用之證明文件（申請人為建築物所有權人時免附）。
5. 建築物使用執照影本或實施建築管理前合法房屋證明文件。
6. 責任保險契約影本。
7. 民宿外觀、內部、客房、浴室及其他相關經營設施照片。
8. 其他經地方主管機關指定之文件。

第 20 條

1. 民宿經營者依商業登記法辦理商業登記者，應於核准商業登記後六個月內，報請地方主管機關備查。
2. 前項商業登記之負責人須與民宿經營者一致，變更時亦同。
3. 民宿名稱非經註冊為商標者，應以該民宿名稱為第一項商業登記名稱之特取部分；其經註冊為商標者，該民宿經營者應為該商標權人或經其授權使用之人。

   民宿經營者依法辦理商業登記後，有下列情形之一者，地方主管機關應通知商業所在地主管機關：

   (1) 未依本條例領取民宿登記證而經營民宿，經地方主管機關勒令歇業。
   (2) 地方主管機關依法撤銷或廢止其民宿登記證。

第 21 條

1. 民宿登記事項變更者，民宿經營者應於事實發生後十五日內，備具申請書及相關文件，向地方主管機關辦理變更登記。
2. 地方主管機關應將民宿設立及變更登記資料，於次月十日前，向交通部陳報。

第 24 條　民宿經營者應投保責任保險之範圍及最低金額如下：

1. 每一個人身體傷亡：新臺幣二百萬元。
2. 每一事故身體傷亡：新臺幣一千萬元。

3. 每一事故財產損失：新臺幣二百萬元。
4. 保險期間總保險金額：新臺幣二千四百萬元。

前項保險範圍及最低金額，地方自治法規如有對消費者保護較有利之規定者，從其規定。

民宿經營者應於保險期間屆滿前，將有效之責任保險證明文件，陳報地方主管機關。

第 25 條　1. 民宿客房之定價，由民宿經營者自行訂定，並報請地方主管機關備查；變更時亦同。
2. 民宿之實際收費不得高於前項之定價。

第 26 條　民宿經營者應將房間價格、旅客住宿須知及緊急避難逃生位置圖，置於客房明顯光亮之處。

第 27 條　民宿經營者應將民宿登記證置於門廳明顯易見處，並將民宿專用標識牌置於建築物外部明顯易見之處。

第 28 條　1. 民宿經營者應將每日住宿旅客資料登記；其保存期間為六個月。
2. 前項旅客登記資料之蒐集、處理及利用，並應符合個人資料保護法相關規定。

第 29 條　民宿經營者發現旅客罹患疾病或意外傷害情況緊急時，應即協助就醫；發現旅客疑似感染傳染病時，並應即通知衛生醫療機構處理。

第 30 條　民宿經營者不得有下列之行為：
1. 以叫嚷、糾纏旅客或以其他不當方式招攬住宿。
2. 強行向旅客推銷物品。
3. 任意哄抬收費或以其他方式巧取利益。
4. 設置妨害旅客隱私之設備或從事影響旅客安寧之任何行為。
5. 擅自擴大經營規模。

第 31 條　民宿經營者應遵守下列事項：
1. 確保飲食衛生安全。
2. 維護民宿場所與四週環境整潔及安寧。
3. 供旅客使用之寢具，應於每位客人使用後換洗，並保持清潔。
4. 辦理鄉土文化認識活動時，應注重自然生態保護、環境清潔、安寧及公共安全。

5. 以廣告物、出版品、廣播、電視、電子訊號、電腦網路或其他媒體業者，刊登之住宿廣告，應載明民宿登記證編號。

第 32 條　民宿經營者發現旅客有下列情形之一者，應即報請該管派出所處理：

1. 有危害國家安全之嫌疑。
2. 攜帶槍械、危險物品或其他違禁物品。
3. 施用煙毒或其他麻醉藥品。
4. 有自殺跡象或死亡。
5. 有喧嘩、聚賭或為其他妨害公眾安寧、公共秩序及善良風俗之行為，不聽勸止。
6. 未攜帶身分證明文件或拒絕住宿登記而強行住宿。
7. 有公共危險之虞或其他犯罪嫌疑。

第 33 條　1. 民宿經營者，應於每年一月及七月底前，將前六個月每月客房住用率、住宿人數、經營收入統計等資料，依式陳報地方主管機關。

2. 前項資料，地方主管機關應於次月底前，陳報交通部。

第 34 條　民宿經營者，應參加主管機關舉辦或委託有關機關、團體辦理之輔導訓練。

第 35 條　民宿經營者有下列情事之一者，主管機關或相關目的事業主管機關得予以獎勵或表揚：

1. 維護國家榮譽或社會治安有特殊貢獻。
2. 參加國際推廣活動，增進國際友誼有優異表現。
3. 推動觀光產業有卓越表現。
4. 提高服務品質有卓越成效。
5. 接待旅客服務周全獲有好評，或有優良事蹟。
6. 對區域性文化、生活及觀光產業之推廣有特殊貢獻。
7. 其他有足以表揚之事蹟。

第 40 條　本辦法自發布日施行。

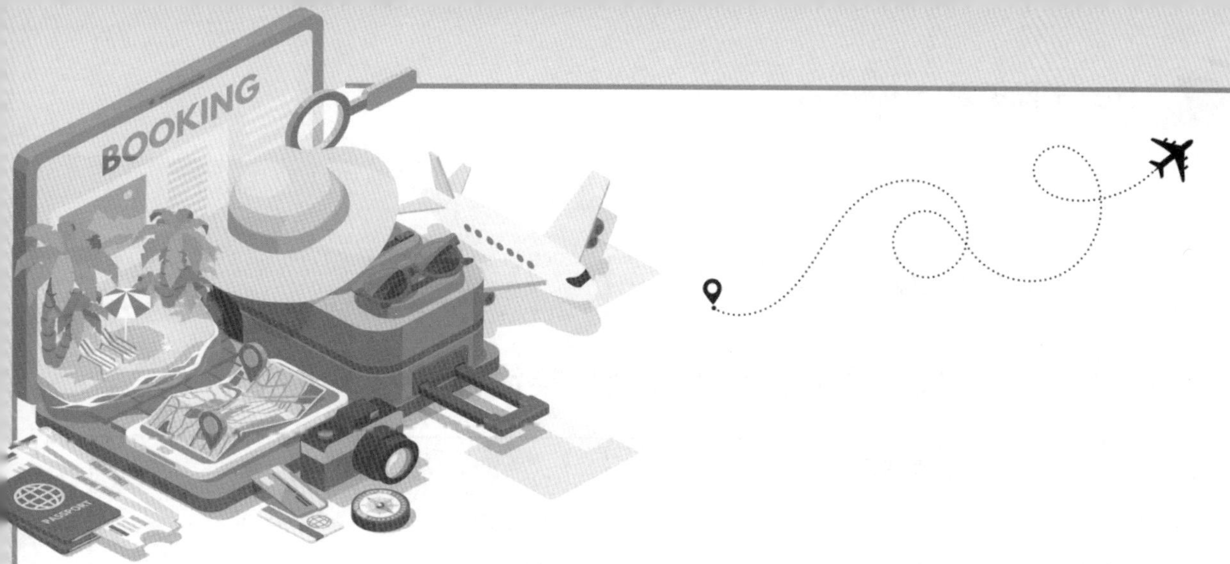

CHAPTER 12 入出境相關法規

12-1 入境臺灣

12-2 出境通關作業

12-3 辦理護照規定

12-4 簽證概述

12-5 外匯常識（節略）

12-6 外籍旅客購買特定貨物申請退還營業稅實施辦法（節略）

華語導遊　外語導遊　華語領隊　外語領隊

12-1 入境臺灣

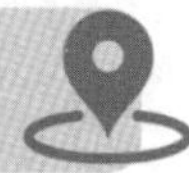

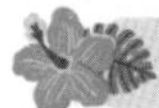

12-1-1 入境臺灣旅客行李檢查作業流程

入境應備證照	入境通關流程
1. 護照正本 2. 入境旅客申報表（應稅物品） 3. 入出境海關單（外籍旅客） 4. 回程機票或電子機票收據（外籍旅客） 5. 簽證（外籍旅客）	1. 人員檢疫 2. 證照查驗 3. 領取行李 4. 海關查驗

1. 入境旅客所攜行李內容如無須向海關申報事項，可持護照經由綠線櫃檯通關。
2. 檢查關員視情況予以免驗放行或予以抽驗，經抽驗之行李如發現有應稅品或不得進口或禁止輸入之物品，則予以稅放、留件處理或扣押。
3. 行李內容如有應向海關申報事項，則須填寫中華民國海關申報單經由紅線櫃檯通關，檢查關員查驗後依規定予以免稅（或課稅）放行或留件處理或扣押。
   (1) 綠線通道
   免申報通道→護照（電腦查核資料）→免驗→放行
   免申報通道（綠線通道）→護照（電腦查核）→抽驗→有無應稅品或違禁品→否→放行
   免申報通道（綠線通道）→護照（電腦查核）→抽驗→有無應稅品或違禁品→是→扣押
   (2) 紅線通道
   應申報通道→護照與申報單（電腦查核）→查驗→申報相符→放行（免稅）
   應申報通道→護照與申報單（電腦查核）→查驗→未申報或不相符→扣押
4. 服務時間：24 小時通關。

中華民國入境須知，因 COVID-19 疫情封閉國境許久，近日即將解封。配合中央流行疫情指揮中心公告，外交部自本 2022 年 9 月 12 日起恢復實施部分國家與邦交國國民得以免簽證方式入境，從事商務參展、考察交流、探親觀光與必要訪問等活動。唯，國際交流延宕多時，國際旅行乃為趨勢。但，顧及疫情仍嚴峻，與國際情勢丕變。因此，外交部領事事務局配合中央流行疫情指揮中心邊境管制措施調整，採隨時情勢公布入境須知，相關網址請參閱。

外交部領事事務局，「免簽證暨落地簽證規定」

https://www.boca.gov.tw/np-3-1.html

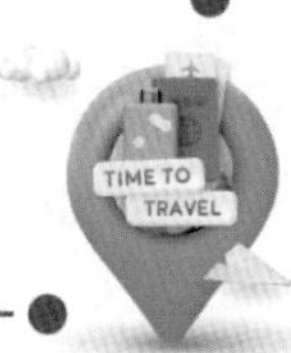

12-1-2 入境報關須知（財政部關務署臺北關，2021）

109 年 7 月 10 日

一、申報（紅線與綠線通關）

入境檢查分設有紅線（應申報）檯與綠線（免申報）檯通關檢查通道，以便迅速辦理入境旅客的通關手續。

（一）紅線通關（應申報檯）

入境旅客攜帶管制或限制輸入之行李物品，或有下列應申報事項者，應填寫「中華民國海關申報單」向海關申報，並經「紅線檯」通關：

1. 攜帶菸、酒逾免稅規定者。
2. 攜帶行李物品逾免稅規定者。
3. 攜帶超額貨幣現鈔、有價證券、黃金及其他有洗錢之虞物品者。
4. 攜帶超量或管制藥品者。
5. 攜帶水產品或動植物及其產品者。

6. 有不隨身行李者。
7. 其他不符合免稅規定或須申報事項或依規定不得免驗通關者。

(二)綠線通關(免申報檯)

未有上述情形之旅客,可免填寫申報單,持憑護照選擇「免申報檯」(即綠線檯)通關。依據「海關緝私條例第 9 條」規定,對經由綠線檯通關之旅客,海關因緝私必要,得對於旅客行李進行檢查。若有任何疑問,請走紅線檯向海關詢問。

二、菸酒免稅、應稅數量及裁罰規定

(一)免稅數量

年滿 20 歲之入境旅客,可攜帶酒類 1 公升,捲菸 200 支或雪茄 25 支或菸絲 1 磅。

(二)限量規定

酒類 5 公升(未開放進口之大陸地區酒類限量 1 公升),捲菸 5 條(1,000 支)或雪茄 125 支或菸絲 5 磅。

1. 主動向海關申報,得於扣除免稅數量後,於限量內予以徵稅放行。
2. 超逾限量規定,應取具菸酒進口業許可執照,並依關稅法第 17 條規定填具進口報單,以廠商名義報關進口。

(三)裁罰規定

超過免稅數量,未依規定向海關申報者,超過免稅數量之菸酒由海關沒入,並由海關分別按每條捲菸處新臺幣(以下同)1000 元、每磅菸絲處 3,000 元、每 25 支雪茄處 4,000 元或每公升酒處 2,000 元罰鍰。

三、其他行李物品免稅、應稅之範圍及數量

(一)免稅範圍

1. 以合於本人自用及家用者為限
   (1) 非屬管制進口,並已使用過之行李物品,其單件或一組之完稅價格在新臺幣 1 萬元以下者。
   (2) 免稅菸酒及上列以外之行李物品(管制品及菸酒除外),其完稅價格總值在新臺幣 2 萬元以下者。

2. 旅客攜帶貨樣，其完稅價格在新臺幣 1 萬 2,000 元以下者免稅。

備註：

(1) 旅客攜帶貨樣等貨物，其價值合於「入境旅客攜帶行李物品報驗稅放辦法」所規定限額者，視同行李物品，免辦輸入許可證，辦理徵、免稅放行。

(2) 貨樣之通關，應依據「廣告品及貨樣進口通關辦法」等相關規定辦理。

(3) 旅客如對所攜貨樣是否符合上述規定或有疑義時， 應經由紅線檯通關。

（二）應稅（應申報）規定

1. 應主動申報

行李物品範圍及價值超逾上開免稅規定者，均應主動向海關申報，超出部分應予課徵相關進口稅捐（下稱應稅）。

旅客攜帶貨樣通關，如總價值超逾新臺幣 1 萬 2,000 元者，應依關稅法第 17 條規定，以廠商名義填送進口報單，向海關報運進口，由海關就貨樣總價值予以徵稅；相關貨物進口報關及完稅提領程序，詳參「留關待辦」手續。

2. 應檢附輸入許可證

應稅行李物品之總價值超逾美幣(USD)2 萬元者，應向經濟部國際貿易局辦理簽證，持憑該局簽發之輸入許可文件向海關申報，始得攜帶入境。惟旅客攜帶供自用家用之「單件」行李物品，如屬於准許進口類者，免辦輸入許可文件。

（三）其他

1. 有明顯帶貨營利行為或經常出入境，係指於 30 日內入出境 2 次以上或半年內入出境 6 次以上（財政部，2021）且有違規紀錄之旅客，其所攜行李物品之數量及價值，得依規定折半計算。

2. 以過境方式入境之旅客，除因旅行必需隨身攜帶之自用衣物及其他日常生活用品得免稅攜帶外，其餘所攜帶之行李物品得依前項規定辦理稅放。

（四） 入境旅客攜帶之行李物品，超過自用之農畜水產品、菸酒、大陸地區物品、自用藥物及環境用藥或上列（二）、（三）限值及限量者，如已據實申報，應自入境之翌日起 2 個月內繳驗輸入許可證或將超逾限制範圍部分辦理退運或以書面聲明放棄，必要時得申請延長 1 個月，屆期不繳驗輸入許可證或辦理退運或聲明放棄者，依關稅法第 96 條規定處理。

★ 補充說明

一、洗錢防制物品

★ 新臺幣現鈔

入境旅客攜帶新臺幣以 10 萬元為限，旅客攜帶新臺幣超逾前開限額者，應主動向海關申報，惟超額部分，雖經申報仍應予退運。未申報者，其超過新臺幣 10 萬元部分沒入之；申報不實者，其超過申報部分沒入之。

★ 外幣（含港幣、澳門幣）現鈔

旅客攜帶外幣進入國境超過等值美幣 1 萬元者，應向海關申報；經申報之外幣可全數攜入。未申報者，其超過等值美幣 1 萬元部分沒入之；申報不實者，其超過申報部分沒入之。

★ 人民幣

攜帶人民幣入境逾 2 萬元者，應主動向海關申報；超過部分，自行封存於海關，出境時准予攜出。未申報者，其超過人民幣 2 萬元部分沒入之；申報不實者，其超過申報部分沒入之。

★ 有價證券（指無記名之旅行支票、其他支票、本票、匯票或得由持有人在本國或外國行使權利之其他有價證券）

攜帶有價證券入境總面額逾等值美幣 1 萬元者，應向海關申報。未依規定申報或申報不實者，處以相當於未申報或申報不實之有價證券價額之罰鍰。

★ 黃金

攜帶黃金價值逾美幣 2 萬元者，應向經濟部國際貿易局申請輸入許可證，並向海關辦理報關驗放手續。未申報或申報不實者，處以相當於未申報或申報不實之黃金價額之罰鍰。

★ 其他有洗錢之虞之物品

攜帶總價值逾等值新臺幣 50 萬元，且超越自用目的之鑽石、寶石及白金者，應向海關申報。未申報或申報不實者，處以相當於未申報或申報不實之物品價額之罰鍰。若總價值逾美幣 2 萬元者，應向貿易局申請輸入許可證，並向海關辦理報關驗放手續。

二、藥品

1. 旅客或隨交通工具服務人員攜帶自用之藥物，不得供非自用之用途。藥品成分含保育類物種者，應先取得主管機關（農委會）同意始可攜帶入境。我國以處方藥管理之藥品，如國外係以非處方藥管理者，適用非處方藥之限量規定。
2. 旅客或隨交通工具服務人員攜帶之管制藥品，須憑醫療院所之醫師處方箋（或出具之證明文件），其攜帶量不得超過該醫療證明開立之合理用量，且以 6 個月用量為限 。
3. 西藥：
   (1) 非處方藥：每種至多 12 瓶（盒、罐、條、支），合計以不超過 36 瓶（盒、罐、條、支）為限。
   (2) 處方藥：未攜帶醫師處方箋（或證明文件），以 2 個月用量為限。處方藥攜帶醫師處方箋（或證明文件）者，不得超過處方箋（或證明文件）開立之合理用量，且以 6 個月用量為限。
4. 錠狀、膠囊狀食品每種至多 12 瓶（盒、罐、條、支），合計以不超過 36 瓶（盒、罐、條、支）為限。
5. 中藥材及中藥製劑：
   (1) 中藥材：每種至多 1 公斤，合計不得超過 12 種。
   (2) 中藥製劑（藥品）：每種 12 瓶（盒），惟總數不得逾 36 瓶（盒）。
   (3) 於前述限量外攜帶之中藥材及中藥製劑（藥品），應檢附醫療證明文件（如醫師診斷證明），且不逾 3 個月用量為限。
6. 隱形眼鏡：單一度數 60 片，惟每人以單一品牌及二種度數為限。
7. 自用藥物限量表所定之產品種類：瓶（盒、罐、條、支、包、袋）等均以「原包裝」為限。
8. 自用藥物之品名及限量請參考自用藥物限量表、環境用藥限量表及動物用藥限量表。
9. 輸入許可申請或病人隨身攜帶管制藥品入境出境中華民國證明書申請，請洽詢衛生福利部食品藥物管理署。

三、農畜水產品及大陸地區物品限量

1. 農畜水產品類 6 公斤，食米、熟花生、熟蒜頭、乾金針、乾香菇、茶葉各不得超過 1 公斤。

2. 大陸地區之干貝、鮑魚乾、燕窩、魚翅各限量 1.2 公斤，罐頭限量各 6 罐。
3. 禁止攜帶活動物及其產品、活植物及其生鮮產品、新鮮水果。但符合動物傳染病防治條例規定之犬、貓、兔及動物產品，經乾燥、加工調製之水產品及符合植物防疫檢疫法規定者，不在此限。
4. 為防範非洲豬瘟，保護臺灣豬隻健康，旅客違規攜帶肉製品（含真空包裝）入境，依據動物傳染病防治條例第 45 之 1 條修正案規定，將處新臺幣 1 萬元以上 100 萬元以下罰鍰。疫情資訊，參考防檢局網頁非洲豬瘟專區及旅客入出境檢疫專區。

四、不隨身行李物品

1. 不隨身行李物品應在入境時即於「中華民國海關申報單」上報明件數及主要品目，並應自入境之翌日起 6 個月內進口。
2. 違反上述進口期限或入境時未報明有後送行李者，除有正當理由（例如船期延誤）經海關核可者外，其進口通關按一般進口貨物處理。該行李進口時視同一般貨物進口，不得享有旅客自用家用行李物品新臺幣 2 萬元之免稅額度。
3. 行李物品應於裝載行李之運輸工具進口日之翌日起 15 日內報關，逾限未報關者依關稅法第 73 條之規定辦理。
4. 旅客之不隨身行李物品進口時，應由旅客本人或以委託書委託代理人或報關業者填具進口報單向海關申報。

五、禁止攜帶物品

1. 毒品危害防制條例所列毒品（如海洛因、嗎啡、鴉片、古柯鹼、大麻、安非他命等）。
2. 槍砲彈藥刀械管制條例所列槍砲（如獵槍、空氣槍、魚 槍等）、彈藥（如砲彈、子彈、炸彈、爆裂物等）及刀械。
3. 野生動物之活體及保育類野生動植物及其產製品，未經行政院農業委員會之許可，不得進口；屬 CITES 列管者，並需檢附 CITES 許可證，向海關申報查驗。瀕臨絕種野生動植物國際貿易公約（Convention on International Trade in Endangered Species of Wild Fauna and Flora，縮寫：CITES）。
4. 侵害專利權、商標權及著作權之物品。
5. 偽造或變造之貨幣、有價證券及印製偽幣印模。

6. 所有非醫師處方或非醫療性之管制物品及藥物。
7. 其他法律規定不得進口或禁止輸入之物品。

六、應施檢驗商品

1. 常見應施檢驗商品：資訊設備（筆記型電腦、平板電腦、桌上型電腦）、家電或影音設備（電視、音響、吹風機、吸塵器、燈具）、幼兒產品（兒童用自行車、手推嬰幼兒車、嬰幼兒服裝）、防護用頭盔或玩具…等。欲查詢是否屬應檢驗商品，請至經濟部標準檢驗局（以下稱標檢局）「應施檢驗商品檢索網」查詢。
2. 旅客隨身攜帶合於免驗規定之商品者，海關逕予放行，惟以非銷售自用、商業樣品、展覽品或研發測試用途為限；超出免驗金額數量或非屬前述用途者，則需向標檢局申請檢驗。

七、特別注意事項

1. 切勿替他人攜帶物品：若所攜帶的物品是禁止、管制或需繳稅物品，旅客必須為這些物品負責。
2. 攜帶錄音帶、錄影帶、唱片、影音光碟及電腦軟體、八釐米影片、書刊文件等著作重製物入境者，每一著作以 1 份為限。
3. 紅綠線檯通關檢查：入境旅客必須自行決定應該使用哪個通道通關，選擇綠線檯將被視為未攜帶任何須申報物品。入出境旅客如對攜帶之行李物品應否申報無法確定時，請於通關前向海關關員洽詢，以免觸犯法令規定。
4. 入境行李檢查：旅客自行打開行李供海關檢查，並在檢查完後收拾行李。
5. 毒品、槍械、彈藥、保育類野生動物及其產製品，禁止攜帶入出境，違反規定經查獲者，將依「毒品危害防制條例」、「槍砲彈藥刀械管制條例」、「野生動物保育法」、「海關緝私條例」等相關規定懲處。

★ 服務時間：24 小時通關

12-1-3 旅客自行辦理後送行李通關

★ 入境旅客如有後送行李，請先向海關申報登記並自紅線檯通關

1. 何謂後送行李
   (1) 入境旅客如有行李不隨其所搭乘之飛機載運進口者，稱為不隨身或後送行李。
   (2) 後送行李應自旅客入境翌日起 6 個月內裝運進口，並於後送行李進口日之翌日起 15 日內向海關申報。

2. 剛下飛機的旅客，如欲辦理提領後送行李應注意事項。
   入境旅客如有後送行李，請填具「中華民國海關申報單」向海關申報，並經由紅線檯（應申報）通關。

3. 後送行李抵達之後，申報提領事項。
   (1) 後送行李抵達我國，航空公司將會通知旅客前往領取提貨單正本，旅客須憑此提貨單正本向海關辦理報關，旅客按照下列步驟辦理通關：
      a. 旅客出發領取提貨單正本。
      b. 航空公司通知收貨人（通常為本人）領取提貨單所需文件。
      c. 報後送行李者，尚需攜帶收貨人之護照、發票及行李裝箱單。
      d. 如為受委託代理朋友親人提領者，請攜帶委託人之護照及相關文件及印章（印章乃為填寫委託書之用，委託書於民航局網站「申請書表下載」）。

12-2 出境通關作業（財政部關務署臺北關，2021b）

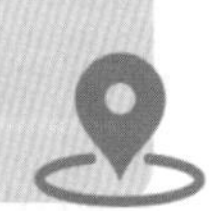

全球各地區國家採取邊境管制及入境後檢疫措施以因應 COVID-19 疫情。外交部彙整「世界各國因應 COVID-19 疫情相關措施一覽表」，是依據世界各國規定更新，因國際入出境規定依據疫情狀況時有變動，疫情期間應避免不必要之國際旅行。

外交部領事事務局，世界各國因應 COVID-19 疫情相關措施一覽表，2022，

https://www.boca.gov.tw/cp-56-5248-791bd-1.html

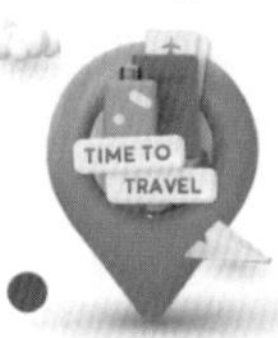

★ 出國前小叮嚀（以出國當日起，需有效期 6 個月以上）

1. 檢查護照效期。
2. 確認機票行程內容無誤。
3. 辦妥簽證（含過境或轉機）。
4. 辦理旅遊平安保險。
5. 個人必備藥品。
6. 出國旅遊切勿提領不明行李或受不明人士委託攜帶物品。
7. 查看外交部國外旅遊安全相關訊息。

12-2-1 出境報關須知

108 年 6 月 6 日

1. 申報

出境旅客如有下列情形之一者，應向海關報明：

(1) 攜帶超額新臺幣、外幣現鈔、人民幣、有價證券（指無記名之旅行支票、其他支票、本票、匯票、或得由持有人在本國或外國行使權利之其他有價證券）、黃金及其他有洗錢之虞之物品（總價值逾等值新臺幣 50 萬元，且超越自用目的之鑽石、寶石及白金）者。

(2) 攜帶貨樣或其他隨身自用物品（如：個人電腦、專業用攝影、照相器材等），其價值逾免稅限額且日後預備再由國外帶回者。

(3) 旅客隨身攜帶非屬樣品出口（特殊物品通關）。

2. 洗錢防制物品

幣值	上限
新臺幣現鈔	出境旅客攜帶新臺幣以 10 萬元為限，旅客攜帶新臺幣超逾前開限額者，應主動向海關申報，惟超額部分，雖經申報仍不准攜出。未申報者，其超過新臺幣 10 萬元部分沒入之；申報不實者，其超過申報部分沒入之。
外幣（含港、澳門幣）	超過等值美幣 1 萬元現金者，應向海關登記；未經申報，其超過等值美幣 1 萬元部分沒入之；申報不實者，其超過申報部分沒入之。

幣值	上限
人民幣	2 萬元為限。如所帶之人民幣超過限額時，雖向海關申報，仍僅能於限額內攜出；出境時未申報，其超過人民幣 2 萬元部分沒入之；申報不實者，其超過申報部分沒入之。
有價證券	總面額逾等值 1 萬美元者，應向海關申報。未依規定申報或申報不實者，科以相當於未申報或申報不實之有價證券價額之罰鍰。
黃金	攜帶黃金價值逾美幣 2 萬元者，應向經濟部國際貿易局（以下稱貿易局）申請輸出許可證，並向海關辦理報關驗放手續。未申報或申報不實者，處以相當於未申報或申報不實之黃金價額之罰鍰。
其他有洗錢之虞之物品	攜帶總價值逾等值新臺幣 50 萬元，且超越自用目的之鑽石、寶石及白金者，應向海關申報。未申報或申報不實者，處以相當於未申報或申報不實之物品價額之罰鍰。若總價值逾美幣 2 萬元者，應向貿易局申請輸出許可證，並辦理報關驗放手續。

註：有價證券（指無記名之旅行支票、其他支票、本票、匯票，或得由持有人在本國或外國行使權利之其他有價證券）。

3. 出口限額

出境旅客及過境旅客攜帶自用行李以外之物品，如非屬經濟部國際貿易局公告之「限制輸出貨品表」之物品，其價值以美幣 2 萬元為限，超過限額或屬該「限制輸出貨品表」內之物品者，須繳驗輸出許可證始准出口。

4. 禁止攜帶物品

(1) 未經合法授權之翻製書籍、錄音帶、錄影帶、影音光碟及電腦軟體。

(2) 文化資產保存法所規定之古物等。

(3) 槍砲彈藥刀械管制條例所列槍砲（如獵槍、空氣槍、魚槍等）、彈藥（如砲彈、子彈、炸彈、爆裂物等）及刀械。

(4) 偽造或變造之貨幣、有價證券及印製偽幣印模。

(5) 毒品危害防制條例所列毒品（如海洛因、嗎啡鴉片、古柯鹼、大麻、安非他命等）。

(6) 野生動物之活體及保育類野生動植物及其產製品，未經行政院農業委員會之許可，不得出口；屬 CITES 列管者，並需檢附 CITES 許可證，向海關申報查驗。

(7) 其他法律規定不得出口或禁止輸出之物品。

5. 其他出境相關規定

(1) 攜帶物品上飛機之規定，查詢航空警察局網站。

(2) 提醒您！需事先注意配合入境國家之入境規定，以免受罰。其他國家入境相關規定，請參考外交部領事事務局網站；中國大陸入境相關規定，請參考海峽交流基金會網站。

(3) 機場捷運 A1 車站海關服務檯，辦理以託運方式攜帶物品出境通關業務。

12-2-2 旅客搭機隨身與托運行李攜帶物品注意事項危險品須知

所有國家和地區的法律均禁止在托運或手提行李之內運載危險物品，因這些物品會對航機構成危險。

一、禁運品

飛機的安全起見，乘客的隨身行李或託運行李嚴格禁止攜帶下列物品：

1. 壓縮氣體：如自衛噴霧、罐裝瓦斯、潛水用氧氣瓶、噴漆、殺蟲劑、丁烷、丙烷、氫、乙炔、氧氣瓶、液化氮等。
2. 腐蝕物（劑）：如強酸、強鹼、水銀及含水銀器具、鉛酸電池、濕電池等。
3. 爆裂物：各類槍械彈藥、煙火、爆竹、照明彈等。
4. 易燃物品：如汽柴油等燃料油、煤油（含煤油暖爐）、打火機燃料、防風（雪茄）打火機、火柴、油漆、稀釋劑、點火器及相關可燃固體等。
5. 放射性物品。
6. 具防盜裝置之公事包或小型手提箱。
7. 氧化物品：例如漂白劑（水、粉）、工業用雙氧水等。
8. 毒物（劑）及傳染物：如砒霜、殺蟲劑、除草劑、活性濾過性病毒等。
9. 其他違禁品：如石綿、磁性物質（磁鐵）、具攻擊性或刺激性之物品（如：催淚瓦斯、防身／防狼噴霧器、電擊棒及電擊槍等）。

二、其他注意事項

美國運輸安全管理局嚴格規定，前往美國或自美國出發的旅客禁止隨身攜帶任何型態的打火機登機或置放於託運行李中。香港、澳門地區將**電擊棒**、**瓦斯噴霧器**、**伸縮警棍**等列為絕對禁止攜帶之管制品，無論隨身或置於託運行李，一經查獲，將遭到當地海關檢控。

關於鋰電池之攜帶，攜帶備用鋰電池及行動電源（充電寶／移動電源）的限制，備用電池須個別保護避免短路，如放置於電池保護盒，或於電極上貼上絕緣膠帶或個別放入塑膠保護袋中。

三、不可放置於託運行李中

無須經航空公司同意之項目：做為個人使用之可攜式電子裝置，如手錶、計算機、照相機、手機、手提電腦及錄影機等。須經航空公司同意，備用鋰離子電池超過 100 瓦特－小時但不超過 160 瓦特－小時，每個人最多可於手提行李中攜帶兩個備用電池上機。

四、物品內含鋰電池，每個電池必須符合聯合國測試和標準手冊之每項試驗要求。

1. 裝有鋰電池之輪椅或其他電動行動輔助裝置。
2. 具有保全裝置之設備。
3. 可攜式電子醫療設備。

五、含有鉛酸電池的產品

建議請勿攜帶或託運任何使用鉛酸電池為電力之產品，在經過機場安全檢查時有很高的可能性被阻擋（例：含有鉛酸電池之充電式 LED 燈、手電筒及電蚊拍等）。攜帶任何以鉛酸電池為動力來源之醫療器材，請事先聯繫航空公司。

六、基於飛安理由，乘客在隨身行李中不允許攜帶下列物品。為了盡量減少不便，建議您將其放置於託運行李中：

1. 各種刀具（包括獵刀、劍和小折刀）。
2. 剪刀和當地法律視為非法的其他任何銳利／帶刃物品（例如：冰鋤、指甲剪）。
3. 武器，例如：鞭子、雙節棍、警棍或眩暈槍。
4. 玩具槍／槍型物品或類似品，手銬。
5. 運動設備，例如：棒球／板球拍、高爾夫球棒、曲棍球棒、撞球桿。
6. 帶有蓄電池的設備。
7. 煙霧劑（髮膠、香水、含酒精藥品），每件不超過 0.5 公斤／升，總重量不超過 2.0 公斤／升，與當地法律認定會危害安全的其他物品。

★ 其他有影響飛航安全之虞不得攜帶進入航空器之物品名稱

以下物品因有影響飛航安全之虞，不得放置於手提行李或隨身攜帶進入航空器，應放置於託運行李內交由航空公司託運：

類別	說明
刀類	如各種水果刀、剪刀、菜刀、西瓜刀、生魚片刀、開山刀、鐮刀、美工刀、牛排刀、折疊刀、手術刀、瑞士刀等具有切割功能之器具等〔不含塑膠安全（圓頭）剪刀及圓頭之奶油餐刀〕。
尖銳物品類	如弓箭、大型魚鉤、長度超過五公分之金屬釘、飛鏢、金屬毛線針、釘槍、醫療注射針頭[註1]等具有穿刺功能之器具。
棍棒、工具及農具類	各種材質之棍棒、鋤頭、鎚子、斧頭、螺絲起子、金屬耙、錐子、鋸子、鑿子、冰鑿、鐵鍊、厚度超過 0.5 毫米之金屬尺、攝影（相）機腳架（管徑 1 公分以上、可伸縮且其收合後高度超過 25 公分以上者）及金屬游標卡尺等可做為敲擊、穿刺之器具。
槍械類	各種材質之玩具槍及經槍砲彈藥管制條例與警械許可定製售賣持有管理辦法之主管機關許可運輸之槍砲、刀械、警棍、警銬、電擊器（棒）[註2]等。
運動用品類	如棒球棒、高爾夫球桿、曲棍球棍、板球球板、撞球桿、滑板、愛斯基摩划艇和獨木舟划槳、冰球球桿、釣魚竿、強力彈弓、觀賞用寶劍、雙節棍、護身棒、冰（釘）鞋等可能轉變為攻擊性武器之物品。
液狀、膠狀及噴霧物品類	1. 搭乘國際線航班之旅客，手提行李或隨身攜帶上機之液體、膠狀及噴霧類物品容器，不得超過 100 毫升，並須裝於一個不超過 1 公升（20×20 公分）大小且可重複密封之透明塑膠夾鍊袋內，所有容器裝於塑膠夾鍊袋內時，塑膠夾鍊袋須可完全密封，且每位旅客限帶一個透明塑膠夾鍊袋，不符合前揭規定者，應放置於託運行李內。 2. 旅客攜帶旅行中所必要但未符合前述限量規定之嬰兒牛奶（食品）、藥物、糖尿病或其他醫療所須之液體、膠狀及噴霧類物品，應於機場安檢線向內政部警政署航空警察局安全檢查人員申報，並於獲得同意後，始得放於手提行李或隨身攜帶上機。
其他類	其他經人為操作可能影響飛航安全之物品。

註 1：因醫療需要須於航程中使用之注射針頭，由乘客於機場安檢線向內政部警政署航空警察局安檢人員提出申報並經同意攜帶上機者不在此限。

註 2：含有爆裂物、高壓氣體或鋰電池等危險物品之電擊器（棒）等，不得隨身攜帶或放置於手提及託運行李內。

註 3：本公告係以中文版本為依法公告內容，英文版本僅為輔助參考用。

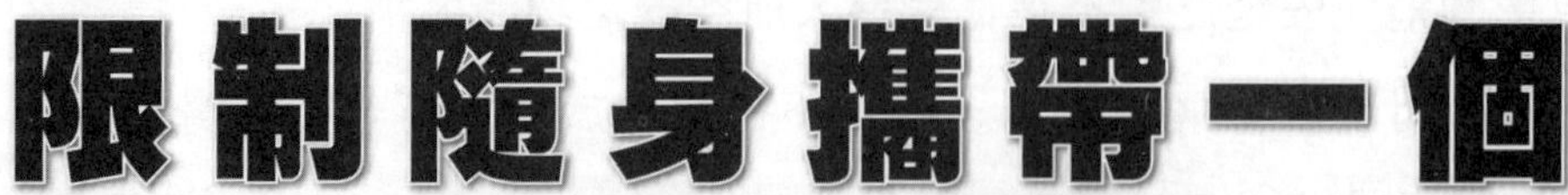

⚠ 禁止放置於手提或託運行李內。

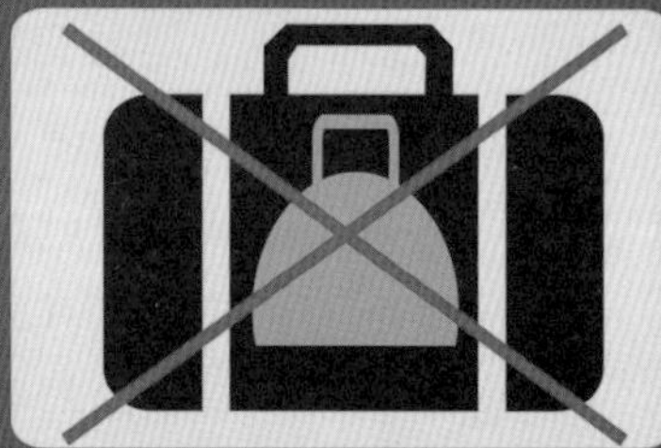

● 每人限帶1盒安全火柴或1個香煙打火機，無法被吸收之液體燃料打火機不得攜帶。

(One small packet safety matches or a cigarette lighter that does not contain unabsorbed liquid fuel is permitted when carried on one's person.)

禁止隨身攜帶或置於手提、託運行李內

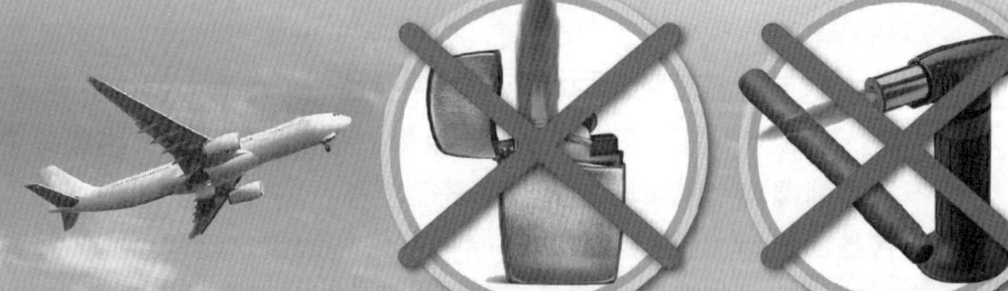

● 打火機燃料、打火機燃料填充罐、防風（雪茄）打火機及非安全火柴，均不得隨身攜帶，也不得作為手提或託運行李。

(Lighter fuel, Lighter refills, "Strike anywhere" matches and "Blue flame" or "Cigar" lighters are forbidden on one's person or in checked or carry-on baggage.)

空運貨物內含打火機者應向航空公司申報

交通部民用航空局 內政部警政署航空警察局

2011.04

● 圖 12-1　不得攜帶的空運貨物

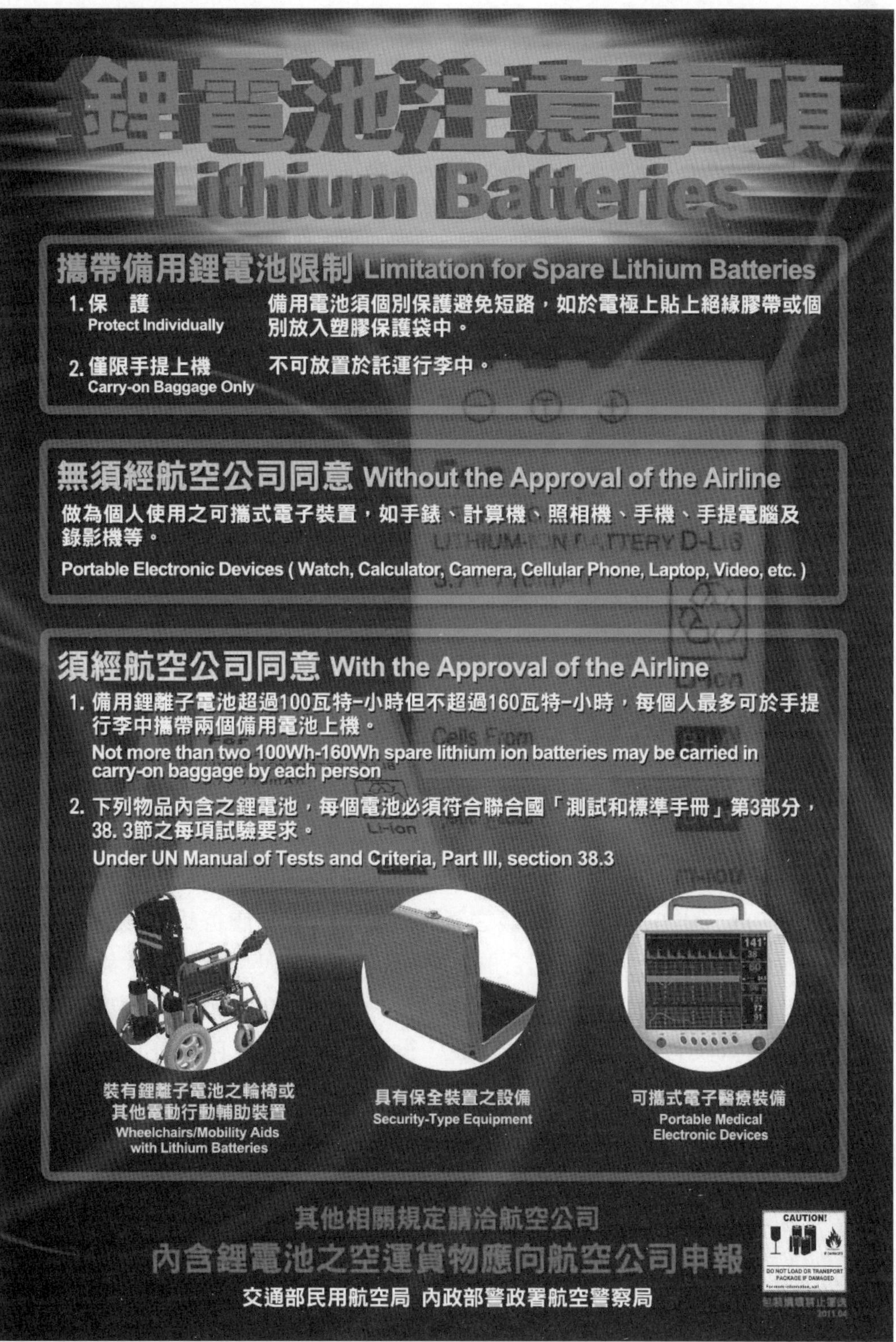
鋰電池注意事項
Lithium Batteries
攜帶備用鋰電池限制 Limitation for Spare Lithium Batteries
1. 保　護 Protect Individually
備用電池須個別保護避免短路，如於電極上貼上絕緣膠帶或個別放入塑膠保護袋中。
2. 僅限手提上機 Carry-on Baggage Only
不可放置於託運行李中。
無須經航空公司同意 Without the Approval of the Airline
做為個人使用之可攜式電子裝置，如手錶、計算機、照相機、手機、手提電腦及錄影機等。
Portable Electronic Devices (Watch, Calculator, Camera, Cellular Phone, Laptop, Video, etc.)
須經航空公司同意 With the Approval of the Airline
1. 備用鋰離子電池超過100瓦特-小時但不超過160瓦特-小時，每個人最多可於手提行李中攜帶兩個備用電池上機。
Not more than two 100Wh-160Wh spare lithium ion batteries may be carried in carry-on baggage by each person
2. 下列物品內含之鋰電池，每個電池必須符合聯合國「測試和標準手冊」第3部分，38. 3節之每項試驗要求。
Under UN Manual of Tests and Criteria, Part III, section 38.3
裝有鋰離子電池之輪椅或其他電動行動輔助裝置
Wheelchairs/Mobility Aids with Lithium Batteries
具有保全裝置之設備
Security-Type Equipment
可攜式電子醫療裝備
Portable Medical Electronic Devices
其他相關規定請洽航空公司
內含鋰電池之空運貨物應向航空公司申報
交通部民用航空局 內政部警政署航空警察局
CAUTION!
DO NOT LOAD OR TRANSPORT PACKAGE IF DAMAGED

● 圖 12-2　鋰電池海報

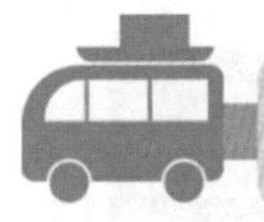

12-3　辦理護照規定

外交部領事事務局，申請護照須知，首次申請普通護照（即第 1 次申請普通護照，以前未曾申辦過）必須本人親自至領事事務局或外交部中、南、東部或雲嘉南辦事處辦理；或向全國任一戶所辦理人別確認後，始得委任代理人續辦護照。

12-3-1　申請普通護照／特殊年齡及身分（110 年 2 月 1 日）

一、一般人民（年滿 14 歲或未滿 14 歲已請領身分證）

1. 身分證正本及正、反面影本各乙份。
2. 白底彩色照片 2 張。
3. 18 歲以下者須備父或母或監護人之身分證正本及正、反面影本各乙份。

二、未滿 14 歲且未請領身分證

1. 含詳細記事之戶口名簿正本並附繳影本乙份或最近 3 個月內戶籍謄本正、影本乙份。
2. 白底彩色照片 2 張。
3. 父或母或監護人之身分證正本及正、反面影本各乙份（註 1）。

三、尚未履行兵役義務男子 19-36 歲

年齡屆 19 歲之年 1.1 起至 36 歲之年 12.31 止，尚未履行兵役義務之具我國國籍在臺灣地區曾設有戶籍男子。配合國內役男申辦護照與兵役管制脫鉤，自 108 年 4 月 29 日起，役男護照效期將與一般民眾相同，均為 10 年，且護照亦不再加蓋兵役管制章戳，惟依役男出境管理辦法規定，役男出境應事先申請許可。

1. 役男申請短期出境請至內政部役政署網站申請出國核准後，再行出國。
2. 國內在學役男出境，雙聯學制、交換學生或出國研究、進修等，請向國內就讀學校申請出國。
3. 出境就學、居住未滿 1 年之僑民役男及歸化我國國籍者、大陸、香港、澳門地區來臺設籍未滿 1 年之役男，請至內政部移民署各縣市服務站申請出境核准。

現役役男應向服役（勤）單位申請出境核准後，再行出國。已退伍（役）、免役或免除兵役義務者，出國不須申請核准程序，但退伍後短期內要出境，請務必攜帶相關證明文件正本，以備國境人員查驗。

四、國軍人員

1. 身分證正本及正、反面影本各乙份。
2. 白底彩色照片 2 張。
3. 軍人身分證正本及正、反面影本各乙份。
4. 未婚且未滿 18 歲者須父或母或監護人之身分證正本及正、反面影本各乙份（註 1）。

五、僑民（具僑居身分）

1. 身分證正本及正、反面影本各乙份。
2. 白底彩色照片 2 張。
3. 未婚且未滿 18 歲者須父或母或監護人之身分證正本及正、反面影本各乙份（註 1）。
4. 僑居地永久（長期）居留證明文件。
5. 未逾期護照。

六、在臺無戶籍

1. 白底彩色照片 2 張。
2. 具有我國籍之證明文件。
3. 未逾期護照。
4. 未婚且未滿 18 歲者須父或母或監護人之身分證正本及正、反面影本各乙份。

七、歸化取得國籍，尚未設籍定居

1. 居留證件正本及影本。
2. 白底彩色照片 2 張。
3. 未婚且未滿 18 歲者須父或母或監護人之身分證正本及正、反面影本各乙份（註 1）。

八、喪失國籍，尚未取得他國國籍

1. 喪失國籍證明。
2. 白底彩色照片 2 張。
3. 足資證明其尚未取得外國國籍之相關文件（如：擬取得國籍之當地國居留證明（如外僑居留證等）或前往該國持用之簽證）。

註 1：未婚且未滿 18 歲之未成年人及受監護宣告之人申請護照，應先經父或母或監護人在申請書背面簽名表示同意，除黏貼簽名人國民身分證影本外，並應繳驗國民身分證正本。倘父母離婚或為受監護宣告人之監護人，父或母或監護人請提供有權行使、負擔未成年人權利、義務之證明文件正本（如含詳細記事之戶口名簿或三個月內保留完整記事欄之戶籍謄本）及國民身分證正本。

12-3-2 補發（遺失）護照及汙損換發申請說明

一、遺失未逾效期護照申請補發手續及所需文件

（一）國內遺失

1. 「護照遺失申報表」正本。
2. 申請護照應備文件。

（二）國外遺失（向鄰近駐外館處申請補發）

1. 當地警察機關遺失報案證明文件。
2. 申請護照應備文件（當地警察機關尚未發給或不發給遺失報案證明，得以遺失護照說明書代替）。

（三）國外遺失（返國申請補發）

1. 入國證明書正本。
2. 附記核發事由為「遺失護照」之入國許可證副本或已辦理戶籍遷入登錄之戶籍謄本正本。
3. 申請護照應備文件。

（四）中國大陸地區（含香港、澳門地區）遺失（在香港或澳門申請補發）

1. 當地警察機關遺失報案證明文件。
2. 申請護照應備文件（請洽香港事務局服務組或澳門事務處服務組）。

（五）中國大陸地區（含香港、澳門地區）遺失（返國申請補發）

1. 香港事務局服務組或澳門事務處服務組核發之入國證明書正本。
2. 附記核發事由為「遺失護照」之入國許可證副本，或已辦理戶籍遷入登記之戶籍謄本正本。
3. 申請護照應備文件。

★ 未持有國外警察機關報案證明，也未向我駐外館處申辦護照遺失手續者，須憑附記核發事由為「遺失護照」之入國許可證副本，連同申請護照所需相關文件（請閱「申請普通護照說明書」）申請補發。倘遺失入國許可證副本者，須向移民署申請補發後再行申請護照。

★ 注意事項

如遺失護照已逾效期，無需檢具警察機關報案證明。

補發之護照效期以 5 年為限；但未滿 14 歲、接近役齡及役男遺失護照，補發之護照效期以 3 年為限。

最近十年內以護照遺失、滅失為由申請護照，達 2 次以上者，領事事務局或外交部各辦事處或駐外館處得約談當事人及延長其審核期間至 6 個月，並縮短其效期為 1 年 6 個月以上 3 年以下。

自 100 年 5 月 22 日起，護照經申報遺失後尋獲者，該護照仍視為遺失，不得申請撤案，亦不得再使用。惟倘持前項護照申請補發者，得依原護照所餘效期補發，如所餘效期不足 5 年，則發給 5 年效期之護照，但未滿 14 歲、接近役齡及役男原護照所餘效期不足 3 年，則發給 3 年效期之護照。

工作天數：在國內遺失補發為 5 個工作天（自繳費之次半日起算），在國外請逕洽駐外館處。

★ 出國旅遊請注意自身安全並妥善保管護照。將護照交付他人或謊報遺失以供他人冒名使用者，處 5 年以下有期徒刑、拘役或科或併科新臺幣 50 萬元以下罰金。（外交部，2021）

二、護照汙損換發注意事項

護照汙損不堪使用（含汙損、毀損護照、於護照增刪塗改或加蓋圖戳），應申請換發，領務局或外交部四辦或駐外館處視情得約談申請人及延長其審核期間至 2 個月，最長至 6 個月，並得縮短其效期為 1 年 6 個月以上 3 年以下。

12-3-3 國內－護照規費及加收速件處理費說明書

一、護照規費

護照規費為每本新臺幣 1,300 元。但未滿 14 歲者因護照效期縮減，每本收費新臺幣 900 元。

二、作業時程

1. 一般申請新照及換發案件，於受理後 4 個工作天（不含例假日）領取。（例如星期一上午受理，星期五上午可領取）
2. 遺失申請補發案件，於受理後 5 個工作天（不含例假日）領取，但若為多次遺失，本局依法得再延長審核期間。

三、申辦護照倘要求加速處理者，應加收速件處理費，其收費金額及工作天數

1. 提前 1 個工作日製發者，加收新臺幣 300 元（提前時間未滿 1 個工作日者，以 1 個工作日計）。
2. 提前 2 個工作日製發者，加收新臺幣 600 元。
3. 提前 3 個工作日製發者，加收新臺幣 900 元。

四、護照申請案已經本局受理並開立收據進入流程後，申請人事後復再要求提前製發者，其速件處理收費方式及工作天數

1. 原係申請一般案件者，應繳交新臺幣 900 元，並自繳費後起算 1 個工作日後領件。
2. 已申請速件處理者，得以補繳差額方式要求再提前辦理，惟以補足新臺幣 900 元為限，並自補足差額後起算於 1 個工作日後領件。
3. 護照遺失補發案件，倘要求加速處理，於加收速件費用 900 元後，2 個工作日後領件。

12-3-4 國人加持第二本護照相關規定

外交部領事事務局(2021)為協助國內業者爭取國際商機，外交部除積極爭取各國對我國人免簽證及落地簽證待遇外，另並考量我國際處境特殊，國人赴他國大多需要申辦簽證，且屢有國人陳情及工商團體建議，企業人士因商務需要經常出國，

由於辦理各國簽證均須繳交護照正本，過程冗長，目前一人一照實無法滿足緊湊行程，致延誤商機，爰請開放國人因特殊需要得加持第二本普通護照以因應頻繁出國申請各國簽證之用。外交部基於為民服務考量，經審慎研議並與警政及境管等相關機關協商後，訂定加持普通護照相關配套措施，並自 98 年 10 月 26 日起正式實施。

依據護照條例第 18 條規定：「非因特殊理由，並經主管機關核准者，持照人不得同時持用超過一本之護照。」故對於有特殊情況之國人，外交部依法有許可持照人得加持另一本護照之權限；另為兼顧便民及護照安全管理，參考美國及澳大利亞等國家之作法，經核准加持之第二本普通護照效期為一年六個月；申請者限為在臺設有戶籍國民並須符合下列情況之一：

1. 因商務需要同時趕辦多個國家簽證，或在申辦簽證期間另需護照緊急出國處理商務；
2. 現持護照內頁有特定國家之簽證或入出境章戳，致申請擬赴國家之簽證或入境該國可能遭拒絕情形，或擬赴國家因敵對因素，致先赴其中一國再赴另一國可能遭拒絕入境情形；
3. 因緊急事由或其他不可抗力原因，經外交部認定確有加持必要。

符合資格之申請人原則上應檢具相關應備文件親至外交部領事事務局或外交部中部、南部、東部或雲嘉南辦事處服務櫃臺提出申請，於 5 個工作天後發照。若急需護照可繳交速件處理費申請速件處理，最快可於 2 個工作天後發照。

核准加持之第二本普通護照持照人基本資料與原持護照相同，對我國護照管理及入出境管制而言，均無造成疏漏顧慮。惟為避免持照人申請簽證及國外通關時產生問題，外交部提醒持照人注意，入出同一國家應使用同一本護照，切勿交替持用不同護照入出境以免造成通關困擾；另在申請各國簽證時，亦請事先向簽證核發機構洽詢相關規定。

12-3-5 申請加持第二本普通護照送件須知

105 年 1 月 1 日施行

一、法令依據：護照條例第十八條。

二、適用對象：符合下列情形之一之在臺設有戶籍國民：

(一) 商務需要：因商務需要同時趕辦多個國家簽證，或在申辦簽證期間另需護照緊急出國處理商務。

(二) 國際政治因素：

1. 現持護照內頁有特定國家之簽證或入出境章戳，致申請擬赴國家之簽證或入境該國可能遭拒絕情形。
2. 擬赴國家因敵對因素，致先赴其中一國再赴另一國可能遭拒絕入境情形。

(三) 因緊急事由或其他不可抗力原因，經外交部認定確有加持必要。

三、應備文件：

(一) 因商務需要者：

1. 加持第二本普通護照申請書。
2. 現持有效之普通護照。但現持護照刻正申辦簽證無法繳交，則應繳交申辦簽證之收據或證明文件。
3. 國內合法登記商號之公司登記證明文件、商業登記證明文件或列印公開於主管機關網站之登記資料。
4. 國內合法登記公司商號出具之證明函。
5. 行程說明書。
6. 航空（船舶）公司之機（船）票或訂位證明文件。
7. 其他申辦護照之應備文件。

(二) 因國際政治因素者：

1. 加持第二本普通護照申請書。
2. 現持有效之普通護照。但現持護照刻正申辦簽證無法繳交，則應繳交申辦簽證之收據或證明文件；以第二點第二款第一目所定情形申請者，應併附該照有特定國家之簽證或入出境章戳之內頁影本。
3. 行程說明書。
4. 航空（船舶）公司之機（船）票或訂位證明文件。
5. 其他申辦護照之應備文件。

(三) 因緊急事由或其他不可抗力原因者：

1. 加持第二本普通護照申請書。
2. 現持有效之普通護照。但現持護照刻正申辦簽證無法繳交，則應繳交申辦簽證之收據或證明文件。
3. 緊急事由或其他不可抗力原因之證明文件或說明書。
4. 其他申辦護照之應備文件。

四、申請程序：

申請人在國內應親至外交部領事事務局或外交部各辦事處申請；在國外應親至駐外館處申請。但有特殊原因經上述受理單位核准者，得委任代理人代為申請。

五、護照效期、規費及核發工作天數：

(一) 經核准加持之普通護照效期以一年六個月為限。

(二) 加持之普通護照應徵收之規費及速件處理費均依一般普通護照相關規定辦理。

(三) 國內申請案件工作天數為五個工作天（最速件為二個工作天）。

六、使用加持護照注意事項：

(一) 加持護照之持照人基本資料應與原持護照一致。

(二) 入出同一國家應持同一本護照。在國外旅行，請勿以不同護照入出同一國家，以免造成通關困擾。

(三) 加持之護照效期屆滿或遺失，不得換發或補發。倘有需要再加持，應重新申請。

(四) 在國內外遺失加持之護照，均應向遺失當地之國內外警察機關報案遺失。

(五) 使用加持護照申請他國簽證時，宜事先向簽證核發機構洽詢相關規定事項。

七、申請處所之地址、電話、傳真、電子信箱及服務時間等資訊，請在外交部領事事務局網站（http://www.boca.gov.tw）「國內外申辦窗口」項下查詢。

12-3-6 解釋接近役齡男子、役男、國軍人員、後備軍人申請護照須知

1. 男子自 16 歲之當年元月 1 日起至屆滿 36 歲當年 12 月 31 日止（年次算），均為適用對象。

2. 持外國護照入國或在國外、大陸地區、香港、澳門之役男，不得在國內申請換發護照。但護照已加簽僑居身分者，不在此限。

3. 兵役身分之區分及應繳證件如下：

   (1) 「接近役齡」是指 16 歲之當年元月 1 日起，至屆滿 18 歲當年 12 月 31 日止；免附兵役證件。

   (2) 「役男」是指 19 歲之當年元月 1 日起，至屆滿 36 歲當年 12 月 31 日止；未附兵役證件者均為役男。

(3) 「服替代役役男、有戶籍僑民役男、替代備役」請檢附相關證明文件。如身分證。役別欄有載明役別者，免附。

(4) 「國民兵」檢附國民兵身分證明書、待訓國民兵證明書正本或丙等體位證明書（驗畢退還）。如身分證役別欄有載明役別者，免附。

(5) 「免役」者檢附免役證明書正本（驗畢退還）或丁等體位證明書（不能以殘障手冊替代）或經直轄市、縣（市）政府核定或鄉（鎮、市、區）公所證明為免服兵役之公文。如身分證役別欄有載明役別者，免附。

(6) 「後備軍人」依後備軍人管理規則第 15 條第 3 項規定「初次申請出境，除依一般申請出境規定辦理外，應同時檢附退（除）役證件向國防部後備司令部派駐外交部領事事務局人員辦理」，故需檢附退伍令正本（驗畢退還）。如身分證役別欄有載明役別者，免附。

(7) 「國軍人員」（含文、教職，學生及聘僱人員）檢附國軍人員身分證明正本，並將正、反面影本黏貼於護照申請書背面，正本驗畢退還。

(8) 「轉役、停役、補充兵」檢附轉役證明書、因病停役令或補充兵證明書等相關證明文件正本（驗畢退還）。如身分證役別欄有載明役別者，免附。

12-3-7 護照條例（節略）（外交部，2021）

中華民國 110 年 1 月 20 日總統華總一義字第 11000003421 號

第一章　總　則

第 1 條　中華民國（以下簡稱我國）護照之申請、核發及管理，依本條例辦理。

第 2 條　本條例之主管機關為外交部。

第 3 條　護照由主管機關製定。

第 4 條　本條例用詞，定義如下：

1. 護照：指由主管機關或駐外使領館、代表處、辦事處（以下簡稱駐外館處）發給我國國民之國際旅行文件及國籍證明。
2. 眷屬：指配偶、父母、未成年子女、已成年而尚在就學或已成年而身心障礙且無謀生能力之未婚子女。

第 5 條

1. 持照人應妥善保管及合法使用護照；不得變造護照、將護照出售他人，或為質借提供擔保、抵充債務或供他人冒名使用而將護照交付他人。
2. 護照除持照人依指示於填寫欄填寫相關資料及簽名外，非權責機關不得擅自增刪塗改或加蓋圖戳。

第 6 條　護照之適用對象為具有我國國籍者。但具有大陸地區人民、香港居民、澳門居民身分者，在其身分轉換為臺灣地區人民前，非經主管機關許可，不適用之。

第 7 條　護照分外交護照、公務護照及普通護照。

第 8 條　外交護照及公務護照，由主管機關核發；普通護照，由主管機關或駐外館處核發。

第 9 條　外交護照之適用對象如下：

1. 總統、副總統及其眷屬。
2. 外交、領事人員與其眷屬及駐外館處、代表團館長之隨從。
3. 中央政府派往國外負有外交性質任務之人員與其眷屬及經核准之隨從。
4. 外交公文專差。
5. 其他經主管機關核准者。

第 10 條　公務護照之適用對象如下：

1. 各級政府機關因公派駐國外之人員及其眷屬。
2. 各級政府機關因公出國之人員及其同行之配偶。
3. 政府間國際組織之我國籍職員及其眷屬。
4. 經主管機關核准，受政府委託辦理公務之法人、團體派駐國外人員及其眷屬。
5. 受政府委託從事國際交流或活動之法人、團體派赴國外人員及其同行之配偶。

第 11 條　外交護照及公務護照之效期以五年為限，普通護照以十年為限。但未滿十四歲者之普通護照以五年為限。前項護照效期，主管機關得於其限度內酌定之。護照效期屆滿，不得延期。

第 12 條　尚未履行兵役義務男子之護照，其護照之效期、應加蓋之戳記、申請換發、補發及僑居身分加簽限制及其他應遵行事項之辦法，由主管機關會商相關機關定之。

第 13 條　內植晶片之護照，其晶片應存入資料頁記載事項及持照人影像。

第 14 條　外交護照及公務護照免費。普通護照除因公務需要經主管機關核准外，應徵收規費；但護照自核發之日起三個月內因護照號碼諧音或特殊情形經主管機關依第十九條第二項第三款同意換發者，得予減徵；其收費標準，由主管機關定之。

第二章　護照之申請、換發及補發

第 15 條　護照之申請，得由本人親自或委任代理人辦理。但有下列情形之一者，依其規定辦理：

1. 在國內首次申請普通護照，應由本人親自至主管機關辦理，或親自至主管機關委辦之戶政事務所辦理人別確認後，再委任代理人辦理。
2. 在大陸地區、香港或澳門申請、換發或補發普通護照，應由本人親自至行政院設立或指定之機構或委託之民間團體辦理。
3. 前項但書所定情形，如有特殊原因無法由本人親自辦理者，得經主管機關同意後，委任代理人為之。
4. 護照申請、換發、補發之條件、方式、程序、應備文件及其他應遵行事項之辦法，由主管機關定之。

第 16 條
1. 七歲以上之未成年人申請護照，應經其法定代理人書面同意。
2. 未滿七歲之未成年人或受監護宣告之人申請護照，應由其法定代理人申請
3. 前二項之法定代理人有二人以上者，得由其中一人為之。

第 17 條　護照記載事項除資料頁外，於必要時，得依規定申請加簽。

第 18 條　護照申請人不得與他人申請合領一本護照；非因特殊理由，並經主管機關核准，持照人不得同時持用超過一本之護照。

第 19 條　有下列情形之一者，應申請換發護照：

1. 護照汙損不堪使用。
2. 持照人之相貌變更，與護照照片不符。
3. 護照資料頁記載事項變更。
4. 持照人取得國民身分證統一編號。
5. 護照製作有瑕疵。
6. 護照內植晶片無法讀取。

有下列情形之一者，得申請換發護照：

1. 護照所餘效期不足一年。
2. 所持護照非屬現行最新式樣。
3. 持照人認有必要，並經主管機關同意。

第 20 條　持照人護照遺失或滅失者，得申請補發，其效期為五年。但有下列情形之一者，依其規定：

1. 因天災、事變或其他特殊情形致護照滅失，經主管機關或駐外館處查明屬實者，其效期依第十一條第一項規定辦理。
2. 護照申報遺失後於補發前尋獲，原護照所餘效期逾五年者，得依原效期補發。
3. 符合第二十一條第三項規定。

第 21 條　主管機關或駐外館處受理護照申請，有下列情形之一者，得通知申請人限期補正或到場說明：

1. 未依規定程序辦理或應備文件不全。
2. 申請資料或照片與所繳身分證明文件或檔存護照資料有相當差異。
3. 對重要事項提供不正確資料或為不完全陳述。
4. 於護照增刪塗改或加蓋圖戳。
5. 最近十年內以護照遺失、滅失為由申請護照，達二次以上。
6. 汙損或毀損護照。
7. 將護照出售他人，或為質借提供擔保、抵充債務而交付他人。

有前項各款情形之一者，主管機關或駐外館處得就其法定處理期間延長至二個月；必要時，得延長至六個月。

有第一項第四款至第七款情形之一者，主管機關或駐外館處得縮短其護照效期為一年六個月以上三年以下。

第三章　護照之不予核發、扣留、撤銷及廢止

第 22 條　外交或公務護照之持照人於該護照效期內持用事由消滅後，除經主管機關核准得繼續持用者外，應依主管機關通知期限繳回護照。前項護照持照人未依期限繳回者，主管機關應廢止原核發護照之處分，並註銷該護照。

第 23 條　護照申請人有下列情形之一者，主管機關或駐外館處應不予核發護照：

1. 冒用身分、申請資料虛偽不實或以不法取得、偽造、變造之證件申請。
2. 經司法或軍法機關通知主管機關。
3. 經內政部移民署（以下簡稱移民署）依法律限制或禁止申請人出國並通知主管機關。
4. 未依第二十一條第一項規定期限補正或到場說明。

司法或軍法機關、移民署依前項第二款、第三款規定通知主管機關時，應以書面或電腦連線傳輸方式敘明當事人之姓名、出生日期、國民身分

證統一編號、依法律限制或禁止出國之事由；其為司法或軍法機關通知者，另應敘明管制期限。

第 24 條　護照非依法律，不得扣留。

持照人向主管機關或駐外館處出示護照時，有下列情形之一者，主管機關或駐外館處應扣留其護照：

1. 護照係偽造或變造、冒用身分、申請資料虛偽不實或以不法取得、偽造、變造之證件申請。
2. 持照人在外國、大陸地區、香港或澳門，經查有前條第一項第二款或第三款情形。偽造護照，不問何人所有者，均應予以沒入。

第 25 條　持照人有前條第二項第一款情形者，除所持護照係偽造外，主管機關或駐外館處應撤銷原核發其護照之處分，並註銷該護照。

持照人有下列情形之一者，主管機關或駐外館處應廢止原核發護照之處分，並註銷該護照：

1. 有前條第二項第二款規定情形。
2. 於護照增刪塗改或加蓋圖戳。
3. 依規定應繳交之護照有事實證據足認已無法繳交。
4. 身分轉換為大陸地區人民。
5. 喪失我國國籍。
6. 護照已申報遺失或申請換發、補發。
7. 護照自核發之日起三個月未經領取。

持照人死亡或受死亡宣告者，主管機關或駐外館處應註銷其護照。

第 26 條　已出國之在臺設有戶籍國民，有第二十三條第一項第二款或第三款規定情形，經駐外館處不予核發護照或扣留護照者，駐外館處得發給專供返國使用之一年以下效期護照或入國證明書。已出國之在臺設有戶籍國民，其護照逾期、遺失或滅失而不及等候換發或補發者，駐外館處得發給入國證明書。

第 27 條　主管機關或駐外館處依第二十二條至第二十五條規定為處分時，除有第二十五條第二項第三款、第五款或第六款規定情形外，應以書面為之。

第 28 條　主管機關或駐外館處扣留、沒入、保管之護照，及因申請或由第三人送交主管機關或駐外館處之護照，其保管期限、註銷、銷毀方式及其他應遵行事項之辦法，由主管機關定之。

第四章　罰　則

第 29 條　有下列情形之一，足以生損害於公眾或他人者，處一年以上七年以下有期徒刑，得併科新臺幣七十萬元以下罰金：

1. 買賣護照。
2. 以護照抵充債務或債權。
3. 偽造或變造護照。
4. 行使前款偽造或變造護照。

第 30 條　有下列情形之一者，處七年以下有期徒刑，得併科新臺幣七十萬元以下罰金：

1. 意圖供冒用身分申請護照使用，偽造、變造或冒領國民身分證、戶籍謄本、戶口名簿、國籍證明書、華僑身分證明書、父母一方具有我國國籍證明、本人出生證明或其他我國國籍證明文件，足以生損害於公眾或他人。
2. 行使前款偽造、變造或冒領之我國國籍證明文件而提出護照申請。
3. 意圖供冒用身分申請護照使用，將第一款所定我國國籍證明文件交付他人或謊報遺失。
4. 冒用身分而提出護照申請。

第 31 條　有下列情形之一者，處五年以下有期徒刑、拘役或科或併科新臺幣五十萬元以下罰金：

1. 將護照交付他人或謊報遺失以供他人冒名使用。
2. 冒名使用他人護照。

第 32 條　非法扣留他人護照、以護照作為債務或債權擔保，足以生損害於公眾或他人者，處三年以下有期徒刑、拘役或科或併科新臺幣三十萬元以下罰金。

第 33 條　在我國領域外犯第二十九條至前條之罪者，不問犯罪地之法律有無處罰規定，均依本條例處罰。

第五章　附　則

第 34 條　行政院設立或指定之機構或委託之民間團體辦理護照業務，準用本條例之規定。

第 35 條　主管機關為辦理護照核發、補發、換發及管理作業，得向相關機關取得國籍變更、戶籍、兵役、入出國日期、依法律限制或禁止出國、通緝、保護管束及國軍人員等資料，各相關機關不得拒絕提供。

第35-1條　本條例中華民國109年12月29日修正之條文施行前結婚，修正施行後未滿18歲者，於滿18歲前仍適用修正施行前之規定。

第 36 條　本條例施行細則，由主管機關定之。

第 37 條　本條例施行日期，由行政院定之。

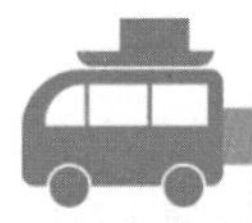

12-4　簽證概述

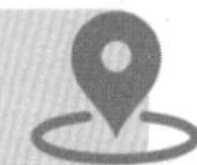

2022 年 9 月 12 日起適用部分免簽證國家。電子簽證及落地簽證仍均暫緩適用。擬從事依國內機關法令須經許可活動者，仍須向中央目的事業主管機關申請許可，並向外交部駐外館處申請特別入境許可簽證，因疫情期間多有調整請參閱網站。

外交部領事事務局，2022，簽證，

https://www.boca.gov.tw/np-3-1.html

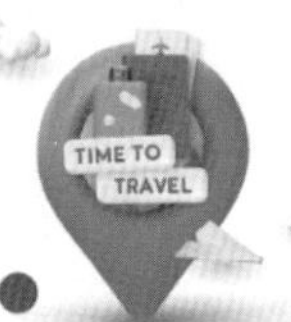

12-4-1　中華民國簽證介紹（109 年 1 月 22 日）

★ 簽證之意義

外交部領事事務局(2121a)簽證在意義上為一國之入境許可。依國際法一般原則，國家並無准許外國人入境之義務。目前國際社會中鮮有國家對外國人之入境毫無限制。各國為對來訪之外國人能先行審核過濾，確保入境者皆屬善意以及外國人所持證照真實有效且不致成為當地社會之負擔，乃有簽證制度之實施。

★ 依據國際實踐，簽證之准許或拒發係國家主權行為，故中華民國政府有權拒絕透露拒發簽證之原因。

1. 簽證類別：中華民國的簽證依申請人的入境目的及身分分為四類：
   (1) 停留簽證(VISITOR VISA)：係屬短期簽證，在臺停留期間在 180 天以內。
   (2) 居留簽證(RESIDENT VISA)：係屬於長期簽證，在臺停留期間為 180 天以上。
   (3) 外交簽證(DIPLOMATIC VISA)。
   (4) 禮遇簽證(COURTESY VISA)。

2. 入境限期（簽證上 VALID UNTIL 或 ENTER BEFORE 欄）：係指簽證持有人使用該簽證之期限，例如 VALID UNTIL（或 ENTER BEFORE）APRIL 8 ,1999 即 1999 年 4 月 8 日後該簽證即失效，不得繼續使用。
3. 停留期限(DURATION OF STAY)：指簽證持有人使用該簽證後，自入境之翌日（次日）零時起算，可在臺停留之期限。

★ 停留期一般有 14 天、30 天、60 天、90 天等種類。

★ 持停留期限 60 天以上未加註限制之簽證者倘須延長在臺停留期限，須於停留期限屆滿前，檢具有關文件向停留地之內政部移民署各縣（市）服務站申請延期。

★ 居留簽證不加停留期限：應於入境次日起 15 日內或在臺申獲改發居留簽證簽發日起 15 日內，向居留地所屬之內政部移民署各縣（市）服務站申請外僑居留證(ALIEN RESIDENT CERTIFICATE)及重入國許可(RE-ENTRY PERMIT)，居留期限則依所持外僑居留證所載效期。

4. 入境次數(ENTRIES)：分為單次(SINGLE)及多次(MULTIPLE)兩種。
5. 簽證號碼(VISA NUMBER)：旅客於入境應於 E/D 卡填寫本欄號碼。
6. 註記：係指簽證申請人申請來臺事由或身分之代碼，持證人應從事與許可目的相符之活動。（簽證註記欄代碼表）

★ 如附圖標號 1-6 相對應

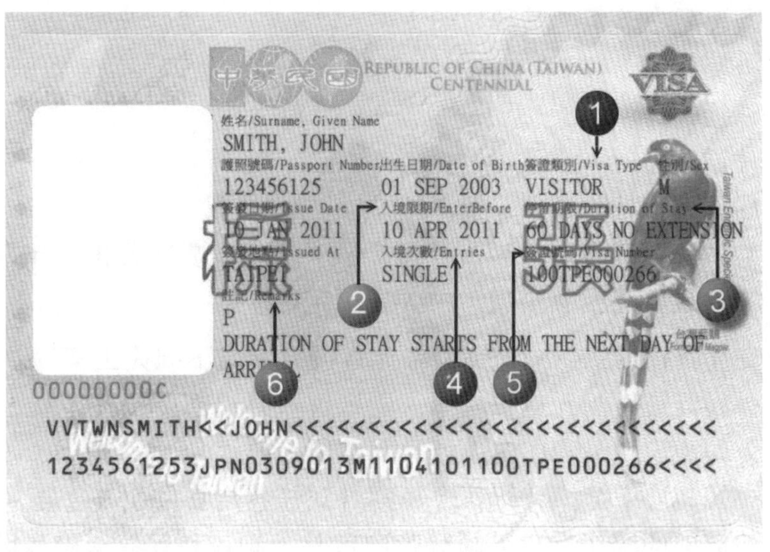

12-4-2 外國護照簽證條例

92 年 1 月 22 日

第 1 條　為行使國家主權，維護國家利益，規範外國護照之簽證，特制定本條例。

第 2 條　1. 外國護照之簽證，除條約或協定另有規定外，依本條例辦理。
2. 本條例未規定者，適用其他法律之規定。

第 3 條　本條例所稱外國護照，指由外國政府、政府間國際組織或自治政府核發，且為中華民國（以下簡稱我國）承認或接受之有效旅行身分證件。

第 4 條　本條例所稱簽證，指外交部或駐外使領館、代表處、辦事處、其他外交部授權機構（以下簡稱駐外館處）核發外國護照以憑前來我國之許可。

第 5 條　1. 本條例之主管機關為外交部。
2. 外國護照簽證之核發，由外交部或駐外館處辦理。但駐外館處受理居留簽證之申請，非經主管機關核准，不得核發。

第 6 條　1. 持外國護照者，應持憑有效之簽證來我國。
2. 但外交部對特定國家國民，或因特殊需要，得給予免簽證待遇或准予抵我國時申請簽證。
3. 前項免簽證及准予抵我國時申請簽證之適用對象、條件及其他相關事項，由外交部會商相關機關定之。

第 7 條　外國護照之簽證，其種類如下：
1. 外交簽證。
2. 禮遇簽證。
3. 停留簽證。
4. 居留簽證。
5. 前項各類簽證之效期、停留期限、入境次數、目的、申請條件、應備文件及其他相關事項，由外交部定之。

第 8 條　外交簽證適用於持外交護照或元首通行狀之下列人士：
1. 外國元首、副元首、總理、副總理、外交部長及其眷屬。
2. 外國政府派駐我國之人員及其眷屬、隨從。
3. 外國政府派遣來我國執行短期外交任務之官員及其眷屬。
4. 政府間國際組織之外國籍行政首長、副首長等高級職員因公來我國者及其眷屬。
5. 外國政府所派之外交信差。

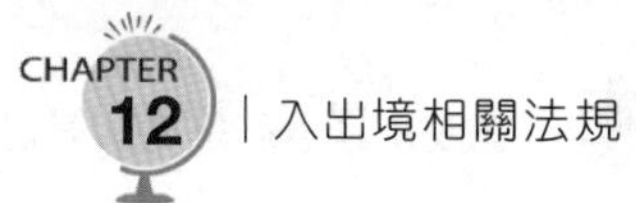

第 9 條　禮遇簽證適用於下列人士：

1. 外國卸任元首、副元首、總理、副總理、外交部長及其眷屬。
2. 外國政府派遣來我國執行公務之人員及其眷屬、隨從。
3. 前條第四款所定高級職員以外之其他外國籍職員因公來我國者及其眷屬。
4. 政府間國際組織之外國籍職員應我國政府邀請來訪者及其眷屬。
5. 應我國政府邀請或對我國有貢獻之外國人士及其眷屬。

第 10 條　停留簽證適用於持外國護照，而擬在我國境內作短期停留之人士。

第 11 條　居留簽證適用於持外國護照，而擬在我國境內作長期居留之人士。

第 12 條　外交部及駐外館處受理簽證申請時，應衡酌國家利益、申請人個別情形及其國家與我國關係決定准駁；其有下列各款情形之一，外交部或駐外館處得拒發簽證：

1. 在我國境內或境外有犯罪紀錄或曾遭拒絕入境、限令出境或驅逐出境者。
2. 曾非法入境我國者。
3. 患有足以妨害公共衛生或社會安寧之傳染病、精神病或其他疾病者。
4. 對申請來我國之目的作虛偽之陳述或隱瞞者。
5. 曾在我國境內逾期停留、逾期居留或非法工作者。
6. 在我國境內無力維持生活，或有非法工作之虞者。
7. 所持護照或其外國人身分不為我國承認或接受者。
8. 所持外國護照逾期或遺失後，將無法獲得換發、延期或補發者。
9. 所持外國護照係不法取得、偽造或經變造者。
10. 有事實足認意圖規避法令，以達來我國目的者。
11. 有從事恐怖活動之虞者。
12. 其他有危害我國利益、公共安全、公共秩序或善良風俗之虞者。
13. 依前項規定拒發簽證時，得不附理由。

第 13 條　簽證持有人有下列各款情形之一，外交部或駐外館處得撤銷或廢止其簽證：

1. 有前條第一項各款情形之一者。
2. 在我國境內從事與簽證目的不符之活動者。
3. 在我國境內或境外從事詐欺、販毒、顛覆、暴力或其他危害我國利益、公務執行、善良風俗或社會安寧等活動者。

4. 原申請簽證原因消失者。

5. 前項撤銷或廢止簽證，外交部得委託其他機關辦理。

第 14 條　1. 外交簽證及禮遇簽證，免收費用。

2. 其他簽證，除條約、協定另有規定或依互惠原則或因公務需要經外交部核准減免者外，均應徵收費用；其收費基準，由外交部定之。

第 15 條　本條例施行細則，由外交部定之。

第 16 條　本條例自公布日施行。

12-4-3 美國免簽證計畫

美國於 2012 年 10 月 2 日宣布臺灣加入免簽證計畫（以下簡稱 VWP）。根據 VWP，符合資格之臺灣護照持有人若滿足特定條件，即可赴美從事觀光或商務達 90 天，無須簽證。

臺灣護照持有人可不需美簽赴美的起始日為 2012 年 11 月 1 日。VWP 允許參與國符合資格之旅客，無須申請美簽即可前往美國洽商或觀光（B 簽證之旅行目的）。

一、 Visa Waiver Program (VWP)免簽證計畫

1. 可停留達 90 天，唯停留天數不得延長。
2. 旅客在美期間亦不得改變其身分，例如變更為學生簽證。
3. 若符合 VWP 資格之旅客希望申請美簽，亦可選擇申辦。
4. 入境美國，須先透過旅行授權電子系統(ESTA)取得授權許可，並於旅行前滿足所有相關資格條件。
5. 申請人請務必攜帶晶片護照和信用卡。
6. ESTA 授權許可的效期通常是二年或護照到期日，以二者較早發生者為準。若旅客換發新護照、更改姓名、變性、改變國籍、或之前回答 ESTA 申請時所給的答案已不再正確，則必須重新申請 ESTA 旅行許可。

二、 臺灣申請人若滿足下列條件即可申請 VWP 入境美國

1. 旅客持有之臺灣護照為 2008 年 12 月 29 日當日或以後核發之生物辨識電子護照，且具備國民身分證號碼。

2. 旅客前往美國洽商或觀光（B 訪客簽證適用的旅行目的）並且停留不超過 90 天，過境美國通常也適用。
3. 旅客已透過旅行授權電子系統(ESTA)取得以 VWP 入境之授權許可。
4. 倘以飛機或船舶入境，須為核准之運輸業者，並且有前往他國目的地之回程票。
5. 旅客具備足夠資金供在美期間支出。

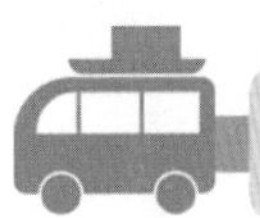

12-5 外匯常識（節略）

管理我國貨幣與外匯進出口的主管機關是財政部，外匯業務的的是中央銀行。

12-5-1 管理外匯條例（節略）

中華民國 101 年 6 月 25 日行政院院臺規字第 1010134960 號

第 1 條　為平衡國際收支，穩定金融，實施外匯管理，特制定本條例。

第 2 條　1. 本條例所稱外匯，指外國貨幣、票據及有價證券。
2. 前項外國有價證券之種類，由掌理外匯業務機關核定之。

第 3 條　管理外匯之行政主管機關為財政部，掌理外匯業務機關為中央銀行。

第6-1條　新臺幣五十萬元以上之等值外匯收支或交易，應依規定申報；其申報辦法由中央銀行定之。

第 7 條　下列各款外匯，應結售中央銀行或其指定銀行，或存入指定銀行，並得透過該行在外匯市場出售；其辦法由財政部會同中央銀行定之：
1. 出口或再出口貨品或基於其他交易行為取得之外匯。
2. 航運業、保險業及其他各業人民基於勞務取得之外匯。
3. 國外匯入款。
4. 在中華民國境內有住、居所之本國人，經政府核准在國外投資之收入。
5. 本國企業經政府核准國外投資、融資或技術合作取得之本息、淨利及技術報酬金。
6. 其他應存入或結售之外匯。

第 9 條　出境之本國人及外國人，每人攜帶外幣總值之限額，由財政部以命令定之。

第 11 條　旅客或隨交通工具服務之人員，攜帶外幣出入國境者，應報明海關登記；其有關辦法，由財政部會同中央銀行定之。

第 12 條　外國票據、有價證券，得攜帶出入國境；其辦法由財政部會同中央銀行定之。

第 13 條　各款所需支付之外匯，得自規定之存入外匯自行提用或透過指定銀行在外匯市場購入或向中央銀行或其指定銀行結購；其辦法由財政部會同中央銀行定之：

1. 核准進口貨品價款及費用。
2. 航運業、保險業與其他各業人民，基於交易行為或勞務所需支付之費用及款項。
3. 前往國外留學、考察、旅行、就醫、探親、應聘及接洽業務費用。
4. 服務於中華民國境內中國機關及企業之本國人或外國人，贍養其在國外家屬費用。
5. 外國人及華僑在中國投資之本息及淨利。
6. 經政府核准國外借款之本息及保證費用。
7. 外國人及華僑與本國企業技術合作之報酬金。
8. 經政府核准向國外投資或貸款。
9. 其他必要費用及款項。

第 15 條　左列國外輸入貨品，應向金融監督管理委員會申請核明免結匯報運進口：

1. 國外援助物資。
2. 政府以國外貸款購入之貨品。
3. 學校及教育、研究、訓練機關接受國外捐贈，供教學或研究用途之貨品。
4. 慈善機關、團體接受國外捐贈供救濟用途之貨品。
5. 出入國境之旅客及在交通工具服務之人員，隨身攜帶行李或自用貨品。

第 16 條　國外輸入餽贈品、商業樣品及非賣品，其價值不超過一定限額者，得由海關核准進口；其限額由金融監督管理委員會會同國際貿易主管機關以命令定之。

第 17 條　經自行提用、購入及核准結匯之外匯，如其原因消滅或變更，致全部或一部之外匯無須支付者，應依照中央銀行規定期限，存入或售還中央銀行或其指定銀行。

第 18 條　中央銀行應將外匯之買賣、結存、結欠及對外保證責任額，按期彙報財政部。

第19-1條 有下列情事之一者，行政院得決定並公告於一定期間內，採取關閉外匯市場、停止或限制全部或部分外匯之支付、命令將全部或部分外匯結售或存入指定銀行、或為其他必要之處置：

1. 國內或國外經濟失調，有危及本國經濟穩定之虞。
2. 本國國際收支發生嚴重逆差。
3. 前項情事之處置項目及對象，應由行政院訂定外匯管制辦法。

行政院應於前項決定後十日內，送請立法院，如立法院不同意時，該決定應即失效。

本項所稱一定期間，如遇立法院休會時，以二十日為限。

罰則

事由	處罰
違反行政院決定並公告於一定期間內，採取關閉外匯市場、停止或限制全部或部分外匯之支付。	處新臺幣三百萬元以下罰鍰。
違反新臺幣五十萬元以上之等值外匯收支或交易申報。	故意不為申報或申報不實者，處新臺幣三萬元以上六十萬元以下罰鍰；其受查詢而未於限期內提出說明或為虛偽說明者亦同。

事由	處罰
不將其外匯結售或存入中央銀行或其指定銀行者，依其不結售或不存入外匯。	處以按行為時匯率折算金額二倍以下之罰鍰，並由中央銀行追繳其外匯。
經自行提用、購入及核准結匯之外匯，如其原因消滅或變更，致全部或一部之外匯無須支付者，未存入或售還中央銀行或其指定銀行。	處以按行為時匯率折算金額以下之罰鍰，並由中央銀行追繳其外匯。
以非法買賣外匯為常業者。	處三年以下有期徒刑、拘役或科或併科與營業總額等值以下之罰金；其外匯及價金沒收之。

第 22 條 法人之代表人、法人或自然人之代理人、受僱人或其他從業人員，因執行業務，有前項規定之情事者，除處罰其行為人外，對該法人或自然人亦科以該項之罰金。

第 24 條　罰則

事由	處罰
中華民國境內本國人及外國人，得持有外匯，未存於中央銀行或其指定銀行。	其外匯及價金沒入之。
違反攜帶外幣出境超過規定所定之限額者。	其超過部分沒入之。
攜帶外幣出入國境，不依規定報明登記者。	沒入之；申報不實者，其超過申報部分沒入之。

第 25 條　中央銀行對指定辦理外匯業務之銀行違反本條例之規定，得按其情節輕重，停止其一定期間經營全部或一部外匯之業務。

第 27 條　本條例施行細則，由財政部會同中央銀行及國際貿易主管機關擬訂，呈報行政院核定。

第 28 條　本條例自公布日施行。

12-5-2 旅行支票

旅行支票是一種預先出版印刷好的、具有固定金額的支票，持有人需預先支付給發出者（通常是銀行）相應金額，可獲得無條件給付。旅行支票如果丟失或被偷盜可獲補發，經常用於旅行時換取當地貨幣。但由於信用卡的廣泛使用，旅行支票的重要地位已落沒；但少數地方不接受信用卡而接受旅行支票，當然也有很多地方不接受旅行支票。

旅行支票是在 1772 年 1 月 1 日由倫敦信用交換公司(London Credit Exchange Company)首先發行，可在歐洲的 90 餘個城市使用。

在 1874 年，湯瑪士．庫克(Thomas Cook)才正式發展出現今旅行支票使用。在 1891 年，最大的旅行支票發行者是美國運通，率先建立龐大的旅行支票系統。

出國觀光商務旅遊，建議攜帶錢幣方式：

外幣現金	用於小額消費，找零容易，不宜大量攜帶，遺失無理賠。
美金現金	國際幣值用於不急之需，亦可兌換當地幣值，不宜大量攜帶，遺失無理賠。
信用卡	可攜帶幾張，供大量金額使用，退稅也可退到信用卡內，遺失立即停卡，安全性高。
旅行支票	需換當地使用之幣值的旅行支票，遺失可理賠，安全性高。

1. 使用旅行支票時，不要一次全換成現金，這樣就失去帶旅行支票的意義，最好要隨著行程逐漸換成現金，建議「要花多少，才換多少」。這是持有旅行支票的安全性。
2. 旅行支票的使用注意事項：
   (1) 兌換當地現金。
   (2) 若買的不是旅遊當地貨幣的旅行支票，必須到當地銀行兌幣成當地現金。
   (3) 若買的是旅遊當地貨幣的旅行支票，則不須再換成現金即可使用，但不是所有的商店都接受旅行支票，在小商店、市場等地方購物或付小費時，不能使用旅行支票，因此還是要準備部分現金。
3. 兌換旅行支票後必須要將旅行支票的號碼記錄下，每用掉一張即將號碼劃去，以作為註記，以便瞭解使用情形，在未使用的部分若有遺失，可迅速報備發出旅行支票銀行掛失，日後可以補發。使用或兌換旅行支票時，需出示護照或其他身分證明文件，空白之旅行支票以及上下方已簽名之旅行支票，均視同現金使用。
4. 購買旅行支票時，必須在購買後，在旅行支票的上方簽上自己的名字，在海外需要兌換或使用旅行支票時，必須在銀行或店家面前親自在下方簽名，上下簽名必須完全符合方可使用，有些商店及賣場，會需要同時檢閱持有者的護照，並且將護照號碼填寫在旅行支票上方，旅行支票的銷售單據需與旅行支票分開妥善保存，萬一支票遺失，可立即掛失且憑銷售單據申請補發。
5. 旅行支票有兩處簽名欄位，買到旅行支票時，先在 Signature of holder 欄位簽名，Countersign here in the presence of person cashing 欄位等兌換現金時才當場簽名，若兩處都簽名或都未簽名，則其效力等同現金。

12-6 外籍旅客購買特定貨物申請退還營業稅實施辦法（節略）

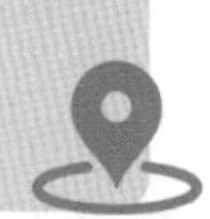

中華民國 109 年 12 月 4 日交通部交路（一）字第 10982005095 號令、
財政部台財稅字第 10904688220 號令

第 1 條　本辦法依發展觀光條例第五十條之一規定訂定之。

第 2 條　財政部所屬機關辦理外籍旅客購買特定貨物申請退還營業稅作業等相關事項，得依政府採購法規定委託民營事業辦理之。

第 3 條　本辦法用詞，定義如下：

1. 外籍旅客：指持非中華民國之護照入境且自入境日起在中華民國境內停留日數未達 183 天者。
2. 特定營業人：指符合第四條第一項規定且與民營退稅業者締結契約，並經其所在地主管稽徵機關核准登記之營業人。
3. 民營退稅業者：指受財政部所屬機關依前條規定委託辦理外籍旅客退稅相關作業之營業人。
4. 達一定金額以上：指同一天內向同一特定營業人購買特定貨物，其累計含稅消費金額達新臺幣 2000 元以上者。
5. 特定貨物：指可隨旅行攜帶出境之應稅貨物。但下列貨物不包括在內：
   (1) 因安全理由，不得攜帶上飛機或船舶之貨物。
   (2) 不符機艙限制規定之貨物。
   (3) 未隨行貨物。
   (4) 在中華民國境內已全部或部分使用之可消耗性貨物。
6. 一定期間：指自購買特定貨物之日起，至攜帶特定貨物出境之日止，未逾 90 日之期間。但辦理特約市區退稅之外籍旅客，應於申請退稅之日起 20 日內攜帶特定貨物出境。
7. 特約市區退稅：指民營退稅業者於特定營業人營業處所設置退稅服務櫃檯，受理外籍旅客申請辦理之退稅。
8. 現場小額退稅：指同一天內向經民營退稅業者授權代為受理外籍旅客申請退稅及墊付退稅款之同一特定營業人購買特定貨物，其累計含稅消費金額在新臺幣四萬八千元以下者，由該特定營業人辦理之退稅。

第 4 條　銷售特定貨物之營業人，應符合下列條件：

1. 無積欠已確定之營業稅、營利事業所得稅及罰鍰。
2. 使用電子發票。

第 5 條　民營退稅業者辦理外籍旅客退稅作業，提供退稅服務，於辦理外籍旅客申請退還營業稅時，得扣取應退稅額一定比率之手續費。前項手續費費率，由財政部所屬機關依政府採購法規定與民營退稅業者議定之。

第 6 條　民營退稅業者得以書面授權特定營業人代為受理外籍旅客申請現場小額退稅及墊付退稅款項予外籍旅客。

第 7 條 特定營業人應將第四條所定退稅標誌張貼或懸掛於特定貨物營業場所明顯易見之處後，始得辦理本辦法規定之事務。

第 8 條 特定營業人於外籍旅客同時購買特定貨物及非特定貨物時，應分別開立統一發票。特定營業人就特定貨物開立統一發票時，應據實記載下列事項：

1. 交易日期、品名、數量、單價、金額、課稅別及總計。
2. 統一發票備註欄或空白處應記載「可退稅貨物」字樣及外籍旅客之證照號碼末四碼。

第 9 條 特定營業人於外籍旅客購買特定貨物達一定金額以上時，應於購買特定貨物當日依外籍旅客申請，使用民營退稅業者之退稅系統開立記載並傳輸下列事項之外籍旅客購買特定貨物退稅明細申請表（以下簡稱退稅明細申請表）：

1. 外籍旅客基本資料。
2. 外籍旅客購買特定貨物之年、月、日。
3. 依前條第二項規定開立之統一發票字軌號碼。
4. 依前款統一發票所載品名之次序，記載每一特定貨物之品名、型號、數量、單價、金額及可退還營業稅金額。該統一發票以分類號碼代替品名者，應同時記載分類號碼及品名。特定營業人受理申請開立退稅明細申請表時，應先檢核外籍旅客之證照，並確認其入境日期。

第 10 條 外籍旅客向民營退稅業者於特定營業人營業處所設置特約市區退稅服務櫃檯，申請退還其向特定營業人購買特定貨物之營業稅，應提供該旅客持有國際信用卡組織授權發卡機構發行之國際信用卡，並授權民營退稅業者預刷辦理特約市區退稅含稅**消費金額百分之 7 之金額**，做為該旅客依規定期限攜帶特定貨物出境之擔保金。民營退稅業者受理外籍旅客依前項規定申請特約市區退稅時，應依下列規定辦理：

1. 確認外籍旅客將於**申請退稅日起二十日內出境**，始得受理外籍旅客申請特約市區退稅。如經確認外籍旅客未能於**申請退稅日起二十日內出境**，應請該等旅客於出境前再行洽辦特約市區退稅或至機場、港口辦理退稅。
2. 依據退稅明細申請表所載之應退稅額，扣除手續費後之餘額墊付外籍旅客，連同依第八條第二項規定開立之統一發票（應加註「旅客已申請特約市區退稅」之字樣）、外籍旅客特約市區退稅預付單（以下簡稱特約市區退稅預付單）一併交付外籍旅客收執。

3. 告知外籍旅客如於出境前將特定貨物拆封使用或經查獲私自調換貨物，或經海關查驗不合本辦法規定者，將依規定追繳已退稅款。
4. 告知外籍旅客應於申請**退稅日起二十日內攜帶特定貨物出境**，並持特約市區退稅預付單洽民營退稅業者於機場、港口設置之退稅服務櫃檯篩選應否辦理查驗。

前項特約市區退稅預付單之格式，由民營退稅業者設計，報請財政部核定之。

第 11 條　經民營退稅業者授權代為處理外籍旅客現場小額退稅相關事務之特定營業人，於外籍旅客同一天內向該特定營業人購買特定貨物之累計含稅消費金額符合現場小額退稅規定，且選擇現場退稅時，除依第八條及第九條規定辦理外，並應依下列方式處理：

1. 開立同第九條規定應記載事項之外籍旅客購買特定貨物退稅明細核定單（以下簡稱退稅明細核定單），除加蓋特定營業人統一發票專用章，並應請外籍旅客簽名。但外籍旅客持民營退稅業者報經財政部核准載具申請開立退稅明細核定單者，得免簽名。
2. **特定營業人應將外籍旅客購買之特定貨物獨立裝袋密封，並告知外籍旅客如於出境前拆封使用或經查獲私自調換貨物，應依規定補繳已退稅款。**
3. 依據退稅明細核定單所載之核定退稅金額，扣除手續費後之餘額墊付外籍旅客，連同依第八條第二項規定開立之統一發票（應加蓋「旅客已申請現場小額退稅」之字樣）、退稅明細核定單，一併交付外籍旅客收執。

外籍旅客有下列情形之一，特定營業人不得受理該等旅客申請現場小額退稅，並告知該等旅客應於出境時向民營退稅業者申請退稅：

1. 不符合第三條第一項第八款規定者。
2. **外籍旅客當次來臺旅遊期間，辦理現場小額退稅含稅消費金額累計超過新臺幣十二萬元者。**
3. 外籍旅客同一年度內多次來臺旅遊，當年度辦理現場小額退稅含稅消費金額累計超過新臺幣二十四萬元者。

4. 退稅系統查無其入境資料或網路中斷致退稅系統無法營運者。

外籍旅客如選擇出境時於機場、港口向民營退稅業者申請退還該等特定貨物之營業稅，特定營業人應依第九條規定辦理。

第14-1條 民營退稅業者受理新臺幣50萬元以上之現金退稅或疑似洗錢交易案件，不論以現金或非現金方式退稅予外籍旅客，應於退稅日之隔日下班前，填具大額通貨交易申報表或疑似洗錢（可疑）交易報告，函送法務部調查局洗錢防制處辦理申報；其交易未完成者，亦同。如發現明顯重大緊急之疑似洗錢交易案件，應立即以傳真或其他可行方式辦理申報，並應依前開規定補辦申報作業。有下列情形之一者，不論金額多寡，民營退稅業者應向法務部調查局為疑似洗錢交易申報：

1. 外籍旅客為財政部函轉外國政府所提供之恐怖分子；或國際洗錢防制組織認定或追查之恐怖組織成員；或交易資金疑似或有合理理由懷疑與恐怖活動、恐怖組織或贊助恐怖主義有關聯者，其來臺旅遊辦理之退稅案件。
2. 同一外籍旅客於一定期間內來臺次數頻繁且辦理大額退稅，經財政部及所屬機關或民營退稅業者調查後報請法務部調查局認定異常，應列為疑似洗錢交易追查對象者，其來臺旅遊辦理之退稅案件。

外籍旅客經法務部依資恐防制法公告列為制裁名單者，未經法務部依法公告除名前，民營退稅業者不得受理其退稅申請。金融機構受民營退稅業者委託辦理外籍旅客退稅作業，其大額退稅或疑似洗錢交易之申報程序，應依洗錢防制法與金融機構對達一定金額以上通貨交易及疑似洗錢交易申報辦法規定辦理。

第 28 條 持臨時停留許可證入境之外籍旅客，不適用本辦法現場小額退稅之規定，且於國際機場或國際港口出境，始得依第十四條規定申請退還購買特定貨物之營業稅。

第 29 條 本辦法施行日期，由交通部會同財政部定之。

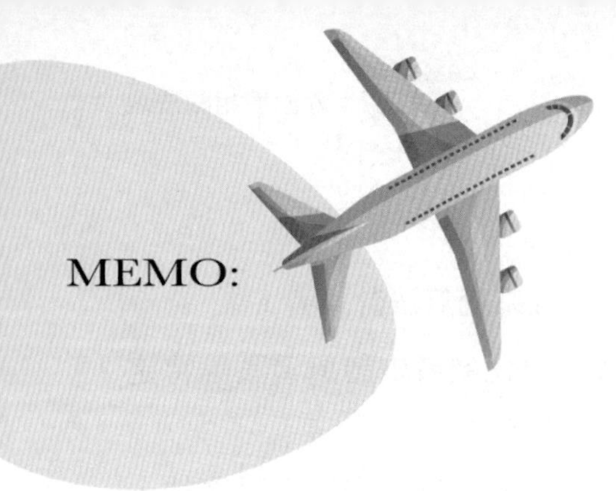

MEMO:

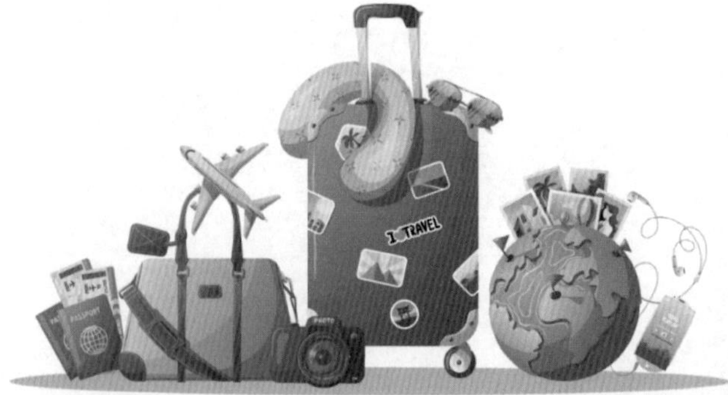

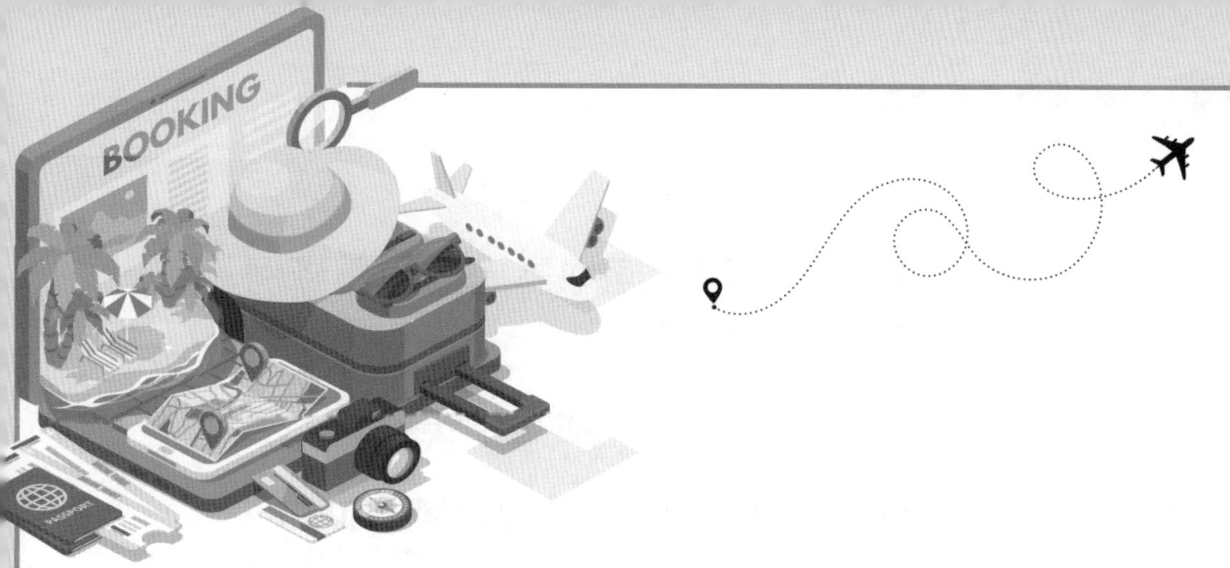

CHAPTER 13 兩岸法規

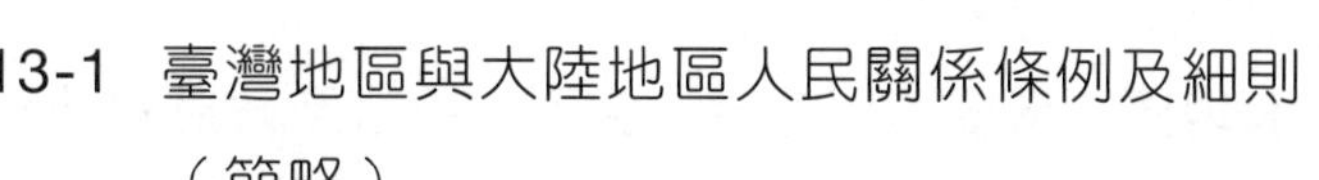

13-1 臺灣地區與大陸地區人民關係條例及細則（節略）

13-2 大陸地區人民來臺從事觀光活動許可辦法（節略）

13-3 大陸地區人民來臺相關法規（節略）

13-4 大陸地區人民來臺從事個人旅遊觀光相關辦法及附件

華語導遊

外語導遊

華語領隊

外語領隊

13-1 臺灣地區與大陸地區人民關係條例及細則（節略）

本書將條款整理後，並進行摘要及重點提示，以利閱讀。

13-1-1 臺灣地區與大陸地區人民關係條例（節略）

中華民國 108 年 7 月 24 日總統華總一義字第 10800074601 號令，
由行政院定之中華民國 108 年 8 月 6 日行政院院臺法字第 1080026109 號令
發布定自 108 年 9 月 1 日施行

第一章　總　則

第 1 條　1. 國家統一前，為確保臺灣地區安全與民眾福祉，規範臺灣地區與大陸地區人民之往來，並處理衍生之法律事件，特制定本條例。
2. 本條例未規定者，適用其他有關法令之規定。

第 2 條　本條例用詞，定義如下：
1. 臺灣地區：指臺灣、澎湖、金門、馬祖及政府統治權所及之其他地區。
2. 大陸地區：指臺灣地區以外之中華民國領土。
3. 臺灣地區人民：指在臺灣地區設有戶籍之人民。
4. 大陸地區人民：指在大陸地區設有戶籍之人民。

第 3 條　本條例關於大陸地區人民之規定，於大陸地區人民旅居國外者，適用之。

第3-1條　行政院大陸委員會統籌處理有關大陸事務，為本條例之主管機關。

第 4 條　1. 行政院得設立或指定機構，處理臺灣地區與大陸地區人民往來有關之事務。
2. 行政院大陸委員會處理臺灣地區與大陸地區人民往來有關事務，得委託前項之機構或符合下列要件之民間團體為之：
(1) 設立時，政府捐助財產總額逾二分之一。
(2) 設立目的為處理臺灣地區與大陸地區人民往來有關事務，並以行政院大陸委員會為中央主管機關或目的事業主管機關。

第 4-1 條 1. 公務員轉任前條之機構或民間團體者，其回任公職之權益應予保障，在該機構或團體服務之年資，於回任公職時，得予採計為公務員年資；本條例施行或修正前已轉任者，亦同。

2. 公務員轉任前條之機構或民間團體未回任者，於該機構或民間團體辦理退休、資遣或撫卹時，其於公務員退撫新制施行前、後任公務員年資之退離給與，由行政院大陸委員會編列預算，比照其轉任前原適用之公務員退撫相關法令所定一次給與標準，予以給付。

3. 公務員轉任前條之機構或民間團體回任公職，或於該機構或民間團體辦理退休、資遣或撫卹時，已依相關規定請領退離給與之年資，不得再予併計。

第 4-2 條 行政院大陸委員會統籌辦理臺灣地區與大陸地區訂定協議事項；協議內容：

1. 具有專門性、技術性，以各該主管機關訂定為宜者，得經行政院同意，由其會同行政院大陸委員會辦理。

2. 行政院大陸委員會或前項經行政院同意之各該主管機關，得委託委定機構或民間團體，以受託人自己之名義，與大陸地區相關機關或經其授權之法人、團體或其他機構協商簽署協議。

3. 本條例所稱協議，係指臺灣地區與大陸地區間就涉及行使公權力或政治議題事項所簽署之文書；協議之附加議定書、附加條款、簽字議定書、同意紀錄、附錄及其他附加文件，均屬構成協議之一部分。

第 4-4 條 規定受委託之機構或民間團體，應遵守下列規定：

1. 派員赴大陸地區或其他地區處理受託事務或相關重要業務，應報請委託機關、第四條第一項或第二項所定之機構或民間團體同意，及接受其指揮，並隨時報告處理情形；因其他事務須派員赴大陸地區者，應先通知委託機關、第四條第一項或第二項所定之機構或民間團體（違反第 4-4 條第 1 款規定未經同意赴大陸地區者處新臺幣三十萬元以上一百五十萬元以下罰鍰）。

2. 其代表人及處理受託事務之人員，負有與公務員相同之保密義務；離職後，亦同。

3. 其代表人及處理受託事務之人員，於受託處理事務時，負有與公務員相同之利益迴避義務。

4. 其代表人及處理受託事務之人員，未經委託機關同意，不得與大陸地區相關機關或經其授權之法人、團體或其他機構協商簽署協議（違反第 4-4 第 4 款規定者，處新臺幣二十萬元以上二百萬元以下罰鍰）。

第 5 條　1. 受委託簽署協議之機構、民間團體或其他具公益性質之法人，應將協議草案報經委託機關陳報行政院同意，始得簽署。

2. 協議之內容涉及法律之修正或應以法律定之者，協議辦理機關應於協議簽署後三十日內報請行政院核轉立法院審議；其內容未涉及法律之修正或無須另以法律定之者，協議辦理機關應於協議簽署後三十日內報請行政院核定，並送立法院備查，其程序，必要時以機密方式處理。

第5-1條　1. 臺灣地區各級地方政府機關（構），非經行政院大陸委員會授權，不得與大陸地區人民、法人、團體或其他機關（構），以任何形式協商簽署協議。

2. 臺灣地區之公務人員、各級公職人員或各級地方民意代表機關，亦同。

3. 臺灣地區人民、法人、團體或其他機構，除依本條例規定，經行政院大陸委員會或各該主管機關授權，不得與大陸地區人民、法人、團體或其他機關（構）簽署涉及臺灣地區公權力或政治議題之協議。

4. 違反第 5-1 條規定者，處新臺幣二十萬元以上二百萬元以下罰鍰；其情節嚴重或再為相同、類似之違反行為者，處五年以下有期徒刑、拘役或科或併科新臺幣五十萬元以下罰金。

第5-2條　依規定，委託、複委託處理事務或協商簽署協議，及監督受委託機構、民間團體或其他具公益性質之法人之相關辦法，由行政院大陸委員會擬訂，報請行政院核定之。

第5-3條　涉及政治議題之協議，行政院應於協商開始九十日前，向立法院提出協議締結計畫及憲政或重大政治衝擊影響評估報告。締結計畫經全體立法委員四分之三之出席，及出席委員四分之三之同意，始得開啟簽署協議之協商。

第 6 條　為處理臺灣地區與大陸地區人民往來有關之事務，行政院得依對等原則，許可大陸地區之法人、團體或其他機構在臺灣地區設立分支機構。

第二章　行　政

第 9 條　1. 臺灣地區人民進入大陸地區，應經一般出境查驗程序。

2. 主管機關得要求航空公司或旅行相關業者辦理前項出境申報程序。
3. 臺灣地區公務員，國家安全局、國防部、法務部調查局及其所屬各級機關未具公務員身分之人員，應向內政部申請許可，始得進入大陸地區。但簡任第十職等及警監四階以下未涉及國家安全、利益或機密之公務員及警察人員赴大陸地區，不在此限；其作業要點，於本法修正後三個月內，由內政部會同相關機關擬訂，報請行政院核定之。
4. 臺灣地區人民具有下列身分者，進入大陸地區應經申請，並經內政部會同國家安全局、法務部、大陸委員會及相關機關組成之審查會審查許可：

一、 政務人員、直轄市長。

二、 於國防、外交、科技、情報、大陸事務或其他相關機關從事涉及國家安全、利益或機密業務之人員。

三、 受前款機關委託從事涉及國家安全、利益或機密公務之個人或法人、團體、其他機構之成員。

四、 前三款退離職或受委託終止未滿三年之人員。

五、 縣（市）長。

六、 受政府機關（構）委託、補助或出資達一定基準從事涉及國家核心關鍵技術業務之個人或法人、團體、其他機構之成員；受委託、補助、出資終止或離職未滿三年者，亦同。

5. 前二項所列人員，進入大陸地區返臺後，應向（原）服務機關、委託、補助或出資機關（構）通報。但直轄市長應向行政院、縣（市）長應向內政部、其餘機關首長應向上一級機關通報。
6. 第四項第二款至第四款及第六款所列人員，其涉及國家安全、利益、機密或國家核心關鍵技術之認定，由（原）服務機關、委託、補助、出資機關（構），或受委託、補助、出資之法人、團體、其他機構依相關規定及業務性質辦理。
7. 第四項第四款所定退離職人員退離職或受委託終止後，應經審查會審查許可，始得進入大陸地區之期間，原服務機關、委託機關或受委託法人、團體、其他機構得依其所涉及國家安全、利益、機密及業務性質增加之。
8. 曾任第四項第二款人員從事涉及重要國家安全、利益或機密業務者，於前項應經審查會審查許可之期間屆滿後，（原）服務機關得限其在進入大陸地區前及返臺後，仍應向（原）服務機關申報。

9. 遇有重大突發事件、影響臺灣地區重大利益或於兩岸互動有重大危害情形者，得經立法院議決由行政院公告於一定期間內，對臺灣地區人民進入大陸地區，採行禁止、限制或其他必要之處置，立法院如於會期內一個月未為決議，視為同意；但情況急迫者，得於事後追認之。
10. 臺灣地區人民進入大陸地區者，不得從事妨害國家安全或利益之活動。
11. 本條例所稱國家核心關鍵技術，指國家安全法第三條第三項所定之國家核心關鍵技術。
12. 第二項申報程序、第三項、第四項許可辦法及第五項通報程序，由內政部擬訂，報請行政院核定之。
13. 第四項第六款所定受委託、補助或出資之一定基準及其他應遵行事項之辦法，由國家科學及技術委員會會商有關機關定之。
14. 第八項申報對象、期間、程序及其他應遵行事項之辦法，由內政部定之。

第 9-1 條 1. 臺灣地區人民不得在大陸地區設有戶籍或領用大陸地區護照。
2. 違反前項規定在大陸地區設有戶籍或領用大陸地區護照者，除經有關機關認有特殊考量必要外，喪失臺灣地區人民身分及其在臺灣地區選舉、罷免、創制、複決、擔任軍職、公職及其他以在臺灣地區設有戶籍所衍生相關權利，並由戶政機關註銷其臺灣地區之戶籍登記；但其因臺灣地區人民身分所負之責任及義務，不因而喪失或免除。
3. 本條例修正施行前，臺灣地區人民已在大陸地區設籍或領用大陸地區護照者，其在本條例修正施行之日起六個月內，註銷大陸地區戶籍或放棄領用大陸地區護照並向內政部提出相關證明者，不喪失臺灣地區人民身分。

第 9-2 條 1. 依前條規定喪失臺灣地區人民身分者，嗣後註銷大陸地區戶籍或放棄持用大陸地區護照，得向內政部申請許可回復臺灣地區人民身分，並返回臺灣地區定居。
2. 前項許可條件、程序、方式、限制、撤銷或廢止許可及其他應遵行事項之辦法，由內政部擬訂，報請行政院核定之。

第 9-3 條 1. 曾任國防、外交、大陸事務或與國家安全相關機關之政務副首長或少將以上人員，或情報機關首長，不得參與大陸地區黨務、軍事、行政或具政治性機關（構）、團體所舉辦之慶典或活動，而有妨害國家尊嚴之行為。

2. 前項妨害國家尊嚴之行為，指向象徵大陸地區政權之旗、徽、歌等行禮、唱頌或其他類似之行為。

第 10 條 1. 大陸地區人民非經主管機關許可，不得進入臺灣地區。

2. 經許可進入臺灣地區之大陸地區人民，不得從事與許可目的不符之活動。

第10-1條 大陸地區人民申請進入臺灣地區團聚、居留或定居者，應接受面談、按捺指紋並建檔管理之；未接受面談、按捺指紋者，不予許可其團聚、居留或定居之申請。其管理辦法，由主管機關定之。

第 11 條 1. 僱用大陸地區人民在臺灣地區工作，應向主管機關申請許可。

2. 經許可受僱在臺灣地區工作之大陸地區人民，其受僱期間不得逾一年，並不得轉換雇主及工作。但因雇主關廠、歇業或其他特殊事故，致僱用關係無法繼續時，經主管機關許可者，得轉換雇主及工作。

3. 大陸地區人民因前項但書情形轉換雇主及工作時，其轉換後之受僱期間，與原受僱期間併計。

4. 僱用大陸地區人民工作時，其勞動契約應以定期契約為之。

第 13 條 1. 僱用大陸地區人民者，應向勞動部所設專戶繳納就業安定費。

2. 前項收費標準及管理運用辦法，由勞動部會同財政部擬訂，報請行政院核定之。

第 14 條 1. 經許可受僱在臺灣地區工作之大陸地區人民，違反本條例或其他法令之規定者，主管機關得撤銷或廢止其許可。

2. 前項經撤銷或廢止許可之大陸地區人民，應限期離境，逾期不離境者，強制其出境。前項規定，於中止或終止勞動契約時，適用之。

第 15 條 下列行為不得為之：

1. 使大陸地區人民非法進入臺灣地區。
2. 明知臺灣地區人民未經許可，而招攬使之進入大陸地區。
3. 使大陸地區人民在臺灣地區從事未經許可或與許可目的不符之活動。
4. 僱留用大陸地區人民在臺灣地區從事未經許可或與許可範圍不符之工作。
5. 居間介紹他人為前款之行為。

違反本條各項之罰則：

罰則	
違反第 15 條第 1 項規定者	處一年以上七年以下有期徒刑，得併科新臺幣一百萬元以下罰金。
意圖營利而犯第 1 項之罪者	處三年以上十年以下有期徒刑，得併科新臺幣五百萬元以下罰金。
違反第 2 項規定者	處六月以下有期徒刑、拘役或科或併科新臺幣十萬元以下罰金。
違反第 3 項規定者	處新臺幣二十萬元以上一百萬元以下罰鍰。
第 1、2 項之首謀者	處五年以上有期徒刑，得併科新臺幣一千萬元以下罰金。
違反第 4 項或第 5 項規定者	處二年以下有期徒刑、拘役或科或併科新臺幣三十萬元以下罰金。
意圖營利而違反第 5 項規定者	處三年以下有期徒刑、拘役或科或併科新臺幣六十萬元以下罰金。

第 16 條 1. 大陸地區人民得申請來臺從事商務或觀光活動，其辦法，由主管機關定之。

2. 大陸地區人民有下列情形之一者，得申請在臺灣地區定居：
   (1) 臺灣地區人民之直系血親及配偶，年齡在七十歲以上、十二歲以下者。
   (2) 其臺灣地區之配偶死亡，須在臺灣地區照顧未成年之親生子女者。
   (3) 民國三十四年後，因兵役關係滯留大陸地區之臺籍軍人及其配偶。
   (4) 民國三十八年政府遷臺後，因作戰或執行特種任務被俘之前國軍官兵及其配偶。
   (5) 民國三十八年政府遷臺前，以公費派赴大陸地區求學人員及其配偶。
   (6) 民國七十六年十一月一日前，因船舶故障、海難或其他不可抗力之事由滯留大陸地區，且在臺灣地區原有戶籍之漁民或船員。

第 17 條 1. 大陸地區人民為臺灣地區人民配偶，得依法令申請進入臺灣地區團聚，經許可入境後，得申請在臺灣地區依親居留。

2. 前項以外之大陸地區人民，得依法令申請在臺灣地區停留；有下列情形之一者，得申請在臺灣地區商務或工作居留，居留期間最長為三年，期滿得申請延期：

(1) 符合受僱在臺灣地區工作之大陸地區人民。

(2) 符合來臺從事商務相關活動之大陸地區人民。

經依第一項規定許可在臺灣地區依親居留滿四年，且每年在臺灣地區合法居留期間逾一百八十三日者，得申請長期居留。

規定許可在臺灣地區長期居留者，居留期間無限制；長期居留符合下列規定者，得申請在臺灣地區定居：

(1) 在臺灣地區合法居留連續二年且每年居住逾一百八十三日。

(2) 品行端正，無犯罪紀錄。

(3) 提出喪失原籍證明。

(4) 符合國家利益。

內政部得訂定依親居留、長期居留及定居之數額及類別，報請行政院核定後公告之。

本條例中華民國九十八年六月九日修正之條文施行前，經許可在臺團聚者，其每年在臺合法團聚期間逾一百八十三日者，得轉換為依親居留期間；其已在臺依親居留或長期居留者，每年在臺團聚期間逾一百八十三日者，其團聚期間得分別轉換併計為依親居留或長期居留期間；經轉換併計後，在臺依親居留滿四年，得申請轉換為長期居留期間；經轉換併計後，在臺連續長期居留滿二年，並符合第五項規定，得申請定居。

第17-1條 依前條規定許可在臺灣地區依親居留或長期居留者，居留期間得在臺灣地區工作。

第 18 條 進入臺灣地區之大陸地區人民，有下列情形之一者，治安機關得逕行強制出境。但其所涉案件已進入司法程序者，應先經司法機關之同意：

1. 未經許可入境。
2. 經許可入境，已逾停留、居留期限。
3. 從事與許可目的不符之活動或工作。
4. 有事實足認為有犯罪行為。
5. 有事實足認為有危害國家安全或社會安定之虞。

6. 進入臺灣地區之大陸地區人民已取得居留許可而有前項第三款至第五款情形之一者，內政部移民署於強制其出境前，得召開審查會，並給予當事人陳述意見之機會。
7. 第一項大陸地區人民，於強制出境前，得暫予收容，並得令其從事勞務。
8. 從事與許可目的不符之活動或工作之情事，致違反社會秩序維護法而未涉有其他犯罪情事者，於調查後得免移送簡易庭裁定。
9. 進入臺灣地區之大陸地區人民，涉及刑事案件，經法官或檢察官責付而收容於之收容處所，並經法院判決有罪確定者，其收容之日數，以一日抵有期徒刑或拘役一日裁判所定之罰金額數。

第18-1條 前條第一項受強制出境處分者，有下列情形之一，且非予收容顯難強制出境，內政部移民署得暫予收容，期間自暫予收容時起最長不得逾十五日，且應於暫予收容處分作成前，給予當事人陳述意見機會：

1. 無相關旅行證件，或其旅行證件仍待查核，不能依規定執行。
2. 有事實足認有行方不明、逃逸或不願自行出境之虞。
3. 於境外遭通緝。

暫予收容期間屆滿前，內政部移民署認有續予收容之必要者，應於期間屆滿五日前附具理由，向法院聲請裁定續予收容。續予收容之期間，自暫予收容期間屆滿時起，最長不得逾四十五日。

續予收容期間屆滿前，有第一項各款情形之一，內政部移民署認有延長收容之必要者，應於期間屆滿五日前附具理由，向法院聲請裁定延長收容。

延長收容之期間，自續予收容期間屆滿時起，最長不得逾四十日。

前項收容期間屆滿前，有第一項各款情形之一，內政部移民署認有延長收容之必要者，應於期間屆滿五日前附具理由，再向法院聲請延長收容一次。延長收容之期間，自前次延長收容期間屆滿時起，最長不得逾五十日。

受收容人有得不暫予收容之情形、收容原因消滅，或無收容之必要，內政部移民署得依職權，視其情形分別為廢止暫予收容處分、停止收容，或為收容替代處分後，釋放受收容人。如於法院裁定准予續予收容或延長收容後，內政部移民署停止收容時，應即時通知原裁定法院。

受收容人涉及刑事案件已進入司法程序者，內政部移民署於知悉後執行強制出境十日前，應通知司法機關；如經司法機關認為有羈押或限制出境之必要，而移由其處理者，不得執行強制出境。

第18-2條 大陸地區人民逾期居留未滿三十日，原申請居留原因仍繼續存在者，經依第八十七條之一規定處罰後，得向內政部移民署重新申請居留，不適用第十七條第八項規定。前項大陸地區人民申請長期居留或定居者，核算在臺灣地區居留期間，應扣除一年。

第 19 條 1. 臺灣地區人民依規定保證大陸地區人民入境者，於被保證人屆期不離境時，應協助有關機關強制其出境，並負擔因強制出境所支出之費用。

2. 前項費用，得由強制出境機關檢具單據影本及計算書，通知保證人限期繳納，屆期不繳納者，依法移送強制執行。

第 20 條 臺灣地區人民有下列情形之一者，應負擔強制出境所需之費用：

1. 使大陸地區人民非法入境者。
2. 非法僱用大陸地區人民工作者。
3. 費用由強制出境機關檢具單據影本及計算書，通知應負擔人限期繳納；屆期不繳納者，依法移送強制執行。

第 21 條 1. 大陸地區人民經許可進入臺灣地區者，除法律另有規定外，非在臺灣地區設有戶籍滿十年，不得登記為公職候選人、擔任公教或公營事業機關（構）人員及組織政黨；非在臺灣地區設有戶籍滿二十年，不得擔任情報機關（構）人員，或國防機關（構）之下列人員：

(1) 志願役軍官、士官及士兵。
(2) 義務役軍官及士官。
(3) 文職、教職及國軍聘雇人員。

2. 大陸地區人民經許可進入臺灣地區設有戶籍者，得依法令規定擔任大學教職、學術研究機構研究人員或社會教育機構專業人員，不受前項在臺灣地區設有戶籍滿十年之限制；但不得擔任涉及國家安全或機密科技研究之職務。

第 22 條 1. 在大陸地區接受教育之學歷，除屬醫療法所稱醫事人員相關之高等學校學歷外，得予採認；其適用對象、採認原則、認定程序及其他應遵行事項之辦法，由教育部擬訂，報請行政院核定之。

2. 大陸地區人民非經許可在臺灣地區設有戶籍者，不得參加公務人員考試、專門職業及技術人員考試之資格。

3. 大陸地區人民經許可得來臺就學，其適用對象、申請程序、許可條件、停留期間及其他應遵行事項之辦法，由教育部擬訂，報請行政院核定之。

第 23 條 1. 臺灣地區、大陸地區及其他地區人民、法人、團體或其他機構，經許可得為大陸地區之教育機構在臺灣地區辦理招生事宜或從事居間介紹之行為。其許可辦法由教育部擬訂，報請行政院核定之。

2. 違反第 23 條規定從事招生或居間介紹行為者，處一年以下有期徒刑、拘役或科或併科新臺幣一百萬元以下罰金。

第 24 條 1. 臺灣地區人民、法人、團體或其他機構有大陸地區來源所得者，應併同臺灣地區來源所得課徵所得稅。但其在大陸地區已繳納之稅額，得自應納稅額中扣抵。

2. 臺灣地區法人、團體或其他機構，經主管機關許可，經由其在第三地區投資設立之公司或事業在大陸地區從事投資者，於依所得稅法規定列報第三地區公司或事業之投資收益時，其屬源自轉投資大陸地區公司或事業分配之投資收益部分，視為大陸地區來源所得，依前項規定課徵所得稅。但該部分大陸地區投資收益在大陸地區及第三地區已繳納之所得稅，得自應納稅額中扣抵。

第 25 條 1. 大陸地區人民、法人、團體或其他機構有臺灣地區來源所得者，應就其臺灣地區來源所得，課徵所得稅。

2. 大陸地區人民於一課稅年度內在臺灣地區居留、停留合計滿一百八十三日者，應就其臺灣地區來源所得，準用臺灣地區人民適用之課稅規定，課徵綜合所得稅。

3. 大陸地區法人、團體或其他機構在臺灣地區有固定營業場所或營業代理人者，應就其臺灣地區來源所得，準用臺灣地區營利事業適用之課稅規定，課徵營利事業所得稅；其在臺灣地區無固定營業場所而有營業代理人者，其應納之營利事業所得稅，應由營業代理人負責，向該管稽徵機關申報納稅。

4. 大陸地區法人、團體或其他機構在臺灣地區因從事投資，所獲配之股利淨額或盈餘淨額，應由扣繳義務人於給付時，按規定之扣繳率扣繳，不計入營利事業所得額。

5. 大陸地區人民於一課稅年度內在臺灣地區居留、停留合計未滿一百八十三日者，及大陸地區法人、團體或其他機構在臺灣地區無固定營業場所及營業代理人者，其臺灣地區來源所得之應納稅額，應由扣繳義務人於給付時，按規定之扣繳率扣繳，免辦理結算申報；如有非屬扣繳範圍之所得，應由納稅義務人依規定稅率申報納稅，其無法自行辦理申報者，應委託臺灣地區人民或在臺灣地區有固定營業場所之營利事業為代理人，負責代理申報納稅。

6. 前二項之扣繳事項，適用所得稅法之相關規定。大陸地區人民、法人、團體或其他機構取得臺灣地區來源所得應適用之扣繳率，其標準由財政部擬訂，報請行政院核定之。

第 26 條　**支領各種月退休（職、伍）給與之退休（職、伍）軍公教及公營事業機關（構）人員擬赴大陸地區長期居住者，應向主管機關申請改領一次退休（職、伍）給與。**

第26-1條　1. 軍公教及公營事業機關（構）人員，在任職（服役）期間死亡，或支領月退休（職、伍）給與人員，在支領期間死亡，而在臺灣地區無遺族或法定受益人者，其居住大陸地區之遺族或法定受益人，得於各該支領給付人死亡之日起五年內，經許可進入臺灣地區，以書面向主管機關申請領受公務人員或軍人保險死亡給付、一次撫卹金、餘額退伍金或一次撫慰金，不得請領年撫卹金或月撫慰金。逾期未申請領受者，喪失其權利。

2. 前項保險給付一次撫卹金、餘額退伍金或一次撫慰金總額，不得逾新臺幣二百萬元。

第 28 條　中華民國船舶、航空器及其他運輸工具，經主管機關許可，得航行至大陸地區。其許可及管理辦法，於本條例修正通過後十八個月內，由交通部會同有關機關擬訂，報請行政院核定之；於必要時，經向立法院報告備查後，得延長之。

第 29 條　1. 大陸船舶、民用航空器及其他運輸工具，非經主管機關許可，不得進入臺灣地區限制或禁止水域、臺北飛航情報區限制區域。

2. 前項限制或禁止水域及限制區域，由國防部公告之。

第29-1條　1. 臺灣地區及大陸地區之海運、空運公司，參與兩岸船舶運輸及航空運輸，在對方取得之運輸收入，得依臺灣地區與大陸地區協議事項，於互惠原則下，相互減免應納之營業稅及所得稅。

2. 前項減免稅捐之範圍、方法、適用程序及其他相關事項之辦法，由財政部擬訂，報請行政院核定。

第 30 條 1. 外國船舶、民用航空器及其他運輸工具，不得直接航行於臺灣地區與大陸地區港口、機場間；亦不得利用外國船舶、民用航空器及其他運輸工具，經營經第三地區航行於包括臺灣地區與大陸地區港口、機場間之定期航線業務。

2. 前項船舶、民用航空器及其他運輸工具為大陸地區人民、法人、團體或其他機構所租用、投資或經營者，交通部得限制或禁止其進入臺灣地區港口、機場。

3. 違反第 30 條第 1 項規定者，處新臺幣三百萬元以上一千五百萬元以下罰鍰，並得禁止該船舶、民用航空器或其他運輸工具所有人、營運人之所屬船舶、民用航空器或其他運輸工具，於一定期間內進入臺灣地區港口、機場。

第 31 條 大陸民用航空器未經許可進入臺北飛航情報區限制進入之區域，執行空防任務機關得警告飛離或採必要之防衛處置。

第 32 條 大陸船舶未經許可進入臺灣地區限制或禁止水域，主管機關得逕行驅離或扣留其船舶、物品，留置其人員或為必要之防衛處置。前項扣留之船舶、物品，或留置之人員，主管機關應於三個月內為下列之處分：

1. 扣留之船舶、物品未涉及違法情事，得發還；若違法情節重大者，得沒入。

2. 留置之人員經調查後移送有關機關收容遣返或強制其出境。

本條例實施前扣留之大陸船舶、物品及留置之人員，已由主管機關處理者，依其處理。

第 33 條 **1. 臺灣地區人民、法人、團體或其他機構，除法律另有規定外，得擔任大陸地區法人、團體或其他機構之職務或為其成員。**

2. 臺灣地區人民、法人、團體或其他機構，不得擔任經行政院大陸委員會會商各該主管機關公告禁止之大陸地區黨務、軍事、行政或具政治性機關（構）、團體之職務或為其成員。

3. 臺灣地區人民、法人、團體或其他機構，擔任大陸地區之職務或為其成員，有下列情形之一者，應經許可：

(1) 所擔任大陸地區黨務、軍事、行政或具政治性機關（構）、團體之職務或為成員，未經依前項規定公告禁止者。

(2) 有影響國家安全、利益之虞或基於政策需要，經各該主管機關會商行政院大陸委員會公告者。

(3) 臺灣地區人民擔任大陸地區法人、團體或其他機構之職務或為其成員，不從事妨害國家安全或利益之行為。

第33-1條 臺灣地區人民、法人、團體或其他機構，非經各該主管機關許可，不得為下列行為：

1. 與大陸地區黨務、軍事、行政、具政治性機關（構）、團體或涉及對臺政治工作、影響國家安全或利益之機關（構）、團體為任何形式之合作行為。
2. 與大陸地區人民、法人、團體或其他機構，為涉及政治性內容之合作行為。
3. 與大陸地區人民、法人、團體或其他機構聯合設立政治性法人、團體或其他機構。

第33-2條
1. 臺灣地區各級地方政府機關（構）或各級地方立法機關，非經內政部會商行政院大陸委員會報請行政院同意，不得與大陸地區地方機關締結聯盟。
2. 本條例修正施行前，已從事前項之行為，且於本條例修正施行後仍持續進行者，應自本條例修正施行之日起三個月內報請行政院同意；屆期未報請同意或行政院不同意者，以未報請同意論。

第33-3條
1. 臺灣地區各級學校與大陸地區學校締結聯盟或為書面約定之合作行為，應先向教育部申報，於教育部受理其提出完整申報之日起三十日內，不得為該締結聯盟或書面約定之合作行為；教育部未於三十日內決定者，視為同意。
2. 前項締結聯盟或書面約定之合作內容，不得違反法令規定或涉有政治性內容。
3. 本條例修正施行前，已從事第一項之行為，且於本條例修正施行後仍持續進行者，應自本條例修正施行之日起三個月內向主管機關申報；屆期未申報或申報未經同意者，以未經申報論。

罰則	
違反第 33-1 條第 1 項 違反第 33-2 條第 1 項	處新臺幣十萬元以上五十萬元以下罰鍰，並得按次連續處罰。
違反第 33-1 條第 2 項 違反第 33-3 條第 1 項 違反第 33-3 條第 2 項	處新臺幣一萬元以上五十萬元以下罰鍰，主管機關並得限期令其申報或改正；屆期未申報或改正者，並得按次連續處罰至申報或改正為止。

第 34 條　依本條例許可之大陸地區物品、勞務、服務或其他事項，得在臺灣地區從事廣告之播映、刊登或其他促銷推廣活動，廣告活動內容，不得有下列情形：

1. 為中共從事具有任何政治性目的之宣傳。
2. 違背現行大陸政策或政府法令。
3. 妨害公共秩序或善良風俗。
4. 違反第 34 條第 1 項以外大陸地區物品、勞務、服務或其他事項之廣告播映、刊登或其他促銷推廣活動者，違反第 34 條第 2 項、或依第 4 項所定管理辦法之強制或禁止規定者，處新臺幣十萬元以上五十萬元以下罰鍰。前項廣告，不問屬於何人所有或持有，得沒入之。

第 35 條

1. 臺灣地區人民、法人、團體或其他機構，經經濟部許可，得在大陸地區從事投資或技術合作；其投資或技術合作之產品或經營項目，依據國家安全及產業發展之考慮，區分為禁止類及一般類，由經濟部會商有關機關訂定項目清單及個案審查原則，並公告之。
2. 但一定金額以下之投資，得以申報方式為之；其限額由經濟部以命令公告之。
3. 違反第 35 條第 1 項規定從事一般類項目之投資或技術合作者，處新臺幣五萬元以上二千五百萬元以下罰鍰，並得限期命其停止或改正；屆期不停止或改正者，得連續處罰。

第 36 條

1. 臺灣地區金融保險證券期貨機構及其在臺灣地區以外之國家或地區設立之分支機構，經金融監督管理委員會許可，得與大陸地區人民、法人、團體、其他機構或其在大陸地區以外國家或地區設立之分支機構有業務上之直接往來。
2. 臺灣地區金融保險證券期貨機構在大陸地區設立分支機構，應報經金融監督管理委員會許可；其相關投資事項，應依前條規定辦理。
3. 違反第 36 條第 1 項或第 2 項規定者，處新臺幣二百萬元以上一千萬元以下罰鍰，並得限期命其停止或改正；屆期不停止或改正，或停止後再為相同違反行為者，處行為負責人三年以下有期徒刑、拘役或科或併科新臺幣一千五百萬元以下罰金。

第36-1條

1. 大陸地區資金進出臺灣地區之管理及處罰，對於臺灣地區之金融市場或外匯市場有重大影響情事時，並得由中央銀行會同有關機關予以其他必要之限制或禁止。

2. 違反依第 36 條之 1 所發布之限制或禁止命令者，處新臺幣三百萬元以上一千五百萬元以下罰鍰。中央銀行指定辦理外匯業務銀行違反者，並得由中央銀行按其情節輕重，停止其一定期間經營全部或一部外匯之業務。

第 37 條 1. 大陸地區出版品、電影片、錄影節目及廣播電視節目，經主管機關許可，得進入臺灣地區，或在臺灣地區發行、銷售、製作、播映、展覽或觀摩。前項許可辦法，由文化部擬訂，報請行政院核定之。

2. 違反第 37 條規定者，處新臺幣四萬元以上二十萬元以下罰鍰。前項出版品、電影片、錄影節目或廣播電視節目，不問屬於何人所有，沒入之。

第 38 條 1. 大陸地區發行之幣券，除其數額在金融監督管理委員會所定限額以下外，不得進出入臺灣地區。但其數額逾所定限額部分，旅客應主動向海關申報，並由旅客自行封存於海關，出境時准予攜出。

2. 金融監督管理委員會得會同中央銀行訂定辦法，許可大陸地區發行之幣券，進出入臺灣地區。

3. 大陸地區發行之幣券，於臺灣地區與大陸地區簽訂雙邊貨幣清算協定或建立雙邊貨幣清算機制後，其在臺灣地區之管理，準用管理外匯條例有關之規定。

4. 前項雙邊貨幣清算協定簽訂或機制建立前，大陸地區發行之幣券，在臺灣地區之管理及貨幣清算，由中央銀行會同金融監督管理委員會訂定辦法。

第 39 條 1. 大陸地區之中華古物，經主管機關許可運入臺灣地區公開陳列、展覽者，得予運出。

2. 前項以外之大陸地區文物、藝術品，違反法令、妨害公共秩序或善良風俗者，主管機關得限制或禁止其在臺灣地區公開陳列、展覽。

第 40 條 1. 輸入或攜帶進入臺灣地區之大陸地區物品，以進口論；其檢驗、檢疫、管理、關稅等稅捐之徵收及處理等，依輸入物品有關法令之規定辦理。

2. 輸往或攜帶進入大陸地區之物品，以出口論；其檢驗、檢疫、管理、通關及處理，依輸出物品有關法令之規定辦理。

第40-1條 1. 大陸地區之營利事業，非經主管機關許可，並在臺灣地區設立分公司或辦事處，不得在臺從事業務活動；其分公司在臺營業，準用公司法規定。

2. 前項業務活動範圍、許可條件、申請程序、申報事項、應備文件、撤回、撤銷或廢止許可及其他應遵行事項之辦法，由經濟部擬訂，報請行政院核定之。

第40-2條 1. 大陸地區之非營利法人、團體或其他機構，非經各該主管機關許可，不得在臺灣地區設立辦事處或分支機構，從事業務活動。

2. 經許可在臺從事業務活動之大陸地區非營利法人、團體或其他機構，不得從事與許可範圍不符之活動。

3. 許可範圍、許可條件、申請程序、申報事項、應備文件、審核方式、管理事項、限制及其他應遵行事項之辦法，由各該主管機關擬訂，報請行政院核定之。

第三章　民　事

第 41 條 1. 臺灣地區人民與大陸地區人民間之民事事件，除本條例另有規定外，適用臺灣地區之法律。

2. 大陸地區人民相互間及其與外國人間之民事事件，除本條例另有規定外，適用大陸地區之規定。

3. 本章所稱行為地、訂約地、發生地、履行地、所在地、訴訟地或仲裁地，指在臺灣地區或大陸地區。

第 42 條 依本條例規定應適用大陸地區之規定時，如該地區內各地方有不同規定者，依當事人戶籍地之規定。

第 43 條 依本條例規定應適用大陸地區之規定時，如大陸地區就該法律關係無明文規定或依其規定應適用臺灣地區之法律者，適用臺灣地區之法律。

第 44 條 依本條例規定應適用大陸地區之規定時，如其規定有背於臺灣地區之公共秩序或善良風俗者，適用臺灣地區之法律。

第 45 條 民事法律關係之行為地或事實發生地跨連臺灣地區與大陸地區者，以臺灣地區為行為地或事實發生地。

第 46 條 1. 大陸地區人民之行為能力，依該地區之規定。但未成年人已結婚者，就其在臺灣地區之法律行為，視為有行為能力。

2. 大陸地區之法人、團體或其他機構，其權利能力及行為能力，依該地區之規定。

第 47 條　1. 法律行為之方式，依該行為所應適用之規定。但依行為地之規定所定之方式者，亦為有效。
2. 物權之法律行為，其方式依物之所在地之規定。
3. 行使或保全票據上權利之法律行為，其方式依行為地之規定。

第 48 條　1. 債之契約依訂約地之規定。但當事人另有約定者，從其約定。
2. 前項訂約地不明而當事人又無約定者，依履行地之規定。
3. 履行地不明者，依訴訟地或仲裁地之規定。

第 49 條　關於在大陸地區無因管理、不當得利或其他法律事實而生之債，依大陸地區之規定。

第 50 條　侵權行為依損害發生地之規定。但臺灣地區之法律不認其為侵權行為者，不適用之。

第 51 條　1. 物權依物之所在地之規定。
2. 關於以權利為標的之物權，依權利成立地之規定。
3. 物之所在地如有變更，其物權之得喪，依其原因事實完成時之所在地之規定。
4. 船舶之物權，依船籍登記地之規定；航空器之物權，依航空器登記地之規定。

第 52 條　1. 結婚或兩願離婚之方式及其他要件，依行為地之規定。
2. 判決離婚之事由，依臺灣地區之法律。

第 53 條　夫妻之一方為臺灣地區人民，一方為大陸地區人民者，其結婚或離婚之效力，依臺灣地區之法律。

第 54 條　1. 臺灣地區人民與大陸地區人民在大陸地區結婚，其夫妻財產制，依該地區之規定。
2. 但在臺灣地區之財產，適用臺灣地區之法律。

第 55 條　非婚生子女認領之成立要件，依各該認領人被認領人認領時設籍地區之規定。認領之效力，依認領人設籍地區之規定。

第 56 條　1. 收養之成立及終止，依各該收養者被收養者設籍地區之規定。
2. 收養之效力，依收養者設籍地區之規定。

第 57 條　父母之一方為臺灣地區人民，一方為大陸地區人民者，其與子女間之法律關係，依子女設籍地區之規定。

第 58 條　1. 受監護人為大陸地區人民者，關於監護，依該地區之規定。
2. 但受監護人在臺灣地區有居所者，依臺灣地區之法律。

第 59 條　扶養之義務，依扶養義務人設籍地區之規定。

第 60 條　1. 被繼承人為大陸地區人民者，關於繼承，依該地區之規定。
2. 但在臺灣地區之遺產，適用臺灣地區之法律。

第 61 條　1. 大陸地區人民之遺囑，其成立或撤回之要件及效力，依該地區之規定。
2. 但以遺囑就其在臺灣地區之財產為贈與者，適用臺灣地區之法律。

第 62 條　1. 大陸地區人民之捐助行為，其成立或撤回之要件及效力，依該地區之規定。
2. 但捐助財產在臺灣地區者，適用臺灣地區之法律。

第 63 條　1. 本條例施行前，臺灣地區人民與大陸地區人民間、大陸地區人民相互間及其與外國人間，在大陸地區成立之民事法律關係及因此取得之權利、負擔之義務，以不違背臺灣地區公共秩序或善良風俗者為限，承認其效力。
2. 前項規定，於本條例施行前已另有法令限制其權利之行使或移轉者，不適用之。

第 65 條　臺灣地區人民收養大陸地區人民為養子女，除依民法規定外，有下列情形之一者，法院亦應不予認可：
1. 已有子女或養子女者。
2. 同時收養二人以上為養子女者。
3. 未經行政院設立或指定之機構或委託之民間團體驗證收養之事實者。

第 66 條　1. 大陸地區人民繼承臺灣地區人民之遺產，應於繼承開始起三年內以書面向被繼承人住所地之法院為繼承之表示；逾期視為拋棄其繼承權。
2. 大陸地區人民繼承本條例施行前已由主管機關處理，且在臺灣地區無繼承人之現役軍人或退除役官兵遺產者，前項繼承表示之期間為四年。
3. 繼承在本條例施行前開始者，前二項期間自本條例施行之日起算。

第 67 條　1. 被繼承人在臺灣地區之遺產，由大陸地區人民依法繼承者，其所得財產總額，每人不得逾新臺幣二百萬元。超過部分，歸屬臺灣地區同為繼承之人；臺灣地區無同為繼承之人者，歸屬臺灣地區後順序之繼承人；臺灣地區無繼承人者，歸屬國庫。
2. 前項遺產，在本條例施行前已依法歸屬國庫者，不適用本條例之規定。其依法令以保管款專戶暫為存儲者，仍依本條例之規定辦理。

3. 遺囑人以其在臺灣地區之財產遺贈大陸地區人民、法人、團體或其他機構者，其總額不得逾新臺幣二百萬元。

4. 遺產中，有以不動產為標的者，應將大陸地區繼承人之繼承權利折算為價額。但其為臺灣地區繼承人賴以居住之不動產者，大陸地區繼承人不得繼承之，於定大陸地區繼承人應得部分時，其價額不計入遺產總額。

5. 大陸地區人民為臺灣地區人民配偶，其繼承在臺灣地區之遺產或受遺贈者，依下列規定辦理：

   (1) 不適用第一項及第三項總額不得逾新臺幣二百萬元之限制規定。

   (2) 其經許可長期居留者，得繼承以不動產為標的之遺產，不適用前項有關繼承權利應折算為價額之規定。但不動產為臺灣地區繼承人賴以居住者，不得繼承之，於定大陸地區繼承人應得部分時，其價額不計入遺產總額。

第67-1條 遺產事件，其繼承人全部為大陸地區人民者，由繼承人、利害關係人或檢察官聲請法院指定財政部國有財產署為遺產管理人，管理其遺產。

第 74 條 1. 在大陸地區作成之民事確定裁判、民事仲裁判斷，不違背臺灣地區公共秩序或善良風俗者，得聲請法院裁定認可。

2. 前項經法院裁定認可之裁判或判斷，以給付為內容者，得為執行名義。

3. 前二項規定，以在臺灣地區作成之民事確定裁判、民事仲裁判斷，得聲請大陸地區法院裁定認可或為執行名義者，始適用之。

第四章　刑　事

第 75 條 1. 在大陸地區或船艦、航空器內犯罪，雖在大陸地區曾受處罰，仍得依法處斷。

2. 得免其刑之全部或一部之執行。

第75-1條 1. 大陸地區人民於犯罪後出境，致不能到庭者，法院得於其能到庭以前停止審判。

2. 但顯有應諭知無罪或免刑判決之情形者，得不待其到庭，逕行判決。

第 77 條 1. 大陸地區人民在臺灣地區以外之地區，犯內亂罪、外患罪，經許可進入臺灣地區，而於申請時據實申報者，免予追訴、處罰。

2. 其進入臺灣地區參加主管機關核准舉辦之會議或活動，經專案許可免予申報者，亦同。

第 78 條　大陸地區人民之著作權或其他權利在臺灣地區受侵害者，其告訴或自訴之權利，以臺灣地區人民得在大陸地區享有同等訴訟權利者為限。

第87-1條　大陸地區人民逾期停留或居留者，由內政部移民署處新臺幣二千元以上一萬元以下罰鍰。

第六章　附　則

第 95 條　主管機關於實施臺灣地區與大陸地區直接通商、通航及大陸地區人民進入臺灣地區工作前，應經立法院決議；立法院如於會期內一個月未為決議，視為同意。

第95-1條　主管機關實施臺灣地區與大陸地區直接通商、通航前，得先行試辦金門、馬祖、澎湖與大陸地區之通商、通航。

第 96 條　本條例施行日期，由行政院定之。

13-1-2　臺灣地區與大陸地區人民關係條例施行細則（節略）

本書將條款整理後，並進行摘要及重點提示，以利閱讀。

中華民國 107 年 5 月 30 日行政院院臺規字第 1070015074 號令

第 1 條　本細則依臺灣地區與大陸地區人民關係條例（以下簡稱本條例）第 95 條之 4 規定訂定之。

第 2 條　本條例第一條、第四條、第六條、第四十一條、第六十二條、第六十三條、第七十九條之一及第九十五條之三所稱人民，指自然人、法人、團體及其他機構。

本條例第七十八條所稱人民，指自然人及法人。

第 4 條　本條例第二條第三款所定臺灣地區人民，包括下列人民：

1. 曾在臺灣地區設有戶籍，中華民國九十年二月十九日以前轉換身分為大陸地區人民，依第六條規定回復臺灣地區人民身分者。
2. 在臺灣地區出生，其父母均為臺灣地區人民，或一方為臺灣地區人民，一方為大陸地區人民者。
3. 在大陸地區出生，其父母均為臺灣地區人民，未在大陸地區設有戶籍或領用大陸地區護照者。

4. 在大陸地區出生，其父母一方為臺灣地區人民，一方為大陸地區人民，未在大陸地區設有戶籍或領用大陸地區護照，並於出生後一年內在臺灣地區設有戶籍者。
5. 依本條例第九條之二第一項規定，經內政部許可回復臺灣地區人民身分，並返回臺灣地區定居者。
6. 大陸地區人民經許可進入臺灣地區定居，並設有戶籍者，為臺灣地區人民。

第 5 條　本條例第二條第四款所定大陸地區人民，包括下列人民：
1. 在臺灣地區或大陸地區出生，其父母均為大陸地區人民者。
2. 在大陸地區出生，其父母一方為臺灣地區人民，一方為大陸地區人民，在大陸地區設有戶籍、領用大陸地區護照或未依前條第一項第四款規定在臺灣地區設有戶籍者。
3. 在臺灣地區設有戶籍，中華民國九十年二月十九日以前轉換身分為大陸地區人民，未依第六條規定回復臺灣地區人民身分者。
4. 依本條例第九條之一第二項規定在大陸地區設有戶籍或領用大陸地區護照，而喪失臺灣地區人民身分者。

第 6 條　1. 中華民國七十六年十一月二日起迄中華民國九十年二月十九日間前往大陸地區繼續居住逾四年致轉換身分為大陸地區人民，其在臺灣地區原設有戶籍，且未在大陸地區設有戶籍或領用大陸地區護照者，得申請回復臺灣地區人民身分，並返臺定居。
2. 前項申請回復臺灣地區人民身分有下列情形之一者，主管機關得不予許可其申請：
(1) 現（曾）擔任大陸地區黨務、軍事、行政或具政治性機關（構）、團體之職務或為其成員。
(2) 有事實足認有危害國家安全、社會安定之虞。

第 7 條　本條例所定大陸地區人民旅居國外者，包括在國外出生，領用大陸地區護照者。但不含旅居國外一年以上之下列人民在內：
1. 取得當地國籍者。
2. 取得當地永久居留權並領有我國有效護照者。
3. 前項所稱旅居國外四年之計算，指自抵達國外翌日起，四年間返回大陸地區之期間，每次未逾三十日而言；其有逾三十日者，當年不列入四年之計算。但返回大陸地區有下列情形之一者，不在此限：

(1) 懷胎七月以上或生產、流產，且自事由發生之日起未逾二個月。
(2) 罹患疾病而離開大陸地區有生命危險之虞，且自事由發生之日起未逾二個月。
(3) 大陸地區之二親等內之血親、繼父母、配偶之父母、配偶或子女之配偶在大陸地區死亡，且自事由發生之日起未逾二個月。
(4) 遇天災或其他不可避免之事變，且自事由發生之日起未逾一個月。

第 15 條　本條例第十五條第一款所定非法進入臺灣地區，包括持偽造、變造、冒用或持冒用身分申請之護照、旅行證或其他相類之證書、有事實足認係通謀虛偽結婚、偷渡或以其他非法之方法入境在內。

本條例第十八條第一項第一款所定未經許可入境者，包括持偽造、變造、冒用或持冒用身分申請之護照、旅行證或其他相類之證書、偷渡或以其他非法之方法入境者在內。

第 16 條　本條例所定有事實足認為有犯罪行為者，指涉及刑事案件，經治安機關依下列事證之一查證屬實者：

1. 檢舉書、自白書或鑑定書。
2. 照片、錄音或錄影。
3. 警察或治安人員職務上製作之筆錄或查證報告。
4. 檢察官之起訴書、處分書或審判機關之裁判書。
5. 其他具體事證。

第 17 條　本條例第十八條第一項第五款所定有事實足認為有危害國家安全或社會安定之虞，指有下列情形之一者：

1. 曾參加或資助內亂、外患團體或其活動而隱瞞不報。
2. 曾參加或資助恐怖或暴力非法組織或其活動而隱瞞不報。
3. 在臺灣地區外涉嫌犯罪。
4. 在臺灣地區有其他危害國家安全或社會安定之行為，並經有關機關裁處。

第 20 條　本條例第二十一條所定公教或公營事業機關（構）人員，不包括下列人員：

1. 經中央目的事業主管機關核可受聘擔任學術研究機構、社會教育機構、專科以上學校及戲劇藝術學校之研究員、副研究員、助理研究員、博士後研究、研究講座、客座教授、客座副教授、客座助理教授、客座專家、客座教師。

2. 經濟部及交通部所屬國營事業機關（構）之約僱人員。
3. 本條例第二十一條第一項所稱情報機關（構），指國家安全局組織法第二條第一項所定之機關（構）；所稱國防機關（構），指國防部及其所屬機關（構）、部隊。
4. 第一項人員，不得擔任涉及國家安全或機密科技研究之職務。

第 26 條　本條例所稱赴大陸地區長期居住，指赴大陸地區居、停留，一年內合計逾一百八十三日。但有下列情形之一並提出證明者，得不計入期間之計算：

1. 受拘禁或留置。
2. 懷胎七月以上或生產、流產，且自事由發生之日起未逾二個月。
3. 配偶、二親等內之血親、繼父母、配偶之父母、或子女之配偶在大陸地區死亡，且自事由發生之日起未逾二個月。
4. 遇天災或其他不可避免之事變，且自事由發生之日起未逾一個月。
5. 其他經主管機關審酌認定之特殊情事。

第 37 條　依本條例第二十六條之一第四項規定，經主管機關核定，得免進入臺灣地區請領公法給付者，得以下列方式之一核發：

1. 由大陸地區遺族或法定受益人出具委託書委託在臺親友，或本條例第四條第一項所定機構或第二項所定受委託之民間團體代為領取。
2. 請領之保險死亡給付、一次撫卹金、餘額退伍金或一次撫慰金，單項給付金額為新臺幣十萬元以下者，得依臺灣地區金融機構辦理大陸地區匯款相關規定辦理匯款。
3. 其他經主管機關認為適當之方式。

主管機關依前項各款規定方式，核發公法給付前，應請大陸地區遺族或法定受益人出具切結書；核發時，並應查驗遺族或法定受益人事先簽具之領據等相關文件。但有正當理由者，得經主管機關同意，以其他文件代替。

第 73 條　本細則自發布日施行。

13-2 大陸地區人民來臺從事觀光活動許可辦法（節略）

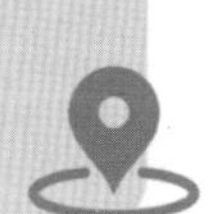

本書將條款整理後，並進行摘要及重點提示，以利閱讀。

中華民國 108 年 4 月 9 日內政部台內移字第 10809313262 號令、
交通部交路字第 10800092031 號令

第 1 條 本辦法依臺灣地區與大陸地區人民關係條例第十六條第一項規定訂定之。本辦法未規定者，適用其他有關法令之規定。

第 2 條 本辦法之主管機關為內政部，其業務分別由各該目的事業主管機關執行之。

第 3 條 大陸地區人民符合下列情形之一者，得申請許可來臺從事觀光活動：

1. 有固定正當職業或學生。
2. 有等值新臺幣十萬元以上之存款，並備有大陸地區金融機構出具之證明；或持有經主管機關公告之其他國家有效簽證。
3. 赴國外留學、旅居國外取得當地永久居留權、旅居國外取得當地依親居留權並有等值新臺幣十萬元以上存款且備有金融機構出具之證明或旅居國外一年以上且領有工作證明及其隨行之旅居國外配偶或二親等內血親。
4. 赴香港、澳門留學、旅居香港、澳門取得當地永久居留權、旅居香港、澳門取得當地依親居留權並有等值新臺幣十萬元以上存款且備有金融機構出具之證明或旅居香港、澳門一年以上且領有工作證明及其隨行之旅居香港、澳門配偶或二親等內血親。
5. 其他經大陸地區機關出具之證明文件。

第 3-1 條 大陸地區人民設籍於主管機關公告指定之區域，符合下列情形之一者，得申請許可來臺從事個人旅遊觀光活動（以下簡稱個人旅遊）：

1. 年滿 20 歲，且有相當新臺幣 10 萬元以上存款或持有銀行核發金卡或年工資所得相當新臺幣 50 萬元以上，或持有經主管機關公告之其他國家有效簽證。
2. 年滿 18 歲以上在學學生。前項第一款申請人之直系血親及配偶，得隨同本人申請來臺。

第 4 條　1. 大陸地區人民來臺從事觀光活動，其數額得予限制，並由主管機關公告之。前項公告之數額，由內政部移民署（以下簡稱移民署）依申請案次，依序核發予經交通部觀光局核准且已依第十一條第一項規定繳納保證金之旅行業。

2. 旅行業辦理大陸地區人民來臺從事觀光活動業務，經交通部觀光局會商移民署專案核准之團體，不受第一項公告數額之限制。

第 5 條　1. 大陸地區人民來臺從事觀光活動，除個人旅遊外，應由旅行業組團辦理，並以團進團出方式為之，每團人數限五人以上四十人以下。

2. 經國外轉來臺灣地區觀光之大陸地區人民，每團人數限五人以上。但符合第三條第三款或第四款規定之大陸地區人民，來臺從事觀光活動，得不以組團方式為之，其以組團方式為之者，得分批入出境。

第 5-1 條　旅行業辦理接待大陸地區人民來臺從事個人旅遊，不得接待由香港、澳門或大陸地區旅行業、其他機構或個人組成之個人旅遊旅客團體。

前項所稱個人旅遊旅客團體，指全團均由來臺從事個人旅遊之旅客所組成，或由來臺從事個人旅遊之旅客與來臺從事觀光活動以外目的之大陸地區人民所組成。個人旅遊旅客團體，由大陸地區人民、香港或澳門居民隨團執行領隊人員業務者，推定係由香港、澳門或大陸地區旅行業、其他機構或個人組成。

第 6 條　大陸地區人民符合第三條第一款或第二款規定者，申請來臺從事觀光活動，應由經交通部觀光局核准之旅行業代申請，並檢附下列文件，向移民署申請許可，並由旅行業負責人擔任保證人：

1. 團體名冊，並標明大陸地區帶團領隊。
2. 經交通部觀光局審查通過之行程表。
3. 入出境許可證申請書。
4. 固定正當職業（任職公司執照、員工證件）、在職、在學、財力證明文件或經主管機關公告之其他國家有效簽證等。大陸地區帶團領隊，應加附大陸地區核發之領隊執照影本。
5. 大陸地區所發尚餘六個月以上效期之大陸地區人民往來臺灣地區通行證或旅行證件。
6. 我方旅行業與大陸地區具組團資格之旅行社簽訂之組團契約。
7. 其他相關證明文件。

大陸地區人民符合第三條第三款或第四款規定者，申請來臺從事觀光活動，應檢附下列文件，送駐外使領館、代表處、辦事處或其他經政府授權機構（以下簡稱駐外館處）審查。駐外館處於審查後交由經交通部觀光局核准之旅行業依前項規定程序辦理或核轉移民署辦理；駐外館處有移民署派駐入國審理人員者，由其審查；未派駐入國審理人員者，由駐外館處指派人員審查：

1. 旅客名單。
2. 旅遊計畫或行程表。
3. 入出境許可證申請書。
4. 大陸地區所發尚餘六個月以上效期之旅行證件或香港、澳門政府核發之非永久性居民旅行證件。
5. 國外、香港或澳門在學證明及再入國簽證影本、現住地永久居留權證明、現住地依親居留權證明及有等值新臺幣十萬元以上之金融機構存款證明、工作證明或親屬關係證明。
6. 其他相關證明文件。

大陸地區人民符合第三條第五款規定者，申請來臺從事觀光活動，應檢附第一項第一款至第三款、第六款、第七款之文件及大陸地區所發尚餘六個月以上效期之大陸地區人民往來臺灣地區通行證影本，交由經交通部觀光局核准之旅行業依第一項規定程序辦理。

大陸地區人民符合第三條之一規定，申請來臺從事個人旅遊，應檢附下列文件，經由交通部觀光局核准之旅行業代向移民署申請許可，並由旅行業負責人擔任保證人：

1. 入出境許可證申請書。
2. 大陸地區所發尚餘六個月以上效期之大陸地區人民往來臺灣地區通行證及個人旅遊加簽影本。
3. 相當新臺幣十萬元以上金融機構存款證明或銀行核發金卡證明文件或年工資所得相當新臺幣五十萬元以上之薪資所得證明、在學證明文件或經主管機關公告之其他國家有效簽證。但最近三年內曾依第三條之一第一項第一款所定財力資格規定經許可來臺且無違規情形者，申請單次入出境許可證，得免附財力證明文件。
4. 直系血親親屬、配偶隨行者，全戶戶口簿及親屬關係證明。
5. 未成年者，直系血親尊親屬同意書。但直系血親尊親屬隨行者，免附。

6. 符合下列資格之緊急聯絡人之相關資訊：
   (1) 大陸地區親屬。
   (2) 大陸地區無親屬或親屬不在大陸地區者，為大陸地區組團社代表人。
7. 已投保旅遊相關保險之證明文件。
8. 其他相關證明文件。

移民署審查第一項第四款及第七款、前項第三款至第五款及第八款規定之文件時，得要求該文件應為大陸公務機關開立之證明，必要時該文件應經財團法人海峽交流基金會驗證。

旅行業或申請人檢附之文件不符或欠缺，其情形可補正者，應於通知一個月內補正；屆期不補正、補正不完全、不能補正或不符申請程序之情形者，駁回其申請。

第 7 條 大陸地區人民依前條第一項及第三項規定申請經審查許可者，由移民署發給臺灣地區入出境許可證（以下簡稱入出境許可證），交由接待之旅行業轉發申請人；申請人應持憑該證，連同回程機（船）票、大陸地區所發尚餘六個月以上效期之大陸地區人民往來臺灣地區通行證或旅行證件，經機場、港口查驗入出境。

經許可自國外轉來臺灣地區觀光之大陸地區人民及符合第三條第三款或第四款規定之大陸地區人民經審查許可者，由移民署發給入出境許可證，交由接待之旅行業或原核轉之駐外館處轉發申請人；申請人應持憑該證連同回程機（船）票、大陸地區所發尚餘六個月以上效期之大陸地區人民往來臺灣地區通行證或旅行證件，或香港、澳門政府核發之非永久性居民旅行證件，經機場、港口查驗入出境。

大陸地區人民依前條第四項規定申請經審查許可者，由移民署發給入出境許可證，交由代申請之旅行業轉發申請人；申請人應持憑該許可證，連同回程機（船）票、大陸地區所發尚餘六個月以上效期之大陸地區人民往來臺灣地區通行證，經機場、港口查驗入出境。

第 8 條 依前條規定發給之入出境許可證，其有效期間，自核發日起三個月。

大陸地區人民未於前項入出境許可證有效期間入境者，不得申請延期。

大陸地區人民申請來臺觀光符合下列情形之一者，移民署得發給逐次加簽或一年多次入出境許可證：

1. 依第三條第三款或第四款規定申請且經許可。

2. 最近十二個月內曾依第三條之一規定來臺從事個人旅遊二次以上，且無違規情形。
3. 大陸地區帶團領隊。
4. 持有經大陸地區核發往來臺灣之個人旅遊多次簽。

第 9 條　大陸地區人民經許可來臺從事觀光活動之停留期間，自入境之次日起，不得逾十五日；除大陸地區帶團領隊外，每年總停留期間不得逾一百二十日。

前項大陸地區人民，因疾病住院、災變或其他特殊事故，未能依限出境者，應於停留期間屆滿前，由代申請之旅行業或申請人向移民署申請延期，每次不得逾七日。

旅行業應就前項大陸地區人民延期之在臺行蹤及出境，負監督管理責任，如發現有違法、違規、逾期停留、行方不明、提前出境、從事與許可目的不符之活動或違常等情事，應立即向交通部觀光局通報舉發，並協助調查處理。

因第二項情形而未能出境之大陸地區人民，其配偶、親友、大陸地區組團旅行社從業人員或在大陸地區公務機關（構）任職涉及旅遊業務者，必須臨時入境協助，由旅行業向交通部觀光局通報後，代向移民署申請許可。但符合第三條第三款或第四款規定之大陸地區人民有第二項情形者，得由其旅居國外、香港或澳門之配偶或親友逕向駐外館處核轉移民署辦理，毋須通報。

前項人員之停留期間準用第二項規定。配偶及親友之入境人數，以二人為限。

第 10 條　旅行業辦理大陸地區人民來臺從事觀光活動業務，應具備下列要件，並向交通部觀光局申請核准：

1. 成立三年以上之綜合或甲種旅行業。
2. 為省市級旅行業同業公會會員或於交通部觀光局登記之金門、馬祖旅行業。
3. 最近二年未曾變更代表人。但變更後之代表人，係由最近二年持續具有股東身分之人出任者，不在此限。
4. 最近三年未曾發生依發展觀光條例規定繳納之保證金被依法強制執行、受停業處分、拒絕往來戶、無故自行停業或依本辦法規定廢止辦理接待大陸地區人民來臺從事觀光活動之核准等情事。

5. 代表人於最近二年內未曾擔任有依本辦法規定廢止辦理接待大陸地區人民來臺從事觀光活動之核准或停止辦理接待業務累計達三個月以上情事之其他旅行業代表人。
6. 最近　年經營接待來臺旅客外匯實績達新臺幣五十萬元以上，或最近三年曾配合政策積極參與觀光活動對促進觀光活動有重大貢獻。

旅行業經依前項規定核准辦理大陸地區人民來臺從事觀光活動業務，有下列情形之一者，由交通部觀光局廢止其核准：

1. 喪失前項第一款或第二款規定之資格。
2. 於核准後一年內變更代表人。但變更後之代表人，係由最近一年持續具有股東身分之人出任者，不在此限。
3. 依發展觀光條例規定繳納之保證金被依法強制執行，或受停業處分。
4. 經票據交換所公告為拒絕往來戶。
5. 無正當理由自行停業。

第 11 條 1. 旅行業經依前條規定向交通部觀光局申請核准，並自核准之日起三個月內向交通部觀光局繳納新臺幣一百萬元保證金後，始得辦理接待大陸地區人民來臺從事觀光活動業務。旅行業未於三個月內繳納保證金者，由交通部觀光局廢止其核准。
2. 前項已繳納保證金之旅行業，經交通部觀光局依規定廢止或自行申請廢止辦理接待大陸地區人民來臺從事觀光活動業務之核准者，得向交通部觀光局申請發還保證金。但保證金有依第二十五條第一項、第二項、第二十五條之一第二項、第二十六條第三項應扣繳、支應之金額或被依法強制執行者，由交通部觀光局扣除後發還。
3. 本辦法有關保證金之扣繳，由交通部觀光局繳交國庫。依第二十五條第一項、第二項、第二十五條之一第二項、第二十六條第三項規定保證金扣繳、支應或被依法強制執行後，由交通部觀光局通知旅行業應自收受通知之日起十五日內依第一項規定金額繳足保證金，屆期未繳足者，廢止其辦理接待大陸地區人民來臺從事觀光活動業務之核准，並通知該旅行業向交通部觀光局申請發還其賸餘保證金。

第 12 條 前條第一項有關保證金繳納之收取、保管、支付等相關事宜之作業要點，由交通部觀光局定之。

第 13 條　旅行業依第六條第一項規定辦理大陸地區人民來臺從事觀光活動業務，應與大陸地區具組團資格之旅行社簽訂組團契約，且不得與經交通部觀光局禁止業務往來之大陸地區組團旅行社營業。

旅行業應對所代申請之應備文件真實性善盡注意義務，並要求大陸地區組團旅行社協助確認經許可來臺從事觀光活動之大陸地區人民確係本人。

旅行業提出申請後，如發現不實情事，應通報交通部觀光局，並應協助案件之偵辦及強制出境事宜。

大陸地區組團旅行社應協同辦理確認大陸地區人民身分，並協助辦理強制出境事宜。

第 14 條　旅行業辦理接待大陸地區人民來臺從事觀光活動業務，應依旅行業管理規則第五十三條第一項規定，投保責任保險。

大陸地區人民來臺從事觀光活動，應投保包含旅遊傷害、突發疾病醫療及善後處理費用之保險，每人因意外事故死亡最低保險金額為新臺幣二百萬元，因意外事故所致體傷及突發疾病所致之醫療費用最低保險金額為新臺幣五十萬元；其投保期間應包含許可來臺停留期間。

第 15 條　旅行業辦理大陸地區人民來臺從事觀光活動業務，行程之擬訂，應排除下列地區：

1. 軍事國防地區。
2. 國家實驗室、生物科技、研發或其他重要單位。

第 16 條　大陸地區人民申請來臺從事觀光活動，有下列情形之一者，得不予許可；已許可者，得撤銷或廢止其許可，並註銷其入出境許可證：

1. 有事實足認為有危害國家安全或社會安定之虞。
2. 現（曾）有違背對等尊嚴之言行。
3. 現（曾）任大陸地區黨務、軍事、行政或具政治性機關（構）、團體之職務或為成員。
4. 現（曾）有事實足認為有犯罪、違反公共秩序或善良風俗之行為。
5. 曾未經許可入境。
6. 現（曾）從事與許可目的不符之活動或工作。
7. 現（曾）持用不法取得、偽造、變造之證件。
8. 現（曾）冒用證件或持用冒領之證件。

9. 現（曾）逾期停留。
10. 申請時，申請人、旅行業或代申請人現（曾）為虛偽之陳述、隱瞞重要事實或提供虛偽不實之相片、文書資料。
11. 現（曾）來臺從事觀光活動，有脫團或行方不明之情事。
12. 隨行人員（曾）較申請人先行進入臺灣地區或延後出境。
13. 患有足以妨害公共衛生或社會安寧之傳染病或其他疾病。
14. 申請來臺案件尚未許可或許可之證件效期尚未屆滿。
15. 團體申請許可人數不足第五條之最低限額或未指派大陸地區帶團領隊。

前項第一款至第三款情形，主管機關得會同國家安全局、交通部、大陸委員會及其他相關機關、團體組成審查會審核之。

大陸地區人民申請來臺從事觀光活動，有下列情形之一，已入境者，自出境之日起，未入境者，自不予許可、撤銷或廢止許可之翌日起算，於一定期間內不予許可其申請來臺從事觀光活動：

一、有第一項第四款至第八款情形者，其不予許可期間為五年。
二、有第一項第九款或第十款情形者，其不予許可期間為三年。
三、有第一項第十一款或第十二款情形者，其不予許可期間為一年。

第 17 條 大陸地區人民經許可來臺從事觀光活動，於抵達機場、港口之際，移民署應查驗入出境許可證及相關文件，有下列情形之一者，得禁止其入境，撤銷或廢止其許可，並註銷其入出境許可證：

1. 未帶有效證件或拒不繳驗。
2. 持用不法取得、偽造、變造之證件。
3. 冒用證件或持用冒領之證件。
4. 申請來臺之目的作虛偽之陳述、隱瞞重要事實或提供虛偽不實之相片、文書資料或提供前述資料供他人申請。
5. 攜帶違禁物。
6. 患有足以妨害公共衛生或社會安寧之傳染病或其他疾病。
7. 有違反公共秩序或善良風俗之言行。
8. 經許可自國外轉來臺灣地區從事觀光活動之大陸地區人民，未經入境第三國直接來臺。
9. 未備妥回程機（船）票。

10. 為經許可來臺從事觀光活動者之隨行（同）人員，且較申請人先行進入臺灣地區。
11. 經許可來臺從事團體旅遊而未隨團入境。

移民署依前項規定進行查驗，如經許可來臺從事觀光活動之大陸地區人民，其團體來臺人數不足五人者，禁止整團入境；經許可自國外轉來臺灣地區觀光之大陸地區人民，其團體來臺人數不足五人者，禁止整團入境。但符合第三條第三款或第四款規定之大陸地區人民，不在此限。

第 18 條 1. 大陸地區人民經許可來臺從事觀光活動，應由大陸地區帶團領隊協助或個人旅遊者自行填具入境旅客申報單，據實填報健康狀況。通關時大陸地區人民如有不適或疑似感染傳染病時，應由大陸地區帶團領隊或個人旅遊者主動通報檢疫單位，實施檢疫措施。
2. 入境後大陸地區帶團領隊及臺灣地區旅行業負責人或導遊人員，如發現大陸地區人民有不適或疑似感染傳染病者，除應就近通報當地衛生主管機關處理，協助就醫，並應向交通部觀光局通報。
3. 機場、港口人員發現大陸地區人民有不適或疑似感染傳染病時，應協助通知檢疫單位，實施相關檢疫措施及醫療照護。必要時，得請移民署提供大陸地區人民入境資料，以供防疫需要。
4. 主動向衛生主管機關通報大陸地區人民疑似傳染病病例並經證實者，得依傳染病防治獎勵辦法之規定獎勵之。

第 19 條 1. 大陸地區人民來臺從事觀光活動，應依旅行業安排之行程旅遊，不得擅自脫團。但因傷病、探訪親友或其他緊急事故需離團者，除應符合交通部觀光局所定離團天數及人數外，並應向隨團導遊人員申報及陳述原因，填妥就醫醫療機構或拜訪人姓名、電話、地址、歸團時間等資料申報書，由導遊人員向交通部觀光局通報。
2. 違反前項規定者，治安機關得依法逕行強制出境。
3. 符合第三條第三款、第四款或第三條之一規定之大陸地區人民來臺從事觀光活動，不受前二項規定之限制。

第 20 條 交通部觀光局接獲大陸地區人民擅自脫團之通報者，應即聯繫目的事業主管機關及治安機關，並告知接待之旅行業或導遊轉知其同團成員，接受治安機關實施必要之清查詢問，並應協助處理該團之後續行程及活動。必要時，得依相關機關會商結果，由主管機關廢止同團成員之入境許可。

第 21 條 1. 旅行業辦理接待大陸地區人民來臺從事觀光活動業務，應指派或僱用領取有導遊執業證之人員，執行導遊業務。

2. 前項導遊人員以經考試主管機關或其委託之有關機關考試及訓練合格，領取導遊執業證者為限。

3. 中華民國 92 年 7 月 1 日前已經交通部觀光局或其委託之有關機關測驗及訓練合格，領取導遊執業證者，得執行接待大陸地區旅客業務。但於 90 年 3 月 22 日導遊人員管理規則修正發布前，已測驗訓練合格之導遊人員，未參加交通部觀光局或其委託團體舉辦之接待或引導大陸地區旅客訓練結業者，不得執行接待大陸地區旅客業務。

第 22 條 旅行業及導遊人員辦理接待符合第三條第一款、第二款或第五款規定經許可來臺從事觀光活動業務，或辦理接待經許可自國外轉來臺灣地區觀光之大陸地區人民業務，應遵守下列規定：

1. 旅行業應詳實填具團體入境資料（含旅客名單、行程表、購物商店、入境航班、責任保險單、遊覽車及其駕駛人、派遣之導遊人員等），並於團體入境前一日十五時前傳送交通部觀光局。團體入境前一日應向大陸地區組團旅行社確認來臺旅客人數，如旅客人數未達第十七條第二項規定之入境最低限額時，應立即通報。
2. 應於團體入境後二個小時內，詳實填具入境接待通報表（含入境及未入境團員名單、隨團導遊人員等資料），傳送或持送交通部觀光局，並適時向旅客宣播交通部觀光局錄製提供之宣導影音光碟。
3. 每一團體應派遣至少一名導遊人員，該導遊人員變更時，旅行業應立即通報。
4. 遊覽車或其駕駛人變更時，應立即通報。
5. 行程之住宿地點或購物商店變更時，應立即通報。
6. 發現團體團員有違法、違規、逾期停留、違規脫團、行方不明、提前出境、從事與許可目的不符之活動或違常等情事時，應立即通報舉發，並協助調查處理。
7. 團員因傷病、探訪親友或其他緊急事故，需離團者，除應符合交通部觀光局所定離團天數及人數外，並應立即通報。
8. 發生緊急事故、治安案件或旅遊糾紛，除應就近通報警察、消防、醫療等機關處理外，應立即通報。
9. 應於團體出境二個小時內，通報出境人數及未出境人員名單。

10. 如有第三條第三款、第四款，或第三條之一經許可來臺之大陸地區人民隨團旅遊者，應一併通報其名單及人數。

旅行業及導遊人員辦理接待符合第三條第三款或第四款規定之大陸地區人民來臺從事觀光活動業務，應遵守下列規定：

1. 應依前項第一款、第六款、第八款規定辦理。但接待之大陸地區人民非以組團方式來臺者，其旅客入境資料，得免除行程表、接待車輛、隨團導遊人員等資料。
2. 發現大陸地區人民有逾期停留之情事時，應立即通報舉發，並協助調查處理。

前二項通報事項，由交通部觀光局受理之。旅行業或導遊人員應詳實填報，並應確認通報受理完成。但於通報事件發生地無電子傳真或網路通訊設備，致無法立即通報者，得先以電話報備後，再補通報。

第 23 條 1. 旅行業及導遊人員辦理接待大陸地區人民來臺從事觀光活動業務，其團費品質、租用遊覽車、安排購物及其他與旅遊品質有關事項，應遵守交通部觀光局訂定之旅行業接待大陸地區人民來臺觀光旅遊團品質注意事項。

2. 前項旅行業接待之團體為第四條第三項所定專案核准之團體者，並應遵守交通部觀光局就各該類團體訂定之特別規定。
3. 旅行業辦理接待大陸地區人民來臺從事觀光活動業務，應受交通部觀光局業務評鑑，其評鑑事項、內容及方式，由交通部觀光局定之。

第 24 條 1. 主管機關或交通部觀光局對於旅行業辦理大陸地區人民來臺從事觀光活動業務，得視需要會同各相關機關實施檢查或訪查。

2. 旅行業對前項檢查或訪查，應提供必要之協助，不得規避、妨礙或拒絕。

第 25 條 1. 旅行業辦理大陸地區人民來臺從事觀光活動業務，該大陸地區人民，除符合第三條第三款或第四款規定者外，有逾期停留且行方不明者，每一人扣繳第十一條第一項保證金新臺幣 5 萬元，每團次最多扣至新臺幣 100 萬元；逾期停留且行方不明情節重大，致損害國家利益者，並由交通部觀光局依發展觀光條例相關規定廢止其營業執照。

2. 旅行業辦理大陸地區人民來臺從事觀光活動業務，未依約完成接待者，交通部觀光局或中華民國旅行商業同業公會全國聯合會得協調委託其他旅行業代為履行；其所需費用，由第十一條第一項之保證金支應。

第25-1條 1. 大陸地區人民經許可來臺從事個人旅遊逾期停留者，辦理該業務之旅行業應於逾期停留之日起算七日內協尋；屆協尋期仍未歸者，逾期停留之第一人予以警示，自第二人起，每逾期停留一人，由交通部觀光局停止該旅行業辦理大陸地區人民來臺從事個人旅遊業務一個月。第一次逾期停留如同時有二人以上者，自第二人起，每逾期停留一人，停止該旅行業辦理大陸地區人民來臺從事個人旅遊業務一個月。

2. 旅行業依前項規定受交通部觀光局停止其辦理大陸地區人民來臺從事個人旅遊業務之處分者，得於處分書送達之次日起算七日內，以書面向該局表示每逾期停留一人扣繳第十一條第一項保證金新臺幣五萬元；其經同意者，原處分廢止之。

第 26 條 旅行業違反第五條、第十三條第一項、第十五條、第十八條第二項、第二十二條、第二十三條第一項或第二十四條第二項規定者，每違規一次，由交通部觀光局記點一點，按季計算。累計四點者，由交通部觀光局停止其辦理大陸地區人民來臺從事觀光活動業務一個月；累計五點者，停止其辦理大陸地區人民來臺從事觀光活動業務三個月；累計六點者，停止其辦理大陸地區人民來臺從事觀光活動業務六個月；累計七點以上者，停止其辦理大陸地區人民來臺從事觀光活動業務一年。旅行業違反第二十一條第一項規定者，除依旅行業管理規則第五十六條規定處罰外，每違規一次，並由交通部觀光局停止其辦理大陸地區人民來臺從事觀光活動業務一個月。

旅行業辦理大陸地區人民來臺從事觀光活動業務，有下列情形之一者，由交通部觀光局停止其辦理大陸地區人民來臺從事觀光活動業務一個月至一年，情節重大者，得廢止其辦理大陸地區人民來臺從事觀光活動業務之核准，不適用前項規定：

1. 接待團費平均每人每日費用，違反第二十三條第一項之注意事項所定最低接待費用。
2. 於團體已啟程來臺入境前無故取消接待，或於行程中因故意或重大過失棄置旅客，未予接待。
3. 違反第五條之一第一項規定。

4. 違反第十三條第一項後段規定，與交通部觀光局禁止業務往來之大陸地區組團旅行社營業。
5. 違反第二十三條第一項之注意事項有關下列規定之一：
   (1) 禁止無正當理由任意要求接待車輛駕駛人縮短行車時間、違規超車或超速之規定。
   (2) 限制購物商店總數、購物商店停留時間之規定。
   (3) 不得強迫旅客進入或留置購物商店之規定。
6. 違反第二十三條第二項之特別規定。但因天災等不可抗力或不可歸責於旅行業之事由所致者，不在此限。
7. 違反第十三條第二項或第三項規定。

旅行業依前二項規定受交通部觀光局停止其辦理大陸地區人民來臺從事觀光活動業務之處分者，得於處分書送達之次日起算七日內，以書面向該局表示每停止辦理業務一個月扣繳第十一條第一項保證金新臺幣十萬元；其經同意者，原處分廢止之。保證金不足扣抵者，不足部分仍處停止辦理業務處分。

導遊人員違反第十九條第一項、第二十二條第一項第二款、第四款至第十款、第二項、第三項或第二十三條第一項規定者，每違規一次，由交通部觀光局記點一點，按季計算。累計三點者，由交通部觀光局停止其執行接待大陸地區人民來臺觀光團體業務一個月；累計四點者，停止其執行接待大陸地區人民來臺觀光團體業務三個月；累計五點者，停止其執行接待大陸地區人民來臺觀光團體業務六個月；累計六點以上者，停止其執行接待大陸地區人民來臺觀光團體業務一年。

導遊人員違反第二十三條第一項之注意事項有關下列規定之一者，由交通部觀光局停止其執行接待大陸地區人民來臺從事觀光活動業務一個月至一年，不適用前項規定：

1. 禁止無正當理由任意要求接待車輛駕駛人縮短行車時間、違規超車或超速之規定。
2 .限制購物商店總數、購物商店停留時間之規定。
3. 不得強迫旅客進入或留置購物商店之規定。

旅行業及導遊人員違反發展觀光條例、旅行業管理規則或導遊人員管理規則等法令規定者，應由交通部觀光局依相關法律處罰。

第 27 條 1. 依第十條、第十一條規定經交通部觀光局核准接待大陸地區人民來臺從事觀光活動之旅行業，不得包庇未經核准或被停止辦理接待業務之旅行業經營大陸地區人民來臺觀光業務。未經交通部觀光局核准接待或被停止辦理接待大陸地區人民來臺觀光之旅行業，亦不得經營大陸地區人民來臺觀光業務。

2. 旅行業經營大陸地區人民來臺觀光業務，應自行接待，不得將該旅行業務轉讓其他旅行業辦理，亦不得接受其他旅行業轉讓該旅行業務。但旅行業經報請交通部觀光局核准轉讓或該局指定辦理接待業務者，不在此限。

3. 旅行業違反第一項前段規定者，由交通部觀光局停止其辦理接待大陸地區人民來臺觀光團體業務一年；違反第一項後段規定，未經核准接待或被停止辦理接待業務之旅行業，依發展觀光條例相關規定處罰。

4. 旅行業違反第二項規定者，由交通部觀光局分別停止其辦理接待大陸地區人民來臺觀光團體業務一個月。

5. 未經交通部觀光局核准接待或被停止辦理接待大陸地區人民來臺觀光之旅行業，違反第五條之一第一項規定者，依發展觀光條例相關規定處罰。

第 28 條 1. 接待大陸地區人民來臺觀光之導遊人員，不得包庇未具第二十一條接待資格者執行接待大陸地區人民來臺觀光團體業務。

2. 違反前項規定者，停止其執行接待大陸地區人民來臺觀光團體業務一年。

第 29 條 有關旅行業辦理大陸地區人民來臺從事觀光活動業務應行注意事項及作業流程，由交通部觀光局定之。

第 30 條 第三條規定之實施範圍及其實施方式，得由主管機關視情況調整。

第 31 條 本辦法施行日期，由主管機關定之。

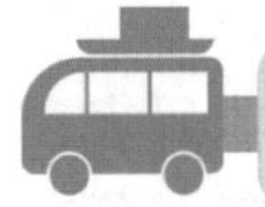

13-3 大陸地區人民來臺相關法規（節略）

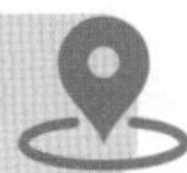

本書將條款整理後，並進行摘要及重點提示，以利閱讀。

13-3-1 大陸地區人民申請來臺從事觀光活動作業規定（內政部入出國及移民署，2021）

中華民國 99 年 12 月 31 日內政部入出國及移民署移署出陸娟字第 0990192765 號

一、為辦理大陸地區人民來臺從事觀光活動許可辦法（以下簡稱本辦法）規定之申請案件，特訂定本作業規定。

二、旅行業代申請大陸地區人民來臺從事觀光活動，應備下列文件：

(一) 大陸地區人民來臺觀光申請書（以下簡稱申請書）：

1. 每一位旅客一份申請書，格式如附件一，請自行以 A4 白紙影印或自網站(http://www.immigration.gov.tw)下載，並詳實填寫。
2. 檢附之照片依國民身分證之規格辦理，並應與所持大陸地區居民身分證、大陸地區所發往來臺灣通行證、護照或香港、澳門核發之旅行證件（以下簡稱居民身分證、通行證、護照或旅行證件）能辨識為同一人，未依規定檢附者，不予受理。
3. 通行證、護照或旅行證件影本貼於申請書正面，居民身分證影本貼於申請書背面。
4. **中文姓名如係簡體字，由代申請之經交通部觀光局核准辦理大陸地區人民來臺從事觀光活動業務之旅行業（以下簡稱旅行業），依據其通行證、護照或居民身分證影本上姓名，於中文姓名欄代填正體字。**
5. 申請人簽章欄，由申請來臺從事觀光活動之大陸地區人民親自簽名或蓋章。
6. **代申請之旅行業應蓋旅行社及負責人章，以該旅行業為代申請人及保證人，但大陸地區人民符合本辦法第三條第三款者，無須保證人。**

(二) 大陸地區人民申請來臺觀光團體名冊（以下簡稱團體名冊）二份（須先經交通部觀光局大陸人士來臺觀光通報系統審核通過，並由系統列印團體名冊後，始得向本署提出送件申請，未附通過證明不予受理）：

1. 團體名冊格式如附件二，請自行以 A4 白紙影印或自網站(http://www.immigration.gov.tw)下載，並詳實填寫。

2. 申請日期為送件當日。

3. 團號：共九碼，前三碼為民國年度，由內政部移民署（以下簡稱移民署）電腦自動處理，不需編出。第四碼至第九碼為該年度之流水編號，由電腦自行給序。

4. 旅遊計畫（須經交通部觀光局大陸人士來臺觀光通報系統審查通過，未附通過證明不予受理）填預定來臺起迄年、月、日。

5. 帶團之領隊請填序號第一位，備註欄填領隊，申請書附大陸地區核發之領隊執照影本或大陸地區旅行社從業人員在職證明。依本辦法第三條第三款或第四款規定申請者，檢附旅客名單，無須經交通部觀光局大陸人士來臺觀光通報系統審核通過，並得自行指定領隊，免附領隊證明。

6. 代申請旅行社戳記應經交通部觀光局核備。

7. 每團人數下限為五人，上限為四十人。不足五人之團體，不得送件，超過四十人之團體，請分成二團。經國外轉來臺灣地區之團體，每團人數為七人以上。

(三) 附有效居民身分證影本及效期尚餘六個月以上之通行證或護照影本；自國外、香港或澳門來臺觀光者，附效期尚餘六個月以上之大陸地區所發護照或香港、澳門核發之旅行證件影本。

(四) 與大陸地區旅行社簽訂之合作契約影本，內容明訂組團社應保證至遲自離境日起算 45 天內繳清團費給接待社。但依本辦法第三條第三款或第四款規定申請者，免附。

(五) 附繳證明文件：

1. 以有固定正當職業資格申請者，應檢附下列文件之一：
   (1) 員工證件影本。
   (2) 在職證明影本。
   (3) 薪資所得證明影本。

2. 以在大陸地區學生身分申請者，應檢附國小以上各級學校有效學生證影本或在學證明影本。

3. 以有等值新臺幣二十萬元以上存款資格申請者，應檢附下列文件之一：
   (1) 等值新臺幣二十萬元（相當人民幣五萬元）以上之銀行或金融機構存款證明影本或存摺影本，數筆存款可合併計算。家庭成員同時申請者，得以成員其中一人之存款證明影本或存摺影本代替。

但存款總額應達每人等值新臺幣二十萬元（相當人民幣五萬元）以上。家庭成員指配偶、直系血親或居住同一戶籍具有親屬關係者。家庭成員應檢附親屬關係證明影本或常住人口登記卡影本。

(2) 基金或股票逾等值新臺幣二十萬元以上，檢附存摺影本或金融機構開立一個月內之證明影本。股票價值以面額計算。

(3) 不動產估價逾等值新臺幣二十萬元以上，開立一個月內之證明影本。

(4) 具退休身分申請者，得以退休證明影本代替。

4. 以在國外、香港或澳門留學生資格申請者：附有效之學生簽證影本或國外當地教育主管機關立案之正式學歷學校在學證明正本，以及再入國簽證影本。其隨行之配偶或二親等內血親附親屬關係證明。

5. 以旅居國外取得當地永久居留權資格申請者：附現住地永久居留權證明影本。其隨行之配偶或二親等內血親附親屬關係證明。

6. 以旅居國外、香港或澳門一年以上且領有工作證明資格申請者：附蓋有大陸、外國出入國查驗章之護照影本及國外、香港或澳門工作入出境許可證明影本。其隨行之配偶或二親等內血親附親屬關係證明。

7. 以旅居香港、澳門取得當地永久居留權資格申請者：

(1) 符合香港澳門關係條例第四條資格者，請依香港、澳門居民身分申請。有隨行之旅居香港、澳門配偶或二親等內血親者（尚未取得當地永久居留權者）則檢附本人之港澳身分證及親屬關係證明。

(2) 未符合香港澳門關係條例第四條資格者（如現尚持有中國護照者），檢附本人香港、澳門永久居民身分證影本或效期尚餘六個月以上之香港、澳門護照或旅行證件影本。有隨行之旅居香港、澳門配偶或二親等內血親者，檢附本人香港、澳門居民身分證影本及親屬關係證明。

8. 以旅居國外、香港、澳門取得當地依親居留權者，應檢附現住地依親居留權證明及有等值新臺幣二十萬元以上之金融機構存款證明。

9. 未成年子女無父母陪同來臺者，應檢附父母同意書、常住人口登記卡、親屬關係證明（如出生證明、公安關係證明）。

10. 大陸地區帶團領隊加附大陸地區核發之領隊執照影本或大陸地區旅行社從業人員在職證明。但依本辦法第三條第三款或第四款規定申請者，得自行指定領隊，免附之。

11. 臨時改派領隊者，應檢附重大事由說明書及切結書（註明「原領隊在原團同時段內不得再帶他團」等文字）。

12. 其他經大陸地區機關出具之證明文件。

(六) 證件費：每一人新臺幣六百元，得以現金或支票繳納。

三、自國外來臺或經國外轉來臺灣地區觀光之團體，申請方式如下：

(一) 經國外轉來臺灣地區觀光之大陸地區人民，應附第二點第五款第一目至第三目證明文件之一，逕交由接待旅行社代為申請。

(二) 赴國外、香港或澳門留學、取得當地永久居留權或一年以上且領有工作證明之大陸地區人民及其隨行旅居之配偶或二親等內血親，應將申請書及相關證明文件先送現住地駐外使領館、代表處、辦事處或其他經政府授權機構（以下簡稱駐外館處）審查。駐外館處於申請書上註記後發還，由申請人寄臺灣地區旅行業代申請，符合本辦法第三條第三款者，得交由臺灣地區旅行社代申請或於駐外館處審查後逕核轉本署辦理。

(三) 大陸地區所發護照及各項證明文件均應繳驗正本及影本，正本驗畢連同申請書發還申請人。但國外在學證明正本連同申請書寄國內旅行社代為申請，符合本辦法第三條第三款者，駐外館處審查後得交由臺灣地區旅行社代申請或於駐外館處審查後逕核轉本署辦理。

四、 大陸地區人民來臺從事觀光活動案件，由接待旅行業向移民署臺北市、臺中市第一、臺中市第二、高雄市第一、高雄市第二、花蓮縣、臺東縣、金門縣、連江縣及澎湖縣等十服務站送件，臺灣地區接待旅行業亦可委託中華民國旅行商業同業公會全國聯合會代為向移民署送件。

五、 大陸地區人民申請直接或經香港、澳門轉來臺灣地區從事觀光活動案件，移民署辦理事項如下：

(一) 收件程序：

1. 以現場掛號方式取得配額：

送件當日於移民署臺北市、臺中市第一、臺中市第二、高雄市第一、高雄市第二、花蓮縣、臺東縣、金門縣、連江縣及澎湖縣等十服務站排隊依送達次序取得當日配額。

2. 依團體名冊點收申請書，未依前項取得配額者或不足五人之團體，不予受理。

3. 收繳證件費，每一人新臺幣六百元，發給收據，其以支票繳納者，不找現金。
4. 團體名冊二份均蓋收件章，第一份交還送件之旅行業者，第二份併申請書流程處理。
5. 於入出境許可證申請書編收件號，整團分同一承辦人承辦。
6. 檢查團體名冊第一位之申請書內有無附大陸地區核發之領隊執照影本或大陸地區旅行社從業人員在職證明。逾期或未附者，請代送件之旅行業者補正，三星期內未依規定補正者，應予退件。

(二) 審查事項如下：

1. 核對團體名冊所載姓名與申請書中文姓名正體字欄是否相符。
2. 核對照片與居民身分證、通行證或護照之影本是否相符。
3. 審查申請資格與所附證明文件是否相符。
4. 申請人有無簽名、代辦旅行社有無蓋章。
5. 隨行案件於申請書「移民署審查意見欄」加註被隨行者姓名。
6. 審查合格案件，於申請書「移民署審查意見欄」蓋「許可」章。
7. 服務站受理案件，立即登錄，審查後之申請書及團體名冊，送移民署移民資訊組做後續光碟處理。

六、 大陸地區人民旅居國外、香港、澳門或經國外轉來臺灣地區，從事觀光活動案件，移民署辦理事項如下：

(一) 收件程序：

1. 依團體名冊點收申請書，不足七人之團體，不予受理。但旅居國外、香港或澳門者不在此限。
2. 收繳證件費，每一人新臺幣六百元，發給收據，其以支票繳納者，不找現金。
3. 團體名冊二份均蓋收件章，第一份交還送件之旅行業者，第二份併申請書流程處理。但旅居國外、香港或澳門者不在此限。
4. 於入出境許可證申請書編收件號，整團分同一承辦人承辦。
5. 檢查團體名冊第一位之申請書內有無附大陸地區核發之領隊執照影本或大陸地區旅行社從業人員在職證明。逾期或未附者，請代送件之旅行業者補正，三星期內未依規定補正者，應予退件。但旅居國外、香港或澳門者不在此限。

(二) 審查事項如下：

1. 經國外轉來臺灣地區觀光之大陸地區人民，應附第二點第五款第一目至第三目證明文件之一。

2. 赴國外、香港、澳門留學或取得當地永久居留權或一年以上且領有工作證明之大陸地區人民及其隨行之配偶或二親等內血親，應將申請書及相關證明文件先送現住地駐外館處審查。經審查後駐外館處於申請書上註記後發還，由申請人寄臺灣地區旅行業代為申請，符合本辦法第三條第三款者，得交由臺灣地區旅行社代申請或於駐外館處審查後逕核轉本署辦理。

七、觀光申請案送件前，已先向移民署提出其他申請案時，依本辦法第十六條第一項第十二款規定，得不予許可其觀光申請案。

八、申請案已完成收件程序者，該團不得再臨時提出申請增加團員。

九、大陸地區人民申請來臺從事觀光活動案件，移民署電腦印證及程式設計事項如下：

(一) 每一申請書均發一張入出境許可證。入境效期，自發證日起三個月。停留效期均自入境之次日起不得逾十五日。

(二) 領隊入出境許可證之附記欄載「應隨指派帶領之團體入境，不得單獨持憑入境及併團」，其他團員入出境許可證之附記欄載「入境應備往返機（船）票，應隨（團號）團入境，不得單獨持憑入境。未隨團入境及未指派帶團領隊，本證即作廢。」領隊之事由欄載「大陸領隊帶團（觀光）」，並得核發一年多次入出境許可證。其他團員事由欄載「觀光」，隨行者加註「應隨〇〇〇（被隨行者姓名）入境」。

十、大陸地區人民申請來臺從事觀光活動案件，移民署發證作業事項如下：

(一) 經審查許可，由移民署發給入出境許可證，交由接待之旅行業轉發申請人，領證地點同送件時之移民署服務站。

(二) 申請案件縮影存檔。

十一、每日申請數額：

(一) 移民署每日核發申請數額五千八百四十人，例假日不受理申請。

(二) 旅行業辦理大陸地區人民來臺從事觀光活動業務，每家旅行業每日申請接待數額不得逾二百人。但當日（以每日下午五時，移民署櫃檯收件截止時計）旅行業申請總人數未達第一款公告數額者，得就賸餘數額部分依申請案送達次序依序核給數額，不受二百人之限制。如當日核發後仍尚有賸餘，由主管機關就賸餘數額，累積於適當節日分配。

(三) 旅行業辦理大陸地區人民來臺從事觀光活動業務，經交通部觀光局調查結果，旅客整體滿意度高且接待品質優良，或配合政策者，主管機關依據交通部觀光局出具之數額建議文件得於第一款公告數額百分之十範圍內酌給數額，不受第一款公告數額之限制。

十二、移民署應將未隨團入境之入出境許可證，於次日註銷，並註記「未隨團入境作廢」於該申請案狀況欄內。

十三、團體來臺人數不足五人者，整團禁止入境。自國外來臺之團體不足五人者，亦同。但團體抵達入境機場、港口人數在最低限額以上，因團員有本辦法第十七條第一項各款情形之一禁止入境，致團體不足最低限額者，其他團員同意入境。

十四、入境觀光之大陸地區人民，因受禁止出境處分、疾病住院、突發或其他特殊事故，未能依限出境者，由代申請或負責接待之旅行社備列文件，向移民署臺北市、臺中市第一、臺中市第二、高雄市第一、高雄市第二、花蓮縣、臺東縣、金門縣、連江縣及澎湖縣等十服務站申請延期，由受理單位予以延期，每次不得逾七日：

(一) 延期申請書。

(二) 入出境許可證正本。

(三) 相關證明文件。

(四) 證件費新臺幣三百元。

十五、入境觀光之大陸地區人民，因故不再繼續原定之行程者，應依規定填具申報書立即向觀光局通報，並由送機人員送至觀光局機場旅客服務中心再轉交移民署國境事務大隊人員引導出境。

十六、除提前出境及經許可延期停留者外，其他團員應整團出境。

13-3-2 大陸地區人民來臺從事觀光活動之數額、實施範圍及方式

103 年 9 月 4 日

主旨：

公告修正大陸地區人民來臺從事觀光活動之數額、實施範圍及方式，自中華民國 103 年 9 月 1 日生效。

依據：

大陸地區人民來臺從事觀光活動許可辦法第 4 條第 1 項、第 3 項及第 30 條。

公告事項：

1. 對於大陸觀光團體旅遊數額管理調整措施，依交通部觀光局 103 年 8 月 22 日觀業字第 1030910780 號函建議修正。
2. 2014 年 6 月起大陸觀光團體旅遊數額每日核發 5,000 人，即每工作日核發 7,300 人（一般團、優質團各 3,650 人）。
3. 103 年 9 月及 12 月為旅遊旺季，每日數額自 5,000 人調高至 8,000 人，每工作日核發 11,680 人，其中一般團 3,650 人、優質團 8,030 人（原 3,650 人，另增 4,380 人）。
4. 實施方式：
   (1) 優質團旺季增加之數額 4,380 人不可流用至一般團。
   (2) 自 103 年 9 月 1 日起，原優質團數額中之一半（1,825 人）不可流用至一般團。
   (3) 自 104 年 1 月起優質團數額均不可流用至一般團。

13-3-3 旅行業接待大陸地區人民來臺觀光旅遊團品質注意事項

中華民國 108 年 1 月 3 日觀業字第 10730045201 號令修正發布，並自 108 年 1 月 10 日生效。

中華民國 106 年 11 月 15 日交通部觀光局觀業字第 10630049211 號令，自 106 年 12 月 1 日生效，廢止「旅行業接待大陸地區人民來臺觀光旅遊團優質行程作業要點」。

一、本注意事項依大陸地區人民來臺從事觀光活動許可辦法（以下簡稱本辦法）第二十三條規定訂定之。

二、為落實提升大陸地區人民來臺觀光旅遊團品質、保障旅客權益、確保 旅行業誠信經營及服務、禁止零負團費並維持旅遊市場秩序，旅行 業辦理接待大陸地區人民來臺觀光團體業務，最低接待費用每人每夜平均至少 60 美元，該費用包括住宿、餐食、交通、門票、導遊出差費、雜支等費用及合理之作業利潤，但不含規費及小費。旅行業應將通報交通部觀光局之行程資料完整提供旅客參考。

三、旅行業及導遊人員辦理接待大陸地區人民來臺觀光團體業務，應符合下列品質內容：

(一) 行程：

1. 行程安排須合理，並應於行程表註記景點停留時間，給予旅客充足遊憩時間。
2. 臺灣本島各縣市依地理位置分為 4 區（北區包括基隆市、臺北市、新北市、宜蘭縣、桃園市、新竹縣、新竹市，中區包括臺中市、 苗栗縣、彰化縣、雲林縣、南投縣，南區包括嘉義縣、嘉義市、臺南市、高雄市、屏東縣，東區包括花蓮縣、臺東縣），行程安排涵蓋四區之環島行程應為 8 天 7 夜以上。
3. 應依向交通部觀光局通報之行程執行，不得任意變更。
4. 應平均分配接待車輛每日行駛里程，平均每日（行程之始、末日，依在臺期間比例計算）不得超過 250 公里，單日不得超過 300 公里。但往返高雄市經屏東縣至臺東縣路段，單日得增加至 320 公里；其他行程其中 1 日如行駛高速公路達當日總里程百分之 60 者，除行經或往返阿里山森林遊樂區外，當日得增加至 380 公里；每日出發時間至行程結束時間不得超過 12 小時。
5. 不得安排或引導旅客參與涉及賭博、色情、毒品之活動；亦不得於既定行程外安排或推銷藝文活動以外之自費行程或活動。
6. 安排自由活動之時間合計不得超過全程總日數三分之一（小數點以下四捨五入）。

(二) 住宿：

1. 應使用合法業者依規定設置之住宿設施，2 人一室為原則，並應 注意其建築安全、消防設備及衛生條件。
2. 全程總夜數五分之一以上應安排住宿於經交通部觀光局評鑑之星級旅館，但旅遊內容為環島行程者，全程總夜數四分之一以上應安排住宿前揭旅館（均以小數點以下四捨五入）。

(三) 餐食：

1. 早餐應於住宿處所內使用，但有優於該處所提供之風味餐者不在此限；午、晚餐應安排於有營業登記、符合食品衛生管理法及直 轄市、縣（市）公共飲食場所衛生管理自治法規所定衛生條件之營業餐廳，其標準餐費不得再有退佣條件。

2. 全程所安排之午、晚餐平均餐標應達每人每日新臺幣 400 元以上（安排餐食自理者，不計入平均餐標之計算），或於經本局評選之「臺灣團餐特色餐廳」安排評選餐，且次數達全程總日數二分之一以上（小數點以下無條件進位取整數）。

(四) 交通工具：

1. 應使用經公路主管機關評鑑乙等以上遊覽車業所提供之合法之交通工具及合格之駕駛人。包租之車輛應有定期檢驗合格及保養紀錄，並安裝全球衛星定位系統(GPS)且依公路主管機關規定介接資訊平臺；旅行業並應配合業務檢查之需要，提供所使用車輛一年內之行車紀錄及相關資料。

2. 車輛不得超載，旅行業及導遊人員不得任意要求車輛駕駛人縮短行車時間，或要求其違規超車、超速等行為。

3. 旅行業安排之行程不得使駕駛人勞動工時違反勞動基準法及汽車運輸業管理規則之規定，7 天 6 夜以上行程須安排輪調遊覽車駕駛人及視需求更換車輛。

4. 車輛副駕駛座前方之擋風玻璃內側，應設置團體標示。其標示內容應含內政部移民署所核發之大陸觀光團編號、辦理接待旅行業公司名稱、大陸地區組團旅行業之省（市）及公司名稱、團體類別；一般行程團體者，標示為觀光旅遊團體，如為專案團體，應標明專案名稱。其標示方向應朝向擋風玻璃外側；標示版面不得小於 A4（長 29.7 公分、寬 21 公分），且不得妨礙車輛後照鏡使用；標示字體應粗黑，除「旅行社（股份）有限公司組團、接待」文字外，均不得小於 Word 文書軟體 80 號字體，亦不得以遮掩、塗抹或其他方法，使標示內容不能或難以辨識。

(五) 購物點：

1. 應維護旅客購物之權益及自主性，所安排購物點應為中華民國旅行業品質保障協會或直轄市、縣（市）政府自行或輔導成立之自 律組織核發認證標章之購物商店，總數不得超過全程總夜數(未販售茶葉、靈芝等高單價產品之農特產類購物商店及免稅商店不列入計算)，且依經交通部觀光局核備之旅行購物保障作業規定第二 條所定編號為 A（珠寶玉石類）、B（精品百貨類）等類別之購物商店，合計不得安排超過 3 站。

2. 每一購物商店停留時間以 70 分鐘為限。不得強迫旅客進入或留置購物商店、向旅客強銷高價差商品或贗品，或在遊覽車等場所兜售商品。商品之售價與品質應相當。

3. 第一目所稱直轄市、縣（市）政府自行或輔導成立之自律組織， 係指具備商品資訊揭露、購物糾紛處理、瑕疵商品退換貨及代償 機制等功能，並經交通部觀光局核定公告者。

(六) 導遊出差費：為必要費用，不得以購物佣金或旅客小費為支付代替。 旅行業接待經由金門、馬祖或澎湖轉赴臺灣旅行之大陸地區人民來臺觀光團體，其在金門、馬祖或澎湖之行程，得免適用前項第二款及第四款有關住宿及交通工具之規定。但仍應使用合法業者依規定設置或 提供之住宿設施、交通工具及合格駕駛人。

四、 旅行業辦理接待大陸地區人民來臺觀光團體業務，應確保所接待之大陸旅客已投保包含旅遊傷害、突發疾病（不得排除既往病史）醫療及善後處理費用之保險，前揭保險應包含醫療費用墊付與即時救援服務，其每人因意外事故死亡最低保險金額須為新臺幣 200 萬元（相當人民幣 50 萬元），因意外事故所致體傷及突發疾病所致之醫療費用最低保險金額須為新臺幣 50 萬元（相當人民幣十二萬五千元），其投保期間應包含核准來臺停留期間。

旅行業應於旅客入境前一日 15:00 時前，通報前揭保險之在臺協助單位英文代號及保險單號。

13-3-4 旅行業辦理大陸地區人民來臺從事觀光活動業務注意事項及作業流程

中華民國 102 年 5 月 14 日觀業字第 10230011151 號

一、 本注意事項及作業流程係依據大陸地區人民來臺從事觀光活動許可辦法（以下簡稱本辦法）第二十九條規定訂定。

二、 大陸地區人民來臺從事觀光活動，其數額由內政部公告之，並應遵守下列事項：

1. 除個人旅遊外，應由旅行業組團辦理，以團進團出方式為之，並依其旅遊內容分為優質行程團體及一般行程團體，其數額由內政部公告之。

2. 優質行程團體數額如於內政部移民署（以下簡稱移民署）收件核配當日下午五時仍有餘額，得移作一般行程團體數額使用；反之亦同。

3. 旅行業辦理大陸地區人民來臺從事觀光活動業務，如申請數額超過當日數額上限，列入翌日數額；如當日尚有賸餘數額，不再留用。

三、大陸地區人民來臺觀光團體行程之擬訂，應遵守下列事項：

1. 應排除軍事國防地區、國家實驗室、生物科技、研發或其他重要單位。

2. 為確保軍事設施安全，凡經依法公告之要塞、海岸、山地及重要軍事設施管制區均不允納入大陸人民觀光行程。

3. 國軍實施軍事演習期間，得中止或排除大陸人士前往演習地區之觀光景點。

4. 安排自由活動之比例，不得超過旅遊全程日數之三分之一。

四、旅行業辦理接待符合本辦法第三條第一款、第二款或第五款規定經許可來臺從事觀光活動之大陸地區人民業務，或辦理接待經許可自國外轉來臺灣地區觀光之大陸地區人民業務，每一團體應派遣至少一名符合本辦法第二十一條接待資格之導遊人員服務。

五、旅行業及導遊人員辦理或執行前點業務，應遵守下列規定向本局通報，並以電話確認。但於通報事件發生地無電子傳真或網路通訊設備，致無法立即通報者，得先以電話通報後再補送通報書。

1. 旅行業應於大陸人士來臺觀光通報系統詳實填具團體入境資料（含旅客名單、行程表、購物商店、入境航班、責任保險單、遊覽車及其駕駛人、派遣之導遊人員等），並於團體入境前一日十五時前傳送本局。**團體入境前一日應向大陸地區組團旅行社確認來臺旅客人數，如旅客人數未達五人時，應填具申報書立即向本局通報。**

2. 入境通報：團體入境後二個小時內，應詳實填具入境接待通報表，其內容包含入境及未入境團員名單、隨團導遊人員等資料，並檢附遊覽車派車單影本，傳送或持送本局。

3. 出境通報：團體出境後二小時內，由導遊人員填具出境通報表，向本局通報出境人數及未出境人員名單。

4. **離團通報：團員如因傷病、探訪親友或其他緊急事故需離團者，除應符合離團人數不超過全團人數三分之一、離團天數不超過旅遊全程三分之一等要**

件，並應向隨團導遊人員陳述原因，由導遊人員填具團員離團申報書立即向本局通報；基於維護旅客安全，導遊人員應瞭解團員動態，如發現逾原訂返回時間未歸，應立即向本局通報：

(1) 傷病需就醫：如發生傷病，得由導遊人員指定相關人員陪同前往，並填具通報書通報。事後應補送合格醫療院所開立之醫師診斷證明。

(2) 探訪親友：團員於旅行社既定行程中所列自由活動時段（含晚間）探訪親友，視為行程內之安排，得免予通報。團員於旅行社既定行程中如需脫離團體活動探訪親友時，應由導遊人員填具申報書通報，並瞭解旅客返回時間。

5. 住宿地點或購物商店變更通報：大陸地區人民來臺觀光團體應依既定行程活動，行程之住宿地點或購物商店變更時，應填具申報書立即向本局通報。

6. 導遊人員變更通報：團體更換導遊人員時，旅行業應填具申報書立即向本局通報所更換導遊人員之姓名、身分證號及手機號碼。

7. 遊覽車或其駕駛人變更通報：團體更換遊覽車或其駕駛人時，應填具申報書立即向本局通報所更換遊覽車車號、駕駛人姓名及登記證編號，並檢附遊覽車派車單影本。

8. 違法、違規、逾期停留、違規脫團、行方不明、提前出境、從事與許可目的不符之活動或違常等通報：發現團員涉及違法、違規、逾期停留、違規脫團、行方不明、從事與許可目的不符之活動或違常事件，除應填具申報書立即向本局通報，並協助調查處理。

9. 治安事件通報：發現團員涉及治安事件，除應立即通報警察機關外，並視情況通報消防或醫療機關處理，同時填具申報書立即向本局通報，並協助調查處理。

10. 緊急事故通報：發生緊急事故如交通事故（含陸、海、空運）、地震、火災、水災、疾病等致造成傷亡情事，除應立即通報警察機關外，並視情況通報消防或醫療機關處理，同時填具申報書立即向本局通報。

11. 旅遊糾紛通報：如發生重大旅遊糾紛，旅行業或導遊人員應主動協助處理，除應視情況就近通報警察、消防、醫療等機關處理外，應填具申報書立即向本局通報。

12. 疫情通報：團員如感染傳染病或疑似傳染病時，除協助送醫外，應立即通報該縣市政府衛生主管機關，同時填具申報書立即向本局通報。

13. 其他通報：如有下列情事或其他須通報事項，旅行業或導遊人員應填具申報書立即向本局通報：
   (1) 團員因故需提前出境，應向隨團導遊人員陳述原因，由導遊人員填具申報書立即向本局通報，並由送機（船）人員將旅客引導至機場或港口管制區。但出境機場為臺灣桃園或高雄國際機場者，應由送機人員將旅客送至本局位於機場之旅客服務中心櫃檯轉交移民署人員引導出境。
   (2) 團員因故需延長既定行程，如入境停留日數逾十五日，應於該團離境前依規定向移民署提出延期申請。團員延期期間之在臺行蹤及出境，旅行業負監督管理責任；如有違法、違規、逾期停留、行方不明、從事與許可目的不符之活動或違常等情事，應通報本局，並協助調查處理。
   (3) 團體分車時，應填具申報書向本局通報各遊覽車、駕駛人及隨車導遊人員資訊，並檢附各遊覽車派車單影本。

旅行業及導遊人員辦理接待符合本辦法第三條第三款或第四款之大陸地區人民來臺從事觀光活動業務，應依前項第一款、第五款、第七款規定向本局通報，並以電話確認。但接待之大陸地區人民非以組團方式來臺者，入境前一日之通報得免除行程表、遊覽車及導遊人員資料。

六、 旅行業及導遊人員辦理或執行第四點業務，應遵守下列事項：

1. 同一團體應於同一航廈、港口同時入出境。如搭乘不同航班，班機抵達時差應於一小時內。但有特殊狀況，得例外彈性因應。
2. 團體入境時應發給每名大陸旅客宣傳摺頁向其說明在臺旅遊注意事項。
3. 應注意國家機密及安全之維護，不得使大陸旅客從事與觀光目的不符之活動。
4. 大陸旅客在臺期間如有統戰之宣傳及活動時，應予勸止；如有不合理或違法要求，應予拒絕。
5. 應規範大陸旅客不得於軍事處所附近從事測量、攝影、描繪、記述及其他關於軍事上之偵察事項。
6. 對於部分團體或個人向大陸旅客散發傳單及光碟，應防止爭端發生；並應避免談論具爭議性、敏感性之政治話題。

7. 應使用合法業者提供之合法交通工具及合格之駕駛人。租用遊覽車應簽訂租車契約，並依本局頒訂之檢查紀錄表填列、查核。團體出發前應留意交通部公路總局所公布之大客車行駛應特別注意路段及禁行路段，以維旅客安全。

8. 應適時向旅客宣播交通部觀光局錄製提供之宣導影音光碟。

七、本注意事項及作業流程未盡事宜悉依有關規定辦理，違反規定者，依有關法令處理。

13-4 大陸地區人民來臺從事個人旅遊觀光相關辦法及附件

13-4-1 大陸地區人民來臺從事個人旅遊觀光活動線上申請須知（中華民國內政部移民署，2021b）

108 年 4 月 12 日修正

一、為規範大陸地區人民來臺從事個人旅遊觀光活動（以下簡稱個人旅遊）申請程序及發證作業等相關規定，特訂定本須知。

二、申請對象：大陸地區人民居住於主管機關公告指定之區域，符合下列情形之一者，得申請許可來臺從事個人旅遊：

(一) 年滿 20 歲，且有相當新臺幣 10 萬元以上存款、銀行核發金卡、年工資所得相當新臺幣 50 萬元以上或持有經主管機關公告之其他國家有效簽證。其直系血親及配偶得隨同申請。

(二) 18 歲以上在學學生。

三、申請方式：以電腦登錄方式至內政部移民署（以下簡稱本署）「大陸港澳地區短期入臺線上申請暨發證管理系統」（以下簡稱線上系統，網址：http://www.immigration.gov.tw/mp.asp?mp=mt）作業平臺進行申請。

四、應備文件：

(一) 申請書：於本署線上系統進行申請人資料登錄，免列印紙本。

(二) 大陸地區所發效期尚餘 6 個月以上之大陸居民往來臺灣通行證（以下簡稱通行證）及簽注事由為「G」（個人旅遊）之通行證簽注頁。

(三) 最近二年內二吋白底彩色照片。檢附之照片應依國民身分證之規格辦理，並應能辨識與持通行證者為同一人。

(四) 資格證明文件：

1. 以第二點第一款資格申請者，申請時應具備以下有效之財力證明文件之一。但最近 3 年內曾檢附財力證明（不含其他國家之有效簽證）經許可來臺從事個人旅遊且無違規情形，申請單次入出境許可證者，免附：

(1) 最近 3 個月內由銀行或金融機構開立有新臺幣 10 萬元（或人民幣 2 萬 5 千元）以上之存款證明或帳戶流水單（須蓋有銀行或金融機構章戳），且存款期間須達 1 個月以上。

(2) 大陸銀行或金融機構開立核發金卡等級以上信用卡，如金卡(Gold)、白金卡(Platinum)、無限卡(Infinite)之證明文件，或信用卡彩色掃描電子檔。

(3) 最近 3 個月內開立之年工資為新臺幣 50 萬元（或人民幣 12 萬 5 千元）以上之薪資所得證明文件（須加蓋公司章戳、開立日期及任職期間一年以上之薪資證明）。

(4) 美國、加拿大、英國、日本、澳洲、紐西蘭、韓國及歐盟申根等國家之有效居留證、永久居留證或簽證（取得配賦當日，簽證在有效期間內，屬有效簽證）。

(5) 其隨行之直系血親及配偶應檢附與申請人之親屬關係證明（如：出生證明、結婚證書、公務機關開立並蓋有章戳之親屬證明或同戶者之全戶戶口簿）。

2. 以第二點第二款資格申請者，申請時應具備下列文件：

(1) 目前就讀學校之有效學生證或最近 3 個月內開立之在學證明。當年度畢業者，得檢附欲就讀學校所核發之錄取通知；如尚未確定入學學校，得檢附高中畢業證書作為在學證明，並以畢業證書核發月份之當月末日認定其在學資格）。

(2) 未滿 20 歲者應加附直系血親尊親屬同意書。申請多次證者，其同意書內容應包含同意申請多次證。

(五) 請於本署線上系統登錄預定來臺起迄年月日。

(六) 緊急聯絡人（請依下列規定於本署線上系統詳細登錄緊急聯絡人資料）：

1. 緊急聯絡人以已成年之大陸地區親屬擔任為原則。

2. 申請人無大陸地區親屬可擔任緊急聯絡人者，由大陸地區組團社負責人或主管擔任緊急聯絡人。

3. 緊急聯絡人不可由同行來臺之大陸地區親屬擔任。

(七) 大陸地區隨同親屬：申請人有直系血親及配偶隨同者，應於本署線上系統登錄隨同親屬個人資料。隨同親屬則免登錄本項資料。

(八) 已投保旅遊相關保險之保單或證明文件：

1. 保險內容應包含旅遊傷害、突發疾病醫療及善後費用，其因意外事故死亡最低保險金額須為新臺幣 200 萬元（或人民幣 50 萬元），因意外事故所致體傷及突發疾病所致之醫療費用最低保險金額須為新臺幣 50 萬元（或人民幣 12 萬 5 千元），其投保期間應包含核准來臺停留期間。

2. 保單內容應載明申請人個人姓名、投保項目及保險額度。

3. 保單內容若未逐一載明申請人姓名者，應加附蓋有保險公司章戳或旅行社章戳之申請人名冊。

(九)大陸地區人民為在往返臺灣地區之大陸地區、外國或第三地區民用航空器服務之機組員或大陸地區人民為在往返臺灣地區與大陸地區之非營利性商務(公務)包機服務之機組員，因飛航任務已持有入出境許可證者，得另申請觀光事由來臺，並檢附切結書具結「以觀光事由申請來臺，原飛航任務事由之入出境許可證暫停使用」等文字；已持有觀光事由且有效之入出境許可證，因工作需要須以飛航任務事由申請來臺者，應檢附切結書具結「不以觀光事由之入出境許可證來臺從事飛航任務，亦不持憑飛航任務事由之入出境許可證來臺觀光」等文字，始得不繳銷觀光事由之入出境許可證。依來臺事由，據以持憑入出境許可證入出境。

(十) 領隊未以帶團身分，而係以個人旅遊申請來臺者，於申請時並檢附切結書具結「不持憑個人旅遊事由之入出境許可證來臺從事領隊業務」等文字，始得不繳銷該領隊入出境許可證，並核發個人旅遊單次入出境許可證。

(十一) 說明書、切結書或相關證明文件。

五、申請程序及發證方式：

(一) 由經交通部觀光局核准辦理個人旅遊業務，及已繳納保證金之旅行社（以下簡稱臺灣地區旅行社）代至本署線上系統申請；臺灣地區旅行社亦可委託中華民國旅行商業同業公會全國聯合會（以下簡稱旅行業全聯會）代為申請；搭乘郵輪旅遊需二次入出臺灣地區者，應於本署線上系統勾選申請二張入出境許可證。

(二) 申請程序

1. 申請人備妥應備文件向大陸地區組團社提出申請，由大陸地區組團社使用本署線上系統（離線版）登錄申請人資料，並將第四點規定之應備文件正本掃描為電子檔，傳送臺灣地區旅行社辦理。
2. 臺灣地區旅行社或旅行業全聯會於核對大陸地區組團社傳送之資料無誤後，即可至本署線上系統進行申請（於本署線上系統申請資料需為正體字），依序取得當日或次日以後之配額，經本署審核許可並由臺灣地區旅行社或旅行業全聯會完成繳費後，即可下載入出境許可證電子檔（檔案格式為 PDF 檔）。
3. 來臺搭乘郵輪旅遊之大陸地區人民，需檢附第二段航行之郵輪船票或訂位確認單，始得申請一次核發二張入出境許可證，所持第二張入出境許可證限搭乘郵輪使用。本項作業不適用大陸地區人民已入境後，為搭乘郵輪再申請第二張入出境許可證。

(三) 發證方式

1. 由臺灣地區旅行社或旅行業全聯會下載入出境許可證電子檔並自行列印，寄送大陸地區組團社轉發申請人持憑入境。
2. 由臺灣地區旅行社或旅行業全聯會下載入出境許可證電子檔並傳送大陸地區組團社，由大陸地區組團社列印入出境許可證，轉發申請人持憑入境。
3. 為維護入出境許可證之列印品質，臺灣地區旅行社、旅行業全聯會及大陸地區組團社應使用最新版之 PDF 閱讀軟體讀取及列印入出境許可證電子檔。
4. 列印本署線上系統核發之入出境許可證時，請使用 A4 白色紙張，並以雷射印表機單證單面彩色滿版列印（不得使用回收紙或雙面列印）。

(四) 申請案已完成申請程序者，不得申請變更主申請、隨同人員及增加隨同人員。

六、個人旅遊每日申請數額，依內政部公告辦理。

七、相關事項

(一) 許可證費用

1. 單次入出境許可證：新臺幣 6 百元。
2. 1 年逐次加簽證：新臺幣 6 百元。
3. 1 年多次入出境許可證：新臺幣 1 千元。

(二) 審核及補正期間：審核期間為 2 個工作日。但不含中央目的事業主管機關審查時間及下列補正期間：

1. 文件不全經通知補正者，自本署通知補正之翌日起算 1 個月內未補正，駁回其申請。
2. 旅行業於通知補正當日下午 3 時前補正者，當日即繼續審核；如逾下午 3 時始補正者，則於次一工作日繼續審核，審核期間並重新計算。

(三) 許可證種類及效期

1. 單次入出境許可證：自核發日起 3 個月內有效。
2. 逐次加簽入出境許可證：自核發日起 1 年內有效。
3. 1 年多次入出境許可證：大陸地區人民最近 12 個月內曾來臺從事個人旅遊 2 次以上（不含隨同直系血親及配偶來臺旅遊次數）或持有經大陸地區核發往來臺灣之個人旅遊多次簽，得發給多次入出境許可證，自核發日起 1 年內有效。如以第二點第一款後段持有其他國家之有效簽證資格申請者，簽證類別應為居留證、永久居留證或多次簽證且在有效期間內；以第二點第二款在學資格申請者，在學資格應達 1 年以上。
4. 申請人應持憑本署核發之單次、逐次加簽或 1 年多次入出境許可證及大陸地區所發尚餘效期 6 個月以上之通行證，經機場、港口查驗入出境。

(四) 停留期間：自入境之翌日起，不得逾 15 日；搭乘郵輪旅遊申請二張入出境許可證者，停留期間分開計算。除大陸地區帶團領隊外，每年在臺觀光總停留期間不得逾 120 日。

(五) 特殊事故延期停留：因疾病住院、災變或其他特殊事故，未能依限出境者，應於停留期間屆滿前 3 日內，由其代申請來臺從事個人旅遊之臺灣地區旅行社備下列文件，向本署各縣（市）服務站申請延期，每次不得逾 7 日：

1. 延期申請書。
2. 入出境許可證正本。
3. 相關證明文件。
4. 費用：新臺幣 300 元。

(六) 經許可來臺從事觀光活動者之隨同人員，不得較申請人先行進入臺灣地區，且不得較申請人延後出境。

(七) 本署審查第 4 點第 4 款及第 11 款規定之相關文件時，得要求該文件應為大陸公務機關開立之證明，必要時該文件應經財團法人海峽交流基金會驗證。

八、 入出境許可證於入境前遺失、滅失或毀損者，應依第五點第三款規定之發證方式辦理，重新取得證件並交由申請人持憑入境，不得於申請人已抵達機場或港口後，始向本署申請補發。未依規定辦理者，將依大陸地區人民來臺從事觀光活動許可辦法第 17 條第 1 項第 1 款規定，禁止其入境。

九、入出境許可證於入境後遺失、滅失或毀損者，由臺灣地區旅行社或旅行業全聯會至本署線上系統申請補發並列印證件。若於機場、港口出境時始發現證件遺失、滅失或毀損，可至本署各機場、港口之國境事務隊申請補發。

十、申請案經許可並完成繳費下證後，若發現申請人同時持有其他有效之入出境許可證時，本署依「大陸地區人民來臺從事觀光活動許可辦法」第 16 條第 1 項第 14 款規定，得撤銷或廢止其許可，並註銷其入出境許可證。

十一、持有經主管機關公告之其他國家有效簽證申請者，入境時應備妥簽證正本受檢。

13-4-2 大陸地區人民來臺從事個人旅遊之指定區域及每日受理數額

105 年 12 月 15 日

主　　旨：公告修正大陸地區人民來臺從事個人旅遊之數額，自中華民國 105 年 12 月 15 日生效。

依　　據：大陸地區人民來臺從事觀光活動許可辦法第 4 條第 1 項。

公告事項：

一、配合交通部 105 年 12 月 2 日交授觀業字第 1053005553 號函辦理。

二、受理數額：上班日每日受理申請數額為 8,760 人（每日平均數額為 6,000 人）。

三、旅行業辦理大陸地區人民來臺個人旅遊業務，如當日超過前項數額，列入翌日之數額，如當日尚有賸餘數額，不再留用。
發布機關：入出國事務組‧陸務科

四、所公告指定之區域係指北京、上海、廈門、天津、重慶、南京、廣州、杭州、成都、濟南、西安、福州、深圳、瀋陽、鄭州、武漢、蘇州、寧波、青島、石家莊、長春、合肥、長沙、南寧、昆明、泉州、哈爾濱、太原、南昌、貴陽、大連、無錫、溫州、中山、煙臺、漳州、海口、呼和浩特、蘭州、銀川、常州、惠州、威海、桂林、徐州、舟山及龍岩等 47 個城市。

MEMO:

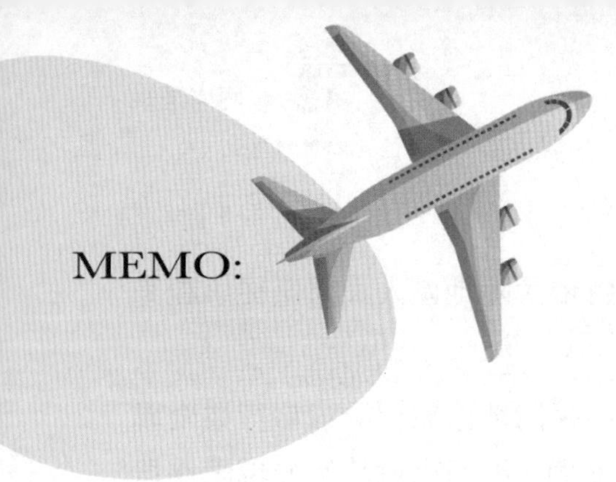

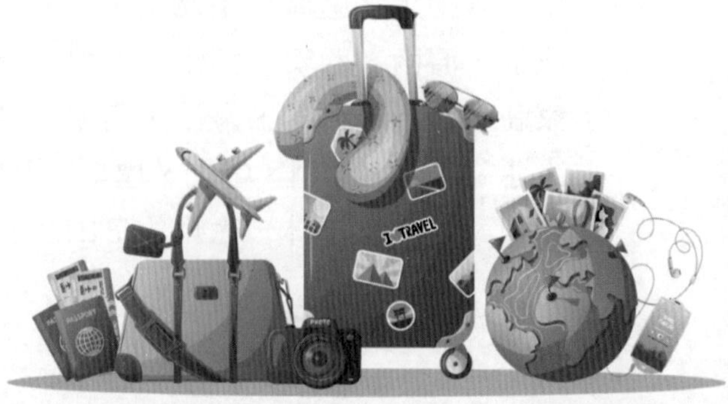

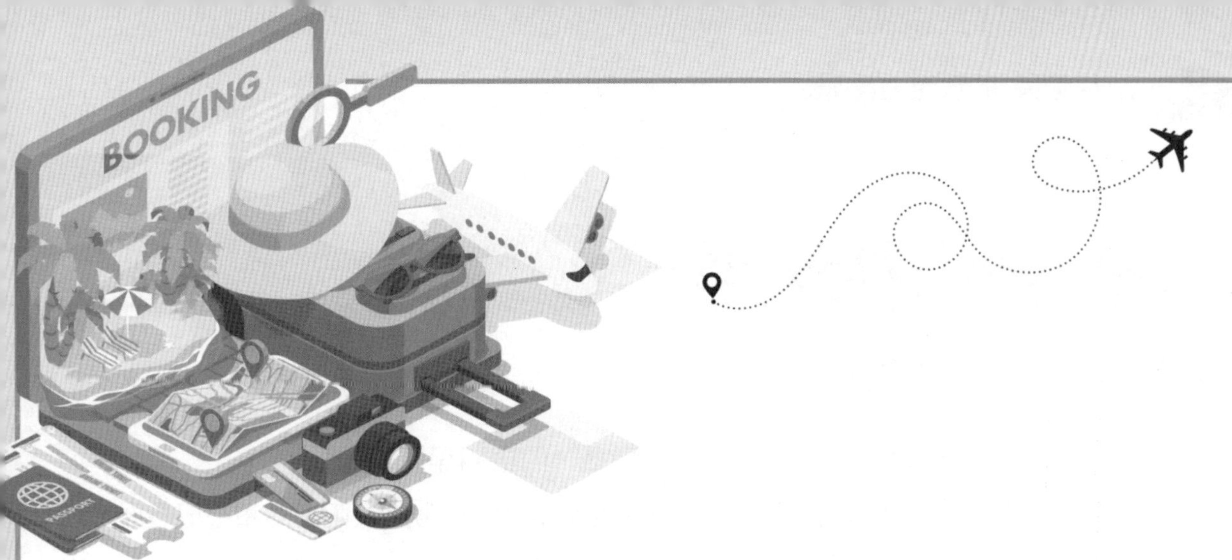

CHAPTER 14 兩岸現況認識

華語導遊

外語導遊

華語領隊

外語領隊

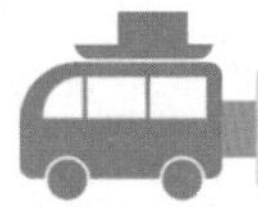

14-1　兩岸政治現況

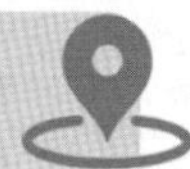

14-1-1　兩岸會談政策

1. 兩岸制度化協商的重要意義；掌握歷史機遇，開啟兩岸新局。
2. 政府兩岸政策，是在全球化的思維下，追求兩岸關係的正常化及兩岸的和平與發展。
3. 期盼海峽兩岸能抓住當前難得的歷史機遇，共同開啟和平共榮的歷史新頁；秉持「正視現實、開創未來；擱置爭議、追求雙贏」，尋求兩岸共同利益平衡點。
4. 在兩岸關係上，秉持「以臺灣為主，對人民有利」的原則，並在「不統、不獨、不武」、「維持現狀」的前提下，積極改善兩岸關係，維護臺海的和平穩定，為區域的共榮發展創造條件。
5. 第一次與第二次「江陳會談」順利舉行，兩岸迅速恢復中斷將近 10 年的制度化協商管道，海基會與大陸海協會在 2008 年，共計簽署「海峽兩岸包機會談紀要」、「海峽兩岸關於大陸居民赴臺灣旅遊協議」、「海峽兩岸空運協議」、「海峽兩岸海運協議」、「海峽兩岸郵政協議」、「海峽兩岸食品安全協議」等六項協議。
6. 兩岸確立制度化協商的常態運作機制，每半年將舉行一次兩會高層會談。提出兩岸已揚棄過去的對立衝突路線，而以協商代替對抗，以和解代替衝突，邁向和平發展、互利共榮的兩岸協商新時代。
7. 「擱置爭議」、「互不否認」；現階段兩岸之間尚不具備解決主權爭議的客觀條件。因此，推動兩岸協商最重要的基礎，就是應擱置不必要的政治爭議，以互不否認的態度，務實面對兩岸現狀，優先解決因為兩岸經貿、文化、社會各層面互動所衍生攸關人民利益的各類問題。
8. 政府推動兩岸協商，一貫堅持「以臺灣為主，對人民有利」的原則，舉凡協商議題設定、協商腹案及底線研擬、協商程序及相關安排，在在皆以能否彰顯臺灣主體性，維護臺灣人民利益作為最優先考量，並堅持兩岸對等，捍衛國家主權及尊嚴。
9. 現階段兩岸協商係秉持「先易後難」、「先經濟後政治」的原則，優先協商處理攸關民生及經濟發展的議題，透過相互的合作，截長補短，共同努力為兩岸創造雙贏，讓雙方人民共享利益。

10.「江陳會談」，與大陸協商簽署大陸居民赴臺灣旅遊、週末包機、兩岸空運、海運、郵政及食品安全等六項協議，為臺灣經濟帶來顯著效益。

11. 兩岸先後簽署週末包機、空運及海運協議，於 2008 年實現兩岸海空運全面直航，大幅提升兩岸客貨運輸的效率，為兩岸民眾及企業提供很大的便利，也大幅減少運輸的時間及成本。

12. 在空運方面，目前臺北至上海航程需 1 小時 22 分鐘，較週末包機縮短 62 分鐘；若較經香港、澳門轉機，縮短 3~4 小時，一年約可節省成本新臺幣 30 億元。

13. 在海運方面，臺灣航行至大陸港口，因無須再彎靠琉球石垣島，平均每航次節省時間 16~27 小時，一年約可節省成本新臺幣 12 億元。

14. 兩岸郵政協議的簽署及實施，讓兩岸郵件業務範圍擴大至小包、包裹及快捷郵件、郵政匯兌等新增項目，提供民眾及企業更多便利；兩岸郵件直接遞送，不僅省時省錢而且安全性大為提升，讓兩岸郵政服務真正達到便民之目的。

14-2 兩岸經濟發展

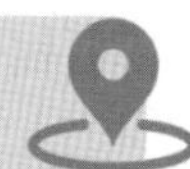

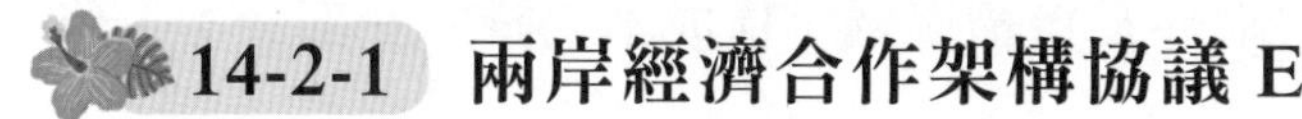

14-2-1 兩岸經濟合作架構協議 ECFA（節略）

一、兩岸經濟合作架構協議 ECFA(Economic Cooperation Framework Agreement)緣起

1. 避免邊緣化：簽署兩岸經濟合作架構協議是臺灣參與區域經濟整合的重要起步，也是臺灣突破經濟孤立的關鍵一步，將可使臺灣取得對外貿易立足點平等，使各國政府會更有意願和臺灣洽談 FTA（自由貿易協定 Free Trade Agreement），讓臺灣可以避免「邊緣化」的威脅，加速與世界市場接軌。

2. 推動制度化：兩岸經濟合作架構協議有助於推動兩岸經貿制度化發展，進而提振外資來臺及臺商回臺投資的信心，讓臺灣人民與企業從事兩岸貿易及投資等權益獲得制度化保障，擴大臺商結合兩岸經濟資源及布局全球的發展空間，為臺灣創造更多商機且增加更多就業機會。

3. 促進國際化：兩岸經濟合作架構協議將使臺灣成為亞太區域經濟重要的一環，臺灣的價值將受到亞太地區與國際社會更大的重視，讓臺灣更有機會成為各國企業進軍大陸市場的跳板。

二、經過

兩岸兩會於 2010 年 6 月 29 日簽署「海峽兩岸經濟合作協議」，2010 年 7 月 1 日行政院院會通過送立法院審議，立法院 2010 年 8 月 18 日完成審議，於 2010 年 9 月 12 日生效。

三、內容摘要

1. 協議文本內容為序言、五章、十六條，主要內容包括：雙方將「遵循平等互惠、循序漸進的原則」，「本著世界貿易組織(WTO)基本原則，考量雙方的經濟條件，逐步減少或消除彼此間的貿易和投資障礙，創造公平的貿易與投資環境」。
2. 明定協議的目標及合作措施；貨品貿易協議、服務貿易協議與投資協議等之後續協商範圍及啟動時程；經濟合作範圍有智慧財產權保護、金融、海關、貿易便捷化、電子商務、產業合作、提升中小企業競爭力以及經貿團體互設辦事機構等領域。
3. 早期收穫規定雙方在協議生效後，盡速享有部分貨品降免稅與服務業開放利益的項目，並建立相關配套措施，例如：臨時貿易救濟規則、臨時原產地規則等。
4. 相關配套安排，例如：例外條款、爭端解決機制、機構安排（由雙方成立「兩岸經濟合作委員會」）、文書格式、附件及後續協議（構成本協議的一部分）、修正、生效、終止條款等。
5. 「三不」、「三要」守護臺灣，將由行政部門貫徹執行政策說明兩岸經濟合作架構協議，以彰顯政府守護臺灣的堅定意志與永不退縮的決心。

三不	三要
不矮化主權	要凝聚共識
不開放大陸勞工來臺	要循序漸進
不擴大開放農產品進口	要廣結善緣

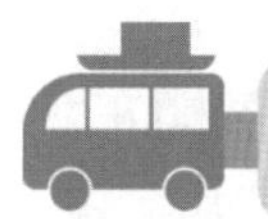

14-3 兩岸交流協會

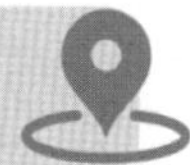

14-3-1 行政院大陸委員會（簡稱陸委會）

中華民國行政院轄屬的政府機構，是處理中國大陸、香港、澳門事務的官方對口機關。陸委會在香港、澳門各設有代表機構。主理香港方面事務的行政院大陸委員會香港事務局，駐港機構為駐香港臺北經濟文化辦事處。主理澳門方面事務的行政院大陸委員會澳門事務處，駐澳門機構為駐澳門臺北經濟文化辦事處。

中國大陸境內的電子媒體中，陸委會是唯一可以報導中得以原名稱呼的中華民國中央政府部會。其他部會皆遭其單方面修改，如稱內政部為「內政部門」等等。不過亦有把陸委會稱為「臺當局大陸事務管理部門」之情形。

1987 年，政府開放民眾赴中國大陸探親，兩岸民間往來日趨密切。1988 年行政院以任務編組方式成立「行政院大陸工作會報」，協調各主管機關處理有關中國大陸事務。1990 年，行政院特別擬訂《行政院大陸委員會組織條例》（草案）。1991 年經立法院三讀通過，公布施行成立「行政院大陸委員會」。

14-3-2 財團法人海峽交流基金會（簡稱海基會）

英語：Straits Exchange Foundation（縮寫 SEF）

1. 成立：1990 年 11 月。
2. 地點：臺北市。
3. 型態：財團法人海峽交流基金會。
4. 董事長：田弘茂先生。
5. 沿革：兩岸交流所衍生的問題必須透過一個具有民間性質，但由政府委託指定執行公權力的機構，來擔任中介的角色。由政府及部分民間人士共同捐助成立的「財團法人海峽交流基金會」（簡稱海基會）正式成立，海基會是目前唯一依據「臺灣地區與大陸地區人民關係條例」（簡稱兩岸關係條例）第 4 條「行政院得設立或指定機構處理臺灣地區人民與大陸地區人民往來有關之事務」的規定成立與運作的機構，以行政院大陸委員會為主管機關，接受政府委託與授權，直接與大陸方面就涉及公權力行使的事宜進行聯繫與協商，成為政府大陸工作體系中重要的一環。在兩岸政府的授權之下，海基會與大陸海協會於 1991 年底開始展開正式的接觸與協商。

6. 歷年大事
   (1) 1993 年兩岸兩會的最高負責人在新加坡舉行了歷史性的「辜汪會談」並簽署四項協議，成為兩岸建立以對話協商解決交流問題的濫觴。其後兩岸政府也持續透過此一管道進行多次談判，雙方制度化協商的機制逐步確立。
   (2) 1998 年，辜振甫董事長赴大陸進行「辜汪會晤」。推選辜振甫先生擔任董事長。
   (3) 2005 年，行政院前院長張俊雄先生接任海基會董事長。
   (4) 2007 年，由洪奇昌先生接任董事長。
   (5) 2008 年，江丙坤先生接任董事長，兩岸關係進入和平發展的新階段。

7. 願景
   (1) 協商互動：配合政府的政策加強與大陸的協商，建構制度化協商及聯繫管道。
   (2) 促進交流：營造友好氣氛，累積交流經驗，增進兩岸認識與瞭解，縮小認知差距。
   (3) 服務民眾：因應兩岸民眾廣泛的需求，建構更能因應人民需求。
   (4) 和平兩岸：維護兩岸人民權益，促進兩岸關係的良性發展及和平穩定的基礎。

8. 協商
   (1) 海基會自成立以來即接受政府委託，擔負兩岸協商的任務。海基會依法得以自己的名義與大陸協商簽署協議，並得經委託機關同意，複委託其他公益法人協助處理。
   (2) 1992 年，海基會與大陸海協會於香港進行「文書驗證」及「掛號函件」第二次會談，因雙方對「一個中國」認知不同，故無結果。唯雙方就「一個中國」的論題相互諒解概括為「各自以口頭表述一個中國」，即「一中各表」，此一結果後來被稱為「九二共識」。
   (3) 1993 年，兩會在新加坡舉行「辜汪會談」，雙方並簽署「兩岸公證書使用查證協議」、「兩岸掛號函件查詢、補償事宜協議」「兩會聯繫與會談制度協議」、「辜汪會談共同協議」等四項協議。
   (4) 1998 年 10 月，兩會在上海進行「辜汪會晤」達成「雙方同意加強對話，以促成制度化協商的恢復」、「雙方同意加強推動兩會各層級人員交流活動」、「雙方同意就涉及人民權益之個案，積極相互協助解決」等幾點共識。

(5) 自 1999 年，大陸片面中斷與海基會聯繫，兩會協商暫時中斷，唯兩岸當局在週末包機、大陸觀光客來臺等攸關兩岸人民權益的議題上，先後亦透過不同形式與管道與大陸進行對話與協商。在此期間，海基會在有關兩岸協商之準備工作亦持續進行。

(6) 二次政黨輪替之後，改善兩岸關係成為政府施政要務，政府再三釋放善意，並主張兩岸在「九二共識」的基礎上重啟協商談判。

(7) 2008 年，海基會在政府授權下，與大陸重啟談判。海基會江丙坤董事長率團赴北京進行「互信協商之旅」，與海協會陳雲林會長舉行第一次「江陳會談」，並協商簽署「海峽兩岸關於大陸居民赴臺旅遊協議」與「海峽兩岸包機會談紀要」。

(8) 2008 年 11 月，陳雲林會長率團來臺，兩會舉行第二次「江陳會談」，簽署「海峽兩岸空運協議」、「海峽兩岸海運協議」、「海峽兩岸郵政協議」、「海峽兩岸食品安全協議」等四項協議。12 月，兩岸正式開啟海空「大三通」時代，提供雙方人民、貨物全面直接雙向往來的便利。

(9) 2009 年 4 月，江董事長率團赴南京進行第三次「江陳會談」、「合作雙贏」之旅，簽署「海峽兩岸金融合作協議」、「海峽兩岸空運補充協議」、「海峽兩岸共同打擊犯罪及司法互助協議」等三項協議，就陸資來臺達成共識，成果豐碩。

(10) 2009 年 12 月，陳雲林會長再度率團來臺，兩會舉行第四次「江陳會談」，並簽署「海峽兩岸農產品檢疫檢驗合作協議」、「海峽兩岸漁船船員勞務合作協議」、「海峽兩岸標準計量檢驗認證合作協議」等三項協議。兩會制度化協商，不僅能夠累積互信基礎，擴大交流合作，營造互利雙贏，更讓和平、穩定、繁榮的兩岸關係，持續向前邁進。

(11) 2010 年 6 月，江董事長率團赴重慶進行第五次「江陳會談」－「互惠繁榮之旅」，並簽署「兩岸經濟合作架構協議」與「兩岸智慧財產權保護合作協議」，為兩岸經貿活動建構一個交流有序的環境，提升臺灣經濟實力與競爭力，創造兩岸互惠的新局。

9. 服務

海基會長期站在兩岸互動的第一線，凡攸關兩岸人民權益、生命財產安全、急難救助、經貿糾紛、交流障礙等問題，無不全力協處，急民之所急。截至 2009 年底，兩岸往來從事文教、商務、探親、觀光等交流活動人數已近 5,334 萬人次。為因應兩岸民眾廣泛的需求，持續擴大服務層面、強化服務功能，現階段設有各種服務窗口包括：

(1) 經貿服務－臺商服務中心、臺商財經法律顧問團、臺商諮詢日、臺商經貿講座。
(2) 法律服務－法律服務中心及會本部、中區、南區服務處與律師志工團。
(3) 旅行服務－兩岸人民急難服務中心。
(4) 交流服務－文教交流事項諮詢及協處。
(5) 專線服務－法律服務專線、臺商服務專線、大陸配偶關懷專線。

14-3-3 海峽兩岸關係協會（簡稱海協會）

英語：The Association for Relations Across the Taiwan Straits（縮寫 ARATS）

1. 成立：1991 年 12 月 16 日。
2. 地點：北京。
3. 型態：社會團體法人。
4. 會長：陳德銘先生。
5. 章程：海協會以促進海峽兩岸交往，發展兩岸關係，實現祖國和平統一為宗旨。為實現上述宗旨，海協會致力於加強同贊成本會宗旨的社會團體和各界人士的聯繫與合作；協助有關方面促進海峽兩岸各項交往和交流；協助有關方面處理海峽兩岸同胞交往中的問題，維護兩岸同胞的正當權益；接受大陸有關方面委託，與臺灣有關部門和授權團體、人士商談海峽兩岸交往中的有關問題，並可簽訂協議性文件。
6. 其他：海協會首任會長為汪道涵，榮毅仁曾任海協會名譽會長。副會長為孫亞夫、葉克冬、蔣耀平。祕書長為馬國樑。
7. 簡錄海峽兩岸關係協會章程（1991 年 12 月 16 日通過）。

第 1 條　本會定名為海峽兩岸關係協會，是社會團體法人。

第 2 條　本會以促進海峽兩岸交往，發展兩岸關係，實現祖國和平統一為宗旨。

第 3 條　為實現上述宗旨，本會致力於：
(1) 加強同贊成本會宗旨的社會團體和各界人士的聯繫與合作。
(2) 協助有關方面促進海峽兩岸各項交往和交流。
(3) 協助有關方面處理海峽兩岸同胞交往中的問題，維護兩岸同胞的正當權益。

第 4 條　本會接受有關方面委託，與臺灣有關部門和授權團體、人士商談海峽兩岸交往中的有關問題，並可簽訂協議性文件。

第 5 條　本會會址設在北京。

14-3-4 臺北經濟文化代表處

簡稱臺灣代表處或臺北代表處，是中華民國在非邦交國所設立的，行使大使館或領事館部分權責、享有駐在國部分外交禮遇的代表機構。這些國家因為與中華人民共和國政府有外交關係，因而不與中華民國政府建立正式邦交。因此，通過此類代表處和中華民國保持政治、經濟貿易和文化等關係。

臺北經濟文化代表處的宗旨是發展實質的對等互利關係，「促進中華民國與外國間經貿、投資、文化、科技等交流合作及民間之瞭解與互助」，在外國實質代表中華民國的利益。臺北代表處雖然不稱大使館，但經由中華民國外交部官方授權，可行使大使館或相關外交機構的部分職責，如核發中華民國護照及簽證。

臺北代表處享有治外法權保障，駐節國家所提供的領事保護機制相近，部分國家則給與臺北代表處人員等同正式外交使節或國際組織人員的身分，享有外交特權或外交豁免權的待遇，例如：美國、紐西蘭、瑞士、沙烏地阿拉伯等。其他國家也在臺灣設立類似的代表機構，如美國在臺協會和加拿大駐臺北貿易辦事處等。

中華民國外交部的定位中，「代表處」的地位即是大使館，「辦事處」則同於領事館。由於香港、澳門兩地為中華人民共和國的特別行政區，依《香港澳門關係條例》，駐兩地臺北經濟文化辦事處的主管機關為大陸委員會，而非外交部。

14-3-5 行政院大陸委員會香港事務局

臺北經濟文化辦事處（亦稱香港事務局）是中華民國政府駐香港最高辦事機構，隸屬於行政院大陸委員會，專責處理臺、港關係的相關事務。目前事務局在香港以「臺北經濟文化辦事處」名義運作；在 2011 年 7 月 15 日前，事務局通常以「中華旅行社」名義運作。

中華民國在港最高級官員，過去為外交部駐兩廣特派員，辦事處置於九龍，此職位在國府撤退臺灣時取消。中華民國政府機構不能以官方名義於香港出現，只能以「中華旅行社」之商業機構名義運作，相對之中國大陸於香港之簽證機構為「中國旅行社」，此模式一直維持至香港回歸後。2010 年 4 月，臺港分別成立「臺港經濟文化合作策進會」和「港臺經濟文化合作協進會」作為官方洽談機構。

14-3-6 香港經濟貿易文化辦事處

（Hong Kong Economic, Trade and Cultural Office, HKETCO 簡稱經貿文辦）是中華人民共和國香港特別行政區政府政制及內地事務局轄下，常駐於臺灣的部門，專責臺港相關的經濟、貿易及文化等事務。該部門成立於 2011 年 12 月 19 日，同時中華民國政府駐香港辦事機構由中華旅行社更名為臺北經濟文化辦事處（香港）名義運作，經貿文辦的主要功能是為促進香港和臺灣之間貿易往來、投資推廣、資訊發放，及文化等交流與合作事宜，為在臺灣的香港居民提供急難救助服務，亦按需要處理臺灣居民來港的事宜。

14-3-7 澳門經濟文化辦事處

2011 年 7 月，澳門特區政府在臺灣設立澳門經濟文化辦事處，以作為一個綜合性的服務平臺，為在臺的澳門市民服務，並加強兩地的交流合作。隨著澳門經濟文化辦事處行政法規正式頒布，在臺灣工作的澳門市民、學生或赴臺旅遊的澳門市民如有需要查詢有關資訊，聯絡澳門經濟文化辦事處。

澳門經濟文化辦事處，業務功能包括：為澳門居民在臺工作、學習、旅遊、商務和生活，以及在急難事件提供服務與協助；促進澳臺經貿旅遊、科技環保、教育、醫療衛生、文化創意、學術出版、專業技術、社會福利及其他領域之交流與合作；加強澳臺兩地共同打擊犯罪以及司法協助等。

14-3-8 大陸居民往來臺灣通行證

大陸居民往來臺灣通行證，俗稱「陸胞證」或「大陸證」，為中華人民共和國公安部發給大陸地區居民前往中華民國境內（簡稱通行證）的旅行文件。入境臺灣地區時，和中華民國內政部移民署發給的中華民國臺灣地區入出境許可證（簡稱入臺證）一併查驗。

臺灣居民來往大陸通行證的出現，中華民國與中華人民共和國基於一個中國的原則下，且兩岸實際分開兩個政權統治的事實，由此而透過臺胞證及此陸胞證；從而方便兩岸居民互相交流。大陸居民因個人事務前往臺灣地區定居、探親、探訪、處理婚喪、處理財產等私人事務。大陸居民應邀前往臺灣地區進行文化、經濟、體育、科技、學術活動，另外還包括兩岸事務的訪談、會議、採訪事務。

14-3-9 中華民國臺灣地區入出境許可證

簡稱臺證或入臺證，是中華民國內政部移民署發給中國大陸及港澳人士，用以出入臺灣的證件，持有中華民國護照及其他外國護照或旅行證件者不可申請。入臺證有單次證、逐次證、一年多次證、三年多次證之分。入臺證的機讀區代碼中，第一個符號為「H」或「M」，與用於表示護照的「P」和表示簽證的「V」不同。允許多次進出臺灣的入臺證稱為中華民國臺灣地區多次入出境證，持證人可持憑有效經核可旅行證件配合入臺證多次入出境臺灣。

14-3-10 臺胞證

亦稱臺灣居民來往大陸通行證，乃中華人民共和國公安部出入境管理局頒發給臺灣地區居民，前往中國大陸之身份證明文件，是臺灣居民在大陸地區使用的身分證明文件。2015 年 7 月 1 日起免簽臺胞簽證，在福建省試行電子卡式臺胞證，2015 年 9 月 21 日正式停止簽發（本式）紙本臺胞證，全面啟用電子臺胞證，電子卡式臺胞證，有電子（晶片）旅行證件標誌。中國公安部的電子臺胞證樣本大小與相等於信用卡，正面有持證者中英文姓名、職業欄、住址等，將「簽發日期」和「有效期至」合併為「有效期限」，背面則增加持證人中華民國國民姓名及身分證號碼，卡正面另用英文寫出，電子臺胞證自 2015 年 7 月 6 日於福建先行試辦，約 1,300 元臺幣，香港辦理，工作日 7 天，有效期 5 年。臺灣居民只需持有效的卡式臺胞證，即可免簽進入香港 7 天。

14-3-11 2015 年馬習會

2015 年 11 月 7 日在新加坡香格里拉大酒店舉行的會面，海峽兩岸自 1949 年以來，中華民國前總統馬英九與中華人民共和國主席習近平首次會面。中華民國前總統馬英九發表五點主張。

一、「永續和平與繁榮」是兩岸關係發展之目標，而「九二共識」為達到此一目標之關鍵基礎。

二、降低敵對狀態，和平處理爭端。

三、擴大兩岸交流，增進互利雙贏。

四、設置兩岸熱線，處理急要問題。

五、兩岸共同合作，致力振興中華。

◎ 中華民國臺灣代表團成員：

中華民國總統　馬英九

總統府祕書長　曾永權

國安會祕書長　高華柱

陸委會主委　夏立言

國安會諮詢委員　邱坤玄

總統府副祕書長　蕭旭岑

陸委會副主委　吳美紅

◎ 中華人民共和國代表團成員：

中華人民共和國主席　習近平

中央政策研究室主任　王滬寧

中央辦公廳主任　栗戰書

國務委員　楊潔篪

中臺辦、國臺辦主任　張志軍

中辦副主任兼習近平辦公室主任　丁薛祥

中臺辦、國臺辦副主任　陳元豐

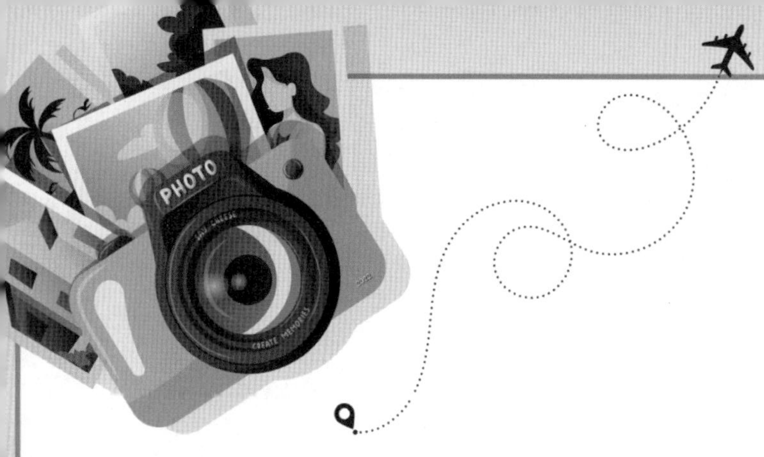

PART 04
觀光資源概要

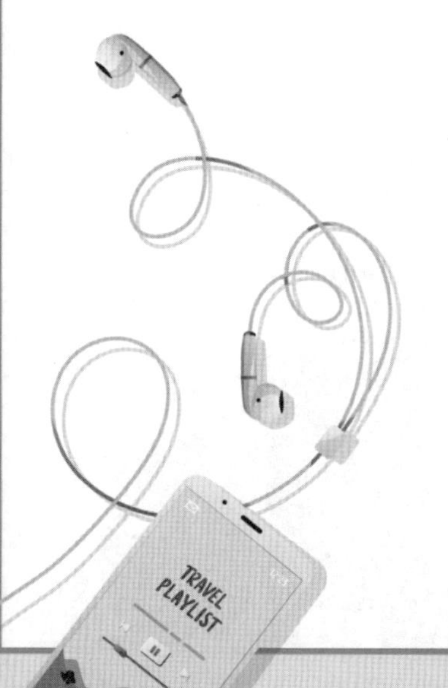

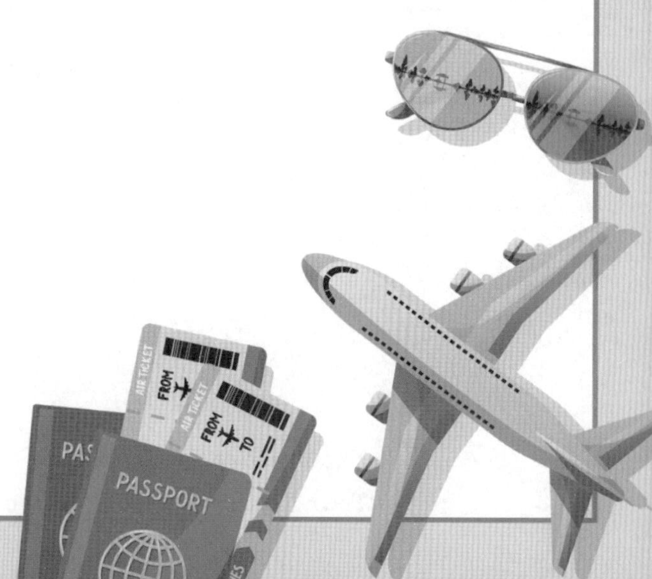

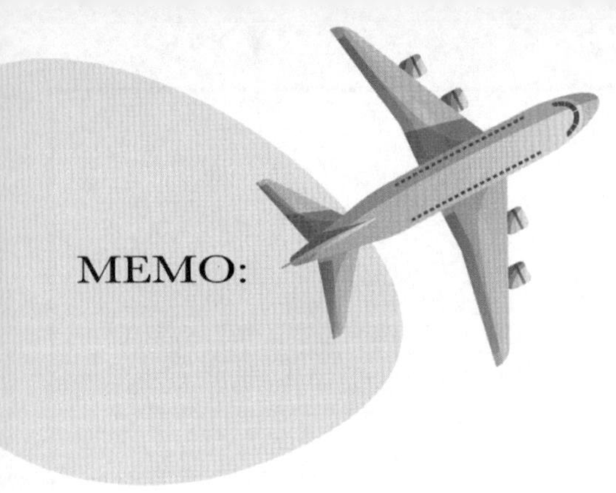
MEMO:

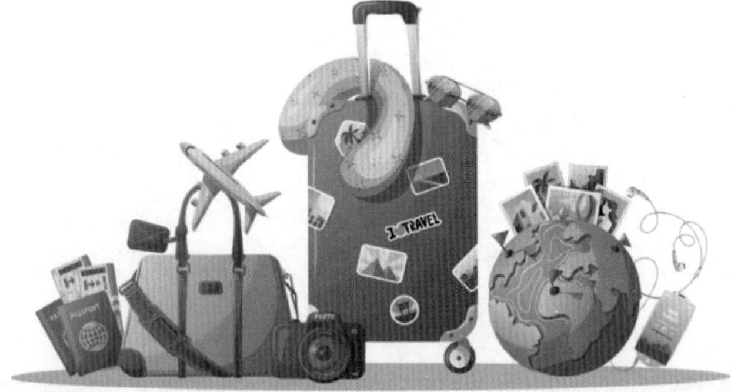
I TRAVEL

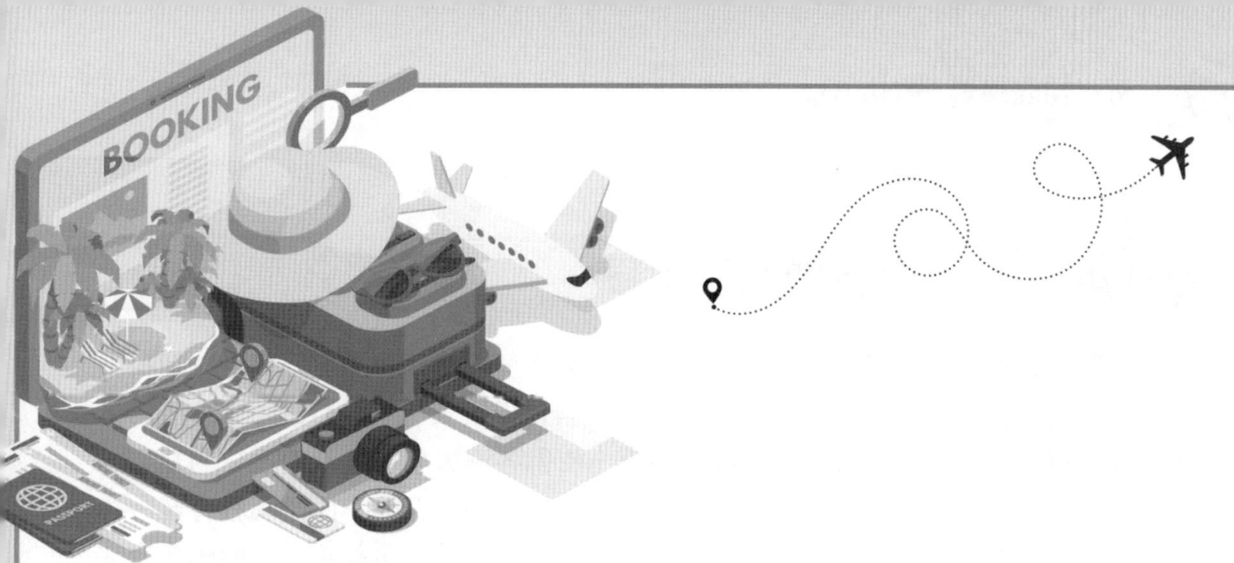

CHAPTER 15 世界遺產

15-1 世界遺產的起源

15-2 聯合國教科文組織

15-3 世界遺產評定條件

15-4 臺灣世界遺產潛力點

華語導遊

外語導遊

華語領隊

外語領隊

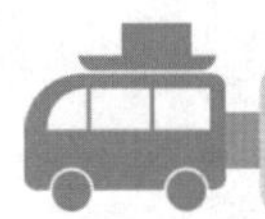

15-1 世界遺產的起源

「戰爭起源於人之思想，故務須於人之思想中築起保衛和平之屏障」－教科文組織「組織法」。歷經一、二次世界大戰以後，全世界大大小小之戰亂不斷，對於世界僅存之自然景觀與文化資產日益破壞嚴重，使得各國專家學者感到十分的憂心。1942 年，二次世界大戰肆虐之時，歐洲各國政府在英格蘭召開了同盟國教育部長會議，思考著戰爭結束後，教育體系重建的問題。1945 年，戰爭結束，同盟國教育部長會議的提議，在倫敦舉行了宗旨為成立一個教育及文化組織的聯合國會議(ECO/CONF)。約 40 個國家的代表出席了這次會議，決定成立一個以建立真正和平文化為宗旨的組織，37 個國家簽署了「組織法」，「聯合國教育、科學及文化組織 UNESCO」從此誕生。

聯合國教科文組織(UNESCO)在第 17 屆會議於 1972 年，在巴黎通過著名的《保護世界文化和自然遺產公約》，這是首度界定世界遺產(world heritage)的定義與範圍，希望藉由全世界國際合作的方式，解決世界重要遺產的保護問題。

15-1-1 世界遺產的分類與內容

聯合國世界遺產委員會於 1978 年，公布第一批世界遺產名單以來，截至 2016 年，組織已有 190 會員國，有 161 國擁有世界遺產。

聯合國世界遺產委員會於 1978 年，公布第一批世界遺產名單後就是各個國家的觀光旅遊的重點，亦是旅遊票房的保證。世界遺產並不包括非物質文化遺產，非物質遺產並不是世界遺產的類別之一，而是在獨立的國際公法、組織國大會以及跨政府委員會下運作的計畫。自 2009 年，每年公布三種非物質遺產名單 The Intagible Heritage Lists，包括：急需保護名單、非物質文化遺產名錄以及保護計畫。

1. 文化遺產(Cultural Heritage)

指的不只是狹義的建築物，而凡是與人類文化發展相關的事物皆被認可為世界文化遺產。而依據《世界文化與自然遺產保護條約》第一條之定義：

文化遺產特徵	內容釋義
紀念物(monuments)	指的是建築作品、紀念性的雕塑作品與繪畫、具考古特質之元素或結構、碑銘、穴居地以及從歷史、藝術或科學的觀點來看，具有顯著普世價值(outstanding universal value)物件之組合。
建築群(groups of buildings)	因為其建築特色、均質性、或者是於景觀中的位置，從歷史、藝術或科學的觀點來看，具有顯著普世價值之分散的或是連續的一群建築。

文化遺產特徵	內容釋義
場所(sites)	存有人造物或者兼有人造物與自然，並且從歷史、美學、民族學或人類學的觀點來看，具有顯著普世價值之地區。
以歐洲占有絕大多數著名的世界文化遺產。如：埃及：孟斐斯及其陵墓、吉薩到達舒間的金字塔區；希臘：雅典衛城；西班牙：哥多華歷史中心。	

2. 自然遺產

自然遺產特徵	內容釋義
代表生命進化的紀錄	重要且持續的地質發展過程、具有意義的地形學或地文學特色等的地球歷史主要發展階段的顯著例子。
演化與發展	在陸上、淡水、沿海及海洋生態系統及動植物群的演化與發展上，代表持續進行中的生態學及生物學過程的顯著例子。
自然美景與美	包含出色的自然美景與美學重要性的自然現象或地區。
實際例子包括化石遺址、生物圈保存、熱帶雨林、與生態地理學地域等，如：中國：雲南保護區的三江並流；瑞士：少女峰；加拿大：洛磯山脈公園群；澳洲：大堡礁。	

3. 綜合遺產

兼具文化遺產與自然遺產，同時符合兩者認定的標準地區，為全世界最稀少的一種遺產，至 2012 年止全世界只有 29 處，如中國的黃山、祕魯的馬丘比丘等，2012 年新增了一處為太平洋群島－帛硫的洛克群島南部瀉湖(Rock Island Southern Lagoon)。

4. 非物質文化遺產

2001 年，由聯合國教科文組織提出的「人類口述與無形遺產」觀念納入世界遺產的保存對象。由於世界快速的現代化與同質化，這類遺產比起具實質形體的文化類世界遺產更為不易傳承。因此，這些具特殊價值的文化活動，都因傳人漸少而面臨失傳之虞。

2003 年，教科文組織通過保護非物質文化遺產公約，確認非物質文化遺產的新概念，取代人類口述與無形遺產，並設置人類非物質文化遺產代表作名錄。

<table>
<tr><th>非物質文化遺產</th><th>內容釋義</th></tr>
<tr><td>人類口述</td><td rowspan="2">它們具有特殊價值的文化活動及口頭文化表述形式，包括語言、故事、音樂、遊戲、舞蹈和風俗等。</td></tr>
<tr><td>無形遺產</td></tr>
<tr><td colspan="2">聯合國教科文組織之人類口述與無形遺產代表作。例如：摩洛哥說書人、樂師及弄蛇人的文化場域，日本能劇，中國崑曲等。</td></tr>
</table>

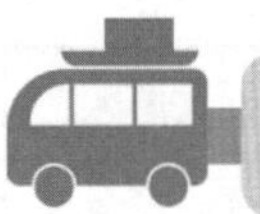

15-2 聯合國教科文組織

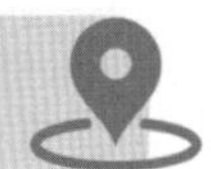

全名為聯合國教育科學文化組織(United Nations Educational, Scientific and Cultural Organization)簡稱聯合國教科文組織(UNESCO)。

1. 成立日期
   (1) 1945 年，在英國倫敦依聯合國憲章通過「聯合國教育、科學及文化組織法」。
   (2) 1946 年，在法國巴黎宣告正式成立，總部設於巴黎，是聯合國的專門機構之一。
2. 相關標誌 Logo
   (1) 世界遺產標誌

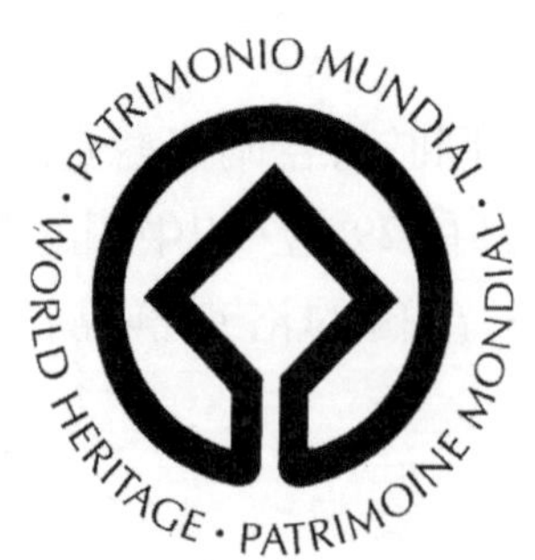

(2) 聯合國教育科學文化組織標誌

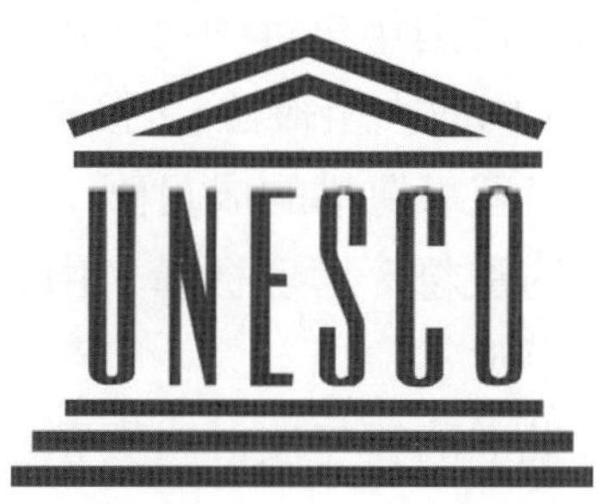

★ 成立宗旨

透過教育、科學及文化，促進各國間合作。對和平與安全做出貢獻，以增進對正義、法治及聯合國憲章，所確認之世界人民不分種族、性別、語言或宗教，均享人權與基本自由之普遍尊重。

3. 發展研究

研究方面	內容
教育方面	召開地區性部長會議，討論教育政策和規劃問題，並對教科文組織在本地區的教育活動和國際合作問題提出建議。
自然科學方面	召開地區性科技部長會議，協助會員國制訂、協調科技政策。組織基礎科學研究，培訓基礎科學研究人員；組織某些學科國際合作科研項目。
社會科學方面	組織「人權」問題（包括婦女地位問題）與「和平」問題的研究、宣傳和教育活動；組織社會科學研究的國際合作；加強社會科學的出版工作和情報資料工作。
文化方面	召開世界文化政策會議，協助會員國制訂、協調文化政策。組織世界各地區文化和歷史研究；組織世界文化遺產的保護、恢復和展出工作；組織國際文化交流。舉辦會員國巡迴展覽、翻譯並介紹世界文學名著。
傳播與資訊方面	在新聞、出版、廣播、電視、電影等交流方面，為開發中國家培訓新聞工作者；促進書籍的出版、推廣工作和資訊傳播工作。

4. 組織機構

(1) 大會：為最高權力機構。每兩年舉行一次，由全體會員國參加；遇有特殊情況時，可召開特別大會。修改「組織法」，接納新會員國和準會員國；改選執行局成員及各政府間計畫理事機構的成員國；任命總幹事。

(2) 執行局：大會閉幕期間的監督、管理機構。由大會選舉產生的會員國組成，任期四年，每兩年改選半數。

(3) 祕書處：負責執行大會批准的雙年度計畫與預算，落實大會的各項決意和執行局的各項決定。

15-3 世界遺產評定條件

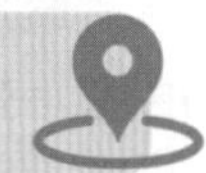

	項目
文化遺產	(1) 代表一種獨特的藝術成就，一種創造性的天才傑作。如中國的秦皇陵。
	(2) 能在一定時期內或世界某一文化區內，對建築藝術、紀念性藝術、城鎮規劃或景觀設計方面的發展產生極大影響。如印度德里胡馬雍古墓。
	(3) 能為一種已消失的文明或文化傳統提供一種獨特的、至少是特殊的見證。如法國聖米榭山修道院及其海灣。
	(4) 可做為一種建築或建築群或景觀的傑出範例，展示出人類歷史上一個（或幾個）重要階段。如加拿大魁北克歷史區。
	(5) 可作為傳統的人類居住地或使用地的傑出範例，代表一種（或多種）文化，尤其在不可逆轉的變化影響下，變得易於損壞。如西班牙格拉納達的阿罕布拉宮。
	(6) 與具特殊普遍意義的事件或現行傳統、思想、信仰或文學作品有直接、實質聯繫的文物建築等。如日本廣島和平紀念館（原爆圓頂）。
自然遺產	(1) 此地必須是獨特的地貌景觀(Land-Form)或地球進化史主要階段的典型代表。如具有典型石灰岩風貌的中國黃龍保護區。
	(2) 必須具有重要意義、不斷進化中的生態過程或此地必須具有維護生物進化的傑出代表。如南美厄瓜多爾的加拉巴戈群島，生物有進化活化石的證據。
	(3) 必備具有極特殊的自然現象、風貌或出色的自然景觀。如美國大峽谷國家公園 Grand Canyon，向人類展示了兩百萬年前地球歷史的壯觀景色和地質層面。
	(4) 必須具有罕見的生物多樣性和生物棲息地，依然存活，具有世界價值並受到威脅。如南美祕魯的 Manu 國家公園，擁有亞馬遜流域最豐富的生物多樣性。

根據「世界遺產公約執行操作準則」，世界遺產的遴選共有 10 項標準。然而在 2005 年之前，一直以文化的 6 項、自然的 4 項，分別標示作為判斷文化或自然遺產的基準。2005 年之後，不再區分兩部分標準，而以一套 10 項的新標準來標示，而其順序亦有些微變動，如下表：

2005	文化遺產標準						自然遺產標準			
前	(i)	(ii)	(iii)	(iv)	(v)	(vi)	(i)	(ii)	(iii)	(iv)
後	(i)	(ii)	(iii)	(iv)	(v)	(vi)	(vii)	(viii)	(ix)	(x)

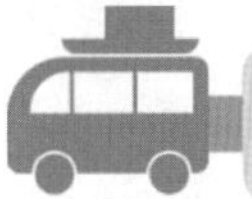

15-4　臺灣世界遺產潛力點

「世界遺產」登錄工作有許多前瞻性的保存觀念，為使國人保存觀念與國際同步；2002 年初，文化部（原：行政院文化建設委員會）陸續徵詢國內專家及函請縣市政府與地方文史工作室提報、推薦具「世界遺產」潛力點名單；其後於 2002 年召開評選會選出 11 處臺灣世界遺產潛力點（太魯閣國家公園、棲蘭山檜木林、卑南遺址與都蘭山、阿里山森林鐵路、金門島與烈嶼、大屯火山群、蘭嶼聚落與自然景觀、紅毛城及其周遭歷史建築群、金瓜石聚落、澎湖玄武岩自然保留區、臺鐵舊山線），該年底並邀請國際文化紀念物與歷史場所委員會(ICOMOS)副主席西村幸夫(Yukio Nishimura)、日本 ICOMOS 副會長杉尾伸太郎(Shinto Sugio)與澳洲建築師布魯斯·沛曼(Bruce R. Pettman)等教授來臺現勘，決定增加玉山國家公園 1 處。2003 年召開評選會議，選出 12 處臺灣世界遺產潛力點。

2009 年，文建會召集有關單位及學者專家成立並召開第一次「世界遺產推動委員會」，將原「金門島與烈嶼」合併馬祖調整為「金馬戰地文化」，另建議增列 5 處潛力點（樂生療養院、桃園台地埤塘、烏山頭水庫與嘉南大圳、屏東排灣族石板屋聚落、澎湖石滬群），經會勘後於同年 8 月 14 日第二次「世界遺產推動委員會」，決議通過。爰臺灣世界遺產潛力點共計 17 處（18 點）。

2010 年，召開第 2 次「世界遺產推動委員會」，為展現金門及馬祖兩地不同文化屬性特色，更能呈現地方特色及掌握世遺普世性價值，決議通過將「金馬戰地文化」修改為「金門戰地文化」及「馬祖戰地文化」，因此，目前臺灣世界遺產潛力點共計 18 處。

2011 年，召開第 2 次「世界遺產推動委員會」(第 6 次大會)，為更能呈現潛力點名稱之適切性以符合世界遺產推動之標準，決議通過將「金瓜石聚落」更名為「水金九礦業遺址」,「屏東排灣族石板屋聚落」更名為「排灣及魯凱石板屋聚落」。另「桃園台地埤塘」增加第二及第四項登錄標準。

2012 年，召開「專家學者諮詢會議會」，決議為兼顧音、義、詞彙來源、歷史性、功能性等，並符合中文及客家文學使用，通過修正桃園台地「埤」塘為「陂」塘，並界定於臺灣世界遺產潛力點之推廣使用。

2013 年 12 月 3 日召開第 10 次「世界遺產推動委員會」，為增加名稱辨識度，更易為國、內外人士所瞭解，決議通過修正「排灣及魯凱石板屋聚落」為「排灣族及魯凱族石板屋聚落」。

2014 年 6 月 10 日第 11 次大會討論「臺灣世界遺產潛力點遴選及除名作業要點」一案，依據委員意見修正後通過，於 2014 年 8 月 4 日公布施行。另為完善建立潛力點進、退場機制，依據前開作業要點第五點「本部文化資產局應將潛力點排定推動優先順序」訂定評核標準，文化資產局擬定「臺灣世界遺產潛力點推動情況訪視計畫」，於 2014 年 9 月 10 日第 12 次大會報告訪視機制後，邀請國內世界遺產專家擔任委員，並於 10 月份起進行潛力點實地訪視。

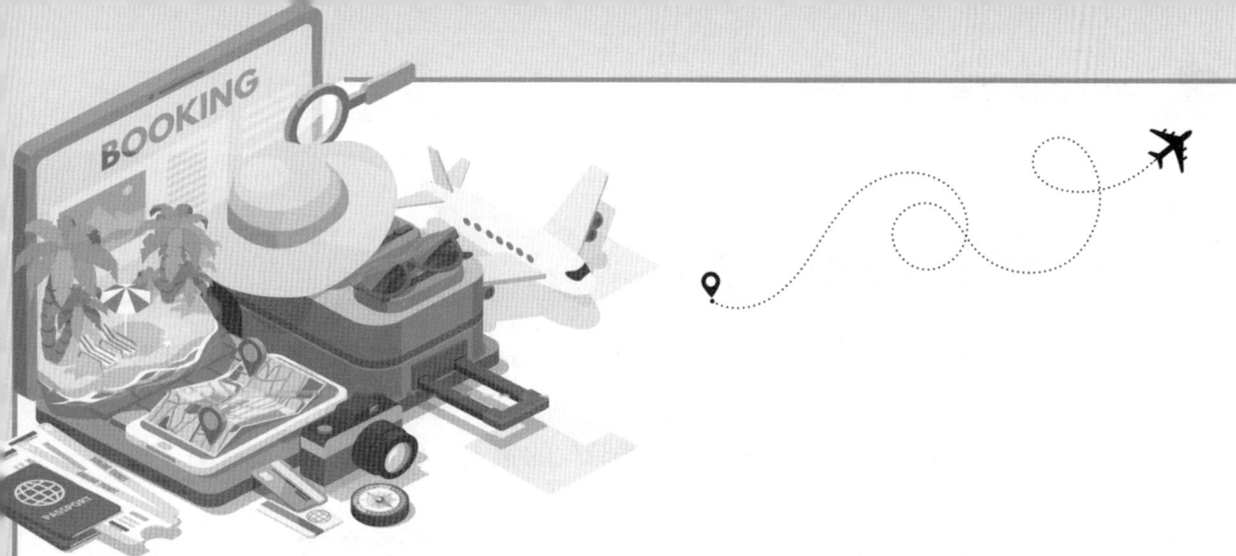

CHAPTER 16 臺灣歷史

16-1 臺灣史前時代

16-2 歐人占領時代

16-3 臺灣鄭、清時代

16-4 日人占領時代（1895~1945 年）

16-5 中華民國臺灣

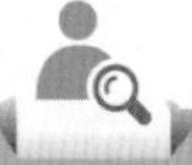

華語導遊

外語導遊

華語領隊

外語領隊

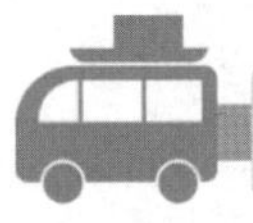

16-1 臺灣史前時代

考古學家根據人類使用的器具，把人類歷史分為舊石器時代、新石器時代及金屬器時代。舊石器時代大致和地質學上的更新世冰河期相當，距今大約 200 萬年前到 1 萬 2 千年前，現今所發現最早的舊石器時代的猿人，位於臺東長濱鄉的「長濱文化」。

年代	特徵	代表
舊石器時代 5 萬至 5 千年前	人們已知用火，以敲打方式製造石器，過著漁獵、採集生活，但無農業與畜牧活動。屬於「採食經濟」。居無定所。	臺東長濱文化 苗栗網形文化 臺南左鎮人
新石器時代 7 千年前	懂得製造陶器，使用磨製的石器，以及農業的出現。轉變為農耕與豢養動物的「產食經濟」。定居，然後逐漸形成村落。	北部大坌坑文化 圓山文化 東部卑南文化
金屬器時代 2 千年前	繼續使用石器、骨角器和陶器外已經使用銅器、鐵器等金屬，製成工具。十三行文化已知煉鐵。	十三行文化 南部蔦松文化和 東部靜浦文化

1. 長濱文化的主要遺址包括臺東縣長濱鄉的八仙洞遺址及成功鎮信義里的小馬洞穴遺址。長濱文化又稱「先陶文化」。是臺灣地區第一個發現的舊石器時代的遺址。
2. 大坌坑文化位於新北市八里區，是臺灣目前所發現最早的新石器文化，當時人們可能住在河邊、海邊或湖邊的臺階地，雖然已開始種植芋、薯等根莖類農作物，但主要仍以狩獵、漁撈及採集植物果實與貝類為生。這個文化的陶器通稱為粗繩紋陶。
3. 圓山文化分布於北部海岸與臺北盆地一帶，遺址常有人們食用貝類後，丟棄貝殼所堆積而成的貝塚（圓山貝塚遺址），當時已有進步的農業，狩獵及捕撈河、湖、海中的魚、貝，並且已有宗教信仰。
4. 卑南文化分布於東部海岸山脈、花東縱谷及恆春半島一帶，特色為板岩石棺、石柱。從其遺物可以看出，宗教儀俗較為繁複。

5. 金屬器時代以新北市八里區十三行遺址最具代表性，遺址加以分析，當時人們在經濟上過著以種植稻米等穀類作物為主，漁獵、採集為輔的生活；已有金、銀、銅、鐵等金屬器，並且能夠煉鐵；在社會方面，已有貧富貴賤之分。遺址中出土的唐宋銅錢（五銖錢、開元通寶）、鎏金銅碗及青銅刀柄，代表臺灣早已和中國大陸漢人有所接觸往來的可能性。是目前唯一確定擁有煉鐵技術的史前居民。
6. 1896 年，日本人栗野傳之丞發現臺北芝山岩史前文化遺址，開啟了臺灣考古研究。

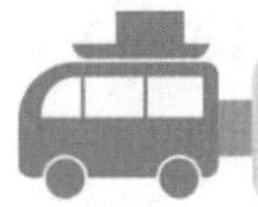

16-2 歐人占領時代

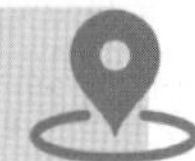

16-2-1 明朝

1. 230 年，《三國志》提及夷州，夷州即臺灣。260 年，《隋書・東夷流求傳》中的「流求」即臺灣。1292 年，日鎌倉時代：元世祖派楊祥征「流求」未至而回。
2. 1492 年，西班牙航海家哥倫布（義大利人）在發現新大陸後，歐人紛紛到遠東尋找殖民地。
3. 1544 世紀末葡萄牙人航行到此稱為「Formosa 福爾摩沙」，意思是「美麗的地方」。
4. 1593 年，日安士桃山時代：豐臣秀吉派家臣原田孫七郎到臺灣催促納貢未成。日本稱呼臺灣為「高砂國」。
5. 1602 年，明朝沈有容，日本海盜（即「倭寇」）以時稱「東番」的臺灣為巢穴，出擾海上。率 21 艘軍艦出海大破之，並帶軍在大員（今臺南安平）駐紮。

16-2-2 大航海時期（荷蘭 1624~1662，39 年；西班牙 1626~1642，17 年）

1. 1604 年，荷蘭人韋麻郎趁澎湖無兵駐守闖入澎湖，娘媽宮（現今馬公），明朝廷派遣沈有容與荷蘭人進行交涉。勸退荷蘭人。
2. 1609 年，日本德川家康稱呼臺灣為「高砂國」。
3. 1621 年，海盜顏思齊率其黨人居臺灣，鄭芝龍附之。
4. 1623 年，明朝禁止船隻航行臺灣。

5. 1624 年，荷蘭人從臺灣的鹿耳門（臺南的安平港口）登陸，占領了 38 年。荷蘭人在荷蘭文稱為 Tayouan 的地方建起新的堡壘。Tayouan 即「大員」，在今天臺南安平；「大員」或寫成「臺員」、「臺灣」，後來成為臺灣島的全稱。當時的大員只是臺南外海的一個荒蕪的小沙洲，來自平埔族語的大員，因其閩南語讀音，又異寫為臺員、大員、大灣、臺窩灣或臺灣等。大員到清代時改稱「鯤身」。

6. 1625 年，荷人在一鯤鯓建立奧蘭治城(Orange)，3 年後，改名為熱蘭遮城（Fort Zeelandia，即臺南安平古堡），荷蘭總督駐紮於此，由於商務繁多，原址不敷使用。1653 年，因為郭懷一事件，荷人從平埔族（西拉雅族）購得赤崁(Sakam)，建倉庫、宿舍，並在該地建立普羅民遮城（Provintia，或稱紅毛樓），現稱赤崁樓。

7. 1626 年，西班牙人派兵進占雞籠（今基隆港）登陸臺灣，先後於基隆北邊的社寮島（今和平島）西南端興建了聖薩爾瓦多城（San Salvador 聖救主城），占領 16 年。

8. 1628 年，日船長濱田彌兵衛，因關稅和荷人起衝突，並襲擊荷蘭長官彼得·乃茲。

9. 1629 年，西班牙軍在淡水建造聖多明哥城（Santodo Minigo 即今紅毛城）。荷蘭人在 1644 年於原址附近重建，命名「安東尼堡」，1867 年以後曾經被英國政府長期租用，被當成是英國領事館的辦公地點，一直到 1980 年，該城的產權才轉到中華民國政府手中。

10. 1642 年，荷蘭人北上趕走西班牙人。

11. 新港文書 Sinkan Manuscriots－原住民與漢人因土地關係而訂定的契約文書，俗稱為「蕃仔契」，也就是我們所謂的「新港文書」。所謂的新港語，是今天臺南一帶的西拉雅族原住民所使用的語言。目前被發現的「番仔契」，新港社在今天的臺南新市，是荷蘭人傳教士最初布教的村社。

12. 1652 年，郭懷一抗荷事件。

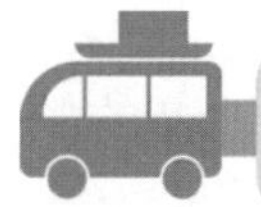

16-3 臺灣鄭、清時代

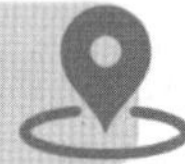

16-3-1 鄭成功時代（1662~1683，22 年）

1. 明代所謂的倭寇，為日本浪人所組成；鄭芝龍（鄭一官）、顏思齊（顏振泉）、陳永華等人名字經常在此時期出現，皆是俗稱的「海盜」。
2. 何斌（何廷斌）歸來獻策、獻圖（赤崁到鹿耳門的水道地圖）於廈門，此舉影響鄭成功是否留守金門、廈門或東征攻取臺灣以為反清復明之根據地的決策。
3. 1656 年，清廷為了斷絕鄭成功的糧餉物資來源，頒布禁海令，封鎖沿海地區。
4. 1661 年，鄭成功興師攻臺由金門「料羅灣」出發，臺南的「鹿耳門」登陸。
5. 1662 年，鄭成功將荷蘭人驅逐臺灣。唐王贈國姓「朱」，並為他取名「成功」，這是「國姓爺」的由來。南明政權永曆皇帝給他的封號稱為「延平郡王」。立臺東都，設一府二縣：承天府、天興縣、萬年縣。
6. 在臺實行「寓兵於農」的軍屯政策，招納大批漢人來臺拓墾。統治之初，軍民所面臨最大的問題是內部糧食缺乏。
7. 1665 年，鄭經採行陳永華的倡議，興建孔廟（稱為聖廟）並於其旁設立學校，稱為明倫堂。以行文明教化。不僅成為臺灣地區創建最早的孔子廟，同時也開啟臺灣儒學的先身，故又稱「全臺首學」。
8. 鄭經，將東都改為東寧，並將原來的天興縣、萬年縣升為「州」。
9. 「清初三蕃」－駐雲南的吳三桂、駐福建的耿精忠、駐廣州的尚可喜。
10. 1674 年，耿精忠邀約鄭經也出兵會師，並答應將漳州、泉州二府讓給鄭經分治。
11. 1680 年，鄭經西征失敗，退回臺灣。

16-3-2 滿清時代（1683~1895，213 年）

1. l683 年，清兵福建水師都督施琅攻臺，鄭克塽投降。
2. 1684 年，清朝將臺灣併入福建省，設臺灣府及臺灣、諸羅、鳳山三縣，澎湖置巡檢司，自此福建居民相繼來臺。施琅並建立臺南天后宮。
3. 1695 年，開始學校教育。使用「三字經」作漢字學習教材，一方面進行平地原住民的漢化，一方面半強制地將漢民族的姓「賜」給原住民。

4. 臺灣正式開港通商後，對外貿易商品以茶葉為大宗，也因此帶動大稻埕地區的繁榮。清末臺灣發展最大的製茶加工區位於大稻埕。
5. 清治前期，由於清廷消極治臺，行政區劃分與人員配備均不足，加上吏治不良，致使移民結盟自保風氣興盛；渡臺禁令限制人民攜眷入臺，因而偷渡來臺者多為青壯男性，婦女絕少，男女性別比例極為懸殊，致使社會充斥許多無家室，無恆產，無固定工作的遊民，當時稱為「羅漢腳」。
6. 來自不同地區的移民、風俗的差異，形成嚴重對立；移墾社會生存競爭激烈，常因爭奪田地、水源發生衝突等原因。臺灣漢人社會常常發生暴力衝突，在這些衝突中，反抗政府的叫做「民變」，移民之間打群架的叫做「分類械鬥」。
7. 1721 年，朱一貴事件，在鴨母寮（今高雄市內門區光興里）以養鴨為業，號稱明代皇帝後裔，反清復明，於今岡山區附近召集發動革命。
8. 1738 年，創建艋舺（萬華）龍山寺。
9. 1786 年，林爽文事件，臺灣歷史上規模最大、範圍最廣的農民起義鬥爭。
10. 1826 年，戴潮春事件，自組天地會，革命起義歷時三年。
11. 清朝將居住於平野且順服教化的原住民稱為「熟蕃」或「平埔族」，居住山區不及「教化」者稱為「生蕃」（山地原住民）而加以區別。與移民通婚的，幾乎全都是平地原住民。曾有俗語說：「臺灣有唐山公、無唐山媽」，意即在臺灣雖有中國人祖父，卻沒有中國人祖母，可見移民與原住民女性結婚者相當普遍。1875 年，沈葆楨奏請增設臺北府，以其地位居臺灣北部而得名。
12. 早期中國東南沿海的先民渡海來臺後，為保平安，集資建廟，在守護神中以媽祖和王爺神祇最為常見。
13. 清朝時所稱的一府（臺南安平）、二鹿（彰化鹿港）、三艋舺（臺北萬華）。臺南是當時臺灣第一大古城。
14. 1871 年，牡丹社事件，一批琉球人乘船遇暴風雨，漂流到臺灣東南八瑤灣（今屏東縣滿州鄉佳樂水）附近，上岸後誤闖牡丹社，54 人被排灣族原住民殺害，幸運生還者有 12 人；1874 年 05 月，西鄉從道被任命為「臺灣蕃地事務都督」（遠征軍總司令官）率兵 3,600 名，分乘八艘兵船由恆春的社寮（今車城鄉四重溪口）登陸，圍攻牡丹社迫降高山族，史稱「牡丹社事件」，是清代臺灣受到外人以武力入侵最早也最著名的事件。
15. 「康熙臺灣輿圖」是臺灣現存最早的山水畫式彩繪地圖，被日據時期歷史學者伊能嘉矩譽為「臺灣古圖之最」的地圖。

16. 清代，臺灣因為閉關自守的政策而退出國際舞臺，至十九世紀，因英法聯軍簽定天津條約促使臺灣重回國際舞臺。

17. 清代漢人吳沙在噶瑪蘭開墾的第一站，火車站前有「開蘭第一城」石碑的是頭城。

18. 雲林縣北港鎮內樹立一座明末漢人—顏思齊，來臺拓墾的紀念碑。

19. 清朝治臺初期，由於移民們的祖籍不同。供奉的神明也就有所不同，如下表：

<table>
<tr><th>神明</th><th>祖籍</th><th>神明</th><th>祖籍</th></tr>
<tr><td>開漳聖王</td><td>漳州人</td><td rowspan="3">觀音菩薩、天上聖母（媽祖）、關聖帝君（關公）和福德正神（土地公）等。</td><td rowspan="3">大家共同供奉</td></tr>
<tr><td>保生大帝</td><td>泉州同安縣人</td></tr>
<tr><td>三山國王
褒忠祠與義民廟</td><td>客家人</td></tr>
</table>

20. 清代治臺初期曾經頒有渡臺禁令，到了後期才由沈葆禎提議取消。

21. 1874 年，清廷迅速任命沈葆楨為「欽差兼辦理臺灣海防事務大臣」並派遣來臺。革新臺灣行政、以積極政策發展臺灣，積極政策包括：
    (1) 安撫原住民及廢止封山令。
    (2) 完全撤除渡航限制。
    (3) 整理行政區劃分，並擴充府、縣、廳的範圍。
    (4) 兼管臺灣的福建巡撫（相當於省長）移駐臺灣。
    (5) 整頓軍政。
    (6) 採掘煤炭。

22. 1875 年，沈葆禎認為開山、「撫蕃」必須同時進行，且必須積極開發後山地區，以免為外人所占。因此，急於打通前後山的通道，分北路、中路、南路同時進行。北路由噶瑪蘭廳蘇澳至花蓮奇萊。中路由彰化林圮埔至花蓮璞石閣。南路由屏東射寮至臺東卑南。其中中路即是三路中碩果僅存，現今為國定古蹟的「八通關古道」。

23. 1876 年，完成的億載金城源於「牡丹社事件」所引起的日軍犯臺事件，當時欽差大臣沈葆禎，延請法國人設計，此西式的砲臺可是臺灣的第一座。城門作拱形，外題「億載金城」，內題「萬流砥柱」皆沈氏手筆。

24. 福建巡撫丁日昌來臺和沈葆楨一樣，是屬於清末「改革運動」、「洋務運動」的推行者。在任主要業績：臺南與高雄間及臺南與安平間的通信用電線敷設。

25. 1885 年，宣布臺灣建省，任命淮軍名將劉銘傳為第一任巡撫（西元 1885~1891 年）。其在臺推行新政，鞏固海防，建樹甚多。並興建臺灣第一條鐵路從基隆到新竹。該鐵路主要瓶頸在於獅球嶺隧道工程。

26. 劉銘傳三個月內完成居民的人口調查，並進行兼具治安目的的「保甲」編制。保甲制度即是，以「甲」為單位，將居民置於連坐制之下加以管理，以十戶為一甲、十甲為一保，甲有甲長、保即設保正。人口調查完成後，隨即著手土地的調查，確定土地及田地所有者，舉發漏稅的「隱田」，並確定其所有權人。

27. 第一任巡撫劉銘傳在臺功績如下：
    (1) 調整行政區域：分三府、一州、十一縣、三廳。
    (2) 整頓財政：主要為清理田賦及整頓稅收。當時土地多為豪強隱匿。因此，劉銘傳展開清查田地和重定賦則的工作。
    (3) 鞏固防務：在臺北設立軍械機器局，生產槍砲彈藥。加強基隆、滬尾（淡水）、旗後（高雄）及澎湖等地砲臺。聘請外國軍事教官，加強訓練。
    (4) 建設交通：修築臺北至新竹鐵路。架設南北電線。並於澎湖和福州，創辦新式郵政，總局設於臺北。
    (5) 發展實業：採礦方面，購置新機器開採基隆煤礦，並且設局開採北部硫磺和金礦。農業方面，加強水利灌溉設施，獎勵茶、樟腦及蠶絲等的生產與出口。
    (6) 興辦教育：除改革科舉弊端、杜絕賄賂及冒名頂替外，劉銘傳在臺北創辦西學堂，聘請外人傳授外語及西方知識。另外，為培育電報人材，設立電報學堂，專門教導電報技術。此時全中國設有公立新式學堂的不過四省，臺灣為第五省。
    (7) 撫勦原住民：處理東部及山區的原住民問題，畫明地界，嚴禁軍民侵凌，並且兼任撫墾大臣，積極展開招撫原住民和拓墾「番地」工作。並在各地興辦「番學堂」。

28. 繼劉銘傳為臺灣巡撫者為邵友濂。邵至臺後，在財政困窘的情況下，採取緊縮政策，撤廢山地撫墾，停修鐵路，廢煤務局、西學堂、電報堂及「番學堂」等，以節省支出。在邵的四年任期內（西元 1891~1894 年），臺灣財政不足，其內政、軍事方面雖格局較小，然亦有進展，重要革新之處約有下列三項：

(1) 革新吏治、軍紀及司法：嚴懲貪腐的地方官吏。以胡傳（胡適之父）巡閱各營及各縣監獄，加強軍紀，並澄清獄政。
(2) 重視文教：設臺灣通志局，以重修臺灣通志。
(3) 加強軍備：派兵防戍臺東；擴大臺北機務局。

29. 1894 年，將首府由臺南移至臺北，臺灣的政治中心漸漸地由南向北移動。
30. 1894 年 12 月，邵友濂離職，由唐景崧就任臺灣巡撫。時正清、日甲午戰爭中。
31. 臺灣在滿清據臺時期的三寶是：樟腦、蔗糖、茶葉。

16-3-3 臺灣民主國(1895~1895)

1895 年 5 月 25 日，正式成立亞洲第一個共和國「臺灣民主國」，以「永清」為年號，國旗為「藍地黃虎」圖樣，由唐景崧擔任總統、副總統兼義勇軍統領丘逢甲，防守南部的黑旗將軍劉永福等，6 月 3 日，日軍攻陷基隆後，敗兵湧入臺北城，唐景崧棄職潛逃，6 月 17 日，日本舉行「始政式」，正式進入日本統治時期。

16-4 日人占領時代（1895~1945 年）

16-4-1 乙未割臺初期

1. 1895 年，大清帝國因為甲午戰爭戰敗，北洋大臣李鴻章與日首相伊藤博文在日本山口縣下關的春帆樓簽定「馬關條約」，第 2 款規定中國將臺灣和澎湖列島及遼東半島割讓給日本。至 1945 年日本於第二次世界大戰中戰敗，宣布日本放棄對臺統治，臺灣日治時期結束共 50 年。
2. 1895 年，清廷派李鴻章之子李經芳為代表赴臺，在停泊於基隆外海的日艦上，與日本任命的第一任總督樺山資紀簽訂交割文書，於將臺灣主權正式移轉。
3. 對日本而言，臺灣是明治維新後第一個殖民地，從早期七位武官總督大都擁有爵位，即可看出日本的重視。在 1895 年到 1945 年半個世紀當中，日本共派任 19 位總督，可以劃分為以下三個時代：（歷任總督名錄列舉於如下節）

16-4-2 日本總督

1. 前期武官總督時代（約 1895~1915 年），又稱「綏撫時期」，共計有七位。
   (1) 樺山資紀：牡丹社事件時，他以陸軍少佐的軍階隨軍出征臺灣，並且遊歷臺灣南北，進行調查和紀錄。樺山深謀遠慮，在 1896 年，推動「六三法案」的立法，賦予臺灣總督委任立法權、得以頒布具有法律效力之命令的法律根據，並讓總督專制得以落實；從此，臺灣總督府可以恣意根據臺灣的特殊狀況，不必考慮日本法令規定，逕自頒布各項嚴刑峻法，此法案讓臺灣總督成為臺灣的「土皇帝」。
   (2) 桂太郎：任期最特殊，前後不過十天，即打道回府。
   (3) 乃木希典：據稱生活嚴謹、清廉，但不擅於官場政治。臺灣高等法院院長高野孟矩揭發多起總督府官員貪汙的案件，進而引發臺灣與內地對「日本帝國憲法是否適用於臺灣」論爭的影響，而對總督一職感到厭倦，遂於到任一年多後辭職。
   (4) 兒玉源太郎：曾參與日俄戰爭，是歷任總督中，唯一同時兼任日本國內軍政要職的總督。他在八年的任期中，曾經兼任陸軍大臣、內務大臣、文部大臣。因無暇兼顧臺灣政務，實際上是由民政長官後藤新平負責總督業務。
   (5) 佐久間左馬太：1874 年，曾以中校軍階參與日本出兵臺灣攻打牡丹社之役。治理重點以「理蕃」為主，實施「五年理蕃政策」，上任後即正式展開鎮壓原住民的「理蕃政策」。因此，享有「理蕃總督」的稱號。樟腦生產的確保，與「理蕃政策」有著密切的關係。任期最長，整整滿九年。
   (6) 安東貞美：任內爆發余清芳事件。
   (7) 明石元二郎：是唯一下葬於臺灣三芝鄉北新莊慈音山墓園，任內規劃嘉南大圳興建計畫、日月潭水力發電廠的正式籌備及華銀的創立。

2. 中期文官總督時代（約 1916~1937 年）：又稱「同化時期」，共計有九位。
   (1) 田健治郎：高唱「日臺一體」、「日臺共學」、「內地延長主義」、「一視同仁」，宣稱要扶植臺灣人自治，遂有 1920 年臺灣地方改制的推行，臺灣行政區劃分有新的改變。任內影響最為深遠的一項興革是推動臺灣地名大改革。
   (2) 內田嘉吉：東京都人。
   (3) 伊沢多喜男：1926 年「臺灣民報」獲准在臺灣島內發行。其兄長伊沢修二曾向樺山資紀總督毛遂自薦而聘他為總督府的學務部長，在大稻埕開設學務部，推行日語教育，設立「國語傳習所」，主張來臺日本人也應學習臺語。

(4) 上山滿之進。
(5) 川村竹治。
(6) 石塚英藏，1930 年，發生（霧社事件）。
(7) 太田政弘。
(8) 南弘：任期最短，實際在臺時間不到二個月，即隨中央新內閣改組而入閣，是典型的「人在臺灣，心在日本」的獵官主義者。
(9) 中川健藏。

3. 後期武官總督時代，約（1937~1945 年）：又稱「皇民化運動時期」，共計有三位。
(1) 小林躋造。
(2) 長谷川清：壽命最長。
(3) 安藤利吉：末代總督。代表日本政府於民國 1945 年 10 月 25 日在臺北公會堂（即今日之中山堂）舉行的受降典禮上，簽下投降書。

16-4-3 日治時期對臺政策

日治時期，其政治方針和措施，因時制宜，變化頗多，但大體可分為三個時期，即「綏撫時期」、「同化政策時期」、「皇民化運動時期」。

1. 綏撫時期：領臺初期，各地群起反抗。日人措施為寬猛並濟，以樹立臺灣殖民地體制之全面基礎為首要。
2. 同化時期：田健治郎的同化政策精神是「內地延長主義」，因日本本國的政治生態也有了改變。將臺灣視為日本內地的延長，目的在於使臺灣民眾成為完全之日本臣民，效忠日本朝廷，加以教化善導，以涵養其對國家之義務觀念。
(1) 自西來庵事件的 1915 年開始，到 1937 年蘆溝橋事變為止。就在此一時期，國際局勢有了相當程度的變化。
(2) 1914 年到 1918 年慘烈的第一次世界大戰，從根本動搖了西方列強對殖民地的統治權威。歷經這場戰爭，十九世紀興盛的民族主義，一般只適用於規模較大的國家民族，一次世界大戰後被改造成弱小民族也能適用。在這種情況下，民主與自由思想風靡一時，「民族自決主義」更瀰漫全世界。
(3) 美國總統威爾遜倡議民族自決原則，及稍後列寧所鼓吹的「殖民地革命論」，於相互競爭中傳遍了各殖民地。為了妥適應付殖民地的騷動，逐漸弱化的西方帝國主義列強開始對殖民地做出讓步，允諾更大的殖民地自治權或者更開明的制度。

3. 皇民化運動時期（1937~1945 年）

(1) 1937 年盧溝橋事件開始，到二次大戰結束的 1945 年為止，由於日本發動侵華戰爭，在 1936 年 9 月對臺灣總督府恢復武官總督的設置。

(2) 戰爭需要臺灣在物資上的支援協助。然而要臺灣人同心協力，實非臺人完全內地化不可。

(3) 總督府除了取消原來允許的社會運動外，還全力進行皇民化運動。該運動提倡臺人全面日本化，並全面動員臺人參加其戰時工作。皇民化運動系分成二階段進行。

第一階段是 1936 年底到 1940 年的「國民精神總動員」，重點在於確立對時局的認識，強化國民意識。

第二階段是 1941 年到 1945 年的「皇民奉公運動時期」，主旨在徹底落實日本皇民思想，強調挺身實踐，驅使臺灣人為日本帝國盡忠。

(4) 皇民化運動，開始強烈要求臺灣人說國語（日語）、穿和服、住日式房子、放棄臺灣民間信仰和祖先牌位、改信日本神道教。殖民政府也在 1940 年公布改姓名辦法，推動廢漢姓改日本姓名的運動。

4. 1942 年開始在臺灣實施陸軍特別志願兵制度。為支援日本的作戰，臺灣原住民被編入高砂義勇隊，送往南洋地區作戰，一般民眾則被徵為軍伕。

5. 1943 年實施海軍特別志願兵制度。

6. 1945 年全面實施徵兵制。

16-4-4 抗日行動

早期以保衛鄉土為目的的抗日行動逐漸衰微之際，受中國國民革命運動影響，臺灣人民抗日行動轉入另一階段。懷抱民族意識的人士，在各地聯絡同志，策動起義，其中較知名的有：羅福星事件及余清芳事件。

1. 前期抗日游擊戰

(1) 臺灣民主國宣告崩潰以後，日本展開統治。一個多月以後，臺灣北部原清朝鄉勇又於 12 月底開始一連串的抗日事件。而這時期是臺灣民主國抗日運動的延伸。

(2) 1902 年，漢人抗日運動稍歇，直到 1907 年 11 月發生北埔事件，武裝抗日才進入第三期。這段 5 年的停歇時間，一方面是源自兒玉源太郎總督的高壓統治，一方面也因為總督府以民生等政策拉攏臺人。在雙重因素影響下，臺灣漢人對於抗日行動採取了觀望的態度。

(3) 本期主要的抗日活動多以「克服臺灣，效忠清廷」為口號，代表是並稱為「抗日三猛」的簡大獅、林少貓及柯鐵虎。其中柯鐵虎以「奉清國之命，打倒暴虐日本」為口號，與朋友自稱「十七大王」，在雲林一帶盤據。

2. 後期抗日活動

漢人武裝抗日的第三期，自 1907 年的「北埔事件」起，到 1915 年的「西來庵事件」為止。

(1) 1912 年，「羅福星事件」，又稱「苗栗事件」。地點為臺北、苗栗之間；至次年已糾合同志約五百餘人。其時，受辛亥革命影響，臺南關廟、新竹大湖、臺中東勢及南投，亦有革命組織醞釀起義。

(2) 1915 年，「西來庵事件」又稱為「噍吧哖事件」，是日治時期臺灣人武裝抗日事件中規模最大、犧牲人數最多的一次。密謀組「大明慈悲國」，並以宗教方式催眠信徒，曾在噍吧哖（今玉井區）與日軍奮戰。今臺南市玉井區有「抗日烈士余清芳紀念碑」。紀念其領導抗日的英勇事蹟。

(3) 1930 年，賽德克族（有將之視為泰雅族的一支）馬赫坡社（今南投縣仁愛鄉廬山溫泉一帶）頭目莫那魯道一連串的反日行動，稱為「霧社事件」。

16-4-5 政治社會運動

1. 1918 年，由蔡培火奔走的結果，組成以臺灣留學生為中心的「啟發會」。林獻堂被推選為會長。

2. 1920 年，林獻堂成立了在臺灣近代政治社會運動史上佔有重要地位的「新民會」。新民會的目的為「研討臺灣所有應予革新的事項，以圖謀文化的向上」，並決定三個行動目標：

(1) 為增進臺灣同胞幸福，開始臺灣統治的改革運動。

(2) 為擴大宣傳主張，啟發島民，並廣結同志，發行機關雜誌。

(3) 圖謀與中國同志的聯絡。

第一個目標的具體表現，便是臺灣議會請願運動。第二個目標即為「臺灣青年」雜誌的發行，蔡培火擔任發行人。「臺灣青年」是臺灣史上、臺灣人發行的最初的政論雜誌。第三個目標顯示早期的政治社會運動洋溢著漢民族色彩。

3. 1921 年，臺灣留日知識分子創辦的「臺灣青年」雜誌，它反應出這個時期臺灣青年對民主與民族問題的看法。
4. 日治時期，有識之士為啟迪民智，喚醒民族意識，在各地展開各種文化活動，致力於「臺人的文藝復興」，其中貢獻最大的是「臺灣文化協會」。
5. 日治時期臺灣先賢蔣渭水倡組「臺灣文化協會」。文化運動是對智識的營養不良症這病唯一的「原因療法」，「文化協會」，就是專門講究並施行「原因療法」的機關。發表了「臨床講義－關於名為臺灣的病人」。2006 年北宜高速公路命名為「渭水公路」，並宣布臺北市政府將大稻埕的錦西公園規劃為「渭水紀念公園」，曾關過蔣渭水的大同分局水牢，將成立臺灣新文化運動館。
6. 1921 年，以青年學生為主體，由林獻堂領銜，成立「臺灣文化協會」，成為其後五年間臺灣主要運動團體。為凝聚臺人的民族意識與提高臺灣的文化，致力於傳播新知啟迪民智的社會運動。
7. 日治時期，士紳林獻堂曾號召有識之士十五次向日本國會提出設置「臺灣議會」的請願運動，被譽為「臺灣議會之父」。
8. 臺灣新文學之父－賴和，著有「鬥熱鬧」、「一桿『稱仔』」、「蛇先生」。
9. 1922 年，臺灣總督府公布新「臺灣教育令」，取消中等教育以上臺、日人之差別待遇，標榜開放共學，其本質為建立以同化為目標的教育制度。
10. 1923 年，有「臺灣人唯一的喉舌」之稱的《臺灣民報》THE TAIWAN MINPAO 正式在東京創刊，原先是半月刊，後改為旬刊。
11. 1927 年，臺灣文化協會左右分裂，左派青年掌控文協，文協舊幹部蔣渭水、蔡培火等人退出文協，另外組織政治團體，成立「臺灣民眾黨」，是臺灣近代史上第一個具有現代化性質的政黨。
12. 1928 年 2 月 19 日，臺灣勞工運動的主流團體、臺灣民眾黨的外圍組織「臺灣工友總聯盟」正式成立。臺灣的工運，逐漸進入高潮。
13. 1928 年 4 月 15 日，謝雪紅、林木順、翁澤生等人在上海祕密成立臺灣共產黨。此後，更加激化臺灣的左翼運動。
14. 1928 年 4 月，臺灣史上第一所大學－臺北帝國大學創校。（即今日的臺灣大學，簡稱臺北帝大，也曾簡稱臺大）。
15. 1935 年 11 月 22 日，臺灣歷史上首次選舉地方議員，這是臺灣人民有史以來第一次行使投票權。

16-4-6 日本戰敗

1. 1945 年 8 月 6 日及 9 日，美軍的兩顆原子彈分別投在日本的廣島和長崎。
2. 1945 年 8 月 15 日，日本天皇透過廣播（時稱「玉音」放送）向日本帝國子民宣布戰爭結束、無條件投降。
3. 1945 年 12 月 25 日，臺灣行政長官陳儀將軍，在臺北公會堂（即今日的中山堂）接受臺灣總督安藤利吉的投降，稱為「臺灣光復」。

16-4-7 臺灣教育制度

時代	說明
荷蘭人時期	在平埔族部落設學校。
明鄭與清朝	各地設立學校，傳播漢文化、清代－儒學、私塾、書院等。
日治時代	6 年制國民學校公學校、小學校、專門學校、師範學校、醫學校。
中華民國	9 年國民義務教育、全民教育。

1. 荷蘭人時期

荷蘭人占領臺灣南部不久，傳教士來臺建立教堂、設立學校，基於傳教的需要，並以羅馬字母為新港社（臺南新市）人創造了一套「新港語」，主要用於因土地關係而訂定的契約文書上，此乃臺灣原住民最早的文字。但荷蘭人創造文字的目的僅為傳教。

2. 明鄭與清朝

主要的有儒學、私塾、書院，教材有三字經、千字文、百家姓、四書、五經等。南投「藍田書院」至今已有近 2 百年歷史，中殿供奉文昌帝君，內殿為講堂，旁為齋舍，左、右廂房為地方文人士子修學之地，乃是南投古代文運發祥地。

3. 日治時代

1895~1919 年，臺灣教育令發布前，日本人的教育是直接依據日本內地法令辦理，總督府第一任學務部長伊澤修二，執掌臺灣教育事務，建議臺灣總督府於臺灣實施當時日本尚未實施的兒童義務教育。而臺灣人的教育則是依據總督府頒布的學校官制、學校規則和學校令實施。臺灣人以學習國語（日語）為主。

(1) 1895 年，於臺北市芝山岩設置第 1 所小學（今士林國小），為實驗性的義務教育。
(2) 1896 年，設置國語傳習所，設置更多義務小學。
(3) 1898 年，國語傳習所升格為公學校。
(4) 1919 年，第 1 次「臺灣教育令」的發布，各級教育機關系統至此完整建立，但日本人的教育還是直接依據日本內地的法令辦理，而臺灣人的教育制度仍比日本人的同級學校程度低，形成了「雙軌」的型態。
(5) 1922 年，第 2 次「臺灣教育令」，在總督田健治郎的同化政策下，初等教育到高等教育，均依據修正的教育令規定辦理，使日本人和臺灣人得以在同一系統的教育制度學習，並實施「日臺共學」制度。原則上，中等學校以上為日臺共學，而初等教育規定日籍子弟入「小學校」，臺籍子弟入「公學校」。
(6) 1941 年，第 3 次「臺灣教育令」，由於太平洋戰爭爆發前夕，日本人發起皇民化運動，最重要就是實施「國民學校教育」，該年臺灣教育令改正後，臺灣的小學校和公學校乃依據「國民學校令」改稱「國民學校」。
(7) 1943 年，正式改為 6 年制的「國民學校」，日治時期的初等教育除了「公學校」、「小學校」、「國民學校」等制度外，專門為原住民設置的「蕃童教育所」與「蕃人公學校」。

4. 中華民國：1968 年，推動 9 年國民義務教育，國民中學首次在臺灣史上出現。

5. 中等以上教育，日治時期並不普遍。很多高等學校都是只讓日人就讀。臺人高等學校，僅有「臺中中學校」等寥寥無幾。至於等同大學的高等教育，1928 年設立的「臺北帝國大學」幾乎是為日人所設立。

6. 日治時期，殖民政府的政策，並不希望人民受到太高的教育，臺灣的高等教育較傾向日本人開放。

7. 臺灣人在日本文化的影響下，比較喜歡就讀公學校教師的「師範學校」，或是培養醫師的「醫學校」，使得教師和醫師成為臺灣社會中人人稱羨的職業，並影響至今。

8. 教師和醫師擁有較高的社會地位，兩類學校長期存在激烈的入學競爭。也有許多臺灣人前往日本留學，如：臺灣第一位博士杜聰明，畫家黃土水、李梅樹等。

9. 治臺後期，仍有臺灣籍人士如宋進英、徐慶鍾、朱昭陽等，得以不改日本姓氏進入日本最高學府東京帝國大學法律系所就讀，並取得日本高等文官資格。

16-4-8 日治時期的治理

1. 日清「和平條約」第五條規定：「割讓與日本之地區居民，如欲在被割讓地區之外居住者，可以自由變賣其所有的不動產後遷出。為此自本約批准交換日起，給與二年寬限期間。但於上述寬限期間屆滿時，尚未遷出該地區之居民，則任由日本國視為日本國臣民。」此規定設寬限期間 2 年，給與臺灣居民自由選擇，留在臺灣取得日本國籍成為日本國民，或把所有財產變賣而離開臺灣，兩者擇取其一。日清「和平條約」於 1895 年 5 月 8 日批准交換，因而臺灣居民的國籍選擇，最後期限為 1897 年 5 月 8 日。

2. 三段警備制

(1) 1897 年，實施特別法，該法制定實施者為臺灣總督乃木希典。係總督府在統治初期，採取的一種「警備制度」。總督府依治安情況，將全島劃分三級，分析如下：

地區	管理者	說明
危險	軍隊、憲兵	抗日分子最活躍的臺灣山區。
不穩	憲兵、員警	反抗示威地區。
平靜	員警	維持治安、衛生、協助施政等工作。

(2) 員警制度

臺灣人當時習慣稱員警為「大人」，也會拿員警來嚇唬不乖的兒童，這是由於當時員警的執掌完全涵蓋了一般民眾的生活，雖然嚴苛的員警制度對社會治安大有幫助，但是過於嚴苛的干涉，使人民私下稱員警為「狗」或「四腳仔」以暗諷員警。

(3) 鎮壓抗日活動的法令

鎮壓頑強的武裝反抗勢力，後藤新平上任後所制定的一項法令，「匪徒刑罰令」是指此法令強化了員警及憲兵的權力，並且將所謂「土匪」、「匪徒」（指抗日分子）的刑責加重。後藤上任並嚴格推行此法令達 5 年。

16-4-9 日治時期對臺發展及建設

1. 臺灣總督府能夠轉虧為盈，財政得以獨立的重要關鍵是「展開專賣事業」。內容包括鴉片、樟腦、菸草、食鹽、酒精及度量衡。透過專賣制度，除了使總督府的收入增加外，也間接避免了這些產業的濫伐濫墾。
2. 「日本工業，臺灣農業」是日治時期的政策，當時選定高雄為發展基礎工業的地點，建設高雄港最主要是規劃為「日本南進基地」。
3. 1896 年，首任臺灣總督樺山資紀正式批准大阪中立銀行在臺設立分行，這是臺灣第一間西方式的金融銀行。
4. 1899 年，日本政府修改「臺灣銀行法」，正式成立「株式會社臺灣銀行」，直至日治時期結束之前，一直受臺灣總督府委託，臺灣發行地區性的流通貨幣－臺灣銀行券。
5. 1900~1920 年間，臺灣的經濟主軸於臺灣「糖業」，1920~1930 年為以「蓬萊米」為主的糧食外銷。
6. 1900 年，總督府舉行「揚文會」，會中黃玉階提倡戒除「纏足陋習」的放足，並組成臺北天然足會。1915 年，總督府於「保甲規約」增列禁止纏足的條文。因其條文有其相當嚴格的連坐處分，因此纏足風氣就此滅絕。
7. 1901 年，頒布「臺灣公共埤圳規則」。埤為貯水池，圳為灌溉用河川，水利灌溉工程給臺灣農業生產帶來飛躍的效果，對地租增收貢獻很大。米的品種改良被積極進行，新品種「蓬萊米」也受日本人所喜愛，大量輸出至日本。
8. 1902 年，頒布「臺灣糖業獎勵規則」。此規則，與其說對製糖業的「獎勵」，不如說是對日本資本的「優待」，對砂糖蔗苗費、肥料費、灌溉水利費、開墾費、機械工具費等給與獎勵金，對砂糖的製造則提供補助金。
9. 1912 年，開工花費了 7 年的臺灣總督府，歐洲文藝復興時期的樣式，以紅磚砌造，威風凜凜的堂堂雄姿，正式完工。是現在中華民國的「總統府」。
10. 1917 年，基隆與高雄港口的建設、鐵路由 100 公里延長至 600 餘公里、基隆至高雄，有如臺灣動脈的縱貫鐵路全線開通。
11. 1919 年，臺灣總督明石元二郎下令計畫興建當時亞洲最大的發電廠。定日月潭作為發電廠的廠址。日月潭與其下的門牌潭有 320 公尺的落差，藉此可以進行水力發電。在進行了濁水溪及日月潭周邊地區的地質勘查後，經歷了第 1 次世界大戰的波折，終於在 1934 年完成了日月潭第 1 發電所，成為臺灣新興工業發展的重要指標。

12. 1920 年，臺灣總督府技師八田與一以 10 年的光陰，引進曾文溪與濁水溪水源，創建當時東南亞最大的水庫「烏山頭水庫」灌溉以嘉義與臺南為中心的南部平原－「嘉南大圳」，灌溉面積達 15 萬甲，占全島耕地 14%，並引進農作物 3 年輪灌制。

13. 1926 年，在日本內地就學的臺籍學生陳澄波以 1 幅「嘉義街外」的作品，入選第七回日本帝國美術展覽會簡稱「帝展」。這是地處外地的臺灣人首次以西畫跨進內地日本官展的門檻。其後又數度入選帝展和其他各項展覽。

14. 臺北城拆除後的磚石，去整建西門町，作為日本新移民住宅及建造臺北監獄。

15. 總督府則進行不少公共衛生工程建設，如聘請了英國人巴爾頓(William K. Burton)來臺設計全臺灣的自來水與下水道。

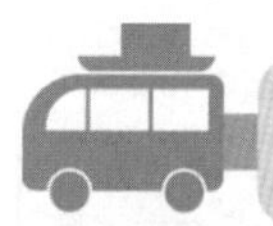

16-5 中華民國臺灣

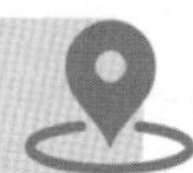

時間	事件
1945 年	(1) 二次世界大戰結束，日本投降。 (2) 蔣介石委任陳儀為臺灣省行政長官，之後兼任警總司令。 (3) 陳儀代表中華民國政府接收臺灣。
1947 年	專賣局臺北分局在臺北市太平町一帶查緝私菸，開槍誤傷市民，圍觀民眾群情激憤，情勢一發難收，擴及全島各地蜂起，導致引發「二二八事件」。 (1)「太平町」(現今的延平北路)。 (2) 白色恐怖時代的「馬場町」(現今萬華區青年公園附近)。 (3) 現在熱鬧的「西門町」都是日治時期留下的名稱。
1948 年	實施「動員戡亂時期」，亦即把「叛亂團體」的中國政府、中共政權「戡亂」(平定、鎮壓)之前的國家總動員時期。
1949 年	(1) 政府施政最大重點就是「土地改革」。 (2) 1949 年推行「三七五減租」。 (3) 1951 年，「公地放領」及 1952 年，漸次落實「耕者有其田」政策。

時間	事件
1951 年	行政院為扶植自耕農，訂定地價的償付，限 10 年分期攤還的公地放領辦法。
1952~1964 年	臺灣砂糖出口值始終占外銷品第一位，是全球最大的蔗糖出口國，大量外匯收入是由臺灣糖業股份有限公司掌控。 昔日臺糖的蒸氣小火車又叫五分仔車小火車，「五分」指的是「一半」的意思，因為臺糖小火車軌距不同於一般火車，故將小一號的臺糖小火車稱做「五分仔車」。
1953~1960 年	政府實施的經濟政策中，以紡織業輕工業對發展民生最為重要。
1954 年	美國根據中美「共同防禦條約」協防臺灣，繼續支持我國在聯合國的代表權。
1958 年	金門八二三砲戰 8 月 23 日起 21 年，「逢單日砲擊，雙日不砲擊；單打雙不打」的方針，逐漸減少攻勢。至此，中華民國成功守衛金門。中華人民共和國方面維持單打雙不打狀態直到 1979 年其與美國建交為止。
1960 年	楊傳廣於在羅馬奧運十項運動項目奪得一面銀牌。
1962 年	臺灣電視公司開播，臺灣從此進入電視時代。
1967 年	臺北市升格為直轄市。
1968 年	(1) 義務教育延長為 9 年，初級中學全面改制為國民中學。 (2) 臺東縣紅葉少棒擊敗日本少棒代表隊，是我國棒運發展的轉捩點。 (3) 紀政於墨西哥奧運 80 公尺低欄項目奪得一面銅牌。
1970 年	(1) 統一指揮「臺獨」的「世界臺灣人爭取獨立聯盟」，即「臺獨聯盟」在美國成立。 (2) 黃文雄等三人在美國紐約刺殺蔣經國未遂（4 月 24 日）。
1971 年	(1) 澎湖跨海大橋通車。 (2) 聯合國大會以壓倒多數通過 2758 號提案：恢復中華人民共和國在聯合國的一切合法權利，將臺灣驅逐出聯合國。
1971 年	臺南左鎮發現了迄今為止臺灣最早的人類化石。
1972 年	(1) 中日兩國簽署聯合聲明，中華民國與日本斷交（9 月 29 日）。 (2) 臺灣省主席謝東閔於任內為了促進工、商業的發展，提倡「客廳即工廠」。把工業加工品帶進客廳裡，鼓勵國人多多參與工業生產的工作。
1973 年	國際發生石油危機重大事件，中東石油輸出國組織，在戰略上採取將原油價格調漲 4 倍，導致全球經濟大幅衰退，國內物價上漲。

時間	事件
1973~1974 年	行政院長蔣經國宣布 10 大建設，一機二港三路四廠分別是：中正國際機場、臺中港、蘇澳港、中山高速公路、北迴鐵路、鐵路電氣化、煉鋼廠、造船廠、石油化學工業、核能發電廠。
1978 年	中山高速公路（當時稱為南北高速公路）全線通車。
1979 年	(1) 桃園中正國際機場正式啟用（2 月 26 日）。 (2) 高雄市升格為直轄市、高雄市爆發「美麗島事件」，又稱「高雄事件」。 (3) 1 月 1 日美國宣布自即日起與中華民國斷交，與中華人民共和國建交。 (4) 美國與臺灣簽訂「臺灣關係法」，承認臺灣為「政治的實體」，維持實質的關係，是一部美國國內法。
1980~1985 年	建造 12 項建設，指的是臺灣在第七期經建計畫期間除 10 大建設外，展開的 12 項重大建設。兩者都是以基本建設為主，但 10 大建設較重視重化工業的發展，12 項建設則加入農業、文化、區域發展等方面的計畫。
1980 年	北迴鐵路全線通車，新竹科學工業園區正式成立。
1982 年	李師科搶劫臺灣土地銀行古亭分行，是臺灣史上首件銀行搶案。
1984 年	(1) 臺灣首座國家公園－墾丁國家公園正式成立。 (2) 立法院通過勞動基準法。勞工的基本生存權、工作權終於有了最起碼保障，勞工本應擁有勞動三權－組織權、協商權、爭議權。
1986 年	「民主進步黨」成立。李遠哲獲得「諾貝爾化學獎」。
1987 年	解除「戒嚴」、開放臺灣人民前往中國探親。
1988 年	蔣經國逝世，李登輝繼任總統、4 千餘名農民聚集在立法院前，要求停止美國水果、火雞進口，與軍警爆發流血衝突（520 事件）。
1990 年	中華職棒元年開幕戰、中華民國與沙烏地阿拉伯斷交。
1990 年代後期	發展資訊電子業，李國鼎是最重要的支持關鍵人物。有「臺灣科技教父」之稱。其在行政院政務委員任內成立科技顧問小組，引進國外優秀科技人才發展資訊電子業，使得臺灣得以在 1990~2011 年持續產業轉型，走出傳統加工產業，踏入高附加價值的高科技領域。
1991 年	「動員戡亂時期臨時條款」，動員戡亂時期結束、資深中央民代全部退職，萬年國會告終。

時間	事件
1992 年	(1) 刑法第 100 條修正通過，廢除為人詬病的「陰謀內亂罪」。 (2) 中華隊奪得巴塞隆納奧運棒球銀牌。 (3) 中華民國與南韓斷交、斷航。 (4) 南迴鐵路正式營運，環島鐵路網完成。 (5) 金門、馬祖解除戰地政務，回歸地方自治。 (6) 發布實施「臺灣地區與大陸地區人民關係條例」以來，逐步開放兩岸人民從事探親、工作、觀光、學術交流等活動。
1993 年	辜振甫、汪道涵於新加坡展開首次辜汪會談、「新黨」成立。
1994 年	(1) 臺灣遊客在中國浙江千島湖，因暴徒登船搶劫並放火燒船，是為「千島湖事件」。 (2) 中華航空班機在名古屋機場墜毀。 (3) 省長、直轄市長首次民選，分別由宋楚瑜、陳水扁（臺北）、吳敦義（高雄）當選。
1995 年	全民健康保險正式開辦，強制性社會保險。
1996 年	(1) 李登輝、連戰當選首任民選正副總統。 (2) 中國向臺灣海面試射飛彈，引爆臺海危機，美國派出尼米茲號及獨立號航空母艦巡弋臺灣海峽。 (3) 臺灣第 1 條都會區捷運－臺北捷運木柵線全線通車。
1997 年	全臺爆發嚴重豬隻口蹄疫疫情，民主進步黨在縣市長選舉中取得 12 席，首度超越國民黨。
1998 年	(1) 中華航空班機在中正機場附近墜毀。 (2) 全臺爆發嚴重腸病毒疫情。 (3) 將臺灣省政府裁撤，凍省，精省。 (4) 臺南新市與善化亦設置「臺南科學工業園區」。
1999 年	中部發生九二一大地震（9 月 21 日），震央在南投縣集集鎮。
2000 年	(1) 陳水扁、呂秀蓮當選正副總統，臺灣首次政黨輪替。 (2) 政府宣布停建核四廠。
2001 年	(1) 中颱桃芝襲臺，在南投、花蓮等地造成嚴重災情，200 餘人死亡。 (2) 怪颱納莉襲臺，造成北臺灣嚴重水患，臺北捷運及臺北車站淹水。 (3) 通過「開放大陸地區人民來臺觀光推動方案」相關法令規定。

時間	事件
2002 年	(1)「臺澎金馬獨立關稅領域」名稱正式加入世界貿易組織（1 月 1 日）。 (2) 中華航空 611 號班機在澎湖外海空中解體。 (3) 總統陳水扁在世臺會視訊會議上表示：臺灣與中國是「一邊一國」。 (4) 旅美棒球選手陳金鋒登上大聯盟，成為首位登上美國職棒大聯盟的臺灣球員。 (5) 試辦開放第三類大陸地區人民來臺觀光。 (6) 擴大開放對象至第二類大陸地區人民，並放寬第三類大陸人士之配偶及直系血親亦得一併來臺觀光。
2003 年	(1) 爆發「嚴重急性呼吸道症候群」SARS 疫情。 (2) 中華隊於札幌亞洲棒球賽擊敗南韓隊，取得睽違 12 年的奧運參賽權。
2004 年	(1) 福爾摩沙高速公路（國道三號，又稱為第二高速公路）全線通車。 (2) 總統陳水扁、副總統呂秀蓮在臺南市遭槍擊受傷，是為「三一九槍擊事件」，又稱「兩顆子彈事件」。陳水扁、呂秀蓮以不到 3 萬票的差距擊敗連戰、宋楚瑜，當選中華民國第十一任正副總統。 (3) 跆拳道選手陳詩欣、朱木炎在雅典奧運分別為臺灣奪下第一及第二面奧運正式金牌。 (4) 世界第一高樓臺北 101 正式完工啟用。
2005 年	(1) 為抗議中華人民共和國通過《反分裂國家法》，臺灣數十萬民眾聚集在臺北市舉行三二六護臺灣大遊行（3 月 26 日）。 (2) 由於鋒面滯留及旺盛西南氣流為臺灣中南部帶來超大豪雨，造成六一二水災。 (3) 2005 年，開放外籍旅客退稅，旅客必須持外國護照，才有資格申請退稅。
2006 年	雪山隧道，原臺坪林隧道又稱蔣渭水高速公路、國道 5 號、北宜高速公路，簡稱雪隧。由 3 座獨立隧道組成一導坑、西行線及東行線，全長 12.9 公里是臺灣最大隧道，位於新北市坪林至宜蘭縣頭城段之間。
2007 年	臺灣高速鐵路（簡稱臺灣高鐵、高鐵），為位於臺灣人口最密集的西部走廊之高速鐵路系統，全長 345 公里。
2008 年	(1) 中國國民黨馬英九和蕭萬長，當選正副總統，政黨再度輪替。 (2) 全面開放大三通，開放大陸觀光客來臺旅遊，兩岸開放三通直飛航班。
2009 年	(1) 前總統陳水扁被判無期徒刑，同時褫奪公權終身。 (2) 全球金融海嘯、H1N1 新型流感。 (3) 8 月莫拉克颱風，重創南臺灣。

時間	事件
2010 年	中華民國直轄市市長暨市議員選舉，又稱 2010 年五都選舉的一部分，由目前中華民國自由地區五個原有或新成立的直轄市（臺北市、新北市、臺中市、臺南市及高雄市）選出新一屆的市長及市議員。其中除臺北市維持其原有規模外，新北市、臺中市及臺南市。分別由原臺灣省轄之臺北縣改制、臺中縣市合併改制及臺南縣市合併改制，而高雄市則由原直轄市高雄市及臺灣省轄之高雄縣合併改制。
2011 年	(1) 3 月 11 日，下午日本東北地區外海發生芮氏規模 9 的地震，旋即引發大海嘯，並對日本東北及北海道沿岸城鎮造成嚴重災情，福島核電站爆炸，輻射外洩，震驚全世界，稱為 311 日本大地震，對臺灣從事日本觀光旅遊業者衝擊極大。 (2) 開放大陸人士來臺個人旅遊（自由行）先開放上海、北京、廈門等 3 城市。 (3) 政府推出黃金十年願景計畫。 (4) 歐盟申根免簽起，臺灣民眾赴歐洲旅遊，只要憑有效護照，可暢遊英、法、德、義、奧和愛爾蘭等 40 餘國。 (5) 臺灣第 1 座國家自然公園—「壽山國家自然公園」成立。
2012 年	(1) NBA 籃球員林書豪幫助紐約尼克隊獲勝，引發美國「林書豪風潮」。 (2) 倫敦奧運舉重女子 53 公斤級項目，許淑淨奪下銀牌，後遞補為金牌。
2013 年	(1) 第 85 屆奧斯卡金像獎，導演李安《少年 PI 的奇幻漂流》奪下最佳攝影、最佳視覺效果、最佳原創配樂等三項獎項；李安亦奪下最佳導演獎。 (2) 亞洲籃球錦標賽中華臺北隊以 96 比 78 擊敗中國隊，是 1985 年以來首次獲勝。 (3) 首部以空拍製作的電影《看見臺灣》齊柏林所執導，榮獲金馬獎最佳紀錄片。 (4) 大陸旅遊法 10 月 1 日起實施，所有國內外旅遊市場均一致規範大陸旅行社安排團體旅遊不得以不合理低價組團，不得安排特定購物點及自費行程項目等行為，不得透過購物、自費旅遊項目獲取回扣及強收小費等不正當利益，對臺旅遊市場有一定的影響。 (5) 正式進入國道電子計程收費，收費系統可依路段及時段實施差別費率方案，提升國道整體運輸效率。
2014 年	(1) 反服貿占據立法院 太陽花學運震撼臺灣。 (2) 中華舉重選手林子琦破世界紀錄總和 261 公斤，為中華代表隊拿下亞運舉重一面金牌。 (3) 臺灣九合一選舉，臺北市長由柯文哲高票當選。

時間	事件
2015 年	(1) 臺北市政府認為大巨蛋工程有公安疑慮，勒令全面停工。 (2) 新北市八仙樂園游泳派對活動中，因以玉米澱粉及食用色素之色粉發生粉塵爆炸造成重大工安事故。 (3) 11 月 7 日在新加坡舉行「習馬會」是中華民國總統馬英九與中共中央總書記、中華人民共和國主席習近平的會面，主要是為推進兩岸關係和平發展交換意見。
2016 年	(1) 美國共和黨籍億萬富豪川普，當選美國總統。 (2) 勞動基準法修正通過，將法定工時訂為單週 40 小時。 (3) 發生中國觀光客遊覽車嚴重火燒車事故。 (4) 復興航空宣布停航全面停飛，解散公司。
2017 年	(1) 臺灣桃園國際機場捷運正式通車啟用。 (2) 賞櫻花團遊覽車於南港翻覆，為嚴重交通重大事故。
2018 年	(1) 政府新南向政策，急需外語導遊與領隊人員，2018 年起考試院將導遊、領隊的專業科目筆試從 80 題降為 50 題。 (2) 且已領取導遊、領隊執照者考取其他外語證照，免考共同科目，只需加考外語即可，唯外語部分還是維持在 80 題考題
2019 年	2019 年 3 月至 8 月（未停止），香港反對「逃犯條例」修訂草案，俗稱反送中運動，人民不滿修法，進行各種遊行集會、占領街道、警察總部與癱瘓機場，造成嚴重的觀光衝擊。
2020 年	臺灣第三大航空公司，星宇航空正式開航。3 月 11 日 UNWHO 宣布 COVID-19 疫情大流行。 全球各國家地區紛紛關閉國境，停止出入境，重創旅遊產業。
2021 年	COVID-19 疫情大流行至今未歇，國際旅行及商務客非必要全面禁止，部分國家已研發出疫苗，但還未普及化，全面普篩還未進入規範中。
2022 年	COVID-19 疫情漸緩，全球重啟國境，迎接國際觀光客。

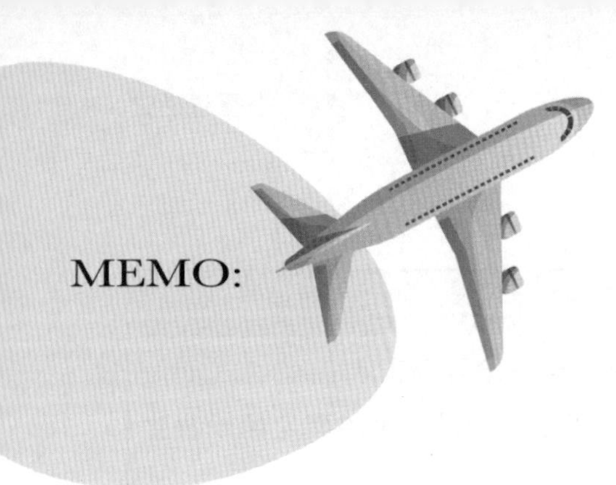

MEMO:

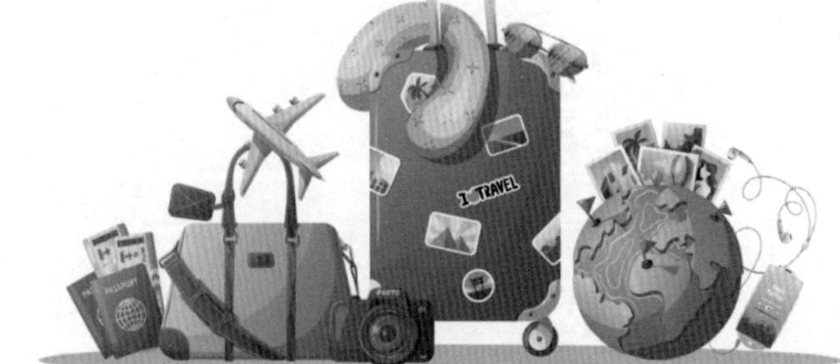

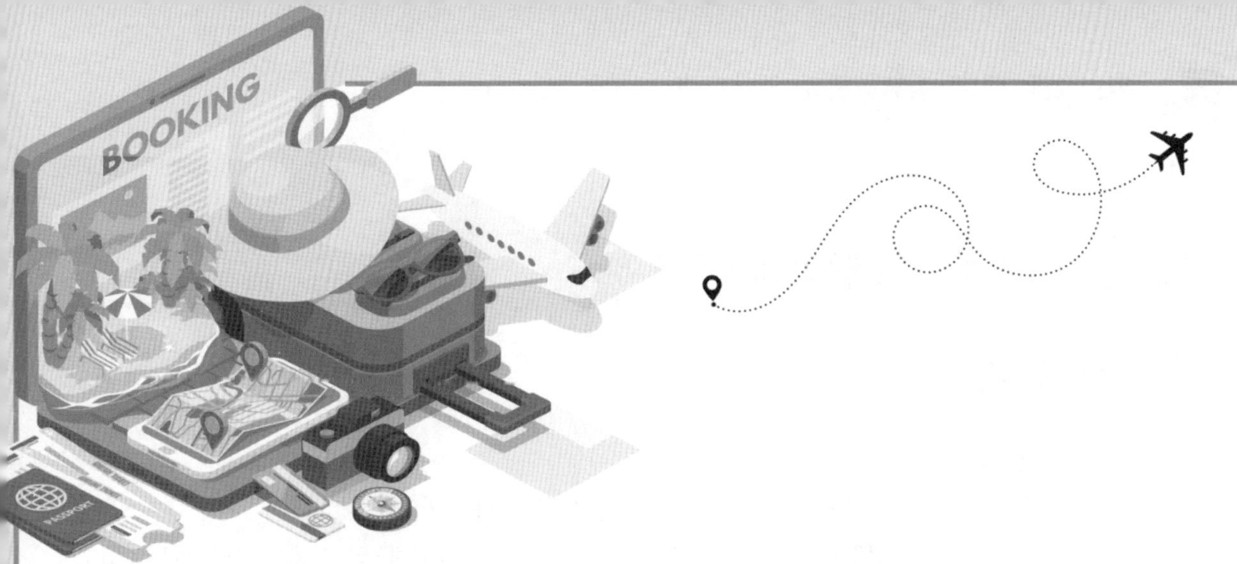

CHAPTER 17 臺灣地理概論

華語導遊

外語導遊

華語領隊

外語領隊

17-1　臺灣地理範疇

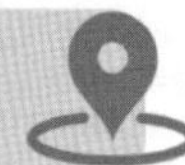

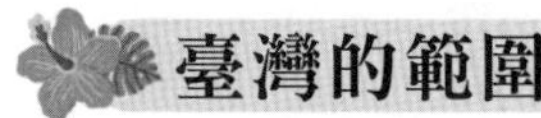

臺灣的範圍

1. 政府的疆域界定
   (1) 中華民國政府管轄的區域，包含了臺灣本島及外圍島嶼。
   (2) 外圍島嶼群：澎湖群島、金門群島、馬祖群島、東沙群島、南沙群島與釣魚臺列嶼。
2. 地理位置
   (1) 東亞的相對位置：亞洲中國大陸東南方，太平洋西側，菲律賓北方，琉球群島西南方。
   (2) 臺灣島位於西太平洋上。東岸為太平洋。西岸隔臺灣海峽（又稱黑水溝）與中國大陸相望。南濱巴士海峽。北接東中國海。
3. 地形面積
   (1) 全島面積為約 36,000 平方公里，南北長約 400 公里，南北狹長，東西窄。
   (2) 地勢東高西低，地形主要以山地、丘陵、盆地、台地、平原為主體。
   (3) 山地、丘陵約占全島總面積的 60%。
   (4) 地殼被擠壓抬升而形成的山脈，南北縱貫全臺，其中以中央山脈為主體，地勢高峻陡峭。
4. 臺灣地理東西南北極點

地區別	方位	地點
臺灣全地區	極東	宜蘭縣赤尾嶼東端
	極西	澎湖縣望安鄉花嶼西端
	極南	屏東縣恆春鎮七星巖南端
	極北	宜蘭縣之黃尾嶼北端
臺灣本島	極東	新北市貢寮區三貂角
	極西	雲林縣口湖鄉外傘頂洲
	極南	屏東縣恆春鎮鵝鑾鼻
	極北	新北市石門區富貴角

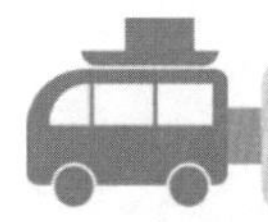

17-2 臺灣的山脈

大約 1 億年前，地球持續著板塊運動及氣候變化，地殼下有著或升或沉的成長期，距今約 600 萬年前，才真正形成就近似現今地形大小的形態。

臺灣剛好就在世界最大的海板塊－太平洋海板塊及世界最大的陸板塊－歐亞大陸板塊的交接，而太平洋海板塊邊緣的小板塊－菲律賓海板塊、南海板塊也往陸板塊擠壓，臺灣便在這相互擠壓中形成。大板塊的擠壓形成臺灣各大山脈，而菲律賓海板塊自 200 萬年前擠壓，便擠出海岸山脈，臺灣的地形更清楚了。臺灣西部以丘陵、台地、盆地、平原為主；東部以山地、平原為主。

山地

指高度在 1,000 公尺以上的聳峻岡巒，面積約占全島的 30%，大多分布在本島的中央及東部地區，共有 5 大山脈所組成，這些南北走向的高大山脈，形成天然屏障，是本島主要河川的來源及分水嶺，對氣候影響非常大。

臺灣是個年輕的島嶼，地質岩層也多斷層和褶曲，所以學者就將島上高大的山脈稱為「新褶曲山脈」。山脈南北縱走的方向，形成南北狹長的島嶼。

5 大山脈中的中央山脈、雪山山脈和玉山山脈是屬於高山型的山脈，計約有 260 座 3,000 公尺以上的高山，其中分布在中央山脈的高山最多。

(1) 中央山脈：北起蘇澳的東澳嶺，南止鵝鑾鼻，縱貫全島，長達約 340 公里，為臺灣本島最長的山脈，有「臺灣屋脊」之稱，所以又稱「脊梁山脈」。

(2) 雪山山脈：位於中央山脈的西北方，北起三貂角（或鼻頭角），南止於臺中東勢區與和平區區界附近的龍安橋，長約 200 公里。

(3) 玉山山脈：位於南臺灣的中央山脈西脈，兩山脈間隔著荖濃溪為界。玉山山脈北起玉山山塊，南抵高雄六龜十八羅漢山附近，長約 180 公里，是最短的山脈，形成臺灣最高峰玉山（又稱玉山主峰）海拔達 3,952 公尺，不僅是臺灣、也是大東亞第一高峰。

(4) 阿里山山脈：位於玉山山脈西方，兩山脈隔著楠梓仙溪為界。阿里山山脈北起南投集集的濁水溪南岸，南抵高雄燕巢的雞冠山，長約 250 公里。

(5) 海岸山脈：位於臺灣的東部，與西方中央山脈，隔著由斷層作用造成的臺東縱谷。北起自花蓮溪河口，南至卑南大溪河口，稜脈走向呈東北－西南方，長約 200 公里。縱谷由花蓮溪、秀姑巒溪和卑南溪等 3 大水系構成綿密的網路，因而形成了峽谷、瀑布、曲流、河階、沖積扇、斷層及惡地等不同的地質地形，並造就了許多臺灣獨特的自然景觀。

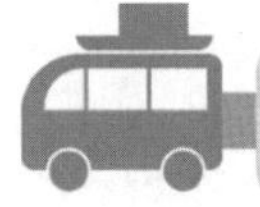

17-3 臺灣的地形

1. 丘陵：位於平原與高山之間的過度帶為一連串的丘陵和台地，高度自 100 公尺到 1,500 公尺，占全島面積約 40%，主要分布在臺灣西部，多為紅土或礫石層所覆蓋，因遭河流所切割，故呈不連續的分布。其中地勢成波狀起伏的丘陵，從北而南有竹東丘陵、竹南丘陵、苗栗丘陵、嘉義丘陵、臺南丘陵和恆春丘陵。
2. 台地：高度上比丘陵低，比平原高，而且是平坦，多分布在丘陵山地的西側，從北而南包括林口台地、桃園台地、中壢台地、湖口台地、大肚台地、八卦山台地和恆春西方台地，這些台地原多是河川下游所堆積的沖積扇，後來受地層隆起而抬升的。
3. 平原：平原低地區分布在近海及河流下游兩側地區，高度在 100 公尺以下的，稱為平原地區，因容易開發，成為人口聚落的分布區。臺灣的平原面積約占 30%，由北而南主要有宜蘭的蘭陽平原、竹南的沖積平原、苗栗後龍溪河谷平原、清水彰化沿海平原、濁水溪沖積平原、嘉南平原（臺灣最大的平原 4,500 平方公里，北起虎尾溪、南至鹽水溪）、屏東平原（臺灣第二大平原）和恆春縱谷平原。
4. 盆地：四周若有山地環繞的平坦地區，稱之為盆地。臺灣主要有臺北盆地、臺中盆地及埔里盆地群等。因盆地內地勢平緩，易發展為人口稠密的精華區。
5. 其他景觀地形：因地殼變動頻繁，地勢起伏劇烈，高溫多雨，各種風化和侵蝕作用，這些地形景觀所呈現的線、形、色、質，組合成了大自然的鬼斧神工。
   (1) 沖積扇平原：山地河流出口處的堆積地貌。山地河流流過山麓後，因為坡度變緩，流速降低，河道變寬，河水攜帶的物質大量堆積，使河床抬高。因此，河流不斷地變遷改道，或分成多股水流，形成一個延伸很廣，坡度較緩的台地，外形如同摺扇，如竹南沖積平原。
   (2) 河階：亦稱堆積坡，即是河流下切作用造成河谷斜坡形成台地地形，階地從一階到多階的河階地形皆有，如桃園大溪河階群。
   (3) 泥火山：指多種在地下液體或氣體噴發後遺留下來的物質，一般以泥漿的形式出現，堆積成為一個圓錐形的泥尖頂。依噴發物的含水量多寡所造成的泥火山，會有錐狀、盾狀、盆狀等不同形態。如臺灣高雄燕巢的泥火山。
   (4) 惡地：亦稱月世界，光禿禿的山稜。數十萬年以前，地殼變動的造山運動將海底沉積的泥沙抬升出海面，經過長期的風化侵蝕與雨水沖刷而形成。如臺東縣吉利惡地和溫泉活動等，這些特殊地景往往亦成為觀光勝地。

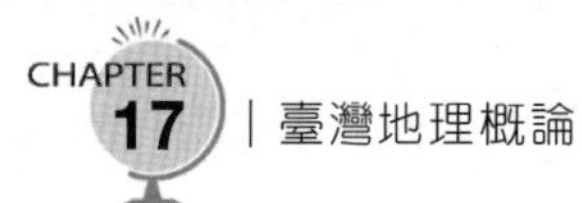

(5) 壺穴形：急流挾帶砂石在岩石河床上磨蝕而成的圓形凹穴稱為壺穴。如景美溪壺穴，基隆河上游因河流夾帶砂礫磨蝕河床，而形成壺穴。

(6) 臺灣火山地形：

地點	岩性	地貌特徵
觀音山	安山岩	陷落破火山口。
小觀音山大凹崁	安山岩	臺灣最大的火山口。
磺嘴山	安山岩	具典型火山錐與火山口，為大屯火山區地貌之代表。
紗帽山	安山岩	鐘狀火山為七星山之寄生火山。
彭佳嶼	安山岩質或玄武岩質火山碎屑岩、凝灰岩	複合式火山爆裂口，有後期玄武岩質岩脈侵入。
龜山島	安山岩質火山碎屑岩、凝灰岩	大陸棚淺海，噴硫氣、噴水蒸氣，形成乳白色混濁海域。

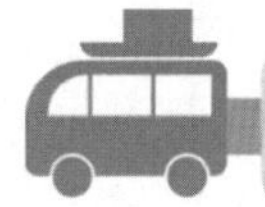

17-4 臺灣的海岸

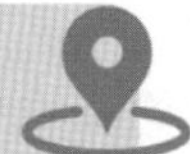

1. 北部升降混合海岸：從三貂角至淡水河口，既有岩岸也有沙岸；是上升也是下降海岸，故稱混合型海岸。屬岩石海岸，岬角和海灣反覆出現，海蝕崖、海蝕平臺、海蝕洞等、海蝕地形發達。
   (1) 海蝕平臺：海水日夜不停地沖刷海崖，使海崖逐漸崩潰後退，最後形成和海水面幾乎相同高度的平坦地形面。
   (2) 海蝕洞：波浪沖蝕海岸的岩石，遇到脆弱的地方，常沿著脆弱地帶深入侵蝕，日積月累，就形成海蝕洞。
   (3) 海蝕崖：海岸受到波浪侵蝕而形成的陡峭山崖。海蝕崖大多出現在上升海岸或岩石海岸，尤其是波蝕強烈的半島或岬角等陸地突出的地方。

2. 西部隆起海岸：屏東枋寮以北的西部海岸，濱臨沖積平原是平直沙岸，水淺而少深港灣，為典型的上升沙岸。離水海岸大部分為沙質或泥質海岸，海岸線單調平直，多沙灘、沙丘、沙洲、潟湖和濕地等海積地形。

3. 南部珊瑚礁海岸：西自楓港，東至旭海，裙礁發達，海岸平直而少灣澳，因珊瑚礁隆出海面，屬上升海岸區，有珊瑚礁海岸、珊瑚礁岩、海蝕溝、海蝕壺穴和貝殼沙灘的分布。

4. 東部斷層海岸：北起三貂角，南止恆春半島南端，多為岩岸，山脈走向與海岸線平行，缺乏港灣及島嶼。陡峭的大斷崖，典形的沖積扇三角洲和寬廣的海階等地形景觀。

5. 外圍離島區：澎湖群島為平坦的玄武岩地形，範圍最廣；其他小島，以火山安山岩和珊瑚礁岩為主，前者如龜山島、綠島、蘭嶼、釣魚臺列嶼、彭佳嶼、棉花嶼、花瓶嶼、基隆嶼，後者如琉球嶼、東沙島、太平島等。

17-5 臺灣的水文

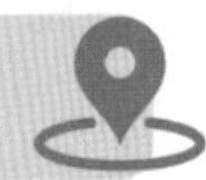

1. 臺灣重要的河流

河川名稱	重要特性說明
淡水河	1. 位於臺灣北部，為臺灣早期具有航運價值的河流。 2. 主流源流為大漢溪，源於大霸尖山。 3. 流域涵蓋新北市、臺北市、基隆市、桃園市、新竹縣，以及宜蘭縣。 4. 兩大支流－基隆河、新店溪。 5. 淡水河是臺灣北部的主要供水河流之一。
新店溪	1. 新店溪位於臺灣北部，是淡水河水系兩大支流之一。 2. 臺北市、新北市邊界，流至江子翠與大漢溪交會後，改稱為淡水河。 3. 新店溪水量豐盛，是臺北都會區民生用水的主要來源。 4. 新店溪的支流北勢溪有翡翠水庫。
基隆河	1. 基隆河，位於臺灣北部，是淡水河水系兩大支流之一。 2. 基隆河流域則有新山水庫與西勢水庫。
大甲溪	1. 發源於雪山山脈之雪山主峰及中央山脈之南湖大山。 2. 德基水庫為大甲溪上游，從德基至石岡壩為大甲溪中游。經甲南至清水出海口注入臺灣海峽，為大甲溪下游。 3. 供應臺中地區的用水，有櫻花鉤吻鮭保護區。

河川名稱	重要特性說明
大漢溪	1. 大漢溪位於臺灣北部，是淡水河主流上游。 2. 大漢溪上游有石門水庫。
大肚溪	1. 於臺灣中部，為臺中與彰化的界河。 2. 主流上游為北港溪又名烏溪。
濁水溪	1. 濁水溪為臺灣第一大溪，發源於中央山脈合歡山主峰與東峰間，流經中央山脈板岩地區。 2. 位於臺灣中部，為彰化縣和雲林縣的界河。 3. 因其溪水夾帶大量泥沙，長年混濁，因而得名。 4. 主流上游名為霧社溪，全長約 186 公里，是臺灣最長的河川。為日月潭的水源，灌溉嘉南平原水源之一。 5. 河道多成萬大水縱谷；落差大，雨量多，水力資源豐富，為臺灣水力開發與蘊藏量最大的河川，供水力發電之用。
曾文溪	1. 出口為國際級濕地，黑面琵鷺動物保護區為台江國家公園的一部分，設有七股黑面琵鷺保護區。 2. 灌溉嘉南平原水源之一。 3. 其上游為臺灣最大的水庫－曾文水庫。
高屏溪	1. 於臺灣南部，為高雄市與屏東縣的界河。 2. 主流河長約 170 公里，為臺灣第二長河。 3. 臺灣唯一成南北走向的河流。 4. 為臺灣流域面積最廣的河流，南臺灣重要的用水來源。
卑南溪	1. 位於臺灣東南部，臺東縣的主要河流，是臺東第一大溪。 2. 是灌溉臺東平原的主要河川。 3. 卑南大圳引卑南溪溪水，是臺東最大的水利工程。
蘭陽溪	1. 蘭陽溪原名宜蘭濁水溪，含砂量豐富混濁而得名，發源於南湖大山北麓。 2. 位於臺灣東北部蘭陽平原，是宜蘭縣最主要的河川。
立霧溪	1. 立霧溪切割堅硬的大理石河床，形成太魯閣峽谷景觀。 2. 發源於合歡山麓與奇萊山主峰間。
秀姑巒溪	1. 位於臺灣東南部，以泛舟活動知名。 2. 是臺灣唯一一條切過海岸山脈的溪流。

2. 臺灣重要水庫

水庫	重要特性說明
翡翠水庫	1. 位置在新北市、新店區、石碇區、坪林區。 2. 水源：新店溪、北勢溪。為臺灣目前唯一水源特定區。 3. 為臺灣北區最大水庫，為臺北市最重要的水源。
石門水庫	1. 位置在桃園市龍潭區、大溪區、復興區。 2. 水源：淡水河支流大漢溪。原建庫主要目的為灌溉與防洪。 3. 目前調節、供應公共給水及觀光等功能。
鯉魚潭水庫	1. 位置在桃園區、苗栗縣、三義鄉。 2. 水源：大安溪支流景山溪、大安溪。 3. 全臺唯一的鋸齒堰溢洪道。
曾文水庫	1. 位置在嘉義縣大埔鄉。 2. 水源：曾文溪。嘉南平原最重要的水利設施。 3. 全臺容量最大之水庫，湖面亦為全臺最大者。
烏山頭水庫	1. 位置在臺南市六甲區、官田區。 2. 水源：曾文溪支流、官田溪。 3. 日本總督府工程師八田與一所建，日據時代全臺灣最大之水庫。
阿公店水庫	1. 位置在高雄市燕巢區、岡山區、田寮區。 2. 水源：曾文溪支流後堀溪、高屏溪支流旗山溪。 3. 臺灣唯一以防洪為主要目的的水庫，臺灣最長的水庫。

17-6 臺灣氣候多樣性

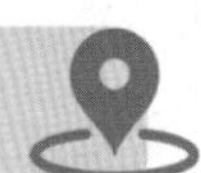

1. 臺灣位於全世界最大陸地（歐亞大陸）和最大海洋（太平洋）之間，北回歸線(23.5°N)經過臺灣中部，黑潮主流流經東岸，氣候溫暖濕潤；南部屬熱帶季風；北部屬副熱帶季風氣候；全年平均氣溫在 20 °C 以上。

   主要影響氣候的因素為緯度、季風、地形和洋流，各地略有不同，可分成四種類型：南部的熱帶季風氣候、北部的濕潤溫暖氣候、西部的濕潤夏熱氣候、山地的濕潤夏涼氣候。影響臺灣氣候的因素：緯度、海陸分布、地形、洋流、季風，但主要以地形差異影響較大。

2. 臺灣年均溫南部約為攝氏 24 度，北部約為 22 度，最熱月（7 月）均溫約在 30 度左右，南北溫差很小，甚至有北部稍高於南部的現象。最冷月均溫，北部（2 月）約為 10 度，南部（1 月）約為 15 度，南北溫差較大。年溫差，北部大於南部，日溫差則相反。山地的氣溫隨著高度而遞減，年溫差較平地小，日溫差則較大。

3. 臺灣東岸外海有黑潮主流北上，攜來熱濕氣流，配合不同的季節風，如冬季的東北風、夏季的西南風，在迎風坡及內陸山區致雨，使得臺灣雨量豐沛、全年平均雨量可達 2,500 公釐，最多雨地點位在新北市平溪區的火燒寮，而最少雨地點則是在嘉南平原北半部沿海一帶和澎湖群島，雨量特色如下：
   (1) 空間分布：受地形影響，山地多於平地，東岸多於西岸，迎風坡多於背風坡。
   (2) 季節分布：北部四季有雨，南部夏雨冬乾，東部冬季東北季風盛行。北部為雨季，大多為連續性陰雨，降雨強度小，此時南部為乾季；夏季西南季風盛行期間，易生對流性雷雨，或者颱風帶來之豪雨，常為中南部地區帶來大量雨水，降雨強度較大，且雨量集中，此時降雨約占全年雨量的 80%，極易造成土壤沖蝕及山洪爆發。
   (3) 雨量變率：自北向南遞增，而北部地區因雨日多，故日照時數少，雨日變化則自北向南遞減。

4. 臺灣全年大多吹著季風，夏、秋兩季偶有颱風。每年 10 月～次年 4 月，盛行東北季風，且風向和東北風合一，故風力強勁，北部海上和沿海地區冬季風力甚強，常造成風害和砂害，故沿海地區常植防風林掩護。

5. 臺灣海峽風力強，如澎湖群島的冬季，主要受大陸高氣壓消長所致。每年 5~9 月盛行西南季風，因氣壓梯度較小，且風向和東北信風相反，故風速較小。每年 6~10 月是颱風季節，尤以 8、9 月最頻繁，常帶來狂風暴雨，造成災害。

6. 颱風為發生於北太平洋西部之熱帶氣旋，如其中心登陸臺灣，或由臺灣近海經過，對臺灣造成災害損失者，稱為侵臺颱風，每年侵臺的颱風平均多達 3~4 次。除了以上 3 個特徵外，臺灣冬季當寒流來襲，常會出現 10 °C 以下的低溫，造成養殖漁業重大損失，在高山上常可看見瑞雪，是臺灣特殊氣候現象。

臺灣特殊的氣象

1. 多颱風

每年在夏秋兩季侵襲臺灣的颱風，是臺灣除了地震之外，最嚴重的天然災害。平均每年發生約 4 次，而每次的颱風往往挾帶大量的雨水，造成嚴重的災害（如土石流）。農曆立秋以後的天氣，因為午後的雷陣雨漸少，所以這時的太陽往往比盛暑時的太陽還令人難受，有時最高氣溫會升到 34 °C，人們稱這種熱如夏天的天氣為「秋老虎」。

2. 思源埡口－霧凇（時間：11 月至次年 2 月）

當空氣中的水氣碰到攝氏零度以下的氣溫，凝結在樹的枝葉上形成冰晶時，這就是所謂的「霧凇」，也稱之為「樹掛」。臺灣的高山地區，每逢雲霧瀰漫、水氣充足時，在低溫的情況下，就可以欣賞到霧凇這樣的美麗景象。

3. 合歡山－雪景（時間：12 月至次年 2 月）

臺灣的雪景多出現在海拔 2,000 公尺以上的高山地區，其中以中部的合歡山名氣最大，每逢強烈冷氣團或冷鋒帶來冷濕的空氣，就會降下瑞雪，吸引大批民眾上山賞雪。

4. 三義－濃霧（時間：2~3 月、9~11 月）

由極細微的水滴組成，浮懸於靠近地面的大氣中，按其生成的原因可分為平流霧、上坡霧等。苗栗著名的木雕之鄉－三義，受到地形和位置雙重影響，在季節交換之際都會有濃霧圍繞。

5. 玉山－高山強風（時間：全年）

臺灣 3,000 公尺以上的高山，常有強勁的西風，尤其冬季風速更強，可達每 1 小時 100~120 公里，而當氣流通過兩個以上的山谷時，則會形成更強的風，這種地形就稱為「風口」，常給登山者帶來極大的威脅。

6. 阿里山－雲海（時間：全年）

雲和霧可說是一體兩面的東西，當我們在山間感覺雲霧瀰漫，到了山頂，剛剛所見的濃霧就形成了眼前所看到的雲海。著名的阿里山雲海每年都吸引無數遊客欣賞。

7. 中南部平原－冰雹（時間：4~6 月、9~11 月）

在梅雨季中的鋒面雷雨及秋末冬初的鋒面雲帶，這樣的天氣系統下發生。下冰雹的時間通常很短，約 2~3 分鐘，冰雹的大小通常為直徑 1 公分左右，有時也降下體積異常大的冰雹。

8. 嘉南平原－龍捲風（時間：3~6 月）

龍捲風是大氣活動中能量最集中的天氣現象。臺灣每年在春季和梅雨季時，受到鋒面雲帶強烈對流雲的影響，偶爾就會產生。每年約有 2 到 3 次的機會，多出現在廣大的中南部平原地帶。

9. 高屏地區－雷陣雨（時間：6~9 月）

是受到夏季西南氣流的影響。西南氣流受到中央山脈阻擋，氣溫會持續上升，雲層不斷發展，最後就會在山脈的西側產生雷陣雨，因多發生在午後，所以一般稱為午後雷陣雨。

10. 恆春半島－落山風（時間：10 月至次年 4 月）

冬季盛行的東北季風，由於受到西側海拔 3,000 公尺的中央山脈阻擋，便會沿著山脈邊緣向南流動，到了山勢較低的恆春半島就得以越過，形成向下衝的強勁坡風，這就是著名的「落山風」。

11. 屏東縣滿州鄉港仔村－港仔大沙漠（時間：全年）

港仔大沙漠是臺灣難得一見的沙漠地形，面積約有 12 平方公里，沙子的高度可堆積到 5 層樓之高，由於常年受到東風的吹襲。因此，形成了臺灣面積最大沙漠區。

12. 臺東大武－焚風（時間：5~8 月）

強勁的暖濕氣流越過山脈，由於水氣已在迎風面被攔截，在背風面就形成乾燥的下沉氣流，同時因為高度遞減而增溫，就形成又熱又乾燥的「焚風」，以臺東大武、成功一帶最常發生。

13. 宜蘭－宜蘭雨（時間：10 月至次年 3 月）

蘭陽平原是個三角形的沖積平原，三面環山，平原的開口呈現喇叭狀朝向東北方，因此每年冬季東北季風便長驅直入，帶來豐沛的降雨和濕冷的天氣，有充沛的水源可用。

14. 東北角海岸－瘋狗浪（時間：10 月至次年 1 月、颱風侵襲前後）

當海面受到強風吹襲形成長浪，接近近海時，受到沿海地形及結構影響，海浪急速升高，就形成又急又猛的瘋狗浪。每年冬天東北季風盛行之際，帶給近海活動的民眾很大的威脅。

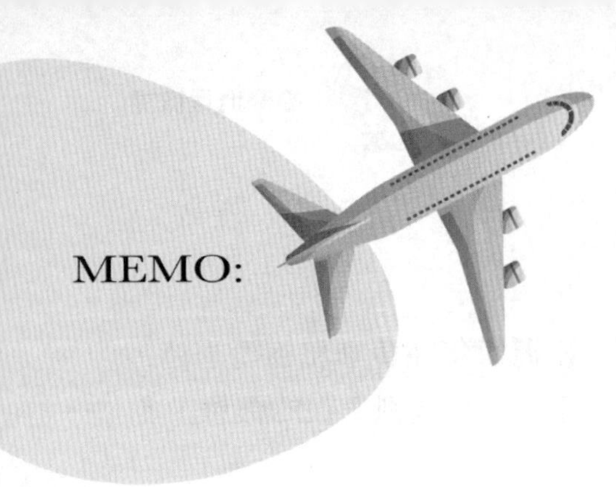
MEMO:

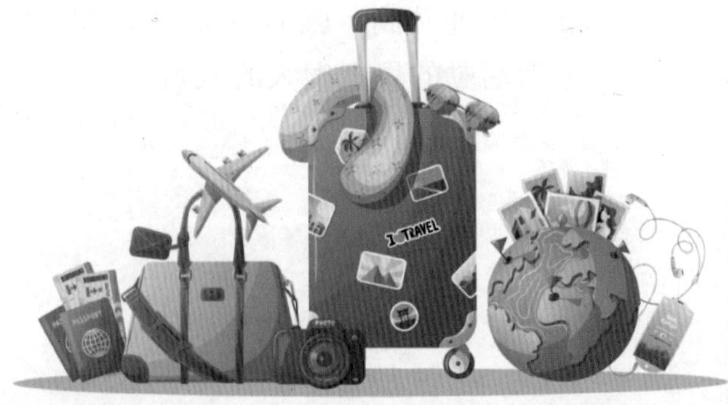
TRAVEL

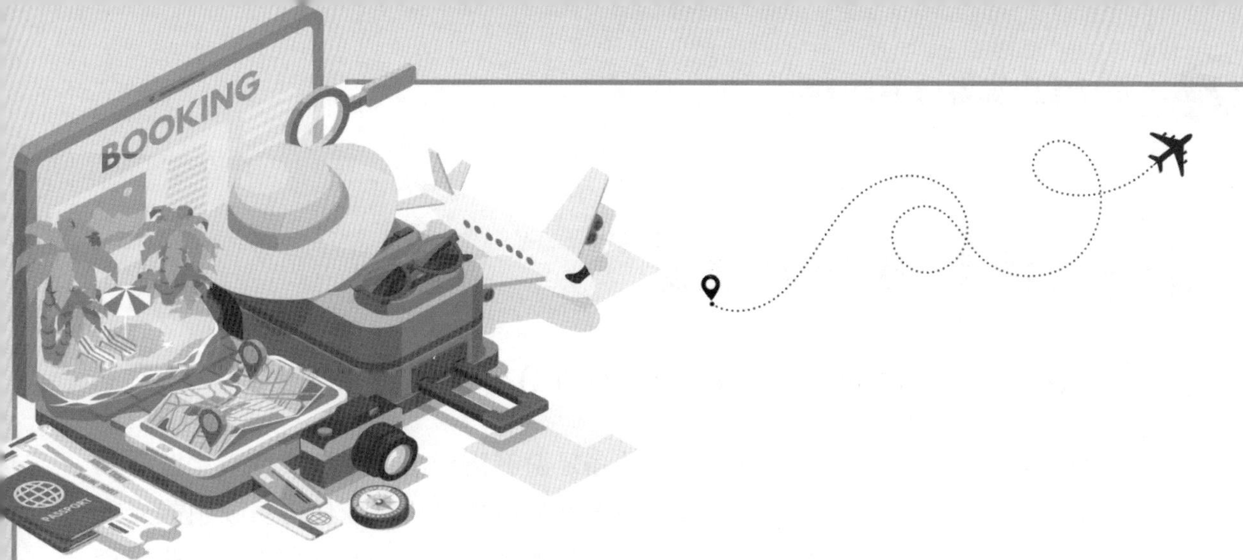

CHAPTER 18 臺灣觀光資源概論

18-1 臺灣觀光資源
18-2 臺灣觀光自然資源
18-3 臺灣觀光人文資源（節略）
18-4 臺灣觀光資源重點
18-5 博奕產業

華語導遊

外語導遊

華語領隊

外語領隊

18-1 臺灣觀光資源

18-1-1 觀光資源(tourism resources)

1. 觀光資源定義即為：觀光目的地能迎合並滿足遊客需求潛在特質及從事旅遊活動之一切事務稱為觀光資源。另外，觀光資源在研究領域中，任何扮演吸引觀光客的主要角色，包括自然資源、觀光節慶、戶外遊憩設施和觀光吸引力等。觀光資源的分類主要依據資源的潛在特質及利用需求，說明如下：

分類	說明
自然資源	包括風景、氣象、地質、地形、野生動植物。
文化資源	包括歷史文化、古蹟建築、民俗節慶、產業設施。

2. 學者陳昭明(1981)提到瞭解資源的構成因素之重要性。因為觀光發展之關鍵，在觀光規劃是否健全及對當地環境的認識，進而構成觀光資源的人文因素及自然因素。說明如下：

類別	分類	說明
人文因素	歷史古蹟	紀念性、歷史性、學術性、古蹟活化。
	人為建築	外觀結構、功能、獨特性、紀念性。
自然因素	地形	坡度、山峰、水流、組織。
	地質	土壤質地、岩石組成、地層結構。
	植物	種類、數量、分布、獨特性。
	動物	種類、數量、分布、獨特性。
	氣象	適意程度、季節變化、獨特性。
	空間	空間結構、光線、連續性、透視程度。

3. 節慶活動：從國際的大型賽會與節慶活動，可活絡觀光旅遊與文化交流。可預見的是增進地方繁榮，提升當地知名度，並為國家賺取豐厚外匯。例如，國內外之重要觀光運動與政府積極推廣之旅行臺灣年。2009 年高雄世運與臺北聽障奧運。2008~2009 旅行臺灣年，建置友善環境，加強行銷，吸引國際觀光客來臺。為促

進國民之遊憩機會與吸引外國觀光客來臺，應充分提供場所與機會，並做好觀光遊憩規劃及觀光旅遊事業之管理，以繁榮地方經濟。知名之節慶活動概況說明，如元宵燈會、臺灣國際蘭展、國際自由車環臺邀請賽、臺北 101 跨年煙火秀、春季電腦展、客家桐花季、端午龍舟賽、秀姑巒溪泛舟、臺灣美食節、臺東南島文化節、中元祭、國際陶瓷藝術節、花蓮原住民聯合豐年節、海洋音樂季、府城藝術節、日月潭嘉年華、臺北國際旅展、太魯閣馬拉松賽、溫泉美食嘉年華等。

4. 觀光遊憩資源分類的意義與目的：觀光遊憩資源是指可以滿足遊憩活動的自然和人文景觀。觀光遊憩資源種類繁多，為有效利用、管理及保育，多依景觀的特性，使用適當準則加以分門別類，換句話說，就是將同一性質的景觀資源歸於同類，以便經營管理時能維護其特性，並充分滿足遊憩者的需求。同時亦可藉此分類來分析何種土地較具備遊憩使用的潛力，以及作為規劃管理遊憩活動的基本參考。

18-1-2 遊憩承載量(carrying capacity)

Shelby & Heberlein(1984)依上述評估架構將遊憩承載量定義為：「一種使用水準，當超過此水準時，各衝擊參數所受之影響程度便超越評估標準所能接受的程度」。因此，依衝擊的種類定義 4 種遊憩承載量：

1. 生態承載量(ecological carrying capacity)

關切對生態系之衝擊，主要的衝擊參數為生態因素，分析使用水準對植物、動物、土壤、水及空氣品質之影響程度，進而決定遊憩承載量。

2. 實質承載量(physical carrying capacity)

關切可供使用之空間數量，以空間作為衝擊參數，主要是依據尚未發展之自然地區，分析其所容許之遊憩使用量。

3. 設施承載量(facility carrying capacity)

關切人性之改善，企圖掌握遊客需求，以開發(development)因素作為衝擊參數，利用停車場、露營區等人為遊憩設施來分析遊憩承載量。

4. 社會承載量(social carrying capacity)

關切損害或改變遊憩體驗所造成之衝擊，以體驗參數作為衝擊參數，主要依據遊憩使用量對遊客體驗之影響或改變程度來評定遊憩承載量。

18-1-3 生態旅遊(ecotourism)

Ecotourism = Ecological Tourism 生態旅遊的意涵，包含「生態旅遊是以資源為其發展的基礎」、「強調保育的概念」、「永續發展之概念」、「特殊的遊客目的與動機」、「負責任的遊客行為」、「對當地社區有貢獻」、「當地社區的參與」等 7 項意涵。

1. 生態旅遊的優點（王鑫，2002）如下：
   (1) 最小的環境衝擊，不損害並保護當地生態系的永續發展。
   (2) 對當地文化衝擊最小化與最大的尊重。
   (3) 經濟利益回饋當地。
   (4) 給予遊客最大的遊憩滿意度。
   (5) 可在相對未受干擾的自然區域從事旅遊。
   (6) 遊客本身可成為對自然區域使用、保護與管理的貢獻者。
   (7) 可以建立一套適宜的經營管理制度。

2. 生態旅遊規範

   生態旅遊種類繁多。大致而言，因性質與對象的不同，可分為管理者(manager)、執行者(operator)、當地居民(resident)、遊客(visitor)等 4 種生態旅遊的規範。

3. 生態旅遊的專業用詞
   (1) Nature Based Tourism－自然取向旅遊。
   (2) Nature Travel－自然旅行。
   (3) Environment-Friendly Tourism－友善的環境旅遊。
   (4) Green Tourism－綠色旅遊。
   (5) Ethical Travel－倫理旅行。
   (6) Soft Tourism－軟性旅遊。
   (7) Responsible Tourism－負責的旅遊。

18-1-4 政府鼓勵以民有民營之方式進行

1. 興建－營運－擁有(build-operate-own, B.O.O.)。
2. 興建－營運－轉移(build-operate-transfer, B.O.T.)。
3. 興建－擁有－營運－轉移(build-operate-own-transfer, B.O.O.T.)。
4. 興建－轉移(build-transfer, B.T.)。
5. 設計－興建－償還－營運(design-build-finance-operate, D.B.F.O.)。
6. 興建－回租－轉移(build-lease-transfer, B.L.T.)。
7. 租用－更新－營運－轉移(lease-renovate-operate-transfer, L.R.O.T.)。

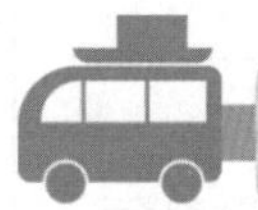

18-2 臺灣觀光自然資源

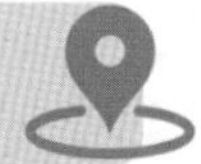

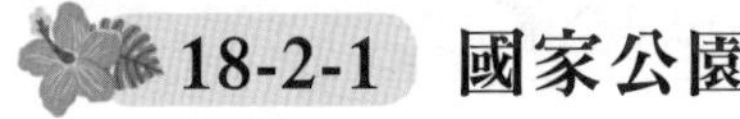

18-2-1 國家公園

「國家公園」，是指具有國家代表性之自然區域或人文史蹟。自 1872 年美國設立世界上第 1 座國家公園—黃石國家公園(Yellowstone National Park)起，迄今全球已超過 3,800 座的國家公園。臺灣自 1961 年開始推動國家公園與自然保育工作，1972 年制定「國家公園法」之後，相繼成立墾丁、玉山、陽明山、太魯閣、雪霸、金門、東沙環礁、台江與澎湖南方四島國家公園共計 9 座國家公園，公園簡介如下：

國家公園	主要保育資源	面積（公頃）	管理處成立日期
墾丁	隆起珊瑚礁地形、海岸林、熱帶季林、史前遺址海洋生態。	18,083.50（陸域） 15,206.09（海域） 33,289.59（全區）	1984 年
玉山	高山地形、高山生態、奇峰、林相變化、動物相豐富、古道遺跡。	103,121	1985 年
陽明山	火山地質、溫泉、瀑布、草原、闊葉林、蝴蝶、鳥類。	11,388 （北市都會區）	1985 年

國家公園	主要保育資源	面積（公頃）	管理處成立日期
太魯閣	大理石峽谷、斷崖、高山地形、高山生態、林相及動物相豐富、古道遺址。	92,000	1986 年
雪霸	高山生態、地質地形、河谷溪流、稀有動植物、林相富變化。	76,850	1992 年
金門	戰役紀念地、歷史古蹟、傳統聚落、湖泊濕地、海岸地形、島嶼形動植物。	3,258.74（最小）	1995 年
東沙環礁	東沙環礁為完整之珊瑚礁、海洋生態獨具特色、生物多樣性高、為南海及臺灣海洋資源之關鍵棲地。	168.97（陸域） 353,498.98（海域） 353,667.95（全區）	2007 年
台江	自然濕地生態、地區重要文化、歷史、生態資源、黑水溝及古航道。	4,905（陸域） 34,405（海域） 39,310（全區）	2009 年
澎湖南方四島	玄武岩地質、特有種植物、保育類野生動物、珍貴珊瑚礁生態與獨特梯田式菜宅人文地景等多樣化的資源。	370.29（陸域） 35,473.33（海域） 35,843.62（全區）	2014 年
合計	311,498.15（陸域）；438,573.80（海域）；750,071.95（全區）		

資料來源：臺灣國家公園管理處

1. 墾丁國家公園，特殊資源如下：

分類	說明
地景	珊瑚礁石灰岩台地、孤立山峰、山間盆地、河口湖泊、恆春半島隆起。
海岸	三面臨海砂灘海岸、裙礁海岸、岩石海岸、崩崖。
特點	我國第 1 座國家公園。 10 月到隔年 3 月東北季風，形成本區強勁著名的「落山風」。
遺址	墾丁史前遺址，位於石牛溪東畔，距今 4,000 年歷史，遺物包括新石器時代的細繩紋陶器。與鵝鑾鼻史前遺址，位於鵝鑾鼻燈塔西北面緩坡上。
人文	以排灣族人為主。

2. 玉山國家公園，特殊資源如下：

分類	說明
陸域	歐亞、菲律賓板塊相擠撞而高隆，主稜脈略呈十字形，十字交點即為玉山海拔 3952 公尺，涵蓋全臺 3 分之 1 的名山峻嶺，臺灣的屋脊。最古老的地層就在中央山脈東側，約有 1 至 3 億年歷史。然而園內因為造山運動的頻繁，斷層、節理、褶皺等地質作用發達。中、南、東部大河濁水溪、高屏溪、秀姑巒溪，臺灣三大水系之發源地。
植物群	涵蓋熱帶雨林、暖溫帶雨林、暖溫帶山地針葉林、冷溫帶山地針葉林、亞高山針葉林及高山寒原等。
古蹟	八通關古道。
動物	臺灣黑熊、長鬃山羊、水鹿、山羌等珍貴大型動物。 山椒魚和中國的娃娃魚是親戚，在 145 萬年前的侏羅紀地質年代時期即出現在地球上，是臺灣歷經冰河時期的活證據。
人文	以布農族人為主。
其他	幾乎包括全臺灣森林中的留鳥，包括帝雉、藍腹鷴等臺灣特有種。

3. 陽明山國家公園，特殊資源如下：

分類	說明
地景	火山地形地貌，主要地質以安山岩為主。以大屯山火山群為主，包括錐狀、鐘狀的火山體、火山口、火口湖、堰塞湖、硫磺噴氣口、地熱及溫泉等。最高峰七星山（標高 1,120 公尺）是一座典型的錐狀火山。
植物	夢幻湖的臺灣水韭最負盛名，它是臺灣特有的水生蕨類，其他代表性植物如鐘萼木、臺灣掌葉槭、八角蓮、臺灣金線蓮、紅星杜鵑、四照花等等。春天花季，滿山的杜鵑在雲霧繚繞中顯出一種奇幻的美感，是其特色。
特點	位於臺灣北端，近臺北市為都會國家公園。
人文	昔稱草山，緊鄰臺北盆地，曾有凱達格蘭族、漢人、荷蘭、西班牙、日本等居民。

分類	說明
古蹟	大屯山的硫磺開採史、魚路古道等，俗諺「草山風、竹子湖雨、金包里大路」中的「大路」，指的就是早期金山、士林之間漁民擔貨往來的「魚仔路」，這條古道除了呈現早期農、漁業社會的生活風貌之外，也是從事生態旅遊、自然觀察的理想步道。
生態	3 個生態保護區，分別為夢幻湖、磺嘴山及鹿角坑。

4. 太魯閣國家公園，特殊資源如下：

分類	說明
地景	立霧溪切鑿形成的太魯閣峽谷，由於大理岩，有著緊緻、不易崩落的特性，經河水下切侵蝕，逐漸形成幾近垂直的峽谷，造就了世界級的峽谷景觀。三面環山，一面緊鄰太平洋。山高谷深是地形上最大的特色，區內 90% 以上都是山地，中央山脈北段，合歡群峰、黑色奇萊、三尖之首的中央尖山、五嶽之一的南湖大山，共同構成獨特而完整的地理景觀。
地形	圈谷、峽谷、斷崖、高位河階以及環流丘等。
植物	中橫公路爬升，1 天之內便可歷經亞熱帶到亞寒帶、春夏秋冬四季的多變氣候，海拔高度不同，闊葉林、針葉林與高山寒原等植物，以生長在石灰岩環境的植物最為特別，如太魯閣繡線菊、太魯閣小米草、太魯閣小蘗、清水圓柏等，石灰岩植被和高山植物，可說是太魯閣國家公園最具代表性的植物資源。
動物	臺灣藍鵲、臺灣獼猴等。
河流	河川以脊樑山脈為主要的分水嶺，向東西奔流。東側是立霧溪流域，面積約占整個國家公園的三分之二，源於合歡山與奇萊北峰之間，主流貫穿公園中部，支流則由西方及北方來會，是境內最主要的河川。脊樑山脈西側是大甲溪和濁水溪上游，包括南湖溪、耳無溪、碧綠溪等。
古蹟	太魯閣族文化及古道系統等豐富人文史蹟。目前園內及周邊發現 8 處史前遺址，其中最著名的是「富世遺址」，位於立霧溪溪口，屬國家第三級古蹟。 古道方面，從仁和至太魯閣間沿清水斷崖的道路，早期名為北路，於清領時期修築，為蘇花公路的前身；合歡越嶺古道是日治時代修建，以「錐麓大斷崖古道」保存較完整；園內最著名景觀為中部橫貫公路。
人文	史前遺跡、部落遺跡及古今道路系統等，太魯閣族遷入超過 200 年，過著狩獵、捕魚、採集與山田焚墾的生活。

5. 雪霸國家公園，特殊資源如下：

分類	說明
地景	涵蓋雪山山脈，山岳型國家公園。地形富於變化，如雪山圈谷、東霸連峰、布秀蘭斷崖、素密達斷崖、品田山摺皺、武陵河階及鐘乳石等。翠池，是臺灣最高的湖泊。
地形	雪山是臺灣的第 2 高峰，標高 3,886 公尺，世紀奇峰之稱是 3,492 公尺的大霸尖山。雪山山脈是臺灣的第 2 大山脈，它和中央山脈都是在 500 萬年前的造山運動中推擠形成，由歐亞大陸板塊堆積的沉積岩構成。
植物	海岸植被之外，涵蓋了低海拔到高山所有的植群類型。大面積的玉山圓柏林、冷杉林、臺灣樹純林等，都以特有或罕見聞名。
河流	大甲溪和大安溪的流域。
動物	七家灣溪的臺灣櫻花鉤吻鮭、寬尾鳳蝶等珍稀保育類動物。
人文	泰雅、賽夏族文化發祥地。七家灣遺址，是臺灣發現海拔最高的新石器時代遺址。

6. 金門國家公園，特殊資源如下：

分類	說明
地景	金門本島中央及其西北、西南與東北角局部區域，分別劃分為太武山區、古寧頭區、古崗區、馬山區和烈嶼島區等 5 個區域，區內的地質以花崗片麻岩為主。
古蹟	是一座以文化、戰役、史蹟保護為主的國家公園。文臺寶塔、黃氏酉堂別業、邱良功母節孝坊等。地方信仰特色的風獅爺也相當有特色。
生態	活化石「鱟」最為著名。
鳥類	鵲鴝、班翡翠，戴勝、玉頸鴉、蒼翡翠，此區亦是遷徙型鳥類過境、度冬的樂園，如鸕鷀等候鳥。

7. 東沙環礁國家公園，特殊資源如下：

分類	說明
地景	比現有 6 座國家公園總面積還大，相當臺灣島的十分之一，範圍涵蓋島嶼、海岸林、潟湖、潮間帶、珊瑚礁、海藻床等生態系統，資源特性有別於臺灣沿岸珊瑚礁生態系，複雜性遠高於陸域生態。

分類	說明
海域	東沙環礁位在南海北方，環礁外形有如滿月，由造礁珊瑚歷經千萬年建造形成，範圍以環礁為中心，成立為海洋國家公園。
生態	桌形、分枝形的軸孔珊瑚是主要造礁物。 環礁的珊瑚群聚屬於典型的熱帶海域珊瑚，主要分布在礁脊表面及溝槽兩側，目前紀錄的珊瑚種類有 250 種，其中 14 種為新紀錄種，包括藍珊瑚及數種八放珊瑚。
鳥類	島上也有少數留鳥及冬候鳥，鳥類紀錄有 130 種，主要以鷸科、鷺科及鷗科為主。

8. 台江國家公園，特殊資源如下：

分類	說明
地景	因地形與地質的關係，入海時河流流速驟減，所夾帶之大量泥沙淤積於河口附近，加上風、潮汐、波浪等作用，河口逐漸淤積且向外隆起，形成自然的海埔地或沙洲。北至南分別有六個沙洲地形，分別為青山港沙洲、網仔寮沙洲、頂頭額沙洲、新浮崙沙洲、曾文溪河口離岸沙洲及臺南城西濱海沙洲。
濕地	鹽水溪口（四草湖）為國家級濕地，亦為台江內海遺跡。 曾文溪口濕地、四草濕地，以及 2 處國家級濕地：七股鹽田濕地、鹽水溪口濕地等，合計 4 處。
植物	海茄苳、水筆仔、欖李、紅海欖等 4 種紅樹林植物。
河流	曾文溪、鹿耳門溪、鹽水溪出海口。
生態	黑面琵鷺野生動物保護區。
鳥類	黑面琵鷺。
人文	鄭成功由鹿耳門水道進入內海，擊退荷蘭人。

9. 澎湖南方四島國家公園，特殊資源如下：

分類	說明
地景	澎湖南方的東嶼坪嶼、西嶼坪嶼、東吉嶼、西吉嶼合稱澎湖南方四島，包括周邊的頭巾、鐵砧、鐘仔、豬母礁、鋤頭嶼等附屬島礁。未經過度開發的南方四島，在自然生態、地質景觀或人文史跡等資源，都維持著原始、低汙染的天然樣貌，尤其附近海域覆蓋率極高的珊瑚礁更是汪洋中的珍貴資產。

分類	說明
岩石	東嶼坪嶼面積約 0.48 平方公里，海拔高度最高點約 61 公尺，為一玄武岩方山地形，島上的玄武岩柱狀節理發達，亦是澎湖群島中較為年輕的地層。
生態	島上可見傾斜覆蓋在火山角礫岩上的玄武岩岩脈、受海潮侵蝕分離的海蝕柱，以及鑽蝕作用形成的壺穴等豐富地質景觀。
鳥類	頭巾於夏季時成為燕鷗繁殖棲息的天堂。
人文	西嶼坪嶼是一略呈四角型的方山地形，因地形關係使得村落建築無法聚集於港口，因此選擇坡頂平坦處來定居發展，聚落位於島中央的平臺上形成另一種特殊景觀與人文特色。

18-2-2 臺灣國家風景區

國家級風景特定區，是指中華民國交通部觀光局依據「發展觀光條例」，結合相關地區之特性及功能等實際情形，經與有關機關會商等規定程序後，劃定並公告的「國家級」重要風景或名勝地區。相對於國家級風景特定區，則有直轄市級、縣（市）級風景特定區，由各級政府相關主管機關規劃訂定，目前臺灣共有國家風景區 13 處。分述如下：

1. 東北角暨宜蘭海岸國家風景區

成立日期	陸域面積	海域面積	合計
1984 年 6 月 1 日	16,891 公頃	530 公頃	17,421 公頃

(1) 東北角海岸位於臺灣東北隅，風景區範圍陸域北起新北市瑞芳區南雅里，南迄宜蘭縣頭城鎮烏石港口，海岸線全長 66 公里。

(2) 2006 年 6 月 16 日雪山隧道全線通車，將宜蘭濱海地區以納入，並擴大東北角海岸國家級風景區範圍，更名為「東北角暨宜蘭海岸國家風景區」。

2. 東部海岸國家風景區

成立日期	陸域面積	海域面積	合計
1988 年 6 月 1 日	25,799 公頃	15,684 公頃	41,483 公頃

(1) 東部海岸國家風景區位於花蓮、臺東縣的濱海部分，南北沿臺 11 線公路，北起花蓮溪口，南迄小野柳風景特定區，擁有長達 168 公里的海岸線，還包括秀姑巒溪瑞穗以下泛舟河段，以及孤懸外海的綠島。

(2) 1990 年 2 月 20 日，行政院核定將綠島納入本特定區一併經營管理，於是本特定區成為兼具山、海、島嶼之勝，資源多樣而豐富的國家級風景特定區。

3. 澎湖國家風景區

成立日期	陸域面積	海域面積	合計
1995 年 7 月	2,222 公頃	8,3381 公頃	85,603 公頃

(1) 北海遊憩系統

觀光資源包含澎湖北海諸島的自然生態，漁村風情和海域活動。「吉貝嶼」為本區面積最大的島嶼，全島面積約 3.1 平方公里，海岸線長約 13 公里，西南端綿延 800 公尺的「沙尾」白色沙灘，主要由珊瑚及貝殼碎片形成。「險礁嶼」海底資源豐富，沙灘和珊瑚淺坪是浮潛與水上活動勝地。

(2) 馬公本島遊憩系統

本系統包含澎湖本島、中屯島、白沙島和西嶼島，以濃郁的人文史蹟及多變的海岸地形著稱。臺灣歷史最悠久的媽祖廟－澎湖天后宮。而舊稱「漁翁島」的西嶼鄉擁有國定古蹟「西嶼西臺」及「西嶼東臺」兩座砲臺。白沙鄉有澎湖水族館及全國絕無僅有的地下水庫－赤崁地下水庫。

(3) 南海遊憩系統

桶盤嶼全島均由玄武岩節理分明的石柱羅列而成。望安鄉舊名「八罩」，望安島上有全國目前唯一的「綠蠵龜觀光保育中心」。七美嶼位於澎湖群島最南端，島上的「雙心石滬」是澎湖最負盛名的文化地景。

4. 花東縱谷國家風景區

成立日期	陸域面積	海域面積	合計
1997 年 5 月 1 日	138,368 公頃	無	138,368 公頃

(1) 花東縱谷是指中央山脈與海岸山脈之間的狹長谷地，因地處歐亞大陸陸板塊與菲律賓海板塊相撞的縫合處，產生許多斷層帶。加上花蓮溪、秀姑巒溪和卑南溪 3 大水系構成綿密的網路，其源頭都在海拔 2、3 千公尺的高山上，山高水急，因而形成了峽谷、瀑布、曲流、河階、沖積扇、斷層及惡地等不同的地質地形，並造就了許多不同山形。疊巒的六十石山位於富里鄉東方，每到百花齊放時節，金針滿山遍野、金黃一片，如詩如畫的景致令人駐足流連。

(2) 花東縱谷的文化有史前文化與原住民文化，位於花蓮縣瑞穗鄉舞鶴台地附近的「掃叭石柱」，為卑南史前遺址中最高大的立柱，考古學家將之歸類為「新石器時代」的「卑南文化遺址」；距今約 3 千年的「公埔遺址」，位於花蓮縣富里鄉海岸山脈西側的小山丘上，也是卑南文化系統的據點之一，目前為內政部列管之 3 級古蹟。

5. 大鵬灣國家風景區

成立日期	陸域面積	海域面積	合計
1997 年 11 月 18 日	1,340.2 公頃	1,424 公頃	2,764.2 公頃

(1) 日治時代是日軍潛艇或水上飛機之基地，臺灣光復後是空軍水上基地，大鵬灣國家風景區包括兩大風景特定區：大鵬灣風景特定區、小琉球風景特定區。

(2) 享受南臺灣椰林風情、與浪花帆影熱情的邀約及風味獨特享譽全臺的黑鮪魚、黑珍珠蓮霧。漫步在晨曦或夕陽的霞光裡，欣賞著臺灣最南端的紅樹林、蔚藍海岸與「潟湖」自然景觀之美。

6. 馬祖國家風景區

成立日期	陸域面積	海域面積	合計
1999 年 11 月 26 日	2,952 公頃	22,100 公頃	25,052 公頃

(1) 馬祖，素有「閩東之珠」美稱，1992 年戰地政務解除，行政院將馬祖核定為國家級風景區，希望以積極推展馬祖列島觀光產業為首要工作，其中的中島、鐵尖、黃官嶼等，更是享譽國際的燕鷗保護區，其中神話之鳥「黑嘴端鳳頭燕鷗」，吸引更多國際遊客參訪。

(2) 本國家風景區範圍，包含連江縣南竿、北竿、莒光及東引四鄉。

7. 日月潭國家風景區

成立日期	陸域面積	海域面積	合計
2000 年 1 月 24 日	9,000 公頃	無	9,000 公頃

(1) 1999 年 921 大地震，造成日月潭及鄰近地區災情慘重，日月潭結合鄰近觀光據點，提升為國家級風景區。

(2) 風景區經營管理範圍以日月潭為中心，北臨魚池鄉都市計畫區，東至水社大山之山脊線為界，南側以魚池鄉與水里鄉之鄉界為界。區內含括原日月潭特定區之範圍及頭社社區、車埕、水社大山、集集大山、水里溪等據點。

(3) 日月潭國家風景區發展目標將以「高山湖泊」與「邵族文化」為兩大發展主軸，並結合水、陸域活動，提供高品質、多樣化的休閒度假遊憩體驗。

8. 參山國家風景區

成立日期	陸域面積	海域面積	合計
2001 年 3 月 16 日	77,521 公頃	無	77,521 公頃

(1) 臺灣中部地區風景秀麗氣候宜人，蘊藏豐富之自然、人文及產業資源，且交通便利，尤以獅頭山、梨山、八卦山風景區最富勝名。

(2) 配合「臺灣省政府功能業務組織調整」及「綠色矽島」政策，交通部觀光局重新整合獅頭山、梨山及八卦山等 3 風景區合併設置「參山國家風景區」專責辦理風景區之經營管理。

9. 阿里山國家風景區

成立日期	陸域面積	海域面積	合計
2001 年 7 月 23 日	41,520 公頃	無	41,520 公頃

(1) 嘉義地區多山林，境內山岳、林木、奇岩、瀑布，奇景不絕，尤以「阿里山」更具盛名，日出、雲海、晚霞、森林與高山鐵路，合稱阿里山 5 奇。「阿里山雲海」更為臺灣八景之一，是為臺灣最負國際盛名之旅遊勝地。

(2) 阿里山地區擁有得天獨厚的自然資源，以及濃厚的鄒族人文色彩，來到這裡旅遊，四季皆可體驗不同的樂趣，春季賞花趣、夏季森林浴、秋季觀雲海、冬季品香茗。

(3) 每年 3~4 月「櫻花季」、4~6 月「與螢共舞」、9 月「步道尋蹤」、10 月「神木下的婚禮」及「鄒族生命豆季」、12 月「日出印象跨年音樂會」等一系列遊憩活動。

10. 茂林國家風景區

成立日期	陸域面積	海域面積	合計
2001 年 9 月 21 日	59,800 公頃	無	59,800 公頃

茂林國家風景區橫跨高雄市桃源區、六龜區、茂林區及屏東縣三地門鄉、霧台鄉、瑪家鄉等 6 個鄉鎮之部分行政區域。推展荖濃溪泛舟活動，並結合寶來不老溫泉區，發展成為多功能的定點度假區。

11. 北海岸及觀音山國家風景區

成立日期	陸域面積	海域面積	合計
2001 年 2 月 20 日	6,085 公頃	4,411 公頃	10,496 公頃

(1) 配合精省政策重新整合北海岸、野柳、觀音山三處省級風景特定區，轄區內包含「北海岸地區」及「觀音山地區」兩地區。

(2) 有國際知名的野柳地質地形景觀、兼具海濱及山域特色之生態景觀及遊憩資源，成為兼具文化、自然、知性、生態的觀光遊憩景點，著名風景區如白沙灣、麟山鼻、富貴角公園、石門洞、金山、野柳、翡翠灣等呈帶狀分布。

(3) 擁有李天祿布袋戲文物館、朱銘美術館等豐富而多樣化的藝術人文資源。野柳「地質公園」馳名中外的女王頭及仙女鞋，唯妙唯肖的的造型，以及歐亞板塊與菲律賓板塊推擠造成的單面山，令人讚嘆大自然鬼斧神工的奧祕。

12. 雲嘉南濱海國家風景區

成立日期	陸域面積	海域面積	合計
2003 年 12 月 24 日	33,413 公頃	50,636 公頃	84,049 公頃

(1) 雲嘉南濱海國家風景區位於雲林縣、嘉義縣、臺南市 3 地的沿海區域，均屬於河流沖積而成的平坦沙岸海灘。沙洲、潟湖與河口濕地則是這兒最常見的地理景致。

(2) 曬鹽則是另一項本地特有的產業，由於日照充足、地勢平坦，臺灣主要的鹽田都集中在雲嘉南 3 縣市海濱地區。

13. 西拉雅國家風景區

成立日期	陸域面積	水域面積	合計
2005 年 11 月 26 日	88,070 公頃	3,380 公頃	91,450 公頃

(1) 區域內曾文水庫、烏山頭水庫、白河水庫、尖山埤和虎頭埤水庫，獨特惡地形草山月世界、左鎮化石遺跡、平埔文化節慶活動、關子嶺溫泉區等豐富自然和人文資源。

(2) 臺灣第 13 個國家風景區，是西拉雅族（平埔族）文化之發源地，區域內蘊含相當豐富且深具特色的西拉雅文化。因此，以「西拉雅」為風景區名。

18-2-3 臺灣世界遺產潛力點

2002 年到 2010 年，行政院文化建設委員會（今文化部）推薦具「世界遺產」潛力點名單，目前臺灣世界遺產潛力點共計 18 處。分述如下：

1. 太魯閣國家公園（請參閱太魯閣國家公園介紹）

2. 棲蘭山檜木林

潛力點	內容
基本資料	位於臺灣北部雪山山脈。屬於宜蘭縣、新竹縣、桃園市及新北市 4 縣市。
符合說明	處於中高海拔的山區，此山域因峰高、谷深、雨霧足，形成孤島式的封閉性生態環境，使得伴生於檜木林帶之珍稀裸子植物，如紅豆杉、臺灣杉、巒大杉、臺灣粗榧等北極第三紀孑遺植物，歷經數千萬年至上億年的演替，堪稱「活化石樹」，在生態演化上具有指標地位。 本區之自然環境生態系，稱為「暖溫帶山地針葉樹林群系」。在植物學上又將此群系分為兩大植物生態社會：一為針葉混生社會，另一為檜木林型社會。並發現有臺灣黑熊、臺灣野山羊、山羌等大型蹄科動物。

3. 卑南遺址與都蘭山

潛力點	內容
基本資料	卑南遺址是臺灣地區目前所知規模最大的史前遺址，緩衝區應含括卑南大溪、卑南山及卑南文化人的聖山－都蘭山。
符合說明	卑南遺址出土的石板棺、玉器、大規模之聚落遺物，在臺灣首屈一指，即使在世界上也不多見。就學術的意義來看，代表史前文化的卑南遺址，不但與臺灣西海岸的若干史前文化有相通之處，而且與現存南島民族文化也有所關聯。 有形的建築遺構、出土文物，無形的文化遺產，如將石棺埋葬並放置於居屋下方之傳統葬俗，及卑南文化人其祭祀活動與都蘭山的關係。

4. 阿里山森林鐵路

潛力點	內容
基本資料	阿里山森林鐵路橫跨嘉義市、嘉義縣及南投縣三縣市，全長 71.34 公里。阿里山森林遊樂區位在嘉義縣。
符合說明	為開發森林而鋪設的產業鐵道，由海拔 100 公尺以下爬升至海拔 2,000 公尺以上，亦合乎登山鐵道的定義；而其由海拔 2,200 公尺沼平至 2,584 公尺哆哆咖林場線，鋪設高海拔山地路段，是名符其實的高山鐵道。阿里山森林鐵路－森林鐵道、登山鐵道和高山鐵道集於一身。

5. 金門戰地文化（請參閱金門國家公園介紹）

6. 大屯火山群（請參閱陽明山國家公園介紹）

7. 蘭嶼聚落與自然景觀

潛力點	內容
基本資料	蘭嶼原名紅頭嶼。雅美人（達悟族）。島型似一拳狀，是古老的火山岩體。
符合說明	蘭嶼雅美族（達悟族）為適應當地嚴酷的氣候、風襲擊狹長海岸地形環境，發展出特有的建築文化，半地下的房屋建築設計，可保護居住者抵擋風雨的侵害。蘭嶼是位在臺灣與菲律賓間之呂宋島火山海脊上的海底噴發火山島；其地層以含角閃石的安山岩質熔岩及玄武岩質的集塊岩為主。精采的自然地形、火山熔岩及迷人海景，傳統文化與海洋、飛魚緊密結合，此一文化特質，使島上的自然景觀更具特色。

8. 紅毛城及其周遭歷史建築群

潛力點	內容
基本資料	位於淡水河下游北岸，大屯山群西側，隔河與觀音山相望，臺灣西北端，涵蓋範圍從淡水至竹圍。
符合說明	淡水原為平埔族凱達格蘭人居住範圍，歷經漢人墾拓、開港通商、日治時期等不同發展，成為西洋文化進入臺灣的門戶。西方的宗教、建築、醫療、教育等，皆以淡水為起點，擴散至臺灣各處。 淡水與歐洲傳教士、醫生、教育家、外交人員及商人有強烈的連結，其實質證據是淡水地區呈現的殖民風格建築，包括學校、城堡、領事館、歐僑富商、本地富商所形塑的都市形體。

9. 金瓜石聚落

潛力點	內容
基本資料	坐落於新北市瑞芳區東北方，以金瓜石聚落為主體。
符合說明	金瓜石聚落完整地保存產業遺產面貌與豐富的歷史文化遺跡，吸引經濟、歷史、地質、植物等學者的研究興趣。自然景觀－地形資源與水景資源；礦業地景－礦區、坑口、礦業運輸動線與冶煉設施等文化資產。

10. 澎湖玄武岩自然保留區（請參閱澎湖南方四島國家風景區介紹）

11. 臺鐵舊山線

潛力點	內容
基本資料	苗栗縣三義一路蜿蜒至臺中市后里區，沿線經過兩個車站－勝興與后里、3 座鐵橋－龍騰斷橋、鯉魚潭橋、大安溪橋及 8 個隧道。橫跨大安溪南北兩岸之苗栗縣與臺中市兩縣市境，全長約 15.9 公里。
符合說明	完工於 1908 年，當年架橋技術未臻成熟的情況下，利用河流上游較窄的河床與較穩固的地基，挑戰環繞山路與架橋過河的艱辛工程，創造出臺灣鐵路工程技術上最大坡度、最大彎道、最長花樑鋼橋及最長隧道群等偉大經典之作。

12. 玉山國家公園（請參閱玉山國家公園介紹）

13. 樂生療養院

潛力點	內容
基本資料	桃園市〈新院區〉、新北市新莊區〈舊院區〉。
符合說明	建築仍保有日治與國民政府時代建築特色，加上作為醫療設施與隔離空間之功能，相當具有象徵意義。區內兼具醫療與生活空間規劃設置及功能性建築與復健職業設施，具體呈現漢生病醫療與公共衛生發展史，展現漢生病療養院之隔離特殊性與時代意義。

14. 桃園台地埤塘

潛力點	內容
基本資料	位於桃園市，在臺北盆地和林口台地之西，以及湖口台地和關西台地之東。歷史上亦稱「桃澗平原」、「桃澗平野」等。
符合說明	由於人口增加、工商業發達，漸漸失去灌溉功能的埤塘或被填平或被削減，紛紛興建學校、社區、政府、機場，取代原有埤塘，目前仍有 3,000 多口，代表了桃園台地水利灌溉之特殊土地利用方式，這數千個星羅棋布的人工湖，成為與居民生活互動密切的地景。

15. 烏山頭水庫與嘉南大圳

潛力點	內容
基本資料	嘉南平原是臺灣最大的平原，面積 25 萬公頃，烏山頭水庫堰堤長 1,273 公尺，高 56 公尺，因為水庫的四周是錯綜羅列的山峰，從空中鳥瞰宛如一株珊瑚，因此又名珊瑚潭。
符合說明	烏山頭水庫與嘉南大圳完工於 1930 年，對生態環境的破壞減至接近零。八田與一並創立 3 年輪灌制度，使可享有灌溉用水的農民增加 3 倍，是水利工程偉大經典之作。

16. 屏東排灣族石板屋聚落

潛力點	內容
基本資料	目前仍有近 50 幢完整之石板屋，為原住民族現存石板屋聚落保存最完整的地方。
符合說明	石板屋聚落完整地保存排灣族歷史文化遺跡，區內的人文資源一聚落景觀與山上自然地景有機結合，配置明顯，保存良好，生動記錄排灣族傳統聚落空間、家屋空間、家屋前庭、採石場、水源地及傳統領域。

17. 澎湖石滬群

潛力點	內容
基本資料	北方的白沙鄉，石滬數量最多，尤其吉貝島自古有「石滬故鄉」之稱。
符合說明	先民利用澎湖海邊黑色的玄武岩和白色的珊瑚礁，堆起一座座石滬，利用潮汐漲退，使魚群游進滬內而被捕捉，不必與海浪搏鬥，是地方智慧的結晶。

18. 馬祖戰地文化（請參閱馬祖國家風景區介紹）

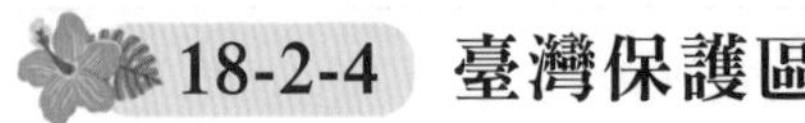

18-2-4 臺灣保護區

一、臺灣保護區

臺灣地區以自然保育為目的所劃設之保護區，可區分為「自然保留區」、「野生動物保護區」及「野生動物重要棲息環境」、「國家公園」、「自然保護區」等 4 類型。複雜的地理、氣候等自然因素影響下，造就臺灣多樣性的生態環境，舉凡海洋、島嶼、河口、沼澤、湖泊、溪流、森林及農田等不一而足。每 1 個生態系均孕育著豐富的物種與遺傳資源。就海洋而言，海岸線長達 1,600 公里，由於地理條件的不同，形成了珊瑚礁、岩岸、沙岸、泥岸及紅樹林等多樣性的海岸環境及生態系，亦孕育了豐富龐雜的野生動植物及微生物資源，更提供臺灣做為海洋國家永續經濟活動的基礎。

二、自然保留區

保護區名稱	主要保護對象	範圍（位置）	主管機關
烏石鼻海岸	天然海岸林、特殊地景	南澳事業	羅東林區管理處
大武事業區	臺灣穗花杉	大武事業區	臺東林區管理處
臺東紅葉村臺東蘇鐵	臺東蘇鐵	延平事業區	臺東林區管理處
南澳闊葉樹林自然	暖溫帶闊葉樹林、原始湖泊及稀有動植物	和平事業區	羅東林區管理處
九九峰	地震崩塌斷崖特殊地景	埔里事業區	南投林區管理處

保護區名稱	主要保護對象	範圍（位置）	主管機關
鴛鴦湖	湖泊、沼澤、紅檜、東亞黑三稜	大溪事業區	退輔會森林保育處
阿里山臺灣一葉蘭	臺灣一葉蘭	阿里山事業區	嘉義林區管理處
烏山頂泥火山	泥火山地景	高雄市燕巢區深水段	高雄市政府
出雲山	闊葉樹、針葉樹天然林、稀有動植物、森林溪流及淡水魚類	荖濃溪事業區	屏東林區管理處
插天山	櫟林帶、稀有動植物及其生態系	大溪事業區部	新竹林區管理處
挖子尾	水筆仔純林及其伴生之動物	新北市八里區	新北市政府
澎湖玄武岩	特殊玄武岩地形景觀	澎湖縣錠鉤嶼、雞善嶼、及小白沙嶼等	澎湖縣政府
關渡	水鳥	臺北市關渡堤防外沼澤區	臺北市政府
哈盆	天然闊葉林、山鳥、淡水魚類班	宜蘭事業區	行政院農委會林業試驗所
淡水河紅樹林	水筆仔	新北市竹圍附近淡水河沿岸風景保安林	羅東林區管理處

三、野生動物保護區

野生動物保護區一覽表，以下中央主管機關為行政院農委會：

保護區名稱	主要保護對象	範圍（位置）	主管機關
澎湖縣貓嶼海鳥	大小貓嶼生態環境及海鳥景觀資源	澎湖縣大、小貓嶼全島陸域、及其低潮線向海延伸100公尺內之海域	澎湖縣政府

保護區名稱	主要保護對象	範圍（位置）	主管機關
高雄市那瑪夏區楠梓仙溪野生動物	溪流魚類及其棲息環境	高雄市那瑪夏區全區段之楠梓仙溪溪流	高雄市政府
無尾港水鳥	珍貴濕地生態環境及其棲息之鳥類	宜蘭縣蘇澳鎮功勞埔大坑罟小段	宜蘭縣政府
臺北市野雁	水鳥及稀有動植物	臺北市中興橋至永福橋間公有水域及光復橋上游 6 百公尺高灘地	臺北市政府
臺南市四草野生動物	珍貴濕地生態環境及其棲息之鳥類	本野生動物保護區與重要棲息環境面積相同，共有 3 個分區	臺南市政府
澎湖縣望安島綠蠵龜產卵棲地	綠蠵龜、卵及其產卵棲地	澎湖縣望安島	澎湖縣政府
大肚溪口野生動物	河口、海岸生態系及其棲息之鳥類、野生動物	臺中市與彰化縣境之大肚溪（烏溪）河口及其向海延伸 2 公里內之海域	彰化縣政府及臺中市政府
棉花嶼、花瓶嶼野生動物	島嶼生態系及其棲息之鳥類、野生動物；火山地質景觀	基隆市棉花嶼、花瓶嶼全島及其周圍海域	基隆市政府
蘭陽溪口水鳥	河口、海岸生態系及其棲息之鳥類、野生動物	宜蘭縣蘭陽溪下游河口噶瑪蘭大橋以東河川地	宜蘭縣政府
櫻花鉤吻鮭野生動物	櫻花鉤吻鮭及其棲息與繁殖地	大甲溪事業區以及武陵農場中、北谷，南邊於七家灣溪西岸以億年橋向西延伸之山陵線為界於雪霸國家公園範圍內	臺中市政府、雪霸國家公園、退輔會武陵農場管理處、林務局東勢林區管理處
臺東縣海端鄉新武呂溪魚類	溪流魚類及其棲息環境	臺東縣海端鄉卑南溪上游新武呂溪初來橋起，至支流大崙溪的拉庫拉庫溫泉	臺東縣政府

保護區名稱	主要保護對象	範圍（位置）	主管機關
馬祖列島燕鷗	島嶼生態、棲息之海鳥及特殊地理景觀	雙子礁、三連嶼、中島、鐵尖島、白廟、進嶼、劉泉礁、蛇山等 8 座島	福建省政府、連江縣政府
玉里野生動物	原始森林及珍貴野生動物資源	花蓮縣卓溪鄉國有林玉里事業區	林務局花蓮林區管理處
新竹市濱海野生動物	河口、海岸生態系及其棲息之鳥類、野生動物	北含括客雅溪口（含金城湖附近）	新竹市政府
臺南市曾文溪口北岸黑面琵鷺野生動物	曾文溪口野生鳥類資源及其棲息覓食環境	七股新舊海堤內之市有地，北以舊堤堤頂線上為界定	臺南市政府

四、自然保護區

保護區名稱	主要保護對象	範圍（位置）
十八羅漢山	特殊地形、地質景觀，第 55 林班部分	旗山事業區
雪霸自然保護區	香柏原生林、針闊葉原生林、特殊地型景觀、冰河遺跡及野生動物	大安溪事業區
海岸山脈臺東蘇鐵自然保護區	臺東蘇鐵	成功事業區
關山臺灣海棗	臺灣海棗	關山事業區
大武臺灣油杉	臺灣油杉	大武事業區
甲仙四德化石	滿月蛤、海扇蛤、甲仙翁戎螺、蟹類、沙魚齒化石	旗山事業區

18-2-5 溫　泉

一、溫泉定義

「中華民國溫泉法」工研院能資所定義：溫泉水包括自然湧出或人為抽取之溫水、冷水及水蒸氣（含溶於溫泉水中之氣體），在地表量測之溫度高於或等於 30°C 者；若溫度低於 30°C 之泉水，其水質符合溫泉水質成分標準者，亦視為溫泉。其他國家地區溫泉如下：

地區	定義
日本	地下湧出之溫水、礦水、及水蒸氣與其他氣體（炭化氫為主成分的天然瓦斯除外）。溫度：高於或等於 25°C。如溫泉低於 25°C，其水質符合規定之 19 種物質其中一種以上者。
韓國	溫泉係指地下湧出，溫度高於或等於 25°C 之溫泉，水質成分對人體無害者。（但對水質成分並無規定）
歐洲	義大利、法國、德國等國以高於 20°C 之泉水。
美國	美國則定在 70°F (21.1°C)以上。

1. 溫泉形成條件

形成	條件
熱源	火山性－岩漿活動有關。非火山性，地溫遽增，一般認為主要來自地溫梯度，在溫泉地帶以外的地區。
溫泉通路	岩性與地質構造（如斷層、褶皺、節理等），孔隙或裂隙發達的岩層除了提供地下水的良好儲聚場所外，亦可為地下水流通、循環的主要通路。砂岩一般具有滲透率較高及有利於破裂面發育，常為溫泉的主要儲水層及通路。
溫泉水源	如果缺乏豐沛的降雨量與地下水，地下的熱量無法經由水被帶出來，仍然無法形成溫泉。因此，水源也是溫泉的主要因素之一。

◎ Spa 是源自於拉丁文中的 Solus Por Aqua，solus 在拉丁文中是 health 之意，而 por 即是 through，Aqua 等於是 water 的意思，三個字組合起來就是「藉由水來產生健康」的意思。

◎ KURHAUS 為德文，原文為提供溫泉療養的旅館，發源自 17 世紀的德國，為保養醫療應用。

2. 臺灣的種類

(1) 碳酸泉：含有二氧化碳，泉溫較低，能促進微血管的擴張使血壓下降，改善心血管功能，幫助血液循環，其含有二氧化碳成分，會在皮膚表面呈現氧泡有輕微按摩作用。碳酸泉對於高血壓、心臟病、動脈硬化症等現象有改善作用。

(2) 碳酸氫鈉泉：含有碳酸氫鈉的泉水，對皮膚有滋潤功能，此種溫泉有軟化角質層的功效，泡此湯也有改善消炎去疤痕的效果，清潔皮膚去角質等功能。

(3) 硫磺泉：含碳酸氣體，對金屬製品容易產生腐蝕作用，如果在小空間及排風不良場所，可能有中毒之餘。故應注意通風。此溫泉有止癢、解毒、排毒的效能。

3. 臺灣溫泉分布狀況

西北部	地區	屬性	西部	地區	屬性
大屯火山	臺北市	酸性硫磺	泰安溫泉	苗栗縣	弱鹼性碳酸
烏來溫泉	新北市	弱鹼性碳酸	谷關溫泉	臺中市	弱鹼性碳酸
榮華溫泉	桃園市	弱鹼性碳酸	奧萬大溫泉	南投縣	弱鹼性碳酸
清泉溫泉	新竹縣	弱鹼性碳酸	廬山溫泉	南投縣	鹼性碳酸
西南部	**地區**	**屬性**	**東南部**	**地區**	**屬性**
關子嶺溫泉	臺南市	鹼性	綠島溫泉	臺東縣	硫磺泉
不老溫泉	高雄市	弱鹼性碳酸	旭海溫泉	屏東縣	弱鹼性碳酸
寶來溫泉	高雄市	弱鹼性碳酸	知本溫泉	臺東縣	弱鹼性碳酸
四重溪	屏東縣	弱鹼性碳酸	霧鹿溫泉	臺東縣	鹼性碳酸
東部	**地區**	**屬性**	**東部**	**地區**	**屬性**
文山溫泉	花蓮縣	弱鹼性碳酸	礁溪溫泉	宜蘭縣	弱鹼性碳酸
瑞穗溫泉	花蓮縣	鐵氯化物碳酸	仁澤溫泉	宜蘭縣	鹼性碳酸
紅葉溫泉	花蓮縣	碳酸氫鈉	蘇澳冷泉	宜蘭縣	單純碳酸
安通溫泉	花蓮縣	食鹽性硫化氫	龜山島溫泉	宜蘭縣	強酸性硫磺

18-3 臺灣觀光人文資源（節略）

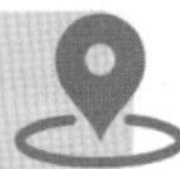

文化資產保存法

中華民國 105 年 7 月 27 日總統華總一義字第 10500082371 號

第一章　總　則

第 3 條　本法所稱文化資產，指具有歷史、文化、藝術、科學等價值，經指定或登錄下列資產：

1. 古蹟、歷史建築、聚落：指人類為生活需要所營建之具有歷史、文化價值之建造物及附屬設施群。
2. 遺址：指蘊藏過去人類生活遺留具歷史文化意義之遺物、遺跡及其所定著之空間。
3. 文化景觀：指神話、傳說、事蹟、歷史事件、社群生活或儀式行為所定著之空間及相關連之環境。
4. 傳統藝術：指流傳於各族群與地方之傳統技藝，包括傳統工藝美術及表演藝術。
5. 民俗及有關文物：指與國民生活有關之傳統並有特殊文化意義之風俗、信仰、節慶及相關文物。
6. 古物：指各時代、各族群經人為加工，具有文化意義之藝術作品、生活及儀禮器物及圖書文獻等。
7. 自然地景：指具保育自然價值之自然區域、地形、植物及礦物。

第 4 條

1. 前條第一款至第六款古蹟、歷史建築、聚落、遺址、文化景觀、傳統藝術、民俗及有關文物及古物之主管機關：在中央為行政院文化建設委員會（以下簡稱文建會）；在直轄市為直轄市政府；在縣（市）為縣（市）政府。
2. 前條第七款自然地景之主管機關：在中央為行政院農業委員會（以下簡稱農委會）；在直轄市為直轄市政府；在縣（市）為縣（市）政府。
3. 前條具有二種以上類別性質之文化資產，其主管機關，與文化資產保存之策劃及共同事項之處理，由文建會會同有關機關決定之。

第 6 條　主管機關為審議各類文化資產之指定、登錄及其他本法規定之重大事項，應設相關審議委員會，進行審議。前項審議委員會之組織準則，由文建會會同農委會定之。

第二章　古蹟、歷史建築及聚落

第 20 條　古蹟之管理維護，係指下列事項：

1. 日常保養及定期維修。
2. 使用或再利用經營管理。
3. 防盜、防災、保險。
4. 緊急應變計畫之擬定。
5. 其他管理維護事項。

第 22 條　為利古蹟、歷史建築及聚落之修復及再利用，有關其建築管理、土地使用及消防安全等事項，不受都市計畫法、建築法、消防法及其相關法規全部或一部之限制；其審核程序、查驗標準、限制項目、應備條件及其他應遵行事項之辦法，由中央主管機關會同內政部定之。

第 23 條　因重大災害有辦理古蹟緊急修復之必要者，其所有人、使用人或管理人應於災後三十日內提報搶修計畫，並於災後六個月內提出修復計畫，均於主管機關核准後為之。

第 27 條

1. 公有及接受政府補助之私有古蹟、歷史建築及聚落，應適度開放大眾參觀。
2. 依前項規定開放參觀之古蹟、歷史建築及聚落，得酌收費用；其費額，由所有人、使用人或管理人擬訂，報經主管機關核定。公有者，並應依規費法相關規定程序辦理。

第三章　遺　址

第 40 條　遺址依其主管機關，區分為國定、直轄市定、縣（市）定三類，由各級主管機關審查指定後，辦理公告。直轄市、縣（市）定者，並應報中央主管機關備查。

第 46 條

1. 外國人不得在我國領土及領海範圍內調查及發掘遺址。
2. 與國內學術或專業機構合作，經中央主管機關許可者，不在此限。

第五章　傳統藝術、民俗有關文物

第 62 條　為進行傳統藝術及民俗之傳習、研究及發展，主管機關應協調各級教育主管機關督導各級學校於相關課程中為之。

第六章　古　物

第 63 條　古物依其珍貴稀有價值，分為國寶、重要古物及一般古物。

第 71 條　中華民國境內之國寶、重要古物，不得運出國外。但因戰爭、必要修復、國際文化交流舉辦展覽或其他特殊情況有必要運出國外，經中央主管機關報請行政院核准者，不在此限。

第 73 條　1. 私有國寶、重要古物所有權移轉前，應事先通知中央主管機關。
2. 除繼承者外，公立古物保管機關（構）有依同樣條件優先購買之權。

第七章　自然地景

第 76 條　自然地景依其性質，區分為自然保留區及自然紀念物；自然紀念物包括珍貴稀有植物及礦物。

第十章　罰　則

第 94 條　有下列行為之一者：

行為	罰則
1. 違反第三十二條規定遷移或拆除古蹟。	處五年以下有期徒刑、拘役或科或併科新臺幣二十萬元以上一百萬元以下罰金
2. 毀損古蹟之全部、一部或其附屬設施。	
3. 毀損遺址之全部、一部或其遺物、遺跡。	
4. 毀損國寶、重要古物。	
5. 將國寶、重要古物運出國外，或經核准出國之。	
6. 國寶、重要古物，未依限運回。	
7. 擅自採摘、砍伐、挖掘或以其他方式破壞自然紀念物或其生態環境。	
8. 改變或破壞自然保留區之自然狀態。	

第 95 條　有前條第一項各款行為者，其損害部分應回復原狀；不能回復原狀或回復顯有重大困難者，應賠償其損害。

第 96 條　法人之代表人、法人或自然人之代理人、受僱人或其他從業人員，因執行職務犯第九十四條之罪者，除依該條規定處罰其行為人外，對該法人或自然人亦科以同條所定之罰金。

第 97 條　有下列情事之一者：

行為	罰則
1. 古蹟之所有人、使用人或管理人，對古蹟之修復或再利用，違反規定，未依主管機關核定之計畫為之。	處新臺幣十萬元以上五十萬元以下罰鍰
2. 古蹟之所有人、使用人或管理人，對古蹟之緊急修復，未依規定期限內提出修復計畫或未依主管機關核定之計畫為之。	
3. 古蹟、自然地景之所有人、使用人或管理人經主管機關依規定通知限期改善，屆期仍未改善。	
4. 營建工程或其他開發行為，違反規定者。	
5. 發掘遺址或疑似遺址，違反規定。	
6. 再複製公有古物，違反規定，未經原保管機關（構）核准者。	
有前項第 1 款、第 2 款及第 4 款至第 6 款情形之一，經主管機關限期通知改正而不改正，或未依改正事項改正者，得按次分別處罰，至改正為止；情況急迫時，主管機關得代為必要處置，並向行為人徵收代履行費用；第 4 款情形，並得勒令停工，通知自來水、電力事業等配合斷絕自來水、電力或其他能源。	

第 98 條　有下列情事之一者：

行為	罰則
1. 移轉私有古蹟及其定著之土地、國寶、重要古物之所有權，未依規定，事先通知主管機關者。	處新臺幣三萬元以上十五萬元以下罰鍰
2. 發現疑似遺址、具古物價值之無主物或自然地景價值之區域或紀念，未通報主管機關處理。	
3. 違反規定未經主管機關許可，任意進入自然保留區者。	

第 99 條　依本法所處之罰鍰，經限期令其繳納，屆期仍不繳納者，依法移送強制執行。

第 100 條　公務員假借職務上之權力、機會或方法，犯第九十四條之罪者，加重其刑至二分之一。

第十一章　附　則

第 103 條　本法施行細則，由文建會會同農委會定之。

第 104 條　本法施行日期，由行政院以命令定之。

18-3-1 臺灣一級古蹟

地區	名稱	級數	類別
基隆市	基隆二砂灣砲臺（海門天險）	一級古蹟	關塞
臺北市	臺北府城：東門、南門、小南門、北門	一級古蹟	城廓
臺北市	圓山遺址	一級古蹟	遺址
新北市	淡水紅毛城	一級古蹟	衙署
新北市	大坌坑遺址	一級古蹟	遺址
新竹縣	金廣福公館	一級古蹟	宅第
彰化市	彰化孔子廟	一級古蹟	祠廟
彰化縣	鹿港龍山寺	一級古蹟	寺廟
南投縣到花蓮縣	八通關古道	一級古蹟	遺址
金門縣	邱良功母節孝坊	一級古蹟	牌坊
嘉義縣	王得祿墓	一級古蹟	陵墓
臺東市	卑南遺址	一級古蹟	遺址
臺東縣	八仙洞遺址	一級古蹟	遺址
澎湖縣	澎湖天后宮	一級古蹟	祠廟
澎湖縣	西嶼西臺	一級古蹟	關塞
澎湖縣	西嶼東臺	一級古蹟	關塞
臺南市	臺南孔子廟	一級古蹟	祠廟
臺南市	祀典武廟	一級古蹟	祠廟
臺南市	五妃廟	一級古蹟	祠廟
臺南市	臺灣城殘蹟（安平古堡殘蹟）	一級古蹟	城郭
臺南市	赤嵌樓	一級古蹟	衙署
臺南市	二鯤鯓砲臺（億載金城）	一級古蹟	關塞
臺南市	大天后宮（寧靖王府邸）	一級古蹟	祠廟
高雄市	鳳山縣舊城	一級古蹟	城郭

18-3-2 臺灣二級古蹟

地區	名稱	級數	類別
基隆市	大武崙砲臺	二級古蹟	關塞
臺北市	臺灣布政使司衙門	二級古蹟	衙署
臺北市	大龍峒保安宮	二級古蹟	祠廟
臺北市	臺北公會堂	二級古蹟	公會堂
臺北市	艋舺龍山寺	二級古蹟	寺廟
臺北市	芝山岩遺址	二級古蹟	遺址
新北市	廣福宮	二級古蹟	祠廟
新北市	鄞山寺	二級古蹟	寺廟
新北市	林本源園邸	二級古蹟	園林
新北市	理學堂大書院	二級古蹟	書院
新北市	滬尾砲臺	二級古蹟	關塞
新北市	十三行遺址	二級古蹟	遺址
桃園市	李騰芳古宅（李舉人古厝）	二級古蹟	宅第
苗栗縣	鄭崇和墓	二級古蹟	陵墓
臺中市	霧峰林宅	二級古蹟	宅第
彰化縣	元清觀	二級古蹟	祠廟
彰化縣	道東書院	二級古蹟	書院
彰化縣	馬興陳宅（益源大厝）	二級古蹟	宅第
彰化縣	聖王廟	二級古蹟	祠廟
雲林縣	北港朝天宮	二級古蹟	祠廟
嘉義縣	新港水仙宮	二級古蹟	祠廟
臺南市	南鯤鯓代天府	二級古蹟	祠廟
澎湖縣	媽宮古城	二級古蹟	城郭
澎湖縣	西嶼燈塔	二級古蹟	燈塔
金門縣	瓊林蔡氏祠堂	二級古蹟	祠廟

地區	名稱	級數	類別
金門縣	陳禎墓	二級古蹟	陵墓
金門縣	文臺寶塔	二級古蹟	其他
金門縣	水頭黃氏酉堂別業	二級古蹟	宅第
金門縣	陳健墓	二級古蹟	陵墓
金門縣	金門朱子祠	二級古蹟	祠廟
金門縣	虛江嘯臥碣群	二級古蹟	碑碣
連江縣	東莒燈塔	二級古蹟	燈塔
新竹市	進士第（鄭用錫宅第）	二級古蹟	宅第
新竹市	竹塹城迎曦門	二級古蹟	城郭
新竹市	鄭用錫墓	二級古蹟	陵墓
臺中市	臺中火車站	二級古蹟	火車站
臺南市	北極殿	二級古蹟	祠廟
臺南市	開元寺	二級古蹟	寺廟
臺南市	臺南三山國王廟	二級古蹟	祠廟
臺南市	四草砲臺（鎮海城）	二級古蹟	關塞
臺南市	開基天后宮	二級古蹟	祠廟
臺南市	臺灣府城城隍廟	二級古蹟	祠廟
臺南市	兌悅門	二級古蹟	城郭
臺南市	臺南地方法院	二級古蹟	衙署
高雄市	旗後砲臺	二級古蹟	關塞
高雄市	前清打狗英國領事館	二級古蹟	衙署
高雄市	鳳山龍山寺	二級古蹟	寺廟
高雄市	下淡水溪鐵橋	二級古蹟	橋樑
屏東縣	恆春古城	二級古蹟	城郭
屏東縣	魯凱族好茶舊社	二級古蹟	其他

18-3-3 臺灣舊地名

現地名	舊地名	由來典故
基隆	雞籠	是凱達格蘭平埔族盤居之地，流傳事「凱達格蘭」名稱翻譯而來的。
淡水	滬尾	滬是捕魚的器具，尾是河流末端的河口地帶，位在淡水河口，是設滬捕魚的末端處由來。
大稻埕	大稻埕	今天的臺北市大同區，當時遍種水稻，設有一處公用的大曬穀場而來。
萬華	艋舺	源於凱達格蘭平埔族之譯是「獨木舟」的來源。
板橋	枋橋	開拓的時期，架設木橋於日的西門公館溝上而得名。
三峽	三角湧	早期居民於此大漢溪的三角形平原，開墾村莊，當時的溪水波濤洶湧得名。
新竹	竹塹	地區原是道卡斯平埔族竹塹社的範圍，取其音譯；而後改稱「新竹」，意指在竹塹新設立的縣城。
苗栗	貓裡	為卡斯平埔族貓裡社的音譯音是平埔族語是平原的涵意。
三義	三叉河	境內有三條溪會流，形成三叉狀，爾後「叉」字與義的簡字「乂」相似而更名之。
清水	牛罵頭	是拍瀑拉平埔族牛罵頭社的音譯，日治時期發現大肚台地湧出清泉水得名
霧峰	阿罩霧	洪雅平埔族社名的漢字音譯，這附近的山峰，凌晨容易起霧之後稱「霧峰」。
草屯	草鞋墩	是港與里間的交通要道，挑夫休息換草鞋累積如土堆高得名。
彰化	半線	是巴布薩平埔族半線社的地域，取其彰顯皇化之意，故稱「彰化」。
鹿港	鹿仔港	臺灣中部門戶，當時有許多鹿群聚集在這裡，舊名為「鹿仔港」。
雲林	斗六門	為洪雅平埔族斗六門社的地域，因為群山環繞時常雲霧漂渺，取名為雲林。
虎尾	五間厝	當時建村之時，僅有五棟民房，故叫五間厝。
斗南	他里霧	是洪雅平埔族的地域，舊名譯自該族他里霧社的社名而來。

現地名	舊地名	由來典故
北港	笨港	位於北港溪北方，早期洪水的氾濫與泉漳的械鬥事件，現在北港的居民大多是泉州人。
嘉義	諸羅	早期是洪雅平埔族諸羅山社地域，林爽文之戰，為嘉許百姓死守城池的忠義精神，美名為嘉義。
民雄	打貓	是洪雅平埔族打貓社的地域，之後成為和日語發音相似的「民雄」而名。
玉井	噍吧哖	噍吧哖事件發生地，日本人把「噍吧哖」的台灣話改成日語發音的「玉井」。
高雄	打狗	是馬卡道平埔族打狗社的地域，日本人改成與日語發音的「高雄」。
岡山	阿公店	在未開墾之時，為芒草叢生之地，舊稱「竿蓁林」，相傳有老翁在當地經營店舖，又叫「阿公店」而名。
旗山	蕃薯寮	以前居民在這裡築寮開墾地時，種植蕃薯而成名。
恆春	瑯嶠	乃排灣族語的音譯，是車城、海口的海岸地區，因為氣候溫和四季如春，故易名「恆春」。
臺東	卑南	舊名有「寶桑」、「卑南」，卑南族的大頭目以「卑南王」的名義統治臺東而名。
長濱	加走灣	長濱為海岸阿美族的範圍，舊名「加走灣」阿美族語即是瞭望之處。
宜蘭	噶瑪蘭	舊名「哈仔難」、「噶瑪蘭」，譯自噶瑪蘭平埔族的族名，意思為居住在平原的人們。
羅東	老懂	舊名為「老懂」，是平埔族語是「猴子」的來源。
頭城	頭圍	吳沙入墾宜蘭的第一站於頭城，以土堡築城來墾殖，舊名「頭圍」是指以築「圍」的方式建立村莊而得名。
馬公	媽宮	澎湖馬公天后宮為全臺第一座媽祖廟，奉祀媽祖名稱而來。

18-3-4 臺灣原住民族

泛指在 17 世紀中國大陸沿海地區人民尚未大量移民臺灣前，就已經住在臺灣及其周邊島嶼的人民。在語言和文化上屬於南島語系(Astronesian)，原住民族在清朝時被稱為「番族」，日據時代泛稱為「高砂族」Takasago，國民政府來臺後又將原住民族分為「山地同胞與平地山胞」，為了消解族群間的歧視，在 1994 年將山胞改為「原住民」，後再進一步稱為「原住民族」，至今共計有 16 族。

	熟記重點	說明
一、阿美族	傳說	Amis 為南方的卑南族對阿美族的稱呼，意為「北方」之意。
	祭典	「豐年祭」，感謝神靈賜予豐年，祈求來年豐收及全族平安。
	族群特質	母系社會，嚴密的年齡階級組織。人口最多的一族。
	社會制度	阿美族屬「男子專名級的年齡分級制度」。14、15 歲以後加入年齡組及之預備役，接受嚴格的體能與武術訓練。每 3 年至 5 年之間舉行 1 次盛大的成年禮。每經過一次成年禮即晉升一級。
	婚姻	夫從妻婚，即以招贅婚為正則，為無女嗣時則允許男嗣娶婦以承家系。
二、泰雅族	熟記重點	說明
	傳說	為巨石裂岩所生、為大霸尖山上的巨石所生。
	祭典	「祖靈祭」又稱「獻穀祭」，收割期後（大約在 8、9 月之間）。
	族群特質	雙頰刺上寬邊的 V 形紋飾。「紋面」對於男子而言，是成年的標誌也是勇武的象徵。對於女子，則是善於織布。目前仍保有紋面的人都是 7、80 歲的族人。面積分布最廣的一族。
	社會制度	沒有頭目，每當族人需要一致行動時，大家才共商推派 1 位有能力的人為代表。是一個平權的社會。
三、排灣族	熟記重點	說明
	傳說	「竹竿祭」，傳說是其先祖為避荒年而將 7 名子女分散各地謀生，約定每 5 年由長者手持竹竿，帶領全族回家團聚祭祖。
	祭典	每 5 年舉辦 1 次的盛大的 5 年祭，又稱「竹竿祭」。
	族群特質	世襲的「階級制度」，有嚴格的階級制度，大致上分為「頭目」、「貴族」、「勇士」、「平民」四個階級。代表飾物「琉璃珠」。

	熟記重點	說明
	社會制度	「貴族階級」、「士族階級」、「平民階級」。
	婚姻	階級聯姻。
四、布農族	熟記重點	說明
	傳說	布農族稱「人」為 bunun，這也是該族名稱的由來。
	祭典	1. 每年 11~12 月之間，布農人舉行「小米播種祭」。 2. 4~5 月間舉行「射耳祭」(Malahodaigian)稱「打耳祭」，是最重要的祭儀，藉以祈求獵物豐收。
	族群特質	八部合音。
	社會制度	布農族是以父系社會，以氏族為基本構成單位。
	婚姻	以嫁娶婚為主。以父系繼嗣為原則，婚後多半行隨夫居。
五、魯凱族	熟記重點	說明
	祭典	每年 8 月 15 日舉行「收穫祭」(豐年祭)「Kakalisine」視同漢人的春節要返鄉團聚。
	族群特質	魯凱族社會代表，他們的部落是由幾個貴族家系與平民及佃民所組成。
	社會制度	分為 4 個等級：「大頭目」、「貴族」、「士」、「平民」。
	婚姻	階級聯姻，同階級相婚、升級婚、降級婚三種。
六、卑南族	熟記重點	說明
	傳說	祖先是由「石生」、「竹子」所生。「石生」即石頭裂開所生。
	祭典	1. 「跨年祭」是目前臺東縣卑南族八社結合猴祭、大獵祭、豐年祭等一系列活動的總稱，可說是卑南族的年度盛會。 2. 「猴祭」是卑南少年的成年祭禮。
	族群特質	1. 斯巴達式的會所訓練。 2. 精湛的刺繡手藝：以十字繡法最普遍，人形舞蹈紋是卑南族特有的圖案。 3. 戴花環所代表男子成年的意思。
	社會制度	社會裡有 2 個領導人物：男祭師(rahan)、政治領袖(ayawan)。
	婚姻	卑南族屬於母系社會、男子以入贅女方家為原則。

<table>
<tr><td rowspan="6">七、鄒族（曹族）</td><th>熟記重點</th><th>說明</th></tr>
<tr><td>祭典</td><td>一年一度的「mayasvi（瑪雅士比）」，目前分由「達邦」及「特富野」分別舉行祭典儀式，「mayasvi」又譯為「戰祭」。</td></tr>
<tr><td>族群特質</td><td>1. 「高山青」歌曲的背景地。傳統生計以農業及狩獵為主。
2. 近年來，研究花卉香水百合的種植是新興的精緻農業。
3. 獵物的皮為衣飾以及精細的鞣皮技術是鄒族特色。
4. 紅色布料為主的衣服配上帶著羽飾的帽子是鄒族男子的打扮。</td></tr>
<tr><td>社會制度</td><td>沒有階級制度。組織可以分為，大社(hosa)、氏族(aemana)。</td></tr>
<tr><td>婚姻</td><td>以嫁娶婚為主，禁婚對象為與母族有血緣關係者。</td></tr>
<tr><td rowspan="6">八、賽夏族</td><th>熟記重點</th><th>說明</th></tr>
<tr><td>傳說</td><td>與矮人 taai 毗鄰而居，矮人傳授賽夏人農耕、醫術等，將其視為恩人，但因故殺害了許多矮人，其詛咒賽夏人將會招逢連年災害。因此，年年舉辦「矮靈祭」，祈求矮靈不再降禍於賽夏族人。</td></tr>
<tr><td>祭典</td><td>1. 矮靈祭有「迎靈」、「娛靈」、和「逐靈」三個部分。
2. 其中只有「娛靈」是開放外族人參加的祭典。</td></tr>
<tr><td>族群特質</td><td>為分散的部落，集合這些小聚落構成一個部落。</td></tr>
<tr><td>社會制度</td><td>為父系制。家族中以男性為家長，以「同姓之人」組成氏族，氏族成員間具有共同父系祖先。</td></tr>
<tr><td>婚姻</td><td>1. 同一姓氏的成員絕對不得通婚。
2. 有仇敵關係者，在未達成和解之前雙方互不通婚。
3. 居住於同一家屋內，雖無血緣關係亦在禁婚之列。
4. 同胞之配偶，雖寡可再嫁，但不可娶。</td></tr>
<tr><td rowspan="4">九、雅美族（達悟族）</td><th>熟記重點</th><th>說明</th></tr>
<tr><td>傳說</td><td>1. 自稱「達悟」，是「人」的意思。
2. 拼板舟由木板組合，再以木棉或樹脂接合，不用 1 根鐵釘。</td></tr>
<tr><td>祭典</td><td>3 月初「飛魚祭」，以豬血、雞血塗在海邊的鵝卵石上，象徵漁獲豐收，如石頭般長久。</td></tr>
<tr><td>族群特質</td><td>1. 鞏固家族組織並發揮共享、共食的精神。
2. 愛好和平唯一沒有「獵首」的原住民族。
3. 藍白相間的衣飾及丁字褲是雅美人的標誌。</td></tr>
</table>

	熟記重點	說明
	社會制度	雅美族的社會組織是以父系為主的親屬結構。
	婚姻	可試婚，目的在於試探女孩子的辦事能力。試婚最常時間大約 1 年，最快也不超過 1 個月。
十、邵族	熟記重點	說明
	傳說	1. 邵—Thao，原義是「人」。目前原住民人口最少的族群。 2. 漢人稱為「水社化番」或「水沙連化番」。
	祭典	將祖靈信仰實體化，創造出「公媽籃」，也稱之為「祖靈籃」。 籃中盛放的是祖先遺留下來的衣服、飾品、珠寶，年代越久遠則放在越上層，藉以代表祖靈的住所。每 1 戶都會有 1 只「祖靈籃」，擺置在神桌上或離地約兩公尺的壁上。
	族群特質	特殊的交通工具—獨木舟，主要在潭中載人、捕魚、運貨。
	社會制度	「頭目制度」是邵族社會典型的一種制度，其職位由長子世襲。
	婚姻	以嫁娶婚為主。以父系繼嗣為原則，婚後多半行隨夫居。
十一、噶瑪蘭族	熟記重點	說明
	傳說	傳說海龍王最疼愛的美麗女兒噶瑪蘭公主與龜山將軍的故事。
	祭典	「除瘟祭 kisaiiz」。原來依附在阿美族中的族群，但祭典不同。
	族群特質	日常生活作息中保存了噶瑪蘭文化。花蓮豐濱新社部落，保留了噶瑪蘭語言。
	社會制度	母系社會。一個沒有階級的平等社會，沒有僕人。
	婚姻	由女方嫁娶及男方入贅。
十二、太魯閣族	熟記重點	說明
	傳說	Truku 族語意為「山腰的平臺」、「可居住之地」，為防敵人偷襲「瞭望臺之地」。這個地區即為現今太魯閣國家公園之範圍。
	族群特質	男子以獵首及擅於狩獵，才有資格紋面，女子會織布才能紋面。
	社會制度	祖先遺訓－Gaya，是家和部落的中心，每一個家或部落成員，都必須嚴格遵守。由成員共同推舉聰明正直的人為頭目。
	婚姻	婚姻條件是獵首及具有高超的狩獵技巧，無招贅婚。

	熟記重點	說明
十三、撒奇萊雅族	傳說	是阿美族中一個支系的名稱，而撒奇萊雅每 4 年年齡階級必種一圈的刺竹圍籬，亦是阿美族所沒有的部落特色。
	祭典	「播粟祭(mitway)」共舉辦 7 天。
	族群特質	年齡階級(sral)，每 5 年進階 1 次。花蓮舊稱「奇萊」。
	社會制度	撒奇萊雅族與阿美族有相似的年齡階。
	婚姻	撒奇萊雅族屬於母系社會，採入贅婚，從妻居。
十四、賽德克族	熟記重點	說明
	傳說	堅信「靈魂不滅」的 Utux(Utux Tmninun)傳有密切的關係，因為唯有紋面者，死後其靈魂才能回到 Utux 的身邊。
	族群特質	男子以獵首及擅於狩獵，才有資格紋面，女子會織布才能紋面。
	社會制度	屬父系社會，但很多現象卻顯示著男女平等的平權社會。
	婚姻	堅持一夫一妻制的族律。
十五、拉阿魯哇族	熟記重點	說明
	傳說	相傳族人原居地在東方 hlasunga，曾與矮人共同生活；矮人視「聖貝」為太祖（貝神）居住之所，每年舉行大祭以求境內平安、農獵豐收、族人興盛。族人離開原居地時，矮人贈以一甕聖貝，族人亦如矮人般舉行「聖貝祭(miatungusu)」。祭儀最重要的部分是「聖貝薦酒」儀式：將聖貝浸在酒裡，察其顏色變化，如果變成紅色則表示太祖酩酊之狀，意味祭典圓滿成功。
	分布	1. 排剪社：位於荖濃溪和埔頭溪河流處北側山腳台地。 2. 美壠社：位於荖濃溪東岸，塔羅流溪河口對岸台地。 3. 塔蠟社：位於塔羅留溪北岸山頂。 4. 雁爾社：位於荖濃溪西岸河階台地。
	祭典	1. 農耕祭儀：重要的生計方式，並以旱稻與小米為主要的作物，傳統已有以農作生長為依據的曆法，整年以小米種植為開始，包括小米耕作與稻作兩項。

	熟記重點	說明
十五、拉阿魯哇族	祭典	2. 聖貝祭 miatungusu：是農作（小米、稻米）收穫過後之 2 年或 3 年間，所舉行的一次大祭。祭拜 takiaru（貝殼、貝神），為內含於期間儀式舉行，日治以來僅在民國 40 年間舉辦過一次，直到民國 82 年後才又恢復。重頭戲在於「聖貝薦酒」，即將聖貝浸在酒裡，看顏色變化，依據傳說阿魯哇人與 kavurua（小矮人）都同住在 Hlasunga 這個地方。而 Takiaru 貝殼是寶物。有一天，拉阿魯哇的祖先要離開方，kavurua 的人很難過，就把他們最珍貴的寶物 Takiaru 贈送給他們，並交代拉阿魯哇人，要把貝殼奉為自己的神來祭拜，於是 Takiaru 從此就成為拉阿魯哇族的神，也是目前的圖騰表徵。
	社會制度	父系氏族社會，直到父母去世後，兄弟才能分家成立門戶。
	婚姻	婚姻實行嚴格的一夫一妻制，婚姻分為三個階段，議婚、訂婚、結婚。

	熟記重點	說明
十六、卡那卡那富族	傳說	數百年前，一位名叫「那瑪夏」的年輕男子，發現巨大鱸鰻堵住溪水危及部落安全，趕緊回部落向族人通報，也因驚嚇過度染病，幾天後去世，傳說當時族人與山豬聯手殺掉鱸鰻讓危機解除，族人為了紀念這名年輕男子，當時以「那瑪夏」命現今之楠梓仙溪。
	分布	高雄市那瑪夏區楠梓仙溪流域兩側。
	祭典	1. 米貢祭：神拿小米款待族人，並囑咐從今以後如有舉行小米祭儀時，必須感謝呼喚地神之名，後來種子成為卡那卡那富族人的主要食物。 2. 河祭：臺灣少數每年舉辦河祭的原住民族群，祖先來到幽靜美麗的那瑪夏（現今楠梓仙溪），於兩側台地安居繁衍，他們發現該河流清澈曲優，潔淨豐沛的水蘊藏豐富的魚、蝦、蟹及綠藻，成為卡那卡那富族人食物的重要來源，於是為感念河神的恩典，發展出此敬天愛地並蘊涵生態保育觀念的獨特祭儀。
	社會制度	社會組織以父系為主。
	婚姻	禁婚網絡從子女父母氏族向外衍生，社會組織上以氏族為組成單位為一社，數百年來因遷移而衝擊各社的組織強度，後期因為防禦而有數氏族共組社之情形，日據時代僅剩 Nauvanag 及 Aguana 兩社，其社組織由頭目、副頭目及各長老負責立法及政權等部落事務。

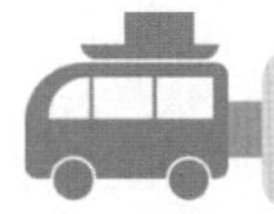

18-4 臺灣觀光資源重點

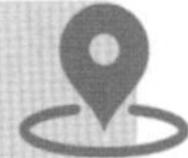

一、臺灣觀光資源重點

1. 臺灣農業主要地區－嘉南平原。
2. 臺灣的地理特色－山高水急。
3. 臺灣的美稱－婆娑之島、福爾摩沙、蓬萊仙島。
4. 2005 年臺灣 8 大景點：臺北 101 大樓、故宮、阿里山、日月潭、愛河、太魯閣、玉山、墾丁。
5. 5 大旗艦觀光活動：臺灣慶元宵系列活動、宗教主題系列活動、客家主題系列活動、原住民主題活動、特殊產業活動。
6. 5 大臺灣意象：玉山、布袋戲、美食、櫻花鉤吻鮭、臺北 101 大樓。
7. 金門國家公園的面積最小，屬於島嶼型與史蹟型資源類型。
8. 玉山國家公園的面積最大。
9. 墾丁國家公園是最早涵蓋陸地與海域的國家公園。
10. 墾丁國家公園的特色：唯一熱帶生態環境。
11. 玉山國家公園的特色：高山地形、八通關古道。
12. 陽明山國家公園的特色：火山地形、草山。
13. 太魯閣國家公園的特色：立霧溪切割成 V 型峽谷、高山、原住民文化。
14. 金門國家公園的特色：戰地史蹟、傳統文化建築、鳥類生態。
15. 雪霸國家公園的特色：高山地形、櫻花鉤吻鮭、原住民文化。
16. 東北角暨宜蘭海岸風景區包含龜山島，是臺灣本島最東的國家級風景區。
17. 雲嘉南濱海國家風景區，是臺灣本島最西的國家級風景區。
18. 大鵬灣國家風景區管理處是全部風景區管理處中位置最南端、面積最小，也是臺灣最大的 BOT 投資案的國家級風景區。包含小琉球。
19. 北海岸及觀音山國家風景區，是臺灣本島最北的國家級風景區。
20. 東部海岸風景區包含綠島，是海岸線最長的國家級風景區。
21. 參山國家風景區包含：獅頭山、梨山、八卦山。

22. 西拉雅國家風景區屬於－岳型十湖泊型。
23. 阿里山國家風景區其植物群涵蓋－熱帶、溫帶、寒帶等森林型態。
24. 澎湖國家風景區管理處是全部風景區管理處中位置最西端、也是第 1 個離島型的國家級風景區。
25. 馬祖國家風景區管理處是全部風景區管理處中位置最北端、也是第 2 個離島型的國家級風景區。
26. 日月潭國家風景區管理處是唯一湖泊型的國家級風景區。
27. 花東縱谷國家風景區管理處，是面積最大的國家級風景區。
28. 自然保護區有 4 類：(1)自然保留區，(2)野生動物及棲地保護區，(3)國家公園，(4)自然保護區。
29. 臺灣國家級的休閒農業區：(1)宜蘭冬山鄉中山休閒農業區，(2)臺東關山親水休閒農業區，(3)苗栗南庄鄉南江休閒農業區。

二、生態觀光資源

1. 生態觀光資源的類型
   (1) 生產類生態資源：例如農業生態。
   (2) 環境類生態資源：例如火山生態。
   (3) 生命類生態資源：例如動物生態。
   (4) 文化類生態資源：例如人文生態。
2. 生態觀光活動的最深度活動是指：生態探索式活動。
3. 臺灣生態觀光的特色
   (1) 雅石：土城龍泉溪梨皮石（玄武石）、三峽橫溪鐵丸石與石心石。
   (2) 災害景觀可分為災害現象－921 大安溪斷層瀑布。災害損失遺址－921 石岡壩。
   (3) 霧林帶最大特色是雲霧多、濕度高。
   (4) 世界檜木林的分布：東亞臺灣（臺灣扁柏）、日本花柏（日本扁柏）；北美洲東岸測葉柏、西岸羅生柏、加拿大扁柏。
   (5) 臺灣所擁有的冰河遺址在南湖圈谷、雪山圈谷。
   (6) 全臺生長海拔最高的植物是玉山扁柏。
   (7) 熱帶地區常見樹幹上長出果實叫做「幹生果」。

三、臺灣歷史觀光資源

1. 史前考古：原住民石板屋、半地穴、圖騰立柱。
2. 西元 1895 年甲午之戰（大正 50 年）清割讓臺灣，1895~1945 年日本治臺，西洋文藝復興式建築、巴洛克裝飾影響。
3. 清代一般城門與臺北北門「承恩門」之比較。（防火礮之設計）
4. 日據初期「明治」時代的西門紅樓市場。（簡單洋式）
5. 日據中期「大正」時代的臺北博物館（228 公園內），與總督府（現總統府）華麗的後期文藝復興式。
6. 臺灣建築發展趨勢：1895~1925 年新古典主義；1913~1935 年表現主義；1918~1935 折衷主義；1925~1945 年帶冠式主義（二戰前）。1945~1990 年國際式樣及古典；1970~1990 年宮殿式（二戰後）；1980~1990 年後現代。

四、其他相關資訊

1. 24 節氣：（春：立春、雨水、驚蟄、春分、清明、穀雨）、（夏：立夏、小滿、芒種、夏至、小暑、大暑）、（秋：立秋、處暑、白露、秋分、寒露、霜降）、（冬：立冬、小雪、大雪、冬至、小寒、大寒）。
2. 陽數—單數(1、3、5、7、9)、陰數—偶數(2、4、6、8、10)。
3. 避 9 做壽是為避開神明的極陽之數。
4. 民間喜 3 的觀念是因為 3 是生長之數，故有嬰兒洗 3 澡的習俗。
5. 懼 7 是因為相信往生者每 7 天要經歷一殿地獄，所以要做頭 7 送往生者一程。
6. 民間信仰的象徵可由：聲音－取其諧音近音（蓮交花）、顏色－五行顏色之概念（紅花表興旺）、形貌－外形樣貌（各種聯想）。
7.

五行概說					
五行	金	木	水	火	土
顏色	白	青	黑	紅	黃
方位	西	東	北	南	中
五臟	肺	肝	腎	心	脾
靈獸	白虎	青龍	玄武	朱雀	中土

8. 一般民間信仰的財神爺指：寒單爺（武財神）、土地公（帶財路）。
9. 八大節氣：

立春	東門迎春牛	春分	祈新作成長
立夏	送虫蟻上山	夏至	吃苦食袪毒
立秋	搭壇消災禍	秋分	祭月下老人
立冬	補冬補嘴巴	冬至	吃湯圓添壽

10. 在臺灣常出現的布袋戲、皮影戲是屬於人形藝術。
11. 民間戲曲的戲服當中，女性的 3 件式是指衣、裙、坎肩。
12. 1925 年國立故宮博物院正式成立於紫禁城。
13. 1965 年國立故宮博物院成立新館在臺北外雙溪，名為「中山博物院」。
14. 國立故宮博物院遷臺後是先遷往臺中市霧峰區北溝。
15. 國立故宮博物院典藏沒有甲骨文。甲骨文收藏於中央研究院。
16. 故宮南部分院將於 2008 年嘉義縣太保市成立，以亞洲文化為特色。
17. 景德鎮為中國陶瓷之都。
18. 唐三彩包括：紅、褐、綠 3 種顏色；是作為喪葬、殉葬的名器。
19. 翠玉白菜是緬甸玉，清代的作品，雕有「螽斯」、「蝗蟲」。祝賀多子多孫的意思。
20. 毛公鼎是中國 2 千 8 百多年前的 1 件宗廟祭器，內壁鑄有五百多個字，是現存商周兩代 7 千件有銘文的銅器中，銘文最長的 1 件。
21. 臺灣本土發展的戲種為歌仔戲。1945 年到 1960 年代是「內臺」歌仔戲的全盛時期。
22. 玉分為角閃玉：軟玉；輝石玉：硬玉，如翠玉白菜。
23. 多寶格的瓷器以宋官窯為主。青銅器為紅銅與錫的合金。
24. 大霸尖山是泰雅族也是賽夏族人心目中的聖山。凱達格蘭人原本居住在臺北盆地。
25. 紅葉少棒是布農族。甩髮為達悟族婦女之特殊舞蹈。
26. 臺南開隆宮供奉七娘媽，是舉行 16 歲成年禮的地方。
27. 媽祖為民間海神。天公為自然神。南極仙翁是壽神。

28. 光緒時期硫磺、樟腦、茶葉、糖並稱為臺灣 4 寶。

29. 范寬「溪山行旅圖」、郭熙「早春圖」、李唐「萬壑松風圖」稱北宋 3 巨圖，也稱故宮博物院的鎮館 3 寶。

30. 國立故宮博物院收藏最多的青銅器是禮器。

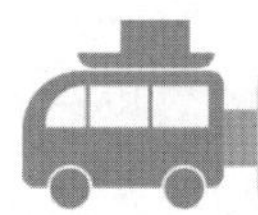

18-5 博奕產業

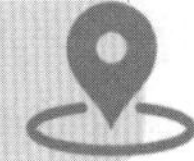

一、產業簡述

博奕一詞就是競爭，是力量與智慧的較量，但博奕又不同於搏鬥、鬥爭，具有和平競爭的意義。博奕產業(gaming industry) 包含賭場（不論是在陸上或是水上）、麻將館、公益彩券、樂透彩、賭狗和賭馬(Walker, 2002)博奕娛樂又稱博奕(casino)或觀光賭場，即經過政府立案許可或擁有法律保障的「遊戲」；更正確的說法，是能夠合法經營且可以分出勝負的遊戲。賭博(gambling)是將有價值的物品拿來冒險以期望能在某種機率下，獲得更有價值的獎品；這裡所指的機率因賭博活動的項目不同而異 這裡所指的機率因賭博活動的項目不同而異(Thompson, 1994)。賭場(casino)原本是指社交或是公眾的娛樂場所；後來被用以代表提供合法賭博活動的公共場所(Thompson, 1994)。博奕娛樂若以設置的地方來區分，可分為「陸上型博奕娛樂」與「水上型博奕娛樂」。前者即一般常聽到的澳門、拉斯維加斯的觀光賭場。後者就如電影中常見的海上郵輪附設賭場。

二、博奕娛樂業的服務範疇

博奕娛樂業的服務範圍極廣，包含飯店經營營運、娛樂節目安排、商店購物服務、遊憩設施規劃及賭兩把手氣等。博奕娛樂業必須設有一賭場大廳，提供各式各樣的賭具來娛樂大眾，以吸引遊客。其次，為了更進一步服務遊客，必須備有高級餐廳餐飲。博奕娛樂業和旅遊業攜手合作，提供住宿服務，全方位服務的賭場飯店成為一大號召，包含套房住宿、餐飲提供、專人服務、宴會安排、健康 SPA、遊憩設施及其他各項服務。

三、博奕娛樂事業發展

各國紛紛投入產業前景無限，財團投資必須先熟悉五項基本的營運觀念，包括飯店經營、餐飲經營、賭場經營、商店經營、娛樂經營。博彩培訓課程，月薪平均新臺幣六萬元的賭場發牌員，成了澳門最搶手的工作。澳門為了因應至少 9,000 位發牌員的需求，澳門政府在 2003 年成立了博彩技術培訓中心。

四、博奕娛樂事業之趨勢

政府以及公共政策制定者對於博奕娛樂事業的管制將會更趨嚴格，相對的博奕娛樂事業在賭博上的收入將成遞減趨勢，而在餐飲、商店、娛樂方面的收入將會遞增，其中與飯店業的合作的機會也持續增加中。博奕娛樂事業將會大幅吸納餐飲娛樂業的經營管理人才。

五、澳門賭城概述

博彩自 1851 年到 1863 年，澳葡政府曾對博彩場所實行發牌制度。1937 年高可寧、傅老榕組成泰興娛樂總公司投得賭權，並於新馬路的中央酒店（現新中央酒店）開設賭場。港資背景為主的霍英東、何鴻燊、葉漢、葉德利合組的財團（即澳門旅遊娛樂有限公司）STDM，現在的澳門博彩股份有限公司為澳娛子公司於 1961 年 10 月投得賭權並由此壟斷控制逾 40 年。

澳門首家賭場為新花園娛樂場，2000 年 7 月澳門特區政府成立博彩委員會，完成《訂定娛樂場幸運博彩經營法律制度》，俗稱博彩法，規定只發出最多三個賭牌，訂定由方式、經營處、競投方式到溢價金、稅務制度等。2002 年，7 人組成博彩小組，討論出三家加權評分最高的公司：除「澳博」外，包括來自美國的拉斯維加斯金沙和永利度假村，年期分別至 2020 年 4 月及 2022 年 6 月。

2004 年，首家非澳博旗下的賭場，位於新口岸漁人碼頭旁的金沙娛樂場開始營業。新口岸漁人碼頭旁的金沙娛樂場開始營業「拉斯維加斯之父」稱號的 Steve Wynn，澳門 2005 年的訪客大約為 180 萬人次，相對拉斯維加斯的 380 多萬人次而言，澳門現在的賭桌數量不到維加斯一半，而吃角子老虎機數量也只有維加斯 6%；可是，官方的統計數字顯示，澳門賭場 2005 年的收入達到 56 億美元，拉斯維加斯賭場的收入為 60 億美元。2006 年和 2007 年澳門多家賭場開業，連永利(Wynn)在內，可能還有六家新賭場開幕，讓澳門的賭桌數目增加超過二千張，2007 年澳門賭場收入超過拉斯維加斯賭場收入。

博彩事業儼然已成為帶動下一波經濟成長的火車頭。澳門自從開放賭場後就業率達 100%，由於澳門與新加坡賭場頻頻來臺徵才，還打出月薪至少 5 萬元口號，引起學子注意，未來在國內開放博奕事業後，可能帶來 10 萬個就業機會，需要更多的專業人才。

賭場發牌員（莊家）訓練課程：上課內容以遊戲規則、流程、手勢、專用詞彙、遊戲規則、流程、手勢、專用詞彙、洗牌／發牌技巧、籌碼的分派流程、賭注的控制等。要成為賭場發牌員，須具備什麼條件。

1. 年滿 21 歲（無年齡上限）。
2. 略通英語。
3. 初中以上程度。
4. 一種遊戲以上的發牌技能。
5. 沒有犯罪紀錄。

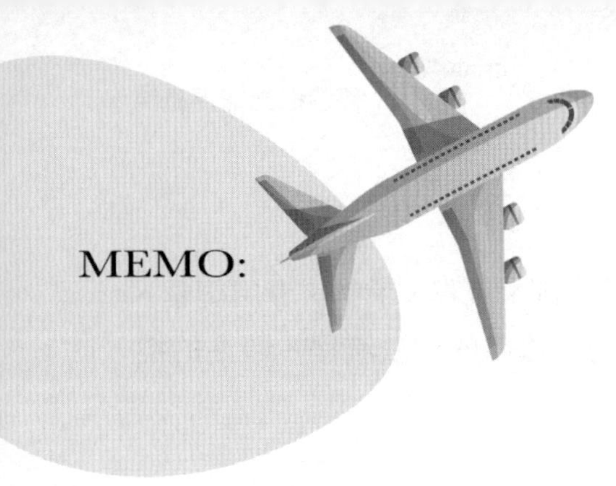

MEMO:

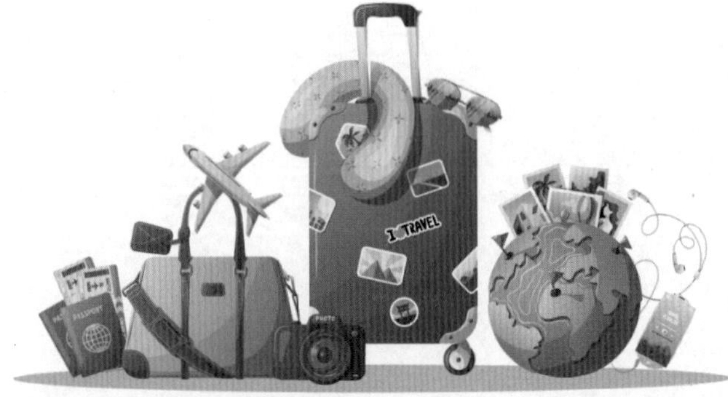

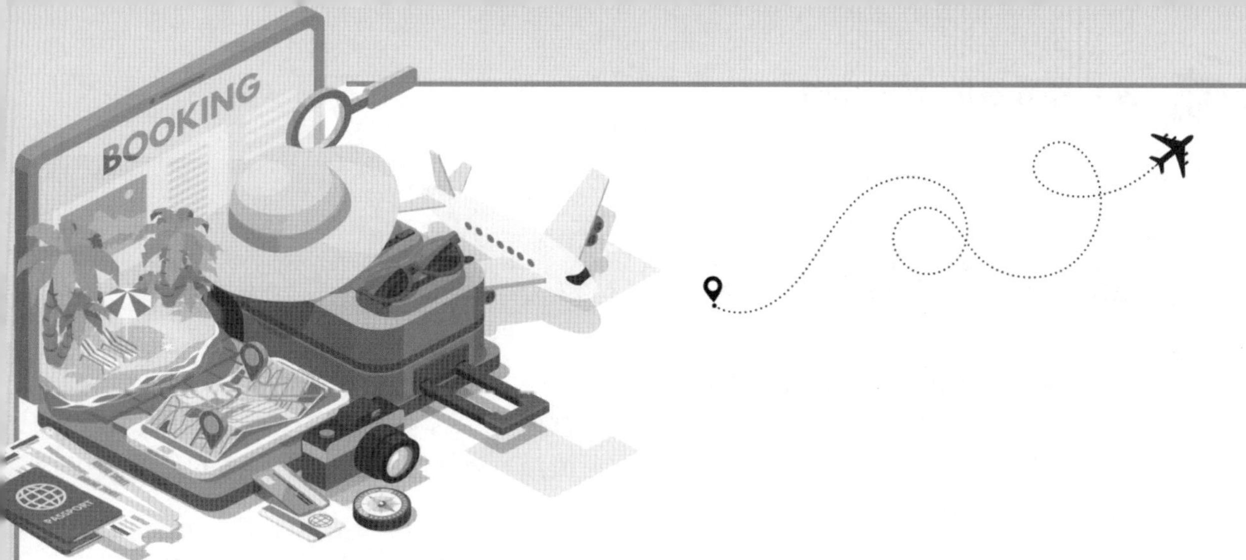

CHAPTER 19　世界歷史

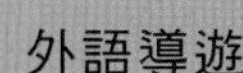

19-1 上古世界史

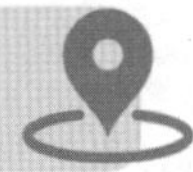

19-1-1 兩河流域的古文化

1. 西元前 3500 年到 3000 年之間在西亞的兩河流域，是指發源於西亞山區的幼發拉底河(Euphrates)和底格里斯河(Tigris)的地區。
2. 大約在西元前 3000 年左右，兩河流域開始進入歷史時代。最早發明文字的是一批住在兩河下游地區的蘇美人(Sumerian)，主要形成兩大政治中心，一是巴比倫(Babylon)，一是亞述(Assur)；以這兩大城為中心，先後建立了巴比倫帝國、亞述帝國以及新巴比倫帝國。最後新巴比倫帝國被波斯所滅。
3. 蘇美人發明的 60 進位法和巴比倫人所重視的天文學和占星術後來一直都保存在歐洲文化中，而為人所熟知。比較不容易覺察到的是，在宗教思想和習俗上，後來的以色列人和猶太教也是根源於兩河流域大文化圈之中，而歐洲文明的基礎之一基督教，就是從猶太教發展出來的。

19-1-2 法老時代的埃及

大約在西元前 3000 年左右。埃及政治與文化的發展大致可以分為 3 個階段：

時代	說明
舊王國	是埃及文化在各方面的成熟並發展到高峰，代表性是金字塔的建造。金字塔是國王的陵墓，它是國王神性的象徵，也是強有力的政府組織和充沛的國力的具體表現。
中王國	在一段時間的混亂之後，中王國的君主再度統一全國。這個時代在文藝方面有新的發展。文字在此時已經使用了有千年之久，有著許多著名的故事、格言、詩歌，都是此時的產物。
新王國	政治的特性是開始向外擴張。埃及的國君主動地以武力把巴勒斯坦(Palestine)和埃及南方努比亞(Nubia)地區諸小邦納入埃及的勢力範圍，成為埃及的屬邦。在這擴張的過程中，遇到的對手是在小亞細亞新興的西臺(Hittite)王國和兩河流域的亞述帝國。他們在敘利亞和巴勒斯坦地區相爭的原因，主要是為了要控制這一個商業和貿易的樞紐地區。埃及在這場長時間的爭霸戰中並沒有得到勝利。
新王朝結束之後，國勢一蹶不振，最後終於先亡於波斯帝國，再為亞歷山大所征服，結束了獨立的地位。	

19-1-3 早期西亞及其他民族與文化

1. 西元前 1500 年，西臺帝國是興起於小亞細亞中部的國家，勢力強盛的時候不但控制整個小亞細亞，而且深入到巴勒斯坦北部，和埃及可說勢均力敵。
2. 西元前 1200 年左右，整個地中海東岸地區都受到一群海洋民族的侵襲，西臺帝國可能係因承受不住他們的打擊而崩潰。
3. 亞述、巴比倫以及後來的以色列、阿拉伯等民族是屬於同一個語言系統，現代學者稱之為「閃米(Semitic)語系」；而西臺語是和印度梵語、希臘語、拉丁語，乃至於許多歐洲語言屬於同一語族，稱為「印歐(Indo-European)語系」。
4. 現在的中東，居住在這一地區的人來源雖然複雜，但基本上都屬於和巴比倫、亞述人相同的種族，也就是「閃米族」。他們的宗教信仰也和亞述人的宗教有相似之處。住在沿岸城邦中的人自稱為「迦南人(Canaanite)」，但是因為他們製造出口的一種紅色布料在地中海地區廣受歡迎，而希臘文稱紅色為「腓尼斯」，因此後來的希臘人稱他們為腓尼基人(Phoenician)，他們的殖民地遠達北非與西班牙等地。
5. 腓尼基人留給後世一項重要的遺產就是他們的文字。他們所創造的 22 個字母，一方面成為「閃米語系」後來所通用文字的祖先，如希伯來文和阿拉伯文；另方面則成為希臘文的祖先，可說整個西方世界的各種拼音文字都是由腓尼基文所演化來的。
6. 在巴勒斯坦地區活動的諸民族中，有一支自稱為以色列人，在西元前 11 世紀末開始在巴勒斯坦中部建立國家。根據他們自己傳統的說法，他們的祖先來自兩河流域，在巴勒斯坦過了一段半游牧的生活後，移居到埃及。後來不堪埃及人的虐待，由其領袖摩西率領族人逃出埃及，同時也發現他們是唯一真神耶和華所挑選出來特別賜福的一群人。耶和華應許將巴勒斯坦美好的牧地和農田賜給他們居住，於是他們就依著耶和華的指示，以武力奪取了那「應許之地」，建立了以色列(Israel)王國。
7. 以色列建國的初期，由於亞述和埃及兩大強權內部不穩，無暇顧及巴勒斯坦地區，因此以色列在大衛和所羅門兩位國王的領導下，曾經有一段繁榮而強盛的時期。但好景不常，一方面以色列因內部繼承和宗教問題分裂為兩個國家，北邊的仍稱以色列，南邊的稱為猶大(Juda)；另一方面因亞述帝國的再度興起，這兩個小國和附近的其他小國都先後在西元前第 8 世紀和第 6 世紀中，亡於亞述和其後的新巴比倫帝國。

8. 亡國之後的以色列人被稱為猶太人(Jew)，由於有一個向心力非常強的宗教信仰，使得他們極為團結，民族意識極強；又因為他們流亡到兩河流域，向巴比倫人學習了做生意的本事，從此成為很成功的商人。
9. 新巴比倫帝國藉北方米提(Media)王國的力量征服了亞述帝國，成為兩河流域的新主人。然而米提人並不安於現況，覬覦兩河肥美之地，新巴比倫帝國於是與伊朗高原的波斯王國聯合對抗米提。不過當米提被消滅後，波斯又成為一個強勁的對手。
10. 西元前 6 世紀，波斯王居魯士(Cyrus)終於靠他的軍事才能和政治手腕征服了巴比倫。到了前 5 世紀初大流士(Darius)在位的時候，波斯的領土已經包括了現代的伊朗、兩河流域、小亞細亞、東南歐一隅、埃及與巴勒斯坦，成為有史以來最大的帝國。
11. 西元前 4 世紀中，波斯國內的政權不穩，政變迭起。地方政治上，原來比較尊重各地原有傳統的態度也變得嚴苛，使得被統治者心生不滿，因而當亞歷山大揮軍東指，波斯境內各地人民大多沒有抵抗的決心，雄峙一方的波斯帝國也就在數年之間完全瓦解。
12. 西亞古文明時代，受到外力的推動之下才得到新的動力。波斯帝國代表的就是這一個新的動力。從此之後，古埃及和兩河流域文明退居幕後，繼之而起的是波斯文明和與之相抗衡的希臘文明。西亞地區和埃及歷經波斯的統治、希臘與羅馬文化的衝擊，最後終於抗拒不住回教的強大吸引力而臣服在阿拉的腳下。

19-1-4 古印度文化

1. 西元前 2300 年，位於印度河西部的印度河流域產生了一個範圍廣泛的城市文明，和前此的聚落文明有顯著的不同。這「印度河河谷文明」的特徵是有良好的城市計畫，其城中有磚造的穀倉、高塔、浴池等公共建築。這時的貿易已經由海路遠達兩河流域。
2. 西元前 1500 年左右，一批自稱阿利安人(Aryan)的民族由西北方進入印度河流域，成為新的主人。阿利安人語言是屬於印歐語系，因而學者推論他們的原居地是在中亞裡海附近，由這裡到南俄草原地帶是古代印歐民族的活動地區。
3. 阿利安人用武力征服了印度河流域，在整個人口中，他們所占的比例不大，於是為了保持這統治者的身分，就逐漸地把社會上的人分為 4 個階級（種姓制度）；原則上階級之間互不通婚，以免血統混雜。

階級	說明
最高階婆羅門(Brahmana)	如國王、貴族、僧侶等。
第 2 等剎帝利(Chhetri)	如軍人、武士等。
第 3 等吠舍(Vaisya)	如商人、平民或從事農耕畜牧的人等。
第 4 等首陀羅(Sudra)	出身卑微、靠勞力為生者，如奴隸。
排除在階級之外的「第 5 姓」	是連奴隸都不如的賤民，被禁止與其他階級的人一起喝水、洗衣、進食、身體碰觸。

至今仍然大致保持這 4 種階級區分，和其宗教信仰有密切關係。

4. 在印度人的宗教中有一項特殊觀念，就是輪迴：人死之後靈魂會經過一個複雜的程序，依照生前行為的善惡，重新誕生在世上，因而人此生的幸福與否，實際上是前世即注定了。人所能做的是接受現實，並且努力行善，以求來世能誕生在較高的階層之中。這種觀念對人生不可理解的苦難以及社會中不平等的現象提出一套解釋，同時給低階層的人一種得救的希望，於是成為印度宗教思想的基礎。
5. 輪迴並不能真正解決人的問題。人最好能跳出輪迴之外，不再受生與死的困擾。如何能達到這種境界，在於有一套複雜的哲學系統和苦修方式。「瑜珈術(Yoga)」就是為求沉思與苦行的一種方法。
6. 西元前 1500 年到西元前 500 年之間，阿利安人的宗教與文化，都保存在他們的經典吠陀經(Veda)之中。吠陀經中所顯示的宗教是多神信仰，其中最主要的神明或者說「力量」是婆羅門(Brahman)，代表永恆與無所不在的唯一主宰，是所有生物靈魂的根源，因而人們稱其為「婆羅門教」。
7. 西元前 6 世紀，佛教的產生。佛教的創立者釋迦原是一位王子，因為要瞭解人生的意義而出家苦行，最後終於覺悟到人生的苦痛與憂愁來自人心的貪慾，因而要除去苦痛就必須除去心中的慾念。當所有的貪慾都被克服之後，人才能體會到一種沒有痛苦與快樂，無人、無我的寂滅境界，稱為「涅槃」。在印度本地，佛教的影響力反而逐漸減弱，最後為「婆羅門教（亦稱印度教 Hinduism）」所取代。
8. 由於佛教的信仰主張眾人皆可以成佛，打破了婆羅門教原有的階級觀念，加上一度受到政府的支持，發展十分迅速，其全盛時期在西元前 200 年到西元後 200 年間，說明如下：

佛教分為	說明
大乘佛教	經北方傳入中國與日本。
小乘佛教	小乘則由南方傳至錫蘭（今斯里蘭卡）和東南亞。

19-1-5 古希臘文化

歐洲文明有兩個重要的源頭說明如下：

源頭	文化	釋義
西亞	猶太教和基督教	帶來的是出世的宗教生活與道德規範。
希臘	羅馬的古典文明	帶來的是入世的知識、文藝和科學精神。

一、希臘世界的興起

1. 地中海沿岸地區，主要包括愛琴海中的諸島和沿地中海岸的希臘、小亞細亞等地，是希臘文明的發源地。在西元前 2000 年左右，一批屬於印歐語系的民族開始進入希臘半島和小亞細亞西岸，最發達的地方是克里特島(Crete island)。
2. 西元前 750 年，希臘人接受了腓尼基文字，而將其轉化為希臘字母，進入了歷史時代，各種文化經濟活動開始蓬勃發展。百年後，發展出了高度的文化。而產生了希臘 3 大哲學家蘇格拉底、柏拉圖、亞里斯多德。
3. 西元前 6 世紀末，發展出一套民主制度(democracy)。所有的公民組成公民大會來制定法律，所以大體上維持了 200 多年。但是，所謂的公民是指 18 歲以上的男性，不包括婦女和奴隸。
4. 西元前 6 世紀到 4 世紀末，從希臘世界紛擾不斷、但同時也是文化最燦爛的時代。希臘北方的馬其頓(Macedon)王國興起，統一了希臘；年輕的亞歷山大東向用兵，征服了兩百年來一直威脅希臘世界的波斯帝國，其勢力直逼印度。

二、亞歷山大帝

1. 西元前 336 年，亞歷山大即位為馬其頓王，開始了一連串的征伐。去世時，名義上在他統治之下的地方包括希臘本土，以及原來的波斯帝國，疆界東至印度河西岸。去逝後，四分五裂。由托勒密(Ptolemy)統治埃及，賽流卡斯(Seleucus)統治兩河流域、波斯和小亞細亞，安提哥那(Antigonus)統治馬其頓和希臘。

2. 亞歷山大帝國本身雖未能長存，但將此後歷史的發展帶入一個新境界。在帝國分裂後，希臘人仍然是各地的統治者，其文化不斷地進入西亞和埃及，和當地文化融合成為一種新的文化，後人稱之為「希臘化文化」。
3. 在希臘化時代中產生的一些重要成果，如歐幾里德(Euclid)的幾何學原理以及阿基米德(Archimedes)的立體幾何和浮體力學等，托勒密王朝支持下而成立的亞歷山卓城(Alexandria)圖書館。西元前 3 世紀中，義大利半島羅馬人逐漸以武力取得地中海沿岸各地的控制權，取代希臘文化。

19-1-6 羅馬的興衰

1. 羅馬崛起奠定了此後 2000 年大一統國家的規模，自此開始普遍地深入西歐各地。西元前 8 世紀，義大利半島西岸中部的臺伯河下游，是一片富庶的拉丁平原(La-tium)，拉丁人在臺伯河畔建立了羅馬城，開始成為獨立國家。若以政治形態來作為歷史分期的依據，羅馬歷史的發展可分為 3 期。說明如下：

時代	說明
王政時代 （西元前 510 年前）	根據傳說，王政時代的最後兩個國王都是伊特拉士坎人。王政於西元 510 前年被推翻，此後羅馬歷史就進入共和時代。
共和時代 （西元前 510 年至西元前 27 年）	國家的最高執政機構是公民大會，惟實際上政權是操在由公民大會選出的兩名執政官手中。另外又有元老院(Senate)，其中元老是由退休的執政官和貴族擔任，任期終身。元老院的建議均為執政官所尊重。因此，對政務有很大的影響力。可見這種共和政府並不是真正的民主政府。西元前 3 世紀占領了整個義大利，打敗北非的迦太基，並且積極地進入希臘化世界，一方面大量吸收希臘文化，一方面逐漸取得希臘化世界的控制權。凱撒和其義子屋大維，曾率軍征服高盧。（Gaul，今法國）
帝國時代 （西元前 27 年至西元 476 年）	在屋大維的統治下，羅馬進入帝國時期，版圖包括義大利、高盧以及地中海沿岸的希臘化世界，開始了約 200 年的繁榮時期。從西元第 3 世紀開始，羅馬帝國逐漸在政治、經濟、社會各方面陷入混亂，最後終於分為東西二個帝國；西羅馬帝國於 5 世紀末葉瓦解。

2. 西元 4 世紀末，羅馬帝國在政治上分裂為東西二帝國，東帝國以君士坦丁堡為首都。分裂的原因，一方面是因為西半部義大利半島的經濟情況愈來愈壞，一方面是為了應付東方與北方的強鄰，為了軍事上的便利，遂將帝國的中心遷移到東方。當西羅馬帝國滅亡之後，東羅馬帝國仍然繼續維持了 1,000 年之久，可見這東移有其實際上的需要和益處。

3. 西元 2 世紀中葉開始，羅馬帝國北方的日耳曼人(German)已經入侵。

4. 西元 4 世紀之後，斯拉夫人(Slav)、日耳曼人等向南歐遷徙，大舉侵入羅馬帝國，於 5 世紀中落入日耳曼人的控制中。

5. 西元 476 年，羅馬最後一個皇帝被廢，西羅馬帝國覆亡。

6. 4 世紀中、羅馬皇帝君士坦丁於在羅馬帝國建立一個新的首都後，就被稱為「君士坦丁堡」。羅馬帝國分裂後，拜占庭一直是東羅馬帝國的首都，所以東羅馬帝國又稱為「拜占庭帝國」。

東羅馬帝國歷史的發展大致可以分為 3 大階段。說明如下：

階段	說明
第一階段	君士坦丁堡建立以迄 7 世紀回教的興起，是其最興盛的時期。
第二階段	回教興起到 11 世紀為止，帝國勢力迅速地擴張，征服了埃及、巴勒斯坦和敘利亞，東羅馬帝國的疆域喪失大半。但是靠著君士坦丁堡三面環海的優越防守形勢，仍能遏止阿拉伯人的入侵。
第三階段	始於 11 世紀土耳其人入侵小亞細亞，致拜占庭帝國陷入長期苦戰，至西元 1453 年，君士坦丁堡被土耳其人攻陷，帝國正式滅亡。

7. 皇帝是查士丁尼（西元 527~565 年）。命令一批學者將過去的法令通盤整理，成為著名的「查士丁尼法典」。這可以說是古代希臘羅馬文化中法律知識的總結。現代歐洲各國的法律，大都以查士丁尼法典中所保存的羅馬法為基礎。

8. 自從君士坦丁大帝讓基督教合法化並且自己成為基督徒之後，君士坦丁堡就成為東羅馬帝國的宗教重鎮。在西羅馬帝國瓦解之後，以君士坦丁堡為中心的基督教教會和羅馬教會的關係越來越疏遠，漸漸形成另一個系統，後來稱為「希臘正教」，羅馬教會則稱「羅馬公教」。

19-1-7 蒙古帝國

1. 早期活躍在中亞草原的游牧民族，東邊的匈奴、西邊的大月氏等。
2. 西元 6 世紀中葉的突厥(Turk)。突厥部族發源於阿爾泰山山麓，到了 6 世紀末葉時已經形成了一個橫跨歐亞大陸的草原帝國，東邊與中國為鄰，西邊則和拜占庭帝國接壤。
3. 西元 6 世紀末葉，突厥因內部權力鬥爭而分裂為東西二部，西突厥同化於回教，成為西亞回教世界的一部分，也是日後土耳其帝國的根源；東突厥則接受了佛教，為後來蒙古帝國的先驅。
4. 突厥帝國的瓦解使得中亞草原的諸游牧部族各自為政，產生了一些小的國家。在中國邊境的有契丹（遼國）、西夏、女真（金國）等。
5. 13 世紀初，新興於蒙古草原的蒙古族，在成吉思汗的領導下統一了整個中亞草原。但是這個游牧帝國和已往的突厥不同，它不滿足於獲得草原的控制權，還想更進一步征服整個世界。於是西向征服了伊朗，以及黑海以北的南俄草原區，建立了蒙古四大汗國「窩闊臺汗國」、「察合臺汗國」、「金帳汗國」、「伊兒汗國」，與當時東亞地區的「大元帝國（元朝）」各自統治。
6. 四大汗國中最先滅亡的是窩闊臺汗國，被元朝和察合臺汗國所瓜分，窩闊臺汗國遂滅亡。而伊兒汗國與察合臺汗國則均在 14 世紀走向分裂，最終被帖木兒所滅。最後一個滅亡的是金帳汗國，其統治俄羅斯等地長達兩個多世紀，俄羅斯直到 1480 年才擺脫蒙古人的統治獨立。其後，金帳汗國分裂為幾個小汗國，最終都被俄國所吞併。

19-1-8 回教的興起與阿拉伯帝國

1. 穆罕默德對猶太教、基督教的教義和歷史，有相當的瞭解。他自稱「先知」，開始宣講一種新的宗教。他的教義，後來被蒐集成為回教的聖經——古蘭經(Koran)。
2. 根據古蘭經，世間唯一真神阿拉(Allah)，具有無上的權威，所有的人必須絕對地順服阿拉的旨意。古蘭經是用阿拉伯文寫成，更使得阿拉伯人覺得這是屬於自己的宗教，因而信徒人數急速增加。

一、回教信仰的特質

1. 阿拉伯文稱為「伊斯蘭」(islam)。一個回教徒所應遵守的基本清規是，堅定自己的信仰，每天定時祈禱五次，每年齋戒一個月，一生至少去聖地麥加(Mecca)朝拜一次。
2. 在回教家庭中，父親是具有絕對權威的家長，回教允許一夫多妻，一個男子可以合法地娶四個妻子，尚不計妾。
3. 11 世紀之後，從中亞草原來的塞爾柱土耳其人和鄂圖曼土耳其人先後進入小亞細亞，接受回教信仰，建立國家，成為回教世界的新主人，伊斯蘭世界從此落入非阿拉伯人的回教徒的統治之中。鄂圖曼土耳其人在西元 1453 年攻陷君士坦丁堡，東羅馬帝國滅亡，整個地中海東岸就進入一個新的歷史時代。

二、阿拉伯國家聯盟

1. 西亞和北非中古時代是阿拉伯帝國的核心，那裡的人民除了信仰回教以外，而且有共同的歷史傳統，19 世紀又大都淪為歐洲帝國主義的殖民地。
2. 第二次世界大戰將近結束時，較早獲得獨立的 7 個國家—埃及、伊拉克、敘利亞、黎巴嫩、約旦、沙烏地阿拉伯和葉門。1945 年，在開羅簽約，建立「阿拉伯國家聯盟(League of Arab States)」。後來在這一地區裡獨立的國家逐漸增多，加入這一組織的國家也隨著增加，會員國現已增至 20 多個。
3. 1950 年，訂立聯防與經濟合作條約，設立「聯防理事會」、「經濟理事會」等。
4. 1965 年，訂約創立「阿拉伯共同市場」，使這一組織趨於繁密。
5. 阿拉伯聯盟除了團結阿拉伯國家以外，「反對以色列」也無形中成為這一組織的重要目標。
6. 1948 年，猶太人宣布建立以色列國家以後，阿拉伯人就視之為眼中釘，以、阿之間時常發生戰爭。後來經由美國從中調停，以色列與埃及在 1978 年，達成和解協定後，卻遭到不少阿拉伯國家的反對，而使阿拉伯聯盟顯露裂痕。

19-1-9 基督教的早期發展

1. 西元前 6 世紀，猶太人亡國之後，信仰仍然極為堅定，不懼一時的失敗，相信終有一天會得到「救世主」的拯救。

2. 耶穌(Jesus)也是這樣一個英雄，他死後復活，並且應允追隨他的人可得永生。不同的是，他雖然也重視儀式，但更強調人必須過正直而道德的生活。
3. 被羅馬人釘死在十字架上。他的門徒相信他在死後復活升天，並且會再回到世上來拯救他的信徒。他們稱他為「基督(Christ)」，原義為「受膏油者」。
4. 耶穌死後，他的門徒開始四處傳教，其中以保羅最為重要。保羅是個出生在小亞細亞的猶太人，起初對基督教很反感，卻在一次旅途中，突然受到感召，成為信徒。
5. 皇帝君士坦丁，下令予基督教合法的地位，他自己後來也受洗成為信徒。到四世紀末期，基督教成為帝國內唯一合法的宗教，其他的宗教一律遭到禁止。昔日受迫害的基督教，這時反而成為不寬容異己的絕對權威。
6. 基督教教會的組織亦逐漸形成，有主教、教士等階級之分。主教的權力愈來愈大，可以任命教士，並且有解釋教義之權，督促信徒的修行與道德。至 5 世紀，羅馬城的主教成為整個教會的領袖，後又稱為「教宗(Pope)」。

19-1-10 十字軍東征及其影響

1. 11 世紀後的 200 年間，十字軍東征前後共有八次，是因為前往耶路撒冷朝聖的基督徒經常受到回教徒的襲擊，而拜占庭帝國又飽受土耳其人的威脅，於是由羅馬教宗發起組織以西歐騎士為主的東征軍，一方面保護拜占庭帝國，一方面要將聖地耶路撒冷由回教徒手中解救出來。十字軍東征只有第一次可以說是成功的，並且建立了耶路撒冷王國，其餘的幾次大都無功而返。
2. 十字軍雖然沒有達成任務，仍然對歐洲社會造成許多間接的影響。說明如下：

方面	說明
軍事	近東地區建立了許多堅固的城堡，後來也成為回教徒模仿的對象。
經濟	東征的軍隊需要大量的財源和不斷的補給，以致西歐教會和國家開始改用新的稅制，連帶使商業活動更為發達。
貿易	許多十字軍軍人由於接觸到阿拉伯世界高水準的生活方式，回到歐洲後不免要繼續享用各種東方的香料和奢侈品，也促使歐洲商人更積極地經營與東方的貿易。

3. 十字軍的熱潮過去之後，歐洲又經歷了一次更大的變動，使整個社會受到極大的打擊，是從 14 世紀初開始，歐洲各地所經歷「黑死病（即鼠疫）」的流行。
4. 15 世紀中期，歐洲各地的人口在百餘年間大量減少，大約只有 13 世紀時的一半。
5. 15 世紀中葉，活字印刷術也從開始流行，大量降低書籍的成本；於是，新的知識可以廉價地保存和流傳，對促進工業技術和科學的發展有很大的助益。
6. 在航業方面，資本家開始興建大船，可以多載貨物，而且較不畏惡劣的天候。尤其是尾舵的使用，可以更精確地控制航向。
7. 歐洲船員對大西洋沿岸的航行也愈來愈加熟悉，奠定了日後海外拓殖的基礎。由此看來，黑死病雖然給歐洲帶來一次大災難，但同時也給歐洲社會與經濟一次重組的機會，使歐洲歷史邁向一個新的方向。

19-1-11 土耳其帝國的興起

1. 西元 13 世紀末，突厥人後裔的一支在其領袖鄂圖曼（Othman，西元 1299 至 1326 年）的領導下，在小亞細亞建立國家，取代了前面的塞爾柱土耳其王國，後來就稱為「鄂圖曼土耳其帝國(Ottoman Turkish Empire)」。
2. 西元 1453 年，攻陷了君士坦丁堡，結束了拜占庭帝國一千多年的命運。迅速地擴張領土，其疆域之大不亞於古代的波斯帝國。
3. 帝國的政府分行政、宗教和軍事三大部門，由一個位在蘇丹（Sultan，即其國王）之下的宰相來統領。鄂圖曼帝國的擴張從 16 世紀後期，直到 18 世紀中葉。

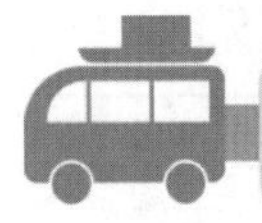

19-2 中古世界史

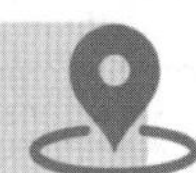

19-2-1 中古時代的歐洲

1. 16~17 世紀，歐洲發展成現代的民族國家。羅馬中央政府瓦解之後，歐洲各地遂成為蠻族瓜分的對象，如今日法國境內的法蘭克王國、義大利半島上的倫巴底和東哥德王國、西班牙的西哥德王國、北非的汪達爾王國，以及英國的盎格魯撒克遜諸小邦。

2. 西元 800 年，法蘭克王國國王查理曼(Charlemagne)由羅馬教宗加冕，稱「羅馬人的皇帝」，查理曼遂以西羅馬帝國的繼承者自居。到 10 世紀中，鄂圖一世(Otto I)勉強鎮服諸小邦，於西元 962 年由羅馬教宗加冕，稱為「羅馬皇帝」，他所統轄的王國後來就被稱為「神聖羅馬帝國」。

19-2-2 文藝復興時代的歐洲

一、義大利與文藝復興

1. 歐洲發展到了 14、15 世紀。文化上，產生文藝復興運動，以恢復古希臘羅馬文化的復古運動，後來在藝術、文學等方面開拓出新的領域，使歐洲各國文化思想蓬勃的發展。
2. 從 11、12 世紀開始，當西歐封建制度方盛，義大利北部城市佛羅倫斯、米蘭、威尼斯等最為著名。這些城市靠著其優越地理位置，成為西歐與拜占庭帝國以及阿拉伯世界之間的貿易轉口中心，賺得了大量的財富，於是商人階級就成為這些城市的主要角色。

二、文藝復興的特質－人文主義

1. 許多人物都不惜重金，以能夠請到一位有名的藝術家或作家到他們的宮廷中為榮。雖然一些最偉大的藝術品，仍是替教堂或教會所做的，但藝術家工作的對象和主顧已經遠超出了教堂和宗教題材。一個新的時代的來臨就是「文藝復興（Renaissance，意即再生）」的意義。
2. 即使採用舊的宗教題材，如耶穌被釘上十字架、耶穌誕生等，也能呈現出新的精神，重視畫面人物的表現，而不再像中古的繪畫那樣，主要在藉畫面來表達信仰的虔敬。

人文主義思想		
但丁的《神曲》	薄伽丘的《十日談》	馬基維利的《君主論》
拉伯雷的《巨人傳》	康帕內拉的《太陽城》	

三、自然科學天文學

天文學家	年代	理論
波蘭 哥白尼	1543 年	「天體運行論」，提出了與托勒密的地心說體系不同的日心說體系。
義大利 伽利略	1609 年	發明天文望遠鏡，之後出版《星界信使》、《關於托勒密和哥白尼兩大世界體系的對話》。
德國 克普勒	1609 年	《新天文學》和《世界的諧和》提出行星運動三大定律，判定行星繞太陽運轉是沿著橢圓形軌道進行的，而且這樣的運動是不等速的。

四、文藝復興繪畫

文藝復興三傑：達文西、米開朗基羅、拉斐爾。

人物	作品
達文西	〈最後的晚餐〉和〈蒙娜麗莎〉現存羅浮宮最為世人矚目。
米開朗基羅	西斯廷禮拜堂壁畫，〈創世紀〉、〈最後的審判〉、〈聖殤〉等。
拉斐爾	〈美麗的女園丁〉、〈西斯廷聖母〉、〈聖體爭辯〉、〈雅典學派〉等。
波提且利	〈維納斯的誕生〉、〈誹謗〉、〈春〉等。
提香	〈懺悔的馬格琳達〉、〈烏爾賓諾的維納斯〉等。

19-2-3 麥地奇家族(Medici)

佛羅倫斯 13~17 世紀時期在歐洲擁有強大勢力的名門望族。麥地奇家族的財富、勢力和影響源於經商、從事羊毛加工和在毛紡同業公會中的活動。然而真正使麥地奇發達起來的是金融業務。麥地奇銀行是歐洲最興旺和最受尊敬的銀行之一。麥地奇家族以此為基礎，開始是銀行家，進而躋身於政治家，教士，貴族，逐步走上了佛羅倫斯，義大利乃至歐洲上流社會的巔峰。在文藝復興時期，麥地奇家族的重視於藝術和建築方面，喬凡尼貝里尼是這個家族中第一個贊助的畫家。在建築方面，麥地奇家族成就了佛羅倫斯著名的景點，包括烏菲茲美術館、皮蒂宮、波波里庭院和貝爾維德勒別墅。該家族在科學方面也有突出貢獻，贊助了達文西和伽利略，使得後世稱麥地奇家族為「文藝復興教父(The Godfathers of the Renaissance)」。

19-2-4 宗教改革

1. 西元 1530 年，醞釀改革的天主教，在新教的刺激之下，開始一連串的改革。改革後的天主教，其教義和新教最大的不同。說明如下：

教別	信奉地區	說明
新教	日耳曼諸國	只承認聖經為唯一的權威。
天主教	法國、西班牙以及義大利諸小邦	聖經外，承認傳統的權威。包括了教宗及教會的制度，如行聖禮、對聖母、聖人和聖物的崇拜等。

2. 西元 11、12 世紀時，教會歷經了一連串的革新運動，加強了修院的管理，強化教會的內部組織，並且重建其凌駕世俗權勢之上的威望。不過，經過數百年的時間之後，到 16 世紀初期，教會內部腐化的情況再度嚴重起來，其中最為一般人所指責的就是出賣「赦罪券(Indulgence)」，以及買賣教職等，於是改革的呼聲再度提高；而這一次的改革結果使得基督教世界從此分裂，對此後歐洲文化的發展，影響極為重大。

3. 西元 1550 年代，奉行新舊兩派教義的國家終於決定，每一個國家的統治者有權決定該國的信仰，但是在該國境內的人民也必須同時奉行相同的教派，否則只有遷居至他國。不過這項決定只適於日耳曼境內信奉路德派與天主教的國家，而茲文里與喀爾文的新派則被排除在外。

4. 「新教」（也就是一般所稱的基督教），而羅馬教廷所代表的被稱為「舊教」（現在一般稱之為天主教），改革說明如下：

改革者	主張	說明
日耳曼馬丁路德	因信得救	「因信得救」的主張其實是根本上否認了教會，每一個人只要憑著他的信心，藉著閱讀神的話語（聖經），就可以直接和上帝接觸。
蘇黎士茲文里	因信得救	主張一種更樸素的崇拜方式。因此，反對路德在信徒聚會中保留的儀式，如歌唱、聖詩以及聖餐禮等。他尤其認為聖餐禮完全是一種象徵性的儀式，好讓教徒堅定自己的信念。
日內瓦喀爾文	因信得救	組織成一個清晰完整的神學系統，其基本信念是，人的得救與否完全是神預先設定的，人並無法藉善功、善行或懺悔來改變自己的命運。
英國國王亨利八世	宗教獨立	最大的影響是英國從此真正成為一獨立王國，不論在世俗或宗教上都不再接受除國王之外的任何權威。

19-2-5 英國議會演進

1. 9 世紀間，英國的貴族和教士組成「賢人會」，成為國王的諮詢機構，凡遇國家大事，都須先徵得賢人會的同意，國王才能公布施行。
2. 11 世紀，賢人會改名為「大議會(Great Council)」，功能還是沒有改變。
3. 1215 年，英國貴族們起來反抗約翰王(King John)的暴政，迫他簽署大憲章，其中規定國王徵收新稅或特別捐，事前必須獲得大議會的批准；同時又規定未經法院的裁判，國王不准囚禁貴族等。
4. 約翰王的兒子亨利三世(Henry III)違反了大憲章，貴族就將他囚禁起來，召開擴大的議會，稱為「國會(Parliament)」。
5. 14 世紀，國會又分為上下兩院：由貴族和高級教士出席的會場，稱為「貴族院(The House of Lords)」，或稱為「上議院」；各郡和各城市當選代表出席的會場，稱為「眾議院(The House of Commons)」，或稱為「下議院」。國會經常利用徵收稅捐的同意權，不斷迫使國王從事政治改革。因此，國會就成為限制王權的重要機構了。

19-2-6 法國大革命

1. 中古歐洲的貴族和教士，占有大部分土地，享受很多特權。這種情形至 18 世紀還沒有多大改變。加上國王十分專制，政府可以隨意拘捕人民；貴族生活奢靡，這就是「法國大革命」的主要背景。
2. 大革命爆發的導火線卻在財政問題，迫得國王路易十六召開三級會議，來解決財政的困難。1789 年 7 月 14 日，攻破巴士底(Bastile)監獄，法國專制行政體系完全瓦解。1793 年，路易十六和王后被處死。
3. 路易十六被判處死刑，無論對內或對外都有頗大的影響。原來當時與法國作戰的普、奧兩國，乘機宣傳革命的可怕，邀請英、荷、西等國參戰，結成「第一聯盟(First Coalition)」，聯合對法作戰，致使法國一時陷於嚴重的外患之中。
4. 法國國內本來還潛伏著不少反革命的貴族和教士，他們乘機鼓動農民起來叛變，致使法國內部相繼發生叛亂事件。再加上內奸和外敵相勾結，法國的處境更趨險惡。

一、拿破崙的成功

1. 法國出現一位傑出的人物，這就是後來接掌法國政權的拿破崙(Napoleon Bonaparte)。
2. 1796 年，督政政府任命他為遠征義大利總司令時，年齡還未滿 27 歲，連續獲勝。
3. 1797 年，揮兵北上，進攻奧國，迫使奧帝求和訂約。利用法人崇拜他的心理，發動政變，脅迫國會上、下議院的議員，選他為「第一執政」，取得政權。
4. 1804 年，將第一執政改為「皇帝」，並即位。拿破崙稱帝的同時，英、俄、奧等國又組成聯盟，準備圍攻法國。
5. 1805 年，拿破崙先發制人，親率軍隊東征，先擊敗奧軍，接著又擊敗俄、奧聯軍。
6. 1806 年更擊潰普軍，進占柏林，迫普魯士割讓其國土的一半。
7. 1807 年再敗俄軍，迫俄皇訂約停戰，俄國且答應助法攻英。拿破崙東征回法後。又以助西攻葡為名，在 1808 年派兵進占西班牙，加上派部將進占義大利，於是歐洲大部分地區由他一人支配，形成拿破崙獨霸歐洲的局面。
8. 拿破崙在獨霸歐洲的 4、5 年間，還將歐洲加以改造，除自兼義大利王以外，還派其兄弟、親屬為西班牙、荷蘭等地的統治者。
9. 1806 年取消神聖羅馬帝國，約現在德國境內，建立「西發里亞(Westphalia)王國」和「萊因邦聯(Confederation of the Rhine)」；前者由其幼弟出任國王，後者由他自兼「護國主(Protector)」。此外，他又在今波蘭境內建立「華沙大公國」為其附庸。
10. 拿破崙自稱為「革命之子」，在他直接或間接統治的地區都廢除封建制度，取消貴族和教士的特權，解放農奴，推行拿破崙法典等。因此，那些地方雖未經過革命，卻收到與革命同樣效果。拿破崙以武力和法典來推廣法國革命的主張，這就是他對歐洲最大的貢獻。

二、拿破崙的失敗

1. 1807 年，法、俄訂約，俄國本來答應助法攻英，但後來俄國不顧拿破崙的禁令，公然與英國通商。
2. 1812 年，拿破崙痛恨俄國的失信，親率 60 萬大軍征俄。最初本來很順利，9 月進占莫斯科，但進占時適逢大火，全城盡燬，軍糧無著，迫得拿破崙只好撤兵。拿破崙撤兵時，北地已屆嚴寒，再加上俄國採取堅壁清野的政策，法軍所到之處，無法覓得食物，飢兵遭受風雪與俄軍的襲擊，沿途死亡不計其數。其能在凍餒中退出俄境者僅十分之一。

3. 拿破崙征俄失敗後，英、俄、普、奧等國又組成聯盟，發動所謂「解放戰爭」。此後的戰爭拿破崙就勝少敗多，無法阻止聯軍的攻勢。
4. 1814 年春，俄、普、奧、英四國的軍隊攻入法國。4 月拿破崙與四國簽約，宣布退位，避居於地中海中的厄爾巴(Elba)小島上。但他雄心未泯，翌年又率領一千多人，潛回法國，驅逐當時在位的法王路易十八，重掌法國政權。
5. 1814 年 6 月，滑鐵盧(Waterloo)一役中，拿破崙兵敗被俘。英國將他放逐在大西洋中的聖赫勒拿(St. Helena)島上，抑鬱以終。

19-2-7 保守勢力的再抬頭

自從拿破崙失敗後的 40 年間，主張專制的保守勢力又一度瀰漫於歐洲各國的政壇上。以下的會議及同盟使歐洲產生專制政體。

事件	內容
維也納會議	1. 被拿破崙占領的地區，恢復原有王室的統治權。 2. 神聖羅馬帝國不再恢復，在其舊境內尚存的 30 多個邦國，聯合組成日耳曼邦聯。 3. 將華沙大公國改建為波蘭王國，由俄國沙皇兼任國王。 4. 瑞士復國，各國保證其永久中立。
神聖同盟	1815 年，俄國沙皇邀約了奧國皇帝和普魯士國王，呼籲歐洲各國的國王，共同遵守基督訓示，彼此團結而為「神聖同盟(Holy Alliance)」。各國君主紛紛簽字參加，加強專制君主間的團結與合作，神聖同盟遂有助長保守勢力興起的作用。
四國同盟	1815 年，長期對拿破崙作戰的四強—俄、英、普、奧，簽定「同盟條約」，約中規定彼此諮商共同的利益，必要時使用武力來維護歐洲和平；後來專制強國就引用這一條款來鎮壓民主革命。

19-2-8 俄羅斯的興起

1. 西元 9 世紀，建立了第一個有組織的國家，首都為基輔(Kiev)，稱為「基輔公國」。

兩件大事	說明
希臘正教傳入	猶太教、回教、基督教，紛紛隨著商人傳入，當時國王鑑於拜占庭的希臘正教有莊嚴神祕的儀式，承認國王的權威，下令全國人民，為基督徒。這樣一種強迫人民改變信仰和生活傳統的方式，在表面上雖然沒有遭到太大的阻力，但實際上卻不能完全斷絕長久以來流傳在民間的一些迷信和神祕思想，於是民間信仰遂與基督教混合，發展出一套有地方特色的宗教信仰，稱為「希臘正教（亦稱東正教）」。
經濟的發展	將北方與波羅的海區域所出產的毛皮、蜂蜜、鹽、麻等特產，藉河川之便運往拜占庭和回教世界，再將後二者的手工藝品、珠寶、武器、香料等貴重貨物運回北方。13 世紀初，波羅的海東岸地區為一批日耳曼人所占領，而黑海北岸又逐漸為遊牧民族所統治，基輔公國的對外貿易路線均被切斷，經濟大受打擊。

2. 蒙古統治時期

　　13 世紀中，蒙古帝國迅速擴張，攻陷基輔，建立欽察汗國。一直到 15 世紀末期，斯拉夫人才在莫斯科公國的領導下掙脫了蒙古的控制，恢復獨立。蒙古人統治俄國 240 年，對俄國人民的殺戮與城市的破壞，使得俄國南方殘破，人民紛紛向北方森林區遷徙，莫斯科公國就是在這種情況之下興起的。

3. 莫斯科公國的興起

　　莫斯科城，由於地理形勢優越，位於西部河流發源之處，控制了通往波羅的海和黑海的水路，在蒙古統治時代開始發展為有規模的國家。起初尚接受蒙古人的支持，到 15 世紀末葉遂有能力反抗蒙古人的統治，且兼併其他公國，勢力發展迅速，到了 16 世紀末期，其國土面積已經接近現代歐俄的部分。彼得大帝的西化政策（西元 1682~1725 年），使其國家由中古步入了近代。

第一次世界大戰後的國際形勢

4. 俄國是歐洲最專制又最落後的國家，直至 19 世紀前半段，內部還實行農奴制度。克里米亞戰爭失敗的影響，很多知識分子起來要求改革，沙皇亞歷山大二世在 1861 年始下令解放農奴。

5. 亞歷山大三世專制保守的政策，使和平改革絕望，人民思想反趨激烈，各種革命組織就紛紛建立。其中較重要者，一是「社會革命黨」，二是「社會民主黨」，後者就是日後俄國「共產黨」的前身。

6. 1894 年，尼古拉二世也是一位專制保守的沙皇。1905 年，日、俄戰爭失敗後，國內主張革新的人士，群起要求政治改革。尼古拉二世被迫召開國會，國會屢次要求改革，均遭尼古拉二世拒絕。1917 年，購買糧食的人與警察發生衝突，引起憤怒的人民起來暴動。政府派兵平亂，但軍隊反與暴動人民聯合起來，組織「蘇維埃(Soviet)」；國會也起來接掌政權，逼迫尼古拉二世退位，這就是「二月革命」。

7. 俄國民主政府建立後，一則由於各政黨爭權鬥爭，政局不穩定，二則由於過去作戰屢遭失敗，民心士氣十分低落。俄國共產黨首領列寧，返回俄國。很快就取得蘇維埃的領導權。他提出「和平！土地！麵包！」等口號，煽動士兵逃離部隊，工人接管工廠，農民霸占地主的田地；同時還鼓勵工人、農人等組織「紅衛兵(Red Guards)」，保護各地成立的蘇維埃；接著又提出「一切權力歸於蘇維埃」的口號，與民主政府對抗。等到各方布置妥當以後，就在同年 11 月發動政變，將民主政府推翻，另建蘇維埃政府，這就是「十月革命」。1918 年，與德、奧訂立的和約中，除割讓大批土地給德、奧以外，還付出巨額的賠款。俄國從此成為一個共產國家。

8. 俄國共產黨，將俄國改名為「蘇維埃社會主義共和國聯邦（The Union of Soviet Socialist Republics，簡寫為 U.S.S.R.）」，簡稱「蘇聯(Soviet Union)」，或稱「蘇俄」。在其新國名中無「俄羅斯(Russia)」字樣，其最大用意就是將來世界革命中，非俄羅斯的國家也可加入這個組織。

9. 在 1919 年，列寧為了推行世界革命，建立「第三國際(Third International)」，以為統一指揮各國共產黨活動的最高機構。

10. 第三國際指導之下，中國共產黨在 1921 年成立，日本共產黨在 1922 年成立。

11. 1924 年，列寧逝世後，俄國內部史達林(Joseph Stalin)和托洛斯基(Leon Trotsky)兩派爭權甚烈。後來史達林得勝，將蘇俄改造成為一個共產主義的工業強國。

12. 1986 年，蘇聯共產黨總書記的戈巴契夫(Mikhail Gor-bachev)，提出「民主」和「開放」兩大原則的改革計畫，這是蘇聯邁向民主的第一步。
13. 1989 年，訂定總統選舉法等；1990 年，人民代表大會始選出戈巴契夫為蘇聯首任總統。此外，蘇聯內部 15 個加盟國也在同年經由公民直接選舉的方式，各自選出自己的總統，各加盟國均享有充分的自治權，蘇聯從此轉變成一個民主的聯邦國家。
14. 1989 年，群眾持電鑽、鐵鏟等工具，拆毀分隔東西柏林圍牆的事件，與西德達成統一合併的目標。波蘭、捷克、匈牙利、羅馬尼亞、南斯拉夫、保加利亞和阿爾巴尼亞等八國，共產政權逐一瓦解。
15. 葉爾辛目睹蘇聯 15 個加盟共和國都已選出自己的總統，而且都各自珍惜自己國家的獨立自主權，乃建議將原有蘇聯的嚴密組織，改為鬆散的國協，稱為「獨立國家國協(Commonwealth of Independent Nations)」。但是，波羅的海三國—「愛沙尼亞」、「拉脫維亞」、「立陶宛」都不願參加這一組織，使國協剩下 12 國加盟國，加盟國各自推動其改革，而使改革進入另一新階段。

19-2-9 早期中南美洲的文明

年代	說明
西元前	南美洲安底斯山脈兩側，尤其是今日的哥倫比亞、厄瓜多、祕魯，以及智利北部等地區，是早期南美洲文明的發祥地。
西元前 3 世紀	人們就已經開始過著農業生活。
西元前 1 世紀	境內就已經產生了一些小國家。
西元 4~9 世紀	墨西哥南方的猶加敦(Yucatán)半島上，另一支稱為「馬雅」(Maya)的部族發展出相當進步的天文、曆算和獨特的文字，馬雅的曆算學相當進步，知道 1 年有 365 又 1/4 天。
西元 1400 年	印加(Inca)的部落，統一各自為政的許多小王國，建立了一個大國家。範圍包括由今日的哥倫比亞以南，一直到智利南端的整個安底斯山脈地區。
西元 14 世紀	一支稱為「墨西哥」(Mexica)的部族興起，逐步征服其他小國，建立所謂的阿茲提克(Aztec)帝國。
西元 16 世紀	阿茲提克帝國為西班牙人所滅亡。
西元 16 世紀後	墨西哥、馬雅與印加三個古文明在歷經長期發展後，先後被西班牙人征服。

1. 中南美洲的獨立運動，自哥倫布發現美洲以後，中南美大多數地方都成為西班牙的殖民地。也產生許多嚴重問題。
2. 1808 年拿破崙派兵進占西班牙，將原有國王囚禁，把中美、南美「半島人」的權利臍帶切斷，中美、南美人民就乘機起來反抗西班牙的統治。再加上當時英國因恐中美、南美落入拿破崙手中，也搧風點火，竭力鼓勵中美、南美獨立；於是中美、南美各地的獨立運動就如火如荼地發展起來。結果委內瑞拉(Venezuela)、巴拉圭(Paraguay)、阿根廷(Argentina)、智利(Chile)、哥倫比亞(Colombia)、祕魯(Peru)、墨西哥(Mexico)等相繼宣布獨立，獨立浪潮無法遏止。
3. 美國總統門羅(James Monroe)在 1823 年發表一項政策性的聲明：美國不願干涉歐洲事務，同時也希望歐洲國家不要干涉美洲事務；假設歐洲各強國要將專制推展到美洲來，美國就將以武力加以抵抗。這就是著名的「門羅宣言(Monroe Doctrine)」。

19-2-10 歐洲人海外探險與拓殖

1. 15 世紀以前，貿易的路線大致是由地中海西部到東部，然後由陸路分別到印度、中亞乃至於中國。回教世界興起後，阿拉伯商人不但控制陸上交通，也把持由印度洋到東方的海上貿易，他們是中國唐、宋、元、明時東西貿易的主要經營者。
2. 歐洲商人在這貿易中所扮演的只是轉運者的角色。即使如此，由於貨物的價格極高，轉手所得的利潤極厚，他們的財力已足夠支持文藝復興時代蓬勃的經濟的發展。
3. 西元 1453 年，君士坦丁堡被鄂圖曼土耳其人攻陷，東羅馬帝國滅亡，土耳其人取代了阿拉伯人在西亞的政治地位，嚴重地威脅到東西之間的陸路交通網。此時歐洲人，為了要繼續取得東方的物品，不得不開始積極尋求新的東去路線。
4. 歐洲人以造船和航海技術，向海外－大西洋、非洲西岸等地，開始探險活動。最早以國家力量進行海外探險的是葡萄牙，隨之而起的是西班牙。
5. 15 世紀初期，葡萄牙已經開始向大西洋和非洲西岸探索，經過 70 年的努力，葡萄牙人在西非海岸建立不少據點，從而獲得不少利益。如象牙、黃金以及奴隸。
6. 1486 年，葡萄牙航海家迪亞士(Bartolomeu Dias)率探險隊從里斯本出發，尋找「黃金之國」。當船隊駛至大西洋和印度洋會合處的水域時，頓時海面上狂風大作，驚濤駭浪，幾乎整個船隊遭到覆沒。最後巨浪把船隊推到一個未知名岬角上，這支艦隊倖免於難。迪亞斯將此地名命為「風暴角」，就是日後的「好望角」。

7. 1497 年，另一位探險家達・伽馬率領艦隊沿著好望角成功的駛入印度洋，滿載黃金、絲綢回到葡萄牙。此人穿過印度洋，建立起西自歐洲直達印度的海上航路。遂得以壟斷由東方（中國、蘇門答臘、印度）直接以海路抵達歐洲的商務活動。他們在印度、麻六甲、澳門乃至於日本，建立商業據點，與當地人民進行貿易，獲得極大利益。
8. 西元 1492 年西班牙航海家哥倫布（義大利人），他橫渡大西洋，抵達現在的西印度群島，後來又發現南美洲和中美洲諸地。但終其一生，他都沒有發覺他所到的地方不是東方，而是一個歐洲人所從不知道的新大陸－「美洲」。
9. 16~19 世紀，海上探險帶來殖民地，荷蘭、英國、法國相繼往海外發展，英、法在北美洲建立殖民地，荷蘭則往東方發展。歐洲人在航海、造船、火器等技術方面迅速進步亦是一大主因。這些技術上的進步也反映出歐洲文化本身的變動，這就是造成將來的「科學革命」和「工業革命」。

19-2-11 民主思潮

1. 歐洲到了 17 世紀，英人法蘭西斯培根(Francis Bacon)、笛卡兒(René Descartes)等，提倡歸納方法、演繹方法和實驗方法等研究自然界的各種現象。
2. 由於各國政府紛紛設立科學研究的專門機構，如英國的「皇家學會(Royal Society)」、法國的「科學院(Academy of Sciences)」等，積極提倡科學研究。科學研究從此就成為歐洲學術的主流，以下是當代的發明及研究帶動了民主思潮。

人物	發明、發現
法國人－笛卡兒	發現解析幾何。
英國人－牛頓	發現微積分、萬有引力及運動三大定律。
義大利人－弗打	發現電池。
英國人－波以耳	發現氣體體積與其所受壓力大小成反比例的定律。
荷蘭人－魯文霍克	利用顯微鏡發現原蟲、細菌。
英國人－金納	發明種牛痘以防天花傳染的方法。

3. 人文主義學

人物	研究
英國人－洛克	提倡人人平等、天賦人權及主權在民的學說。
法國人－孟德斯鳩	提倡立法、司法、行政三權分立以防止專制的學說。
法國人－盧梭	對天賦人權、主權在民的學說加以闡揚。
北美殖民地－傑佛遜	提倡人民有權推翻腐敗政府的學說，民主思潮從此發展起來。

19-2-12 美國獨立

1. 17、18 世紀中，不少英國貧民或受迫害的人民，移民北美洲東岸。建立了 13 個殖民地，同時也將源遠流長的議會制度與新的民主思想帶過去，這就是後來美國「獨立革命」的主要淵源。
2. 18 世紀中葉以前，英國擊敗法國取得法國的殖民地加拿大(Canada)，對法作戰中耗費金錢，戰後除在北美殖民地加強管制，杜絕走私，以期增加稅收以外，還相繼推行各種新稅。如茶稅、印花稅等。在英國歷史傳統孕育下的殖民地人民，深知政府開徵新稅，事先必須徵得人民的同意；而那些新稅未經 13 州人民的同意就悍然推行，在殖民地人民看起來，就是不合法的暴政。因此，群起抗納，並且抵制英貨。新稅問題就成為美國獨立革命的導火線。
3. 1773 年，波士頓(Boston)居民將一艘英船載來的 300 多箱茶葉倒入海中。英國政府改採比較嚴厲的壓制手段，派兵前往各地鎮壓反英行動。
4. 1774 年，各州代表在費城(Philadelphia)舉行第一次大陸會議，推舉華盛頓(George Washington)為民兵總司令。
5. 1776 年 7 月 4 日，發表著名的「獨立宣言(Declaration of Independence)」，正式以「美利堅合眾國(United States of America)」為國號宣布獨立。獨立宣言由傑佛遜起草，其中包括 3 大要點：
   (1) 任何人都生而平等，保有不可侵犯的圖生存、求自由、謀福利的天賦權利。
   (2) 任何政府的正當權力，均由人民同意而產生。
   (3) 任何政府如果破壞天賦人權，人民即可用武力將其推翻。
6. 獨立戰爭初期，法國、西班牙和荷蘭互結聯盟，幫助美國，美國獲得勝利。

7. 1776 年，草擬一憲章，稱為「聯邦條例(Articles of Confederation)」。後經各州議會的批准，組成邦聯政府。但是獨立戰爭結束後，各州均欲保持獨立自主權，邦聯政府幾乎瓦解。

8. 1783 年，英國與美聯邦引發戰爭，英國戰敗簽訂「巴黎條約」和約中，英國除正式承認美國獨立以外，割讓密西西比河(Mississippi River)以東，給這個新興國家，美國正式獨立。

9. 1787 年，各州重派代表，另訂「新憲法」。採取孟德斯鳩三權分立的學說，立法權由國會執掌，司法權由各級法院執掌，行政權由每四年改選一次的總統執掌。這是近代第一部根據民主學說制定的成文憲法。後來根據憲法規定舉行大選，華盛頓當選為首屆總統，組織聯邦政府，建立近代第一個「民主政府」。

10. 1803 年，向法國購買密西西比河至洛磯山脈的路易西安那州，美國領土第一次擴展。

11. 1818 年，向西班牙購買佛羅里達州，美國領土第二次的擴展。

12. 墨西哥脫離西班牙獨立後，內部變亂相尋，國勢衰弱，美國乘機侵略，藉故發動所謂「墨西哥戰爭」，派兵進占墨西哥的首都。墨西哥迫於無奈，只得將德克薩斯、新墨西哥、加利福尼亞等地割給美國，美國領土第三次重要擴展。

13. 1849 年，美國西岸加州沙加緬度河發現金礦，帶動人潮往西岸移動。

14. 1861 年林肯就職後，南軍開始向北軍進攻，美國的內戰「南北戰爭(Civil War)」，（1861 年～1865 年）就此爆發。北方獲勝。

15. 1840 年，有人發明了收割機，使拓殖工作更能加速推進。1880 年間，美國經濟突飛猛進中，產生不少富有的大資本家，如石油大王洛克斐勒(John Rockefeller)、鋼鐵大王卡內基(Andrew Carnegie)、金融業鉅子摩根(Pierpont Morgan)等。

16. 1867 年，向俄國購買阿拉斯加；1898 年，吞滅太平洋上的夏威夷，將之建設成軍略要地；同年還藉故發動「美西戰爭」，擊敗西班牙，奪得菲律賓群島、波多黎各(Puerto Rico)、關島(Guam)等地。

17. 第一次世界大戰前後十餘年間，美國經濟因極端繁榮，全國人民爭相投資工商業，競購公司股票，致使股票價格做不合理的上漲。

18. 1929 年～1933 年，美國倒閉的大公司多達三萬餘家，失業人數更達 1,500 萬人，造成美國空前未有的大災難，稱之為「經濟大恐慌」。

19. 1933 年，羅斯福總統，除採取緊急措施，管制金融，興辦各種公共工程救濟失業以外，另推行一連串具有長期性的經濟改革計畫，這些計畫總稱之為「新政(New Deal)」。

20. 1935 年國會通過重要的「社會安全法(Social Security Act)」規定：老年人給予養老金、失業者給予失業保險金、殘廢孤寡者給予補助、孕婦嬰兒給予健康服務等，建立周密的社會福利制度。

21. 羅斯福的新政，不僅解決經濟大恐慌的問題，而且由於建立社會福利制度，貧苦人民獲得生活保障，使美國社會更趨健全，因而博得人民的愛戴，連任四屆總統，打破美國總統不連任三次的傳統慣例。

22. 1947 年，杜魯門向國會要求立即援助危急的希臘和土耳其，使其始日趨穩定。國務卿馬歇爾(George C. Marshall)又提出一個「歐洲復興計畫（或稱為馬歇爾計畫）」，援助歐洲。西歐各國接受援助，使經濟迅速復甦，共產黨顛覆的技倆無法施展，西歐各國政局才漸趨穩定。

23. 1949 年，歐洲 12 國外交部，簽署了著名的「北大西洋公約」；約中規定：「締約國之一，在歐洲或北美遭受武力攻擊時，即視為對全體締約國之攻擊。」組成「北大西洋公約組織（North Atlantic Treaty Organization，簡稱 NATO）」，此公約組織就成為嚴密的軍事防禦體系。後來土耳其、希臘、西德和西班牙相繼加入。

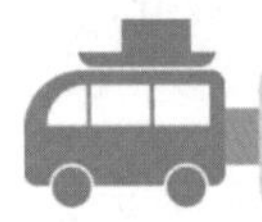

19-3 近代世界史

19-3-1 大和民族

一、大和民族

1. 大和民族從西漢時和中國接觸後始逐漸開化。7 世紀以後，又大量輸入中國隋、唐時代的文物制度，實行所謂「大化革新」，日本自此成為漢化深耕的國家。
2. 日本「萬世一系」的天皇，託言神權天授，實行專制。但自 9 世紀以後，大權逐漸落入權貴手中，形成和歐洲中古封建制度相類似的諸侯割據局面。
3. 日本封建割據的勢力，在 12 世紀以後的 600 多年中達到最高峰，此期謂「幕府時代」（1192~1867 年）。

4. 幕府時代，日本天皇無權，形同傀儡，由勢力最大的諸侯以「大將軍」的名義組織國家最高權力機關，稱為「幕府」，掌握全國的政權。
5. 在幕府時代的 600 多年中，幕府凡經三變。最初是源賴朝創立的「鎌倉幕府」，其次是足利尊氏創建的「室町幕府」，最後是德川家康創建的「江戶幕府」。此時各地諸侯割據立藩，不是一個統一的國家。
6. 日本幕府時代，由於諸侯長期割據紛爭，社會上有兩大階級：「貴族」與「平民」。
   (1) 諸侯豢養的許多「武士」，成為一種享有特權的貴族階級。
   (2) 平民又分農、工、商三個階層，農人就像中古歐洲的農奴，沒有遷徙和行動的自由；工人比農人的地位低，商人最賤。
   (3) 賤民階級，被稱為「穢多」，得不到法律的保障。當時階級畫分很嚴，連衣、食、住、行等都有定制，不得踰越。
   (4) 日本的武士和中古歐洲的騎士相近似，專替諸侯作戰。他們從小習武，以服從領主的命令為天職，篤守盡忠、尚義、節慾、不怕死等信條，這就是所謂「武士道」。

二、東西接觸和鎖國時代

1. 1543 年，葡萄牙商船漂抵九州的種子島，這是歐人進入日本之始。
2. 1549 年，耶穌會教士沙勿略(St. Francis de Xavier)進入日本，此為在日本傳教之始。
3. 1635~1853 年「鎖國時代」，基督教傳入後，傳達只信耶和華而不信其他神祇，與日本原有宗教如神道教、佛教等常起衝突，引起社會不安。幕府只准中國和荷蘭的商船至長崎一地貿易，其他，一律驅逐出境，同時還嚴禁日本船隻外航。
4. 1842 年，中國鴉片戰爭失敗，被迫開放五口通商以後，歐、美各工業強國也想以武力來打破日本閉關自守的政策，其中尤以美國最關切。
5. 1854 年，美國艦隊司令培理(Matthew Perry)率艦艘，強行進入下田、函館兩地為通商口岸，於是日本 200 多年閉關自守之局結束，對外關係進入一個新紀元。
6. 1858 年，日、美兩國簽訂正式商約，日本又開放長崎、大阪等地為通商口岸，議定關稅，並允許美國人在日本享有領事裁判權等。另俄、英、荷、法援例，相繼與日本簽訂類似的不平等條約。

7. 1867 年，在日本幕府末年，屏斥幕府軍政，奉還天皇實權。對強迫扣關的外國人予以征討的政治訴求活動，稱「尊王攘夷」，又稱「尊皇攘夷」，出自天皇。之後日本取消幕府，還政於年輕的明治天皇，即所謂「大政奉還」。

三、明治維新

1868 年，明治天皇親政時，雖然年僅 15 歲，以「求知識於世界」、「破除舊日陋習」，推行各種新政。

(1) 廢除封建制度「幕府」,「廢藩置縣」，階級制度，取消「穢多」非人的稱呼，是「尊王攘夷」思想高度發揮的表現，達成國家的真正統一。

(2) 擴建新式軍隊，明治維新主要目標在求強國，擴建新式軍隊為其重要工作。

(3) 建立立憲政制，明治維新之初，即已決定推行憲政。1885 年，實行憲政。1889 年，在首任總理大臣伊藤博文主持之下公布憲法，設立國會，建立君主立憲的政體。

(4) 獎勵工商業，明治維新中最重要的工作首推工業建設。

四、日本的強盛

1. 1894 年，甲午戰爭擊敗中國，奪臺灣和澎湖，1895 年簽訂「馬關條約」。
2. 1905 年，日俄戰爭擊敗俄國，簽訂「樸茨茅斯條約」，躍升為世界強國。

19-3-2 義大利的統一

一、緣起

1. 拿破崙征服義大利半島失敗，「維也納會議」造成義大利半島四分五裂的局面。
2. 維也納會議將義大利劃分成如下的幾個政治單位：倫巴底地帶(Lombardy)、威尼斯王國(Venetia)、薩丁尼亞王國(Kingdom of Sardinia)、兩西西里王國(Kingdom of the Two Sicilies)、教皇國(Papal States)、托斯卡尼(Tuscany)大公國等。
3. 奧國勢力最大。奧國除了直接統治倫巴底和威尼西亞以外，兩西西里王國與奧國訂有攻守同盟條約，內政外交都受奧國的支配。因此，奧國就成為義大利統一的最大障礙。

二、日益增強的統一運動

1. 1831 年，馬志尼(Joseph Mazzini)成立青年義大利黨(Young Italy)。鼓吹義大利統一。掀起廣泛的「復興運動」，統一成為整個義大利人民的共同要求。
2. 1848 年，薩丁尼亞王國艾曼紐二世（Victor Emmanuel II 義大利國父），成立國會，領導義大利的統一運動，對奧作戰。次年，對奧戰爭失敗。
3. 加富爾的建國準備：1858 年，薩丁尼亞王國首相加富爾(Cavour)獲得法皇拿破崙三世的協議，引誘奧國對薩丁尼亞進攻，法國則以抵抗侵略為名，派兵助薩作戰，薩國將西北邊兩處地方割讓給法國。

三、義大利統一的完成

1. 1859 年，奧國向薩丁尼亞提出限三日內解除武裝的通牒遭到拒絕後，薩奧戰爭(Austro-Sardinian War)因此爆發，薩丁尼亞戰勝。
2. 1860 年，加里波底(Garibaldi)獲得加富爾的祕密援助，渡海進攻南部的西西里王國。因為身穿紅色襯衫，被稱為「紅衫軍」(Red Shirts)。
3. 1861 年，通過了義大利憲法，並宣布伊曼紐二世為義大利王國的國王，這就是「義大利王國」正式成立之始。
4. 1866 年，乘普、奧戰爭的機會，收回威尼斯。
5. 1870 年，乘普、法戰爭的機會，收回羅馬以為首都，於是義大利統一完成。

四、義大利法西斯黨的興起

1. 墨索里尼(Benito Mussolini)，成立「法西斯黨(Fascist Party)」。宣示反共產黨主張，得到人民的贊同，法西斯黨迅速擴展起來。法西斯黨徒首先取得義大利北部各工業城市的政權，禁止工人罷工，社會秩序賴以恢復。
2. 1922 年，墨索里尼號召黨徒們起來奪取中央政權，墨索里尼出任首相，組織新的內閣。義大利政權從此落入墨索里尼的手中。
3. 墨索里尼取得政權以後，仿照共產黨，消滅其他政黨，實行一黨專政。

19-3-3 德意志的統一

一、維也納會議後的日耳曼

1. 19 世紀初，當拿破崙獨霸歐洲時，將日耳曼三百多邦合併為三十多邦，為日耳曼統一奠立初基。維也納會議時，將用德語文的三十多邦，組成一個散漫的日耳曼邦聯，設一公會，由奧國擔任主席，普魯士擔任副主席。
2. 奧國利用公會主席的地位，推行專制反動的政策，利用它阻撓日耳曼統一的工具。

二、統一運動的基礎

1. 1818 年，提倡「關稅同盟」，建立統一的關稅，以便貨暢其流，促進工商業的發展，這就是日後日耳曼統一的經濟基礎。
2. 1848 年的革命風潮中，日耳曼各邦代表曾經舉行一次日耳曼國民會議，議決建立統一的國家，訂定憲法，並推普魯士國王為皇帝，奧國反對。
3. 1850 年，普魯士國王邀請奧皇，商討統一日耳曼的計畫，又遭奧國反對。兩國因日耳曼統一的問題，彼此意見處處相左，難免一戰。

三、俾斯麥的鐵血政策

1. 1861 年，普魯士國王威廉一世(William I)即位，任命俾斯麥(Otto von Bismarck)為首相，實行「鐵血政策」，稱為「鐵血宰相」，統一日耳曼。
2. 締造統一的 3 次戰爭：「丹麥戰爭」，「普、奧戰爭」，「普、法戰爭」，均戰勝。
3. 1871 年，普魯士王威廉一世，在凡爾賽宮的「鏡廳」，正式即位為德意志帝國的皇帝，至此日耳曼全境統一。

四、德國納粹黨的崛起

1. 德國因惡性通貨膨脹，人民因此破產，經濟面臨嚴重危機，希特勒乘機崛起。
2. 1920 年，希特勒組織「國家社會黨（National Socialist Party，德文簡寫為 Nazi，音譯為納粹）」，主張廢除凡爾賽條約，恢復德國過去的光榮，獲得德國人的同情。
3. 1933 年，納粹黨已經成為德國第一大黨。德國總統興登堡依照憲法規定，邀請希特勒出任內閣總理。

4. 1935 年，希特勒宣布廢除凡爾賽條約，接著就以「大砲重於奶油」為口號，重整軍備，集中全國的人力和物力，拼命推行經濟建設計畫。基礎雄厚的德國工業，經過徹底動員，準備向外人肆侵略。

5. 日本吞併朝鮮

朝鮮原是清朝的藩屬，1895 年甲午戰爭清朝戰敗，簽訂馬關條約，清朝承認朝鮮為獨立自主國。而俄國亦向朝鮮半島擴張勢力。1905 年日俄戰爭日本獲勝後，要求俄國不得干涉朝鮮，並強迫朝鮮政府簽訂朝日協約，將朝鮮變成其保護國。到了 1910 年，日本在朝鮮設立總督府，正式將朝鮮併吞，成為其殖民地。

1875 年，日本派軍艦到朝鮮江華島海域測量海圖並示威，遭到朝鮮守備兵發砲攻擊，雙方交火，日本攻下江華島砲臺，史稱「江華島事件」。日本以此事件與朝鮮強行協商，於次年締結「江華條約」，條約中規定朝鮮開放釜山、元山、仁川三港通商，日本得派駐公使。

1882 年朝鮮舊軍不滿遭到輕視，破壞軍火庫、盜取武器，並襲擊高宗王妃閔氏戚族的宅邸及日本公使館，殺死日本教官。第二天繼續攻擊宮城，殺死兩名高官，此即「壬午事變」。高宗為了收拾殘局，將大院君找來，委託其主政，表示恢復舊體制。清朝以宗主國的立場，派兵逮捕大院君，押回天津，政權交還閔氏戚族。而日本則要求朝鮮政府賠償，簽訂濟物浦條約，獲得日兵駐屯日本公使館的權利。

1884 年開化黨謊稱清軍動亂，進入宮內，請求日軍保護，將國王送至景佑宮，並殺害多位守舊派大臣，發布十四條革新政綱，此即「甲申之亂」。但政變政權僅維持三天，即遭清朝駐朝鮮官員袁世凱(1859~1916)出兵平定。政變人士多逃往日本。甲申政變失敗後，日本以公使館被燒為由，要求朝鮮賠償，1885 年簽訂漢城條約。又派伊藤博文到中國，與李鴻章簽訂天津條約。

1894 年東學黨占領官府，朝鮮政府無力平亂，請求清朝派兵支援。清朝依天津條約向日本通知，雙方軍隊來到朝鮮，東學黨已然敗退。此時中日兩軍皆無繼續留在朝鮮的理由，清朝提議退兵，日軍拒絕，並提議與清朝共同改革朝鮮內政，然清朝以不干涉外國內政為由拒絕，7 月雙方即在牙山發生軍事衝突，爆發甲午戰爭。

甲午戰爭日方以全面勝利收場，清朝戰敗與日本簽訂馬關條約。馬關條約第一條：承認朝鮮為完全獨立自主的國家，意味日本藉此否定清朝的宗主權，排除中國在朝鮮的勢力。甲午戰後，日本即干涉朝鮮內政，除讓大院君復辟執政外，另改組政府，成立超乎王權及政府權力的會議機關—軍國機務處，由親日派的金弘集為總裁官，對朝鮮進行改革，包括官制、社會、財政、文化等方面共 208 條措施，史稱「甲午更張」。

1905 年日本派遣伊藤博文到韓國締結保護條約，並動員軍隊包圍皇宮，威脅高宗與大臣承認此項條約，即 1905 年 11 月簽訂的「乙巳保護條約」。根據這個協約，韓國撤消外交機關，不設外務大臣職務。日本政府並將此事通知與韓國有外交關係的各國政府，要其將駐韓外交代表機構撤走。至此，韓國就失去外交權，變成日本的保護國，由日本派「統監」來管理，第一任統監為伊藤博文。韓國高級官吏任免權落入日本統監手上，韓國政府官吏可由日本人出任，稱為「丁未條約」。日本統監取得干涉韓國內政的權力。而後韓國軍隊遭到解散，日本掌握韓國的司法權和警察權，韓國內政完全落入日本的管轄之下。1909 年 7 月日本內閣通過併吞韓國的決議。大韓帝國滅亡，朝鮮成為日本殖民地。

1943 年的開羅宣言，中美英三國決議在適當時機支持朝鮮自由與獨立，並在 1945 年的波茨坦會議獲得確認。1945 年 8 月 9 日蘇聯對日宣戰，蘇軍自滿洲進占朝鮮北部。8 月 14 日日本宣布無條件投降。蘇聯在朝鮮北部組織臨時人民委員會，實行統治。而美軍於 9 月 7 日自仁川登陸，進入漢城，正式接受日軍投降。雙方即以北緯 38 度線為界，分占朝鮮南北部。

1945 年 12 月美、英、蘇三國在莫斯科召開外相會議，對韓國問題作決定：當日本戰敗投降時，韓國國內政黨及社會團體林立，政局非常混亂，左、右派對立氣氛升高。金日成成立「朝鮮共產黨北朝鮮分局」，後來擴大為「朝鮮勞動黨」（即北韓共產黨）。10 月中旬，獨立運動領袖李承晚自美國返回漢城。1946 年 2 月 8 日，蘇聯扶植金日成成立「北朝鮮臨時人民委員會」。6 天後，南韓成立「南朝鮮民主議院」，由李承晚擔任議長。1948 年南韓在聯合國監督下，舉行有史以來第一次普選，並依照新憲法選出李承晚為第一任大統領。8 月 15 日大韓民國在漢城（今首爾）正式成立，並從美軍手中接收政權。而為了對抗南韓，9 月 9 日，金日成在平壤成立「朝鮮民主主義人民共和國」，朝鮮半島正式分裂為南北兩個國家。

19-3-4 中南半島諸國

東南亞主要可分為位於中南半島上的越南、柬埔寨、寮國、泰國、緬甸五個國家，以及位於海洋中的印尼、馬來西亞、菲律賓、新加坡、汶萊、東帝汶等國。東南亞介於東亞的中國與南亞的印度中間，是太平洋與印度洋聯繫的重要海上通道。

大陸東南亞位在北緯 10 度至北回歸線之間，大部分地區皆具有四時如夏、雨量豐沛的特徵，屬於熱帶季風氣候；海洋東南亞大部分位於南北緯 10 度之間的赤道區，全年高溫、日夜溫差小且對流旺盛，屬於多雨的熱帶雨林氣候。

東南亞泛指位於大陸東南亞邊緣地區的中南半島(Indo-China Peninsula)與南洋群島(Southern Islands)。除了緬甸北端一小部分之外，其餘大多數地區位於北緯 23.5 度和南緯 10 度之中，也就是南北回歸線之間。位處於亞洲大陸和澳洲大陸之間，也是歐亞非三洲海上交通聯繫的重要地區。

文化淵源在東南亞地區位處東亞和南亞的交接之處，恰巧介於中國和印度兩大古文明之間，因此文化發展也受到兩國不同程度的影響。離中國距離最近的越南，受到中國儒家思想及孔孟學說影響最深。受印度教影響較深的則有緬甸、泰國、柬埔寨等國。

東南亞地區對於婆羅門教、佛教及印度教的信仰，可感受到印度文化的影響。婆羅門教與佛教早在西元前 3~前 2 世紀時已先後傳入東南亞，融合婆羅門教、佛教與印度民間信仰的印度教則最晚傳進中南半島。中南半島國家中以緬甸、泰國、寮國及柬埔寨等國受印度文化影響較深。

一、越南社會主義共和國(The Socialist Republic of Viet Nam)

簡稱越南，位於中南半島東岸，現在的國名是越南社會主義共和國。其北部與中國相連，西邊與寮國（老）、柬埔寨（高棉）相接。越南早期曾為中國版圖、藩屬，19 世紀後期淪為法國的殖民地，二次大戰後正式分裂為南越、北越，1975 年北越揮兵南下完成越南的統一。西元前 111 年被漢武帝派兵平定後，此後約 1,000 年受到中國文化影響很深，至 939 年越南人吳權正式建立吳國，開始越南人的統治。真正穩定的王朝是李朝、陳朝、黎朝和阮朝，以下將介紹首先建立的政權李朝與最後的政權阮朝。

阮氏權力在越南南部快速增長，消滅占婆王國勢力後，18 世紀中葉又將柬埔寨部分領土變成阮氏王朝的一部分。1771 年，阮文岳、阮文惠、阮文呂三兄弟領導西山起義，阮文岳自立為安南皇帝。阮朝是越南歷史上最後一個封建王朝。18 世紀中葉，南越的領土變成阮氏王朝的一部分，史稱舊阮。1771 年越南中部西山地區阮氏三兄弟領導對抗北部鄭氏王朝建立新王朝，史稱新阮。1802 年阮安即位為嘉隆皇帝，定都於順化，模仿中國政治體制，設立六部，並開始進行大型工程建設，越南史學家主張嘉隆皇帝(Gia Long)才是真正統一越南的皇帝。

11~13 世紀間，李朝君主於昇龍（今河內）成立強大的中央極權政府，建造連接首都與地方的道路，並且宣揚儒家思想，促進對於孔子的崇拜，建立了孔廟、翰林院、國子監作為培訓人才、維持國家行政系統的地方。政治上受到中國很大的影響。

1010 年，李太祖公蘊定都於昇龍（河內）開啟了李朝，1054 年正式將國號改為大越建立強大的中央政府。1225 年李朝末期被陳守度篡位滅亡，陳日煚即位，被尊稱為陳太宗，開創了越南陳氏王朝。陳太宗在位時開始採用創新的行政、農業、經濟措施，進行土地、稅賦整理，是陳朝的興盛時期。越南文字在 13 世紀末，在使用漢字的基礎上創制，稱為字喃，意為南國之字。

越南首都河內是越南幾代封建王朝的京城，被譽為「千年文物之地」，因為被紅河圍繞，在 1831 年時被定名為河內。會安古城是華人到達越南之後最早聚居的城市。順化古城是阮氏王朝舊阮、西山阮與新阮的三朝古都，1994 年被列為世界文化遺產的順化古都是以明代紫禁城為藍本所建築的都城。

二、柬埔寨王國(The Kingdom of Cambodia)

從 1 世紀開始到 16 世紀期間，柬埔寨地區主要有扶南與吳哥兩個重要的王朝。扶南王國出現於 1 世紀，於 6 世紀逐漸沒落後，地位被其屬國真臘王國所取代，真臘王國存在於 9~15 世紀之間，現今所稱「柬埔寨」之名，直到 16 世紀時才出現。

吳哥王朝的創立者闍耶跋摩二世(Jayavarman II)結束了國家的分裂，完成國家的統一。耶輸跋摩一世(Yasovarman I)正式將首都建在吳哥，用兼容並蓄的態度允許婆羅門教、佛教的廟宇建築在各地出現。蘇利耶跋摩二世(Suryavarman II)即位後，首先安定國家內部、增強國家的力量後開始向外擴張，而現在聞名世界全球的吳哥窟遺址也是在他即位後開始興建。真臘消滅扶南之後，內部分裂為上真臘與下真臘，亦即北方之陸真臘與南方之水真臘。從 7~16 世紀建立的真臘王國，可分為早期真臘、吳哥王朝與晚期真臘，吳哥王朝為真臘王國極盛時期。

扶南，大約西元 1 世紀時出現。最早的國王據說是名叫柳葉的女王，女王嫁給一位名叫混填的男子，於是混填成為第一位國王，正式開創了扶南國的歷史。6 世紀，扶南是中南半島上一個強大的帝國，位置從東邊的林邑到西邊的孟加拉灣，以及馬來半島大部分地區。扶南因為位於東南亞交通要衝，3 世紀時發展成為中南半島上強大的王國。

吳哥窟介紹

802 年，闍耶跋摩二世(Jayavarman)建立了吳哥王朝。耶輸跋摩一世(Yasovarman I)將首都正式定在吳哥(Angkor)。吳哥意為「首都之城」是柬埔寨最輝煌的吳哥王朝首都，一直要到 1431 年被暹邏人（泰國人）入侵，首都遷移至金邊，吳哥才淹沒於荒煙蔓草間，直至 1860 年法國生物學家亨利・毛歐(Henri Mouhot)在採集標本時發現，吳哥文明才再次展現在世人面前。

吳哥窟的建築除了展現宗教精神之外，主體建築可以分為三個層次。第一個層次是基座部分，在建築體的四面刻上了許多浮雕，浮雕內容包含了印度兩大史詩〈摩訶婆羅多〉與〈羅摩衍那〉、〈乳海翻騰〉的神話等；第二層主題為飛天仙女；第三層為「塔」的建築，用其形狀來代表聖山須彌山。從第一到第三層建築，利用建築層次來顯示人界、天界與神界三界。建築以石塊堆砌而成，沒有使用灰泥或其他黏合劑黏接，全靠著石塊的表面形狀以及本身重量堆疊加以完成，靠著這樣原始卻又精準的建築方式，歷經幾百年依然屹立不搖，是建築體的完美呈現與建築史上之奇蹟。建築本身展現了對印度教的信仰，建築雕刻上的仙女、神話也展現了對於信仰的虔誠。蘇耶跋摩二世(Suryavarman II)為了供奉印度教毗溼奴(Visnu)神所建立，因此吳哥窟的建築呈現了印度教的宇宙觀。中央寶塔代表須彌山也就是神居住的地方、世界的中心，四個角落相同建築模式的高塔為凡人居住的四大部洲，護城河象徵七重海，而七重海外則接近世界的邊緣。吳哥窟一方面是供奉神的地方，呈現出莊嚴肅穆的氛圍；一方面是國王的安葬地，因此又被稱為葬廟。

三、泰王國(The Kingdom of Thailand)

古名暹邏。13 世紀素可泰王朝開啟泰國獨立國家的序幕，拉瑪王朝時遭遇西方外力的侵逼，在拉瑪四世、拉瑪五世帶領下，邁向現代化的過程，現今國王為拉瑪九世。泰國歷史上可分為四個王朝，分別是素可泰王朝（素古臺王朝）、阿瑜陀耶王朝（大城王朝）、吞武里王朝以及曼谷王朝（拉瑪王朝、恰克里王朝）。在此介紹 14~18 世紀的阿瑜陀耶王朝，以 18 世紀至今的曼谷王朝。

1782 年，鄭昭將領恰克理將軍即位，為拉瑪一世王，遷都曼谷開啟了曼谷王朝，又名拉瑪王朝。拉瑪四世是首位接受西方思想的君主，為了抵抗西方勢力的入侵，開始周旋於國際外交中。拉瑪五世即著名之朱拉隆功大帝，在他的領導下，泰國開始現代化的歷程。現在在位的是拉瑪九世王，名為蒲美蓬．亞倫耶益德親王，1946 年登基。恰克理王朝建國者採用「拉瑪」為頭銜，拉瑪原為印度史詩「羅摩衍那」中的英雄，以道德、正義聞名，因此恰克理王朝又稱拉瑪王朝。

拉瑪一世，致力奠定王朝的基礎。拉瑪四世在 19 世紀面對西方外力侵逼之時，開始在國內推動現代化。拉瑪五世（朱拉隆功大帝），在致力現代化之外，還激發泰國民眾的民族意識，避免泰國變成西方列強的殖民地。拉瑪王朝諸王君王的與時俱進，使得皇室深受泰國民眾愛戴。

泰國人佛教信仰虔誠，首都曼谷即有超過 300 間的佛寺，著名的有拉瑪一世時興建的玉佛寺。重要的佛寺建築還有臥佛寺、金佛寺以及泰國北方清邁的帕辛寺，而泰國中部地區素可秦王朝首都大城(Ayutthaya)因為豐富的歷史文物，1991 年被聯合國教科文組織列為珍貴遺產保護。跨越湄南河兩岸又有「東方威尼斯」之稱的曼谷(Bangkok)，1872 年起由泰王拉瑪一世定為首都，改名為克倫太普(Krung Thep)，意思為天使之城。曼谷的特色在於其金碧輝煌的皇宮以及佛寺建築。佛寺中最著名的為拉瑪一世所建的玉佛寺。除了佛寺建築之外，泰國在 11、12 世紀之前受高棉王朝統治的影響，建築形式有高棉的風格。

四、緬甸聯邦共和國(Union of Myanmar)

全名緬甸聯邦。10 世紀開始有統一的王國出現，19 世紀與英國發生三次戰爭，變成英國統治下印度的一個省分，第二次世界大戰後終於脫離英國宣告獨立成立「緬甸聯邦」。緬甸是中南半島五國當中最鄰近印度的國家，因此受印度文化影響最深。緬甸歷史在 11 世紀之前並無明確記載，從 11 世紀開始有三個王朝，分別是蒲甘王朝(1044~1287)、東固王朝(1531~1752)和貢榜王朝（1752~1885）。

蒙古人在 1287 年消滅蒲甘王朝，16 世紀東固王朝（又名通古王朝）建立後，才恢復緬族在政治上的支配地位。東固王朝君王塔賓什威帝(Tabinshweti)統一緬甸，但是兩次進攻阿瑜陀耶（泰國），引起泰人激烈反抗，在勢力相當的情況下，兩國之間得以和平相處至 17 世紀後期。1531 年通古王朝君主塔賓什威帝(Tabinshwehti)重新統一緬馬，恢復緬族勢力，但是兩次進攻阿瑜陀耶卻都失敗，1550 年被猛族殺害。繼位者巴殷農也攻擊阿瑜陀耶，並占領泰國十五年，1752 年猛族占領緬馬首都，通古王朝趨於沒落。在阿勞帕雅(Alaungpaya)領導下，緬族人趕走入侵者，貢榜王朝建立。緬甸曾多次進攻阿瑜陀耶，但遭到恰克里王朝的奮力抵抗，因此往西邊發展其疆界，也和東來的英國產生磨擦與戰爭。緬甸最後一個封建王朝即為貢榜王朝。阿勞帕雅（另譯雍籍牙）成為帶領抵抗猛族侵略的首領，在征服大光後，改名為仰光，開始貢榜王朝的統治。貢榜王朝西邊跟鄰國阿瑜陀耶發生戰爭，東邊與英國東印度公司起衝突。英國從 1824 年起經過三次英緬戰爭，貢榜王朝滅亡，緬甸滅亡，1886 年英國正式併吞緬甸，緬甸淪為英國的殖民地。

第二次世界大戰爆發後，緬甸愛國人士於 1945 年收復仰光，向英國爭取獨立，終於在 1948 年 1 月 4 日正式脫離英國，成為獨立的緬甸聯邦共和國。

仰光「雪達根寶塔」即「瑞德貢大金塔」(Shwedagon Paya)又名「大金塔」，是馳名國際的佛塔。此塔建立於 2,500 年前，高度近 100 公尺，是目前世界上最高的佛塔。塔的構造分為塔基、壇臺、鐘座、覆鉢、蓮座、蕉苞、寶傘、風標、鑽球等九個部分，塔身用七十多噸的黃金製成，塔頂有數千顆鑽石以及一顆世界最大的紅寶石，是世界上最貴重的佛塔。塔下藏有釋迦牟尼的頭髮及法器，塔周環立 68 座各式小塔，在夕陽餘暉當中形成一片金塔之林，因此大金塔對於緬甸人而言，是聖地也是精神支柱。大金寺與柬埔寨的吳哥窟、印度尼西亞的婆羅浮屠一起被譽為「東南亞三大古蹟」。

19-3-5 新帝國主義

1. 16~19 世紀間帝國主義在亞、非兩洲的侵略。
2. 亞洲被宰割的情形如下：

時代	占領情形
舊帝國主義（16~18 世紀）	葡萄牙占領印度的果亞(Goa)、澳門等。
	西班牙占領菲律賓群島。
	荷蘭占領東印度群島（今印尼）等。
	英國的東印度公司占領印度大部分地方。
	俄國越過烏拉山(Ural)，占領西伯利亞(Siberia)。
新帝國主義（19 世紀）	英國向東取得緬甸，向南取得馬來半島、北婆羅洲、新加坡等地，向北侵略阿富汗，向西侵略波斯（今伊朗）等。
	俄國占領中亞的吉爾吉斯(Kirgiz)、高加索(Caucasia)山區內的喬治亞(Georgia)王國。
	法國，除占領越南全境外，並控有柬埔寨、寮國等。

3. 非洲三區遭受侵略的經過略述如下：

地區	占領情況
北非	英國占領埃及和蘇丹(Sudan)。
	法國占領阿爾及利亞(Algeria)、突尼西亞(Tunisia)等。
	義大利占領厄利垂亞(Eritrea)和利比亞(Libya)等。

地區	占領情況
中非	比利時占領剛果。
	英國占領奈及利亞(Nigeria)、黃金海岸(Gold Coast)、烏干達(Uganda)、肯亞(Kenya)等。
	法國占領達荷美(Dahomet)、象牙海岸(Ivory Coast)、塞內加爾(Senegal)三地同屬「法屬西非」等。
	德國占欲德屬西南非(German Southwest Africa)、莫三比克(Mozambique)等。
南非	英國以保護僑民為藉口，對這兩個小國發動一次侵略戰，後來將征服所得的地方與海角殖民地合併組成南非聯邦(The Union of South Africa)。

19-3-6 巴爾幹風雲與兩大聯盟的形成

1. 19 世紀鄂圖曼帝國統治下的巴爾幹半島，面積雖然不大，但居民卻很複雜，有多種民族，希臘、羅馬尼亞、保加利亞、塞爾維亞、阿爾巴尼亞等，其中多數屬於斯拉夫族系。
2. 1877 年，俄國向鄂圖曼帝國宣戰，俄國勝利，鄂圖曼帝國被迫求和。依照 1878 年簽訂的「聖斯泰法諾條約(Treaty of San Stefano)」規定，巴爾幹半島各民族雖多獨立建國，但都將成為俄國的附庸，俄國勢力更伸入地中海。
3. 柏林會議：德相俾斯麥出面調停，1878 年邀集英、法、奧、義、俄、土等國代表，舉行「柏林會議(Congress of Berlin)」，另訂「柏林條約」，議中列強決定如下：

列強	狀況說明
鄂圖曼帝國	在巴爾幹半島保留一部分土地。
建立新國家	保加利亞、羅馬尼亞、塞爾維亞、孟坦尼格洛。
奧匈帝國	半島西北部波士尼亞(Bosnia)與赫塞哥維納(Herzegovina)兩州的管理權。
俄國	得到東北的比薩拉比(Bessarabia)等地。
英國	地中海東端得到賽普勒斯島(Cyprus I.)。
因此，巴爾幹半島上各主要民族，雖然大部分獲得獨立建國，但是各國因領土糾紛，彼此間的鬥爭轉趨激烈；加上俄、奧等國從中操縱鼓動，干戈擾攘，幾無寧日。因此，巴爾幹半島就成為「歐洲的火藥庫」。	

4. 歐洲列強除在亞洲、非洲和巴爾幹半島上後，形成三國同盟和三國協約。

聯盟陣營	國家
1882 年，3 國同盟 Triple Alliance	德國、奧匈帝國、義大利。
1907 年，3 國協約 Triple Entente	英國、法國、俄國。

19-3-7 第一次世界大戰

爆發原因，1914 年奧匈帝國皇儲斐迪南夫婦在波士尼亞州的首府塞拉耶佛，被塞爾維亞的恐怖黨人暗殺，引發奧、塞兩國戰爭爆發。

一、戰爭初期

1. 德國、奧匈帝國（同盟），對俄、法（協約）宣戰。
2. 英國、日本對德宣戰、1915 年義大利（背棄同盟約定）對德、奧作戰。
3. 最初參加協約國方面作戰的有十幾個國家，同盟國方面只有德、奧、土耳其及保加利亞四國。德軍在最初三年中，卻節節勝利。
4. 大戰初起時，德國除占領比利時外，還以破竹之勢攻入法國北部。9 月間，英、法軍隊合作，在瑪恩河(Marne R.)岸奮力抵抗，才阻遏了德軍的攻勢。德國大敗俄軍，俘俄軍 20 餘萬人。其後，德、奧聯軍更向巴爾幹半島進攻，相繼征服塞爾維亞，孟坦尼格洛等國。俄國共產黨政府成立後，向德、奧投降，協約國在東線的軍力，因此完全瓦解。

二、美國參戰

1. 同盟國的陸軍雖然勝利，但是海上戰爭卻居下風。英國的海軍，封鎖德國，使德國經濟遭受嚴重的打擊。德國為了報復，德國潛艇擊沉協約國的船隻。美國嚴守中立。
2. 1915 年，美國一艘油輪和一艘載有美國旅客百餘人的郵輪，相繼被德國潛艇擊沉。
3. 1917 年，德國宣布採取「無限制使用潛水艇」的政策，使美國對德宣戰。

三、協約國勝利

美國參戰後，亞洲和美洲許多中立國家也紛紛參戰，參加協約國的國家增至 23 國，而同盟國方面始終只有四國，人力物力懸殊過甚，勝負之勢已可預卜。1918 年，德國集中全力，在西線猛攻；隨美軍人數的增加。保加利亞首先投降，土耳其、奧國又相繼屈服；德國向協約國投降。4 年大戰至此告終（1915~1918 年）。

四、巴黎和會

1. 1919 年，戰勝國在巴黎召開和會，由英、美、法、日、義五大強國的首席代表組成理事會，指導和會工作的進行。後來和會各項問題都由這一理事會決定。理事會中以美國總統威爾遜(Woodrow Wilson)、英國首相勞合喬治(David Lloyd George)以及法國總理克里蒙梭(Georges Clemenceau)等三人最具決定力量，被稱為和會「三巨頭」(The Three Bigs)。
2. 1918 年，美國總統威爾遜，發表其著名的「14 點和平計畫」(Peace Program of Fourteen Points)，作為交戰國間議和的基礎，不被戰勝國接受。另於在凡爾賽宮簽訂「凡爾賽條約」。

五、凡爾賽條約

凡爾賽條約中除載入國際聯盟公約以外，其他都是對德國懲處的條款，使德國喪失國土、人口及數額龐大的賠款，使之經濟破產，種下第二次世界大戰的種子。戰後其他和約，使第一次世界大戰後產生不少新的國家：波蘭復國，捷克和匈牙利脫離奧國而獨立，芬蘭(Finland)、愛沙尼亞(Estonia)、拉脫維亞(Latvia)和立陶宛(Lithuania)四國脫離俄國而獨立。塞爾維亞在戰後和孟坦尼格洛等地合併，改稱南斯拉夫。

19-3-8 第二次世界大戰

一、爆發原因

1. 日本自從明治維新以後，地狹人稠，決定向外侵略。經過 1894 年甲午戰爭、1904 年日俄戰爭，以及 1914 年第一次世界大戰，20 年間每戰必勝。因此，決定侵略中國。
2. 1931 年，日本發動「918 事變」，侵略中國東北各省。首先破壞世界和平。
3. 1935 年，義大利墨索里尼，侵略非洲衣索比亞。衣國戰敗，義大利吞併衣索比亞。
4. 1936 年，德國希特勒，派兵進駐萊因河不設防區。德國與日本簽訂「反共公約(Anti-Comintern Pact)」。

5. 1937 年，義大利與德、日、義三國，自號為反共的「軸心國家」。他們表面上以反共作為幌子，實際上彼此互相呼應，準備向外作更大的侵略。
6. 1937 年 7 月 7 日，日本發動「七七事變」，大舉侵略中國，中國全面抗戰，第二次世界大戰亞洲戰火就此點燃。
7. 1938 年，希特勒突然派兵占領奧國，接著又圖謀捷克。德、英、法、義四國政府首長在德國的慕尼黑(Munich)舉行會議，簽訂著名的「慕尼黑協定」，逼迫捷克將日耳曼人較多的邊境地區，割讓給德國。
8. 1939 年，英、法兩國派特使赴俄，祕密磋商簽訂軍事同盟，以其阻止希特勒侵略波蘭，談判數月無結果。蘇俄和德國莫斯科簽訂德、蘇「互不侵犯條約」，另還訂立瓜分波蘭的祕密協定。「互不侵犯條約」的簽訂，就是大戰爆發的信號。
9. 1939 年，德、蘇「互不侵犯條約」簽訂後，希特勒突然派兵大舉入侵波蘭。英、法兩國為了遵守對波蘭的諾言，分別向德國宣戰，第二次世界大戰中的歐洲戰火從此點燃。

二、戰爭初期

1. 大戰爆發後，德、俄兩國瓜分波蘭，西線仍無戰爭。
2. 1940 年，德軍採取行動，攻陷丹麥、挪威、占領盧森堡、荷蘭、比利時等國，德國稱之為「閃電戰(Blitzkrieg)」。英、法聯軍赴援，進入比利時被德軍包圍。英國為解救聯軍軍隊，動員所有船隻前往法國北部的敦克爾克(Dunkirk)作緊急撤退，英國撤出的軍隊多達 33 萬人，這就是著名的「敦克爾克大撤退」。當英、法聯軍慘敗之際，義大利又對英、法宣戰，德軍更長驅直入，6 月 14 日進占巴黎，法國政府瓦解投降，巴黎市區為「不設防城市」。後來由貝當(Henri P. Petain)領導組成的傀儡政府向德、義投降。

三、美國援助

1940 年，美國羅斯福總統幫助英國，他向國會提出「租借法案(Lend-Lease Bill)」。當法案通過後，美國成為「民主國家的兵工廠」，以大批軍火援助英國，戰局為之改觀。

四、德俄大戰爆發

1941 年，德、俄雖然訂立互不侵犯條約，德軍突然進攻蘇俄，德、俄大戰因此爆發。德俄大戰初期，德軍氣勢如虹，迫近莫斯科，不過當年冬季嚴寒，戰況膠著。

五、美國參戰

1941 年 12 月 8 日，日本祕密集結強大的海、空軍，突然偷襲美國在太平洋上最大的海軍基地—珍珠港(Pearl Harbor)，且在偷襲數小時後向美、英宣戰。美國接受這種挑戰，也相繼向日、德、義等軸心國宣戰，於是歐、亞兩大戰場合流，成為名副其實的世界大戰。

六、軸心國的擴展

日本於偷襲珍珠港的同時，又進攻香港、菲律賓、新加坡、緬甸、馬來西亞、婆羅洲、荷屬東印度群島（即今印尼）等地，其軍力遠達於印度洋。

七、反軸心國家獲得最後勝利

1. 1942 年，在反軸心國家軍事上最黯淡時刻，美、英聯軍，在北非西北沿岸登陸反攻。約在同時，俄軍也解除史達林格勒的包圍，開始向德軍反攻。中國進入緬甸作戰，阻止日軍進攻印度的企圖。即在中、美、英、俄分別奮戰下，扭轉局勢。
2. 1943 年，英、美聯軍北非一戰，使得墨索里尼下臺，義大利新政府向盟軍投降。
3. 1944 年 6 月 6 日(D-Day)，美國艾森豪(Dwight D. Eisenhower)將軍統帥率美、英聯軍，在法國西北的諾曼第(Normandy)半島登陸，反攻光復比利時、法國、荷蘭等國的領土。俄軍同時也在東線大舉反攻，相繼占領愛沙尼亞、拉脫維亞、立陶宛、芬蘭、羅馬尼亞、保加利亞、南斯拉夫、匈牙利、捷克等國。
4. 1945 年，聯軍攻入德國境內，會師於易北河岸(Elbe R.)，希特勒自殺。德國投降。
5. 1945 年，8 月 6 日美空軍在廣島投下第一顆原子彈，9 日美空軍再在長崎投下第二顆原子彈，日本宣布投降。麥克阿瑟(Douglas MacArthur)將軍統率美軍進占日本本土，第二次世界大戰至此完全結束。

6. 二次大戰重要國際會議：

國際會議	內容
1943 年 卡薩布蘭加	羅斯福和邱吉爾在摩洛哥境內的卡薩布蘭加，邀集美、英高級將領舉行會議，決定進攻義大利的軍事計畫。
1943 年 莫斯科會議	中、美、英、俄國外長，發表「四強宣言」保證戰後合作，建立一個全球性的新國際組織，維護國際和平與安全稱為「共同安全宣言」。
1943 年 開羅會議	蔣中正、羅斯福、邱吉爾及中、美、英三國重要的軍政首長舉會議。會中三國除互相保證對日繼續作戰外，又決定戰後日本必須將侵占中國的東北、臺灣、澎湖等地歸還，並讓朝鮮在適當時期恢復獨立等。
1943 年 德黑蘭會議	羅斯福、邱吉爾與史達林決定在 1944 年德軍進攻時，美、英聯軍在法國北部開闢「第二戰場」，這就是諾曼第登陸的由來。
1945 年 雅爾達會議	羅斯福、邱吉爾、史達林，在對於德國投降後如何處置及對維持世界和平的新國際組織如何建立等，均有重要的決定。
1945 年 波茨坦會議	德國投降後，美國新總統杜魯門、英國原任首相邱吉爾與新首相艾德里、蘇俄總理史達林等，在會中決定設立中、美、英、法、蘇五國外交部長會議，負責草擬對戰敗國的和約等事宜。同時，美、英兩國領袖還徵得中國政府的同意，聯合發表勸日本投降的「波茨坦宣言」。但這項宣言發表以後，日本卻置之不理，杜魯門在回美途中下令對日使用原子彈。

八、雅爾達會議鑄下大錯

美國為求早日結束對日戰爭，減少傷亡，堅持邀蘇俄參加對日作戰。史達林乘機提出苛刻條件，美、英委曲求全，簽訂如下的協定：

1. 三國同意採取分區占領的辦法，即是將德、奧分為東西兩半，東部由俄軍占領，西部則由美、英、法三國軍隊分占。德國首都也分為兩半，東柏林由俄軍占領，西柏林由美、英、法三國派兵占領。
2. 蘇俄除自身以外，另以烏克蘭和白俄羅斯兩邦加入聯合國大會，並享有三個投票權。聯合國安全理事會上，中、美、英、法、蘇五強均享有否決權。
3. 蘇俄答應在德國投降後的三個月內，有條件的派兵參加對日作戰。
4. 此會議決定日後共產黨的勢力進入東德、東歐、中國、北韓、北越、古巴及其他國家地區影響至今。

19-3-9 聯合國

1. 美國總統羅斯福在戰時的倡導戰後「新秩序」，制裁侵略者，維護世界和平，以下為成立「聯合國」的過程：

宣言會議	重點內容說明
1941 年 8 月 大西洋憲章宣言 (The Atlantic Charter)	(1) 反對任何違背自由民意的領土改變。 (2) 各民族均有自決權。 (3) 戰後各國合作發展經濟與社會安全。 (4) 保持公海上的自由航行。 (5) 各國均在平等的基礎上發展商業。 (6) 改善勞工生活。 (7) 裁減軍備。 (8) 協助愛好和平的民族。
1942 年 聯合國宣言 (Declaration By United Nations)	各國保證戰時合作，戰後遵守大西洋憲章。對軸心國作戰的國家都在宣言上簽字，成為各國共同遵守的重要文件。聯合國一詞出現之始。
1943 年 共同安全宣言	莫斯科會議時，中、美、英、俄四國聯合發表共同安全宣言，保證組織一個全球性的新國際組織，凡愛好和平的國家都可以參加。
1944 年 頓巴敦橡園會議 (Dumbarton Oaks)	中、美、英、俄四國代表，在華盛頓頓巴敦橡園大廈，商討新國際組織各項問題，擬定聯合國憲章草案，決定新國際組織命名為「聯合國」。

2. 1945 年，聯合國籌備大會在舊金山揭幕。聯合國憲章通過後，各國代表在憲章上簽字，始發生效力。1950 年，聯合國總部大樓在紐約市完工，使用了來自小約翰・洛克菲勒的捐款，並於 1951 年開始運作。聯合國創始時有 51 個會員國，截至 2011 年 8 月止，共計有 193 個會員國。

3. 聯合國的宗旨

   (1) 制止一切侵略行為，維持國際間的和平與安全。

   (2) 根據國家平等與民族自決的原則，增進國際間的友誼。

(3) 經由國際合作，解決一切有關世界性的經濟、社會、文化等問題。

(4) 促使各國對人權、人性尊嚴及人類基本自由的尊重。

4. 設置下列六個重要機構

機構	執掌
大會 (General Assembly)	由全體會員國組成，是聯合國最高的權力機構，每年召開 1 次會議，討論憲章範圍內的各項問題。每一會員國有一投票權，重要問題須有 2/3 以上的贊成票才能通過，其他次要議案，需半數以上贊成票即可通過。
安全理事會 (Security Council)	由 15 個會員國組成，中、美、英、法、蘇五國是常任理事國，其餘 10 個非常任理事國，則由大會選舉產生，任期 2 年，不得連選連任。主要任務是維護世界和平與安全，必要時得用武力制裁侵略者。所有提案須經五個常任理事國完全贊同始能通過，五強在安理會享有「否決權」。
經濟社會理事會 (Economic and Social Council)	由大會選舉 27 國代表組成，任期 3 年；負責研究解決世界性的經濟、社會、教育、文化、衛生、人權等問題，工作範圍很廣泛。其中設有許多專門機構，如國際勞工組織、教育科學文化組織、世界衛生組織、國際復興開發銀行等。
託管理事會 (Trusteeship Council)	由五強及負責託管地區的國家共同組成；主要目的，在促進並保障非自由地區居民的權利，增進託管地區的自治，使其逐漸趨向獨立。
國際法院 (International Count Justice)	國際法院為聯合國的司法機構，法官 15 人由安理會及大會選任，任期 9 年，負責審判國際間一切法律上的爭端。國際法院設在荷蘭海牙。
祕書處 (Secretariat)	負責掌管聯合國日常的行政事務，設祕書長 1 人，由安全理事會推薦，經大會通過後任命，任期 5 年。祕書處分設 8 部，下有若干行政人員。

19-3-10 共產崛起

蘇俄趁著第二次世界大戰的機會，培植共產黨勢力，建立傀儡政權。吞併愛沙尼亞、拉脫維亞、立陶宛三國外，更使波蘭、捷克、匈牙利、羅馬尼亞、南斯拉夫、保加利亞和阿爾巴尼亞等國，成為聽命於它的共黨附庸國家。

19-3-11 韓　戰

1. 在第二次世界大戰的末期，蘇俄以參加對日作戰的機會，輕易占領朝鮮半島 38 度以北各地，積極以武器援助中共的叛亂。
2. 1947 年，美國將韓國獨立問題，提交聯合國大會討論。決定舉行全韓普選，成立獨立政府。
3. 1948 年聯合國在韓國舉行普選。南韓選出的代表組成國民大會，通過憲法，成立「大韓民國（簡稱南韓）」。蘇俄也在同年扶植韓共，在其占領區建立共黨政權，稱為「朝鮮人民共和國（簡稱北韓）」。韓國因此分為南北兩半，無法統一。
4. 1950 年，蘇俄先與中共簽訂所謂「友好同盟互助條約」，繼即唆使北韓向南韓侵略，韓戰因此爆發。安理會始決定以武力制裁侵略，任命麥克阿瑟元帥為聯合國軍隊統帥，以美軍為主，聯合國軍隊在同年擊潰北韓軍，直達鴨綠江邊，韓國統一在望；但是中共以「志願軍」為名，大舉出兵參戰，聯軍攻勢受阻，形成膠著的拉鋸戰。
5. 1953 年，雙方在板門店簽訂「停戰協定」，以 38 度線為界，分為南北兩韓。

19-3-12 越　戰

1. 「越戰」又稱「第二次印度支那戰爭」。第一次為「法越戰爭」1946～1954 年。
2. 在第二次世界大戰期間，越共首領胡志明在中、越邊境建立游擊隊伍，在越南北部組織政府。越南南部接收的法軍也成立政府，致使南北分裂，法軍進攻胡志明市，越戰因此爆發。
3. 1954 年，軍略要地奠邊府被越共攻陷後，法國就邀約蘇俄、中共、北越的代表在日內瓦舉行會議，簽訂「越南停戰協定」，規定以北緯 17 度為界，北歸越共，南歸越南政府，法軍撤離越南。越南停戰協定簽訂後，北越共黨仍然不斷向南滲透。中共又鼓動寮國、高棉、泰國等地共產黨，從事內部的顛覆活動。
4. 1962 年，美國為阻止赤禍蔓延，派兵參加越南剿共戰爭。中共和蘇俄卻加強對越共的支援，越戰再起，戰事日趨激烈。

5. 1973 年，美國與北越簽訂停戰協定，美軍退出越南戰場。但是北越並不遵守停戰協定中的規定，反而趁著美軍撤離的機會，派兵大舉南侵。
6. 1975 年，南越終被北越共軍占領，高棉和寮國也相繼陷入共黨手中。

19-3-13 古巴事件

1959 年，古巴事件。「古巴飛彈危機」又稱「加勒比海飛彈危機」。美、俄冷戰的初期，卡斯楚(F. Castro)取得古巴政權以後，對內實行共產主義，對外採取親俄政策，蘇聯在古巴部署飛彈，美洲國家組織成員深表不滿，後經外交談判終於成功，赫魯雪夫宣布同意撤回古巴的飛彈。1962 年後美國對古巴實施「經濟制裁」。

19-3-14 現代科技與太空時代

1. 19 世紀，科學家已經證明，物質是由原子構造而成。到了 20 世紀，研究原子與下列學說的產生有關：

科學家	發現發明
德國人倫琴(Roentgen)	X 光線。
法國人柏克勒爾(Bacquerel)	鈾元素有不斷向外放射的現象。
法國人居禮(Pierre Curie)及 妻子居禮夫人(Marie Curie)	相繼發現釷(Thorium)、釙(Polonium)、鐳(Radium)等放射性元素，利用這些元素可醫治疾病等。
上述研究，綜合為「放射性科學」，與後來原子科學的研究有密切關聯。	
科學家	**論述發表**
德國人 蒲朗克(Max Planck)	1901 年，提出的「量子論」，說明物質經振動而發出輻射能，能量的單位是量子。
德國人 猶太人愛因斯坦(Albert Einstein)	1905 年，發表的「相對論」，認為「物質」和「能」在特殊情況下可以互變，否定過去物理學上時間和空間絕對性的觀念。

2. 相對論建立以後，科學家們對原子奧祕的研究進步甚速，相繼發現「質子(proton)」「中子(neutron)」等，這些發現，使原子內部的構造逐漸明瞭。

3. 愛因斯坦曾經創立計算原子能的著名公式：「$E=mc^2$」，E 代表「能」，m 代表「質量」，c 代表「光速」，即是說將一個原子擊破放射出來的能，將是它本身的質量乘光速平方的倍數，由此可見其能量的巨大。
4. 1938 年，德國科學家首先利用中子來擊破鈾 235 的原子核，使之發生連鎖反應，這是製造「原子彈」的前奏。
5. 1939 年，第二次世界大戰爆發，愛因斯坦積極從事原子彈製造的研究工作。
6. 1945 年 7 月，才製造出原子彈。同年 8 月，美國將這種新武器投炸日本，使第二次世界大戰迅速結束，同時也將人類歷史帶進原子時代。

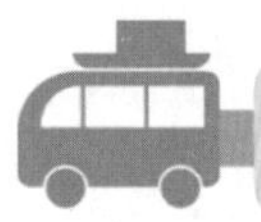

19-4 中國歷史

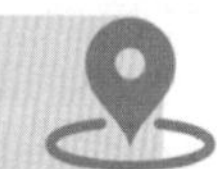

中國歷史概略表（前：指西元前）

<table>
<tr><td rowspan="2">原始社會</td><td colspan="4">史前文化（前 50 萬～4000 年）</td></tr>
<tr><td colspan="4">傳說時代三皇五帝（前 1.5 萬～2000 年）</td></tr>
<tr><td rowspan="5">奴隸社會</td><td colspan="4">夏（前 2070～前 1600 年）「啟」創建，建都陽城（今河南登封）</td></tr>
<tr><td colspan="4">商（前 1600~前 1100 年）「湯」創建，建都殷（今河南安陽）</td></tr>
<tr><td colspan="3">西周（前 1100~前 771 年）武王，建都鎬（今陝西西安）</td><td rowspan="3">周（前 770~256 年）周平王，建都洛邑（河南洛陽）</td></tr>
<tr><td colspan="3">春秋（前 770~前 476 年）建都洛邑（今河南洛陽）</td></tr>
<tr><td colspan="3">戰國（前 475~前 221 年）</td></tr>
<tr><td rowspan="10">封建社會</td><td colspan="4">秦（前 221~前 206 年）秦始皇，建都咸陽（今陝西咸陽）</td></tr>
<tr><td rowspan="3">漢朝</td><td colspan="3">西漢（前 202~8 年）漢高祖，建都長安（今陝西西安）</td></tr>
<tr><td colspan="3">新朝（8~23 年）王莽，建都長安（今陝西西安）</td></tr>
<tr><td colspan="3">東漢（25~220 年）光武帝，建都洛陽（河南洛陽）</td></tr>
<tr><td>三國</td><td>魏（220~265 年）曹操，建都洛陽</td><td>蜀（221~263 年）劉備，建都成都</td><td>吳（229~280 年）孫權，建都建業（今南京）</td></tr>
<tr><td rowspan="2">晉</td><td>西晉（265~316 年）司馬炎</td><td>建都洛陽</td><td rowspan="2">16 國（304~439 年）</td></tr>
<tr><td>東晉（317~420 年）司馬睿</td><td>建都建康</td></tr>
<tr><td colspan="4">南北朝（420~581 年）宋高祖，建都建康（今南京）</td></tr>
</table>

<table>
<tr><td rowspan="8">封建社會</td><td colspan="4">隋（581~618 年）楊堅，建都大興（今陝西西安）</td></tr>
<tr><td colspan="4">唐（618~907 年）唐高祖，建都長安（今陝西西安）</td></tr>
<tr><td colspan="4">五代十國（907~960 年）</td></tr>
<tr><td rowspan="2">宋</td><td>北宋（960~1127 年）趙匡胤，開封</td><td colspan="2">遼（916~1125 年）耶律阿寶機，上京</td></tr>
<tr><td>南宋（1127~1279 年）高宗，臨安</td><td>金（1115~1234 年）</td><td>西夏（1115~1234 年）</td></tr>
<tr><td colspan="4">元（1271~1368 年）忽必烈，建都大都（今北京）</td></tr>
<tr><td colspan="4">明（1368~1644 年）朱元璋，建都南京遷北京</td></tr>
<tr><td colspan="4">清（1644~1911 年）努爾哈赤，建都北京</td></tr>
<tr><td>民主</td><td colspan="4">中華民國（1912 年至今）孫中山，建都南京遷臺北</td></tr>
<tr><td>共產</td><td colspan="4">中華人民共和國（1949 年至今）毛澤東，建都北京</td></tr>
</table>

19-4-1 中國的遠古時代

1. 史前時代生活的演進表如下：

年代（西元前）	特徵	代表
200 至 50 多萬年前 舊石器時代早期	「直立猿人」。介於類人猿和真人之間，下肢能夠直立，腦容量大，已有語言能力。	雲南元謀人、陝西藍田人、北京人、遼寧營口金牛山人、安徽和縣人等。
50 至 5 餘萬年前 舊石器時代中期	「早期智人」。腦殼變薄，腦容量較多，能夠運用較為複雜的思維，進入新的階段。	雲南元謀人、陝西藍田人、北京人、遼寧營口金牛山人、安徽和縣人等。
5 至 1 餘萬年前 舊石器時代晚期	「晚期智人（新人）」。體質再進化為「現代人」，或稱「真人」。世界各地的人種形成。	北京山頂洞人、內蒙古河套人、廣西柳江人等。
11000 年至 7000 年間 新石器時代早期	分為前陶新石器時期和陶新石器時期兩期，即陶器的萌芽時期。	裴李崗文化屬於母系氏族社會。
7500 年至 5000 年間 新石器時代中期	陶器前期以手製作，後期技術進步，普遍以慢輪修整。	仰韶文化屬於父系氏族社會。

年代（西元前）	特徵	代表
5000 年至 4000 年間 新石器時代晚期	分前、後期。中國本部都已進入鋤耕農業階段，器物製作愈為精細。	龍山文化，長江、黃河流域發現數個屬於這一時期的城址，社會的組織形態發生較大的轉變。

2. 關於「三皇」人物的傳說如下：

來源	人物
尚書大傳	伏羲、神農、燧人
運鬥樞、元命苞	伏羲、神農、女媧
工通鑒外紀	伏羲、神農、黃帝

3. 關於「五帝」人物傳說如下：

來源	人物
史記、易傳、禮記	黃帝、顓項、帝嚳、堯、舜
白虎通號、尚書序	少昊、顓項、帝嚳、堯、舜
戰國策	庖犧（伏羲）、神農、黃帝、堯、舜
資治通鑑外記	黃帝、少昊、顓項、帝嚳、堯

19-4-2 夏商周三代

一、夏

1. 夏朝建立者大禹，是治水安民的歷史英雄人物。傳說他因成功治理常年氾濫成災的黃河，而得到部族人民的擁護，最終建立「夏朝」。
2. 夏代的建立，標誌著漫長的原始社會被私有社會所替代，從此進入「奴隸制社會」。
3. 最值得注意的是有關夏代的曆法。保存在《大戴禮記》中的夏小正，就是現存的有關「夏曆」的重要文獻，其中說明當時人們已經能依據北斗星旋轉鬥柄所指的方位來確定月份，這是中國最早的曆法。它按夏曆 12 個月的順序，分別記述每個月中的星象、氣象、物象以及所應從事的農事和政事。

二、商

1. 「商代」時文明已經十分發達，有曆法、青銅器以及成熟的文字－「甲骨文」等。
2. 商王朝時已經有一個完整的國家組織，具有封建王朝的規模。特別是青銅器的冶鑄水平也已經十分高超。已經出現原始瓷器。商朝自盤庚之後，定都於殷（今河南安陽），因此也稱為殷朝。

三、周

1. 周成王、周康王在位的階段，被史家譽為「成康之治」。
2. 周朝的國家典制具有鮮明特色，最重要的有：「井田制」、「宗法制」、「國野制」和「禮樂」。
3. 中國最早有確切時間的歷史事件是發生於西元前 841 年，西周的國人暴動。

19-4-3 春秋戰國的劇變

一、春秋

1. 春秋時代，是大大小小一百多個小國（諸侯國和附屬國）。大國共有十幾個，其中包括了晉、秦、鄭、齊及楚等。這一時期社會動盪，戰爭不斷，先後有五個國家稱霸，即齊、宋、晉、楚、秦（又有一說是齊、晉、楚、吳、越），合稱「春秋五霸」。
2. 中國歷史上第一個思想家和偉大的教育家－孔子，就誕生在春秋後期。

二、戰國

1. 晉國被分成韓、趙、魏三個諸侯國，史稱「三家分晉」。再加上被田氏奪去了政權的齊國，和秦、楚及燕，併稱「戰國七雄」，史稱「戰國時代」。
2. 春秋戰國時期學術思想比較自由，史稱百家爭鳴。出現多位對中國有深遠影響的思想家（諸子百家），例如老子、孔子、墨子、莊子、孟子、荀子、韓非等人。
3. 有十大家學術流派，即道家（自然）、儒家（倫理）、陰陽家（星象占卜）、法家（法治）、名家（修辭辯論）、墨家（兼愛非攻）、雜家（合各家所長）、農家（君民同耕）、小說家（道聽途說）等。
4. 文化上第一個以個人名字出現在中國文學史上的詩人－屈原，他著有《楚辭》、〈離騷〉等文學作品。

5. 孔子編《詩經》。戰爭史上出現傑出的兵法家－孫武、孫臏、吳起等。
6. 科技史上出現墨子，建築史上有魯班，首次發明「瓦當」，奠定中國建築技術基礎。能製造精良的戰車與騎兵。
7. 歷史上出現《春秋》、《左傳》、《國語》、《戰國策》。中華文化的源頭基本上都可以在這一時期找到。這一時期科技方面也取得很大進步。夏朝發明「干支記年」，出現了十進位制。西周人用圭表測日影來確定季節；春秋時期確定了二十八宿；後期則產生了「古四分曆」。

19-4-4 秦漢時代

一、秦

1. 秦國「商鞅變法」後，國力大增強，消滅六國最後的齊國，完成統一，進入新時代。
2. 中國歷史上出現第一個統一中央集權的君主。秦王改用皇帝稱號，自封始皇帝，人稱秦始皇。
3. 進行多項改革，包括中央集權的確立，統一文字、統一度量衡；修築馳道和直道，連接戰國時趙國、燕國和秦國的北面圍城，築成西起臨洮，東至遼東的「萬里長城」，以抵禦北方的匈奴、東胡等遊牧民族入侵。
4. 秦始皇推崇法治，重用法家的李斯作為丞相，聽其意見，下令「焚書坑儒」，收繳天下兵器，役使 70 萬人修築阿房宮及自己的陵墓、兵馬俑等。

二、漢

1. 漢高祖劉邦與西楚霸王項羽展開爭奪天下的「楚漢戰爭」，項羽被漢軍圍困於垓下（今安徽靈璧），四面楚歌，在烏江自刎而死。楚漢之爭至此結束。
2. 西漢開始，由於漢高祖目睹秦朝因嚴刑峻法、賦役繁重而速亡。所以即位後減輕賦稅，使人民得以休養生息，實現中央集權。
3. 文帝繼位，他與其子景帝的政策方針，依舊是減輕人民賦稅，使漢帝國經濟蓬勃發展，史家稱這一階段為「文景之治」。
4. 衛青、霍去病、李廣等大將北伐，成功地擊潰匈奴控制西域，還派遣張騫出使西域，開拓著名的「絲綢之路」，發展對外貿易，使中國真正瞭解外面世界，促進中西文化交流。

5. 第一部記傳體通史的巨著—《史記》，這時期中國出現「造紙術」，推動文化發展。

三、新朝

西漢發展到 1 世紀左右開始逐漸衰敗，外戚王莽奪權，宣布進行一系列的改革，改國號為新。然而這些改革卻往往不切實際，最終導致農民紛紛起義。

四、東漢

1. 漢光武帝劉秀復辟漢朝，定都洛陽，史稱「東漢」。
2. 光武帝、明帝、章帝三代的治理，恢復往日漢朝的強盛，稱之為「光武中興」。
3. 佛教通過西域到達中國，在河南洛陽修建中國的第一座佛教寺廟－「白馬寺」，佛教正式傳入中國。
4. 蔡倫改造紙張的製造技術，使中國的文字紀錄方式，脫離使用「竹簡時代」，同時「造紙術」也成為中國古代四大發明之一流傳至今（印刷、羅盤、火藥）。
5. 中國天文學家張衡創制「渾天儀」、「地動儀」等科學儀器。
6. 名醫華佗是有記載以來第一位利用麻醉技術對病人進行手術治療的外科醫生。

19-4-5 魏晉南北朝

一、魏

曹操「挾天子以令諸侯」，控制東漢朝廷，曹操逝世，曹丕廢漢獻帝，建立「魏國」。

二、三國時代

曹丕「魏國」、劉備「蜀國」、孫權「吳國」，史稱「三國時代」、「三分天下」。

三、西晉

1. 司馬昭派兵滅蜀漢，其子司馬炎稱帝，建立「晉朝」，三國歸晉，再度統一。
2. 晉朝因權力鬥爭，史稱「八王之亂」。與此同時，中原周邊的五個游牧民族（匈奴、鮮卑、羌、氐、羯）與各地流民起來反晉，史稱「五胡亂華」。

3. 這些游牧民族紛紛建立自己的國家，包括了成漢、前趙、後趙、前燕、前涼、前秦、後秦、後燕、西秦、後涼、北涼、南涼、南燕、西涼、夏和北燕，史稱「十六國」。

四、東晉

1. 自東漢後期開始，為躲避戰亂，北方的漢族人民大量遷居南方，造成經濟重心開始南移。晉朝南遷，歷史上稱此前為「西晉」，南遷後為「東晉」。
2. 這一時期，盛行「玄學」、「佛」、「道」蔓延發展，但統治者一般都保護「佛教」。
3. 文學藝術方面，建安七子、陶淵明等人的詩文，王羲之等人的書法，顧愷之等人的繪畫，敦煌石窟等石窟藝術，皆為不朽之作。
4. 祖沖之第一個將「圓周率」準確數值計算到小數點以下 7 位數字；賈思勰的「齊民要術」則是世界農學史上的巨著。

五、南北朝

1. 拓跋鮮卑統一北方，建立北方的第一個王朝－「北魏」，形成南北朝的對立。
2. 南朝經歷宋、齊、梁、陳的更替，北朝則有北魏、東魏、西魏、北齊和北周。
3. 南北朝時期是佛教十分盛行的時期，西方的佛教大師絡繹不絕地來到中國，許多佛經被翻譯成漢文。
4. 文化方面，最突出的是玄學思想的發展，文學的成就也很高，詩歌亦然。
5. 外交流，東到日本和北韓，西到中亞和大秦（即羅馬），還有東南亞地區。

19-4-6 隋唐時代

一、隋

1. 楊堅取代北周建立隋朝，隋朝是五胡亂華後漢族在北方重新建立的大一統王朝，中國歷經 300 多年的戰亂分裂之後，再度實現統一。
2. 隋朝在政治上確立重要的制度如：「三省六部制」、「科舉制度」，兩稅法「大索貌閱」和「輸籍定樣」。

二、唐

1. 唐高祖李淵建立「唐朝」，是中國歷史上延續時間最長的朝代之一。
2. 唐太宗李世民即位，唐朝開始進入鼎盛時期，史稱「貞觀之治」。
3. 高宗李治之妻武則天遷都洛陽並稱帝，成為中國史上唯一承認的「女皇帝」，改國號周，定佛教為國教，廣修佛寺，大興土木。
4. 唐朝與鄰國良好關係，文成公主嫁到吐蕃，帶去大批絲織品和手工藝品。
5. 日本則不斷派遣使節、學問僧和留學生到中國。
6. 唐朝的文化也處於鼎盛，特別是詩文得到較大的發展，還編撰許多紀傳體史書。
7. 唐代湧現出許多偉大的文學家，例如詩人李白、杜甫、白居易、杜牧，以及散文家韓愈、柳宗元。唐代的佛教是最興盛的宗教，玄奘曾赴天竺取經，回國後譯成 1,335 卷的經文，於西安修建大雁塔以存放佛經。
8. 唐朝前期對宗教採取寬容政策，佛教外，「道教」、「摩尼教(Manicheism)」、「景教」和「伊斯蘭教」等也得到廣泛傳播。這一切都在李世民的曾孫唐玄宗李隆基統治時期達到頂峰，史稱「開元盛世」。中國四大發明中的印刷術和火藥兩項均出現於這一時期。
9. 顏真卿的書法，閻立本、吳道子、王維的繪畫，「霓裳羽衣舞」音樂舞蹈。
10 爆發「安史之亂」，唐朝由此開始走向衰落。

三、五代十國

1. 黃巢起義爆發被鎮壓，但唐朝中央政府也徹底失去地方軍閥的控制。
2. 軍閥朱溫篡唐，建立後梁。地方藩鎮勢力也紛紛自行割據。

19-4-7 宋代歷史

一、北宋

1. 北宋建立後控制中國大部分地區，但是燕雲十六州（幽雲十六州）在北方契丹族建立的遼朝中；河西走廊被黨項族建立的「西夏」，趁中原內亂占據。
2. 北宋雖然曾出兵討伐遼和西夏，但是均以失敗告終，木已成舟，無可奈何，不得不向日益坐大的遼和西夏交納歲幣。

3. 范仲淹的「慶曆新政」、王安石的「變法」、司馬光為首的新舊黨爭，增加社會的不安。
4. 松花江流域女真族建立的「金國」勢力逐漸強大，金國滅遼。
5. 金國隨即開始進攻積弱的北宋，金國攻破北宋首都汴京（今河南開封），俘虜 3,000 多皇族，其中包括當時的皇帝宋欽宗和太上皇宋徽宗，因為欽宗其時的年號為靖康，史稱「靖康之恥」，北宋滅亡。

二、南宋

1. 宋欽宗的弟弟趙構在南京應天府（今河南商丘）即皇位，定都臨安（今浙江杭州），史稱「南宋」。
2. 畢昇發明的活字「印刷術」比歐洲早 400 年。
3. 蘇頌創製世界上第一臺天文鐘一「水運儀象臺」。
4. 沈括的《夢溪筆談》，在科技史上享有崇高的地位。
5. 文化方面，理學盛行，出現朱熹、陸九淵等理學家，道教、佛教及外來的宗教均頗為流行。
6. 北宋歐陽脩編纂的《新唐書》，對唐史的保存有很大的貢獻。
7. 而司馬光主編的《資治通鑒》，更是編年史的典範，提倡「三從四德」。
8. 文學上出現歐陽脩、蘇軾等散文大家；宋詞是這一時期的文學高峰，出現晏殊、柳永、周邦彥、李清照、辛棄疾等一代詞宗；宋、金時期話本、戲曲也較盛行；繪畫則以山水花鳥著稱，著名的張擇端「清明上河圖」是中國繪畫上的不朽之作。
9. 中國歷史上最著名的女詞人李清照；小說有白蛇傳、梁祝等浪漫愛情傳說。

19-4-8 元　朝

1. 忽必烈建立元朝。因宋朝朱熹一派的理論，即「程朱理學」風行，使得程朱理學成為元朝以及明朝、清朝的官方思想。

2. 實行民族等級制度，如下表：

等級	人種	地區
第 1 等	蒙古人	蒙古草原地區。
第 2 等	色目人	包括原西夏統治區以及來自西域、中亞等地區。
第 3 等	金人	包括原金統治區的契丹、女真等族人。
第 4 等	南人	包括原南宋統治區的漢族和其他族人。

3. 中國戲劇史和文學史上的重大事件「元曲（散曲和雜劇）」，就在此環境下形成。
4. 學者把「元曲」與「唐詩」、「宋詞」並列，視之為中國文化的瑰寶。
5. 孔子在元代被封為「大成至聖文宣王」，孟子等歷代名儒也獲得崇高的封號。
6. 元朝在中國歷史上首次專門設立「儒戶」階層，保護知識分子，願充生徒者，與免一身雜役。元代對「儒家文化」的發展，達到空前的程度。
7. 元朝以及四大汗國等政權的產生，使 13 世紀之後的歐亞政治格局發生重大的變化。東亞、中亞和西亞地區，昔日林立的諸多政權頃刻間消失。歐洲部分地區也納入「蒙古汗國」的統治之下，歐亞之間經濟文化交流的壁壘被打破。
8. 促進中國的國際化，在歷史上，對外影響最大的王朝是「唐朝」和「元朝」。
9. 中國的「印刷術」、「火藥」、「指南針」三大發明，於元代經阿拉伯傳入歐洲。阿拉伯國家的「天文學」、「醫學」、「算術」陸續傳入中國，「伊斯蘭教」也廣泛傳布。
10. 威尼斯商人的兒子馬可．波羅隨父親到中國，僑居 17 年，留下著作「行紀」，在許多世紀中這本書一直是西方人瞭解中國和亞洲的重要文獻之一。
11. 文化方面以元曲成就較高，代表人物有關漢卿、王實甫、白樸、馬致遠等，代表作品有〈竇娥冤〉、〈西廂記〉等。

19-4-9 明清時代

一、明朝

1. 朱元璋領導的農民起義，推翻元朝在中原的統治，建立「明朝」。前期建都南京。朱棣發動「靖難之役」，遷都北京，明朝進入全盛時期。

2. 明成祖任命鄭和奉命 7 次下西洋，曾經到達印度洋、東南亞及非洲等地。文化上出現王陽明、李贄等思想家，以及《三國演義》、《水滸傳》和《西遊記》、《金瓶梅》等長篇小說。
3. 明英宗於北伐瓦剌時戰敗被俘，50 萬明軍全軍覆沒，史稱「土木堡之變」。
4. 明朝在極短的時間內重新崛起，又出現「弘治盛世」。形成大大小小的商業中心。出現如北京、南京、蘇州、杭州、廣州等繁華城鎮。
5. 明朝科舉考試通行「八股文」。
6. 地理學的《徐霞客遊記》，醫學的李時珍《本草綱目》、農學的徐光啟《農政全書》，工藝學的宋應星《天工開物》，文獻類書的《永樂大典》也都出自明代。

二、清朝

1. 李自成攻克北京後不久，努爾哈赤建立清朝，當時明朝舊臣鄭成功南撤到臺灣島，驅逐荷蘭殖民者，後來被清朝軍隊攻下。
2. 康熙年間，清廷與沙俄在黑龍江地區發生戰爭，簽訂中國歷史上第一個條約－「中俄尼布楚條約」。清朝統治者實行閉關鎖國政策，使得中國在歷史上落後了他國。
3. 1787 年，英國商人開始向華輸入鴉片，導致中國的國際貿易由順差變為巨額逆差。
4. 1838 年，道光皇帝派林則徐赴廣州禁煙。1839 年，將 237 萬多斤鴉片在虎門銷毀，史稱「虎門銷煙」。
5. 1840 年，英國政府發動「鴉片戰爭」。
6. 1842 年，英軍進入長江，切斷江南對北京的物資供應，於是清廷求和，簽署「南京條約」，除在東南沿海開放上海等 5 個通商口岸之外，還割讓香港島，這是近代中國與帝國主義簽訂的第一個不平等條約，主權受到破壞。
7. 1851 年至 1864 年間，受到基督教影響的秀才洪秀全建立「上帝會」，在廣西桂平縣武裝發動金田起義並創建「太平天國」。太平天國曾經一度占領南方 18 個省分，定都天京（今南京），建立政教合一的中央政權。
8. 同一時期其他運動還有「天地會」、「拈軍」、「上海小刀會」起義、「甘肅回民」起義等。這些反抗清朝的鬥爭，直到 1860 年才逐漸平息下來。
9. 1860 年，英法聯軍在「第二次鴉片戰爭」中，侵入北京，掠奪並燒毀皇家園林－圓明園，隨後與清廷簽定「北京條約」，新開放長江沿岸和北方沿海的通商口岸。

10. 俄國通過「瑷琿條約」、中俄「北京條約」和「中俄勘分西北界約記」，割讓中國東北和西北 140 多萬平方公里的領土。

11. 1895 年，中國在中日甲午戰爭中戰敗，與日本簽定「馬關條約」，賠償日本 2 億兩白銀，並割讓遼東半島、臺灣、澎湖列島給日本。

12. 1860 年，清朝開始推行「洋務運動」，國力有所恢復，一度出現同治中興的局面。

13. 1877 年，清軍收復新疆。

14. 1881 年通過「伊犁條約」清軍收復被沙俄占據多年的伊犁。

15. 1884 年，中法戰爭後清朝還建立了當時號稱亞洲第一、世界第六的近代海軍艦隊一「北洋水師」。甲午戰爭的失敗，對當時的中國產生很大的影響。

16. 1898 年，光緒帝在親政後同意康有為、梁啟超等人提出的變法主張，稱為「百日維新」在 103 天中進行多項改革，但最終在慈禧太后發動政變後失敗落幕。

17. 1899 年，義和團運動爆發，以「扶清滅洋」為宗旨並在慈禧太后默許下開始圍攻外國駐北京使館。於是，各國以解救駐京使館人員名義攻陷北京，史稱「八國聯軍」。

18. 1901 年，清政府被迫與各國簽定「辛丑條約」，賠款 4.5 億兩白銀，分 39 年還清，北京到山海關鐵路沿線由各國派兵駐紮，開北京東郊民巷為「使館區」。

19-4-10 革命運動

1. 國父孫中山先生名文，號逸仙，14 歲赴檀香山，就讀於英美學校。4 年後，返回故鄉。19 歲起，就學於廣州、香港。27 歲，光緒 17 年，畢業於香港西醫書院。在香港讀書期間，深思檢討，認為：「吾國人民之艱苦，皆不良之政治為之，若欲救國救人，非除去惡劣政府不可，而革命思潮，遂時時湧現於心中。」。於中法戰爭戰敗，乃有「推翻清廷，創建民國」之志。

2. 國父上書李鴻章，提出「人盡其才」、「地盡其利」、「物盡其用」、「貨暢其流」四項富強綱領與辦法，李鴻章未予接納。

3. 國父創立第一個革命團體「興中會」。參加者均須宣誓，誓詞中揭示該會目標「驅除韃虜，恢復中華，創立合眾政府。」返回香港召集舊友陸皓東、陳少白、鄭士良等，設立興中會總機關，對外託名「乾亨行」。用青天白日革命軍旗。9 月擬定在廣州舉事，失敗。此為其領導革命「第一次起義」又稱「乙未廣州起義」。

4. 國父由美國至倫敦，被清使館人員誘禁，計畫將其祕密送回廣州審判。幸其香港西醫書院老師康德黎(James Cantlie)奔走營救，英政府進行干涉，方得脫險。
5. 倫敦居留，在英期間，建立其民生主義理論，完成三民主義體系。
6. 派陳少白到臺灣，在臺北成立興中會分會，以結合志士，共同為祖國革命而努力。1905 年，在東京成立「中國革命同盟會」，簡稱「同盟會」。同盟會的成立，不僅使「興中會」、「華興會」、「光復會」及各省留學生，凡有志革命者，成為一個團體，也結合國內外所有革命的力量；並且明確揭示出「驅除韃虜，恢復中華，創立民國，平均地權」的目標。又於民報提出「民族」、「民權」、「民生」3 大主義，決將政治與社會革命，畢其功於一役，並提出「中華民國」國號作革命建國的目標。
7. 「武昌起義」，是 1911 年 10 月 10 日（農曆辛亥年）推翻清朝統治的兵變。起義的勝利，逐步使清朝走向滅亡。武昌起義結束中國 2,000 年的封建帝制，建立亞洲第 1 個民主共和國－「中華民國」，是亞洲和中國走向民主共和的開端，在中國歷史中具有里程碑意義。
8. 「辛亥革命」，西元 1911 年至 1912 年，旨在推翻清朝專制帝制、建立共和政體的全國性革命。指的是 1912 年元旦國父孫中山（孫文）就職中華民國臨時大總統，前後這一段時間中國所發生的革命事件。
9. 西元 1916 年袁世凱，自命為「中華帝國皇帝」。改定民國 5 年為「洪憲元年」。在國際方面，英、俄、日、法等國，對袁之帝制，均不表支持，且提出警告，加上護國軍起，各地又不斷起義與獨立相呼應，袁不得已宣告延期登基，以圖觀望。北洋派大將馮國璋、段祺瑞等亦明顯反對。袁被迫於是月撤銷帝制，82 天的「洪憲」告終。
10. 袁世凱死後，副總統黎元洪繼為總統，實權則操於國務總理段祺瑞之手。在護國軍及各方力爭下，臨時約法及國會得以恢復，補選馮國璋為副總統。

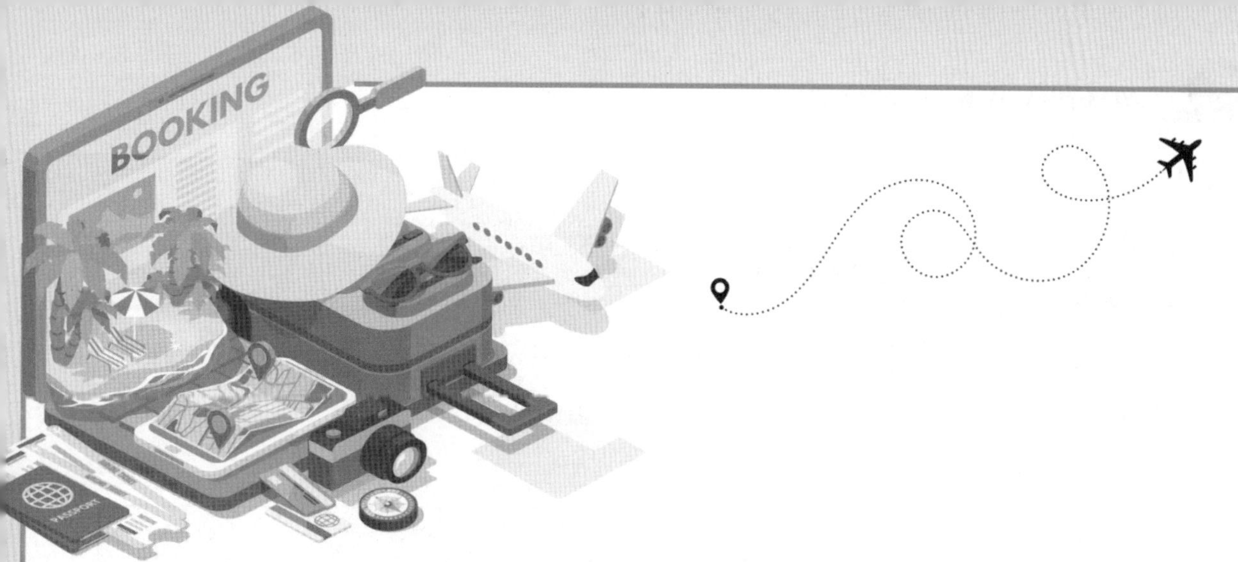

CHAPTER 20 世界地理

20-1 亞洲地理
20-2 歐洲地理
20-3 美洲地理
20-4 非洲地理
20-5 大洋洲地理
20-6 中國地理

華語導遊

外語導遊

華語領隊

外語領隊

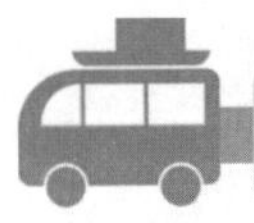

20-1 亞洲地理

亞洲的面積廣大，達 4,400 萬平方公里，約占全球陸地的三分之一，亞洲是全球最大的陸地，在地理上和歐洲相連，稱為「歐亞大陸」。

1. 亞洲的地形

地形區域	重要說明
東亞島弧區	北起阿留申群島、千島群島經日本群島、琉球群島、臺灣、南迄印尼各群島，在亞洲東側的緣海和太平洋之間，形成一條數以萬計的島弧區。
沿海半島區	面積較小的勘察加半島、朝鮮半島、遼東半島、山東半島、雷州半島、馬來半島及面積較廣大的中南半島、印度半島和阿拉伯半島。自亞洲東北部的寒帶濕冷區，移自西南部的熱帶乾燥區。
東亞平原、高原區	包括松遼平原、華北平原、華南丘陵、黃土高原、蒙古高原等，東亞各平原是亞洲人口稠密區之一。
西南高山、高原盆地區	以帕米爾高原為中心，向東南西三面伸出七條著名的山脈：喜瑪拉雅山、阿爾泰山、天山、崑崙山、岡底斯山、蘇里曼山、興都庫什山等。是亞洲大河之發源地。
北部平原、山地區	東部山地、中部高地和西部平原三部分，以西伯利亞山地的地形最複雜。西部平原為鄂畢河流域的西伯利亞平原。

2. 亞洲的河流，亞洲陸地廣闊，氣候溫濕之區亦甚遼闊，陸上水系十分發達，分別沿北、東、南三個斜面，流注入北極海、太平洋及印度洋，說明如下：

水系	河流說明
北極海水系	有鄂畢河，長約 5,870 公里；葉尼塞河，長約 4,500 公里及勒那河等；前二河的長度，亦屬世界十大長河之列。
太平洋水系	有長江，長約 6,300 公里注入東海。黃河，長約 5,464 公里注入渤海。湄公河，長約 4,180 公里注入南海。湄南河、西江、遼河、黑龍江等。其中黑龍江、長江和黃河均排行世界十大長河之列。

水系	河流說明
印度洋水系	伊洛瓦底江、恆河、阿拉伯河（底格里斯河 Tigris River 及幼發拉底河 Euphrates River 匯流的河川）、雅魯藏布江、印度河(Indus River)、薩爾溫江（上游在中國境內，稱怒江）。
內陸水系	亞洲有廣大的內陸，內陸水系發達，內陸河流多以湖泊為其終點，如塔里木河注入羅布泊，額濟納河注入延海，烏拉河注入裡海等。

3. 亞洲的氣候

亞洲幅員廣大，南至赤道區，北抵北極海，地跨寒、溫、熱三帶。溫帶在亞洲範圍廣大，氣候冷熱適中，最宜人居。是中華民族在亞洲溫帶區孕育及擴張，成為全球人數最多的民族。將依氣候特徵上的差異，說明如下：

氣候區	重點說明
季風亞洲區	印度半島西側塔爾沙漠的東緣向東，包括印度半島、中南半島、印尼、菲律賓、中國東南半部、琉球、日本、朝鮮半島，均受一種冬、夏異向的盛行風吹襲。這種盛行風因隨季節而改變風向，故稱季風。因而稱為季風亞洲(Monsoon Asia)。當夏季季風來自海上時，因所帶水氣豐富，容易成雲致雨，形成多雨季節；而當冬季季風來自內陸時，因空氣乾燥，形成乾季，故季風區的季節性乾濕變化，非常明顯。
亞洲高地氣候區	青康藏大高原為主體，地形高聳，平均高度在 4,000 公尺以上，稱之為「高亞洲(High Asia)」。本區空氣稀薄而寒冷，冬溫常在零下，夏季晝溫雖較高，但夜間氣溫仍低，所以成為「高地氣候區」。
亞洲乾燥氣候區	東北起至大興安嶺西側的呼倫貝爾高原，西接蒙古戈壁、新疆準噶爾盆地及塔里木盆地、中亞草原、伊朗沙漠、敘利亞沙漠、阿拉伯沙漠以迄小亞細亞高原，均為雨水稀少，氣候乾燥之區，可稱為「乾亞洲(Arid Asia)」，是亞洲「乾燥氣候區」。
亞洲北部寒冷氣候區	亞洲乾燥氣候區以北，地形大致低平，緯度增高，氣候以副極地氣候的低寒為其特色。本區因位在亞洲北部，向北達北極海濱，可稱為「北亞洲(Boreal Asia)」。本區因緯度較高，夏日甚短而冬季嚴寒綿長，昔日號稱「世界寒極(Cold Pole)」。

20-2 歐洲地理

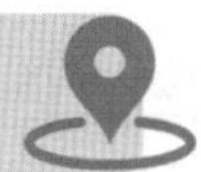

歐亞大陸是一相連之大陸地，歐洲東部以烏拉山和裡海為界，另三面均為深海包圍—北濱北極海，西臨大西洋，南隔地中海與非洲相隔。總面積約 1,000 萬平方公里。歐洲大部分地形平坦，最高之阿爾卑斯山脈，約 4,000 公尺，位於法、瑞、義交界處的白朗峰(Mount Blanc)海拔 4,808 公尺，是全歐第一高峰。

歐洲地區因多屬平原地帶，人口分布平均，有四個半島：斯堪地納維亞半島、伊比利半島、義大利半島（亞平寧半島）和巴爾幹半島。

1. 歐洲的半島

半島名稱	內容說明
斯堪地納維亞半島	(1) 位於歐洲西北角，瀕臨波羅的海、挪威海及北歐巴倫支海。 (2) 與俄羅斯和芬蘭北部接壤，北至芬蘭。 (3) 西部的挪威和南邊的瑞典，斯堪地納維亞山脈橫亙於兩個國家之間。長約 1,850 公里，面積約為 75 萬平方公里，是歐洲最大的半島。 (4) 半島西部屬山地，西部沿岸陡峭，多島嶼和峽灣；東、南部地勢較平整。 (5) 半島的氣候屬溫帶海洋性氣候，其北端嚴寒。
伊比利半島	(1) 西鄰大西洋，南隔直布羅陀遠眺北非，東有地中海，東北界庇里牛斯山。 (2) 屬地中海型氣候，僅其北為溫帶海洋性氣候。 (3) 多高原丘陵，平原多為河谷平原。 (4) 有三個國家葡萄牙、西班牙、安道爾。
義大利半島（亞平寧半島）	(1) 形狀像一隻靴子，位於地中海之北，半島上有亞平寧山脈。 (2) 亞平寧半島北起波河流域，南至地中海中心，長約 1,000 公里。 (3) 有三個國家，義大利、聖馬利諾及梵蒂崗。
巴爾幹半島	(1) 屬地中海型氣候，西鄰亞得里亞海，東界黑海，北隔多瑙河。 (2) 地形山多而平原少，多石灰岩地。 (3) 南巴爾幹之希臘半島臨愛琴海，眾島林立，大小不一，最大為克里特島。 (4) 有克羅埃西亞、斯洛維尼亞、波士尼亞－赫塞哥維納、蒙特內哥羅、塞爾維亞、阿爾巴尼亞、馬其頓、希臘、保加利亞、土耳其等國。

2. 地理區域

北部山地區	英國蘇格蘭北部、北歐的挪威、瑞典、芬蘭以及蘇俄境內的烏拉山一帶，本區地形高峻，積雪終年不化，冰河侵襲遺跡處處，最知名是挪威的峽灣奇景；而千湖之國芬蘭的無數湖泊，也是冰河侵蝕的遺跡。
中部平原	有歐陸的絕大部分土地，涵蓋了東起烏拉山麓、西到愛爾蘭的廣大範圍。地勢平坦，海拔高度多在 150 公尺以下，農牧業最為發達，孕育最豐富的人口。
南部山地	由一系列山脈—阿爾卑斯、庇里牛斯、喀爾巴阡及第拿里山脈所組成，而西阿爾卑斯就有 7 座超過 4,000 公尺的山峰。

3. 歐洲重要河流

歐洲各河系擁有雪山綿延不絕之水源供應，水量終年充沛且水流並不湍急，故全年都有內河航行之便，所經之處也產生特有之人文景觀及文化內涵。最主要歐洲河川如下：

河流名稱	重要說明
窩瓦河	又譯伏爾加河，全長約 3,700 公里，發源於東歐平原西部的瓦爾代丘陵中的湖沼間，位於俄羅斯西南部，是歐洲最長的河流，也是世界最長的內流河，流入裡海。俄羅斯人將伏爾加河稱為「母親河」。
多瑙河	全長約 2,800 公里，是歐洲第二長河。與萊茵河同樣發源於德、瑞邊界的阿爾卑斯山脈北麓，流經德國、奧地利、斯洛伐克、匈牙利、克羅埃西亞、塞爾維亞、羅馬尼亞、保加利亞、摩爾多瓦和烏克蘭等 10 個國家，大小共 300 多條支流，是世界上流經國家最多的河。最後注入黑海。
萊茵河	全長約 1,330 公里，發源於德、瑞邊界的波登湖，是全歐知名度最高、航運最發達、也最受遊客嚮往的美麗河川。由德國北部流經荷蘭、比利時等國注入北海。

4. 歐洲氣候

歐洲所處緯度偏高，最南的克里特島，最北的挪威北端的北角。挪威、瑞典、芬蘭和俄羅斯北部，均已深處在北極圈內，有北大西洋暖流的調劑，使歐洲沿岸冬季改變溫度並且提高一些。

歐洲面對大西洋，經常受北大西洋盛行的西風吹拂，暖濕的西風沿平坦的西歐穿過烏拉山脈，可以深入東歐及亞洲腹地，帶來適量的雨水。歐洲大部分在中緯度即溫帶地區，深受西風及海洋的影響，是氣候最優良的大陸。歐洲氣候區域大致分為 5 種：

氣候區	說明
南歐地中海	地中海盆地及沿岸地區，是歐洲最具特色的氣候型態。夏季炎熱、冬季乾燥而涼爽，而乾燥和陽光，使地中海成為歐洲的避暑勝地。
西歐	西班牙西北部至挪威西南部（包括不列顛群島）大西洋沿岸地區，屬冷溫帶海洋性氣候。冬暖夏涼，年溫差極小，雨量也不甚豐沛，最適宜人居住。
中歐	介於大西洋海洋性氣候與俄羅斯平原大陸性氣候之間，西側夏天溫暖、時有雷雨，冬天較冷、雪季也較長。
東歐	氣候與中歐類似，但較偏呈大陸性氣候型態，夏季溫暖乾燥，冬季因冷氣團湧入，雪季漫長，非常寒冷。
北歐	北歐受大西洋溫暖海水之調節，也有溫暖的夏季，冬天深受寒冷氣候的嚴密控制，會結冰。北極海沿岸地區，一年之中則數月低於冰點之嚴寒。

5. 歐洲重要的海峽

海峽名稱	說明
直布羅陀海峽	是位於西班牙與摩洛哥之間，分隔大西洋與地中海的海峽，也是歐洲與非洲相隔的海峽。
博斯普魯斯海峽	又稱伊斯坦布爾海峽。它北連黑海，南通馬爾馬拉海和地中海，把土耳其分隔成亞洲和歐洲兩部分。
土耳其海峽	別稱黑海海峽，是博斯普魯斯海峽、馬爾馬拉海、達達尼爾海峽 3 部分組成。是黑海與地中海之間唯一的通道，也是亞洲和歐洲的分界線。地理位置十分重要。
英吉利海峽	分隔英國與歐洲大陸的法國、並連接大西洋與北海的海峽。最狹窄處又稱多佛爾海峽，僅 30 公里。

20-3 美洲地理

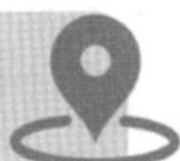

稱美洲新大陸的北美洲，面積共約 2,500 萬方公里，世界第三大陸。美洲區分為北美（美國、加拿大兩國）。中美（群島，主要為墨西哥以南、巴拿馬以北與安地列斯群島）。南美，以巴拿馬地峽分南、北兩洲。區分為盎格魯美洲（指美、加兩地；主要語文為英文）以及拉丁美洲（指中南美洲；主要語文為西班牙文）。

北美西部山脈沿海岸由北向南縱走，濱臨海岸者為海岸山脈，往東為喀斯開山脈，往南為內華達山脈，再者為高大的洛磯山脈(Rocky Mts.)，加拿大中部往南延伸，經過美國中部，直達墨西哥中部。北美西部山脈均為第 3 世紀的新褶曲山，和亞洲山脈多作東西向的排列，截然不同。

北美東部有阿帕拉契山脈，自聖羅倫斯河(St. Lawrence River)口起，向西延伸至阿拉巴馬州北部。向西直到洛磯山之間，為北美大平原，由北向南到墨西哥灣。第 4 世紀大冰河時代，大陸冰河於北美洲北部，是今日的哈得遜灣(Hadson Bay)為中心，冰河由此中心向回方流動，形成許多大小湖泊及許多峽灣、島嶼，使北美洲成為全球湖泊最多的大陸。北美五大湖區是美、加的邊境，也形成全世界最大的淡水湖。

南美洲地理，與巴拿馬地峽為界，以北稱中美洲，面積約 269 萬平方公里（巴拿馬、哥斯大黎加、尼加拉瓜、宏都拉斯、薩爾瓦多、瓜地馬拉、貝里斯等七個國家）。南為一個倒三角形大陸，稱為南美洲，面積約 1,800 萬平方公里（厄瓜多、哥倫比亞、委內瑞拉、祕魯、巴西、智利、烏拉圭、巴拉圭、阿根廷、玻利維亞、蓋亞那、蘇利南有 12 個國家）。此外，並包含加勒比海地區 13 國及北美洲南端 1 國，共計 33 國。僅次於亞、非、北美三洲，在全球居第四位。南美洲西岸北起哥倫比亞，南迄智利南端，為安地斯山系(Andes)，全長約 7,000 公里。南美東側有兩塊高地，北為圭亞那高地(Guniana Highlands)，以西側委內瑞拉(Venezuela)境內者最高，平均約 2,000 公尺。南為範圍廣大的巴西高原(Brazilian Highlands)，平均高度約千餘公尺。

1. 北美五大湖區

名稱	重點說明
蘇必略湖	是世界最大的淡水湖。
密西根湖	密西根湖是五大湖中唯一完全在美國國境之內的湖泊。

名稱	重點說明
休倫湖	於美國密西根州和加拿大安大略省之間。名稱來源為居住附近地區的印地安人休倫族而得。
伊利湖	伊利湖的名字來源於原在南岸定居的印地安伊利部落而得。
安大略湖	安大略湖是五大湖中面積最小的，最大的流出河流是聖羅倫斯河。最大的流入河流是尼亞加拉河，與伊利湖之間的落差 50 公尺，形成了世界上最美的尼亞加瀑布。
五大湖總面積達 24.5 萬平方公里，一向有「美洲大陸的地中海」之稱。也是美國與加拿大天然的分界點。	

2. 北美重要河流

河流	內容說明
美國 密西西比河	位於北美洲中南部，是北美洲最長的河流，長約 6,300 公里，本流源頭在美國明尼蘇達州，流經中央大平原，注入墨西哥灣；水系最遠源流為其支流密蘇里河的上源傑佛遜河，其源頭位於美國西部偏北的洛磯山北段。
加拿大 馬更些河	是北美洲第二大水系，長約 4,200 公里。馬更些河發源於加拿大西北地區的大奴湖。
加拿大 育空河	源於加拿大的育空地區，長約 3,200 公里，由發源地向北流於育空注入白令海，有超過一半的河道位於美國阿拉斯加州的境內。
美加邊境 聖羅倫斯河	源於北美五大湖區，美加邊界，長約 3,000 公里，流入北大西洋。
美國 科羅拉多河	源自於美加洛磯山脈，位於美國西南部。長約 2,333 公里。大部分流入了加利福尼亞灣，是加州淡水的主要來源。經夾帶大量砂石形成美國重要的許多國家公園，如大峽谷國家公園。
南美 亞馬遜河	發源於祕魯南部安第斯山脈東坡，阿普裡馬克河為源頭，長約 6,600 公里，一路向東走，最終注入大西洋。
南美 拉布拉他河	是南美洲巴拉那河和烏拉圭河匯集後形成的一個河口灣，西班牙語中意為「白銀之河」。位於南美洲東南部阿根廷和烏拉圭之間，長約 4,880 公里，為南美第二大河。阿根廷首都布宜諾斯艾利斯位於西南岸，烏拉圭首都蒙得維的亞則位於東北岸處。

3. 美洲氣候

(1) 北美洲地跨寒、溫、熱三帶。北美西部有天然山脈，南北縱走，對於東西向氣流的交換，產生嚴重的阻礙作用，使西部內陸多乾燥的沙漠區。至於北美中央大平原，地形平坦，對於寒流南下和熱氣北上，完全無阻礙，當加拿大冷氣團南下時，寒冷氣流籠罩北美大陸東半部，南達墨西哥灣，影響範圍甚大。

(2) 氣團：有三個氣團影響北美洲：一「極地大陸冷氣團」，源於加拿大中北部，空氣乾冷，低溫可降至零下 30 度。二為「熱帶海洋氣團」，夏季較明顯，北美洲東西兩側各一，每年夏季氣團自大西洋上夾帶暖濕空氣進入北美大陸，會降下不少雨水。三為「赤道海洋氣團」，形成於加勒比海、墨西哥灣一帶，空氣暖濕，夏季以暖濕南風的形態，沿密西西比河北進，降下大量雨水。

(3) 洋流：北美洲東西兩岸臨大西、太平兩洋，南有墨西哥灣、北有哈得遜灣，海水得以深入北美大陸，是故北美洲氣候所受海洋的影響，特別深遠。

(4) 氣候：北美低緯區的西印度群島洋面，每至夏季，常生熱帶氣旋，當地稱為颶風(hurricane)，每以拋物線的途徑，橫掃美國東南部各州，造成嚴重風災與洪害。每年冬季半年當加拿大極地冷氣團南下時，和大西洋熱帶暖氣團交會處，常起氣旋波(cyclonic wave)，稱為「溫帶氣旋」，是北美大陸天氣變化的主要因素。

(5) 中南美洲氣候：赤道線橫過厄瓜多(Ecuador)及巴西北部，故南美北部為橫跨赤道南北的熱帶潮濕氣候。地勢低窪的亞馬遜河谷地，位在赤道以南，是標準赤道雨林氣候。南美洲東西方向最寬處為南緯 5 度，由此向南，面積逐漸縮小，使南美洲有較他洲夏季較涼的氣候。每年 7 月南美冬季時，全洲平地氣溫均在冰點以上，至 1 月夏季，攝氏 10 度等溫線，通過南美洲南端的火地島(Tierra del Fuego)。

南美西岸中部受祕魯寒流影響，智利(Chile)中部夏季乾燥少雨，冬季濕潤多雨，成為「地中海型氣候」。南美南端西岸的迎風地帶，年雨量常達 3,000~4,000 公釐，全年雨日亦在 300 天以上。

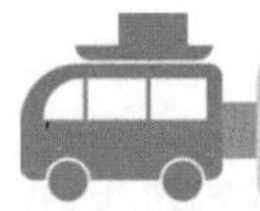

20-4 非洲地理

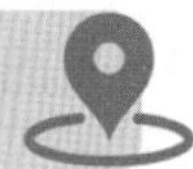

非洲面積約 3000 萬平方公里，是世界僅次於亞洲的第二大陸。北起地中海濱，南至好望角，長達約 8,000 公里，西由達喀爾(Dakar)，東到加達福角(Cape Cardafui)，海灣及內海較少，外族不易進入。因此，非洲的開發較晚。面積上，僅次於亞洲。它的位置在亞洲的西部，歐洲大陸的南方。非洲陸塊在地質上十分古老，約有 3 分之 1 的地面，顯出前寒武紀的岩石，這些岩層古老而堅硬，構成堅強的盾地。這些「古結晶岩層」對地表有保護作用，亦且含有許多金屬礦床，非洲所產的豐富黃金、鑽石、銅、鐵、鉻、錳等礦及鈾礦，來自於此古老的岩層。非洲地形以高原最多，全洲高於 400 公尺的土地，約有 60%。「東非大裂谷」成於「前寒武紀」。

1. 非洲的山

吉力馬札羅山(Mt. Kilimanjaro)是在非洲平坦高原中拔地而起的一座火山，矗立在坦尚尼亞(Tanzania)西北方的高原上，鄰近肯亞(Kenya)邊界，高約 5,900 公尺，為非洲最高峰，整個山脈東西綿延約 60 公里，主要有三個山峰：西拉峰(Shira 3,962)、馬文濟峰(Mawensi 5,149)、基博峰(Kibo 5,895)，而基博峰上面的烏呼魯峰(Uhuru)為一火山錐，是非洲最高點。

2. 非洲水系，有廣大的乾燥地區，源於內陸，說明如下：

河流	重點說明
尼羅河	源於盧安達附近的盧維隆沙(Luvironza)，北流穿越沙漠入地中海，全長約 6,700 公里，世界第一長河。注入地中海，出口處為埃及發源地，幾乎所有的古埃及遺址均位於尼羅河畔。
剛果河	上源在喀塔加高原，長約 4,600 公里，是非洲第二大河，但流量宏大支流眾多，流域面積世界第二，遠大於尼羅河，注入大西洋。
尼日河	源於獅子山國東北部，經幾內亞、馬利、尼日，由奈及利亞入幾內亞灣，全長 4,160 公里，略成一弓形，沿河水運對西非內陸交易甚為重要，注入幾內亞灣。
三比西河	發源於安哥拉高原，向東臨經尚比亞、辛巴威、莫三比克，長約 2,800 公里，注入莫三比克海峽。
橘河	源於賴索托北部，西流會瓦河(Vaal River)，仍稱橘河，全長 2,080 公里，注入大西洋。

3. 非洲氣候

是一個熱帶大陸，北緯 37 度、南緯 34 度，兩條回歸線，一條赤道橫過大陸上。整年內，太陽都強烈地照射著大地，形成終年高溫的狀態。80%面積為熱帶，僅南北端 20%屬溫帶。說明如下：

氣候區	重點說明
乾燥	擁有世界上最大的撒哈拉大沙漠(Sahara desert)，西起茅里塔尼亞，向東到蘇丹、埃及、索馬利亞均屬之。
半乾燥	乾燥區的外圍，屬於本區。雨量年約 150 公釐，但仍入不敷出，只能生長耐旱的短草。
地中海型	夏季炎熱少雨，冬季暖和多雨為其特徵。北非阿爾及利亞和突尼西亞沿海及南非的角省(Cape province)西南隅屬於北區，範圍不大。
熱氣濕潤	雨量最多，全年至少亦有 1,500 公釐，迎風地區可在 4,000 公釐以上，分乾、濕兩季。
熱帶夏雨	本區夏雨集中，雨水受赤道鋒(equatorial front)所左右，當此鋒北移時，雨量亦隨之北移。薩伊、奈及利亞、坦尚尼亞及中非等國屬之。

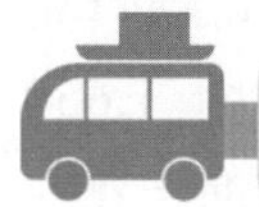

20-5 大洋洲地理

大洋洲主要分為兩部分，澳大利亞大陸與太平洋各島嶼。和亞洲以印度尼西亞的巴布亞地區為界。包括印度尼西亞的巴布亞地區、巴布亞紐幾內亞、澳大利亞、紐西蘭及南太平洋的島國。巴布亞紐幾內亞是唯一一個與別國有陸地疆界的大洋洲國家，與亞洲國家印度尼西亞接壤。面積共約 900 萬平方公里。

1. 澳大利亞簡介

澳洲位於南半球大洋洲，印度尼西亞與新幾內亞下方，是全球最小的大陸。面積：770 萬平方公里，人口約 2,100 萬，是世界最大的「大島」。國土略呈東西向長方形，東西長約 4,000 餘公里、南北寬 3,200 公里，地質相當古老，故有「化石島大陸」之稱。大陸主要分為西部高原、中央低地及東部高地三個部分。全澳洲分為七個省－新南威爾斯、維多利亞、昆士蘭、南澳洲、塔斯曼尼亞、北領地及西澳洲省等，及二個領地－澳洲首都領地及澳洲偏遠領地。首都設在東澳的坎培拉。

◎ 澳洲三大地形氣候區

澳大利亞意為南方大陸，是大洋洲中最大的陸塊，地形可分三區：

氣候區	重點說明
東部高地	東部沿海由北向南有一條大分水山脈，高度約 1,000 公尺，東面較陡，西面平緩。最高的柯秀斯科峰(Mts. kosciuko)2,230 公尺，又稱為澳洲阿爾卑斯山，面迎東南信風，終年多雨，成為澳洲人口密集區。
西南澳沿海	區域範圍狹小，只限於澳洲西南角的狹窄沿海地帶，即由伯斯至阿巴尼之間，夏季受副熱帶大陸氣團的控制，乾燥少雨，冬季因海洋氣團移入而降雨，故為澳洲僅有的冬雨夏乾的「地中海型」氣候區。
東南澳沿海	大分水山脈東南山麓的沿海一帶。因濱臨溫帶海洋，又受東南信風及地形漸高的雙重影響，氣候溫和，終年有雨，是全澳最佳的氣候區，也是澳洲的精華區。
中央內陸	廣大澳洲內陸，皆屬本氣候區。內陸中央為澳洲熱帶大陸氣團所盤據，終年多下沉氣流，氣流乾燥，年雨量不到 250 公釐，故絕大地區為沙漠和半沙漠氣候。

2. 紐西蘭簡介

紐西蘭位於南半球太平洋西岸，西隔塔斯曼海與澳洲相望。面積約 27 萬平方公里，人口約 350 萬人。由北島、南島及史都華島組成。南、北島中間隔庫克海峽遙望；南島與史都華島中間隔著福沃海峽，國土呈南北走向，延伸約 1,650 公里，氣候型態也因此有很大差異。北島多火山地形，地熱噴泉為其地理特徵。南島東北部為坎特伯利平原，西部以南阿爾卑斯山脈縱貫全島，最高峰為海拔 3,764 公尺的庫克山(Mt. Cook)。

氣候型態因位於南半球，季節變換剛好與北半球相反。加以國土又呈南北走向延伸約 1,600 公里，氣候型態變化多端，南北島西側多山並受強烈西風影響，天氣陰霾潮濕。東部則比較乾燥，終年日照豐富。

3. 大洋洲三大島群

(1) 玻里尼西亞：玻里尼西亞即「多島」之意；經度 180 度以東海域的島群概屬之，如美國的夏威夷群島、法屬社會全島、薩摩亞全島、東加王國及吐瓦魯等。

(2) 美拉尼西亞：意為「黑人島」；經度 180 度以西，赤道以南至南回歸線間的島群均屬之，以新幾內亞面積最大。

(3) 密克羅尼西亞：意為「小島」；分布在經度 180 度以西，赤道以北的洋面上。各島面積均小，多屬珊瑚島。

20-6 中國地理

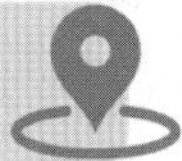

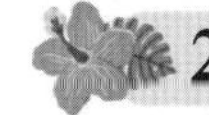

20-6-1 中國地理概述

一、中國地理及種族

中華人民共和國，簡稱中國，位於亞洲大陸東部，太平洋西岸。陸地面積約 960 萬平方公里，南北寬約 5,500 公里，東西長約 5,000 公里，為亞洲面積最大的國家。世界上，僅次於俄羅斯和加拿大的第三大國家。種族有 56 個，超過 90%的人口為漢族，其他分別有東北少數民族為滿族人，西南少數民族包括了擺族(Dai)、俚族(Li)、納西族(Naxi)、苗族(Miao)、傜族(Yao)。北方少數民族包括胡人和蒙古人。西北少數民族包括維吾爾族(Uighur)等。在中國海域上，分布著 5,000 多個島嶼，總面積約 8 萬平方公里，島嶼海岸線約 1.4 萬公里，最大為海南島，面積 3.4 萬平方公里。

中國領域範圍如下：

方位	地點	方位	地點
東	黑龍江與烏蘇里江匯合處。	南	南沙群島南端的曾母暗沙。
西	帕米爾高原。	北	漠河以北的黑龍江江心。

二、地形與地勢

地形	百分比	地形	百分比	地形	百分比
山地	約占 33%	盆地	約占 20%	丘陵	約占 10%
高原	約占 26%	平原	約占 11%		

階梯地形

級數	地點說明
第 1 階梯	青康藏高原受印度板塊與歐亞板塊的撞擊，青康藏高原不斷隆起，平均海拔 4,000 公尺以上，號稱「世界屋脊」。喜瑪拉雅山主峰珠穆朗瑪峰高達 8,848 公尺，是世界第一高峰。
第 2 階梯	內蒙古高原、黃土高原、雲貴高原和塔里木盆地、準噶爾盆地、四川盆地組成，平均海拔 1,000~2,000 公尺。

級數	地點說明
第 3 階梯	大興安嶺、太行山、巫山和雪峰山，向東直達太平洋沿岸，此階梯地勢下降由 1,000 公尺～500 公尺。
第 4 階梯	自北向南分布著東北平原、華北平原、長江中下游平原，平原的邊緣連接著低山和丘陵。再向東為中國大陸架淺海區，水深大都不足 200 公尺。

三、中國的山脈

高大的山脈及不同走向構成中國地形的「骨架」。著名的山脈說明如下：

山脈	重點說明
喜馬拉雅山脈	呈弧形分布在中國與印度、尼泊爾等國的邊境上，綿延 2,400 多公里，平均海拔 6,000 公尺，是世界上最高大的山脈。主峰珠穆朗瑪峰海拔 8,848 公尺，是世界最高峰。
崑崙山脈	西起帕米爾高原，東至中國四川省西北部，長達 2,500 多公里，平均海拔 5,000~7,000 公尺，最高峰公格爾山海拔 7,719 公尺。
天山山脈	橫亙在中國西北部新疆維吾爾自治區的中部，平均海拔 3,000~5,000 公尺，最高峰托木爾峰海拔 7,455.3 公尺。
唐古拉山脈	位於青康藏高原中部，平均海拔 6,000 公尺，最高峰各拉丹冬峰，海拔 6,621 公尺，是中國最長的河流—長江的源頭。
秦嶺	西起甘肅省東部，東到河南省西部，平均海拔 2,000~3,000 公尺，主峰太白山海拔 3,767 公尺。是中國南北間一條重要的地理界線。
大興安嶺	北起中國東北部的黑龍江省漠河附近，南至老哈河上游，南北縱長 1,000 公里，平均海拔 1,500 公尺，主峰黃崗梁海拔 2,029 公尺。
太行山脈	自北向南橫亙於黃土高原東部邊緣，南北長 400 多公里，平均海拔 1,500~2,000 公尺，主峰小五臺山海拔 2,882 公尺。
祁連山脈	綿亙於青康藏高原東北邊緣，平均海拔 4,000 公尺以上，祁連山主峰海拔 5,547 公尺。
橫斷山脈	位於青康藏高原東南部，西藏、四川和雲南三省區交界處，平均海拔 2,000~6,000 公尺，最高峰貢嘎山海拔 7,556 公尺。

四、中國的河流

中國境內河流眾多，流域面積在 1,000 平方公里以上者多達約 1,500 條，重要河流。說明如下：

	河流	重點說明
外流河	長江、黃河、黑龍江、珠江、遼河、海河、淮河等。	向東流入太平洋，流域面積約占中國陸地總面積的 64%。
	西藏的雅魯藏布江。形成世界第一大峽谷－雅魯藏布江大峽谷，長 505 公里，平均深度 2,300 公尺，最深 6,009 公尺。	向東流出國境再向南注入印度洋，河流長達 505 公里。
	新疆的額爾濟斯河。	向北流出國境，注入北冰洋。
內流河	新疆南部的塔里木河。	中國最長的內流河，全長 2,179 公里。
	流入內陸湖或消失於沙漠、鹽灘之中。	流域面積約占中國陸地總面積的 36%。

1. 長江

中國第一大河，全世界第三大河，長約 6,380 公里。發源於中國青海省唐古拉山。其上游穿行於高山深谷之間，蘊藏著豐富的水力資源。也是中國東西水上運輸大動脈，天然河道優越，有「黃金水道」之稱。長江中下游地區氣候溫暖濕潤、雨量充沛、土地肥沃，是中國工農業發達的地區。

河段	重點說明
上游	自源頭各拉丹東雪山至湖北省宜昌市的長江主河道。但其支流岷江和青衣江水系則灌溉整個富饒的成都平原。蜿蜒曲折，稱為「川江」。
中游	自湖北省宜昌市至江西省九江市湖口之間的長江主河道。湖北省宜都市至湖南省岳陽市城陵磯，因長江流經古荊州地區，俗稱「荊江」。
下游	自江西省九江市湖口至上海市長江口之間的長江主河道。江蘇省揚州市、鎮江市附近及以下長江主河道，因古有揚子津渡口，得名「揚子江」。下游城市中有中國大陸的國家最大城市－上海市。

2. 黃河

為中國第二大河，全長約 5,464 公里，發源於中國青海省巴顏喀拉山脈，注入渤海。黃河流域牧場豐美，礦藏豐富，歷史上曾是中國古代文明重要的發祥地之一。

河段	重點說明
上游	在蘭州的「黃河第一橋」內蒙古托克托縣河口鎮以上。發源於四川岷山的支流白河、黑河在該段內匯入黃河。
中游	內蒙古托克托縣河口鎮至河南鄭州桃花峪間。該河段匯入汾河、洛河、涇河、渭河、伊洛河、沁河等，是黃河下游泥沙的主要來源之一。該段有著名的壺口瀑布，氣勢宏偉壯觀。
下游	黃河河口河南鄭州桃花峪以下，由於黃河泥沙量大，下遊河段長期淤積，形成舉世聞名的「地上河」。歷史上，下遊河段決口氾濫頻繁，給中華民族帶來了沉重的災難。黃河入海口因泥沙淤積，不斷延伸擺動，位於渤海灣與萊州灣交匯處。

3. 黑龍江

中國北部的大河，長約 4,350 公里，有 3,100 公里流經中國境內。發源於蒙古國肯特山東麓，在石勒喀河與額爾古納河交匯處形成，經過中國黑龍江省北界與俄羅斯哈巴羅夫斯克邊疆區東南界，流入鄂霍次克海韃靼海峽。是中國三大河流之一，為中俄界河。

4. 珠江

舊稱粵江，是中國境內第四長河流。長約 2,200 公里。是西江、北江、東江和珠江三角洲諸河的總稱。其幹流西江發源於雲南省東北部沾益縣的馬雄山，在廣東三水與北江匯合，從珠江三角洲地區的 8 個入海口流入南海。北江和東江水系幾乎全部在廣東境內。珠江流域在中國境內面積 45 萬平方公里，另有一萬餘平方公里在越南境內。全流域的地勢總體為西北高，東南低。西北部為雲貴高原及青康藏高原邊緣，西江上游的急流瀑布較多，其中以白水河上的黃果樹瀑布最為出名，還有德天瀑布、九龍瀑布、陽洞灘瀑布。雲貴高原以東主要是低山丘陵（即兩廣丘陵）。珠江下游的沖積平原是著名的珠江三角洲，河海交匯，河網交錯，具有南國水鄉的獨特風貌。

5. 塔里木河

中國最大，世界第五大內流河。位於新疆塔里木盆地北部。古突厥語中塔里木河的意思是「沙中之水」。歷史上曾是絲綢之路上重要的水源。江源及上、中、下游主源為葉爾羌河，發源於喀喇崑崙山特力木坎力峰東南麓。源流分三支即葉爾羌河、阿克蘇河與和田河，三河於阿瓦提縣的肖夾克附近匯合，肖夾克至臺特瑪湖段稱塔里木河。全長約 2,200 公里，最後注入臺特瑪湖。

五、中國的氣候

主要受季風環流的影響，因地勢的多變而形成複雜的氣候。以岡底斯山脈、巴顏喀拉山脈、陰山、賀蘭山、大興安嶺為界。劃分為東部季風區和西部非季風區。以崑崙山、阿爾金山、祁連山、橫斷山為大致的地理界線。區分「西北乾旱」、「半乾旱區」、「東部季風區」和「青藏高寒區」。

「東部季風區」，季風區地形單元包括東北平原、華北平原（黃淮海平原）、長江中下游平原、黃土高原、四川盆地、雲貴高原、山東丘陵和江南丘陵。緯度的不同，又可分為熱帶、副熱帶、溫帶等三個季風氣候區。

氣溫中國南北方向跨緯度較大，南北氣溫有一定的差異。冬季，中國南北氣溫差別很大，0 °C 等溫線大致沿秦嶺一淮河一線分布；漠河鎮與海口市的 1 月平均氣溫相差接近 50 °C。夏季，除青康藏高原等地區外，各地 7 月平均氣溫大多在 20 °C 以上。

冬季溫度最低的地方在黑龍江的漠河鎮，1 月平均氣溫為−30 °C，極端最低氣溫−52 °C；溫度最高的地方在西沙群島附近，1 月平均氣溫為 22.9 °C。中國夏季溫度最高的地方是新疆自治區的吐魯番，7 月平均氣溫為 33 °C，極端最高氣溫 49.6 °C。

★ 中國降水量分布

中國年均降水量：中國各地降水差別很大，從東南沿海向西北內陸遞減，東南沿海的年降水量多在 1,600 毫米以上，西北有大片地區年降水量在 50 毫米以下。800 毫米等降水量線基本沿秦嶺。根據年降水量的多少，可以分為「濕潤地區」、「半濕潤地區」、「半乾旱地區」和「乾旱地區」。

中國年降水量，最低紀錄出現在吐魯番盆地，年均降水量 5.9 毫米，年降水天數不足 10 天，有些年幾乎滴水未下。

六、中國行政區域

目前，中國共有 34 個省級行政區域，包括 23 個省、5 個自治區、4 個直轄市，以及 2 個特別行政區。

★ 四個直轄市分別為

1. 北京

中華人民共和國首都，簡稱京。位於華北平原西北端。初稱薊，春秋戰國時為燕都，遼時為陪都，稱燕京。金、元、明、清至民國初為都城，先後有中都、大都、北平、北京等稱號。1928 年始設市。現轄 16 區、2 縣，為中央直轄市。全市面積 1.68 萬平方公里。人口約 1,400 萬。北京是中國的政治中心，也是文化、科學、教育中心和交通樞紐。北京還是馳名中外的遊覽勝地，主要名勝古跡有長城、故宮、天壇、十三陵、頤和園、香山等。

2. 上海

上海簡稱滬。地處中國東部海岸中段、長江入海口處。古為海邊漁村，春秋為吳國地，戰國時為楚國春申君封邑，宋設鎮，始稱上海，1927 年設市。現為中國四大直轄市之一，轄 18 區、1 縣。全市面積 7,000 平方公里。人口約 2,300 萬。上海是中國第一大城市，也是世界大都市之一。上海還是中國最大的工業城市、商業中心、金融中心和科技基地。

3. 天津

天津簡稱津。位於華北平原東北部，海河五大支流在此匯合流入渤海。金元時代稱直沽，為漕運要地，後設海津鎮，明初取天子津渡之意始稱天津並設衛，清為天津府治，1928 年始設市。現轄 15 區 3 縣，為中央直轄市。全市面積 1.1 萬多平方公里人口約 1,300 萬。天津是華北最大的工業城市，油氣、海鹽資源豐富，並有一定的工業技術基礎。天津也是華北重要的商業中心和岸口城市。天津的名勝古跡主要有市區的寧園、天后宮、大沽口炮臺，薊縣獨樂寺，黃崖關古長城及有「京東第一山」之稱的盤山風景區。

4. 重慶

重慶簡稱渝。位於西南地區東部，長江上游。春秋戰國時為巴國地。隋唐屬渝州。抗日戰爭時期為國民黨政府陪都。1997 年，以原四川省重慶、萬縣、涪陵 3 個地級市和黔江地區行政區域設中央直轄市重慶市。下轄 15 區、4 縣級市、17 縣、4 自治縣。全市面積 8.23 萬平方公里，人口約 3,100 萬。重慶是綜合性工業城市，有長江三峽、枇杷山、縉雲山等旅遊勝地。

★ 六大區域

地區	區域
華北地區	北京、天津、河北、山西、內蒙古
東北地區	遼寧、吉林、黑龍江
華東地區	上海、江蘇、浙江、安徽、福建、江西、山東
中南地區	河南、湖北、湖南、廣東、廣西、海南、香港、澳門
西南地區	重慶、四川、貴州、雲南、西藏
西北地區	陝西、甘肅、青海、寧夏、新疆

★ 二十三個省分別為

省名	簡稱	省會
河北	冀	石家莊
山西	晉	太原
遼寧	遼	瀋陽
吉林	吉	長春
黑龍江	黑	哈爾濱
江蘇	蘇	南京
浙江	浙	杭州
安徽	皖	合肥
福建	閩	福州
江西	贛	南昌
山東	魯	濟南
河南	豫	鄭州
湖北	鄂	武漢
湖南	湘	長沙
廣東	粵	廣州
海南	瓊	海口

省名	簡稱	省會
四川	川或蜀	成都
貴州	黔或貴	貴陽
雲南	滇或雲	昆明
陝西	陝或秦	西安
甘肅	甘或隴	蘭州
青海	青	西寧

★ 五個自治區

自治區名稱	簡稱	首府
內蒙古自治區	內蒙古	呼和浩特
西藏自治區	藏	拉薩
廣西壯族自治區	桂	南寧
寧夏回族自治區	寧	銀川
新疆維吾爾自治區	新	烏魯木齊

★ 二個特別行政區

特別行政區	概況
香港	於 1997 年，對香港行使主權，設香港特別行政區，簡稱港。位於南海之濱、珠江口東側，在廣東省深圳市深圳河之南，包括香港島、九龍、新界及附近島嶼，總面積約 10,980 平方公里。人口約 700 萬。
澳門	於 1999 年，對澳門行使主權，設澳門特別行政區，簡稱澳。澳門位於珠江口西岸的 1 個半島上，包括氹仔島和路環島，面積約 26 平方公里。人口約 50 萬。

參考資料 REFERENCES

◎ 中文參考書目

1. 吳偉德(2016)。**觀光學實務與理論**（第 4 版）。新北：新文京開發。
2. 吳偉德(2016)。**旅行業經營管理－實務與理論**（第 2 版）。新北：新文京開發。
3. 丁映妙。**世界文化歷史篇**。新北：龍騰文化。
4. 外交部(2009)。**有禮走天下系列活動國際禮儀手冊**。外交部出版。
5. 石滋宜(1994)。**有話石說**。臺北：中國生產力中心。
6. 交通部觀光局(2008)。**旅遊服務人員服務手冊**。
7. 交通部觀光局(2011)。**災害防救緊急應變通報作業要點**。
8. 交通部觀光局(2011)。**旅遊安全注意事項**。
9. 交通部觀光局(2011)。**緊急事故應變手冊**。
10. 李海濬(2006)。**行銷學第六章分析消費者市場與購買行為**。臺北：大華傳真。
11. 李銘輝(2000)。**觀光地理**。臺北：揚智。
12. 林裕森(1997)。**葡萄酒全書**。臺北：宏觀文化，58 頁。
13. 林澤洲(2009)。**觀光資源概要**。新陸。
14. 林燈燦(2009)。**觀光導遊與領隊**（第 8 版）。臺北：五南圖書。
15. 容繼業(2004)。**旅行業理論與實務**。臺北：揚智。
16. 徐純譯，Timothy Ambrose & Crispin Paine 著(2000)。**博物館實務基礎入門**。新北：中華民國博物館學會。
17. 張玉書、王佩思(2006)。**心理學概要含諮商與輔導**。臺北：大華傳真。
18. 張有恆(2008.04)。**航空業經營與管理**（第 2 版）。華泰文化。
19. 張明洵、林玥秀(1992)。**解說概論**。花蓮：太魯閣國家公園管理處。
20. 張瑞奇(2007.10)。**國際航空業務與票務**（第 2 版）。臺北：揚智。
21. 張瑞奇(2008)。**航空客運與票務**（第 2 版）。臺北：揚智。
22. 曹勝雄(2001)。**觀光行銷學**。臺北：揚智。

23. 連娟瓏(2016)。**國際禮儀**（第 6 版）。新北：新文京開發。
24. 陳思倫、宋秉明、林連聰(2000)。**觀光學概論**。世新大學。
25. 陳善珮、郭殷豪、陳寅全(2010.8)。**觀光資訊系統－全球航空旅遊電腦定位系統 GDS**。臺北：華立。
26. 陳嘉隆(2010)。**旅行業經營與管理**（第 9 版）。臺北：華立。
27. 曾光華(2007)。**服務業行銷**。臺北：前程文化。
28. 黃中憲譯，John Darwin 著(2010)。**帖木兒之後：1405~2000 年全球帝國史**。臺灣：野人。
29. 黃榮鵬(1998)。**領隊實務**（第 2 版）。臺北：揚智。
30. 黃榮鵬(2002)。**旅遊銷售技巧**。臺北：揚智。
31. 黃榮鵬(2005)。**領隊實務**（第 2 版）。臺北：揚智。
32. 黃榮鵬(2017)。**觀光領隊與導遊**（第 5 版）。臺北：華立。
33. 黃瓊玉(2006)。**導遊實務（一）**。臺北：大華傳真。
34. 楊正寬(2003)。**觀光行政與法規**（精華第 3 版）。臺北：揚智。
35. 楊明賢、劉翠華(2008)。**觀光學概論**。臺北：揚智，P14。
36. 楊健夫等編著(2007)。**休閒遊憩概論**。臺北：華都，P18。
37. 廖振順。**高中世界文化地理篇下冊圖表通鑑**。臺南：南一書局。
38. 廖振順。**高中世界文化地理篇上冊圖表通鑑**。臺南：南一書局。
39. 劉修祥譯，Ross, G. F.著(2003)。**觀光心理學**。臺北：桂魯。
40. 劉翠華(2008)。**觀光心理學**。臺北：揚智。
41. 劉慶鐘。**看穿你的顧客－如何評估消費者滿意度**。商得行銷。
42. 蔡進祥、徐世杰、賴子敬(2011)。**領隊與導遊實務 2011**（第 3 版）。臺灣：前程文化。
43. 吳偉德(2017)。**導覽解說實務與理論**。新北市：新文京開發出版股份有限公司。
44. 林燈燦(2013)。**觀光導遊與領隊概論**（2 版）。五南圖書出版股份有限公司。
45. 唐學斌(2002)。**觀光事業概論**。臺北市：國立編譯館出版。.
46. 袁之琦&游恆山(1990)。**心理學名詞辭點**。臺北市：五南出版社。

47. 張明洵&林玥秀(1992)。**解說概論**。花蓮：花蓮太魯閣國家公園管理處。

48. 張春興(2004)。**張氏心理學辭典**。臺北：東華書局。

49. 曾光華(2007)。**服務業行銷**：品質提昇與價值創造。前程文化。

50. 楊建夫(2007)。**休閒遊憩概論**。休閒系列。臺北市：華郁文化。

51. 榮泰生(1998)。**組織行為學（初版）**。臺北：五南圖書出版公司。

52. 漢契克&克拉夫普(1942)。**普通旅遊學綱要**。

53. 劉祥修&Ross, G. F. (2003)。**觀光心理學**。臺北：桂魯有限公司。

54. 蔡麗伶(1990)。**旅遊心理學**。新北市：揚智文化。

55. 藍采風,&廖榮利(1998)。**組織行為學（再版）**。臺北市：三民書局股份有限公司。

56. 顧萱萱,郭建志譯, & Schiffman(2000),原. L. G.(2001)。**消費者行為**。臺北：學富文化。

◎ 外文參考書目

1. Ambrose, T., & Paine, C. (1993). Museum Basics. 11 New Letter Lane. In: London.

2. Bauer, R. A. (1960). Consumer Behavior as Risk Taking." In Dynamic Marketing for a Changing World, Proceedings of the 43rd Conference of the American Marketing Association, edited by RS Hancock, 389-400.. 1964. The Obstinate Audience." American Psychologist, 19, 319-328.

3. Bitner, M. J. (1992). Servicescapes: The impact of physical surroundings on customers and employees. Journal of marketing, 56(2), 57-71.

4. Boom, B. H., & Bitner, M. J. (1981). Marketing strategies and organisation structures for service firms. Marketing of Services. Chicago: America Association.

5. Cohen, E. (1974). Who is a tourist?: A conceptual clarification. The sociological review, 22(4), 527-555.

6. Cook Roy, A., Yale Laura, J., & Marqua Joseph, J. (1999). Tourism–The Business of Travel. *Upper Saddle River, New Jersey: Prantice-Hall Inc, 286.*

7. Cordes, K. A., & Ibrahim, H. M. (1999). *Application in Recreation and Leisure For. Today and the Future*. McGraw-Hill Book Company Europe.

8. Cox, D. F. (1967). Risk taking and information handling in consumer behavior.
9. Crompton, J. L. (1979). An assessment of the image of Mexico as a vacation destination and the influence of geographical location upon that image. Journal of travel research, 17(4), 18-23.
10. Earl Jr, S. W., Paul, O. R., & Daryl, W. D. (1978). Management of Service Operations: Text and Cases. In: Boston: Allyn & Bacon.
11. Eiser, J. R., & Eiser, J. R. (1986). Social psychology: Attitudes, cognition and social behaviour: Cambridge University Press.
12. Fornell, C. (1992). A National Customer Satisfaction Barometer: The Swedish Experience. *The Journal of Marketing, 56*(1), 6-21.

    Fornell, C. (1994). Partial least squares. *Advanced methods of marketing research.*
13. Fornell, C., Anderson, E. W., & Lehmann, D. R. (1994). Customer Satisfaction, Market Share, and Profitability: Findings from Sweden. *The Journal of Marketing, 58*(3), 53-66.
14. Ham, S., & Weiler, B. (1999). *Training ecotour guides in developing countries: Lessons learned and implications for regional guide training and certification.* Paper presented at the Central American Regional Conference on Cleaner Technology.
15. Jones, T. O., & Sasser, J. R. (1995). Why Satisfied Customer Defect. *Harvard Business Review, 73*(6), 88-&.
16. Kotler, P. (2003). A framework for marketing management: Pearson Education India.
17. Lauterborn, B. (1990). New marketing litany: four Ps passé: C-words take over.
18. Lovelock, C. H. (1991). *Service Marketing* (2rd ed.). NJ: Prentice-Hall Inc.
19. Lundberg, D. E. (1972). Why Tourists Travel. *Cornell Hotel and Restaurant Administration Quarterly, 12*(4), 64-70.
20. McIntosh, R. W., Goeldner, C. R., & Ritchie, J. B. (1995). Tourism: principles, practices, philosophies: John Wiley and Sons.
21. Noe, R. A. (1999). Employee Training and Development: Michigan: Irwin.

22. Oliver, R. L. (1981). What is customer satisfaction. *Wharton Magazine, 5*(3), 36-41.

23. Oliver, R. L., & DeSarbo, W. S. (1988). Response Determinants in Satisfaction Judgments. *The Journal of Consumer Research, 14*(4), 495-507.

24. Oliver, R. L. (1981). Measurement and Evaluation of Satisfaction Processes in Retail Settings. *Journal of retailing, 57*, 25-48.

25. Parasuraman, A., Zeithaml, V. A., & Berry, L. L. (1985). A Conceptual Model of Service Quality and Its Implications for Future Research. *The Journal of Marketing, 49*(4), 41-50.

26. Parasuraman, A., Berry, L. L., & Zeithaml, V. A. (1991). Understanding Customer Expectations of Service. *Sloan Management Review*, Spring, 39-48.

27. Pearce, P. L. (1988). Conceptual Approaches to Visitor Evaluation. In The Ulysses Factor (pp. 23-44): Springer.

28. Pearce, P. L., & Lee, U.-I. (2005). Developing the travel career approach to tourist motivation. Journal of travel research, 43(3), 226-237.

29. Poon, A. (1993). Tourism, technology and competitive strategies, CAB International. Journal of consumer res*earch, 15*, 210-224.

30. Rushton, A., & Carson, D. J. (1989). The marketing of services: managing the intangibles, *European Journal of Marketing, 23*(8), 23-44.

31. Sasser, W. E., & Arbeit, S. P. (1976). Selling Jobs in the Service Sector. *Business Horizons, 19*(3), 61-65.

32. Söderlund, M. (1998). Customer satisfaction and its consequences on customer behaviour revisited. *International journal of service industry management.*

33. Scott, N., & Laws, E. (2006). Tourism crises and disasters: Enhancing understanding of system effects. Journal of Travel & Tourism Marketing, 19(2-3), 149-158.

34. Shopback. (2020). 旅遊常識 ｜ 旅遊警示分級 自由行、機票、旅行團退費標準一次看懂. Retrieved from https://www.shopback.com.tw/blog/covid-19-travel-alert-202015. Swarbrooke, J., & Horner, S. (1999). Consumer behaviour in tourism. Oxford: Butterworth and Heinemann.

35. Tilden, F. (1957). Interpreting our heritage: Principles and practices for visitor services in parks, museums, and historic places: University of North Carolina Press.

36. UNWTO. (2020). COVID-19 and Tourism · 2020: a year in Review. Retrieved from https://webunwto.s3.eu-west-1.amazonaws.com/s3fs-public/2020-12/2020_Year_in_Review_0.pdf

37. Wagar, J. A. (1976). Achieving effectiveness in environmental interpretation [Forest resource management]. *USDA Forest Service General Technical Report SE.*

38. WTO. (1998). *1998 年世界觀光組織觀光經濟報告.* WTO

39. Zeithaml, V. A. (1988). Consumer Perceptions of Price, Quality, and Value: A Means-End Model and Synthesis of Evidence. *The Journal of Marketing, 3*(52), 2-22.

◎ 相關網站資料

1. 導遊普考改高考喊卡，NOWnews.com 今日新聞網，2012/9/24，http://www.nownews.com/2012/09/24/91-2856848.html

2. 全國法規資料庫，發展觀光條例，http://law.moj.gov.tw/LawClass/LawAll.aspx?PCode=K0110001

3. 財政部臺北關稅局，http://taipei.customs.gov.tw/mp.asp?mp=5

4. 中華民國文化部，http://www.moc.gov.tw/main.do?method=find&checkIn=1

5. 中華民國內政部及移民署. (2021a). 大陸地區人民申請來臺從事觀光活動作業規定. Retrieved from https://www.rootlaw.com.tw/LawArticle.aspx?LawID=A040040111009700-0991231

6. 中華民國內政部移民署. (2021b). 大陸地區人民來臺從事個人旅遊觀光活動線上申請須知. Retrieved from https://www.immigration.gov.tw/5382/5385/7244/7250/7257/7266/36078/

7. 中華民國旅行業品質保障協會. (2021). 旅遊安全須知範本. Retrieved from http://www.travel.org.tw/info.aspx?item_id=7&class_db_id=83&article_db_id=1829

8. 中華民國觀光領隊協會. (2021). 領隊人員自律公約 Retrieved from http://www.atmorg.com/front/bin/ptlist.phtml?Category=426339

9. 歷史文化學習網，民族與國家，2012/11/17，http://culture.edu.tw/history/subcategory_photomenu.php?subcategoryid=100&s_level=2

10. French wine label，2011/1/21，http://0.tqn.com/d/wine/1/0/F/6/frenchwinelabelhowto.jpg

11. CPR 資料來源，臺北榮民總醫院，http://www.gandau.gov.tw/

12. 中央研究院，臺灣研究網路化，http://twstudy.iis.sinica.edu.tw/

13. 中央銀行，http://www.cbc.gov.tw/

14. 中國百度，http://baike.baidu.com/

15. 中國百科，http://big5.cri.cn/gate/big5/gb.cri.cn/chinaabc/

16. 中華世界遺產協會，http://www.what.org.tw/what/

17. 中華民國總統府網站，http://info.gio.gov.tw/

18. 中華民國觀光導遊協會，導遊人員自律公約，http://www1.tourguide.org.tw/

19. 中華氣機導引文化研究會，http://www.qiji.org.tw/

中華經濟研究院，翻譯單位交通部觀局，1998，世界貿易組織觀光服務業，http://www.wtocenter.org.tw/

20. 內政部消防署防災知識網，http://www.nfa.gov.tw/

21. 文建會世界遺產知識網，http://twh.hach.gov.tw/WorldHeritage.action

22. 卡優新聞網，http://www.cardu.com.tw/

23. 臺北市政府文化局，http://www.culture.gov.tw

24. 臺灣桃園國際機場，http://www.cksairport.gov.tw/

25. 臺灣海外網，http://www.taiwanus.net/index.php

26. 行政院文化部，http://www.moc.gov.tw/

27. 行政院原住民委員會，http://www.apc.gov.tw/chinese/

28. 行政院原住民委員會文化園區管理局，http://www.tacp.gov.tw/

29. 行政院農業委員會動植物防疫檢疫局，http://www.baphiq.gov.tw/

30. 外交部領事事務局，國外旅遊警示分級表，http://www.boca.gov.tw/
31. 正修科技大學，心肺復甦異物梗塞之處理，http://eca.csu.edu.tw/web3/monica/h1/ index2.htm
32. 休閒漁業解說服務之原則與技巧，http://root.etaiwanfish.com/fish/km.nsf/ByUNID/D1096ED8DB766912482572B8002075C0?opendocument
33. 地景欣賞與解說—臺灣的特殊地形景觀，王鑫，ge.tnua.edu.tw/ge-mna/download/14.
34. 艾迪渥欣，IDEAVERSION，http://www.idealversion.com/it/blife/life.php?no=1
35. 行政院大陸委員會網址，http://www.mac.gov.tw
36. 美國運通的旅行支票網站，http://www.americanexpress.com/taiwan/tc/index.shtml
37. 海峽兩岸關係協會，http://big5.arats.com.cn/
38. 衛生福利部疾病管制署，http://www.cdc.gov.tw/
39. 荒野保護協會，http://www.sow.org.tw/index.do
40. 財政部關稅總局，http://web.customs.gov.tw
41. 財政部臺灣關稅局，http://taipei.customs.gov.tw/
42. 財團法人海峽交流基金會，http://www.sef.org.tw/
43. 國立自然科學博物館，中臺灣河川新面貌，http://edresource.nmns.edu.tw/
44. 國泰世華銀行，https://www.cathaybk.com.tw/cathaybk/personal_foreign03.asp
45. 國際禮儀，外交部，http://www.mofa.gov.tw/webapp/lp.asp?CtNode=1742&CtUnit=166&BaseDSD=7&mp=1
46. 國際禮儀，前外交部禮賓司朱玉鳳司長，coa.cpc.org.tw/edu/Class/doc/95/
47. 陳敦基，2004，觀光旅遊管理講義，淡江大學管理學院，http://mail.tku.edu.tw/ djchen/
48. 教育部全球資訊網，http://www.edu.tw/
49. 教育部數位教學資訊入口網，http://content.edu.tw/
50. 復興高中高中地理高二歷史第三冊，http://ms1.fhsh.tp.edu.tw/~linghsun/volumn25.htm
51. 新光醫院，http://www.skh.org.tw/Neuro/CVAgeneral.htm

52. 經濟艙症候群，國民健康局，http://www.bhp.doh.gov.tw/bhpnet/portal/Them_Show.aspx?Subject=200712250011&Class=2&No=200712250145

53. 維基百科，http://zh.wikipedia.org/zh-tw/

54. 臺灣大百科全書網站，http://taiwanpedia.culture.tw/web/content?ID=24090

55. 臺灣國家公園管理處網站，http://np.cpami.gov.tw/

56. 臺灣基技部水利署，http://www.wra.gov.tw/

57. 聯合國教科文組織，http://typo38.unesco.org/zh/

58. 聯合國教科文組織網站(2013.12.15)，http://whc.unesco.org/en/news/776

59. 聯合國教科文組織網站(2013.12.15)，http://portal.unesco.org/en/ev.php-URL_ID=11170&URL_DO=DO_TOPIC&URL_SECTION=201.html

60. 聯安預防醫學機構，http://www.lianan.com.tw/09_knowledg_01_detail.asp? sn=450

61. 鯤島園地本土文化，http://www.dang.idv.tw/

62. BSP 銀行清帳計畫，國際訂位與證明實務，2009，http://ab.hc.cust.edu.tw/e_auxiliary/BSP...doc

63. 交通部民航局，我國國際航權概況，2012.11.27，http://www.iaalab.ncku.edu.tw/cac/92%E5%B9%B4%E8%AA%B2%E7%A8%8B%E8%B3%87%E6%96%99/920717%E8%88%AA%E6%AC%8A%E7%B0%A1%E4%BB%8B%E6%8A%95%E5%BD%B1%E7%89%87.ppt#282,25,

64. 兩岸航班已達每週 828 班，http://www.chinatimes.com/newspapers/20140222001038-260305，103.11.26

65. FBI 關注！臺背包客專門「遺失護照」　賣黑市最高 30 萬，http://www.ettoday.net/news/20141011/412186.htm，103.11.26

66. 百威旅行社 http://www.bwt.com.tw/eWeb_bestway/html/cruise/

67. 全國法規資料庫，外籍旅客購買特定貨物申請退還營業稅實施辦法 http://law.moj.gov.tw/LawClass/LawAll.aspx?PCode=K0110023

68. 全國法規資料庫，臺灣地區與大陸地區人民關係條例 http://law.moj.gov.tw/LawClass/LawAll.aspx?PCode=Q0010001

69. 全國法規資料庫，大陸地區人民來臺從事觀光活動許可辦法 http://law.moj.gov.tw/LawClass/LawContent.aspx?PCODE=D0080141

70. 全國法規資料庫，香港澳門關係條例
http://law.moj.gov.tw/LawClass/LawAll.aspx?PCode=Q0010003
71. 全國法規資料庫，文化資產保存法
http://law.moj.gov.tw/LawClass/LawAll.aspx?PCode=H0170001
72. 文化資產局，2015 新列世界遺產公布
http://twh.boch.gov.tw/taiwan/news_detail.aspx?id=39
73. 交通部民用航空局，其他有影響飛航安全之虞不得攜帶進入航空器之物品名稱
http://www.caa.gov.tw/big5/content/index01.asp?sno=1400
74. 交通部民用航空局，旅客攜帶打火機限制宣導海報，2015.10.18
http://www.caa.gov.tw/big5/content/index01.asp?sno=1808
75. 交通部民用航空局，鋰電池宣導海報，2015.10.18
http://www.caa.gov.tw/big5/content/index01.asp?sno=1808
76. 交通部民用航空局，2021，第一章航權及國際相關事務，交通部民用航空局
77. 財政部關務署，入境報關須知
https://web.customs.gov.tw/ct.asp?xItem=12072&CtNode=13127
78. 外交部領事事務局，首次申請護照須知
http://www.boca.gov.tw/passport/images/boca1000609_.pdf
79. 交通部觀光局，旅行業接待大陸地區人民來臺觀光旅遊團品質注意事項
http://admin.taiwan.net.tw/law/law_d.aspx?no=130&d=621
80. 中華民國內政部移民署，大陸地區人民來臺從事個人旅遊觀光活動申請須知
https://www.immigration.gov.tw/ct_cert.asp?xItem=1101583&ctNode=32595
81. 中華民國內政部移民署，公告修正大陸地區人民來臺從事個人旅遊之數額，2015.10.18
https://www.immigration.gov.tw/ct.asp?xItem=1302053&ctNode=29711&mp=1
82. 太古國際旅行社，危險品須知，2015.10.18
http://www.swiretravel.com.tw/SITS/help/help_17.html
83. 國際線上，國臺辦：卡式臺胞證將於 9 月 21 日起全面實施，2015.10.18
http://gb.cri.cn/42071/2015/09/16/8011s5104204.htm

84. 人民網，公安部出入境管理局負責人就啟用電子臺胞證答問，2015.10.18
http://www.chinacourt.org/article/detail/2015/07/id/1659161.shtml

85. 2015 年馬習會－馬總統正式會談談話全文，
http://www.mac.gov.tw/ct.asp?xItem=113316&ctNode=5650&mp=1

86. EUR-LEX. Document 52016XC0615(01). No 261/2004. 201604
https://eur-lex.europa.eu/legal-content/EN/TXT/?uri=CELEX:52016XC0615%2801%29

87. Skyscanner.【歐遊必讀】2019 申請歐盟 EU261 航班延誤/取消賠償懶人包｜最高可得 600 歐元賠償金 2019-05-05
https://www.skyscanner.com.hk/news/flights/2017-eu-flight-delay-cancel-compensation-policy-201702

88. 外交部. (2021). 護照條例. Retrieved from
https://law.moj.gov.tw/LawClass/LawAll.aspx?PCode=E0030001

89. 外交部領事事務局. (2021a). 中華民國簽證介紹. Retrieved from
https://www.boca.gov.tw/cp-237-3822-b12d4-1.html

90. 外交部領事事務局. (2021b). 國人加持第二本護照相關規定. Retrieved from
https://www.boca.gov.tw/cp-21-15-fd18c-1.html

91. 中華民國交通部，2022，旅行業管理規則，
https://motclaw.motc.gov.tw/webMotcLaw2018/Home/NewsDetail?LawID=L0010046&lawType=1

92. 中華民國交通部，2022，導遊人員管理規則，
https://motclaw.motc.gov.tw/webMotcLaw2018/Home/NewsDetail?LawID=L0011023&lawType=1

93. 交通部. (2021c). 民宿管理辦法. Retrieved from
https://law.moj.gov.tw/LawClass/LawHistory.aspx?pcode=k0110012

94. 交通部觀光局. (2021a). 國外(團體)旅遊定型化契約書範本. Retrieved from
https://admin.taiwan.net.tw/TourismRegulationDetailC003200.aspx?Cond=23eba33c-5930-4e75-9b9a-4ee855c8ebf6

95. 交通部觀光局，2022，領隊人數
https://admin.taiwan.net.tw/FileUploadCategoryListC003330.aspx?CategoryID=e589e7db-30ba-4eeb-9f5d-28805cae30e0

96. 交通部觀光局，2022，導遊人數，
https://admin.taiwan.net.tw/FileUploadCategoryListC003330.aspx?CategoryID=ced5c645-bc46-438d-a712-dd81c847adc5

97. 交通部觀光局. (2021d). 觀光局組織編制與主掌. Retrieved from
https://admin.taiwan.net.tw/Organize

98. 中華民國交通部，2022，領隊人員管理規則，
https://motclaw.motc.gov.tw/webMotcLaw2018/Home/NewsDetail?LawID=L0033005&lawType=1

99. 考選部. (2021). 110 年專門職業及技術人員普通考試導遊人員、領隊人員考試－本考試公告. Retrieved from
https://wwwc.moex.gov.tw/main/exam/wFrmPropertyDetail.aspx?m=5055&c=110040

100. 行政院. (2021). 民法債編旅遊專節. Retrieved from
https://law.moj.gov.tw/LawClass/LawHistory.aspx?pcode=B0000001

101. 桃園國際機場股份有限公司. (2021). 入境申報. Retrieved from
https://www.taoyuan-airport.com/main_ch/docdetail.aspx?uid=348&pid=12&docid=113

102. 財政部. (2021). 入境旅客攜帶行李物品報驗稅放辦法. Retrieved from
https://law.moj.gov.tw/LawClass/LawHistory.aspx?pcode=G0350003

103. 財政部關務署臺北關. (2021a). 旅客通關入境旅客. Retrieved from
https://taipei.customs.gov.tw/multiplehtml/3392

104. 財政部關務署臺北關. (2021b). 旅客通關出境旅客. Retrieved from
https://taipei.customs.gov.tw/multiplehtml/3394

105. 考選部，2022，外語口試規則，
https://wwwc.moex.gov.tw/main/ExamLaws/wfrmExamLaws.aspx?kind=1&menu_id=318&laws_id=16

106. 111 年專門職業及技術人員普通考試導遊人員、領隊人員考試，2022，考試題目，https://wwwq.moex.gov.tw/exam/wFrmExamQandASearch.aspx

107. 交通部觀光局，2022，觀光事業管理行政圖，
https://admin.taiwan.net.tw/service/guanguangzuzhi/xingzhengtixi.htm

108. 交通部觀光局，2022，旅行業相關統計，
https://admin.taiwan.net.tw/FileUploadCategoryListC003330.aspx?CategoryID=b701d7ba-2e01-4d0c-9e16-67beb38abd2f

109. 交通部觀光局，2022，
<https://admin.taiwan.net.tw/Organize/Zhizhang16.htm#oc01

110. 交通部觀光局，2021，Tourism 2025—臺灣觀光邁向 2025 方案（110-114 年）。

111. 全國法規資料庫，2022，發展觀光條例，
https://law.moj.gov.tw/LawClass/LawAll.aspx?pcode=k0110001

112. 全國法規資料庫，2022，臺灣地區與大陸地區人民關係條例，中華民國 111 年 6 月 8 日總統華總一義字第 11100048111 號令
https://law.moj.gov.tw/LawClass/LawAll.aspx?pcode=Q0010001

◎ 期刊、論文及講義

1. 中華民國旅行商業同業公會全國聯合會。**旅行業從業人員基礎訓練教材**。
2. 中華民國旅行業品質保障協會。**參團旅遊應注意事項**。
3. 臺北市導遊協會彙編(2004)。**導遊領隊基礎訓練教材—實務篇（一）**。
4. 臺北市導遊協會彙編(2004)。**導遊領隊基礎訓練教材—觀光法規篇**。
5. 臺北市導遊協會彙編(2004)。**導遊領隊基礎訓練教材—觀光資源概要篇**。
6. 交通部觀光局(2003)。**旅行業從業人員基礎訓練教材**—第一篇：旅行業作業基本知識。
7. 吳偉德(2010.6)。**綜合旅行社躉售業專業經理人與一線人員之知識管理研究**。銘傳觀光研究所碩士在職專班。
8. 吳偉德(2011)。**旅遊管理與設計**。耕莘健康管理專科學校講義。
9. 吳偉德(2011.5)。**旅行社躉售業之知識管理與組織文化研究**。2011 臺灣商管理論與實務研討會。
10. 旅行同業公會教材。**出國旅遊作業手冊**。
11. 張永和。**釀造酒與蒸餾酒**。靜宜大學食品營養學系教授。

12. 張振煌(2010)。**旅行社對受雇領團人員服務滿意度之研究－以臺灣觀光領團人員發展協會為例**。銘傳觀光學院觀光事業學系碩士在職專班。

13. 陳文吉(2011)。**旅行業企業社會責任之探討**。銘傳觀光學院觀光事業學系碩士在職專班。

14. 游若竹、李啟豪、吳瑞碧。酒的釀造與飲酒對健康的影響，食品與生活，臺灣大學食品科技研究所，**科學發展 2004 年 12 月**，384 期。

15. 薛茹茵(2010)。**大陸人士來臺觀光對臺灣旅行業影響與因應策略之研究**。銘傳觀光研究所碩士在職專班。

16. 謝棟樑(2000.9)。**「外交風情錄」謝棟樑大使談國際禮儀實務**，第 23 卷第 4 期。

17. 顏正豐(2007)。**臺灣地區綜合旅行社經營策略之研究－以躉售業為例**。銘傳大學觀光研究所碩士在職專班。

18. 王國欽(1995)。**旅遊風險評估模式建立之研究-模糊多準則決策方法之應用**。文化大學觀光事業學系.

19. 余慧玉(1999)。**博物館導覽員與博物館**。社教雙月刊，7(4)，11-14。

20. 陳昭明(1981)。**臺灣森林遊樂需求，資源，經營之調查與分析**。臺北：臺灣省林務局。

21. 劉婉珍(1992)。**美術館導覽人員之角色與訓練**。博物館學季刊，6(4), 43-46。

22. 劉滌昭(1994)。**顧客滿意度測量手法**。臺北：中國生產力中心（原書日本能率協會 [2000]. CS 經營.日本：日本能率協會）。

◎ 會　議

考選部專技考試司(2010)。研商修正普通考試導遊領隊人員考試制度第二次會議。

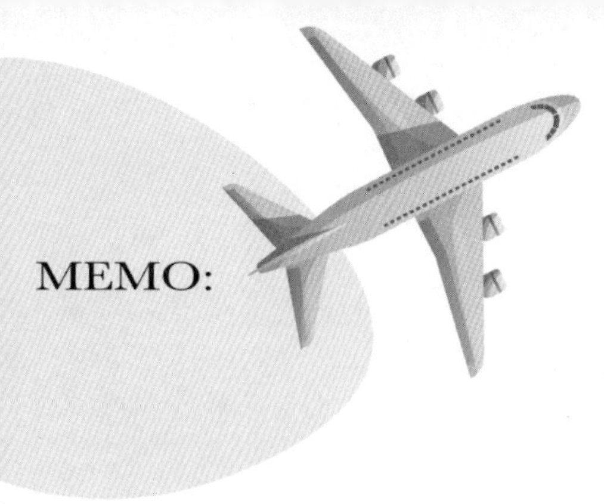

MEMO:

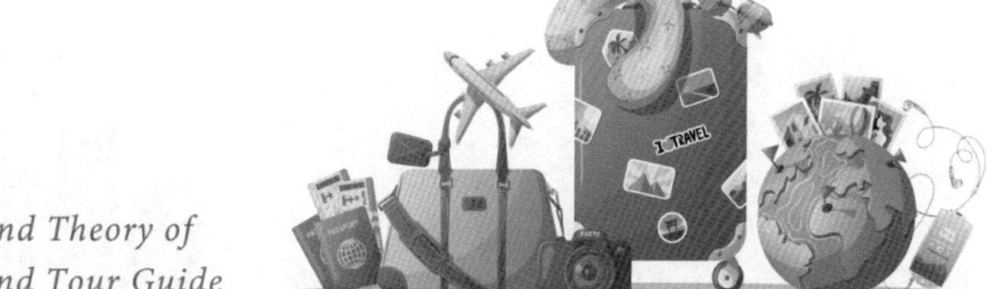

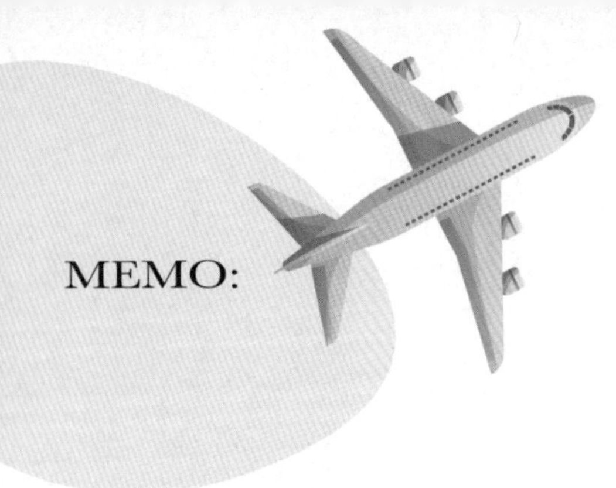

MEMO:

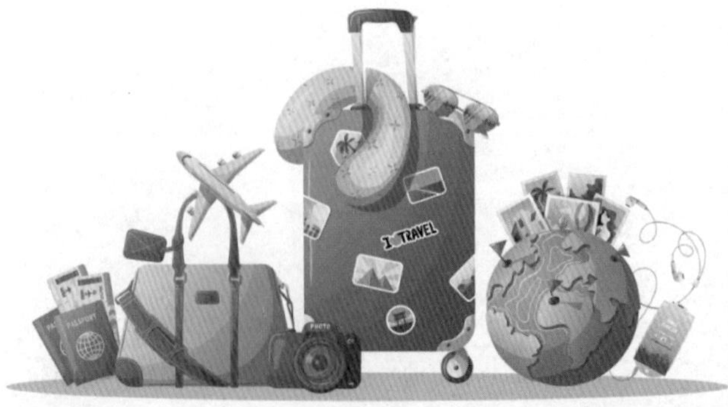

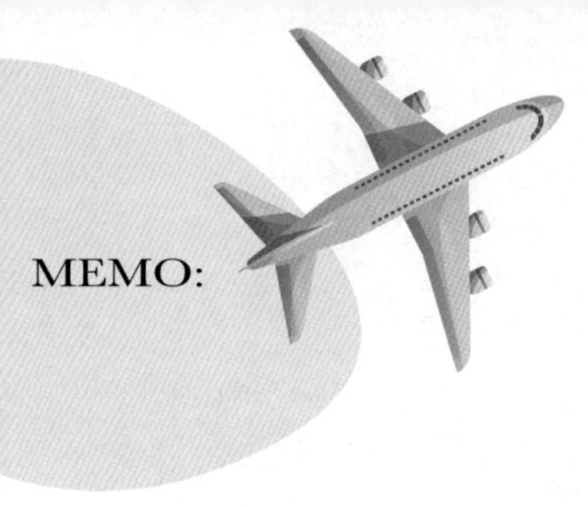

MEMO:

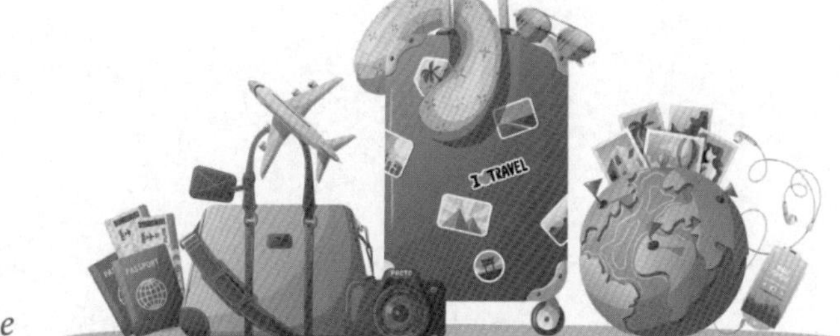

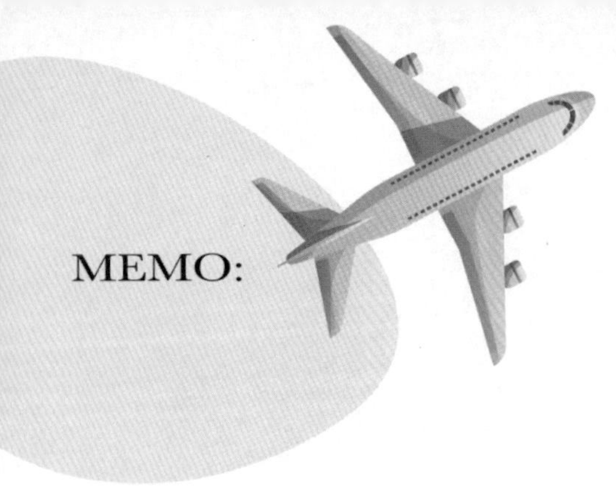

MEMO:

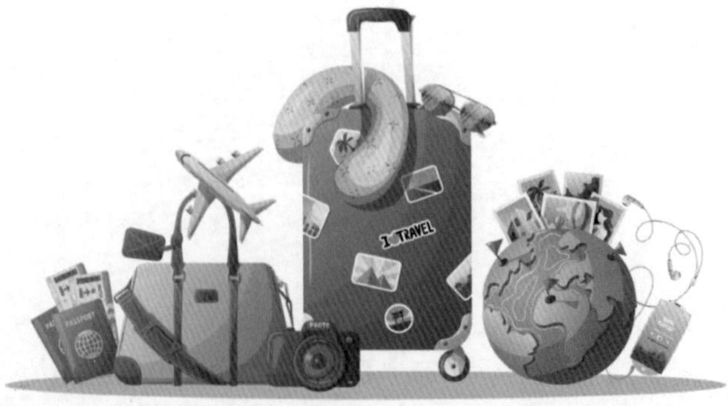

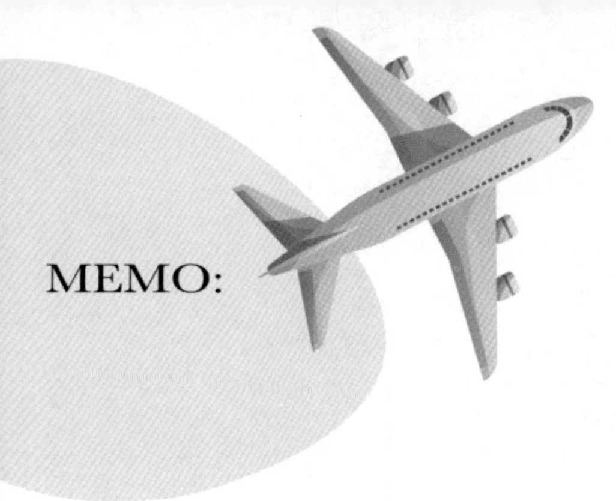

MEMO:

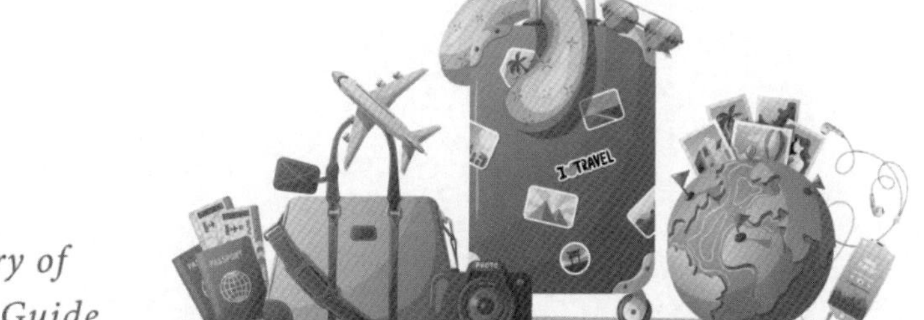

國家圖書館出版品預行編目資料

領隊導遊實務與理論. 2023/吳偉德, 鄭凱湘, 陳柏任, 應福民編著. -- 初版. -- 新北市 : 新文京開發出版股份有限公司, 2022.11

面； 公分

ISBN 978-986-430-888-0（平裝）

1. CST：導遊 2. CST：領隊

992.5 111017678

2023 領隊導遊實務與理論 （書號：**HT17e10**）

編著者 吳偉德 鄭凱湘 陳柏任 應福民

出版者 新文京開發出版股份有限公司

地址 新北市中和區中山路二段 362 號 9 樓

電話 (02) 2244-8188（代表號）

FAX (02) 2244-8189

郵撥 1958730-2

初版 西元 2022 年 12 月 01 日

 建議售價：620 元

法律顧問：蕭雄淋律師

ISBN 978-986-430-888-0

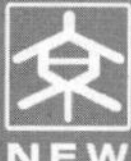

New Wun Ching Developmental Publishing Co., Ltd.

New Age · New Choice · The Best Selected Educational Publications—NEW WCDP

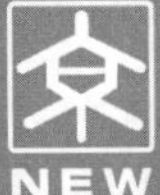

NEW WCDP
新文京開發出版股份有限公司
新世紀·新視野·新文京—精選教科書·考試用書·專業參考書